该丛书获得胡崇明法津援助基金资助

该书受司法部国家法治与法学理论研究项目中青年课题"网络犯罪的立法回应与刑法知识转型"（项目编号：16SFB3020）的资助出版

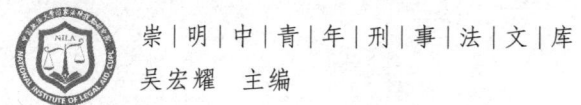

崇明中青年刑事法文库

吴宏耀 主编

网络刑法学初论

孙道萃 著

中国政法大学出版社

2020·北京

声 明　1. 版权所有，侵权必究。
　　　　2. 如有缺页、倒装问题，由出版社负责退换。

图书在版编目（ＣＩＰ）数据

网络刑法学初论/孙道萃著.—北京：中国政法大学出版社，2020.12
ISBN 978-7-5620-5087-2

Ⅰ.①网…　Ⅱ.①孙…　Ⅲ.①互联网络－计算机犯罪－刑法－研究－中国　Ⅳ.①D924.04

中国版本图书馆CIP数据核字(2020)第262104号

书　名	网络刑法学初论 WANGLUO XINGFAXUE CHULUN
出版者	中国政法大学出版社
地　址	北京市海淀区西土城路 25 号
邮　箱	fadapress@163.com
网　址	http://www.cuplpress.com (网络实名：中国政法大学出版社)
电　话	010-58908466(第七编辑部) 010-58908334(邮购部)
承　印	固安华明印业有限公司
开　本	720mm×960mm　1/16
印　张	36.25
字　数	640 千字
版　次	2020 年 12 月第 1 版
印　次	2021 年 7 月第 2 次印刷
定　价	135.00 元

序 一

　　我的学生孙道萃毕业后已经出版了《罪责刑关系论》（法律出版社2015年版）、《认罪认罚从宽制度研究》（中国政法大学出版社2020年版）。悉闻其个人撰写的第三本专著即将出版。对其在学术上取得的又一成绩，作为其导师，我由衷地为他感到高兴。通过阅读他的文字，以及"后记"中的心路历程，我更欣喜地看到他毕业后，为了学术梦想与志业，不惜辗转多次终落定后，仍笔耕不辍，秉持了孜孜以求的学术坚守与一如既往的人生信念。

　　晚近以来，随着计算机犯罪的加速演变，特别是网络时代的新型犯罪翻陈出新，给传统刑法学理论体系及其实践带来了前所未有的持续性冲击，也进一步倒逼理论界必须充分正视传统刑法学所面临的网络化转型命题。对此，中国刑法学界不仅从未缺席，而且迎头追上，甚至在立法完善等方面大有赶超欧美之势。在此背景下，就中国传统刑法学与网络犯罪时代的交互问题，进行面向未来的深度、系统、前瞻研究，具有非常重大的基础理论价值与司法指导意义。

　　有鉴于此，孙道萃于2016年以华南理工大学的名义申请并主持了司法部中青年课题"网络犯罪的立法回应与刑法知识转型"（项目编号：16SFB3020）。这一课题名称彰显了强烈的问题意识以及敏锐的学术关怀，并着力聚焦立法回应与知识转型两大问题，体现了他试图在立法与理论之间形成双向"反哺"机制的旨趣。对于这个全新的当代刑法研究之重大课题，完全依赖于传统刑法学的演绎并不必然奏效，而应进行与时俱进的开创性研究。这需要足够的学术勇气、精力以及担当。立足该课题的研究，他这几年进行了持续性、发散性、立体性的跟踪观察与动态同步研究，并最终集合成本书的主体内容，是极富主旨性的体系研究。这种基于课题研究而拓展为学术专著的研究思维,我个人是赞同的。它不仅可以直观地反映作者对该课题的研究进展与主要成果,也有助于作者基于全局性、结构性、整体性的研究而获得更为丰富与饱满的研究内容,同时可以在一定程度上防止研究的碎片化、狭隘化乃至极端化,使得学术研究更为全面、完整和体系性。

纵观本书,其主要内容在于:(1)秉持了敏锐的学术研究意识,敢于针对新型、前沿、疑难问题展开持续性研究。传统刑法学研究中的诸多问题基本趋于成熟或固化。但是,在网络时代,新型网络犯罪不同于传统犯罪形态,陆续引发一系列新兴疑难问题。对于这些新情况,必须及时回应。然而,由于缺乏可以遵循或借鉴的样本或"前见",理论探索面临非常多的困难和挑战,需要解决诸多全新的问题。本书以网络时代的刑法学知识转型及其应对作为研究主旨,反映了作者尤为敏锐的学术意识,以及发展性、开放式的研究品格。通过对前沿问题的跟踪研究,能够生产出契合时代需要、满足司法诉求的理论知识、学术产品以及知识贡献。(2)秉持整全性研究思维,立体地廓清了网络时代犯罪现象的基本态势、主要特征、规范本质、法益属性、危害征表等一系列基本问题,澄清了网络时代的司法疑难问题及其表现,并通过立法修正以及理论调试的主要进路,努力达致有效规制新型网络犯罪的刑法要务与课题。基于此,本书在篇章结构上分为三部分,是合理且科学的。不仅从纵横两个层面深度解构了网络时代的刑法学何去何从这一重大议题,也很务实地澄清了当前困扰各方的现实难题。(3)致力于立法活性化的因应效能。本书充分肯定了立法活性化的积极意义,致力于探讨网络时代的刑法立法使命以及任务。不仅从宏观上梳理了网络刑法立法的基本目标、基本立场、主要方向以及重点难点,也展示了立法的技术侧重、方法运用以及科学化要求,还就某一类罪或个罪的具体立法进行了深入的阐明。应该说,本书对网络时代的刑法立法问题所作的一系列尝试,既有宏观上的展望,亦有中观上的规划,也有微观上的具化。(4)有效提升刑事司法的供需体系。网络技术及其应用之于犯罪而言,总体可以概括为使传统犯罪更为复杂、多变以及不可测。这些新兴犯罪类型的"不确定性"问题,极大地冲击了传统刑法知识体系的"有效性"优势。其中,刑事司法领域所出现的"措手不及"就是表现之一。面对不断涌现的刑事司法需求,理论界必须首先供给妥当的应答模式。本书没有脱离网络犯罪的最新态势,而是致力于解决好网络犯罪的定罪量刑问题,从网络化的扩张解释等角度,提出了审慎乐观的司法应对策略,显现了可观的实际价值。

在此基础上,本书的主要特点表现为:(1)鲜明地倡导网络刑法学等诸概念。如何看待传统刑法学与网络犯罪时代的交互问题,理论上存在不同的角度和立场,基本可以分为保守派、折中派以及积极派。在我看来,今后我国刑法学界存在讨论网络刑法学的必要性,网络刑法学可能成为一门独立的法学学科,理论界应当对此予以充分的前瞻思考与展望。(2)注重学术研究接地气,以解决新型网络犯罪的定罪与量刑作为研究的重要任务。既对一些新出现的网络犯罪如何应对提出了有针对性的建议,如"白帽子""网络刷单""网络财产性利益""流量劫持"等问题;也对刑法修正中涉及的计算机犯罪、纯正网络犯罪进行了深入的解读。这些深入实际的研究,增加了理论探讨的有效维度。不仅提升了本课题研究以及本书的实际价值,也丰富了网络刑法学研究的样本。(3)倾力于中国问题研究。网络安全是全球性问题,网络犯罪正在各国蔓延。西方发达国家以及区域组织基于技术优势等原因,在网络犯罪的治理,尤其是刑事治理上积累了丰富的经验。这对我国而言具有参照意义。同时,我国正由网络大国迈向网络强国,我国网络犯罪形势有其特殊性,加之我国网络立法也在快速发展。因此,有必要对中国网络犯罪问题进行专门研究,提出有针对性的解决办法。《网络刑法学初论》首先聚焦中国问题,秉持鲜明的中国问题意识,优先探讨并构建中国语境下的网络刑法学。这一点是可取的,在法律全球化的情况下,可以更理性地对待中西差异。(4)积极开展原创性研究。在网络犯罪的深度演变下,当代刑法步入了大变革时代。对于传统刑法学而言,处于一个前所未有的契机与挑战并存的境遇中。刑法学研究迎来了开疆拓土的极佳时刻,但也面临着无法预料的困难。围绕网络刑法学的理论研究,完全是呼应当代刑法命运的必然之举,也是推动刑法学现代化之必然要求。这对原创性、开创性研究提出极高的要求。本书尤为重视原创性研究,例如,本书提出了"网络刑法的知识转型""网络安全刑法法益"等理念或概念,在现阶段看来是非常需要学术勇气与胆识的,更是建立在敏锐的学术意识和学术追求之上的。正是本书所呈现出的开创性研究，才决定了其理论研究的潜在价值。(5) 遵循持续性、动态性、前瞻性研究。网络犯罪作为研究对象有其特殊性，它是动态的、发展的，因而是不确定的。对此，需要进行持续性、动态性的研究，才能更精准地认识和把握网络犯罪的规律，提高刑法介入的有效性。而且，为了强化研究的质效以及适时性，不宜进行"就事论事"的观察，还需要前瞻性研究，进行大胆的"预测""预判"。《网络刑法学初论》在知识论、立法论以及司法论等方面，都采取了持续性、动态性、前瞻性的研究策略。这有助于防止对相关问题的认识出现"短期效应"，提升了面向未来的理论张力。

当下，尽管学术著作的出版已经不太为高校的科研考核所"器重"，也存在良莠不齐的问题。然而，孙道萃所著的《网络刑法学初论》一书之出版，我认为，具有相当积极的学术意义：(1) 作为我国网络刑法理论研究的开篇之作，具有重要的开创性意义，初步形塑了我国网络刑法的基本框架、理论线条、逻辑主线以及建构要领等，也将发挥承上启下的积极作用。(2) 从刑法知识转型的多重维度，尝试有效解构并塑造我国网络刑法学体系的未来图景，具有非常凸显的理论奠基意义。不仅率先明确提出了由传统刑法学到网络刑法学的知识转型之重大命题，也为如何转向供给了一套成熟的演变路径。(3) 从历史性的层面回顾、评议、展望我国网络刑法研究的历程、成绩以及得失等，具有非常重要的学术文献意义以及一定的编年史价值，为今后的理论研究之进阶提供了有益参考。(4) 竭力回归网络犯罪的演变态势，聚焦新型网络犯罪的司法应对难题，通过类型化思维、司法功能导向等方式，对当前突出的司法议题作出针对性、具体性的回答或回应，具有非常显著的司法指导意义。总而言之，《网络刑法学初论》是我国当下关于网络刑法的理论研究之上乘作品，亦可以视为具有开创性的原创之作。不仅填补了这一理论研究上的相对空白，也搭建了走向网络刑法学时代的最初通道。通过该书，我们可以了解中国网络犯罪的演变态势与规律、网络刑法的萌芽以及发展历程、网络犯罪的治理政策以及立法、司法层面的反应机制等。

当然，该书也存在可以改进的地方。诚如《网络刑法学初论》的题名所示，本书尚且是"初论"。这既说明了本书仍存在一些历史局限性，在研究对象、研究方法、研究内容等方面存在短板和不足；也说明本书所提出的一些观点仍有待观察与评判，甚至可能会随着网络犯罪的演变而变得不再合时宜。而且，《网络刑法学初论》主要是对该项目研究成果的"总结"。在研究成果的"集成"上追求面面俱到，就容易在学术深度、知识广度以及观念凝练上出现顾此失彼的问题。此外，为了节约昂贵的出版经费，将课题研究的成果基本上"整合"到本书内，也可能弱化了各个部分的专题性、学术性以及独立性，甚至显得有些"杂糅"。而且，本书对"网络刑法学"的理论体系之研究仍有进一步深入与强化的空间，或者说目前还是不完整的。这些问题的存在主要是客观上的，也提示了今后推进网络刑法学研究的方向。

尽管如此，当孙道萃将这本50余万字的厚本发来，请我作序，作为其导师，我欣然应允，更不胜欣喜，一并推介给大家。看其后记，对其博士毕业后的心路历程有了更全面的了解，其文字中所流露的坚持与信念，以及傲娇的倔强、放纵的不羁、自由的品性，使我更认同《网络刑法学初论》中的原创意识与中国场域感，更为他的坚守感到高兴。最后，我希望孙道萃能够继续围绕网络刑法学这一重大的时代命题深入研究，推出更多、更高质量的研究成果，进一步丰富网络时代的刑法知识转型进程，为我国今后构建网络时代的刑法学理论体系提供有益参考，更期冀他能够为输出有中国特色的网络刑法学理论体系作出力所能及的贡献。

高铭暄
"人民教育家"
中国人民大学荣誉一级教授
北京师范大学刑事法律科学研究院名誉院长、特聘教授
中国刑法学研究会名誉会长
2020年10月1日

序 二

网络犯罪是当前我国刑法学界研究的热点问题之一，也是我国刑法知识的重要增长点。在这种背景下，孙道萃的《网络刑法学初论》一书的出版，成为扩展网络刑法研究领域，提升网络刑法研究深度的标志性作品。孙道萃在本书中，对网络犯罪的立法与司法、犯罪与刑罚、原理与个罪、理论与实践都进行了全方位的论述，为推进网络刑法的理论研究作出了独特的学术贡献。这是值得嘉许的，也是本书的价值之所在。

电子计算机的发明为互联网提供了物质基础，现代社会很快完成了从电子计算机社会到网络社会的嬗变。犯罪作为社会的寄生物，具有对社会演变的极大敏感性，其伴随着计算机而生，并在短时间内实现了从计算机犯罪到网络犯罪的转型。我国学者对从计算机犯罪到网络犯罪的转变过程进行了生动的描述："计算机犯罪是在单机时代形成的刑法学或者犯罪学概念；到了微机和局域网时代，计算机犯罪从单机犯罪扩展为单机和多机网络犯罪并存。特别是当人类进入因特网时代，计算机犯罪的主要表现形式为网络犯罪，而且网络犯罪的外延已经远远突破了计算机犯罪，因为因特网早已超出了计算机的范畴。具体说来，网络犯罪不仅侵犯计算机系统及其信息，也侵犯用户的合法权益，如财产权、知识产权、隐私权等；在一定条件下还会危及国家安全、公共安全、市场经济秩序、社会管理秩序，等等。"在这种情况下，以犯罪为研究对象的刑法学对网络犯罪也作出了即时的反应。孙道萃的《网络刑法学初论》就是以网络刑法学为内容的一部重要著作，试图对网络刑法进行系统与集中的讨论。当然，如何界定网络犯罪，从而为网络刑法学勘定边界，这是我阅读本书后首先想到的一个问题。

从立法角度来说，我国刑法中初始的计算机犯罪实际上是指财产犯罪中的毁坏罪。例如，破坏计算机信息系统罪是1997年《中华人民共和国刑法》（以下简称《刑法》）设立的一个典型的计算机犯罪，其构成要件是指违反国家规定，对计算机信息系统功能进行删除、修改、增加、干扰，造成计算机信息系统不能正常运行，后果严重的行为。该罪实际上是破坏计算机功能的犯罪，即使刑法没有设立本罪，对于这种破坏计算机功能的行为还是可以根据传统的财产犯罪进行处罚。例如，破坏正在使用中的公司、企业或者其他单位的计算机功能的，属于破坏生产经营的行为，应以破坏生产经营罪论处。如果破坏的是作为一般家庭或者单位财产的计算机功能的，则属于故意毁坏财物行为，应以故意毁坏财物罪论处。因此，尽管破坏计算机信息系统罪是1997年《刑法》设立的一个纯正的计算机犯罪，然而并不表示在本罪设立之前，传统刑法对于这种破坏计算机的行为完全无能为力，而只能说明立法机关对于当前社会生活中出现的计算机犯罪的一种态度。

值得注意的是，1997年《刑法》第287条规定："利用计算机实施金融诈骗、盗窃、贪污、挪用公款、窃取国家秘密或者其他犯罪的，依照本法有关规定定罪处罚。"这是1997年《刑法》分则中极为罕见的一个提示性条款，由此可见，立法机关已经预见到计算机可以成为传统犯罪的手段。在这种情况下，就没有必要另设罪名，只要适用传统刑法规定就可以解决这种以计算机为手段的犯罪的处罚根据问题。与这种以计算机为手段的犯罪相对应的是以计算机为对象的犯罪，当行为人采取传统犯罪的手段实施针对计算机的犯罪的情况下，完全可以采取与以计算机为手段的犯罪同样的立法策略，而没有必要设立独立罪名。否则立法机关就会应接不暇。

相对来说，1997年《刑法》第285条规定的非法侵入计算机信息系统罪是十分必要的，因为该种行为从手段到对象都是计算机所特有的，不可能通过对传统犯罪进行法律解释以解决其定罪根据问题。根据1997年《刑法》第285条的规定，非法侵入计算机信息系统罪是指违反国家规定，侵入国家事务、国防建设、尖端科学技术领域的计算机信息系统的行为。本罪的手段是侵入，以该手段构成的传统犯罪只有非法侵入住宅罪。然而，计算机信息系统并不能解释为住宅，因此，将这种侵入计算机信息系统的行为单独设罪是完全必要的。只是本罪侵入的范围限于国家事务、国防建设、尖端科学技术领域的计算机信息系统，因而是较为狭窄的。直到2009年《中华人民共和国刑法修正案（七）》（以下简称《刑法修正案（七）》）才将侵入上述三个领域以外的其他计算机信息系统的行为入罪。然而，此时立法评价的对象已然从侵入行为转变为非法获取和非法控制，因而罪名也相应地确定为非法获取计算机信息系统数据、非法控制计算机信息系统罪。本罪的构成要件是指违反国家规定，侵入前款规定以外的计算机信息系统或者采用其他技术手段，获取该计算机信息系统中存储、处理或者传输的数据，或者对该计算机信息系统实施非法控制，情节严重的行为。根据这一刑法描述的罪状，本罪存在双重行为：第一是侵入行为，第二是非法获取数据和非法控制计算机行为。因此，本罪在刑法教义学中可以归之于复行为犯。

应该说，以上罪名是计算机犯罪所特有的，我国刑法立法也是较为及时的，生动地体现了对计算机犯罪的立法回应。除了这些纯正的计算机犯罪，从广义上理解，计算机犯罪还包括不纯正的计算机犯罪。这是对计算机犯罪的两分法：纯正的计算机犯罪是指只能以特有的手段或者针对特有的对象而构成的计算机犯罪。而不纯正的计算机犯罪则是指采用传统手段实施针对计算机的犯罪或者采用计算机手段实施针对通常财物的犯罪。可以说，对纯正的计算机犯罪，如果没有刑法的专门规定就缺乏定罪处罚根据；而对不纯正的计算机犯罪，即使没有刑法的专门规定，也可以依照刑法对传统犯罪的规定进行定罪处罚。

综上所述，我国刑法对计算机犯罪的规定是较为完备的。当然，当计算机犯罪演变为网络犯罪以后，对网络犯罪的进一步完善势在必行。对此，我国刑法采用修正案的方式，对网络犯罪增设了相关罪名。这就是《中华人民共和国刑法修正案（九）》（以下简称《刑法修正案（九）》）设立的拒不履行信息网络安全管理义务罪、非法利用信息网络罪和帮助信息网络犯罪活动罪。这三个犯罪可以称为网络犯罪，因而不同于此前规定的计算机犯罪。计算机是一种机器，具有物质性与物理性。而网络则是一种虚拟空间（Cyber Space），具有延展性与框架性。如果说，计算机只能成为犯罪对象或者犯罪手段，那么，网络可以成为犯罪的场所或者载体。

例如，非法获取计算机数据，这是一种盗窃行为，只不过盗窃对象是计算机数据，因而仍然属于计算机犯罪。然而，拒不履行信息网络安全管理义务罪是对网络安全管理义务的违反，具有义务犯与不作为犯的双重属性，是纯正的网络犯罪。由此可见，网络犯罪也可以分为纯正的网络犯罪与不纯正的网络犯罪。所谓纯正的网络犯罪是指只能发生在网络空间的犯罪；而不纯正的网络犯罪则是指既可能发生在传统场景，也可能发生在网络空间的犯罪。

在以上论述中，我对纯正的网络犯罪与不纯正的网络犯罪进行了分析。刑法当然应当对纯正的网络犯罪立法，否则，纯正的网络犯罪就难以定罪处罚。那么，对于不纯正的网络犯罪，刑法是否都应当进行立法呢？在我看来，这是完全没有必要的。因为现在绝大多数传统犯罪都可能发生在网络空间，如果对这些发生在网络空间的传统犯罪都进行立法，那么，就需要制定一部《网络刑法典》，而这是完全没有可行性的。虽然目前对网络犯罪的刑法立法的呼声很高，然而立法机关应对网络犯罪的立法采取一种审慎的态度。其实，某些所谓的网络犯罪之所以缺乏定罪处罚根据，并不是因为缺乏专门的刑法规定，而是因为缺乏对该种行为的一般立法。例如，在本书第十章中，对网络不正当竞争行为做了论述，其中包括网络刷单行为，这里的网络刷单又可以分为正向刷单与反向刷单。正向刷单是指虚构交易量，以此提高商户的信誉，因此该行为具有不正当竞争的性质，是一种网络不正当竞争行为。反向刷单则是指进行恶意交易或者给予差评，以此损害商户的商誉，因此该行为具有毁坏商誉的性质，同样也是一种不正当竞争行为。值得注意的是，我国刑法并没有对不正当竞争行为的一般性处罚规定。在这种情况下，不要说网络不正当竞争行为不能构成犯罪，即使是发生在传统经济生活中的不正当竞争行为也不构成犯罪，只能作为行政违法行为受到行政处罚。因此，专门为网络不正当竞争行为设立罪名显然是不可能的。在我国司法实践中，对上述正向刷单的组织行为一般认定为非法经营罪。而对反向刷单行为则认定为破坏生产经营罪。在我看来，上述两种司法认定都存在违反罪刑法定原则之嫌。

这里专门讨论所谓反向刷单行为的定性问题。反向刷单具有毁坏商誉的性质，而我国《刑法》第221条规定了损害商业信誉、商品声誉罪，那么,为什么对反向刷单行为不能按照该罪论处呢?这是因为损害商业信誉、商品声誉罪的构成要件是捏造并散布虚伪事实,损害他人的商业信誉、商品声誉,给他人造成重大损失或者有其他严重情节。然而,反向刷单中的行为与损害商业信誉、商品声誉罪的构成要件并不相符。例如南京反向刷单案:被告人董某为谋取市场竞争优势,指使谢某多次以同一账号恶意大量购买北京智齿公司南京分公司淘宝店铺商品,致使淘宝公司错误判定该店铺从事虚假交易,进而对其商品作出搜索降权的处罚,造成消费者无法通过淘宝网搜索到该公司在淘宝网店铺的商品,从而严重影响到该公司的正常经营活动,并由此造成了10万余元的经济损失。在该案中,行为人采取的是虚假购买行为,致使竞争对手受到网络交易规则的处罚,因而受到经济损失。这种反向刷单行为并不是传统的捏造并散布虚伪事实,损害他人商业信誉或者商品声誉的行为。在这种情况下,司法机关对反向刷单行为以破坏生产经营罪论处。实际上,破坏生产经营是一种毁坏型的财产犯罪,而反向刷单行为既是一种不正当竞争行为,同时其手段又是一种妨碍业务的行为。在德日刑法中都设立了妨碍业务罪,但我国刑法却付阙如。因而,在此需要解决的是设立妨碍业务罪,而不是专门为这种网络不正当竞争行为设立一个罪名。

随着网络进一步深度介入日常生活,在网络上会出现越来越多的失范行为或者越轨行为。对于这些行为首先应当制定行业规章予以调整,在具备条件的基础上规定为行政违法行为,最后才有可能入刑。因为刑法在一个国家的法律体系中属于后置法,它在很大程度上受到前置法的制约。在前置法没有将这种行为规定为违法的情况下,刑法不可能跨越前置法而直接将这种行为设立为犯罪。因此,在网络犯罪的研究中,应当坚守刑法谦抑性原则,避免刑罚权的滥用,这是一条基本准则。

网络犯罪的出现,对传统的刑法教义学必然会提出挑战,也为刑法教义学的理论发展带来契机。例如,技术中立原则在网络犯罪的认定中如何正确对待,它是否能够成为网络犯罪的一般性的出罪事由?在"快播案"中,围绕着技术中立原则在该案中的运用,控辩双方展开了激烈的争论,对于深入研究技术中立原则具有重大意义。此外,我国《刑法》第287条之一规定的非法利用信息网络罪是预备行为正犯化的适例,而第287条之二规定的帮助信息网络犯罪活动罪则是帮助行为正犯化的适例。这两个刑法条文的立法实践对于发展与丰富刑法教义学中的预备行为正犯化和帮助行为正犯化的一般原理,都具有启示意义。

　　正如刑法的立法与司法存在一个如何正确面对网络犯罪的问题,刑法教义学也存在同样的问题。这里涉及网络刑法学的研究边界与范围问题,具体而言,不纯正的网络犯罪是否值得研究?回答是肯定的。不纯正的网络犯罪虽然是按照传统犯罪论处,但它仍然是值得专门研究的。因为即使是发生在网络中的传统犯罪也具有不同于发生在日常生活场景犯罪的特点,所以需要对这些不纯正的网络犯罪进行研究。当然,发生在网络空间中的财产犯罪案件的占有转移与发生在现实空间的财产犯罪案件的占有转移是不同的,因此会对传统的刑法教义学原理带来冲击。为了应对这种冲击,刑法教义学关于财产犯罪的理论应当具有对于网络财产犯罪的针对性。例如当前在我国司法实践和刑法理论中争议较大的二维码案,就涉及在网络支付条件下的财产犯罪认定问题。全国各地都发生过二维码案,其中较为典型的是邹某某盗窃案。案情如下:2017年2月至3月间,被告人邹某某先后到石狮市沃尔玛商场门口台湾脆皮玉米店、章鱼小丸子店、世茂摩天城商场可可柠檬奶茶店、石狮市湖东菜市场、长福菜市场、五星菜市场、洋下菜市场,以及晋江市青阳街道等地的店铺、摊位,乘无人注意之机,将上述店铺、摊位上的微信收款二维码调换(覆盖)为自己的微信二维码,从而获取顾客通过微信扫描支付给上述商家的钱款。经查,被告人邹某某获取被害人郑某、王某等人的钱款共计6983.03元。案发后,赃款均未追回。对于本案,检察机关以诈骗罪起诉,但法院最后以盗窃罪定罪处罚,其裁判理由是,首先,被告人邹某某采用秘密手段,调换(覆盖)商家的微信收款二维码,从而获取顾客支付给商家的款项,符合盗窃罪的客观构成要件。秘密调换二维码是其获取财物的关键。其次,商家向顾客交付货物后,商家的财产权利已然处于确定、可控状态,顾客必须立即支付对等价款。微信收款二维码可看作是商家的收银箱,顾客扫描商家的二维码即是向商家的收银箱付款。被告人秘密调换(覆盖)二维码即是秘密用自己的收银箱换掉商家的收银箱,使得顾客交付的款项落入自己的收银箱,从而占为己有。最后,被告人并没有对商家或顾客实施虚构事实或隐瞒真相的行为，不能认定商家或顾客主观上受骗。所谓"诈骗"，即有人"使诈"，有人"受骗"。本案被告人与商家或顾客没有任何联络，包括当面及隔空（网络电信）接触，除了调换二维码外，被告人对商家及顾客的付款没有任何明示或暗示。商家让顾客扫描支付，正是被告人采用秘密手段的结果，使得商家没有发现二维码已被调包，而非主观上自愿向被告人或被告人的二维码交付财物。顾客基于商家的指令，当面向商家提供的二维码转账付款，其结果由商家承担，不存在顾客受被告人欺骗的情形。顾客不是受骗者，也不是受害者，商家是受害者，但不是受骗者。综上，被告人邹某某的行为不符合诈骗罪的客观构成要件，其以秘密手段调换商家二维码获取财物的行为，符合盗窃罪的客观构成要件，应当以盗窃罪追究其刑事责任。对于二维码案，在我国刑法学界争议也是较大的，主要是诈骗罪与盗窃罪之争。当然，在盗窃罪与诈骗罪的观点中，又有各种具体理由与结论上的差别。二维码案是一起普通的财产犯罪案件，如果发生在现实空间，一般不会出现如此之大的分歧。之所以存在这种定罪结论上的争议，主要是因为这是一起发生在网络空间的财产犯罪，以至于传统的财产犯罪教义学原理在适用于网络财产犯罪的时候令人产生困惑。其中，最为重要的是支付方式的改变，使得财产犯罪的保护法益发生变化。在现实空间采用传统的支付方式，一手交钱一手交货，此时是货币与商品的交换，而货币与商品均属于刑法中的财物。在这种情况下，定罪的根据是财物占有转移的手段。然而，在网络第三方支付的情况下，购买者购买商品不再是向出售者交付货币而是向其转移债权。显然，交付货币与转移债权这两者在法律性质上是不同的。在此，就存在一个债权是否属于财产犯罪的保护法益的问题。我国刑法关于财产犯罪的规定一般只保护物权，并不保护债权。在现金交易的环境下，这种规定是具有其合理性的。进入网络社会以后，支付方式发生了重大改变，网络支付是以转移债权为其内容的，因而以保护物权为目的的财产犯罪立法就与保护债权的现实需求之间出现断裂，对此当然可以通过立法解决，也可以通过司法解释或者刑法教义学加以弥补。当然，二维码案涉及的争议并不仅仅是财物问题，而且包括保护被害人的确定、手段行为的认定等一系列争议问题，这确实是一个值得深入分析的经典案例，它生动地说明了传统的刑法和犯罪在网络社会发生的重大变异。

孙道萃的《网络刑法学初论》一书对网络犯罪与刑罚做了系统的论述，这是本书的特色。然而，本书还存在一定的不足之处，就是本书的体系较为庞大，章法有些凌乱。这与作者对本书宏大叙事的写作规模存在一定关系，这会在一定程度上消解阅读的愉悦感。一般来说，一本书的写作就如同盖一座大厦。建筑规模如果太大，对于建筑师会是巨大的挑战。因此，从规模较小的房子盖起，由小到大，这样才能在不断累积经验的基础上，自如地面对高楼大厦。例如，对于网络犯罪的界定，就值得商榷。在我看来，应当区分纯正的网络犯罪与不纯正的网络犯罪，所谓网络刑法学也应当建立在上述区分的基础之上。否则，过分扩张网络犯罪的范围，就会使所有犯罪网络化，因而网络刑法学就会取代传统刑法学，这显然是不可能的。网络犯罪永远只是犯罪的一部分而不可能是全部；因此，网络刑法学只能是传统刑法学的分支，这是必须明确的。

对于孙道萃来说，初次创作如此宏大规模的作品是极为不易的，可能还存在这样或者那样的问题，需要在以后的理论研究中进一步深化与完善。然而，对于想要了解或者研究我国网络刑法的人来说，本书是一部无法绕过去的学术作品，值得推荐。

是为序。

陈兴良
北京大学法学院教授、博士生导师
谨识于昆明滨江俊园寓所
2020年9月9日

目 录

序 一   001
序 二   007

第一编 知识论

第一章
网络刑法知识转型与立法回应   003

一、网络刑法学的知识形态变迁   003
二、我国网络刑法立法的进程回顾与代际检视   009
三、网络刑法立法的协同转变   014
四、结论   025

第二章
我国网络刑法的一般理论   026

一、网络刑法的新生现象：立法雏形与理论隐忧的省察   027
二、网络刑法形态的生成逻辑：历史动能与思维形塑   032
三、网络刑法观的本体展开：教义框架与逻辑根基   037

四、网络刑法的制度构建：基石范畴与法典创制　045

五、结语　051

第三章
网络安全刑法法益的概念及其展开　053

一、问题的提出　053

二、网络安全法益纵深演进的刑法本真　054

三、网络安全法益的刑法根基与地位廓清　064

四、网络安全法益的刑法功能序说　070

五、结语　077

第四章
犯罪主体的网络化演变动向与立法修正脉络　078

一、传统犯罪主体的网络化动向　078

二、犯罪主体网络化的现实动能与基本特质　089

三、传统犯罪主体的网络化修正前瞻　094

四、结语　102

第五章
网络刑事制裁范畴的理论视域与制度具象之前瞻　103

一、问题的提出　103

二、传统刑事制裁理论的网络异动　104

三、网络刑事制裁的本体宏构　109

四、网络刑事制裁体系的类型具象　115

五、网络刑事禁止令制裁措施的创制　123

六、结语　136

目录

第六章
网络犯罪治理的基本理念与逻辑展开　　137

一、网络犯罪的相对中立价值判断立场　　137
二、网络犯罪的控制理念　　141
三、网络犯罪治理的政策安排　　143
四、网络犯罪现象治理的工作清单　　146

第七章
我国网络安全刑事保障的体系完善与机制构建　　151

一、网络安全刑事保障的域外演进与本土思考　　151
二、国内网络安全刑事保障的体系协同　　155
三、网络安全国际共治的刑事机制　　162
四、结论　　168

第八章
网络时代的刑法研究40年：回顾与展望　　169

一、问题的提出　　169
二、网络时代的刑法发展历程之回顾　　170
三、网络时代的刑法回应之结构性反思　　175
四、网络时代的刑法转型之展望　　183

第九章
迈向独立的中国网络刑法：以"马法之争"为知识缘起　　192

一、问题的提出　　192
二、中国网络法独立化的时代境遇　　193
三、传统刑法应答网络犯罪的模式反思与出路　　201
四、网络刑法作为独立部门法的教义学建构　　207

五、结语　214

第二编　立法论

第十章
网络不正当竞争犯罪的立法应答　217

一、问题的提出　217
二、新型网络不正当竞争行为的刑事制裁困题　218
三、不正当竞争犯罪规范供需矛盾及其反思　227
四、网络不正当竞争犯罪的刑法理论续造　232
五、网络不正当竞争犯罪的立法修正　240
六、结语　251

第十一章
虚假广告犯罪的网络化演变与立法修正思路　252

一、网络虚假广告犯罪的动向与司法挑战　252
二、虚假广告罪的网络化修正逻辑　259
三、结语　272

第十二章
网络预备犯罪的立法教义学思考　273

一、网络预备犯罪的当代立法旨趣　274
二、网络预备犯罪的立法原理　278
三、网络预备犯罪的立法改进　282
四、结论　285

第十三章
网络共同犯罪的有组织应对 286

一、网络共同犯罪的新挑战与规范供给困局 286
二、"共犯正犯化"扩张解释路径的辩驳与延展 288
三、网络片面共同犯罪的制裁边界 292
四、结论 306

第十四章
网络安全监管渎职罪的教义学理据与立法前瞻 308

一、网络安全监管渎职行为"入罪"呼之欲出 308
二、网络安全监管渎职犯罪的教义学叙说 312
三、刑法条文拟定与立法理由释明 327
四、结语 331

第十五章
网络平台犯罪的刑事制裁思维与立法因应 333

一、网络平台犯罪的制裁现状反思 333
二、网络平台的犯罪主体化与类型建构思维 341
三、网络平台的刑法义务与设置原则 347
四、结论 354

第十六章
破坏生产经营罪的网络化动向与立法修正 355

一、标本循证：破坏生产经营罪的网络化动向 355
二、扩张解释：破坏生产经营罪因应互联网挑战的权宜之计 361
三、立法改进：破坏生产经营罪协同"互联网+"思维的必由之路 364
四、余论 369

第三编　司法论

第十七章
网络犯罪刑法解释的司法逻辑与本原归真　　373

一、问题的提出　　373
二、网络时代"入罪"解释倾向与司法功能审思　　374
三、犯罪构成要件要素的扩张化适用逻辑与正当性校准　　382
四、网络化适用的功利主义思维与修正　　391
五、网络时代刑法解释的实践问题之巡检　　398
六、网络时代刑法解释体系的教义学塑造　　405
七、结语　　416

第十八章
拒不履行信息网络安全管理义务罪的司法表述　　417

一、问题的提出　　417
二、犯罪主观要件的理解与适用　　419
三、信息网络安全管理义务的本体解构　　427
四、经监管部门责令采取改正措施而拒不改正的认定　　434
五、情节严重的具体认定　　442
六、结语　　447

第十九章
非法利用信息网络罪的适用疑难与教义学表述　　448

一、生效案件的司法逻辑与适用疑难巡思　　448
二、非法利用信息网络罪的适法理据展开　　456
三、结语　　470

第二十章
网络直播刑事风险的制裁逻辑 471

一、网络直播刑事风险的类型 471
二、网络直播中的刑事责任厘清 474
三、因应网络直播平台犯罪的体系协同 481
四、结语 487

第二十一章
大数据法益刑法保护的检视与展望 488

一、大数据安全与法益保护的刑法挑战 488
二、数据法益刑法保护的回顾与反思 489
三、网络数据法益的保护路径与策略 494

第二十二章
移动智能终端网络安全的刑法应对：以个案样本切入 501

一、移动网络安全警钟长鸣 501
二、危害移动智能终端安全犯罪的个案研析 502
三、移动智能终端网络安全的刑法保护路径 509
四、余论 523

第二十三章
网络财产性利益的刑法保护：司法动向与理论协同 525

一、典型判决样本的司法逻辑 525
二、财产化保护路径的检讨与延续 532
三、网络专门化保护的代际跃升 538
四、结论 547

后　记 548

第一编 知识论

第一章
网络刑法知识转型与立法回应

自从20世纪中后期计算机诞生以来,[1]计算机技术升级换代,云计算、大数据时代加速蜕变,先后经历了以计算机信息系统为核心的网络1.0时代、以信息网络为核心的网络2.0时代、以网络数据(大数据)为核心的网络3.0时代三个网络代际,网络空间形态正在加速推进和成型。网络安全已经全面地嵌入国家安全、公共安全与公共秩序以及公民的人身财产权益中,网络安全秩序已经成为生产生活的"必需品"。同时,网络技术风险不断攀升,保护网络安全已经上升到国家安全战略高度。刑法是维护网络空间安全秩序的基本保障,然而,立足于现实物理社会的传统刑法学频现不适。传统刑法学正在被网络时代淘汰和扬弃,面向未来的"网络刑法学"正在酝酿从传统刑法学到网络刑法学的知识形态变迁。[2]从网络刑法学的知识立场审视刑法保护网络安全秩序的时代使命,是网络刑法立法实现升级换代的重要智识保障与指导纲领。

一、网络刑法学的知识形态变迁

法国学者卢梭指出,因地制宜地确保自然关系与法律在每一点上的协调一致是国家体制长期巩固的根本保障。[3]社会变迁与刑法制度的知识变革是永恒命题。从传统刑法学到网络刑法学的知识转型,是传统现实物理社会过渡到网络空间社会的必然延伸。网络刑法学是对传统刑法学的理性扬弃,致

---

[1] 1994年中国正式接入国际互联网的"元年",2015年是中国接入国际互联网的第21个年头,2016年《国家信息化发展战略纲要》指出,当前网络安全面临严峻挑战,网络空间法治建设亟待加强,并要求推进信息化法治(立法)建设、加强网络生态治理与维护网络空间安全。

[2] 参见孙道萃:"网络刑法知识转型与立法回应",载《现代法学》2017年第1期。

[3] 参见[法]让·卢梭:《社会契约论》,何兆武译,商务印书馆1982年版,第71-72页。

力于加强刑法保护网络安全秩序的时代使命,是指导网络刑法立法转型的理论纲领。

(一)从传统刑法学到网络刑法学的知识转型

从传统刑法学到网络刑法学的历史变迁有其必然性,集中表现为以下几方面:一是网络安全价值地位日渐显赫,保护网络安全是当代刑法的主体任务;二是网络安全法益正在整体迁移和渗透,逐渐演变并成为取代传统法益的新生集合体;三是网络空间社会日益真实化、社会化,网络刑法学的知识变革已然实质启动。

1. 网络安全价值与安全刑法观

德国学者贝克提出"风险社会"概念,描述并解构人类社会从工业革命到风险社会的社会形态蜕变。贝克认为,风险已经成为风险社会的根本冲突之一,风险社会险象环生,传统工业革命的陈旧思维与理念严重阻碍因应风险的能力,[1]对包括法律制度在内的各种制度的合法性与合理性的反思已经成为重要的课题。[2]当前,风险社会在我国的演进步伐日益加快,防控风险成为包括刑法在内的法律制度的首要任务。对此,德国学者乌尔斯·金德霍伊泽尔认为,安全刑法作为全新的理念,是基于保证风险社会稳定的前提条件而提出的。[3]可以说,安全刑法或预防刑法已经成为风险刑法理论的重要标签,尤以介入的早期化、处罚的前置化、积极一般预防的提前化等方面为主。与此同时,从网络代际的演进轨迹及其规律看,网络技术风险与风险社会在时空维度重叠在一起,从网络空间社会的控制力、辐射面看,网络空间社会是风险社会在未来演进中的主要社会实体形态,网络技术风险已然上升为风险社会风险的"头号"来源。毋庸置疑的是,在网络空间社会,为了防控网络技术风险的异化,保护网络安全秩序已经成为刑法的首要目标。[4]由

---

[1] 参见[德]乌尔里希·贝克:"从工业社会到风险社会(上篇)——关于人类生存、社会结构和生态启蒙等问题的思考",王武龙编译,载《马克思主义与现实》2003年第3期,第27页。

[2] 参见[德]乌尔里希·贝克:"从工业社会到风险社会(下篇)——关于人类生存、社会结构和生态启蒙等问题的思考",王武龙编译,载《马克思主义与现实》2003年第5期,第68页。

[3] 参见[德]乌尔斯·金德霍伊泽尔:"安全刑法:风险社会的刑法危险",刘国良编译,载《马克思主义与现实》2005年第3期,第38-41页。

[4] 参见[德]汉斯·约格·阿尔布莱希特:"安全、犯罪预防与刑法",赵书鸿译,载《人民检察》2014年第16期,第30-34页。

此，风险刑法理论与网络刑法理论在产生背景、根本任务、主要应对策略等方面具有惊人的相似性，在应对日益加剧的网络技术异化风险过程中，传统的罪责刑法理念已经陷入失灵状态，安全刑法观作为因应风险社会的理论产物，成为网络刑法学的重要理论成分与外部形态表征。

2. 网络安全法益的整体迁移与知识变革的根基生成

当前，网络安全事关国家安全、公共安全和公共秩序，是有目共睹的全球性现象与新课题；[1]而且，网络安全法益呈现出整体嵌入和置换传统刑法法益的重大趋势。（1）网络安全事关国家安全。我国已成为全球性网络大国，网络空间安全成为整个社会安全的焦点与基石。《中华人民共和国网络安全法》（以下简称《网络安全法》）作为网络基本法，第1条开宗明义规定立法任务和目标，即"维护网络空间主权和国家安全、社会公共利益"。据此，网络安全兹事体大，是国家安全的重要组成部分，已经上升到国家安全的战略高度，是一项长远规划，是维护国家主权的重要时空场域。当前，网络安全嵌入国家安全集中体现在严厉打击和预防网络恐怖主义活动中，《中华人民共和国反恐怖主义法》（以下简称《反恐怖主义法》）第1条[2]、《刑法修正案（九）》对恐怖主义犯罪的修改均是体现。（2）网络安全关系公共安全。当前，云计算、大数据、物联网、"三网融合"等网络3.0时代的内容不断填充，彻底实现由单纯的计算机信息系统"技术互联"为主的代际跨越到以互联网为平台的"信息互联"为主调的新纪元，信息安全、智能终端应用安全、使用安全、配套安全、空间安全等新型网络空间公共安全内容翻新升级。网络是重要的技术终端、信息平台、大数据池、互动媒介，网络空间承载和维系了不特定多数人的生命、财产安全。技术风险、信息风险、数据风险等接踵而至，与公共场所、公共设施、公共领域、公共环境的人际安全、交流安全、生活安全、生产安全、物流安全等融为一体，直接决定公众安全感系数。作为犯罪对象、犯罪手段、时空维度的网络，对不特定多数人的人身、财产安全可能形成巨大的潜在风险，且主要集中在重要的生产生活环节与暴恐活动等方面。（3）网络安全维系公共秩序。公共秩序是国家治理与社会发展稳定有序、安定和平与有条不紊的基本保障，历来是刑法保障机能的核心内容。

---

[1] 参见郎平："网络空间安全：一项新的全球议程"，载《国家安全研究》2013年第1期，第128页。

[2] 该法第1条规定："为了防范和惩治恐怖活动，加强反恐怖主义工作，维护国家安全、公共安全和人民生命财产安全，根据宪法，制定本法。"

网络安全维系网络空间社会与现实物理社会的公共秩序安宁,《刑法》第285条至第287条即是体现。网络公共秩序既包括公共场所秩序和公共生活秩序,也包括附着于公共秩序或与公共秩序息息相关的财产安全、人身安全与网络空间公共秩序。[1](4)法益保护任务的蜕变与刑法理论的变革。刑法任务与刑法知识形态互为表里,刑法任务的变更直接促成制度设计的转变。法益保护是刑法的永恒主题,但是,传统法益的内容与形式纷纷启动"网络化"转型,传统物理性法益的形式载体与实质内容都已焕然一新,网络安全法益正在日益加速渗透并取代传统法益的主导地位。刑法法益是刑法理论与刑法立法的根基,网络安全法益的整体迁移态势,已经根本上动摇了传统刑法的根基,直接左右网络刑法的任务转向,奠定了传统刑法学知识转型的基础,并注定了从传统刑法学到网络刑法学的知识转型的历史必然性与时代必要性。

3. 网络空间社会的客观真实化与知识转型的实在本体性

网络空间被公认为是人类社会的"第五空间",网络空间社会是人类社会历史形态演进的未来图景。事实证明,网络时代已经全面渗透到社会生产生活的诸多方面,网络空间的独立化进程加速,呈现出对现实物理社会结构与关系网格的深度嵌入和融合趋势,[2]加速推动了网络安全法益的普遍化与具体物化进程。虽然网络刑法学所依托的网络空间社会仍处在成型阶段,并裹挟一定的虚拟属性与技术依赖症,但其客观化与真实化步伐并不迟缓,它奠定了网络刑法学的社会基础并为之提供物质保障。(1)网络技术进步持续供给网络社会变迁的原动力。网络技术变革的浪潮永无止境,以信息技术革命驱动的第三次浪潮正在彻底改变工业革命文明,并促成新的文明形态。数字化、智能化、信息化共同促成前所未有的数字化生存(Being Digital)环境,网络已经进入生产生活的诸方面。当前,网络技术日新月异,推动网络空间社会的整体迁移,触发前所未有的社会生产生活方式的撼动与颠覆。网络空间社会正在成型和不断真实化,网络及网络空间高度浸透传统现实物理社会与法律体系。网络空间社会是可预见的未来社会形态,对现实物理社会的冲击和颠覆不断强化。变幻莫测的网络犯罪正在颠覆传统刑事立法思维和司法方式,有效应对网络空间犯罪成为检验刑事立法适宜性与有效性的重要指标。

---

[1] 参见张智辉:"网络犯罪:传统刑法面临的挑战",载《法学杂志》2014年第12期,第66页。

[2] 参见张晓君:"网络空间国际治理的困境与出路——基于全球混合场域治理机制之构建",载《法学评论》2015年第4期,第50页。

"当世界开始迈向大数据时代时,社会也将经历类似的地壳运动。"[1]当前,大数据时代背景下,网络数据将成为未来网络3.0时代的关键内容,有关网络数据法益的刑法立法与司法保护已成为新挑战。(2)刑法制度的整体迁移与网络刑法形态的跃升。网络空间安全具有显著的内容开放性和技术不可控性,网络与网络空间作为犯罪对象、犯罪手段、犯罪时空维度深度融合,客观上导致传统刑法学的对象规制机能下降,法益保护机能削弱,甚至失效。尽管如此,网络代际加速过渡与渐进演化也为网络刑法学的知识转型增添了新的血液和动力元素,并驱动传统刑法理论体系自发自觉创新变革和形成相匹配的规范供给体系,确保刑法担负保护网络空间社会安全法益的核心使命。传统刑法学以现实物理社会为存在背景,因应网络技术风险、治理网络空间社会犯罪的适应能力和应变潜质日渐式微,倒逼传统刑法理论体系渐向网络刑法学体系转变。网络刑法学是未来刑法知识形态与刑法规范供给的源头,是刑法立法创新的制度依据。当前,网络刑法立法转型处在承前启后的关键期。

(二)网络刑法学的知识要旨

英国学者哈耶克指出,立法者的任务并非建立特定的秩序,而是在现有条件下合理促成秩序的自生自发形成与重构。[2]随着网络安全法益逐步替代传统法益并成为"新常态",维护网络安全法益成为当代刑法最重要的时代使命,既直接对传统刑法理论体系的根基造成冲击,也直接倒逼和加速推进网络刑法学的知识变革。在刑法立法主动求变与司法协同的互动下,网络刑法学的知识轮廓已经初显。

1. 网络刑法学的知识图像

网络刑法学是基于网络时代变迁而自发形成的知识形态变革,其任务与使命已发生重大的场域转向,旨在保障网络空间社会的网络安全法益这一核心内容。然而,网络刑法学的理论基础、价值取向、制度建构、措施设计、法典制定等都处于空白状态。究其缘由,一是网络代际演进与网络社会的成型具有过渡性与阶段性,勾勒网络刑法学图像的物质基础、社会基础等仍未齐备,导致展开超前性的理论构想难度很大;二是关于网络刑法学的图像,

---

[1] 参见[英]维克多·迈尔-舍恩伯格、肯尼斯·库克耶:《大数据时代:生活、工作与思维的大变革》,盛杨燕、周涛译,浙江人民出版社2013年版,第219页。

[2] 参见[英]弗里德里希·冯·哈耶克:《自由秩序原理》,邓正来译,生活·读书·新知三联书店1997年版,第201页。

属于未来学的讨论范畴,[1]既无直接有效的借鉴样本,亦无可以援引和比附的对象,导致理论体系安排难以具体化。当前,以参照传统刑法理论体系为主并以借鉴国际社会的最新发展为辅的探索路径,显然不具有整体效应,无法孕育具有前瞻性、预见性的崭新知识形态。尽管这场浩大的知识转型才刚拉开帷幕,所可能引发的"地壳"效应难以预知,但注定会带来巨大的变革。网络刑法学应当重新阐述和厘定网络犯罪、网络归责与网络制裁三大基本范畴,着力梳理网络刑法的任务、基本原则、效力范围、刑法解释、追诉时效等基本内容,以网络犯罪构成的体系重构、要件的重新安排、要素的删减为立足点,打造焕然一新的刑法知识结构。

2. 刑法立法的枢纽地位与转型

尽管网络刑法学的知识转型无法一蹴而就,但是,刑法立法是推动网络刑法学变革稳步前进的重要动力。应当推动网络刑法立法以扭转网络刑法立法滞后问题。(1)立法变革的基础意义。刑事法治保障机制是维护网络安全的中流砥柱,其中,刑事立法应对是整个刑事法治应对的基础,刑法立法完善是促成和实现网络刑法学知识转型的原动力与关键点,是推动传统刑法积极求变并满足网络安全保护需要的主要手段,可以确保在由传统刑法学到网络刑法学的过渡期能够提供充足有效的规范供给与制度输入。因此,推动网络空间安全的刑法规范完善刻不容缓。科学构建网络空间安全的法规体系是网络安全保护的重要战略部分,网络空间专门立法将长期成为我国今后立法的重要任务。[2]其中,网络刑法立法更是网络立法布局的关键。(2)网络刑法立法的代际迟延。早期关于计算机犯罪的刑法立法主要关注计算机信息系统安全,具有很强的技术犯罪背景,如今已经暴露出其滞后性。目前,《网络安全法》是未来我国网络安全法律体系的基本法,其中信息网络安全占据主导地位。基于此,两次刑法修正先后重点修改了信息网络犯罪与关联犯罪,拓宽了网络刑法立法的平台和视野。但是,当前刑法立法高度重视以信息网络为核心标志的网络 2.0 时代,导致日益独立的网络空间安全法益缺乏常态化、专门性的立法规定,也使得大数据安全法益保护呈现明显的迟延性,进而导致刑法规范的制度供给缺乏独立性、专属性与前瞻性。(3)域外比较与差距。相比于欧美等发达国家与国际社会的网络专门立法,我国网络安全立

---

[1] 参见[挪]埃里克·纽特:《未来学》,于芳译,华文出版社 2009 年版,第 1 页。
[2] 参见孙佑海:"论我国网络安全面临的十大问题和立法对策",载《中国信息安全》2014 年第 10 期,第 40 页。

法，尤其是刑事立法仍存在诸多不足，甚至严重不足。[1]比如，欧盟 2001 年通过的《网络犯罪公约》对我国有一定的借鉴意义；第十九届国际刑法学协会在里约热内卢达成的"信息社会与刑法"决议是当前指导网络安全保护与网络刑法立法的最新国际指南，也有可借鉴之处。尽管我国在网络刑法方面的进步有目共睹，但是，专门的网络刑法立法理念与体系等仍显薄弱，严重依附于传统刑法理论与刑法典，既无法准确反映网络犯罪的发展趋势、主要特点与重点、难点，也难以助推网络刑法学知识转型迈向常态化轨道。

综上所述，从传统现实物理社会到网络空间社会的渐进变迁，正开启从传统刑法学到网络刑法学的根本性视角之变。网络刑法学作为刑法知识形态的未来图景，可以借由刑法立法予以呈现，也可直接为网络刑法立法完善注入供给"基因"。

二、我国网络刑法立法的进程回顾与代际检视

因应网络犯罪的刑法立法，先后经历起步、发展和完善三个阶段，虽然取得了显著的成效，但是，规范供给不足的制度短板日益凸显。

（一）主要立法阶段及其得失

从计算机犯罪到网络犯罪的立法有其发展过程：1997 年《刑法》是起步阶段，《刑法修正案（七）》是发展阶段，《刑法修正案（九）》是完善阶段。各阶段的立法成果兼具得失，既逐步消除原有痼疾，也滞后于网络安全形势。

1. 起步阶段

受限于网络 1.0 时代的计算机信息技术瓶颈与互联网发展的雏形水平，1997 年《刑法》的计算机立法理念和思维已经显得保守且滞后，其第 285 条至第 287 条规定了传统意义上的"计算机犯罪"，第 285 条、第 286 条主要规定计算机信息系统的信息交流安全保护问题，第 287 条主要规定利用计算机信息系统实施犯罪的法律适用问题。[2]初步确立了计算机犯罪的"二元制"立法格局：一是以计算机信息系统作为犯罪对象；二是以计算机信息系统作为犯罪手段。

---

[1] 参见谢君泽："从欧美典型立法看我国网络安全法的立法定位"，载《中国信息安全》2014 年第 9 期，第 83-84 页。

[2] 参见赵秉志主编：《新刑法教程》，中国人民大学出版社 1997 年版，第 669-673 页。

2. 发展阶段

高速发展与高度普及的互联网已经全面进入社会生产生活，然而，立法理念陈旧、立法技术水平不高等问题共同加剧了计算机犯罪的立法漏洞，主要有如下几个方面：（1）非法侵入其他普通计算机信息系统无法入罪，导致保护范围不完整，而现实中诸如金融、银行等重要网络系统时刻面临遭受恶意网络攻击并受到严重损害的危险。（2）非法侵入计算机信息系统往往是预备行为，非法控制和获取计算机信息系统数据并实施正犯行为危害更重，诸如窃取银行账号与密码、电话通讯录等并实施诈骗、盗窃等犯罪，但有关立法处于空白状态。（3）网络犯罪已经形成完整的非法利益链条，提供非法侵入、非法控制计算机信息系统的程序与工具是利益链条的首端，只有切断技术帮助行为，才能从源头遏制后续的实行行为和防止更严重的危害结果，但有关立法处于真空状态。尽管《刑法修正案（七）》及时增加第 285 条第 2 款、第 3 款，但修改不足仍较为明显。①第 285 条第 2 款的修改不足。"非法侵入"已经具有相当的社会危害性或危险，但非法侵入普通计算机信息系统并不构成犯罪。②未修改第 286 条。首先，第 286 条的三种具体危害行为都可以概括为"破坏"，可以包含任何危害网络安全的行为，无法与第 285 条规定的危害行为相区别。[1]其次，网络病毒直接危害网络安全，是网络技术危害行为的源头，制造、传播计算机病毒等破坏性程序的行为具有严重的危害和危险。不论是否"后果严重"，都应当作为独立的犯罪处理，可以规定为危险犯或行为犯；"后果严重"的，可以加重处罚。[2]③未修改第 287 条。当前，利用网络空间实施犯罪的行为正在快速蔓延，大量网络预备行为、网络片面帮助行为、网络中立的（正常网络业务）行为介于罪与非罪的边缘，亟待立法明确介入和规制。

3. 完善阶段

《刑法修正案（七）》不足以应对网络 2.0 时代的新犯罪和新挑战，网络 3.0 时代的云计算、物联网、"三网融合"、大数据等纷至沓来，再次加剧了立法规范供给失衡的短板，《刑法修正案（九）》适时修改网络犯罪及关联犯罪。《刑法修正案（九）》的修改内容和幅度前所未有，犯罪化尺度历来

----

[1] 参见孙道萃："'流量劫持'的刑法规制及完善"，载《中国检察官》2016 年第 8 期，第 74 页。

[2] 参见皮勇："我国新网络犯罪立法若干问题"，载《中国刑事法杂志》2012 年第 12 期，第 48 页。

最大，处罚更严厉，较好地完成了惩罚犯罪、保护人民和维护正常社会秩序的基本立法任务，切实贯彻了宽严相济刑事政策的宽严得当要求。[1]但是，在修改过程中，理论界和实务界一直存有分歧和担忧：一是追究网络服务提供者不履行信息网络安全管理义务的法律责任以及对网络预备行为的处罚面临处罚的正当性、可行性不足等问题；[2]二是对网络片面帮助行为或网络中立帮助行为追究刑事责任面临处罚范围过宽和处罚不当等问题。[3]同时，《刑法修正案（九）》并未彻底解决上次修改遗留的问题与新出现的问题，如网络危害行为的优化和网络犯罪的定量标准、与《网络安全法》规定的协调、网络犯罪是否独立成节规定、罪名体系的重置等问题。

总体而言，现行刑法与修正案都暴露出规范供给不足等问题，立法的短期性、应急性、个别性较为突出，直接降低了刑法立法反应机制的针对性与有效性。而其背后，正是刑法理论体系的对接不畅与刑法知识结构的内生性冲突导致的问题。

（二）网络刑法规范供给失衡的法理巡思

当前，《网络安全法》的出台是基于严峻的网络安全形势作出的重要决策，加快通过网络基本立法意义重大；而且，刑法修正纷至沓来，显著提升了网络刑法立法水平，特别是第 286 条之一、第 287 条之一和第 287 条之二的规定甚至处于国际领先地位。但是，刑法立法过于固守稳定性，网络刑法立法及其规范体系裹挟不可克服的滞后性，通过刑事体系治理网络犯罪和维护网络安全深陷规范供给不足、应对策略延迟、反应措施滞后等制度困境中。

1. 协同网络代际的立法意识欠缺

现代科学技术是第一生产力，网络技术是社会形态变革与网络代际变迁的关键动力。网络技术日新月异，网络代际更迭频繁，网络代际的切换速度和频率无法预测，导致网络安全的核心内容及其特殊需要不尽相同，网络安全刑法保护的策略、措施和规则应当同步更新。但是，从网络刑法立法的三个阶段看，网络代际及其变迁对刑法立法思维的前提作用与基本引导作用呈现出乏力状态，根据网络代际确定立法思维和兼顾立法预见性的能力显得不

---

[1] 参见赵秉志、袁彬："中国刑法立法改革的新思维——以《刑法修正案（九）》为中心"，载《法学》2015 年第 10 期，第 23 页。

[2] 参见张智辉："试论网络犯罪的立法完善"，载《北京联合大学学报（人文社会科学版）》2015 年第 2 期，第 96 页。

[3] 参见周光权："《刑法修正案（九）》（草案）的若干争议问题"，载《法学杂志》2015 年第 5 期，第 77 页。

足。网络2.0时代与网络3.0时代的交替碰撞正处在固化与转型阶段,《刑法修正案（九）》部分回应了网络代际的新特征和需要，但在回应大数据时代和保护网络数据法益上缺乏适时性与预见性，充分暴露了网络刑法立法思维的陈旧性与迟延性。总之，计算机犯罪即将成为过去式的概念，网络犯罪是未来时的统称，网络刑法立法未能与网络代际同步已成为刑法知识转型的主要障碍。究其原因，一是主动、积极运用网络代际并导入立法的指导观念不强，以至于积重难返；二是当前网络刑法立法横跨不同网络代际，立法的整体性、复合型布局薄弱，"应急性"立法的侥幸心理仍在作祟，立法交错纷杂，甚至前后冲突。

2. 网络立法的核心法益失准

计算机技术以及计算机信息系统运行安全主导网络1.0时代，1997年《刑法》规定的计算机犯罪主要立足于网络1.0时代，终将被淘汰。两次修正均主要聚焦网络2.0时代的信息网络安全立法，但对网络1.0时代的扬弃和网络2.0时代的反映并不彻底和全面，未能全方位将信息网络安全法益引入刑法修正案与刑法典。大数据时代下的网络数据引领网络3.0时代前进，刑法修正对网络3.0时代的跟进不充分，围绕大数据的刑法立法几乎空白。概言之：（1）技术法益的立法主导地位正被淘汰。1994年国务院颁布的《中华人民共和国计算机信息系统安全保护条例》（以下简称《计算机信息系统安全保护条例》）已在2011年被修改，作为首部关于计算机信息系统安全保护的法规明显跟不上时代步伐。根据《计算机信息系统安全保护条例》第1条的规定，"为了保护计算机信息系统的安全……制定本条例"。据此，"计算机信息系统"是核心内容，"计算机信息系统安全"成为焦点，重在计算机信息系统的内部技术安全和局域网的运行安全，凸显计算机信息系统的技术代际特征，这直接导致1997年《刑法》侧重"技术犯罪"的规定。但是，技术犯罪已经不是发展主流，从而严重制约网络刑法立法思维的主动更新，明显脱离信息网络时代与网络空间社会的主流趋势。（2）信息与数据法益的立法反应迟缓。"计算机信息系统"作为计算机技术1.0代际的重心正在悄然暗去。融合信息、平台、物流、人机一体于一身的互联网2.0时代以信息交流和自由共享为主调并高歌猛进，以"移动智能终端"为技术支撑的智能互联网正在加速升级互联网2.0时代并迈向网络大数据时代。[1]尽管信息网络安全跃居

---

[1] 参见李怀胜："三代网络环境下网络犯罪的时代演变及其立法展望"，载《法学论坛》2015年第4期，第96页。

首位，但是，高速发展的大数据、云计算、移动互联网、三网融合等合力助推网络空间时代，网络数据流具有智能性和流动性，网络数据成为网络 3.0 时代的关键词，并持续深度嵌入生产生活。在此基础上，围绕网络 3.0 时代的大数据安全法益的刑法立法更失去"准星"。毫无焦点或焦点不明严重制约网络立法的科学性，这也是立法应升级换代的主要部分。

3. 立法预见性的匮乏

网络作为新生事物，网络代际的变迁瞬息万变，客观上导致网络刑法立法容易陷入适宜性不足与同步性落差的怪圈。当前，网络刑法立法的根据、任务、理念等都面临着"倒时差"的棘手难题，回顾从计算机犯罪到网络犯罪的立法理念迁移，立法"亦步亦趋"现象甚为明显，被动性反应、分割性反应、象征性反应时常泛起。既明显与网络代际的高速变化与时代需要"脱节"，也迟滞与网络代际变迁、网络安全新形势等保持同步"输入"，直接导致立法规范的"输出"效果缺乏预见性与前瞻性。但是，"见招拆招"的立法策略贻害无穷，诱发立法理念的滞后、立法规定的分散性、立法内容的支离性等问题，阻碍提升网络刑法立法水平，间接影响网络刑法学理念的形成与具体展开。

4. 国际化接轨迟缓

网络技术的引领者与主导者主要是欧美等西方国家，在治理网络犯罪的经验和网络刑法立法的先进成果方面仍局部呈现为先进与追赶的两极分化趋势。1997 年《刑法》规定的计算机犯罪具有明显的滞后性，与欧盟 2001 年通过的《网络犯罪公约》存在较大差距。虽然经过多次集中修改，网络刑法立法水平已经极大提升，甚至网络预备犯罪、网络共同犯罪的立法已处于较为领先的地位，但是，与"信息社会与刑法"决议相比仍存在明显差距。而且，从立法的独立意识、保护法益及范围的广泛性、刑法介入的原理及其边界、犯罪化的原则与尺度、具体犯罪的设置等主要内容看，我国当前的网络刑法立法都有追赶的余地。

5. 专属立法思维与方式阙如

通常认为，传统刑法理论确立报应性司法理念，主要包括危害行为是介入前提、危害原则是入罪原理、一般以实害结果为处罚依据、结果犯是主要的立法技术等基本主张。但是，网络刑法学指导下的网络刑法立法具有专属性，立法思维和方式不宜全盘遵循和沿袭传统。究其原因，影响立法的时代背景已焕然一新，主要包括：立法的社会背景与物质基础发生根本性变化，保护法益的立法任务已经实现同步的位移，立法规制的对象是网络技术风险与网络空间社会安全秩序，网络危害行为触发立法基本原则、犯罪概念、犯罪构成、刑事责任、制裁体系的重大变革以及具体罪名设置的重新洗牌。但是，网络刑法立法的专属性究竟为何及其实现途径等基础问题仍有待理论界厘定。

综上，尽管从计算机犯罪的立法到信息网络安全的立法是显著的进步，但仍问题多多。网络刑法立法应当遵循网络刑法学特有的思维与方式，立足网络空间社会的属性与需要，扬弃传统刑法学及其立法，建构面向未来的知识图景。当前，重述网络刑法立法的理念、明确立法的重心、目标与方向是重中之重。

三、网络刑法立法的协同转变

立足网络代际的纵深跃进与升级换代，结合我国网络刑法立法的主要阶段及得失，基于网络刑法学的基本立场与知识结构，网络刑法立法的三维理念、网络安全法益的确立及保护范围的扩容、网络危害行为类型的重塑、预防性刑法立法思维及其立法技术方式的生成，是网络刑法立法协同供给体系的关键与核心。

（一）网络空间立法理念及三维重构

变革立法理念是网络时代赋予的新任务，建立"回应型"刑法规范供给体系的首要前提是审视过往的"计算机犯罪"立法观和重新布局网络刑法立法理念。

1. 立法基础的客观变化

立法的科学性源自于客观的现实需要、准确的目标以及充分的准备条件。网络刑法立法的客观基础显然有别于传统，主要如下。（1）网络刑法立法正经历从计算机技术为主导到信息网络为主导地位的立法思维切换。1997年《刑法》规定的"计算机犯罪"主要立足计算机技术时代，具体规定和罪名设置侧重于将计算机信息系统作为犯罪对象和犯罪手段两个层面。当前，信息网络时代高度发达，《刑法修正案（七）》主要增补网络作为犯罪对象的相关规定，严密信息系统安全的保护法网。《刑法修正案（九）》赶上网络2.0时代与网络3.0时代的过渡阶段，再次聚焦信息网络安全，重点增加利用网络作为犯罪工具的规定，加强网络作为犯罪对象的规定，逐步摒弃计算机犯罪的陈旧立法观念，逐步推动网络立法理念的代际变革。（2）网络空间立法思维阙如。网络2.0时代基本完成由"信息媒介"到"生活（生产）平台"的技术切换，并进入以大数据时代为导向的数据智能联网时代，"双层社会"，尤其是网络空间社会加速客观与真实化。《网络安全法》第 1 条明确规定 "网络安全" 和 "网络空间主权" 是立法保护内容。然而，刑事立法与修正案都并未直接明确规定 "网络安全" 与 "网络空间主权"，难以反映网络空间独立化对网络刑法立法产生的深刻影响。

2. 网络空间立法思维释义

网络空间社会的真实客观化决定了网络空间立法思维的必然性及其重要地位。(1) 网络犯罪的三维格局。不仅要摒弃计算机软件时代固守的立法理念，继续合理保留网络作为犯罪对象和犯罪工具的基本立法思维，更要树立和充分形成网络空间（网络空间主权）的立法理念。在实践中，相关司法解释已经确立网络作为犯罪新时空维度的客观事实。比如，《最高人民法院、最高人民检察院关于办理利用信息、网络实施诽谤等刑事案件适用法律若干问题的解释》明确将网络空间视为 "公共场所"，并确立网络空间公共秩序的保护意义。但是，司法解释终归属于扩张解释，单纯寄希望于扩张解释具有一定的局限性，立法直接确认 "网络空间" 立法思维，才能确保充分、彻底保护独立的网络空间安全法益。(2) 网络空间立法思维的普适性。网络空间是网络技术进步、网络代际更迭共同形成的新生事物，尽管网络空间对传统现实物理社会的依赖仍然存在，但是，网络空间已经形成其独有的关系格局。网络空间作为与传统现实物理社会并轨的时空维度，网络空间与现实物理空间的时空距离逐渐缩小，甚至最终消除，网络空间逐渐成为独立的法益空间，终将与传统现实物理社会高度合一。网络空间作为犯罪的新时空场域，其准入、运营、服务、监管、生产生活等一系列行为都与网络犯罪存在紧密联系。凡是与网络或网络空间有关联的网络行为，都可以是网络安全法益的潜在载体与刑法规制的对象。

3. 三维立法理念的实现途径

网络刑法立法应当以三个维度为基础理念展开具体活动，既要不断巩固以网络作为犯罪对象和犯罪手段的立法内容，更要在网络作为犯罪空间的立法规定上实现质的突破。简言之：(1)《刑法》第 287 条的兜底作用有限。相比于第 285 条和第 286 条，第 287 条保护的法益具有开放性和包容性，可以在当前的立法体例和格局中承担兜底作用。当前，"网络空间" 的立法规制重任往往只能落在第 287 条上，新增第 287 条之一、第 287 条之二也应验第 287 条规定的法益包容性和开放性。虽然第 287 条可以发挥维护网络空间安全和公共秩序的作用，然而，第 287 条的立法原意是针对网络作为 "犯罪工具" 的情形，"犯罪工具" 不等于 "网络空间"，原则上无法真正有效担负独立保护网络空间安全法益的重任。（2）总则设置概括性规定。目前，总则的网络立法缺乏前瞻性与专门性，导致总则和分则缺乏体系的一致性，不利于总则整体指导分则的"规范群"。从立法的完整性、全局性和前瞻性看，总则应当增设独立条文，规定破坏网络安全和网络空间主权的刑事责任，全面协调总则和统领分则的相关规定，彻底实现从"计算机信息系统（安全）"切换到"网络（空间安全）"的立法思维转变。（3）网络空间立法思维的总则确认。可以考虑同时从《刑法》第2条和第13条着手，理由有二：一是《刑法》第2条规定"刑法任务"，明确法益保护的范围、类型，决定刑法机能的内容，是指导刑事立法和刑事司法的重要依据。既然网络安全已经全面渗透到传统刑法法益，第2条理应同步"输入"《网络安全法》第1条确立的"保障网络安全，维护网络空间主权"等核心内容，为保护网络安全刑法法益奠定基础。二是第13条规定法定的犯罪概念与犯罪构成，是确立网络安全法益和明确网络犯罪的总则地位及其范畴的具体载体。既可以辐射总则的其他条文，也对分则具有指导意义。可以考虑增加第13条第2款："实施破坏网络及网络空间安全的危害行为，利用网络空间实施危害行为，对网络空间实施危害行为的，依照前两款的规定处理。"借此，正式确认网络空间安全法益是重要的立法内容与保护对象。

（二）网络安全法益的统领地位与扩容

网络刑法立法理念的迟滞间接暴露出网络安全法益保护的不足。网络安全法益处于统领地位，应消除立法保护范围的狭隘和法益保护内容的代际缺漏。

1. 网络安全刑法法益的现状

《刑法》第285条保护的法益是国家特定领域的计算机信息系统的安全，犯罪对象是国家特定领域的计算机信息系统；第286条保护的客体是国家对计算机信息系统的管理秩序，犯罪对象是计算机信息系统功能和计算机信息系统中存储、处理、运输的数据和应用程序。[1]据此，第285条至第286条的保护对象是计算机信息系统或计算机系统，保护法益是计算机信息系统安全及管理秩序。同时，根据第287条的规定，任何犯罪都可能通过计算机实施，所保护的法益可以概括为"关联法益"。由此，我国确立了由专门保护规定和非专门保护规定组成的法益"二元"立法保护格局。最后，两次主要的

---

[1] 参见高铭暄主编：《新编中国刑法学》（下），中国人民大学出版社1998年版，第823页、第825页。

刑法修正还带来以下变化。(1)《刑法》第285条第2款的犯罪客体为计算机信息系统的安全，对象是普通的计算机（信息）系统及其数据。第285条第3款的犯罪客体为计算机信息系统的安全，对象是用于侵入、非法控制计算机信息系统的程序、工具。[1]据此，新增"其他计算机信息系统及其数据"等保护对象，增加数据安全、技术应用安全等保护法益。(2)《刑法修正案（九）》增加了信息内容安全、信息安全监管秩序、利用网络的秩序安全、网络技术使用与运行安全等新法益内容，新增信息安全义务的履行、网络利用行为、网络技术帮助行为三种犯罪对象内容。[2]据此，保护对象和保护法益与《网络犯罪公约》[3]基本持平，甚至《刑法》第287条之一等新增内容已赶超《网络犯罪公约》。但是，保护法益的内容和对象仍呈现出分散性、支离性等问题，仍主要为网络1.0时代的计算机信息系统（计算机系统）。

2. 域外经验

(1)《网络犯罪公约》的规定。欧盟于2001年审议通过的《网络犯罪公约》开门见山指明目的和宗旨：为了保护信息技术应用和发展中的合法权益，为了保护个人数据安全，为了针对计算机系统、网络和数据的可信性、完整性和可用性和对滥用这些系统、网络和数据进行本协定描述的犯罪行为进行必要和有效的打击和威慑，为了促进打击计算机犯罪和保护基本人权。据此，《网络犯罪公约》的保护法益可以概括为"计算机系统、网络和数据的可信性、完整性和可用性和对关联滥用行为的制裁，最终打击犯罪和保护人权"。相比我国早期的计算机犯罪规定，《网络犯罪公约》确立的法益更专、更完整：一是对"计算机数据和系统可信性、完整性和可用性"与"计算机关联的内容或方法"的保护更系统；二是注重保护人权和打击犯罪的价值均衡。在保护对象上，第二章"国家层面上的措施"的第一节"刑事实体法"规定了两类犯罪：一是侵犯计算机数据和系统可信性、完整性和可用性的犯罪，

---

[1] 参见高铭暄、马克昌主编：《刑法学》，北京大学出版社、高等教育出版社2016年版，第534页。

[2] 参见赵秉志："中国刑法的最新修正"，载《法治研究》2015年第6期，第8-9页。

[3] 《网络犯罪公约》(Cyber-crime Convention)是于2001年11月23日由欧洲委员会的26个欧盟成员国以及美国、加拿大、日本和南非等30个国家的政府官员共同签署的国际公约并开放签署，是全世界第一部针对网络犯罪行为所制定的国际公约。直到2004年7月1日才达到生效的条件。此外，2003年1月23日，欧盟在斯特拉斯堡通过《网络犯罪公约补充协定：关于通过计算机系统实施的种族主义和排外性行为的犯罪化》，对利用网络实施种族主义和排外性行为的犯罪化提供了国家性标准。

包括第 2 条到第 6 条规定的非法侵入、非法拦截、数据干扰、系统干扰、设备滥用。二是计算机关联犯罪。包括第 7 条（计算机相关的伪造犯罪）、第 8 条（计算机相关诈骗）组成的"计算机相关犯罪"，第 9 条（与儿童色情相关的犯罪）确立的"与内容相关的犯罪"，第 10 条确立的"与侵犯著作权及相关权利有关的犯罪"。据此，保护对象可以概括为"计算机数据和系统"与"计算机关联的内容或方法"两部分。虽然我国法益的"二元"立法保护格局与《网络犯罪公约》确立的保护对象格局不谋而合，但是，早期的保护范围明显更狭隘、保护范围的类型化明显不足。（2）"信息社会与刑法"决议的最新进展。该决议反映国际社会的最新共识，集中在刑法总论、刑法分论、刑事程序法与国际刑事法律四个方面。在第二部分中，直接明确下列法益应当受到保护：数据和信息通讯技术系统的保密性、完整性和可用性、信息的真实性；生命和身体权益，儿童身心完整性；隐私；保护财产（包括虚拟财产）免于侵害及损失；著作权；名誉权；言论自由和其他基本人权，等等。据此，法益包括"数据和信息通讯技术系统的保密性、完整性和可用性、信息的真实性"（该决议也使用"信息和通信技术网络与赛博空间的保密性、完整性和可用性"的表述）与"其他关联性法益"。显然，"信息社会与刑法"决议在保留《网络犯罪公约》主张的"计算机数据和系统可信性、完整性和可用性"的基础上，将其拓展为"数据、信息通讯技术系统以及网络（赛博）空间"。该决议明显扩充了专门法益和关联法益及其保护对象的范围，更符合网络代际的现实需要，是《网络犯罪公约》的升级版本。

3. 网络安全法益的扩容要领

网络代际变迁与网络安全法益的扩容都具有阶段性、过渡性和漫长性，网络刑法在立法体例上应当升级换代，分步骤扩大网络安全法益的覆盖面与辐射力，并最终完成网络安全刑法法益的整体置换。简言之：（1）立法追赶的方向。《网络安全法》充分聚焦网络安全这一核心法益，根据《网络安全法》第 1 条的内容，保护的法益应当包括网络安全、网络空间主权、国家安全、社会公共利益与其他合法权益等。而且，根据第 10 条等的规定，网络安全法益的保护对象应当包括建设、运营和服务提供商维护"网络安全、稳定运行"和"维护网络数据的完整性、保密性和可用性"等。由此，保护对象集中在"网络和系统""网络数据"两大环节，既为彻底取代计算机信息系统和计算机系统的陈旧内容奠定基础，也为刑法今后实现网络安全法益保护奠定基础。（2）分则设立"单节"规定"危害网络安全犯罪"。现有六个条文组成的"规范群"不应继续置于明显超负荷的"扰乱公共秩序罪"一节内。应考虑适时设置"单节",整合当前网络犯罪罪名和提高立法的整体协调性。"危害网络安全犯罪"作为新增单节,暂时可以置于第六章"妨害社会管理秩序罪"新增的"第十节"。有观点认为,可以将攻击网络或利用网络平台、利用网络空间的危害公共安全行为纳入"危害公共安全罪"一章。尽管网络安全法益处在整体迁移状态,但直接置于"危害国家安全罪"或"危害公共安全罪"等章,将导致保护对象变得狭隘、不符合过渡性调整的要求、增加立法修改的阻碍等新问题。(3)分则增设独章规定"网络犯罪"。在网络刑法学的转型背景下,"危害网络安全犯罪"一节仅是应急举措,应当独立成章规定"网络犯罪"。一旦采取专章化,应当根据法益内容与危害行为的类型,重新合理设置个别"节"以提高整体的协调性。(4)制定网络刑法典。网络1.0时代正在悄然褪去,网络2.0时代风头正劲,网络3.0时代迅猛发展。鉴于此,"网络犯罪"的专章设置仍是过渡方案,网络刑法典的全面置换才是终极方案,以承接网络安全法益完成整体迁移的新生代际格局,并宣誓网络安全法益的绝对主导地位。

(三)网络技术危险行为的类型重述

危害行为是传统刑法学的逻辑起点,网络危害行为(亦称为网络技术危险行为)是网络刑法学的根基,是网络刑法立法的重要索引。网络危害行为的类型完整性与体系合理性直接裨益于网络刑法的立法科学性与适宜性。

1. 网络危害行为的现状研判

纵观现有的网络危害行为,存在明显的网络代际落差与类型遗漏。简言之:(1)现有网络危害行为。一是《刑法》第285条第1款规定的"非法侵入"特殊计算机信息系统,第2款规定的"非法控制"普通计算机信息系统和"非法获取"普通计算机信息系统数据,第3款规定的"提供"侵入和非法控制的程序、工具。二是《刑法》第286条第1款规定的"破坏"计算机信息系统功能正常运行的行为,第2款规定的"破坏"计算机信息系统数据、程序的行为,第3款规定的制作、传播计算机病毒等破坏性程序的"破坏"行为。第286条之一规定的"拒不履行信息网络安全管理义务"的危害行为。三是《刑法》第287条规定的作为"犯罪工具"的行为,第287条之一规定的"非法利用信息网络"的系列危害行为,第287条之二规定的"帮助信息网络犯罪活动"的系列危害行为。这两个条文的危害行为具有开放性,主要规制普通的非法"利用网络"行为。(2)立法修正并未彻底解决网络危害行为的交叉混合、不完整等问题,主要包括:一是第285条至第286条、第286条之一以网络或网络空间作为犯罪对象,"非法侵入""非法控制""非法获取""非法提供""（非法）破坏"存在交叉或遗漏等问题。比如，"破坏"可以涵括其他危害行为，"非法提供"的对象仅限于"侵入"和"非法控制"，非法提供、传播网络病毒尚未独立为危害行为。二是第 287 条、第 287 条之一、第 287 条之二以网络与网络空间作为犯罪手段，危害行为的行为种类具有开放性，但类型化、个别化明显不足。三是网络空间具有独立性，针对网络空间安全法益的普遍或特殊危害行为类型的规定尚付阙如，如滥用、使用、技术支持等。

2. 网络危害行为的比较考察

《网络犯罪公约》、"信息社会与刑法"决议设置的网络危害行为类型是值得借鉴的有益经验成果。(1)《网络犯罪公约》的标准。2001 年，《网络犯罪公约》第二章第 2 条至第 10 条规定了九类网络犯罪行为，分别是"非法进入"（计算机系统）、"非法截取"（电脑传送的"非公开性"资料）、"资料干扰"（任意行为）、"系统干扰"（妨碍电脑系统合法使用）、"设备滥用"（用于非法进入、非法截取、资料干扰、系统干扰的设备）、"伪造电脑资料"（输入、更改、删除、隐匿等）、"电脑诈骗"（为谋取不正当利益而导致他人财产损失的任一行为）、"侵犯著作权及相关权利的行为"（通过故意、大规模利用电脑系统实现）。《网络犯罪公约》规定的危害行为类型一度处于国际引领地位。为了应对网络信息系统环境下有组织犯罪、恐怖袭击的新威胁，欧盟理事会于 2005 年通过了《关于攻击信息系统的理事会框架决议》，[1]该决议第 2 条至第 4 条分别规定了三种侵犯信息系统安全的犯罪，即"非法侵入信息系统"（未经授权故意侵入信息系统的全部或部分）、"非法干扰信息系统"（故意地任意干扰计算机数据与信息系统的功能）、"非法干扰信息系统数据"（未经授权故意破坏前两款规定的信息系统的计算机数据）。[2]其中，非法侵入信息系统、非法干扰信息系统与《网络犯罪公约》第 2 条、第 5 条基本一致，非法干扰信息系统数据与第 4 条相对应。《网络犯罪公约》与《关于攻击信息系统的理事会框架决议》相比，前者规定的网络危害行为更全面、完备和有针对性，后者部分执行前者的一些规定。虽然《网络犯罪公约》

---

[1]《关于攻击信息系统的理事会框架决议》的缔约方限于目前的 27 个欧盟成员国，该决议一旦通过便生效，成员有义务在规定时间即 2007 年 3 月 16 日前，将决议要求移植到其法律中。

[2] 参见皮勇："论欧洲刑事法一体化背景下的德国网络犯罪立法"，载《中外法学》2011 年第 5 期，第 1045 页。

的参照性很强，但主要关注计算机技术犯罪，逐渐与全球网络犯罪发展趋势和我国网络犯罪现状脱节。客观地讲，经过多次修改后，我国网络刑法立法整体上与《网络犯罪公约》并无根本差距，在网络危害行为类型上的差距也大幅缩小。（2）"信息社会与刑法"决议提供的国际最新共识。根据该决议的第一部分"刑法总论"和第二部分"刑法分论"达成的共识，危害行为类型包括：一是应当排除的行为，包括仅仅违反宗教或道德规范的行为（第一部分·A 有关刑事立法的一般共识第 4 项）；二是单纯预备攻击信息和通信技术网络的行为，网络持有和浏览数据的行为（第一部分·D 刑法的扩张第 9 项至第 11 项）；三是互联网接入服务提供者、主机服务提供者的不作为（第一部分·D 刑法的扩张第 12 项）；四是非法侵入信息通信系统，非法截取非公开传输的电子数据，不正当干扰数据和信息系统，滥用设备、软件、密码或代码，与电脑相关的伪造与诈骗，以及政府单位未经授权的介入（第二部分第 5 项，该项集中作出规定）；五是个人信息窃取等行为，儿童色情有关的行为，网络骚扰、网络欺凌、网络诱拐等行为，侵犯知识产权的行为（第二部分第 4 项、第 7 项至第 10 项）；六是重要信息通信通讯基础设施和大量敏感数据的重大过失危害行为（第二部分第 11 项）。据此，决议充分整合和更新了《网络犯罪公约》的规定，是当前关于网络危害行为的最新国际参照标准。但是，决议糅合传统危害行为与网络危险行为，并且部分网络危害行为属于对《网络犯罪公约》的重述，我国网络刑法立法应当有选择地参照，而非一律照抄照搬。

3. 网络危害行为的整体优化

为了解决类型化不足、体系性欠佳等问题，可以适当借鉴决议的最新内容和国际共识，设计更适宜的网络危害行为体系。（1）与《网络安全法》保持同步更新。从宏观上看，《网络安全法》的主要影响因素包括：一是关键信息基础设施及其运行安全的保护，具体由第三章"网络运行安全"第二节"关键信息基础设施的运行安全"规定；二是网络信息安全的维护，具体由第四章"网络信息安全"规定；三是网络运营者和网络服务提供者履行网络安全管理义务；四是确立"网络"作为核心关键词的地位，弃用"计算机（信息）系统"等陈旧内容。网络危害行为的类型化改良应当严格依据《网络安全法》作出调整和补充。（2）立法改进的要点。当前处于过渡期，改良可以从以下几点入手。一是《刑法》第 285 条第 1 款至第 3 款的修改。"非法侵入"应当独立，不限于特殊的计算机信息系统或网络，"非法控制"与"非法获取"不应限于普通的计算机信息系统或网络，"非法侵入""非法控制"和"非法获取"相互独立。"非法提供"程序和工具的对象不限于"非法侵入"或"非法控制",应当包括所有网络危害行为。二是《刑法》第 286 条、第 286 条之一的修改。第 286 条第 1 款规定破坏系统功能,第 286 条第 2 款规定破坏系统的数据和应用程序,所保护的对象陈旧不堪、相互交叉;网络与网络数据具有差异性,应当分别保护。第 1 款和第 2 款可以考虑调整为"破坏网络运行"和"干扰网络信息数据"。单列"破坏网络运行"危害行为具有整体的保护意义,可以将诸如关键信息基础设施的运行安全纳入保护范围,与《网络安全法》相一致;确立"干扰网络信息数据"危害行为可以区分非法获取数据行为,与第 286 条之一保护信息网络安全的意图呼应,凸显保护信息网络安全的立法旨趣。网络病毒是主要的网络危险源头之一,严重的制造和故意传播网络病毒即使作为预备行为仍值得处罚,第 3 款应当单独确立为"故意制造、传播网络病毒"危害行为。另外,应当增加第 4 款,概括后续的新型危害行为,如滥用软件技术的"非法滥用"危害行为等。三是《刑法》第 287 条、第 287 条之一和第 287 条之二的修改。严厉制裁破坏网络信息安全与非法利用网络作为犯罪工具和犯罪平台的行为是立法趋势,利用网络(空间)的危害行为与种类将不断"增量",可以概括为"非法利用网络、网络技术或网络空间"。

4. 网络危害行为的类型结构

经过修改后,现阶段的网络危害行为可以分为两大类,即普通危害行为和特殊危害行为。简言之:(1)普通网络危害行为。首先,第 285 条的网络危害行为包括"非法侵入网络""非法控制网络""非法获取网络信息数据""非法提供破坏网络的技术";第 286 条的网络危害行为包括"破坏网络运行秩序""干扰网络信息数据""故意制造和传播网络病毒""非法滥用(网络技术)"与作为兜底的"其他破坏行为";第 286 条之一是"拒不履行信息安全管理";第 287 条、第 287 条之一、第 287 条之二的危害行为可以概括为"非法利用网络(空间)"行为。其次,从发展趋势看,应当概括地增加危害网络空间安全的一般性危害行为,增加包括管理和监督过失在内的重大过失危害行为。最后,任一网络危害行为的对象,可以随机、并合或交叉指向包括"计算机(信息)系统""网络(系统)""移动智能终端""网络信息""网络数据""网络破坏性程序或病毒""网络软件、程序、工具"等犯罪对象,以建立起更符合实践、更契合网络代际的危害行为类型体系。(2)特殊网络危害行为。《刑法修正案(九)》修改网络预备犯罪和网络共同犯罪,客观上增加了网络预备行为与网络共同危害行为。因此,一方面,应当摒弃《刑法》第 22 条规定的普遍处罚原则,总则规定"预备犯的处罚,本法有规定的,依照本法的规定处理"的提示性规定,用于指导分则设置独立预备犯及其处罚,原则上排除对分则规定的普通故意犯罪预备形态的处罚。另一方面,《刑法》第 25 条适宜从整体上接纳并规定网络共同犯罪的新问题,建议对第 25 条采取过渡性调整,不妨增加第 25 条第 3 款,并规定"网络空间下的共同犯罪,本法有特殊规定的,依照特殊规定处理"。[1]从长远看,应当考虑统一升级网络犯罪形态所可能涉及和对应的网络危害行为类型。

(四)专属的预防性立法思维及技术

网络刑法立法既应当循序渐进以求稳妥,也应当运用新思维、新方式谋求"新常态"。立足于风险社会与网络空间社会形态的高度重合,尤其是网络技术风险成为头号风险源等复杂背景下,在基于保障风险社会前提条件而确立的安全刑法观的引领下,独立且具有专属性的网络预防性立法思维及方式呼之欲出。

1. 预防性刑法立法现象

网络安全法益的整体迁移再次强调网络安全的基础地位,更衬托出网络安全的脆弱性。网络安全已经成为网络空间社会公众的主要诉求,积极维护网络安全秩序已经成为刑法迫切需要实现的首要目标。同时,网络技术风险是网络空间社会的正常现象,积极有效控制而非彻底消灭是因应网络技术风险的合理反应。由此,在安全秩序价值相对优位于自由价值,特别是网络技术危险行为的积极预防相对优位于事后消极惩治之际,网络预防性刑法理念初现端倪。网络预防性刑法理念是网络刑法学的专属物,是不断扬弃和改进传统现实物理社会长期形成和依赖的报应性司法理念的升级版本,但并不片面摒弃传统刑法学对自由价值的坚守等合理部分。通常认为,报应性司法理念注重行为人的行为及其客观造成的危害结果。在自由价值相对优位时,倡导危害原则并根据社会危害性及其程度确立制裁的边界。制裁措施主要是自由刑和财产刑及资格刑,强调报应主义和(特殊)预防目的,并以结果犯作为主要的立法技术。但是,网络刑法学所撑起的预防性刑法理念与之不同,其规制的对象往往是高度危险的网络技术危险行为,网络技术危险行为包括技术危害结果和比重明显升高的技术危险行为及危险状态。在安全与秩序价值相对优位之际,网络技术风险被拟制为刑法危险并在数量上有所增加。独立的网络刑事制裁措施更强调积极预防效果,网络危险犯数量明显增加。据

---

[1] 参见孙道萃:"网络共同犯罪的多元挑战与有组织应对",载《华南师范大学学报(社会科学版)》2016 年第 3 期,第 147-154 页。

此,在传统刑法学到网络刑法学的过渡期,由于犯罪、刑事责任与刑罚三大基本范畴均发生彻底变革,网络刑法立法的理念与技术亦经历翻天覆地之变。其中,预防性刑法理念与技术是刑法立法层面最为鲜明的知识标签,是完全基于网络技术风险特性与网络空间社会属性所形成的专属刑法立法理念。

2. 网络危险犯的地位上升

在风险社会和网络技术风险相互交织、交替演进的复杂形势下,网络技术风险的不确定性、不可控性以及危险性日益加剧,导致了网络技术危险的客观化、抽象化、早期化,刑法的危险系数持续升高。为此,网络刑法立法遵循预防性理念,推行刑法介入的前置化与积极预防的早期化,主动消释传统刑法学启动刑事制裁的过度消极、过分强调报应性或特殊预防而忽视积极一般预防、结果犯主导地位导致犯罪门槛不当偏高与介入时机偏迟等情况下可能引发的消极效应。易言之,由于刑法目的与任务的变迁,预防性刑法理念在立法技术上更青睐于采取预防性立法举措,[1]主要包括明显增加网络危险犯的数量并提升其地位、刑法提前介入预备行为、未遂行为、共犯行为、中立的技术支持行为、网络行政违法行为的犯罪化并间接推动降低犯罪门槛等。比如,《刑法修正案(九)》增设第120条之二、第287条之一等条文,体现了预防性立法技术的痕迹与"秩序价值的优先性"的预防性立法策略。因此,关于网络预防性刑法立法理念的核心内容,可以概括为犯罪门槛降低、网络危险犯的地位不断攀升并有取代结果犯主导地位的趋势。[2]但是,网络危险犯这一立法模式,并非毫无节制的犯罪化,反而坚持理性体认网络技术风险内附高度刑法危险的客观事实,严格、审慎把握网络犯罪化的尺度,遵循密而不严的刑事政策,合理纠偏传统结果犯的主导模式所带来的牵制副作用。因此,尽管网络危险犯当前呈现为犯罪化倾向,但并非断然放弃网络结果犯的立法模式,而是适度增加网络危险犯的数量,以此消除预防性立法理念及技术的正当性隐忧。

3. 创制网络刑法典

边沁曾言,法律的改革应着重改变法律的形式,即制定和编纂法典。[3]

---

[1] 参见于改之、蒋太珂:"刑事立法:在目的和手段之间——以《刑法修正案(九)》为中心",载《现代法学》2016年第2期,第119-120页。

[2] 参见孙道萃:"网络财产性利益的刑法保护:司法动向与理论协同",载《政治与法律》2016年第6期,第56页。

[3] 参见何勤华:《西方法学史》,中国政法大学出版社2000年版,第307页。

目前，相比于单行刑法的方式，刑法修正案仍是首选，其具有刑法典的内部修正、修正的综合性、修正内容的简洁等优点。[1]但是，鉴于网络刑法学所引发的知识变革尤为剧烈和全面，未来整体修订刑法典的重大调整方式应当作为首选，[2]其目标也正是更全面地制定网络刑法典。法典是成文法国家的标志，刑法典是刑法立法趋于成熟的集中体现，网络刑法典是网络刑法立法自成一体及网络刑法学成熟的标识。唯有创制网络刑法典，才是网络刑法立法可持续发展的唯一途径。网络刑法典是网络刑法学的立法载体，是立法者吸收、参照传统刑法典，并全面植入网络刑法学知识形态后的终端产品。网络刑法典的建构与设计是全新的制度探索，其核心与关键可以是引入罪责刑关系这一刑法学体系，将传统刑法学体系中的犯罪、归责与制裁加以创造性的延展。进言之，网络刑法典仍需厘清网络犯罪、网络归责与网络制裁三个崭新范畴的内涵和外延，网络犯罪构成理论体系仍然是核心内容，网络刑法典的基本原则仍居于指导地位，网络刑法分则及数量庞大的网络犯罪罪名是网络安全法益个别化的具体规定。

四、结论

风险社会与网络技术风险相互叠加，网络安全局势愈演愈烈，与当代法律制度的遭遇不期而至。刑事法律体系与网络犯罪的较量和博弈正在升级，而通过刑事法律体系保障网络安全法益的艰巨使命始终处于未竟状态，克服刑法规范供给失衡的制度困境首当其冲。网络安全的整体渗透和嵌入样态勾勒出网络空间与网络社会的"无知之幕"，网络安全法益的全面覆盖对传统刑法学具有釜底抽薪的效应。传统刑法学的失灵、失效与失真问题接踵而至，网络刑法学呼之欲出，成为建构"回应型"刑法规范供给制度的长久之计。尽管网络刑法学的知识转型提供了绝佳的视角，但仍应先从具体的立法理念及其举措出发进行研究。在当前阶段，应当以回顾和反思既往立法为前提，以域外比较和借鉴为重要基础，结合我国网络的发展与网络犯罪的趋势，从刑法立法的基本原理出发，从立法理念、法益保护、危害行为类型、预防性立法思维等角度提升立法水平和强化规范供给能力。

---

[1] 参见陈兴良："刑法修正案的立法方式考察"，载《法商研究》2016年第3期，第5-6页。
[2] 参见赵秉志："当代中国刑法法典化研究"，载《法学研究》2014年第6期，第190-191页。

第二章
我国网络刑法的一般理论

近现代以来，传统现实物理社会成为人类认识世界和改造世界的唯一舞台。然而，全球化背景下的风险社会正在加速渗透和占领工业革命的遗产，风险社会与网络时代交织交融，网络空间社会形态初现端倪，共同持续颠覆传统现实物理社会的存在方式。网络技术风险的不可预知性、不确定性与不可控性，悄然嵌入并吸附风险社会形态与风险刑法理论，使网络技术风险控制成为时代挑战。网络风险社会持续纵深发展，网络安全是未来国家安全的重中之重。网络安全法益不断渗透和取代传统刑法法益，以保护网络安全为核心使命的安全刑法与预防刑法理念加速显现。特别是《刑法修正案（九）》大幅度修改和增设网络犯罪规范，加速了传统犯罪的网络化，标志着我国刑法的一个专门领域即网络刑法的真正诞生。[1]但也不乏"能通过刑法解释应对新型网络犯罪的，刑事立法路径是次优选项，也未必应当制定所谓的'网络刑法'"[2]的观点。刑法总是历史的社会的产物，刑法正面临有效治理网络犯罪的重大新课题。[3]网络犯罪的深度演变，使网络刑法体系作为未来发展方向的图景加速呈现，传统刑法学迎来史无前例的知识变革契机。为此，应前瞻地梳理网络刑法时代的基本问题，围绕网络犯罪构成的体系重构、要件的重新安排、网络立法修正等内容，打造焕然一新的网络刑法知

---

[1] 参见梁根林："传统犯罪网络化：归责障碍、刑法应对与教义限缩"，载《法学》2017年第2期，第3-7页。

[2] 参见张明楷："网络时代的刑事立法"，载《法律科学（西北政法大学学报）》2017年第3期，第69-82页。

[3] 参见刘宪权、林雨佳："刑法学：回应实践与前瞻未来"，载《检察日报》2019年1月4日，第3版。

识结构。[1]由传统刑法学到网络刑法学的这场渐进性的知识变革序幕已然开启，亟待网络刑法教义学的协同展开与有序推进。

一、网络刑法的新生现象：立法雏形与理论隐忧的省察

有效应对新生事物是立法活动与生俱来的品质，是刑法保持适宜性的重要手段。日益显现的网络刑法现象是一系列传统理论相继失灵后自发而成的内生反应，当前主要以立法形式散落于个别领域，但一些立法主张与举措还是遭到质疑。由此，生成中的网络刑法的知识发展前景仍面临诸多挑战与未知的风险。

（一）网络犯罪的"立法回应型"模式及其检视

当前，网络刑法立法与知识转型相互反哺。网络立法既是透视网络刑法的重要窗口，也是推动网络刑法学体系演进的根本力量。通过梳理风险社会下的网络刑法立法动态，可以初步了解预防性立法的发展动态及其存在的问题。

1. 立法应对模式的域外考察

通过立法解决传统刑法学在网络时代的知识断裂问题，已经逐渐发展成为传统刑法应对社会发展的一种常态机制。它表现为两个阶段：（1）倒逼早期立法的被动应对。计算机犯罪步步紧逼，国际社会纷纷主动求变，以立法修正为主要反应机制，试图回击网络技术犯罪的挑战，显示传统刑法学理论体系积极变革的信号。然而，实践证明，各国早期开展的计算机犯罪立法进程明显滞后，始终难以满足变化需要。1994年，国际刑法学协会第十五届会议重点讨论了"计算机犯罪及其他危害信息技术的犯罪"，在刑法修改、新增罪名以及程序法、非刑罚的犯罪预防手段和国际预防等方面达成共识。2001年，欧盟通过《网络犯罪公约》。作为首个控制网络犯罪的国际公约，其内容涉及实体法、程序法以及国际合作等多个方面，在打击网络犯罪的原则、实体措施、程序规则和标准等方面对各国具有示范作用，并成功开辟了国际社会打击网络犯罪的国际合作之先河，是当时最先进、最全面的控制网络犯罪的国际范本。但由于网络技术代际、网络犯罪态势、网络安全保护格局等均发生重大变化，《网络犯罪公约》在实体法与程序法上的滞后性、保守性以及立法经验的过期性、内容的时效性不足等问题的模式纷纷暴露。[2]晚近以来，

---

[1] 参见高铭暄、孙道萃："我国刑法立法的回顾与展望——纪念中国共产党十一届三中全会召开四十周年"，载《河北法学》2019年第5期，第12页。

[2] 参见胡健生、黄志雄："打击网络犯罪国际法机制的困境与前景——以欧洲委员会《网络犯罪公约》为视角"，载《国际法研究》2016年第6期，第21-30页。

立足于传统刑法学原理与立法精神,局部性立法仍无法摆脱制度供给的滞后性宿命,反而造成网络刑法规范供给失衡的被动态势。(2)因循风险刑法理论的新近反应。网络犯罪的新情况、新问题接踵而至,继续坚守传统刑法理论或"打补丁"的做法不妥。在风险社会与网络社会的交织状态下,"风险刑法理论"(Risikostrafrecht)持续升温,在刑法立法环节表现尤为活跃。例如,各种现代化信息设备的发展导致的人格扭曲及异常行为,迫使日本的刑事立法呈现出法益保护早期化、法益概念抽象化、抽象危险犯扩大化、危险过失犯重罚化等趋势。[1]这暗含风险社会背景下的风险刑法理论诉求有其必然性,也部分显露出预防性刑法立法的基本主张。在风险社会加速到来和整体浸淫之际,刑法立法层面的犯罪化与非犯罪化的界限、实害犯与危险犯的区分及配置、转变现行结果本位的刑法立法模式,共同成为风险刑法立法的关键内容。[2]应对网络技术风险也面临相似的挑战。实际上,近年来,因循风险刑法理论及其立法主张,以预防为内容导向的网络刑法立法活动也有相应的进展。例如,德国基于《网络犯罪公约》的规定,在其刑法中增设了第202b条(拦截数据)和第202c条(预备窥探和拦截数据),对网络预备行为予以独立的制裁;[3]同时,"信息社会与刑法"决议[第十九届国际刑法学协会(AIDP-IPAL)大会决议,2014年]、欧盟《通用数据保护条例》(General Data Protection Regulation,GDPR,2018年生效)作为国际社会与欧盟应对网络犯罪的最新共识,在刑事政策的从严化、刑事法网的严密化、扩张性的犯罪化与制裁化等方面日益凸显。

2. 我国预防性网络刑法立法动向

回顾我国20年来的网络犯罪应对机理,刑事立法的完善在网络犯罪治理方面贡献突出。特别是风险社会背景下愈演愈烈的网络犯罪作为一种全球性挑战,使预防性立法的数量持续增加,[4]并引起了各界的高度关注。以我国为例,1997年《刑法》规定的"计算机犯罪"早已过时,《刑法修正案

---

〔1〕参见[日]西原春夫:"日本刑法学说史论纲",刘建利译,载《法学》2015年第2期,第139页。

〔2〕参见高铭暄:"风险社会中刑事立法正当性理论研究",载《法学论坛》2011年第4期,第5页。

〔3〕参见皮勇:"论欧洲刑事法一体化背景下的德国网络犯罪立法",载《中外法学》2011年第5期,第1049-1058页。

〔4〕参见劳东燕:"风险社会与功能主义的刑法立法观",载《法学评论》2017年第6期,第12页。

（七）》与《刑法修正案（九）》关于网络犯罪的修改内容呈现出较为鲜明的"预防理念"，但仍存在不少问题。具体而言：（1）预防性立法的主要征表。从现有立法内容看，首先，网络安全价值与秩序价值有其立法优位性。网络风险社会中安全的地位跃升，安全刑法观凸显保护安全价值的优位性，最新修改的网络犯罪与网络恐怖活动犯罪充分展现了网络安全及其法益的优位性，并成为主导刑法修正范围与规范表述的主要因素。其次，刑法介入的早期化与法益保护的前置化。风险刑法理论强调刑法体系的预防功能，为了积极防控网络技术危险异化，网络刑法立法呈现出刑法介入早期化的动向，以实现对法益保护的前置化。只要制造出刑法所不允许的高度危险，均可能作为网络危险犯，进而降低了网络犯罪门槛。再次，犯罪化的势头较为明显。主要包括弱化法益的补充性保护理念、对结果犯之前的行为阶段普遍实施处罚、特别刑法的膨胀化等，并在恐怖犯罪和网络犯罪领域尤为明显。最后，积极预防的立法技术。在批判性的正当法益保护理念、积极的一般预防主义与行为人行为理论的策动下，网络预备行为的实行化、网络帮助行为的正犯化等相继出现。[1]例如，网络恐怖犯罪采取抽象危险犯的立法技术，彰显积极预防性立法的旨趣。网络危险犯（网络抽象危险犯）的数量明显增多，结果犯的主导地位受到一定撼动，网络过失犯的设置模式开始松动，预防性立法提前了刑法防线。（2）预防性立法的功能透析。对于这种立法动向，首先，象征性立法痕迹偏重，凸显网络刑法理论的争议性。从近期网络犯罪的修改看，象征性立法的"胎记"令各方担忧：在强化安全功能时可能有损法益保护任务，对谦抑性的压制容易弱化人权保障功能，立法的姿态性、宣示性，使刑罚有效性与实用性下降。[2]现有修正并不完全排除网络刑法立法可能裹挟的"情绪性"思维，对民意、舆论、政治需要的过渡迁就与顺从，甚至可能脱离刑法立法的基本原理和科学规律。其次，过度犯罪化的现象隐忧凸显，折射预防性刑法观的潜在隐患。在《刑法修正案（九）（草案）》的审议期间，围绕网络服务提供者的刑法作为义务范围偏大、网络技术中立帮助行为的处罚必要性、网络恐怖犯罪的犯罪化尺度以及意义等问题，各界已有过度犯罪

---

[1] 参见车浩："刑事立法的法教义学反思——基于《刑法修正案（九）》的分析"，载《法学》2015年第10期，第11-13页。

[2] 参见刘艳红："象征性立法对刑法功能的损害——二十年来中国刑事立法总评"，载《政治与法律》2017年第3期，第44-49页。

化的担心。[1]在《刑法修正案（九）》中，网络恐怖活动犯罪多以抽象危险犯为立法模式，人权保障的弱化与司法适用的恣意等担忧随之而来。最后，专属网络法典化理念仍未成型，立法与理论存在脱节现象。尚未确立专属且独立的网络刑法立法理念、思维与技术，立法的体系协调性、功能发展性、前瞻性相对不足。例如，现有立法因应网络2.0时代、网络3.0时代新问题的能力欠佳，对大数据法益、网络平台监管、人工智能技术等同步立法明显不足、甚至存在内部规制冲突，注定局部采取网络立法修正必然裹挟着滞后性或隐藏了灰色地带。

（二）网络刑法的知识发迹与法理审思

网络刑法立法存在制度性的功能瓶颈。它作为"先头兵"，虽然侧面展示了网络刑法学的主张与面相，却也暴露出网络刑法的教义化不足等深层次问题。

1. 网络刑法现象的轮廓

从网络刑法立法的最新进展可以粗略窥探网络刑法现象的部分内核，主要有：（1）刑法任务与刑法机能。网络空间社会不断真实客观化，网络空间安全思维初现端倪，网络安全法益地位日渐明朗。网络安全价值、秩序价值相对优位于自由价值，立法的适时变动性与当代刑法的社会治理需要、调控手段的更新、刑法保障机能的凸显相匹配，并颠覆了传统刑法典过于追求安定性的立场。（2）预防性理念的生成。《刑法修正案（九）》的犯罪化、早期介入、积极预防等修改导向特点，可以概括为预防性理念。[2]传统刑法的基础理论、解释立场、以结果犯为核心的传统报应性司法理念等已有消减之势，行为刑法、危害原则、罪责刑法等主要的传统刑法知识标签受到强烈的撼动。（3）总则的裂变。这在犯罪论部分较为明显，主要包括：一是网络犯罪主体的扩容，以网络运营者、网络服务提供者、网络平台等为代表的新型网络犯罪主体相继出现；二是网络预备行为的独立处罚，《刑法》第287条之一开启了独立处罚网络预备行为的先河；三是网络共同犯罪行为的片面化与正犯化，《刑法》第287条之二首次处罚网络中立技术帮助行为，确立网络"共犯（帮助犯）的正犯化"的立法思维；四是网络实行行为的地位弱化，

---

[1] 参见赵秉志、袁彬：《刑法最新立法争议问题研究》，江苏人民出版社2016年版，第66-77页。

[2] 参见周光权："积极刑法立法观在中国的确立"，载《法学研究》2016年第4期，第23页。

实行行为不再作为启动刑事处罚的必要前提条件，刑罚处罚的前置化直接导致实行行为的决定地位下降，预备行为、正犯行为与实行行为之间的界限模糊；五是独立的网络定量因素不断革新，网络定量因素的评价标准及体系正在形成，等等。（4）分则的动向。在分则中，一些个罪或类罪已经面临着迫切的网络化转向压力。例如，关于网络刷单行为的处置难题，暴露出破坏生产经营罪，损害商业信誉、商品声誉罪等罪名的内在缺陷。又如，新兴网络支付方式的出现，使传统财产犯罪规定有待修正，网络财产与网络财产犯罪概念不断壮大。这些分则个罪或类罪的网络异化趋势，既是网络犯罪不断渗透的结果，也是刑法分则主动回应挑战的体现，更是刑法立法网络化修正的"最敏感与最直接"之处。

2. 理论主张的教义根基不明

当前，立法不足看似是直接原因，但传统刑法学的制度桎梏、思维僵化与理论供给的脱节与断裂才是根本原因。以我国从"计算机犯罪"到网络犯罪体系的立法变革为例，事实证明，局部性的立法在持续性、前瞻性方面难以奏效。一方面，传统刑法学理论体系、立法思维形成的制度性羁绊根深蒂固，过度依赖将严重阻碍网络刑法立法的独立更新与自主升级，无法形成独立、专属的立法指导理念。网络犯罪的刑事立法首先应当着眼于修改完善已有刑法规定等的看法过于保守，网络立法应当根据社会需要作出整体回应，不能"头疼医头、脚疼医脚"。另一方面，网络刑法立法不能替代网络刑法学的蜕变。例如，网络安全法益的独立地位日益巩固，网络安全秩序价值地位升高、预防性刑法理念持续扩容，但均未转变为理论话语体系；总则理论的修改处于搁置状态，传统犯罪论、责任论与刑罚论三大范畴的知识转型几乎被搁置。"使一个国家的体制真正得以巩固而持久的，就在于人们能够这样来因事制宜，以至于自然关系与法律在每一点上总是协调一致。"[1]为了促进网络犯罪规范及其立法与刑法学研究的高度契合，应推动网络刑法立法及刑法理论体系的制度升级。

网络刑法立法频现突破之举，让"摸着石头过河"的全新探索持续"解禁"，网络刑法的雏形得以初步显现。但预防性立法自身存在一定的问题，加之网络刑法学的教义学基础薄弱，使这场完全跨时空代际的知识转型全景仍不明朗。

---

[1] 参见［法］让·卢梭：《社会契约论》，何兆武译，商务印书馆1982年版，第71-72页。

二、网络刑法形态的生成逻辑：历史动能与思维形塑

在风险社会和网络时代相互交织之际，延续两百多年的传统刑法学既无法置身事外，更难以全身而退。由此，一场酝酿已久的整体性的知识变革应运而生。

（一）网络刑法进化的时代使然

历史不断证明，过去的法律是不能约束现在的。从传统刑法学到网络刑法学的制度变迁是历史宿命，是社会政治与经济文化发展等共同作用下的产物。

1. 社会形态裂变与知识结构断裂

人类社会的科技革命不仅决定社会历史形态的更迭，也基本主导了法律制度的兴替，近现代刑法发展一直遵循此规律。当代信息网络技术以及人工智能技术的到来，无疑掀起了新一轮的变革。现实情况是，告别封建专制刑法的近现代刑法经历了不同的发展阶段，漫长的新旧刑法学派对峙也伴随其中。当前，大陆法系刑法理论中的主观主义与客观主义、行为刑法与行为人刑法的对峙，已经演变为行为无价值论与结果无价值论的学派争论。我国刑法理论研究亦受此影响，不乏尝试将刑法知识向"去苏俄化"的话语体系转变。尽管如此，传统物理空间社会作为存在的根基、犯罪现象及其演变规律、犯罪本质等均未实质变动，刑法任务、基本原则、犯罪论、责任论与刑罚论等核心内容也仍未发生根本变化。然而，自从贝克提出"风险社会"（Risk Society）后，风险意识、防控风险等安全问题成为中心议题，发展与安全的博弈亦成为风险社会转型过程中的主要话题。以网络技术为基础的网络社会蓬勃发展并成为风险社会演进的主旋律，网络技术风险演变为风险社会的头号风险源，网络犯罪增容为风险社会的重要犯罪形态，网络安全问题成为风险社会的焦点。在此背景下，以计算机软件与计算机信息系统为核心的网络1.0时代正被淘汰，以信息网络为核心的网络2.0时代正高歌猛进，以大数据（数据信息）及人工智能为核心的网络3.0时代已到来。同时，从网络犯罪的代际趋势看，网络"对象型""手段型"犯罪形态仍纵深演进，以网络平台化为代表的网络空间犯罪等"空间型"犯罪形态加速成型。虽然立法积极求变，但传统理论根基横亘其中，导致"突击性""被动式"的立法策略难以持续。传统刑法学面对网络空间社会形态与网络犯罪时，一些重要的理论标签纷纷失灵，传统犯罪与网络犯罪所立足的话语体系的不适与冲突在实然和应然层面相继涌现。单纯依赖传统刑法理论体系的立法应对早已捉襟见肘，

倒逼刑法理论体系的历史变革。

2. 知识进化的制度动能

网络犯罪将持续全面爆发，相应地，传统刑法体系的内部不适日益明显，尽管仍处在缓行的量变状态，却不断积累着刑法体系变革的内生力量，主要包括：（1）网络犯罪学与刑法学"在同一屋檐下"的关系使然。犯罪学研究犯罪现象、原因及其预防，刑法主要研究犯罪的法律规定及规范。犯罪学与刑法学并非截然对立，而是相互产生积极作用。犯罪学与刑法学实属"在同一屋檐下"的两个紧密关联的学科，[1]犯罪学通过对犯罪原因等进行研究，可以获得关于犯罪的本源性、本体性、规律性的认识与事实，为刑法学的规范判断、规范确认与规范表述等提供可靠的事实依据，对立法与司法具有指导意义。网络犯罪形态与传统犯罪现象在犯罪本源与规律层面已经出现明显的分化，传统刑法学与网络刑法学的分离同步进行，这是犯罪学与刑法学的良性互动关系在网络社会中的必然延伸。（2）刑法解释路径的法治风险与制度瓶颈。刑法解释是疏解法典的滞后性和激活刑法规范适用的常态方式。网络刑法立法具有必然的滞后性，刑法解释理当作为提供适法依据和保护网络安全法益的重要方式。诚然，尊重立法并运用刑法的扩张解释可以作为应对新型网络犯罪的手段，[2]但刑法解释隐藏着偏离罪刑法定轨道的法治风险，释法功能具有辅助性、依附性的制度瓶颈。实践证明，立足传统刑法理论并借助扩张解释的司法应对策略，已招致越来越多的司法困局，立法改进与理论体系升级换代才是根本对策。（3）立法原理与立法规律的内在需要。社会政治与经济的发展状况决定刑法立法的走向，立法的时代背景决定立法的内容与导向是立法科学化的基本规律。传统刑法学以现实物理社会为立法基础，这与网络刑法立法的社会基础迥然不同，社会形态与社会基础的变化已经对网络刑法立法的专属性、独立性提出更高要求，这也是网络刑法学的知识转型的持续动力。（4）网络安全法益的整体迁移态势。保护法益是刑法任务，网络安全是网络刑法体系的保护对象。网络安全法益是新型法益类型，是专属于网络空间社会的法益概称，超越了传统刑法的法益概念。随着网络安全法益的核心地位不断被夯实，刑法任务、价值定位、制度设计等都亟待网络

---

[1] 参见［德］汉斯-海因里希·耶赛克："一个屋檐下的刑法学和犯罪学"，载赵秉志主编：《刑法论丛》（第22卷），法律出版社2010年版，第407-408页。

[2] 参见欧阳本祺："论网络时代刑法解释的限度"，载《中国法学》2017年第3期，第164页。

化重造,进而破解包括刑法规范不足、司法保护导向模糊等在内的制度供给失衡问题。(5) 网络空间社会日益真实化与客观化是强大推力。传统现实物理社会的绝对统领地位正被撼动,传统现实物理社会与网络空间社会交融并合。网络空间是"第五空间",[1]网络主体真实存在,网络社会日益真实化、客观化与普世化,直接深刻影响传统犯罪的场域、网络犯罪的社会基础及其规律、网络空间犯罪形态等各方面,不断暴露出当前刑法理论及其立法在保障网络空间安全上的困境。在网络代际变迁与网络空间社会加速独立成型之际,网络立法与网络刑法观的发展是"新常态"。

(二) 网络空间社会思维是建构基础

从刑法教义学看,网络空间社会的建构思维是主导知识生成、演进与升级的逻辑原点,是网络刑法学获得独立地位的宏观基础与外部条件,是指导网络立法与司法活动的纲领,并对传统刑法学所依赖的理论根基具有釜底抽薪的撕裂效应。

1. 网络空间社会思维的形塑

社会历史形态对社会思维的形成至关重要,并决定法律制度与刑法知识形态的格局和命运。确立与形成网络空间社会思维是历史的必然,也是网络刑法学知识变革的思维始端,具体理由如下:(1) "虚拟的真实"与网络社会生存的常态化。网络技术对传统社会持续"洗礼",网络工业革命4.0时代、人工智能纷至沓来。但是,由于网络技术制造网络空间参与的匿名性、虚拟的现实场域等因素,"虚拟生存"一度被广泛认同。"虚拟社会"被剥离出现实物理社会,形成"虚拟空间"并非真实的认识误区,迟滞对网络空间社会的体认,导致网络社会触发的刑法制度变革陷入"虚拟"的假象。随着"虚拟社会"的壮大与成熟,网络技术的"虚拟性"外观表现不断弱化,网络技术应用的真实性与有效性迅速呈现,促使"虚拟的现实"观念不断被固化,加速实现了现实物理社会与网络空间社会高度融合的二元社会形态格局,而该格局主要表现为网络空间社会与现实物理社会的反复离合与最终分离。借助网络信息技术的迅猛发展、网络生产生活方式的巨变,网络空间社会独立生长与发展,终将促成网络空间社会取代现实物理社会,彻底抹去网络技术自造的"虚拟空间"的疑虑。就网络犯罪而言,它不再是一种技术危险的

---

[1] 参见2016年中央网络安全和信息化领导小组批准的《国家网络空间安全战略》。

外漏,而是人滥用技术后的客观现象,亟待刑法的前瞻性规制。[1](2)"场域—惯习"的社会思维生成观。电子化、信息化、智能化等组成的网络社会思维加速形成,不断对外宣告网络社会(第五空间)的崛起;移动互联网迅猛发展,移动网络社会作为核心板块发展势头良好。网络空间社会及其"数字化生存"、人工智能化等对主体生存思维具有颠覆效应,推动人类生存思维、主体认识等维度观念与实在认知纷纷朝着"网络化"有序推进,而"网络空间社会思维"对人类主体产生的触动最深刻。法国社会学家布迪厄的"场域—惯习"互动型分析范式与"建构者的结构主义"(Constructivist Structuralism)提供了有效的解构进路,其基于社会基础的变化与社会结构的认识变化之间的协同关系:[2]网络空间社会是全新"场域",网络空间社会思维是自发自生的社会分化产物,是主体对网络生存方式的内生性反映,是由新型生存方式、世界观、改造世界的能力等一系列因素组成的、持久且可转移的禀性系统,并最终重新确认了网络空间社会的基本行动逻辑。发生在网络空间的犯罪行为有了质的变化,必然要求犯罪治理体系同步作出变更。[3]而这对法律制度的重塑与刑法理论体系的网络化转型具有根本且基础性的推动作用。实际上,网络刑法体态的日渐形成与壮大,正是由于其立足于网络社会形态自发自觉而成的知识惯习系统。

2. 网络空间思维的刑法教义图景

网络空间社会思维的养成以及将其作为刑法的"惯习"具有重要意义,是网络刑法立法完善与理论体系建构的前提和基础,集中表现为:(1)直接更换网络犯罪学与网络刑法规范的本源供给。网络犯罪与传统犯罪的分野乃大势所趋。犯罪学的演变决定刑法学的变革,从网络犯罪学到网络刑法学的话语体系调整、从传统犯罪到网络空间犯罪的规定演变,都是网络犯罪学与网络刑法学相契合的体现。(2)激活网络刑法效力范围的裂变。传统刑法学的空间效力以现实物理社会为场域,网络空间社会作为新场域,对传统的管辖理论造成了前所未有的冲击与颠覆,网络管辖成为困扰司法机关的头等难题。网络空间社会的时间概念、"计时"标准等不同,对溯及力、追诉时效等

---

[1] 参见叶良芳:"科技发展、治理挑战与刑法变革",载《法律科学(西北政法大学学报)》2018年第1期,第100页。

[2] 参见[法]皮埃尔·布迪厄、[美]华康德:《实践与反思:反思社会学导引》,李猛、李康译,中央编译局出版社2004年版,第5页。

[3] 参见时延安:"网络规制与犯罪治理",载《中国刑事法杂志》2017年第6期,第14页。

的影响仍需全面预测和评估，刑法时间效力理论也将发生剧烈的变动。（3）触发犯罪本质由社会危害性理论到网络社会危险理论的话语体系平移。近代刑法中的社会危害性概念一直承担着对犯罪及犯罪行为进行规范评价的重任。然而，网络空间社会的大量网络技术行为具有明显偏高的刑法危险，足以作为犯罪论处，网络犯罪的本质属性出现异化，犯罪门槛有所降低，行为危险开始压制客观危害的地位。进而，社会危害性理论迎来"抽象化""精神化"的转型使命，旨在调和传统社会危害性理论过分倚重客观危害的立场；而且，大陆法系刑法中的法益危害原则也出现"抽象化""精神化"的趋势，法益概念日益功能化、工具化，在饱受争议的进程中延续了法益理论的生命力。[1]经此，社会危害性理论与法益概念，都开始强调规范评价的支点侧重抽象化、功能化、超个人化，共同指向网络"社会危险性"概念。（4）催生网络犯罪构成体系、构成要件及构成要素。从网络犯罪形态的格局看，网络对象型、网络手段型犯罪仍深度发展，网络空间社会作为独立的形态迅猛推进。网络犯罪构成体系、构成要件及构成要素随之改变，包括行为对象、法益内涵、犯罪主体、行为本质及方式、危险结果等，并不断酝酿网络犯罪这一本体范畴的蜕变。（5）网络刑事责任观念的产生。在传统现实物理社会，犯罪是刑事责任的基础，行为符合犯罪构成的，应当依法追究刑事责任。这一逻辑在网络犯罪时代仍有存续意义，但"犯罪"本身发生了重大变化，是否构成犯罪同时还与"技术"息息相关，导致刑事责任的归责基础、归责对象以及相应的原则、政策、目的等都发生了改变，网络时代的刑事责任观念因此孕育而生。（6）刑事制裁的网络有效性命题。在网络犯罪时代，基于网络犯罪与传统犯罪的诸多差异，完全套用现有的刑罚体系及其种类，显然会出现刑事制裁的有效性弱化，甚至是无效的结果。因此，对于发生在网络空间的新型犯罪，无论是"手段型""对象型"还是"空间型"的网络犯罪，都应设置与之相适应的制裁措施，避免罪刑关系的脱节与刑事制裁的无效。（7）助推网络刑法的基本范畴及实体内涵的进化。立足于罪责刑关系与刑法学体系，网络犯罪、网络责任与网络制裁作为未来的本体范畴纷纷进行了裂变。网络犯罪构成体系、构成要件与构成要素的变化成为焦点，网络责任与网络制裁相继发生连锁反应，网络归责体系与制裁体系的设计理念、功能导向、规则确立成为难点。网络刑法本体范畴的自发生成与内涵变动，为从传统刑法观到网络刑法观、从传统刑法典到网络刑法典的升级换代奠定了理论基础。

---

〔1〕 参见黎宏："法益论的研究现状和展望"，载《人民检察》2013年第7期，第12页。

三、网络刑法观的本体展开：教义框架与逻辑根基

刑法知识变革注定是脱胎换骨的剧烈动荡，对传统的扬弃与对网络的接纳交相辉映，共同决定了知识转型过程的漫长与反复。当前，网络刑法学的知识体系雏形日益显现，但并不足以窥探其全貌。通过厘清网络刑法学的理论根基，进而完成刑法知识转型的"奠基"工作，有助于疏通网络刑法学的教义主干和知识骨架。

（一）网络安全秩序价值的优位与自由价值的坚守

法律是控制社会的手段，设定刑法的目的与机能，旨在实现刑法价值。从传统现实物理社会到网络空间社会的演进，价值的选择与序位问题依旧存在，而其主线则是安全秩序价值较于自由价值的相对优位性问题。

1. 安全秩序价值诉求的攀升与安全刑法观念的升温

网络风险社会奠定了网络安全秩序的首要地位，安全刑法观不断显现并成为网络刑法学的理论主张与知识标签，以法益保护和伤害原则为核心的罪责刑法在网络空间社会遭遇搁浅。这种关联反应表现为：（1）网络风险社会的安全问题来袭。"风险社会"的概念描述并解构了人类社会从工业革命到风险社会的革命性蜕变，促使国际社会共同反思工业革命，对未来的生存方式、社会结构形态等问题进行持续性思考，尤其是对安全保障问题进行反思。当前，风险已经开始成为风险社会的根本冲突，风险社会险象环生，传统工业革命的陈旧思维与理念严重阻碍了因应风险的能力，对包括法律制度在内的各种制度的合法性与合理性的反思成为重要的课题。国家责任始终不能脱离维护安全，毕竟任何社会都表现为一种安全制度、规则以及有序状态。风险社会面临的最大挑战是普遍存在的风险的不确定性，以及由此形成的社会整体安全的脆弱性，该问题导致了社会公众的安全感变得更敏感、更脆弱。从网络代际的演进看，网络风险社会见证了技术风险的摧毁力，成为风险社会的"头号"风险源，包括国家的网络战、网络科技发展引发的环境资源风险、网络金融风险、网络技术垄断风险等网络技术风险接踵而至。这既是反思传统刑法制度是否可行与推动法律制度变革的新外部因素，同时也是临摹网络刑法学的知识框架的认知"前见"。（2）安全刑法观的自发反应。危害性原则作为传统犯罪论与古典自由主义及政治自由主义的前提与基础，在不断抽象化、普世化的刺激下，开始出现被架空的迹象。这折射出风险社会冲击，乃至颠覆传统刑法制度与理论的现状，并且为安全刑法观的确立与形成埋下了伏笔。德国学者乌尔斯·金德霍伊泽尔指出，安全刑法作为全新的理念，

是基于保证风险社会稳定的前提条件而提出的,在不违背不限制自由法治、不违背法益保护原则、不影响罪责对刑罚的限制功能等前提下,安全刑法应当是革新刑法的"监督机器",主张通过禁止危险的方式实现公众安全的目的,支持积极普遍预防主义对传统刑罚目的的替代。[1]易言之,积极应对风险的不确定性和维护安全价值是安全刑法的变革动因与目标,揭示出现代刑法的风险预防取向与安全追求目标。这使传统刑法的自由价值导向、刑法的片面性或谦抑性以及罪责刑法理念被弱化,抽象危险犯的增加、刑罚的预防性需求攀升、刑事诉讼理念的倾斜等主张取而代之。[2]在网络新时代,刑法任务与价值安排出现全新的情况,传统的自由刑法观向风险网络时代的积极妥协已经初现痕迹,这既是当代刑法重新定位任务与机能的具体体现,也间接驱动了传统刑法理论构造的变轨。

2. 安全刑法与自由刑法的相克相生

安全刑法是风险刑法理论的重要知识标签,但也压制了自由刑法的生存空间。尽管安全刑法奉安全价值为上,但不能僭越法治原则的底线,不能以牺牲自由为代价。为了确保网络安全与网络自由之间的和谐共处具有可持续性与动态稳定性,应做好以下两点。(1)消除安全刑法对自由价值的隐患。安全既是人的基本需要,也是社会规范结构的确定性与有效性的体现。安全价值与秩序价值成为风险社会的核心议题,促进安全刑法观的重大转向。当前,刑法不断强化保护网络安全价值的力度,对实害犯加以事后处罚的惩罚意义和作用下降,在危险到来前预先排除危险或提前隔离危险变得更重要。刑法体系的预防功能被激活,积极预防危险作为当代刑法的任务,立法上首先表现为预防性立法,理论上表现为安全刑法对罪责刑法的修正。而且,安全刑法导致自由价值的相对次优化,容易削弱自由价值的地位,引发个人权利的工具化、刑事司法的政治化乃至刑法的手段化,甚至异化为新的刑法系统性危机。尽管如此,安全价值与安全刑法也逐步得到认同,其正当性仍根植于风险社会变迁的客观需要,也与当代社会与人类整体赋予刑法的新使命是一致的。(2)守住安全刑法的自由保障底线。"如果在一种制度安排中,最高权力机构的关注点主要在于政府治理方面而不在法律方面,那么这种制度

---

[1] 参见[德]乌尔斯·金德霍伊泽尔:"安全刑法:风险社会的刑法危险",刘国良编译,载《马克思主义与现实》2005年第3期,第38—41页。

[2] 参见[德]汉斯·约格·阿尔布莱希特:"安全、犯罪预防与刑法",赵书鸿译,载《人民检察》2014年第16期,第30—34页。

安排只会使政府治理的工作越来越压倒法律的工作。"[1]刑法虽然是控制风险的重要手段,但不宜彻底沦为风险治理的公共政策工具;刑法本就具有工具属性,但必须在法治范围内,刑法的工具属性不能任意地限制和剥夺自由,而应通过限制必要的自由以实现自由保障的重任。安全刑法不能以突破法治国家的适当性原则(比例原则)为代价,安全是最基本的人权,对自由的合理限制是为了实现安全的诉求。安全价值与秩序价值对自由价值的优位性具有相对性,安全刑法从根本上担负着自由保护的目的任务,应兼顾手段的合法性与目的的正当性,寻求目的与手段的比例性,防止刑法成为唯一的反应手段。例如,虽然国际社会与德国等部分国家在反恐、反对严重暴力犯罪领域采用安全刑法的理念具有相应的宪法依据和法治社会基础,但安全刑法并非重拾"敌人刑法"(feindstrafrecht)。"敌人刑法"是一种严罚主义,其将特定犯罪者视为社会的敌人,尽可能采取非常特殊的严厉处置手段或强硬制裁措施,将这些人或组织排除在社会之外。[2]网络刑法现象是传统刑法学网络化延伸之新生事物,网络刑法学旨在保障新生的网络安全法益,并积极保护网络安全秩序。它虽相对强调安全价值理念并采纳风险刑法理论的基本主张,却与"敌人刑法"并无关联,而是更好地保护网络世界的自由价值,不会主动制造新的社会风险。

(二) 网络安全法益的统领地位与刑法任务更迭

网络安全地位的攀升使刑法保护网络安全法益的分量迅速攀升,网络安全法益在网络空间社会逐渐确立其核心地位,成为网络刑法知识转型的核心矢量。

1. 网络安全与网络安全法益的整体嵌移及其意义

网络安全正在渗透几乎所有领域,网络事关国家安全、公共安全和公共秩序,这是有目共睹的全球性现象与新课题,网络安全法益在当代刑法中具有重要地位。其内在联系为:(1) 网络安全的重大性及其意义。在网络时代,网络安全的重要性上升到前所未有的高度。首先,网络安全事关国家安全。我国已跃升为全球性网络大国,网络安全成为整个社会安全的焦点与基石。网络安全是国家安全的重要组成部分,已上升到国家安全的战略高度,并成

---

[1] 参见[英]弗里德里希·冯·哈耶克:《法律、立法与自由》(第二、三卷),邓正来等译,中国大百科全书出版社2000年版,第313页。

[2] 参见[韩]金日秀、郑军男:"风险刑法、敌人刑法与爱的刑法",载《吉林大学社会科学学报》2015年第1期,第20—21页、第25页。

为长远规划,是维护国家主权的重要时空场域。其次,网络安全关系公共安全。网络空间已经转化为公众生产生活的时空维度,承载和维系着不特定多数人的生命、财产安全,直接决定公众安全感系数。最后,网络安全维系公共秩序。网络安全维系网络空间社会与现实物理社会的公共秩序及安宁,网络公共秩序既包括公共场所秩序和公共生活秩序,也包括附着于公共秩序或与公共秩序息息相关的财产安全、人身权利安全、网络空间公共秩序。由此可见,网络安全已经全面渗透传统安全。(2)网络安全法益在刑法中的基础性地位。从价值与功能的一体性角度看,网络安全价值与网络安全法益之间存在正向的逻辑关系。网络安全作为网络社会秩序与正常运行的基础,其基础性地位直接为确立网络安全法益为主导的知识话语体系奠定了基础,也决定了网络安全法益是网络刑法学的逻辑起点、使命建构的原初动力以及网络立法的重要依据。而且,网络安全整体嵌入传统安全体系的动向,还决定了网络安全法益对传统刑法法益的逐步替代正在缓慢推进,网络安全法益也相应地在网络刑法中开始逐步显示和确立其统领地位;网络刑法中的网络安全法益,作为日后取代传统刑法法益的知识范畴,也是对网络安全的独立刑法地位的规范确认。当然,网络安全法益的形成与确立过程是漫长和渐进的,其基础地位也是立足于未来发展趋势的一种展望而非定论。(3)网络安全法益的立法与司法意义。网络安全法益在网络刑法体系中的确立与发展,为网络立法与司法适用,提供了极其重要的指导基础。既为立法修正提供了合法性基础、正当性前提和明确犯罪边界等有益内容,也为司法适用的入罪标准、解释限度、司法竞合的处置等提供了重要依据。例如,虚假广告罪在网络犯罪时代的"不适应性"问题不断暴露,扩张解释的效能相对不足,必然倒逼网络化修正;只有确认"网络广告市场管理秩序与网络信息数据安全是新增的具体法益"后,才能认清网络虚假宣传行为的特性,澄清犯罪主体、危害行为等内容。[1]又如,在非法利用信息网络罪的适用中,只有明确其保护的法益是"一般性或基础性的网络社会安全的管理秩序",才能凸显它是未来我国网络犯罪体系的基础罪名这一特性,固化《刑法》第287条之一被赋予的一般性规制功能,解决该罪与其他关联罪名的竞合处置难题。[2]

---

[1] 参见孙道萃:"虚假广告犯罪的网络化演变与立法修正思路",载《法治研究》2018年第2期,第119页。

[2] 参见孙道萃:"非法利用信息网络罪的适用疑难与教义学表述",载《浙江工商大学学报》2018年第1期,第54-55页。

由此可见，网络安全法益作为网络刑法体系的基础概念，既不断修正和调试传统刑法法益内容，也为网络刑法的理论发展、立法以及司法提供了最基本的动力。

2. 法益保护引领当代刑法任务转变

刑法的任务是保护犯罪客体或刑法法益。网络安全的重要性与地位不断提升，使当代刑法任务发生了重大转变，保护网络安全法益成为基本任务。与此同时，网络安全法益是网络刑法的保护对象，明确其内涵有助于透视网络刑法学的逻辑根基。"网络安全"具有专属性、包容性、发展性的特征，特指网络空间社会"涉网"安全问题，是网络空间安全的概称。任何网络与网络空间社会的实体内容与要素形式，都可以归属于网络安全法益的本体范畴。但在不同网络代际与网络社会发展阶段，基于当代刑法的基本属性及其任务、机能等因素，也有着不同的实体范围与要素差异。初步看来：一是在以计算机技术为核心的网络1.0时代，计算机信息系统安全、系统数据运行、程序运行安全等是主要的法益内容。二是在以信息网络为核心的网络2.0时代，网络技术的使用安全、信息网络安全、网络内容安全以及网络空间安全等是核心的法益内容。三是在以大数据、人工智能为核心的网络3.0时代，叠加了原有网络安全内容，大数据安全、空间安全、主权安全、国际安全等成为法益的新内容。四是网络社会趋于成熟、网络规范体系趋于完整后，社会主体应当享受法定的网络权利，[1]网络权利成为重要的法益内容，对这一权利的保护成为网络时代刑法保护任务的重中之重。目前，网络安全与传统安全相互兼容，因而对传统刑法法益与网络法益的保护是一体的。无论如何，始终处在发展变化中的网络安全法益范畴，既确立了刑法保护网络安全的基本方向，也要求刑法根据网络安全的形势不断调整保护方式。

（三）网络预防性观念及其立法的审慎延拓

在风险社会，传统刑法的危害性原则、罪责概念以及报应性司法理念纷纷受挫，以积极预防为系统导向的预防性刑法观念崭露头角。[2]预防刑法体系与安全刑法本质趋同，均强调预防理念的重要地位，并已渗透和影响了我

---

[1] 有观点认为，网络权是人权在网络空间的延伸，其包含了上网权、网络言论自由权、网络隐私权和网络社交权。而且，网络权优位于网络安全是网络时代的重要理念。参见何勤华、王静："保护网络权优位于网络安全——以网络权利的构建为核心"，载《政治与法律》2018年第7期，第2页。

[2] 参见周光权："转型时期刑法立法的思路与方法"，载《中国社会科学》2016年第3期，第129-130页。

国近期的网络刑法立法。更重要的是,面对技术风险的不可控问题与网络犯罪的严峻态势,预防性刑法理念甚至可能发展成为风险社会与网络社会的重要刑法理念与原则。

1. 预防性观念的释明

风险社会变迁使网络技术异化的风险防控成为刑法的时代重任,促使预防性观念不断显现,也对现行刑法产生了影响。第一,刑法积极预防功能被抬升。德国学者乌尔斯·金德霍伊泽尔在1989年出版的《危险作为犯罪》一书中充分阐明了当代刑法作为最基本的社会规则体系,社会变迁导致刑法价值内容的调整,现代风险社会的刑法更在乎风险而非昔日的侵害理论,其不仅要对侵害作出反应,还要对社会安全及其条件给予关键性的保障,确保刑法在风险社会中创造必备的社会安全。[1]由此可见,在积极的一般预防效果下,报应的事后性、特殊预防的个别性、消极一般预防的低效性成为注脚,强化规范认同意识、督促社会有机体自觉遵守规范有效性、夯实刑法正当性与实现刑罚有效性是动力所在,以确保一般预防的主动介入、积极防范、提前干预效果。这是刑罚目的理论、刑法理论体系的质变,并以预防刑法体系、刑事政策的预防性功能等为演变焦点。在安全刑法的体系中,报应性司法理念长期倚重的侵害理论相对弱化,罪责刑法的地位下降,罪责与预防目的的联系更紧密,罪责的预防功能被反复强调,预防性刑事责任观念日渐强化。积极一般预防主义的立意与安全刑法观的目标相契合,使得风险社会可以提前消除风险源、控制风险并实现安全的保障。对于网络犯罪而言,技术危险始终是网络犯罪挥之不去的内容,积极预防立场的植入更具有现实意义。第二,刑法危险与网络危险犯的地位增强。刑法理论体系被陆续植入积极预防观念,不断侵蚀报应性刑法观的根基,夯实以积极预防功能为导向的网络刑法构造的蜕变基础。相较于侵害犯或实害犯是传统刑法及其立法的核心形式,网络犯罪意义上的危险犯将逐渐成为风险社会中刑法的核心,危险个体制造的危险状态成为介入前提和制裁依据,危险本身而非危险行为引发的结果是处罚的对象。进而,基于安全价值的需要而重申预防理念,旨在实现刑罚处罚的前置化、预防的早期化效果,抽象化、早期化或普世化的法益成为积极预防功能的载体,不断突破罪责刑法的边界。抽象危险犯等立法方式前置了刑法

---

[1] 参见薛晓源、刘国良:"法治时代的危险、风险与和谐——德国著名法学家、波恩大学法学院院长乌·金德霍伊泽尔教授访谈录",载《马克思主义与现实》2005年第3期,第28-29页、第36页。

的防线，确保在行为实施前采取预先的警戒以阻止危害结果的发生，从而实现对未来危险的预防。相应地，罪质的改变，也使网络犯罪定量体系焕然一新。

2. 预防性立法趋势的呼应

预防性刑法理念不仅在我国崭露头角，域外亦是如此，预示着侧重刑法预防功能是一种趋势。它主要表现为以下方面：（1）我国预防性立法的修正动向。《中华人民共和国刑法修正案（八）》（以下简称《刑法修正案（八）》）见证了预防性立法的发展轨迹，如增设了禁止令等。《刑法修正案（九）》继续强化预防性立法，在总则、分则都有体现，涉及犯罪和刑罚两大板块：一是犯罪领域，包括恐怖活动犯罪、网络犯罪、环境公害犯罪、大量行政违法行为的犯罪化、过失犯和不作为犯罪的增加等；二是刑罚领域，包括增加职业禁止规定等。从这些碎片化且具有类型化的立法趋势看，刑法立法的预防转向是现代社会法律整体价值立场转换的一个具体面相，未来我国预防刑法的发展不可避免，是刑法适应社会变迁与开放发展的产物。[1]当前，对网络犯罪的扩张性修改，是充分吸收和践行预防性理念的反应，体现了依托网络技术实现事前积极制衡的立场。同时，此举也招致不少非议，过度犯罪化及其对谦抑精神的威胁，成为这场裂变中的一个重要话题，直接牵扯到预防性立法及刑法理念的正当性。（2）日本刑事立法的呼应。无独有偶的是，日本近些年的刑事立法呈现出"活性化"动向。[2]日本社会普遍的不安感、社会价值观的异化是重要立法背景，抽象法益的处罚化、网络预备行为的处罚等成为立法的重要内容，不断叠加"刑事处罚的扩大化、早期化、重罚化"等动向，直接导致传统结果主义的犯罪观旁落。[3]其实，日本刑法理论界对此褒贬不一，既有认为法益思想与侵害原则的统治地位不断下降是刑法面向未来实施预防危险的现实反应，也有对"民意需要""公共福祉的目的""合理差别的体现"等立法理由持谨慎的观望态度。但立法的"活性化"动向，是风险社会来临与风险刑法理论博兴的必然产物，也与网络刑法立法与预防性理论的现实需求不谋而合。

3. 预防性理念的审慎性

立法的"活性化"或预防性犯罪化在西方社会早有实践，我国近期刑法

---

[1] 参见何荣功："预防刑法的扩张及其限度"，载《法学研究》2017年第4期，第138页。
[2] 参见张明楷："日本刑法的发展及其启示"，载《当代法学》2006年第1期，第3页。
[3] 参见黎宏："日本刑事立法犯罪化与重刑化研究"，载《人民检察》2014年第21期，第11-14页。

修正大有后来居上之势，这点在网络犯罪领域尤为明显。但不乏"刑法新工具主义"的质疑和对立法正当性、有意义性、谦抑性等的一系列担忧。[1]实际上，释放预防性理念的张力与保持早期介入的审慎性并不矛盾，理由有以下几个方面。（1）预防性理念与谦抑精神的暗合。立法是时代产物，社会变迁引领立法更迭。预防性立法及积极刑法观在本质上是社会治理需要与社会情势变更的结果，新旧罪名的更迭实属正常，无需人为植入"选边站队"的"前见"，以致过度警惕必要的修法举动。而且，风险社会与防控网络犯罪的双重现实，要求重新审视刑法谦抑精神对限制刑罚权滥用的积极意义及限度。犯罪化与谦抑精神并非"必然对立"，不能过度压制刑法保障功能的释放。防止刑罚权的泛滥与恣意，并不必然要求刑法只能"面向过去"并采取事后的被动措施，而不能"面向未来"并采取积极主动的干预姿态，报应主义的适度收缩与积极预防主义的伸张并行不悖。尊重刑法的谦抑性不等于否定必要的犯罪化，而应延展刑法谦抑性以发挥刑法对社会的积极保护功能；[2]处罚的前置化有其必要性，但应反对重罪化并坚持轻罪化、轻刑化，强化立法的实证依据与理性化。当然，预防早期化、刑罚处罚前置化等主张犯罪化举措，客观上扩大了犯罪圈与刑罚圈，冲击传统罪责刑法、危害原则以及法益理念。为此，仍应毫无保留地坚守罪刑法定原则、罪责刑相适应原则，尤应通过比例性原则约束刑法预防性功能，使刑罚权的启动具有正当性、必要性与比例性，通过有节制地限制自由来实现更多、更好的自由。（2）必要的网络犯罪化是现实需要。在风险社会，网络犯罪浪潮正在迫近，基于刑法保护法益的基本立场，当代刑法不能退缩，更不能放弃刑法内在的"必要处罚"功能，通过发挥刑法最严厉制裁的功能来遏制犯罪和控制风险。在立法层面，相比于域外的犯罪圈与刑罚圈，我国刑法立法采取"定性+定量"模式，刑法与行政法之间存在很大的过渡带，决定了犯罪化与非犯罪化问题仍将比较活跃。我国刑法体系结构仍表现出犯罪圈相对较小、刑罚处罚相对较重的不均衡状态，应在"严而不厉"刑事政策的导向下，推动必要的犯罪化并注重刑罚的宽缓化。易言之，在经济社会高度发展下，适度扩大犯罪圈，使刑罚宽缓化是我国刑法发展的必然趋势，符合我国的刑事法治现实。[3]诚然，预防性刑

---

[1] 参见魏昌东：" 新刑法工具主义批判与矫正"，载《法学》2016年第2期，第85-91页。
[2] 参见郎胜：" 我国刑法的新发展"，载《中国法学》2017年第5期，第44页。
[3] 参见卢建平、刘传稿：" 法治语境下犯罪化的未来趋势"，载《政治与法律》2017年第4期，第46-47页。

法理念与犯罪化之间有着天然的紧密关系，但二者并不等同，更重要的是，犯罪化并非必然违背法治且不利于保障人权与社会秩序。必要的犯罪化与必要的处罚作为预防性刑法理念的重要主张并无不妥，近期的犯罪化尽管扩大了犯罪圈，却仍处在可控范围。[1]当代风险社会与网络社会相互交融，网络刑法体系的功能发挥，仍将依赖预防性理念及其立法，进而巩固、修正和拓展预防性刑法理念的形成及其功能边界与教义体系的完善。

四、网络刑法的制度构建：基石范畴与法典创制

立足知识转型的宏大叙事背景，从传统刑法观到网络刑法观的颠覆性裂变过程注定是漫长的，网络刑法学的生成过程与知识图景无法一蹴而就，需待抽丝剥茧，而且尤以确立网络刑法体系的本体范畴为重。以我国传统"罪责刑关系—刑法学体系"为重要基石，可以将网络犯罪论、网络归责论、网络制裁论作为网络刑法学的本体范畴加以建构，借助法典化方式逐步推动并实现刑法知识的转型进程。

（一）当代刑法知识裂变的生态格局

尽管网络刑法观的知识雏形在立法领域多有体现，传统刑法基本理念、理论体系的蜕变也有所展露，但仍无法完整地探知网络刑法学的基本范畴、实体结构与完整的知识图像。为了实现知识转型的连续性、稳定性及可预知性，应当澄清知识转型进程的前提问题，具体解答传统刑法学与网络刑法学究竟是应当一刀两断还是藕断丝连、究竟是彻底划清界限还是理性扬弃的问题，并设定变革的步骤与阶段。

1. 传统刑法学体系的理性坚守

犯罪和刑罚范畴是近代刑法学中的两大支柱，我国传统刑法学也不例外。随着刑法中责任理论的兴起，大陆法系中德日刑法的罪责理论、苏联刑法理论中的刑事责任范畴逐渐获得一席之地，我国刑事责任理论也迅猛发展，不同的刑法文化中形成了各具特色的刑法学理论体系。近些年以来，由于德日刑法理论体系的责任问题与我国刑法中的刑事责任理论的差异性不断被扩大，尤其在各自刑法学体系中的地位和作用差异越加明显，加之对犯罪构成体系的建构思维存在不同看法，不乏用德日刑法中的责任主义取代刑事责任范畴的呼声，进而也波及整个刑法学体系层面。当前，刑法知识的"去苏俄化"、

---

[1] 参见高铭暄、孙道萃："预防性刑法观及其教义学思考"，载《中国法学》2018年第1期，第185-186页。

犯罪论的"德日化"发展动向明显，三阶层与四要件、形式刑法观与实质刑法观、行为无价值论与结果无价值论组成的主要争议正深刻地影响着我国传统刑法学的教义发展格局。[1]其中，由于犯罪构成体系的"阶层化"呼声渐高，对犯罪构成体系的未来发展产生深远影响，教义化研究的"选边站队"思维开始泛起。[2]譬如，由刑法政法学派到刑法教义学派的转变，关键是由政治化到法治化的变化，[3]应当通过植入"社会理论之法"，满足自由刑法、民生刑法与安全刑法的规范需求。[4]由此可见，在风险社会与网络时代交替前进的背景下，我国主流的传统刑法理论体系处在变革的关口，以犯罪、刑事责任与刑罚为基本范畴组成的"罪责刑关系—刑法学体系"的主导地位及其合理性亟待正名。客观而论，网络时代的到来，既检验传统刑法体系的合理性，也是传统刑法"弯道超车"的有利契机，希望传统刑法在网络刑法体系时代刑法能获得相应的发展与突破。

2. 体系包容与制度开放

诚然，我国传统刑法体系并非尽善尽美，域外的刑法文化也绝非完美无瑕，刑法学体系的建构应更关注本国的刑法文化、历史传统、政治体制、国家地位、实践经验等因素，更注重刑法体系的地域性、民族性与地方知识性。[5]由于技术的更迭性，由传统刑法学到网络刑法学的知识转型前景仍扑朔迷离，同时考虑到知识变革的渐进性、阶段性与反复修正性，立足我国当前成熟且运行良好的刑法学体系，不妨尝试将现有的刑法学体系作为这场知识转型的"前见"，用于勾勒框架。也即以犯罪、刑事责任、刑罚三大范畴组成的刑法学体系为基础，通过网络化切换与话语体系的升级，确立由网络犯罪、网络归责与网络制裁三部分组成的全新且自动修正的知识范畴。实际上，域外的刑法理论体系也面临网络化的重大挑战，三阶层体系、罪责要件等一系列知识话语或将逐渐失去学派争论的意义及知识优势，或换成新的面貌。更重要的是，在网络犯罪时代，传统理论与立法规定的撕裂程度被新型网络犯罪问

---

[1] 参见陈兴良："刑法教义学的发展脉络——纪念1997年刑法颁布二十周年"，载《政治与法律》2017年第3期，第2-16页。

[2] 参见周光权："犯罪构成要件理论的论争及其长远影响"，载《政治与法律》2017年第3期，第17-34页。

[3] 参见刘艳红："刑法学变革的逻辑：教义法学与政法法学的较量"，载《法商研究》2017年第6期，第11-14页。

[4] 参见劳东燕："转型中的刑法教义学"，载《法商研究》2017年第6期，第15-18页。

[5] 参见车浩："理解当代中国刑法教义学"，载《中外法学》2017年第6期，第1045页。

题扩大,传统意义上的立法稳定与扩张解释的偏爱并不必然奏效。[1]网络立法的活跃性已经不可阻挡,[2]立法修正的"肢解"功能被激活,而该潜在效应决定对"阶层式"犯罪论体系、域外刑法理论等的立场,应遵循"中国实际、本土实用"的功利角度,只有适合我国未来网络犯罪趋势的理论体系才有生命力。基于此,在网络知识变革语境下,不妨撇去德日刑法体系与我国刑法理论的优劣对比这一思维桎梏,以我国现行刑法学体系作为网络刑法体系的教义基础,该方法于理于据更稳妥,同时也应积极吸纳域外网络刑法方面的有益内容。

(二) 网络刑法基础范畴的重塑

我国传统刑法学以犯罪、刑事责任、刑罚三大范畴为核心,罪责刑关系是刑法学体系的核心标志与根本知识形态。[3]在建构网络刑法学的知识范畴体系时,应兼顾静动之合、体系性思考与问题性思考,强化动态的归责理论,重新理顺犯罪、刑事责任与刑罚范畴的逻辑结构、内部分工、功能安排、体系协同,确保网络化的改造具有显著的本土主体性、时代有效性、体系适宜性与功能协调性。

1. 网络犯罪论

从犯罪现象看,网络犯罪形态与传统犯罪形态存在形式与实质的差异。网络犯罪论作为蜕变物,颠覆了人们习以为常的对犯罪概念、基本原则、时空效力、犯罪构成体系、犯罪形态等的认识,其核心要旨为:(1)犯罪性质的变异。网络犯罪与网络技术息息相关,新型网络技术犯罪层出不穷。尽管网络对象型犯罪、网络手段型犯罪都呈发展态势,但网络空间型犯罪形态将成为主导类型,几种类型共同导致网络犯罪的性质发生变异。(2)犯罪概念的转变。以技术为前提的网络犯罪形态直接危害网络安全法益,同时表现为实际的网络危害结果与网络危险状态。网络技术危险成为网络犯罪的主要内质,并主导网络犯罪形态的概念形成。(3)网络犯罪论演变的主要内容。刑法立法必须理性回应重大社会关切,坚持理性的犯罪观,犯罪化仍是重要发展方向。[4]网络犯罪现象的纵深发展,倒逼传统刑法规范与罪名的网络化修

---

[1] 参见张明楷:"刑法理论与刑事立法",载《法学论坛》2017年第6期,第16页。

[2] 参见郎胜:"我国刑法的新发展",载《中国法学》2017年第5期,第35页。

[3] 参见孙道萃:《罪责刑关系论》,法律出版社2015年版,第1—40页。

[4] 参见赵秉志:"中国刑法立法晚近20年之回眸与前瞻",载《中国法学》2017年第5期,第62页。

正进程。从传统犯罪论的基本框架看，网络犯罪概念及其本质特征、网络基本原则、网络空间效力、网络解释论、网络犯罪构成体系、网络犯罪的构成要件的组成结构及具体要素的内容、网络正当化事由、网络犯罪停止形态、网络共同犯罪形态、网络犯罪竞合形态等作为全新内容，推动犯罪论的全面跃升。例如，《网络安全法》规定，网络运营者及网络服务提供者是主要的网络主体，也是网络平台的主要载体。在实践中，鉴于网络平台犯罪的增量态势，今后有必要增加网络平台作为一种新型的犯罪主体，[1]以弥补传统主体类型的空白。

2. 网络归责论

网络归责范畴既不是网络犯罪论的法律后果或依附形式，也非与网络制裁范畴等同的前置物，而是网络刑法学体系的必要组成部分。网络归责论以网络犯罪论为基础，以网络犯罪构成的符合性判断为归责前提；网络归责论重点解决网络刑事责任及其程度，并用于指导刑事制裁的具体展开。择要而言：（1）作为非纯粹的"过渡物"，网络归责论是具有实质内容与本体要素的基本范畴，旨在搭建网络犯罪论与网络制裁论的"交往通道"，既解决网络犯罪论的后续衔接问题，也解答网络制裁论"从何而来"与"何以正当有效"的终端问题。（2）网络归责论作为动态的刑法评价体系，应以犯罪论为基础，同时考虑是否存在网络正当化事由，并将不需要承担刑事责任的行为排除在外，最终为是否后续启动刑罚权和具体科处刑事制裁提供最重要的法定依据。（3）网络归责论的法哲学基础不完全是传统刑事责任所依赖的危害性理论、报应性司法理念等。在风险社会背景下，预防性刑法理念成为未来发展纲领，预防性刑事责任观念正不断发展与壮大。[2]预防性的刑事责任观念作为发展趋势，既激活刑事责任范畴内在的积极预防功能，也释放刑事归责体系内含的规范训导、规范有效性体认，生成社会规范有机体等强大的社会保障机能。（4）随着信息网络技术的不断发展，当代网络刑法始终需要解决"技术归责"问题。例如，由于人工智能时代对"人的主体性"、人类社会伦理观带来一定冲击，刑事归责对象等有待澄清。它既涉及"智能人"的刑事责任能力问题，[3]也涉及刑事归责的基本原理，如"智能人"是否可以

---

[1] 参见孙道萃：“网络平台犯罪的刑事制裁思维与路径”，载《东方法学》2017年第3期，第83页。

[2] 参见孙道萃：“罪责关系的当代命运”，载《云南社会科学》2016年第2期，第119页。

[3] 参见刘宪权：“人工智能时代的刑事责任演变：昨天、今天、明天”，载《法学》2019年第1期，第79页。

作为归责对象，以及归责的依据、原则与责任形态等。

3. 网络制裁论

刑罚处罚概念是近代刑法学的成果，与行政处罚、保安处分不同。相比之下，刑事制裁概念的边界明显广于刑罚处罚。网络制裁范畴是超越传统"刑罚"范畴与制度的尝试，可以接纳更具开放性的网络空间社会与未知的网络刑法学对法律制裁的新要求。而且，刑罚与保安处分的纠葛，长期困扰着传统刑法学的刑罚体系、刑罚结构及其改革。采用网络刑事制裁可以避免无休止的纷争，更有助于保障刑事制裁在网络犯罪时代的有效性。在此基础上，应注意以下方面：（1）网络刑事制裁有效性的核心要素。网络刑事制裁的探索，应当首先立足网络技术制衡的政策底蕴，注重对技术的制衡与技术的相互抗衡效果，如网络实名制、数据遗忘权等衍生而出的刑事制裁效能。同时，制裁措施应围绕目的展开设计，应凸显预防性刑法理念与预防性刑事责任观念的指导意义。（2）有益探索的稳步推进。理论界已经开始有意识地探索与网络犯罪时代相吻合的制裁措施。例如，《刑法修正案（八）》增加禁止令措施，对设置网络刑事禁止令具有参照意义，网络禁止令措施可以通过网络技术制衡，从而实现积极预防的效果。[1]又如，《刑法修正案（九）》增加职业禁止规定，应确认网络职业禁止措施，提高应对网络犯罪的制裁效果。设置网络职业禁止令与网络禁止令仅是初步探索，今后应持续补强制裁措施的类型。再如，对于人工智能时代的新型犯罪，应增设删除数据、修改程序、永久销毁等刑罚种类。[2]网络刑罚范畴的演变与创生虽处在运行的末端，但地位和意义却尤为重要，直接决定刑事制裁的有效性与实现。

（三）网络刑法典的未来创制

边沁曾言，法律的改革应着重改变法律的形式，即制定和编纂法典。[3]任何完美的刑法理论构想与体系设计，都需要通过规范刑法学与国家正式立法的方式予以呈现和展开。无论是网络刑法学的核心理念与基本原则，还是网络刑法学的基本范畴及主体结构，都依赖刑法典的法定化机能予以实现。传统刑法典显然不能担此重任。网络刑法典是网络刑法观的立法结晶，是传

---

[1] 参见孙道萃："网络刑事禁止令制裁措施的创制"，载《西南政法大学学报》2017年第4期，第76页。

[2] 参见刘宪权："人工智能时代我国刑罚体系重构的法理基础"，载《法律科学（西北政法大学学报）》2018年第4期，第47页。

[3] 参见何勤华：《西方法学史》，中国政法大学出版社2000年版，第307页。

统刑法学到网络刑法学的知识转型的终极成果,是透视、反思与修正网络刑法学的最佳窗口,是指导网络刑事司法的规范依据。尽管创制网络刑法典属于绝对的未知性探索,但在成文法和法典化的前提下,总则与分则的立法体例仍是首选,传统刑法典的总则与分则以及立法的语言、技术等辅助内容都面临着"网络化"的整体改造与转型。

1. 传统刑法典的扬弃与逐步废止

从网络犯罪时代的颠覆效应,特别是从传统刑法理论体系与网络刑法观念的博弈态势看,传统刑法典最终将变成传统刑法学的重要知识遗产之一,其应对网络犯罪与支撑网络刑法学的效能急速下降。因而,现行刑法典难以直接作为网络刑法典的"母版"。然而,这种变革耗时漫长,作为前瞻性的探索,不宜直接全盘否定传统刑法典的有益部分。制定网络刑法典应当合理借鉴,妥善处置"废""改"与"立"的关系,兼顾网络代际、网络社会、网络犯罪、网络刑法观念变迁的渐进性、过渡性、阶段性等需要。以《刑法修正案(九)》增设专门的网络犯罪规定看,虽然其在内容等方面超越了计算机犯罪规定,但网络犯罪的罪质构造特殊、司法适用规则滞后等问题亟待攻克。[1]这要求网络刑法立法必须考虑网络犯罪的规律与特征,强化专门性与精准性。当网络空间社会彻底覆盖并取代现实物理社会,尤其是网络刑法学整体替代传统刑法学体系时,完全独立且高度专属的网络刑法典才可能随之到来。

2. 刑法修正与全面修改的模式选择

我国网络犯罪的立法完善将是 1997 年刑法发展和保持生命力的重要内容。[2]关于网络刑法立法完善的方式,主要有三种看法。(1)单行刑法。对网络犯罪制定专门的单行刑法,应确立"单行网络刑法为主、刑法典为辅"的立法模式,形成"刑法典与单行网络刑法"并存的刑事立法格局。[3](2)刑法修正案。应当继续通过刑法修正的方式,对《刑法》有关计算机犯罪和网络犯罪的法律规定予以整合,增设"网络犯罪"专节,在规定危害网络

---

[1] 参见皮勇:"论新型网络犯罪立法及其适用",载《中国社会科学》2018 年第 10 期,第 126 页。

[2] 参见高铭暄、孙道萃:"97 刑法典颁行 20 年的基本回顾与完善展望",载《华南师范大学学报(社会科学版)》2018 年第 1 期,第 47 页。

[3] 参见卢建平、姜瀛:"犯罪'网络异化'与刑法应对模式",载《人民检察》2014 年第 3 期,第 9 页。

安全的犯罪的基础上，补充扰乱网络秩序类的犯罪。[1]（3）独立的刑法典。唯有创制网络刑法典，才是网络刑法立法可持续发展的唯一途径，才是全面植入网络刑法学知识形态后的终端产品。[2]这三种看法各有其理由，单行刑法容易割裂刑法典的完整性与体系性，刑法修正在追求便捷性上可能直接触动立法权的正当根据，大规模的法典化修改耗时费力但满足"体系性思考"的要求。"法律之所以可能达成现代意义上的那种特殊专门的、法学上的提升纯化，唯其因为其具有形式的性格。"[3]对于网络刑法立法而言，相比于单行刑法的方式，刑法修正案仍是首选，其对刑法典的修正具有内部性、综合性、内容简洁等优点。但鉴于网络刑法学体系变革的剧烈性和全面性，今后全面修订刑法典作为整体性的重大调整方式应当是首选，以便直接重新设置相关章节结构与具体条文，为创设独立的网络专属刑法典奠定基本的立法体例基础，同时完善网络附属刑法体系也不容忽视。

五、结语

为了以更积极的姿态回应新科技革命与法治之间的碰撞，中国人民大学法学院于2017年9月成立"未来法治研究院"，搭建科技与法律的互动平台。这充分显示了"网络信息技术+刑法变革"是当代刑法面向未来的重大挑战与基本课题。2017年12月，中国政法大学与腾讯公司共建"中国政法大学网络法学研究院"（网络法治智库），聚焦"网络法治理论研究和网络空间国际治理规则研究"。这进一步说明网络法治体系、网络法学科的兴起已是共识，网络刑法体系的创立与发展刻不容缓。因此，积极拥抱网络刑法学现象才是正确的打开方式。与此同时，从传统刑法学到网络刑法学的知识转型，是一场关于"未来学"的深度解构与重构，更是一次超越当代刑法理论纷争的尝试，事关网络刑法学知识变革的远景。尽管面临网络技术代际变动不居、网络空间社会徐徐而来、传统刑法学仍生命力顽强、网络刑法学实体感不强、立法与司法尚未成型等诸多困难，尽管"大胆假设、小心求证"的宏观建构逻辑仍需回应虚无化、实践性等质疑，尽管网络刑法学的知识体系因被裹入并掺

---

[1] 参见陈兴良："网络犯罪立法问题思考"，载《公安学刊（浙江警察学院学报）》2016年第6期，第11-12页。

[2] 参见孙道萃："网络刑法知识转型与立法回应"，载《现代法学》2017年第1期，第129页。

[3] 参见［德］马克斯·韦伯：《法律社会学》，康乐、简惠美译，广西师范大学出版社2005年版，第28页。

杂风险社会刑法理论的余温而独立不足，但不会折损探索刑法知识变革的重要意义。应加快网络刑法知识转型，进而推动中国网络刑法学的逻辑体系和话语体系的成熟，并使其走向世界。特别值得期待的是，以现代信息网络技术、大数据技术为基础的人工智能技术及其应用迅猛发展，智能（技术）犯罪问题开始显现，智能犯罪现象与网络犯罪问题的重合与交错，也为深度观察网络犯罪的发展趋势并寻求最优应对策略提供了新方向。

第三章
网络安全刑法法益的概念及其展开

网络安全事关国家安全、公共安全、公共秩序、经济秩序、个人权益。网络安全刑法法益呈现整体迁移态势，是网络刑法体系的基石。在认识与界定网络安全法益的刑法内涵时，应秉持综合性与发展性的立场，注重类型化思维，充分阐明日渐成熟的规范形态。网络安全法益托举网络安全秩序价值的优位性与映射网络技术危险的刑法特质是其存续的刑法根基，而其代际位阶与网络空间社会的真实化决定其在网络刑法体系中的基础地位与实践维度。网络安全法益概念具备理论、立法与司法等功能，对刑法任务（目的）的定位与刑罚目的之厘定、立法的科学化与规范化功能、刑法解释功能与出罪功能具有积极意义。

一、问题的提出

刑法保护的客体或法益[1]是现代刑法的根基所在，法益保护是当代刑法的任务。刑法法益是刑法价值观念的集中体现，具有规范引导等重大作用。刑法历来是维护安全与秩序的中坚力量，也是保护网络安全的中流砥柱。在网络时代，网络空间社会日益真实化、客观化，逐渐与传统现实物理社会划清界限，一幅迥异的社会形态图景徐徐呈现。胎变于网络技术的网络空间社会及其安全、秩序，始终无法避免网络技术异化风险。网络技术异化风险是网络技术创新与网络社会自由发展的正常现象。当下，网络社会安全和网络空间安全日益成为网络空间社会的基础价值目标与公众的基本诉求。

在网络犯罪时代，传统刑法的保护任务正在发生可视化的转变，保护网

---

[1] 关于犯罪客体与法益概念之间的理论纠葛，本书不具体讨论，另文再议。本书中"客体"等同于"法益"。

络安全与秩序价值的任务日益凸显。在网络技术更迭、网络代际变迁、网络社会加速成型的复合背景下，由传统刑法学到网络刑法学的知识变革正在悄然兴起，犯罪客体作为基本概念深受影响。网络安全在网络空间社会逐步确立其核心地位，保护网络安全的法律制度迎来重大转向，而传统刑法制度与理论的知识转型已然启动。[1]当前，传统现实物理社会与网络空间社会相互交织与深度互置，快速推进由传统物理社会的法益形态到新型网络安全法益的整体迁移态势。内生于网络空间社会的网络安全法益，长远来看，极可能是取代传统刑法中法益的新范畴。它既是网络时代刑法学的基石，也是网络时代刑法学体系的基础要素，同时还是由传统刑法学到网络刑法学这一知识变革与体系建构进程中的基本变量与内部动能。与网络社会时代相契合、与网络时代刑法学相吻合、具有高度凝练性与体系性的网络安全法益及其理论体系呼之欲出。应当厘清网络安全法益的刑法内涵、外延、功能及其地位，为网络时代刑法知识变革奠定前提与基础。

二、网络安全法益纵深演进的刑法本真

网络安全是网络时代的存在根基。网络空间的壮大与成熟，加速推进网络安全法益整体融入传统现实物理社会，并呈现出整体迁移与覆盖的态势。网络安全法益与国家安全、公共安全、社会秩序、经济秩序、个人利益等紧密联系而且整体嵌合。对网络安全刑法法益的认知与理解，是基于实际变化而形塑的渐进式强化过程。

（一）网络安全法益的整体迁移态势

网络已经成为国家安全、公共安全、公共秩序、经济秩序以及个人权益的重要内容，这是有目共睹的全球性现象。网络安全法益的整体迁移态势也日渐成型。网络安全法益的本质属性及其内容日益显现，为确立网络安全法益的基础地位奠定了前提。

1. 网络安全事关国家安全

网络空间被公认为是人类社会的"第五空间"。网络空间的独立化进程加速，呈现出对传统现实物理社会结构与关系网格的深度嵌入和融合趋势。其中，网络安全关系到国家安全利益、国家发展利益以及国家政治稳定、社会安

---

[1] 参见孙道萃："网络刑法知识转型与立法回应"，载《现代法学》2017年第1期，第117页。

定，对保障国家安全具有基础性的地位与作用。[1]当前，国际网络安全形势风云变幻，网络安全是国家安全的重要组成部分，网络空间成为维护国家主权的重要时空场域。网络安全已经成为我国社会安全的焦点与基石，是国家安全战略的最基本内容。

目前，关于网络安全的国家安全战略及相关法律规定内容如下：（1）2013年，中国共产党第十八届中央委员会第三次全体会议决定成立"中国共产党中央国家安全委员会"，凸显国家安全的战略地位，保护国家安全的内容之一就是保护网络安全。（2）2013年，《中共中央关于全面深化改革若干重大问题的决定》总体上部署了我国网络安全保护的未来工作方向、目标。（3）2014年，中央网络安全和信息化领导小组成立。"中共中央网络安全和信息化领导小组办公室"与国家互联网信息办公室相得益彰。（4）2014年，中央国家安全委员会第一次会议提出"坚持总体国家安全观"，首次确认"信息安全"。（5）网络安全嵌入国家安全集中体现在严厉打击和预防网络恐怖主义活动中。2015年，《反恐怖主义法》第1条、第2条明确规定了立法目的与任务，即防范和惩治恐怖活动，维护国家安全、公共安全和人民生命财产安全。网络恐怖主义是恐怖主义的发展趋势，依法防范网络恐怖主义是维持网络安全的重要内容，对此《刑法修正案（九）》予以了确认。（6）2016年，《网络安全法》第1条开宗明义规定了立法任务和目标，将"维护网络空间主权和国家安全"列居首位。这反映了立法机关始终贯彻党和国家关于网络安全和维护国家安全的基本精神，将我国20多年的网络安全保护实践上升为法律制度。

2. 网络安全关系公共安全

当前，云计算、大数据、物联网、"三网融合"等新内容不断涌现，表明了网络3.0时代的到来，触发了由单纯的计算机信息系统"技术互联"为主的代际跨越到以互联网为平台的"信息互联"为主调的新纪元。网络是重要的技术终端、信息平台、大数据池，网络已经成为信息交流的公共平台，互联网是连接传统现实物理社会的重要媒介，网络空间已经转化为公众生产生活的时空维度。信息安全、智能终端应用安全、使用安全、配套安全、空间安全等网络空间公共安全内容翻新与升级，网络信息、网络数据及其财产化等因素的叠加介入和广泛融合，日渐取代计算机信息系统的运行安全、内容安全、软件安全等传统内容。传统公共安全的内涵正处在有序的网络化扩容

---

[1] 参见丁奎松："网络安全与国家安全关系的五个特点"，载《中国信息安全》2019年第9期，第37页。

状态，并已经和网络安全紧密融合。网络作为犯罪对象、犯罪手段、时空维度，对不特定多数人的人身、财产安全可能形成巨大的潜在风险。网络空间承载和维系不特定多数人的生命、财产安全。网络安全既是公共安全的重要保障，其风险也是公共安全的重要隐患。风险社会诱发信息技术风险、信息风险、数据风险等接踵而至，与公共场所、公共设施、公共领域、公共环境的人际安全、交流安全、生活安全、生产安全、物流安全等紧密关联，直接影响人民群众的普遍安全感。事实证明，网络安全已经日渐渗透到社会公共安全领域。对此，《网络安全法》第1条也明确了"社会公共利益"的保护地位。

网络恐怖主义犯罪日益猖獗，是一种新型恐怖主义活动形式。当前，网络安全对公共安全的渗透，也聚焦在重要的生产生活与暴恐活动中。2011年的《最高人民法院、最高人民检察院关于办理危害计算机信息系统安全刑事案件应用法律若干问题的解释》（以下简称《计算机信息系统安全解释》）第4条明确将公共安全纳入网络安全的保护范围，包括网络基础服务、网络正常运行、关键信息基础设施安全等。2014年，新疆维吾尔自治区高级人民法院、人民检察院及公安厅《关于依法严厉打击暴力恐怖活动的通告》，严厉禁止一切形式的恐怖主义活动，高压严惩各类型危害公共安全的暴恐活动。2014年，《最高人民法院、最高人民检察院、公安部关于办理暴力恐怖和宗教极端刑事案件适用法律若干问题的意见》（以下简称《暴力恐怖和宗教极端案件意见》）再次向网络恐怖主义对网络安全与公安安全的巨大威胁"亮剑"。《刑法修正案（九）》遵循了"零容忍"政策，并作出了较为全面的修改，进一步强化了罪名体系。

3. 网络安全维系公共秩序

在和谐的法治社会环境中，公共秩序是最普通、最重要的"原子"。它反映了社会以及个体对正常生活秩序、工作秩序、场所秩序等公共秩序的期盼与价值认同，展示了社会治理与国家治理的良性状态，是稳定有序、安定和平与有条不紊的基本保障。网络已经全面渗透到人类社会的各种生产生活中。网络不仅是社会秩序的活力因子，也是社会秩序的不确定性因素，网络安全维系公共秩序。网络违法犯罪行为不仅破坏了计算机信息系统的安全，也破坏了计算机信息系统维系的公共秩序，《刑法》第285条至第287条由此才被专门纳入"妨害社会管理秩序罪"的第一节"破坏公共秩序"中。在网络环境下，公共秩序不限于公共场所秩序和公共生活秩序，还包括附着于公共秩序或与公共秩序息息相关的财产安全、人身安全等法益相关的场所秩序，更包括越发凸显和重要的网络空间公共秩序。例如，将网络空间的"场所"理解为"公共场所"并没有超出国民预测的可能性。网络安全正在对传统的公共秩序进行内容渗透、外延修正与结构扩容等活动。网络安全既是国家安全和公共安全的新内容，也是新型公共秩序体系的有机组成部分。这是当前网络安全与国家安全、公共安全、公共秩序之间呈现水乳交融状态的真实写照。

当前，网络安全与公共秩序的交融集中表现为网络空间的危害行为泛滥。对此，相关法律法规也有所规定。（1）《刑法修正案（七）》增加了第285条第2款、第3款，增补了3个新的罪名，拓宽了扰乱公共秩序的计算机犯罪的边界。例如，非法获取计算机信息系统数据罪是扰乱公共秩序罪犯罪，是侵犯公共（集体）法益的犯罪。（2）《最高人民法院、最高人民检察院关于办理利用互联网、移动通讯终端、声讯台制作、复制、出版、贩卖、传播淫秽电子信息刑事案件具体应用法律若干问题的解释（一）》（法释〔2004〕11号）（以下简称《淫秽电子信息解释（一）》）、《最高人民法院、最高人民检察院关于办理利用互联网、移动通讯终端、声讯台制作、复制、出版、贩卖、传播淫秽电子信息刑事案件具体应用法律若干问题的解释（二）》（法释〔2010〕3号，以下简称《淫秽电子信息解释（二）》）、《最高人民法院、最高人民检察院关于利用网络云盘制作、复制、贩卖、传播淫秽电子信息牟利行为定罪量刑问题的批复》（法释〔2017〕19号）先后规定，以牟利为目的，利用网络云盘制作、复制、贩卖、传播淫秽电子信息的，应当追究刑事责任。（3）《计算机信息系统安全解释》对如何适用《刑法》第285条、第286条、第287条等条文作出规定，为依法惩治危害计算机信息系统安全的犯罪活动提供了司法依据。（4）2013年，《最高人民法院、最高人民检察院关于办理利用信息网络实施诽谤等刑事案件适用法律若干问题的解释》（法释〔2013〕21号）开启了传统罪名"网络化适用"的新格局，激活了传统罪名的适用空间维度，摆正了网络空间安全的独立性以及特殊保护地位。（5）2013年，《最高人民法院、最高人民检察院关于办理寻衅滋事刑事案件适用法律若干问题的解释》（法释〔2013〕18号）第5条将"其他的公共场所"明确延展到"网络空间"，展示网络空间的工具性、空间场域性等多重功能。（6）2013年，《最高人民法院关于审理编造、故意传播虚假恐怖信息刑事案件适用法律若干问题的解释》（法释〔2013〕24号）通过依法惩治编造、故意传播虚假恐怖信息犯罪活动来维护社会秩序和人民群众生命、财产安全。对此，《刑法修正案（九）》予以确认与拓展。（7）2015年，《刑法修正案

(九)》增加第 286 条之一、第 287 条之一、第 287 条之二,是对网络公共秩序之法益的立法体认,有助于通过专门立法实现对个别化、类型化的法益予以充分保护。(8)《最高人民法院、最高人民检察院、公安部关于办理电信网络诈骗等刑事案件适用法律若干问题的意见》(法发〔2016〕32 号)对依法严惩电信网络诈骗犯罪、全面惩处关联犯罪作出规定,依法惩治电信网络诈骗等犯罪活动,保护网络安全,维护网络秩序。(9)《最高人民法院、最高人民检察院关于办理扰乱无线电通讯管理秩序等刑事案件适用法律若干问题的解释》(法释〔2017〕11 号)规定,利用互联网实施有关扰乱无线电通讯管理秩序的,依法定罪处罚。(10)2019 年,《最高人民法院、最高人民检察院、公安部、司法部关于办理利用信息网络实施黑恶势力犯罪刑事案件若干问题的意见》要求,依法严惩利用信息网络实施的黑恶势力犯罪,准确认定利用信息网络实施犯罪的黑恶势力,保护公共秩序安全。(11)《最高人民法院、最高人民检察院关于办理非法利用信息网络、帮助信息网络犯罪活动等刑事案件适用法律若干问题的解释》(法释〔2019〕15 号)(以下简称《网络犯罪刑事案件解释》),对三个纯正网络犯罪的适用作出了明确规定,加强了对信息网络秩序与信息网络空间安全的保护。

4. 网络安全左右经济秩序

网络技术及其应用正在全面进入传统经济活动,互联网经济的迅猛发展就是见证。网络安全与网络经济秩序相生相伴,传统经济犯罪规定已经不能适应互联网经济犯罪的规制需求。但是,保护互联网经济安全的任务从未减弱。

根据新型互联网经济犯罪的扩张趋势,一些常见的经济犯罪正处于网络化演变的前端,使网络安全法益加速浸透到经济安全领域,特别是在市场经济管理秩序犯罪中体现得尤为突出。主要表现为:(1)网络广告宣传的规范化。互联网经济迅猛发展,网络虚假广告犯罪开始抬头。传统虚假广告罪难以适应网络经济时代的新情况,无法有效保护网络时代的广告市场管理秩序。应当科学认识网络时代的虚假广告罪的罪质,扩大网络广告管理法益的内容,将网络虚假广告犯罪的基本罪设置为危险犯形态并调试相适应的刑事制裁措施。[1](2)网络时代的合规经营。在网络经济时代,大量新型网络经济行为出现。传统经济制度的创新体系与网络时代的经济模式存在一定的差异,网

---

〔1〕 参见孙道萃:"虚假广告犯罪的网络化演变与立法修正思路",载《法治研究》2018 年第 2 期,第 111 页。

络时代的"非法"经营行为呈现出井喷的态势。处于现行经济秩序边缘的"灰色行为"地带及其规制策略,在很大程度上决定了新型网络经济安全的保护效果。例如,"蚂蚁花呗"不属于现行法律规定的信用卡,但具有电子支付功能、使用额度等类似于信用卡的功能特征。在实践中,出现了以虚假的交易形式,利用"蚂蚁花呗"为他人提供套现的服务。这种做法违反了"蚂蚁花呗"不能直接提取现金的功能限制,是以中介的形式非法从事资金支付结算业务,属于非法经营行为。[1](3) 网络生产经营秩序。农耕时代与工业革命时代所形成的生产经营概念、形式以及内容,已经不适应互联网经济时代生产经营样态的新情况与新需要,新的生产经营要素和资料不断出现。网络生产经营行为不仅涉及传统财产安全,更涉及新型经济主体的利益与经济安全。在网络空间从事破坏生产经营的犯罪行为,可以通过扩张解释,适用破坏生产经营罪条款。[2](4) 新型电子货币管理秩序。在工业革命时代,法定货币主要是纸质形式。在互联网经济背景下,虚拟货币或电子货币可以视为刑法上的财物,但是,代币超越虚拟货币。根据代币的法律属性,代币发行交易可能涉及非法经营、非法集资、集资诈骗等刑事风险。[3](5) 互联网经济与正当竞争市场秩序。新型网络不正当竞争行为泛滥,严重破坏网络市场公平竞争管理秩序以及正当的网络竞争利益,导致消费者合法权益的地位不明。网络市场正当竞争管理秩序是应当保护的新型刑法法益,这是对网络不正当竞争犯罪作出立法完善的依据。对此,可以在《刑法》中增设第231条之一"网络不正当竞争罪"与第231条之二"破坏网络市场信用评价罪",让其分别发挥一般的基本规制作用与特殊的专门规制作用。[4](6) 网络刷单与交易秩序。在互联网经济背景下,网络交易是最为基础与常见的市场活动与经济方式。刷单是常见的网络不正当竞争行为,对市场管理秩序的危害很大。对此,可以根据法益保护的位阶与法益保护的对象,评价网络交易平台的刷单行为,可能涉嫌诈骗罪、损害商业信誉、商品声誉罪、破坏生产经营罪、

---

[1] 参见王国平:"从首例利用'蚂蚁花呗'套现案例探析相关套现行为的本质属性",载《法律适用(司法案例)》2018年第10期,第60页。

[2] 参见刘仁文:"网络时代破坏生产经营的刑法理解",载《法学杂志》2019年第5期,第48页。

[3] 参见朱娴:"代币发行交易中的犯罪风险",载《国家检察官学院学报》2018年第6期,第101页。

[4] 参见孙道萃:"网络不正当竞争犯罪的司法巡思与立法应对",载《华南师范大学学报(社会科学版)》2019年第5期,第142页。

非法经营罪，也可能不构成犯罪。[1]在网络经济时代，为了充分保障网络交易行为，就必须打击恶意刷单行为，以保障网络经济安全与市场秩序。

5. 网络安全联动个人权益

网络技术及其应用的全时代已经全面进入生产生活，人类社会、个体与网络时代及其应用之间的关系更为紧密。没有网络技术，人类的生产生活很可能陷入停顿。正是由于网络与人类的高度融合，网络安全与个人权益之间也存在着极其密切的联系。

目前，从网络安全犯罪的表现形式看，对个人权益的侵害，突出地表现为：（1）网络财产性利益安全。虚拟财产或网络财产性利益的刑法保护问题，凸显了网络时代传统刑法与新型网络犯罪在事实上的调适难题。[2]《最高人民法院、最高人民检察院、公安部关于办理电信网络诈骗等刑事案件适用法律若干问题的意见》（法发〔2016〕32号）指出，利用通讯工具、互联网等技术手段实施的电信网络诈骗犯罪活动持续高发，严重侵害人民群众财产安全和其他合法权益。网络财产性利益具有财产属性与网络属性。但是，财产化保护与网络专门保护的司法取舍与定罪逻辑仍纠葛不清，暴露了传统财产犯罪的理论困局。可以预见的是，公民个人财产安全是网络犯罪的高发区域。（2）个人信息与个人数据安全。近年来，侵犯公民个人信息犯罪处于高发态势，严重侵犯了公民个人信息安全。《最高人民法院、最高人民检察院关于办理侵犯公民个人信息刑事案件适用法律若干问题的解释》（法释〔2017〕10号）明确强调，刑法应依法保护公民个人信息安全和合法权益。不过，个人信息与数据的法益内涵及其属性，涉及个人信息自决权、超个人法益等问题，并且兼具人身属性、财产属性和社会公共属性。[3]这些关于法益层面的争论，反映了个人信息与数据保护在现行刑法中性质与地位的不确定性、复杂性及重要性，因此，明确个人信息的法益属性是关键前提。（3）网络时代的人格与尊严保护。《刑法修正案（九）》增加第246条第3款规定，对通过信息网络实施诽谤的行为予以规制。这显示了作为传统法律主体的人格与尊严问题，在网络时代也容易成为网络暴力与网络诽谤的对象。增加网络诽谤犯罪规定，

---

[1] 参见王安异："虚构网络交易行为入罪新论——以《中华人民共和国电子商务法》第17条规定为依据的分析"，载《法商研究》2019年第5期，第54页。

[2] 参见欧阳本祺："论虚拟财产的刑法保护"，载《政治与法律》2019年第9期，第39页。

[3] 参见刘艳红："侵犯公民个人信息罪法益：个人法益及新型权利之确证——以《个人信息保护法（草案）》为视角之分析"，载《中国刑事法杂志》2019年第5期，第19页。

既打击网络诽谤行为，也保护网络言论自由，但也可能限制网络言论自由。

(二) 网络安全法益的刑法本体

网络安全是对网络社会中安全问题的集中概括，是具有包容性与发展性的概念。网络安全法益是对网络技术风险的浓缩表述，并以安全价值诉求的首位性为社会基础。网络安全刑法法益是保障网络空间社会得以存续和发展的前提条件。

1. 主要特质

网络犯罪形态及其类型是变化的，网络安全法益亦是如此。这意味着对网络安全法益的认识与理解，要坚持与时俱进的立场。而且，网络安全法益具有包容性、综合性，涉及生产生活的各个领域，与人类社会及个体利益都息息相关。

当前，从网络安全法益的演变态势及其所涉内容看，可以认为它具有显著的发展性与综合性特征。同时，网络安全法益作为刑法体系中的规范性概念，也应当具有可视化的司法实践品格。就此而言，在理解网络安全法益的内涵时，应注意以下几点：(1) 发展性。网络技术的升级将继续推动网络时代的演进，网络犯罪的类型与形态也在演变。相应地，网络犯罪的构成要件、构成要素等都发生了一定的变化。因此，网络安全法益的内容与形式，具有一定的阶段性、渐进性，是自主更迭与进化的范畴。在界定网络安全法益概念时，应当根据网络技术的演进逻辑、网络犯罪的本质与规律、网络犯罪的危害等内容，进行结构性的框定与修正，使其与网络犯罪的态势保持一致。网络安全法益概念的发展性，决定了其与时俱进的进化属性，而非一个阶段性、局部性的刑法基础概念。必须对其进行修正、增补以及删减，以维持其时代的适宜性与有效性。(2) 综合性。现代法律所保护的法益范围是广泛的，涉及各个方面，因而具有综合性。网络时代的法益概念决定了刑法调整的对象范围与规制界限。在网络时代，网络"对象型""手段型""空间型"犯罪形态不断演进，对传统犯罪形态的全面渗透与嵌入也在加速进行。新型网络犯罪所侵犯的法益内容与形式，基本覆盖了所有的网络安全领域。这是网络安全法益具有综合性之根源所在。网络时代法律制度的进一步完善，使刑法需要保护的网络法益之范围不断扩大，并且更加明确和具体。网络安全法益的综合性，不仅拓宽了其内在的本体内容，也强化了刑法保护的力度与幅度。综合性之特质虽然确保了网络时代刑法保护的"全覆盖"效果，但也可能陷入"过度保护"。(3) 规范性。刑法意义上的网络安全法益是典型的规范性概念，而不是纯粹的技术概念，也不单是对新型网络犯罪现象的简单表述。

所谓"规范性",是指网络安全法益有其合法性的存在基础、正当性的本体内容,可以自证其刑法意义、刑法机能的有效性,对刑法目的与任务的设定具有指导意义,是治理新型网络犯罪的合法措施;而且,具备用于立法化、司法化的合法依据与实践逻辑,可以通过立法表述予以具体化,并作为法律适用的解释依据与评判标准。例如,网络安全法益是增设新型网络犯罪罪名的重要依据,也是网络时代刑法解释的理论依据。强调网络安全法益的规范性,旨在凸显网络安全法益在刑法理论、立法与司法中的地位与作用及其可以具体化、可视化或者抽象化的能力。网络安全法益的规范属性,同时也是为了确保其在未来的网络刑法时代,可以发挥应然的功能与作用,进而成为网络刑法学体系的基础或根本概念。(4)"可视化"司法品格。犯罪客体或法益概念等传统规范性概念,都面临如何具体化以及如何有效克服抽象性、精神化等问题。网络安全法益是网络刑法知识中的专属性基础概念,是立法技术与立法语言表述的基本依据,是网络刑法学的规范根基,是网络时代刑事政策指导刑法的"合法性"衔接通道。但是,在现有认识论水平下,网络安全法益和传统法益概念一样,均面临如何具体化与直接化、立法量化的界定、司法如何辨识等应用性难题。这就要求网络安全法益应当具有"可视化"的属性与特质,并将其作为立法化、司法化以及发挥理论功能的前提条件。

基于此,网络安全法益是网络安全价值地位的规范性体现,具有基础性和包容性,主要包括国家安全、公共安全、公共秩序、经济秩序、个人权益等类型,是评价网络技术异化危险的规范依据。网络安全刑法法益兼具抽象性和具体性,其具体形式是多样的,具有定罪与决定网络刑事制裁边界的作用。同时,它具有描述性与规范性,既可以作为立法定性因素,也可以作为司法定量因素。

2. 类型化的界定

尽管网络安全法益具有发展性与综合性,但是,从方法论上,可以通过类型化的思维,进一步勾勒网络安全法益的内涵。只有具体化、可视化、类型化及可量化的网络安全法益,才是可以进行规范性评价的内容,才能发挥相应的作用。

我国刑法理论通常将犯罪客体分为一般客体、同类客体、直接客体三个层次,并将其作为犯罪类型、分则立法等的重要依据。其中,同类客体是对一般客体采取类型化分解后的概念,直接客体是个别罪名对应的具体法益。在大陆法系的刑法理论中,法益通常分为个人法益、社会法益和国家法益三个层次,其中,个人法益处于法益序列的首位,社会法益和国家法益往往与个人法益相对应，被称为超个人法益。在现代法益多元论的时代，个人法益与集体法益的区分与冲突等问题仍旧存在。[1]无论是我国的犯罪客体还是大陆法系的法益概念，无论遵循何种分类方法，都是对刑法应当保护的法益类型化的思考，都旨在捕捉和展示刑法法益的主要类型、主要形态以及内部结构，以便于刑法采取区别对待的措施，针对不同的法益内容及形式，进行有针对性的立法。

在网络犯罪时代，网络"对象型""手段型""空间型"三类犯罪形态相互交织，而网络"空间型"犯罪形态的整体比例趋重。这从源头上对我国网络时代的安全法益之刑法内涵及表现形式，起到了不可替代的决定作用。在界定网络安全法益的类型时，应当结合网络时代的犯罪类型及其演变的基本态势，实现动态、同步的类型化界定，并确保网络安全法益之内涵的周延性。

概括地看：（1）网络安全法益的"二元化"动向。"对象型""手段型"网络犯罪所侵犯的法益，与传统刑法中的法益具有一定的重合。尽管如此，在上述两类犯罪的过渡期，仍以传统法益的网络异化或网络演变形态为主。在"对象型""手段型"网络犯罪中，所侵犯的法益往往具有公共利益属性，也即涉及国家安全、公共安全、公共秩序以及经济秩序。实际上，各国普遍将计算机数据和信息系统安全作为独立的公共法益进行保护；[2]也不可避免牵涉个人法益，只是二者之间的界限会变得模糊，如对侵犯公民个人信息罪法益究竟是个人法益还是超个人法益就存在不同看法，完全作为个人法益对待可能会忽视其内在的公共法益属性。同时，"空间型"网络犯罪所侵犯的法益具有独立性和专属性，其内涵和外延处于不断发展与变动的状态，涉及未来网络空间社会中刑法法益的各个方面。这就是网络安全法益基于网络犯罪形态之发展而呈现出的演变逻辑。在此基础上，应当在类型化界定的思路上，进一步明确网络安全法益的内容、形式等问题。（2）网络安全法益的具体化。网络安全法益对传统刑法法益的形式与内容，正在形成全面渗透和整体迁移态势，并最终逐步置换与取代传统刑法法益的内容及其主导地位。网络安全法益作为刑法对网络社会安全价值予以具体化与规范化的产物，牵涉网络社会的诸多方面。承前所述，从网络安全法益的迁移态势看，将逐步覆盖所有

---

[1] 参见王永茜："论集体法益的刑法保护"，载《环球法律评论》2013年第4期，第69-70页。

[2] 参见皮勇："论中国网络空间犯罪立法的本土化与国际化"，载《比较法研究》2020年第1期，第138页。

的刑法法益,并集中在国家安全、公共安全、公共秩序、经济安全、个人权益等主要板块,而且在各个主要领域表现出不同类型、种类或具体的法益形式与内容。例如,在大数据时代,数据是关键要素,涉及国家战略安全,也与个人法益、经济秩序和国家安全息息相关。现有计算机犯罪、个人信息犯罪、著作权犯罪和电信网络诈骗犯罪均不足以涵盖其内容,保护法益的类型与范围相对狭窄,不利于实现刑法规制的前置化与功能化。当前,既要从类型化、具体化的层面,渐次揭开网络安全法益的整体面貌;也要从具体的网络犯罪中衍生出直接的法益内容,实现一般与特殊、抽象与具体的融合;最终,建立体系性与层次性的网络安全法益概念。(3)网络安全法益的抽象化、集体化动向及合法性边界。在传统现实物理社会,法益的抽象化以及集体法益的壮大等问题日益明显,对传统法益概念及其类型的具体化、物理化等基本认识,形成了冲击效应。集体法益的保护在现代刑法中呈现出扩张趋势。[1]在网络时代,该问题仍有所延续。发展中的网络安全法益,应当具有包容性,它首先应当是具体的内容,以便立法、司法以及理论研究与应用。当然,在重视法益具体化之际,也要兼顾法益的抽象化、精神化问题,超个人法益(集体法益)在网络安全法益体系中的地位将有所攀升。在网络时代,"信息安全"与"网络空间秩序"是信息网络犯罪保护的集体法益之内容,决定了集体法益的核心立意应当是维护安全与秩序。通常可以认为,刑法保护集体法益也维护了个人自由,是自由发展的必要条件。但是,必须遏制集体法益走向极端的工具化与扩张化,消除其对自由的侵犯。[2]在设定网络安全法益的集体法益时,可以将"保护公民个人基本权利"作为价值基准,尽量使集体法益具备现实性并可具体化,合理限制其扩张限度。同时,对于个人法益与集体法益、集体法益与国家法益之间的紧张关系,不仅要通过刑法的正当性机制予以调和,也要考虑导入宪法的合法性理念进行适度的修正。

三、网络安全法益的刑法根基与地位廓清

网络安全法益是网络社会中刑法所保护的法益之统称。托举网络安全秩序价值的优位性与映射网络技术危险的刑法特质是其存续根基。而且,网络

---

[1] 参见孙国祥:"集体法益的刑法保护及其边界",载《法学研究》2018年第6期,第37页。

[2] 参见敬力嘉:"信息网络犯罪中集体法益保护范围的扩张与限度",载《政治与法律》2019年第11期,第57页。

安全法益逐渐开始在刑法中占据基础地位,是置换、取代传统刑法法益形态的新形式。

(一) 网络安全法益存续的刑法根基

网络安全秩序价值的相对优位性,决定了网络安全法益应当作为网络时代刑法学的基本概念。这也有助于科学认识与理解网络时代的犯罪等诸多重大问题。

1. 托举网络安全秩序价值的优位性

刑法肩负保护自由价值的重任。近现代刑法往往被称为自由刑法,主要表现为罪责刑法观、危害性原则、法益保护立场、实害原则、刑法谦抑精神等内容。贝克提出的"风险社会"概念是一个充满风险和不确定性的崭新社会文化形态,正在广泛地影响法律制度,尤其是传统刑法理论体系。当前,通过禁止危险实现安全,已经成为刑法理论转向的重要内容。危险犯罪类型有所增加,它不是以导致具体损害为实施制裁的前提条件,而是以没有促使安全状态的形成或已经展露的不法状态为依据;制裁的并非具体的损害,而是一种慌乱不安。[1]这种转变鲜明地展示了安全刑法对安全价值的高度重视与对社会保护这一任务定位的侧重,也揭示了"风险社会理论与刑法体系之间的关联点不是风险概念而是安全问题"。刑法的首要目的是排除危险或预防,以预防为主要走向的刑法理论体系对此有所呈现,并孕育了风险刑法的概念。风险刑法旨在应对后现代社会或后产业社会中新的危险源,肯定刑法的扩张和早期介入。[2]这是因为在风险社会背景下,安全诉求的攀升与安全价值地位的跃升有其必然性,作为保障风险社会存在前提条件的安全价值之首要任务破蛹而出,刑法必然转向积极的预防。进言之,政治层面与公共政策上对安全问题的高度关注,使得预防成为整个刑法体系的首要目的。风险社会理论与刑法体系之间的关联点不是风险概念,而是安全问题。刑法体系在目的层面向预防的转变,深刻地影响传统刑法体系。风险刑法本质上是一种预防刑法。安全刑法与预防刑法作为现代刑法应对风险社会的显著动向,尽管当前仍处在描述性的观察阶段,但是,已经在立法和司法环节有所体现。《刑法修正案(九)》及其修改内容就是最好的例证,网络犯罪中也得以

---

[1] 参见 [德] 乌尔斯·金德霍伊泽尔:"安全刑法:风险社会的刑法危险",刘国良编译,载《马克思主义与现实》2005年第3期,第38—39页。

[2] 参见 [韩] 金日秀、郑军男:"风险刑法、敌人刑法与爱的刑法",载《吉林大学社会科学学报》2015年第1期,第21页。

贯彻。

当前，风险社会与网络社会几乎同步交错，网络技术风险与风险社会的高度重叠，使网络时代的刑法理论体系肩负相同的风险防控使命，也将安全价值、预防理念作为根基予以对待。网络技术风险正在成为风险社会的主要风险源，网络社会的代际变迁与风险社会的发展紧密相连，网络刑法理论体系与风险刑法理论体系正在同轨同步交融，安全刑法、预防刑法等知识标签也位移至网络刑法领域，网络安全价值的优越地位日益凸显。然而，在网络时代，对网络安全与秩序之新型法益内容的推崇与立法化，不能以牺牲网络时代的自由之法益为代价。

在网络时代，网络安全法益处在整体迁移的态势，并逐步取代传统刑法法益。当其最终定格为"去旧立新"后的重生状态，维护网络安全法益便成为刑法最重要的时代课题。尽管不同时代的刑法都维护"安全"价值，但是，此"安全"非彼"安全"，其形式载体、实质内容及所处的历史形态、网络社会代际均发生蜕变。关键的差异在于，传统刑法所保护的安全立足于现实物理社会，而网络时代刑法保护的安全依附于网络社会。正是网络安全法益作为刑法的根基与基础，才支撑起网络安全秩序价值的优越地位，并成为网络安全刑法的内生动力所在。

2. 映射网络技术异化的刑事风险特质

网络犯罪与传统犯罪的差异不断扩大，不仅表现在犯罪发生的时空场域方面，更表现在犯罪的本质特征方面。究其差异，新型网络犯罪的本源是网络技术应用风险异化为新型的刑事危险，而网络技术风险与传统刑事风险之间存在较大差异。这不仅使网络技术异化的刑事风险所侵犯的法益发生变化，也使其必须获得专属的保护。

网络技术异化风险的刑法危险及危害具有如下特征：（1）网络技术应用的异化具有主观性，人造的技术危险是本源。网络技术具有一定的中立性，但是，技术应用环境容易出现异化和扭曲。主体滥用网络技术及其应用形式，导致网络技术的负面效能被无限放大。网络技术风险实则是人造危险，是风险社会中典型的风险类型。网络技术风险异化为刑法危险，完全是人造的产物，充分验证了刑法介入的必要性。（2）网络技术风险具有两面性，诱发刑事风险是其常态的一面。网络技术在具体应用时，难以杜绝使用主体的滥用行为，更无法阻断或消除网络技术的人为异化风险。网络技术的异化风险是网络空间社会的正常现象，只能将其控制在社会能够容忍的合理限度内。（3）网络技术的刑法危险具有显著的早期性与前移性，实害结果不再是主导的法益侵害样态。在现实物理社会，人的行为具有显著的客观性、可视性、物理性的可观察性与程序的主观评价性。传统刑法中的危害行为也具有显著的客观性等特征。是否客观上发生实际的危害结果，成为评价其危害程度的最重要指标，也成为评价危害行为是否构成犯罪的重要因素。然而，网络技术的高度危险性及其应用过程的异化，使一些使用网络技术的行为往往具有很高的风险，甚至达到了作为网络刑法学中的犯罪行为之标准。网络技术异化的刑事风险行为具有显著的早期性，包括发生实害结果之前，具有较高危险的未完成行为、未遂行为、过失行为等早期行为以及造成实害结果的行为，网络时代的刑法体系均应当介入。（4）网络技术异化形成的刑法危险专属于网络空间社会，是独立的刑法危险类型与网络安全法益的主要威胁来源。由网络技术异化风险转变为刑法中的法定危害或危险的，必须表现为明显存在严重危险系数或实际危害结果。网络技术行为的刑法危险具有专属性，其范围和领域具有特定性，是在刑法规范评价的基础上，专门针对网络安全法益而成立的对象。

很显然，遵从传统刑法体系及法益理论，难以对网络技术异化的刑事风险进行准确、全面且有效的界定，也难以对其作出规范性的判断、制定合理的反应措施，甚至成为传统理论体系迈向网络进化体系的阻力。对于网络技术异化的刑事风险及其危害，网络安全法益概念可以作为刑法体系的"反侧面"，既揭示了网络技术异化的刑事风险之本质是专属于网络时代的"人为的新型技术风险"，亟需前置性的介入和积极预防，亦可以作为刑法规范层面的"对应"概念，用于识别、判断以及界分那些需要被纳入刑法规制序列的网络技术异化的刑事风险情形。

（二）网络安全法益刑法地位的演化

网络安全刑法法益的整体迁移态势，既加速了传统法益与网络安全法益的交融，也促使网络安全法益逐渐取代传统刑法法益。随着网络空间社会日益客观真实化，网络安全法益的基础地位不断得到巩固。网络安全刑法法益的基础地位是网络代际变迁的必然结果，是网络刑法知识转型与创立网络刑法学的根基。

1. 网络安全法益的代际位阶之生成

从传统现实物理社会到网络空间社会的变迁，不仅见证了网络安全法益的整体迁移态势，奠定了网络安全法益的基础地位，也拉开了网络刑法知识转型的帷幕。

在网络时代，网络安全法益之所以逐渐确立了其在刑法体系中的基础地位，不仅是刑法"理性逻辑"引导下的思维归纳与观念概括，更主要的是基于其内在的演化轨迹与动能，也即：(1) 原生于网络空间社会的新型法益形态。与传统刑法法益根植于传统现实物理社会相比，网络安全法益的最显著特质乃网络代际演变的实然产物。尽管网络空间社会仍处在形成期，却正在形成独立的话语体系，传统刑法法益的内容与形式的网络化动向日益明显。这是网络安全法益刑法地位不断攀升的根本内因。(2) 专属于网络时代的刑法法益形式。作为全面置换和取代传统刑法法益的产物，网络安全法益在内容上已经开始逐渐与传统法益相分离，通过对传统法益进行扬弃最终实现完全剥离。尽管目前仍处于过渡期，但是，网络安全法益可以确立其完全独立的刑法地位。(3) 网络安全法益的自主进化性。作为网络时代刑法保障任务的核心对象，网络安全法益具有抽象性和概括性，并不具体指向特定的个人法益，也不笼统等于集体法益或国家法益。具体而言，它囊括了一切需要刑法保护的网络安全利益，并在类型上主要分为国家网络安全法益、网络社会公共安全法益、网络社会公共秩序法益、网络社会个体合法权益等。这些特质决定了网络安全法益概念自带进化的品质，完全可以同步"反应"网络时代安全保护的任务与需求。(4) 网络安全法益的刑法评价功能。网络安全法益是规范性要素，具有丰富的功能。最重要的功能在于揭示网络时代犯罪的本质，成为对网络时代的犯罪构成进行实质判断的基本元素。相比于传统犯罪，网络犯罪的本质特征是对网络安全法益的威胁或破坏，导致网络安全法益陷入刑法不能允许的危险程度。在网络空间社会，网络安全法益遭受破坏的事实，对揭示网络安全法益的任务安排与目的设定具有积极意义。网络安全法益是网络时代犯罪成立与否的实质判断因素，也应当成为网络时代犯罪构成的基本要素。网络安全法益的缺位，使网络时代犯罪的规范评价对象、依据以及成立的根本均荡然无存，进而无法对网络时代犯罪的法定构成体系进行实质评价。(5) 契合网络安全诉求的首要性与网络安全价值的优位性。网络安全法益的基础地位是通过关联"安全"这一关键词予以体现，是基于维护网络安全的诉求而产生的。这既充分说明安全对于网络时代的首位性，也揭示了网络空间社会的最大威胁是网络技术异化风险，更体现了网络安全价值在网络时代刑法学中的根本位置，旨在遏制网络技术风险的异化威胁。

通过刑法维护国家安全、公共安全以及公共秩序具有天然的优势和原初的正当性。这足见法益概念在传统刑法体系中的地位。网络空间的整体嵌入是未来网络时代的必然趋势，网络空间作为网络社会思维的核心关键词，将推动传统刑法体系知识结构面向网络时代的整体性迁移。在此大背景下，网络安全的刑事法治保障机制是维护网络安全的中流砥柱，并主要借助网络安全法益概念予以实现。同时网络安全法益作为网络时代刑法保护的对象和依据，应当充分发挥其基础地位与价值引领作用，引领网络时代的刑法学体系更好地规制新型网络犯罪。

2. 网络安全法益客观真实化的刑法场域

尽管网络安全法益的整体迁移态势是漫长的渐进过程，但是，并不减损网络安全法益的基础地位正趋于客观与真实的格局，以及其在立法等领域的呈现。

网络安全法益的客观真实化是网络时代刑法体系演变的一个缩影，并且通过网络时代的立法等方式得以强化。具体而言：（1）网络空间社会的客观真实化是前提。网络空间作为人类社会的"第五空间"，对现实物理社会的冲击和颠覆不断强化。网络空间是网络新代际的思维核心，是可以预见的未来社会形态。当前，云计算引领下的网络技术实现了新代际的跨越式飞跃，网络数据将成为未来网络 3.0 时代的关键内容。同时，网络空间与现实空间组成的"双层社会"日益显现，传统犯罪发生的物理场域，延伸到了网络虚拟空间。"网络空间"是否属于刑法中的"公共场所"的讨论，显示了当前司法实践与理论认识滞后于现状的问题，[1]这一问题不利于实现网络空间的法益保护任务。网络空间的全面社会真实化也不断颠覆传统现实物理社会的共识。过渡性、渐进化的刑法代际变迁，不仅给传统刑法增添了新的血液和动力元素，还将促进形成一套相匹配的法律体系和规则，确保刑法在任何时空维度都可以担负起保护人权和保障法益的核心使命。（2）网络安全法益的进一步立法化。网络及网络空间正在高度浸透传统现实物理社会与法律体系。新型网络犯罪正在颠覆传统刑事立法思维和司法方式，有效应对网络空间犯罪成为检验刑事立法适宜性与有效性的重点指标。网络犯罪对传统刑法的渐进式置换正在整体延伸，刑法总则和分则都将面临知识结构的整体迁移。推动网络空间安全的刑法规范保障机制刻不容缓，围绕网络空间安全的立法完善应当是刑事立法的重要任务，避免因过度依赖扩张解释而引发制度性的风险。我国刑事立法早期主要关注计算机信息系统安全，具有很强的技术犯罪背景，1997 年《刑法》规定的第 285 条、第 286 条、第 287 条就属于典型的传统立法思维。《刑法修正案（七）》的立法显示了高度重视以信息网络为

---

[1] 参见陈洪兵："双层社会背景下的刑法解释"，载《法学论坛》2019 年第 2 期，第 78 页。

核心标志的网络2.0时代的相关网络犯罪，《刑法修正案（九）》增设纯正网络犯罪罪名显示了立法的集成化与科学化，但是，对网络空间安全的独立性、专属性之刑法保护并非常态，专门立法仍显滞后。科学构建网络空间安全的法规体系是战略需要，我国针对网络安全的刑事立法，应当围绕网络安全法益展开，以此实现科学立法、有效立法。（3）网络安全法益的司法效能激活。网络安全法益概念不是"空头支票"，而是源自治理网络犯罪的司法实践。通过传统刑法规范为主、计算机犯罪规定与纯正网络犯罪规定为辅的规范体系，应对新型网络犯罪，必然会出现规范供给不足的尖锐矛盾，而且集中表现为"基于何法理与规定"对新型网络犯罪进行定罪处罚的问题。就此，对立法原意作扩张解释，无疑承担了"释法"的重任。而其背后的规范概念正是网络安全法益及其刑法表述。当前，扩张式的网络化适用仍被司法机关所倚重。但是，通过立法固化的网络安全法益及其网络刑法规范，才是治理新型网络犯罪的最优选择，可以避免网络时代的扩张解释走向"歧路"与"膨胀化"。刑事司法中的网络安全法益是"活着"的保护对象，即使尚未被立法化，也仍可以作为法律适用的依据。而且，这种"司法火热、立法缺位"的扭曲现状，更迫切要求立法者对网络安全法益进行立法规制以及予以刑法确认。

网络时代的新型犯罪处于增量状态，网络安全法益的"生产机制"不断强化，使网络安全法益的规范性、保护存量、价值预设等内容日益丰富，并逐步倒逼立法确认以及司法贯彻。这营造了网络安全法益日益客观化与真实化的演变景象。网络安全法益由"建构"日益走向"实践"，也反哺了网络安全法益的理论体系的发达。

四、网络安全法益的刑法功能序说

德日刑法理论往往认为，法益概念能够发挥犯罪说明的机能、犯罪构成的机能、犯罪界限的机能、犯罪分类的机能和犯罪定数的机能，[1]以及批判立法的功能。[2]现代刑法发展中的法益概念不仅是规范概念，支撑网络刑法体系，而且网络安全法益作为网络刑法蜕变下的产物，也应当具备相应的刑法功能。就此而论，遵循现代刑法中的法益概念及理论，可以演绎网络安全

---

［1］参见［日］関哲夫、王充："法益概念与多元的保护法益论"，载《吉林大学社会科学学报》2006年第3期，第67页。

［2］但不乏其他看法。参见冀洋："法益保护原则：立法批判功能的证伪"，载《政治与法律》2019年第10期，第105页。

法益的刑法功能。

(一) 理论上的教义学功能

犯罪客体或法益发挥考察与设定刑法目的及其机能的逻辑起点的作用，可以阐明刑法任务的实质内容、揭示犯罪的本质特征以及决定刑罚目的取向。网络安全法益是基于网络安全价值的优位性而自然生成的基本范畴，占据了网络刑法学理论体系的基础地位。既可以阐述网络时代的刑法任务之变迁，也为透视网络时代犯罪的真面目提供了切入点，是决定建构与设计网络时代刑事制裁体系的重要因素。

1. 框定刑法任务 (目的) 的定位

刑法任务一般是指刑法典的使命与刑法理论体系的终极追求。刑法任务往往具有法定性，由刑法典直接规定，具有鲜明的规范性、实在性以及指导意义，如我国《刑法》第2条。刑法任务也是立法者、司法者"工具化"地设计、使用刑法的世俗性、政治性之目的。刑法任务作为刑法理论的根基，是刑法教义学中最具有共识与分歧的部分。在传统刑法学到网络刑法体系的变迁进程中，刑法任务的教义学问题仍将延续，而其核心的问题是，如何确定网络时代的刑法任务或刑法目的，以及如何明确与现实物理社会的刑法任务之间的差异。网络安全法益作为网络刑法中的基础性概念，从其本质属性与实质内容看，为设定网络时代的综合性刑法任务打下了扎实的基础。其引导意义在于：一是网络安全法益原则上确定了网络刑法保护的对象，也确定了刑法应当保护的范围，对犯罪圈的界定具有非常直接的决定作用；二是网络安全法益托举网络安全价值的优位地位。在网络时代，刑法安全价值的优位性，对框定网络时代刑法理论、立法以及司法等，具有非常直接的引领作用。保护网络安全法益置于刑法目的之中是必然要求。

2. 指导刑罚目的之厘定

在网络时代，犯罪的内容与形式，在现象、事实、规范以及价值层面都出现了质的变化，刑法的调整对象亦受到影响。刑罚目的理论必然要作出相应调试，进而可以对网络犯罪进行有效的制裁。刑罚目的之设定与实现就是为了保护网络安全法益。科学且适宜的刑罚目的体系，才能达致保护的预期设想。网络安全法益是决定刑罚目的之前提，而刑罚目的之设定与运行是决定网络安全法益保护效果的重要因素。在设定网络时代刑罚目的之核心概念时，应当促成网络安全法益与刑罚目的之间的适应。简单地说：(1) 网络时代刑罚目的与现行刑罚目的之间的过渡性关系。传统现实物理社会与网络时代的新型社会形态之间，是一个漫长的过渡性衔接、脱节与反复的结构转型过程。

网络时代的刑罚目的并不断然与传统刑法理论语境脱离,而是一个渐进的蜕变过程。(2)网络时代刑罚目的之专属性、独立性。在网络时代,犯罪及刑事责任等基本范畴都出现了本质性变动,刑罚范畴也面临同步变化问题。刑罚目的是刑罚范畴的基石,网络时代的犯罪本质特征、刑事责任归责等,决定了网络犯罪刑罚目的专门适用于网络犯罪时代。网络时代的刑罚目的应当具有独立性,专属于网络时代。(3)扩大法益保护范围具有一定的必然性,集体法益的保护范围明显扩充,强化了一般预防目的之积极效应。相比传统刑法定位于事后的法益保护法及其对报应机能的明显侧重,风险社会更呼吁安全刑法或事前的风险控制法,这种预防刑法体系更加强调刑法的预防机能(特别是一般预防机能),亦被称为"刑罚的积极主义"。网络空间社会与风险社会属于高度嵌入的并行发展关系,处在转型中的网络时代刑法学,对预防刑法体系有强大的需求。《刑法修正案(七)》与《刑法修正案(九)》所呈现出的刑法介入早期化之立法思维,也已经逐步得到印证。在网络犯罪时代,在刑罚目的上,对积极一般预防主义的偏爱,已经成为巩筑预防性刑法体系的重要支撑点。

(二)刑法立法引导功能

法益具有显著的立法引导功能。对于网络安全法益而言,其对刑法立法及规范建设,具有非常基础的作用。网络安全法益是构建网络刑法学理论体系的逻辑起点,日益明确与规范化的网络安全法益,是未来支撑传统犯罪的网络化修正、网络犯罪规范体系建设的根基,是刑事归责与启动刑事制裁的终极归宿。

1. 立法的科学化意义

法益概念被认为先于刑法体系而存在,具有决定和制约刑事立法的功能,能够针对刑法干预发挥限制功能。在立法环节,法益是批判立法的重要标尺。法益概念被赋予一种刑法体系批判的功能。"用刑罚威胁来禁止一种行为,而这种禁止不能以法益作为根据,那么这种禁止就可能是国家的错。放弃法益保护原则的批判潜力将会使得刑法再次回到启蒙之前的水平。"[1]法益应当具备批判立法的功能,作为先前概念,可以厘清刑罚权的启动范围与制裁边界,反思立法权与立法规定的合法性与正当性。而其直接作用,就是判断刑法规范的正当性与有效性,以及决定立法是否必要且科学。正是基于网络安全法

---

[1]参见[德]克劳斯·罗克辛、陈璇:"对批判立法之法益概念的检视",载《法学评论》2015年第1期,第56页。

益的存在及演进,《刑法修正案(九)》才增设了纯正的网络犯罪规定。在网络犯罪全面浸入传统犯罪的格局下,基于保护网络安全法益而进行专门立法是必要且适时的。例如,根据"利用信息网络"的行为特质,应明确《刑法》第287条之一是网络独立预备犯罪,是一般性罪名,应当具有基础性的规制功能,并取代《刑法》第287条发挥司法兜底之用。[1]这显示了具体的网络安全法益,蕴含了指导立法并确保其科学性的功能。

在网络犯罪时代,法益内容的发展性,对增设新型的网络犯罪具有相当重要的前提作用。新型的法益、传统法益发展出的新内容(利益)、未曾受保护而现在需要保护的传统法益等,都是网络时代的刑事立法需要高度重视的。[2]新型网络犯罪的类型和数量仍将增量,网络犯罪的罪名体系将进一步扩充。对于新出现的"特殊犯罪群",《刑法》分则第六章第一节的立法容量不足问题进一步显现。例如,网络安全是新型的重要且基础的公共安全类型。新型网络犯罪所造成的社会危害性日益递增,尤其是危害公共安全的性质日益凸显。现行计算机犯罪与网络犯罪破坏的犯罪客体内容仍限于扰乱公共秩序。从网络安全法益在公共安全领域的深度发展看,应当重新配置到危害公共安全犯罪内。基于此,网络时代的新型犯罪侵害的法益是多元而复杂的,可能严重威胁国家网络安全、国家安全、社会公共利益以及公民、法人和其他组织的合法利益,具有公共性、秩序性以及私有性、个体性的特质。鉴于网络时代的安全法益之独特属性,需要从立法上进行个别性或体系性的立体保护。应当根据网络安全法益的内容,对现有刑法分则的章节进行归类与布局,使其更符合网络时代的犯罪演变趋势。

2. 规范法定化的指示功能

网络安全法益概念具有一定的抽象性和概括性,为其基础性地位奠定了基础。同时,网络安全法益也是具体的、个别的或类型化的,为网络安全法益功能的"落地"提供了前提条件。这意味着网络安全法益具有定罪量刑的法定化、具体化功能。

具体而言:(1)网络安全法益是必要的犯罪构成要件及要素。在传统刑法理论体系中,罪责刑关系作为核心的知识形态标志,既确立了我国特有的

---

[1] 参见孙道萃:"非法利用信息网络罪的适用疑难与教义学表述",载《浙江工商大学学报》2018年第1期,第42页。

[2] 参见张明楷:"网络时代的刑事立法",载《法律科学(西北政法大学学报)》2017年第3期,第96页。

犯罪构成体系，将犯罪客体作为犯罪构成要件之一对待，也提炼出犯罪客体背后的实质范畴，也即社会危害性理论，并作为犯罪概念的本质特征。在从传统刑法学到网络刑法学的变迁过程中，网络安全法益也面临相同的难题。当前，网络刑法学体系以及网络犯罪构成等基本范畴仍处于构想阶段，也并无相应的样本作为参照。鉴于网络安全法益在刑法理论体系中的基础性地位不变，即使作为概括性说明网络犯罪本质以及启动刑事制裁的依据，仍不妨将其直接作为决定是否构成网络犯罪的要件。而且，网络安全法益纳入网络犯罪构成体系后，可以确保实质判断，也可以作为出罪的依据。进言之，具体性、个别性或类型化的网络安全法益可以作为网络犯罪成立的必备要素。网络犯罪构成是考察网络犯罪是否成立的法定性、实质性、规范性的唯一法律标准，其中，网络安全法益作为要件之一，尤其发挥实质判断的作用，在检验其他要件后，对是否启动刑罚权、印证是否具有危害性或危险性，以及再次进行合法性的规范判断，并且是在刑法体系之内的"依法评价"具有十分重要的作用。（2）网络安全法益是网络归责的基础条件。网络安全法益对网络时代的刑事归责具有指引作用。尽管法定的网络犯罪构成是决定是否成立犯罪的唯一法律标准，但是，行为符合网络犯罪构成并不等于必然需要承担网络刑事责任，是否需要承担网络刑事责任，应当以是否符合网络犯罪构成为前提和基础，并根据网络归责的基本原理，再次进行实质性筛选和排除。其中，网络归责的基本原理主要包括归责条件、减轻责任的情形、免除责任的情形、责任的实现方式等内容。网络安全法益在评价是否需要承担刑事责任时，所起作用的方式与其作为犯罪构成要件要素不尽相同。网络安全法益具有一定的抽象性，是网络安全价值的规范形式与立法载体，应作为评价是否具有网络刑事违法性与网络社会危害性的实质标准。网络安全法益在检验网络时代的刑事责任问题时，其内在的抽象性决定价值权衡的必然性，应当对个人法益、超个人法益进行通盘考量，审查承担刑事责任的正当性与合法性，最终决定是否有启动刑罚权的必要性。（3）网络安全法益是网络刑事制裁的前提与基础。网络安全法益不仅在网络犯罪构成体系中发挥定性的作用，也应当在刑事制裁环节发挥裁量作用。网络安全法益的刑事制裁意义是必然的延伸，它表现为：一是具体的、个别的或类型化的网络安全法益同时作为构成要素、归责条件和裁量情节并不冲突，反而是网络安全法益的基础地位之体现；二是具体的、个别的或类型化的网络安全法益可以作为构成要素，当用于定性时明显超过成立要求的，可以转化为定量因素，并发挥刑事制裁的裁量作用；三是网络安全法益作为刑事制裁的裁量因素，是以网络归责过程所确认的受损法益为上限的。基于积极一般预防主义的需要，可以在合理范围作出有限度的突破。

（三）刑事司法适用功能

司法领域中的法益概念可以作为指导刑法解释规范内涵与行为构成的重要依据，已经是各方的共识。由此，法益的司法功能与立法批判功能可以相得益彰。

1. 刑法解释功能

法益作为刑法学的基础概念，具有立法批判与解释的双重功能。其中，法益的解释功能往往被首先认识到。在实践中，法益概念具有强大的解释功能，是解释构成要件要素的常态方法。法益概念是解释刑法规范的标准和依据，根据法益概念在立法上的预期安排，结合案件事实，作出符合形式主义或实质主义的解释结论，已成为司法适用的基本规律。在网络犯罪时代，网络安全法益的刑法解释功能表现为：（1）原则性的解释功能。网络刑法保护的对象是网络安全法益。无论是对网络时代刑法规范的理解，还是对具体网络时代犯罪的解释，都必须回归到是否属于刑法应当保护的范围这一问题上，而其实质是网络安全法益是否存在保护的必要性。因此，网络安全法益概念是对新型网络犯罪进行解释的基本依据与基本原则。例如，新型网络犯罪侵犯的法益形式有新的变化，出现了"积量构罪"等新的特征。新型网络犯罪的罪行构造有别于传统罪名，需要重新考虑构成要件要素的合理缩限、情节要件的类型化与限定化解释以及合理的司法规则等。[1]法益的"积量构罪"特征，对理解部分新型网络犯罪的罪质及其立法化、司法化存在连锁影响。在网络时代的解释学上，网络安全法益是决定解释立场、解释限度以及结论的重要依据。任何背离网络安全法益之整体属性或个别属性的解释都是不能成立的。（2）个别性的解释功能。对个别计算机犯罪或纯正网络犯罪的法益内容作不同的理解，刑法解释的结果可能大相径庭，也可能产生刑法保护力度的优劣之别。例如，《刑法修正案（九）》增设第286条之一，其保护的法益是网络虚拟空间秩序的安全顺畅运行。这是理解罪质与法律适用的核心依据。[2]该看法对第286条之一的法益内容之界定较为宏观，缺乏更精准或更

---

[1] 参见皮勇："论新型网络犯罪立法及其适用"，载《中国社会科学》2018年第10期，第126页。

[2] 参见李世阳："拒不履行网络安全管理义务罪的适用困境与解释出路"，载《当代法学》2018年第5期，第67页。

具体的理解。"网络虚拟空间秩序的安全顺畅运行"是概括性、抽象性的法益内容，不利于"精准"且个别性地进行解释，在实践中容易与其他关联犯罪相互交错。又如，《刑法修正案（九）》增设第287条之一。有观点认为，非法利用信息网络罪是以网络为工具的犯罪，传播信息是本罪的核心，其法益是现实社会的管理秩序，而非虚拟的网络空间管理秩序。[1]这种看法否定了第287条之一的法益的网络属性。传播信息安全作为法益内容，脱离了本罪是网络预备行为之实行化的立法旨趣。就此而论，在个案中，如果对具体个罪所对应的网络安全法益内容存在不同理解，对刑法解释立场与边界的影响是非常明显的。为了实现"类案类判"，应当统一解释的限度。

2. 司法出罪功能

在刑事司法中，法益不仅可以完成阐明刑法规范本身的含义这一常态任务，也可能具备个别性的出罪功能，成为判断最终是否需要归责的前提条件。易言之，在具体的司法认定过程中，法益概念不可避免地使刑法解释在客观上具有排除犯罪成立或责任成立的情形，此乃出罪功能。但是，法益概念如何在司法阶段发挥出罪的作用，却有不同意见。这既取决于刑事政策对犯罪化的立场，也取决于刑事司法对立法原意的把握。在当前的刑法理论中，根据社会危害性理论、但书条款、法定或超法规的正当化事由等予以出罪的情形并不少见，其功能与运作机理，与法益的出罪功能如出一辙。以我国刑法理论体系为前提，在具体认定时，是否具有法定或超法规定的正当化事由是主要的判断环节与因素。由此，为了确保可以顺利启用网络安全法益在司法阶段的出罪功能，应当及时规定网络时代的正当化出罪事由。其中，将一些已获共识的超法规正当化事由予以法定化是首要任务。例如，为了落实《网络安全法》确立的"强监管"思路，《刑法修正案（九）》增设了拒不履行信息网络安全管理义务罪。网络服务提供者不履行安全管理义务，实质是不履行法律、行政法规规定的义务，而"经监管部门责令采取改正措施而拒不改正"、超越网络服务提供者的安全监管义务边界是入罪的条件。客观上无法改正、未收到责令改正通知、依照要求改正后仍无法达到实际要求，基于技术中立原则以及网络安全法益未受到实质危害的，可以不作为犯罪处理。

---

[1] 参见张尹："非法利用信息网络罪的司法适用"，载《法律适用》2019年第15期，第13页。

五、结语

网络时代的纵深发展已是不可阻挡的趋势，当代法律体系，特别是刑法制度已然处于知识交替的最前沿。可以预见的是，传统刑法体系的根基及其基础概念首当其冲，其中，犯罪客体或法益概念的网络化演变尤为明显。网络安全作为未来网络刑法体系所保护法益的基本内容与对象，决定了其在刑法法益中的基础地位及其所具有的全方位的理论意义。对网络安全法益展开规范层面的阐明，不仅有助于加深理论认识，也有助于提升实践中的适用力度，对进一步形塑网络时代的刑法学体系具有积极的推动意义。对网络安全法益进行教义学层面的前瞻式探讨，可以作为窥见我国未来网络刑法学体系及其理论研究的一个适宜的界面。

第四章
犯罪主体的网络化演变动向与立法修正脉络

对传统刑法理论而言,从自然人到法人的观念变迁,是犯罪主体理论进步的主要内容。然而,网络时代的到来引发大逆转,新型网络犯罪主体不断涌现,传统刑法理论失灵、失效现象频发,倒逼在传统刑法理论体系及其规范的网络化转型过程中,对网络犯主体领域作出前瞻性回应。当前,立法完善是缓解传统犯罪主体的网络化变革的有益对策。

一、传统犯罪主体的网络化动向

无论是传统现实物理社会,还是正在形成的网络空间社会,认识世界与改造世界的主体始终是社会关系与法律关系的引领力量。在传统现实物理社会中,自然人长期占据主体范畴的绝对统领地位,工业革命促使法人(单位)日渐成为拟制的主体类型,进而确立了"自然人+法人"的二元犯罪主体格局。然而,在网络空间社会,传统犯罪主体逐步发生裂变,新型犯罪主体类型相继出现。既打破了传统犯罪主体的体系,也勾勒出网络犯罪主体的崭新格局。

(一)自然人犯罪主体的网络异化

根据目前的动向,自然人及相关的共同犯罪形式在网络环境下均出现了不同程度的网络异化迹象。

1. 单个自然人的网络异化

网络空间社会下的自然人,仍然是网络犯罪主体的重要类型,但在内容和形式上已经发生一系列的变化,并在不同的阶段呈现出特定的属性。其具体可以表现为以下几个方面。(1)计算机时代犯罪主体的特定性与身份专业性。计算机的诞生是现代科技的重大进步,计算机时代雏形时期的根本特征是以技术安身立命。在计算机时代的早期,掌握与运用计算机技术的自然人主体具有极强的专属性、身份性、管控性等特征,集中表现为"少数人掌握尖端科技"。因而,利用计算机技术实施犯罪的主体往往具有群体的特定性和主体范围的狭窄性,类似于"白领犯罪"的主体一样,具有范围的特定性,数量和规模的有限性。典型的是"黑客"作为计算机时代的技术"弄潮儿",既是对计算机技术的痴迷者,也是计算机系统及其运行安全的致命隐患,但是,"黑客"的数量非常有限,普通自然人一般不涉及或无力实施网络犯罪(计算机犯罪,下同),但原则上可以成为共犯主体。(2)信息网络时代犯罪主体的开放性、多元性与不确定性。信息网络时代是计算机时代的升级形式,已经全面渗透和嵌入传统现实物理社会,推动网络空间社会的形成。人类社会见证了21世纪以来的信息爆炸,这正是信息网络时代的繁荣景象。信息网络时代以技术、时空的虚拟化为基本特性,呈现出价值的多元化、主体的开放化、内容的共享化、对象的随机化、场所的空间化、行为的隐匿化等新型特征,明显与传统现实物理社会的物理连接、现实关联等特征迥异。无论是利用信息网络实施犯罪,还是以信息网络为犯罪对象,犯罪主体的时空追踪难度、危害或危险评价难度、归责主体的锁定难度、主体罪过的证明难度等纷纷陡增,使得犯罪主体具有开放性和不确定性,加剧了信息网络安全的不确定性风险系数。赛博空间创建者的初衷是建立一个精神理想国,或者说建立一个人们以诚相待的试验性世界,可是他们发现,自己眼前呈现的反而是一个无法无天的抽象空间。因为人们可以自由地侮辱他人,而不用承担任何结果,不用感到任何耻辱,所以,游荡在赛博空间里的人们几乎带着某种激情为所欲为。"'怒火之战'——污言秽语大杂烩——充斥着各个讨论区,'网络礼仪'被束之高阁。"[1]"BBS"论坛、"博客""微博""微信"等作为信息网络自媒体高度发达的产物,是网络虚假信息犯罪链条的技术助推剂。追究刑事责任的难度也明显增加,这主要是犯罪主体不确定所引起的。在动态的信息网络时代,犯罪主体的开放性、不确定性是信息网络时代的最大技术风险源,极大地增加了网络犯罪治理的成本与难度。(3)大数据时代犯罪主体的垄断性与不对称性。在云计算技术的引领下,大数据时代风生水起。大数据作为21世纪的"新大陆",堪比人类社会两百多年的工业革命的动力来源——石油,正在成为推动新技术革命与"工业4.0"变革的最强动力。大数据的计算方式、存储方式、应用方式具有相对的独立性,提供无穷尽和源源不断的"数据池"与应用功能,蕴含着无穷尽的新兴财富。因而,针对

---

[1] 参见[美]马克·斯劳卡:《大冲突:赛博空间和高科技对现实的威胁》,黄锫坚译,江西教育出版社1999年版,第71页。

数据的犯罪将成为网络犯罪的主要形态。国务院发布的《促进大数据发展行动纲要》指出:"大数据是以容量大、类型多、存取速度快、应用价值高为主要特征的数据集合,正快速发展为对数量巨大、来源分散、格式多样的数据进行采集、存储和关联分析,从中发现新知识、创造新价值、提升新能力的新一代信息技术和服务业态。"这充分展现了"大数据"的技术特征、应用空间、功能范围、经济效应和财富魅力,也间接说明大数据时代的数据风险丝毫未减弱,尤其是数据制造者、控制者与处理者处在垄断地位,使得其他数据的所有者、参与者或关联者处在明显不对称的竞争关系与失衡的博弈地位。与此同时,"由于数字技术和全球网络的发展,记忆与遗忘的平衡已经被打破,遗忘已经变成了例外,而记忆却成了常态。数字化记忆的广泛应用很可能导致信息控制的减弱,一个人可能在数字化记忆的世界中丧失自己对信息的控制权。"[1]大数据时代可以供给无限福利,也导致"数据遗忘权"仍然匍匐前行,[2]自然人作为数据的原初主体不断被"奴役化""去身份化"及"去主体化"。继而,围绕大数据时代的数据生产生活过程更便捷、开放与普及,数据犯罪主体的不确定性变成"新常态",自然人主体日益淹没在大数据时代。(4) 人工智能时代人的主体性地位弱化与犯罪主体的"去人的中心化"。人工智能技术的迅猛发展,加速了人工智能时代的到来。当前,世界各国都在抢占人工智能的制高点,智能驾驶等商业化应用逐渐展开。在人工智能时代,基于算法、自然语言等力量,"智能主体"(智能产品、智能人等)逐步具备与自然人相同的(拟制)认识能力、情感要素等。"人"的主体性地位下降是必然趋势。"智能主体"作为一种高度类似于"人"的新型智能法律主体,不断挤压"人"的合法地位与统治优势。"去人的中心化"的主体智能化迹象正在扩散。[3]而这种变化,既因袭了网络时代的轨迹,也打通了网络时代与智能时代的交聚。

2. 共同自然人的网络异化

共同犯罪被认为是传统刑法犯罪论中的"绝望之章"。[4]原因大概包括:

---

[1] 参见[英]维克托·迈尔-舍恩伯格:《删除:大数据取舍之道》,袁杰译,浙江人民出版社2013年版,第3页、第136页。

[2] 参见孙道萃:"数据遗忘权的刑法学观察与协同保护",载《西部法学评论》2016年第4期,第31页。

[3] 参见孙道萃:"人工智能对传统刑法的挑战",载《检察日报》2017年10月22日,第3版。

[4] 参见陈兴良:《共同犯罪论》,中国人民大学出版社2006年版,前言,第1-2页。

一是单一制与区分制的长期对峙；二是犯罪共同说与行为共同说的犯罪本质分歧；三是共同犯罪类型、共同犯罪主体的类型及其责任边界的区分等定罪处罚难题尚无共识性的方案。在我国，一般认为在符合犯罪主体资格条件的前提下，自然人之间成立共同犯罪需要满足共同犯罪的意思联络及共同的犯罪行为两个基本条件。[1]但在网络环境下，自然人实施共同犯罪呈现出以下明显的新变化。（1）犯罪意思联络模糊化或概括化。在网络虚拟时空中，犯罪主体之间并不熟悉，网络身份及其认证体系具有显著的电子化、虚拟化特征，主体之间通过网络 IP 地址、账号等新型方式进行交流，主体之间面对面形成意思联络的必要性及其地位下降。如果继续坚持物理性意思联络的必要性与明确性，很多网络环境下的共同犯罪行为可能将被排除在外，因为很难证明其存在。（2）共同犯罪行为之间的关系呈现出地位的对等化、作用的平行化。一般而言，共同犯罪人根据作用和分工可以进行区分，正犯与共犯的区分、主犯与从犯或帮助犯、教唆犯的区分作为理论传统，都说明共同犯罪人因其实施的共同犯罪行为的地位或作用存在差异。然而，在网络环境下，一些网络帮助行为、教唆行为或共同犯罪行为的地位和作用抬升，其相应的社会危害性与危险性程度丝毫不弱于正犯行为或主犯行为，使正犯与共犯、主犯与从犯或帮助犯、教唆犯的"身份差异"明显弱化，共同犯罪人基于行为"梯度"差异而导致责任有别的传统看法、立法规定及实践操作受到较大冲击。[2]例如，《刑法修正案（九）》增加第 287 条之二是典型代表，被认为是网络技术帮助行为正犯化的立法表现；[3]而增加的第 287 条之一，则被公认为是网络预备行为的实行行为化之立法举措。（3）共同犯罪人的去主次化、地位均等化、分工隐秘化。在网络时代，共同犯罪人不需要在相同的时空同时进行，分工具有显著的隐秘化特征，相互之间甚至不认识。在此基础上，由于网络环境下的危害行为具有新的特征，如帮助行为与正犯行为的差异弱化等，从而导致共同犯罪人之间的主次之分、地位差异等趋于弱化。

3. 有组织型自然人的网络异化

相比于共同犯罪，有组织犯罪更复杂、更高级，尽管都具有"多数自然

---

〔1〕 参见高铭暄、马克昌主编：《刑法学》，北京大学出版社、高等教育出版社 2016 年版，第 164-166 页。

〔2〕 参见孙道萃："网络共同犯罪的多元挑战与有组织应对"，载《华南师范大学学报（社会科学版）》2016 年第 3 期，第 148 页。

〔3〕 参见赵秉志、袁彬：《刑法最新争议问题研究》，江苏人民出版社 2016 年版，第 69 页。

人"的主体特征,但内部组合等差异很大。有组织犯罪是国际社会与各国共同高度关注的问题。在我国,广义的有组织犯罪可以理解为包括有组织行为的共同犯罪、共同犯罪中的聚众犯罪、集团犯罪、黑社会性质组织犯罪、黑社会犯罪、其他根据其具体行为的内容确定的犯罪组织所实施的犯罪,[1]但立法主要规定的是"黑社会(性质)组织犯罪"。互联网使"地球村"变成现实,网络社会的格局日益强化,网络社群(Cyber Community)等概念开始被广泛接受,网络犯罪社群作为新的网络有组织犯罪形态开始显现。网络有组织犯罪正在严重威胁脆弱的网络安全,这是传统有组织犯罪在网络空间社会的延伸。特别在大数据、人工智能、网络战、网络恐怖主义等因素综合推动下,网络有组织犯罪的蔓延态势有增无减,尤以网络恐怖主义活动为甚。其特征主要为:(1)网络有组织主体的集团规模化与企业合法化。有组织犯罪是犯罪的高端形式,在网络时代,利用互联网实施有组织犯罪已经成为全球性现象,主要包括针对网络安全的破坏行为、有组织非法利用网络、有组织帮助网络犯罪活动以及有组织的网络空间犯罪等形式,并成为各国忌惮的重大网络安全危险源。当前,网络有组织犯罪纷纷涌向高暴利、高风险的行业领域,如提供网络服务的犯罪、恶意软件犯罪、针对儿童的网络性侵害犯罪、"在线支付"欺诈犯罪、网络金融犯罪、网络社交犯罪、数据泄露与网络入侵犯罪、通过脆弱环节攻击关键基础设施网络犯罪等。[2]而且,有组织犯罪的企业化趋势日渐明朗,包括合法企业的有组织化与有组织犯罪的企业化等类型,进一步掩饰其非法身份。[3]在网络时代,搭互联网的"便车",通过利用网络空间的技术虚拟性、匿名化工具、管辖的不确定性、行为轨迹的分离性等内生性缺陷,网络犯罪集团不断在网络空间社会开疆拓土、扩充财力与扩大势力范围,特别是企业化的网络犯罪集团给各国带来重重压力和挑战,包括犯罪集团构成要件弱化、共犯意思联络隐蔽、共犯关系分化等诸多问题。[4](2)帮助网络有组织犯罪主体的片面化与正犯化。网络有组织犯罪建

---

[1] 参见卢建平:"中国有组织犯罪相关概念特征的重新审视",载《国家检察官学院学报》2009年第6期,第3页。

[2] 参见王运才:"网络有组织犯罪威胁评估——欧洲网络犯罪中心报告解读与启示",载《中国人民公安大学学报(社会科学版)》2015年第1期,第10页。

[3] 参见蔡军:"我国有组织犯罪企业化的现状、特点及原因初探",载《河南大学学报(社会科学版)》2015年第6期,第64页。

[4] 参见张阳:"论犯罪集团的网络化与制裁路径",载《郑州大学学报(哲学社会科学版)》2018年第4期,第32页。

立在复杂的犯罪链条之上,大量非法利用网络技术、提供或接受提供网络技术支持的行为是网络有组织犯罪的重要"润滑剂",既逃避重重的网络监管,也降低犯罪成本。在网络有组织的非法运行与实施过程中,由于滥用网络技术的违法犯罪成本明显降低,参与主体具有广泛性,参与方式具有多样性。"一对多""多对多""多对一"等复杂的主体关系类型不断翻新,导致网络有组织犯罪的内部关系纷繁复杂。尤其是在网络有组织的共同犯罪中,正犯与共犯的身份差异加剧模糊,片面共犯的数量递增,中立行为的危害性升高且具有应受刑罚处罚性,进而,共同颠覆传统有组织犯罪的结构样态,模糊了责任范围与责任边界。为了高效打击网络有组织犯罪,积极消除和惩治非法利用网络空间、非法提供网络技术等行为是其焦点所在,也是锁定犯罪主体及其责任范围的难点。(3)网络恐怖组织主体的行为预备化与实行化。恐怖主义是全世界的公敌。网络恐怖主义及其活动是国际反恐斗争的新领域,包括利用网络空间宣扬恐怖主义、散布恐怖言论、存储暴恐材料、煽动实施恐怖活动等行为。相比于传统暴恐行为,网络恐怖组织利用互联网实施暴恐活动更具危害性与蔓延性,网络恐怖活动大量呈现为预备行为,相应的危害结果或危险状态具有实行化的特征,更容易通过便捷的网络传播途径实现"恐怖"的非法目的。[1]《刑法修正案(九)》对恐怖主义犯罪的修改幅度前所未有,严厉制裁预备性质的恐怖活动是预防"早期化"的合理反应。

4. 聚众型自然人的网络异化

在我国刑法中,聚众犯罪是刑法分则特有的规定,在实践中可能表现为同时犯、共同犯罪、犯罪集团等,是比单独犯罪危害明显严重的高级犯罪形态。在网络时代,网络是信息与数据的"集散地",是不同网络主体的"聚集地",网民、互联网企业是网络空间社会的最基本单位。在网络空间社会中,社会结构的聚合度、嵌入度与日俱增,丝毫不亚于传统现实物理社会,网络聚众行为成为传统聚众行为网络化转型后的新形式,如网络裸聊、网络赌博、网络"烟馆"、网络起哄闹事以及愈演愈烈的网络直播等现象接踵而至,作为网络聚众现象的现实样本,是网络空间安全的重要潜在隐患。其特征主要为:(1)网络聚众组织者的间接性与非实行性。在网络环境下,"一呼百应"现象极易实现,为网络聚众行为提供了前所未有的便利条件。而且组织者、领导者往往隐藏背后,并不参与具体的网络违法犯罪活动,导致聚众的组织、领导、煽动者具有参与的幕后间接性、非实行性,以及广泛性,也模糊了积

---

[1] 参见高铭暄、李梅蓉:"论网络恐怖主义行为",载《法学杂志》2015年第12期,第1页。

极参与和一般参与的界限。按照传统共同犯罪立法与理论,组织行为、领导行为、教唆行为、帮助行为,究竟属于聚众的组织领导行为还是聚众的积极参与、一般参与行为?各自之间的区分度下降,导致面临共同犯罪故意与共同犯罪行为难以证明的课题。(2)网络聚众参与者的普遍化与参与行为的互动性。在信息网络时代,自媒体高度发达,网络参与者可以无限进入、无障碍链接,具有随时随地参与的便捷性。在日益开放的网络社会环境下,网络空间容量不断增加,网络聚众的参与者具有身份的随机性、平等性以及普遍性,可以高度互动和不断切换身份角色。但是,网络聚众活动的参与性一旦出现新变化后,网络积极参与者、一般参与者、半推半就型参与者以及被迫参与者之间的区分界限模糊,追究刑事责任的边界也变得不明。比如,网络主播直播"造人"过程,与以往的网络传播淫秽物品(牟利)行为不尽相同,是否追究主播责任有待确认;某些直播平台开设房间,在网络空间内聚众吸毒,是否构成聚众吸毒罪也值得探讨。(3)网络一般聚众帮助者的随机性与片面化。在网络环境下,网络技术的中立性不断异化,网络用户的技术帮助与支持行为高速增长,在很多场合甚至成为助长网络聚众犯罪的技术帮凶。例如,当前网络直播乱象丛生,不乏涉嫌违法犯罪的情形,而这既有网络直播平台的自治与管理缺位、监管部门监管不力等原因,也有网络技术帮助的低廉化、便捷化等原因。但是,由于共同犯罪立法和理论采取狭义的共犯从属性理论,导致对片面的网络技术帮助行为无法追究刑事责任。

(二)法人主体的网络化

法人犯罪从其产生之日起便饱受争议,主要是因为法人与自然人差异甚大。但是,这种犯罪主体格局的巨变,远不及法人主体的网络异化。

1. 法人、法人犯罪的基本界定

法人作为犯罪主体是经历漫长讨论后才逐渐确立的,国际社会追究法人责任已是共识,但法人及其工作人员的责任边界问题也长期困扰各方。概言之:(1)民商领域的争论。我国民商法领域对法人类型有不同的看法,如区分公法人与私法人、社团法人与财团法人、营利法人与非营利法人等的观点相持不下。[1]《民法典》将法人类型分为营利法人、非营利法人、特

---

[1] 参见李永军:"以'社团法人与财团法人'的基本分类构建法人制度",载《华东政法大学学报》2016年第5期,第53页;罗昆:"我国民法典法人基本类型模式选择",载《法学研究》2016年第4期,第119页;梁上上:"中国的法人概念无需重构",载《现代法学》2016年第1期,第74页。

别法人与非法人组织四种。以取得利润并分配给股东等出资人为目的成立的法人，为营利法人；为公益目的或者其他非营利目的成立，不向出资人、设立人或者会员分配所取得利润的法人，为非营利法人；机关法人、农村集体经济组织法人、城镇农村的合作经济组织法人、基层群众性自治组织法人，为特别法人；非法人组织是不具有法人资格，但是能够依法以自己的名义从事民事活动的组织，非法人组织包括个人独资企业、合伙企业、不具有法人资格的专业服务机构等。（2）法人的刑法分类。《民法典》的规定具有很强的参照性，基于刑法的特殊性，以网络空间犯罪形态为基本原点，在《民法典》的基础上，可以将网络法人主体分为公法人与私法人两种，更便于考虑不同犯罪主体及其网络刑事责任的类型。而且，网络公法人主要涉及《民法典》中部分非营利法人、特殊法人以及部分非法人组织等情形，但具体仍需个别分析。（3）单位与法人的取舍。根据社会主义市场经济的发展需要，《刑法》明确规定"单位"犯罪与"单位犯罪主体"这一特色的话语体系。但是，从与国际接轨的角度看，"法人"比"单位"更妥当，既消除了计划经济的残余，也符合现代公司企业的治理格局。[1]

2. 单位（法人）主体的网络异化

网络犯罪中的法人主体发生的变化主要表现为：（1）网络公法人犯罪主体地位的政治尴尬与制度阙如。在计算机时代，公法人基于国家安全需要、技术垄断等原因，往往是计算机技术的守护者或被害者。在信息网络时代，公法人首先是信息网络安全的监督者与维护者，但同时也是与网络企业等私法人相对应的潜在犯罪主体。在大数据时代，公法人是大数据开发与建设、数据应用的政策引领者、制度建构者与合法监督者。但从技术异化的风险源头看，公法人并不能全身而退。《刑法》第 30 条规定，事业单位、机关以及团体都属于"单位"，原则上应承担刑事责任。这印证了公法人原则上可以成为网络犯罪的主体。然而，在实践中，由于事业单位、机关以及团体的特殊性，基于避免政治尴尬等因素的考量，对国家机关等公法人追究刑事责任的情况凤毛麟角，未来是否有所改变仍未可知。在网络环境下，网络公法人虽然从形式上可以作为犯罪主体，但具体的制度衔接与犯罪规定尚付阙如。（2）网络私法人犯罪主体地位的重大复杂性、责任转移性与追责间接性。网络私法

---

[1] 参见孙道萃："单位犯罪成立范围'法定'原则的逻辑证伪与立法超越——以'刑法第三十条的解释'为切入"，载《江苏大学学报（社会科学版）》2017年第1期，第77页。

人的范围并不明确,《民法典》也并未作出规定。但是,网络私法人是网络时代最重要的主体,既是技术引领者,也是网络治理参与者,更是危险的制造者。在实践中,具有网络安全管理义务的私法人,原则上可能需要承担刑事责任,多表现为互联网企业。互联网企业往往承担网络技术创新的重任,在规模上和实力上往往都是超大型企业集团,因而,追究私法人责任具有相当的敏感性、重大性与复杂性。而且,互联网企业涉嫌网络犯罪的,刑事责任可能转嫁给公司管理人员,或者以民事责任、行政责任"收尾"。例如,在"魏则西事件"中,虽对相关公司作出整改要求,却并不涉及主要责任人员、直接责任人员和公司的刑事责任问题。再如,"微软黑屏事件"引起各方的热议,是否属于微软公司利用垄断地位实施保护版权利益的非法强制性行为(不正当竞争)仍需确定,其对国内计算机信息系统安全及其运行安全的严重破坏是否构成犯罪可想而知。即使对微软公司启动刑事诉讼,由于涉及的关系和利益过于复杂,也难以实际奏效。大型互联网企业处在垄断地位,在网络犯罪的灰色利益链条上往往扮演技术帮凶角色,提供网络帮助行为,犯罪分子与通信运营商在恶意扣费、恶意吸费等案件中内部分成作为行业潜规则便是例证,却难以真正追究共犯或正犯刑事责任,直到《刑法》第287条之二作出规定才得以解决。然而,网络私法人主体的刑事责任边界仍然模糊。

(三) 新型网络犯罪主体的胎变

在网络犯罪形态下,网络建设者、网络运营者、网络服务提供者、网络平台、"智能人"等新型网络主体相继出现,也进一步拓宽了网络犯罪主体的存在范围。

1. 网络建设者

1994年《计算机信息系统安全保护条例》并未对网络建设者的刑事责任作出规定,现行刑法仅规定以计算机信息系统为犯罪对象或犯罪手段的计算机犯罪。但是,网络建设者是网络安全的第一道防线,应当承担法定的网络建设义务,特别是涉及关键信息基础设施安全的建设者,应当承担安全管理义务,例如,《网络安全法》第三章第二节单独规定了"关键信息基础设施的运行安全",但"法律责任"部分仅规定行政责任,并无刑事责任规定。相比之下,2014年,第十九届国际刑法学协会大会一致通过的"信息社会与刑法"决议却有刑事责任相关的规定:"关于重要信息通讯基础设施和大量敏感数据(如信用卡记录等),轻率或严重疏忽的管理行为应当通过刑事或非刑事处罚予以制裁。"因此,网络建设者作为潜在的新型犯罪主体,立法应当作出明确的规定，从而在源头上保障网络空间安全。对于故意违反"关键信息基础设施的运行安全"等规定的行为或存在重大管理过失，导致严重危害结果的，应当考虑追究刑事责任。

2. 网络运营者

网络运营者与网络建设者联系紧密，网络运营者是处在前端的主要使用者，是网络服务提供者与用户的主要网络技术提供者、基础服务提供者等。由此，网络运营者是网络安全的主要危险源，主要包括业务监督不力、业务过失、业务渎职行为等情况。对于严重危害网络安全的行为，网络运营者应当承担刑事责任。《网络安全法》对网络运营者的规定更丰富。第9条、第10条分别规定网络运营者要遵守法律法规、提供符合规定的运营服务，并承担一系列较为抽象的网络安全管理义务。第24条、第25条、第28条分别规定网络实名制，网络应急措施，为公安机关、国家安全机关提供技术协助等具体的网络安全管理义务。第76条第3项单独规定网络运营者，"是指网络的所有者、管理者和网络服务提供者"。这些都是对网络运营者的立法回应。同时，民法理论界也基本将网络运营者作为独立的责任主体。[1]这对将其作为犯罪主体具有相当大的参照意义。

3. 网络服务提供者

在市场经济条件下，网络服务提供者（部分情况下与网络运营者可能重合或交叉）是互联网经济的主要牵引力，是网络主体的常见类型，是网络安全的主要维护者。网络服务提供者严重违反网络安全管理义务的，应当承担相应的刑事责任。一方面，《刑法修正案（九）》增设的第286条之一、第287条之一、第287条之二，将网络服务提供者拒不履行网络信息安全管理义务、利用信息网络行为或非法提供网络帮助规定为犯罪；另一方面，《网络安全法》首次采取"抽象+具体"的立法技术，通过第10条、第12条、第76条第3项等条文较详细地规定了网络服务提供者负有网络信息安全管理义务与其他网络安全保护义务。然而，网络服务提供者的网络安全管理义务过于严苛容易影响企业创新与经济运行，过于宽泛又容易影响经济秩序与用户利益。[2]当前，网络服务提供者的类型不断变化，已有规定不足以应对新问题，

---

[1] 参见王思源："论网络运营者的安全保障义务"，载《当代法学》2017年第1期，第27页。

[2] 参见车浩："谁应为互联网时代的中立行为买单？"，载《中国法律评论》2015年第3期，第49-50页。

如网络直播平台作为新兴的网络服务提供者,直播平台、主播、监管部门以及用户等都可能需要承担相应的刑事责任,完全按照现有的相关规定仍会出现保护的灰色地带。

4. 网络平台

网络平台是网络空间凝聚无穷的生产生活要素后,由网络主体衍生的高度聚合的新型主体,是全新的网络空间社会组织结构或组织形态。既不同于传统现实物理社会的空间场所或静态的组织形态,也并非网络法人形态、网络有组织形态、网络聚众形态在内部因素高度聚合与集成并升级换代后的样态。网络平台将监管者、参与者、服务者、建设者、运营者等几乎所有的网络主体都聚合在一起,组成具有开放性的网络空间平台。当前,网络平台处在爆炸式增长期,平台的类型不断变化。网络平台促进网络资源的高度共享,同时又是网络风险的又一新源头。例如,网络刷单之所以猖獗不止,网络电商平台有着不可推卸的责任;又如,网络支付方式变革下,网络财产犯罪等新型犯罪日益增多,平台不作为是原因之一。[1]网络平台背景下的犯罪更具隐蔽性、复杂性,尤其是不同犯罪主体相互交织、混合,明显增加了追究网络平台各方主体的刑事责任的难度。[2]

5. 智能主体

人工智能时代正在加速推进,智能主体(智能产品、智能人等,下同)的研发、应用与推广前景,可谓一片光明。谷歌(Google)旗下 DeepMind 公司的戴密斯·哈萨比斯领衔的团队开发了阿尔法围棋(AlphaGo)(主要工作原理是"深度学习"),作为首个击败人类职业围棋选手、第一个战胜围棋世界冠军的人工智能程序,宣示了"人的智力是可以被超越的"。易言之,在人工智能时代高度发展的背景下,人作为万物灵长的"主体地位"将不断消逝,"人"甚至可能成为"智能人"的附属物或统治对象。相应地,随着算法、深度学习能力等不断提升,智能程度加速提高,"智能人"作为独立于"人"的新型社会主体,或将在不远的将来出现,同时这也是智能主体获得独立法律地位与刑法主体身份的时刻。目前,国际社会高度重视人工智能技术的建设和发展,人工智能时代加速到来。"智能人"作为一种全新的社会主体,拥

---

[1] 参见皮勇、汪恭政:"网络金融平台不作为犯的刑事责任及其边界——以信息网络安全管理义务为切入点",载《学术论坛》2018年第4期,第135页。

[2] 参见孙道萃:"网络平台犯罪的刑事制裁思维与路径",载《东方法学》2017年第3期,第83页。

有相应的权利和主体性地位,[1]并可能成为"人"的替代物或衔接物。显然,传统刑法理论无法规制和应对"智能人"的犯罪主体问题。

二、犯罪主体网络化的现实动能与基本特质

在网络犯罪时代,犯罪主体的网络化发展是不可阻挡的趋势。这给传统主体理论带来巨大冲击之际,也为犯罪主体的网络化演进提供了难得的时代契机。

(一)传统犯罪主体网络化的时代境遇

当前,传统犯罪主体的网络化动向绝非偶然。更值得警惕的是,在传统刑法规范供给不足、刑法理论转型滞后的局面下,这场深度变革正在加速发酵。

1. 犯罪主体异动的必然性

人类是万物的灵长,是认识世界和改造世界的主体。自从有了人类社会后,犯罪作为一种社会现象始终存在,犯罪、刑法与犯罪人、犯罪主体便同时产生。[2]随后,因工业革命的发展才逐渐确立单位(或法人)作为犯罪主体。犯罪主体是犯罪现象的始端,也是刑法评价的末端,注定了其在犯罪控制体系中的决定地位。实际上,近现代刑法学自确立以来,围绕犯罪人(犯罪主体)的争论尤为激烈。当下,网络时代不断推动社会形态的变迁,客观环境的变化直接影响法律制度,使传统犯罪主体的内在异化具有一定的必然性。这主要表现在两个方面。(1)传统自然人犯罪主体的内生性异化。它包括:一是网络社会首先是数字化社会关系结构,自然人的物理社会属性正在递减,社会个体与社会有机体之间的物理性、可视化连接方式、联结程度、信任机制都在弱化,基于电子化、数字化、信息化等技术形成的新型对话、沟通与理解方式开始形成。二是网络社会是共享的交往模式,网络环境对传统现实物理社会具有很强的割裂、分离效应,网络空间社会的技术特质对社会有机体形成撕裂效果,使自然人的网络社会性不断递增,网络演变为基本的生产生活方式。三是网络社会真实、客观存在,传统的自然人处于传统现实物理社会与网络空间社会组成的"双层社会"的形成期与蜕变期。自然人的认识能力与意志能力悄然改变,自然人的身份、行为轨迹与危害结果等都

---

[1] 参见张玉洁:"论人工智能时代的机器人权利及其风险规制",载《东方法学》2017年第6期,第56页。

[2] 参见赵秉志:《犯罪主体论》,中国人民大学出版社1989年版,导论,第1页。

附加网络因素，越轨行为、犯罪行为的评价标准与界限不断变化，自然人承担网络刑事责任的基础、原则、标准等发生了巨大的转变，共同导致了自然人主体规定的失灵与失效。（2）传统法人犯罪主体的外生性异化。网络空间环境对拟制的法人制度及其刑事责任理论的影响不言而喻。主要为：一是网络环境催生互联网经济，超大型互联网企业与中小创新企业齐头并进。既改变法人的设立、管理、运行等整套制度，也导致追究大型网络法人的刑事责任或中小网络法人的刑事责任时，陷入市场自由创新与国家安全干预的价值悖论。二是传统法人在网络时代已经酝酿制度性的蜕变，一些新型主体类型纷纷出现，诸如网络平台等异化形态纷至沓来。既促发了"无法可依"的被动现象，如网络直播平台的制裁规范阙如；也导致法人概念转向网络化的实质置换。

2. 现行立法规制滞后

现行立法在应对新型网络主体的更新时已显不足，在网络主体归罪问题上的滞后问题加剧，具体表现为如下几个方面。（1）1994年的《计算机信息系统安全保护条例》是过渡性的立法产物，因历史局限性已被淘汰。但其对1997年《刑法》设置计算机犯罪规定的影响却客观存在。（2）2016年，《网络安全法》作为网络法律体系的基本法，首次对网络建设者、运营者、服务提供者的网络安全管理义务以及用户的网络安全保护义务作出明确规定。虽然取得了重要的进步，但仍存在一定的不足，对网络犯罪主体及其法律责任的规定不明便在其中。（3）网络安全法规规章相继出台，分别对网络犯罪主体作出更为具体或特定化的规定，进一步丰富了我国网络犯罪主体的规范体系。但在网络主体犯罪与刑事责任方面仍很模糊，甚至可以说仍处在相对空白的状态。

3. 网络刑法立法脱节

受制于网络一般立法的滞后性，网络刑法立法一并被殃及，大体而言：（1）现行《刑法》规定的计算机犯罪具有明显的历史局限性，总则或分则对网络犯罪主体的规定缺乏具体性、明确性和前瞻性。[1]《刑法》第285条、第286条主要打击针对计算机信息系统安全的危害行为，第287条原则上打击所有利用计算机实施的犯罪。借此，确立了由计算机信息系统作为犯罪对象或犯罪手段的"二元"立法格局。但犯罪主体仅限于自然人，不包括单位，与

---

[1] 参见全国人大常委会法制工作委员会刑法室编：《中华人民共和国刑法条文说明、立法理由及相关规定》，北京大学出版社2009年版，第589-596页。

实际情况严重不符。(2)《刑法修正案（七）》增加第 285 条第 2 款、第 285 条第 3 款，但修改的理念较为滞后，未与网络信息社会联动，未将单位作为网络犯罪主体，未明确规定先后涌现的网络法人、网络组织、网络聚众、网络平台等。(3)《刑法修正案（九）》有所进步。主要包括：修改第 285 条、第 286 条，增加单位作为犯罪主体；增设第 286 条之一、第 287 条之一、第 287 条之二，全部都规定单位是犯罪主体；新增三个独立条文分别对新型网络犯罪主体作出明确规定。第 286 条之一明确规定"网络服务提供者"；第 287 条之一明确规定"单位"，但理论上包括网络平台、网络聚众、网络组织等犯罪利益链条上的垄断者、发动者、组织者、策划者以及主要实施者等；第 287 条之二明确规定"单位"，原则上可以通过扩大解释规制其他网络主体。但不足之处在于：对大数据时代的犯罪主体缺乏明确规定；[1]对部分新型的网络犯罪主体并未明确作出规定，如网络直播平台等；[2]刑法总则仍未启动修改犯罪主体的规定，分则的增补意义有限。

4. 传统刑法主体理论的代际落差

从法理上看，法律主体的网络化修正处于延迟状态，与各界对网络犯罪主体的意识淡薄、立法不足有关，并共同导致传统犯罪主体理论及其立法开始严重脱离网络时代的需要。继而，以刑法解释学激活传统主体的适用性，成为主要的缓解方式，但由于刑法解释本身存在制度瓶颈，对新型网络犯罪主体的"解释能力"相对有限，增设《刑法》第 286 条之一并增加网络服务提供者这一新型网络犯罪主体正当其时。在此基础上，理论不适时的问题进一步暴露。(1) 传统犯罪主体的历史局限性不断放大。长期以来，立足于传统刑法的新旧派之争，犯罪主体理论聚焦于自然人自我答责的边界、法人组织体责任的必要性与合法性及其与法人成员的责任界限等方面。[3]然而，随着互联网信息技术的迅猛发展与风险社会的来袭，传统犯罪出现显著的网络异化动向，犯罪主体也悄然改变。然而，传统刑法体系与犯罪主体理论根深蒂固，在因应新兴网络犯罪主体类型时，依循传统刑法学的理论体系，容易出现主体不明、适法不清、主体责任的边界模糊等失灵现象。(2) 网络犯罪

---

[1] 参见孙道萃："大数据法益刑法保护的检视与展望"，载《中南大学学报（社会科学版）》2017 年第 1 期，第 63-64 页。

[2] 参见孙道萃："网络直播刑事风险的制裁逻辑"，载《暨南学报（哲学社会科学版）》2017 年第 11 期，第 68 页。

[3] 参见赵秉志：《犯罪主体论》，中国人民大学出版社 1989 年版，第 1-4 页。

主体的生存格局迎来巨变的契机。如何认识、解读、规制变化中的网络犯罪主体，特别是如何实现传统犯罪主体与网络犯罪主体的"理性交接"，已成为刑法体系的重要议题。网络犯罪主体理论事关网络刑事责任的实现以及网络刑事制裁的适用，应当调整与改变网络主体的类型、责任范围、责任前提、责任能力、归责原则、归责要素、责任实现方式等方面，借此，加速网络犯罪主体的司法与理论的形成。

基于此，网络犯罪主体缺乏独立的理论地位与整体立法规划是当前困局的首要原因，对传统犯罪主体规定的过度依附性是立法严重失衡的集中表现，严重制约打击新型网络犯罪主体的适应能力。只有通过立法独立设置网络犯罪主体，才能彻底摆脱依附的被动局面。既要敏锐地掌握网络犯罪主体的异化趋势，也应检讨现行立法的不足。审查现行立法与司法的现状并找出问题的症结，是更好地解决网络犯罪主体及其责任程度的前提。同时，只有妥善地澄清由传统现实物理社会到网络社会的过渡时期犯罪主体的网络异化及其附随效应，才能通过知识转型、立法修正等方式破解现实挑战，尽快解决规范供给不足问题，并推动理论升级。

（二）网络犯罪主体的代际特质

当前，相比于传统犯罪主体的自然属性、人身属性、身份属性以及社会属性等特征，网络犯罪主体已经呈现出较为明显的制度异化特征，越发具有独立性，也与传统犯罪主体的实质差异不断扩大。在此背景下，传统犯罪主体理论、犯罪主体类型等"旧观"，难以有效"解释"网络犯罪主体的质性问题。

传统犯罪主体的异化或新型网络主体，具有以下特征：（1）犯罪主体地位与能力的深度技术化与高度技术依赖性。与传统现实物理社会所经历的第一次蒸汽技术革命、第二次电力技术革命不同，网络空间社会是由第三次信息技术革命以及第四次互联网技术革命推动向前的。在技术引领下的网络时代，数字化生存、人工智能等新生事物不断夯实网络参与主体的技术属性，犯罪主体被赋予强烈的技术特性、技术能力及技术依赖。传统犯罪主体的技术化，具体是指犯罪主体的辨认能力、控制能力、认识能力与意志能力、实施犯罪能力以及承担刑事责任的能力都与网络技术深度结合，网络技术的代际、技术的类型、技术风险系数等具体变量都可以作为判断标准，决定是否具备包括辨认能力等在内的网络主体属性及其达到的程度。（2）犯罪主体的时空隐匿化与行为轨迹的不确定化。在现实物理社会的时空状态下，物理性的犯罪主体及其行为具有极强的可视性、可追踪性、可定位性等"客观化"

特质,易言之,犯罪主体通常无法从二维空间逃脱。但是,在网络空间社会,网络技术的发展使得网络参与主体的身份数字化、地址匿名化、行为轨迹同质化,导致网络犯罪主体具有极强的时空隐秘性、行为模糊化、主体存在性降低等特点,甚至完全消失于物理空间与网络空间。网络主体实施的行为轨迹的不确定化、随意化,也进一步共同导致追究刑事责任的难度骤增。(3)犯罪主体的技术依附性、独立性的弱化,责任主体的碎片化。在网络空间社会,网络技术的主导地位及其强大的垄断优势,在无形中侵蚀着传统物理主体的存在地位,使犯罪主体依附技术的从属性和独立性的弱化同时迸发。在此基础上,网络空间下的组织行为、领导行为、指挥行为以及聚众行为,都具有间接性与非直接实行性,通过行为类型区分主体责任的既有规则日益失灵。大量新增的网络预备行为的主体过度分散,数量庞大的网络技术帮助行为主体高度泛化,自然人主体的身份差异、行为差异日渐弱化,网络自然人的行为可视化与责任的具体化程度等都明显下降,自然人责任形态出现明显的"碎片化"迹象。(4)犯罪主体的空间同质化、行为的技术平等化。网络是各种资源高度聚合的真实场所。网络参与主体极其广泛,积极参与和一般参与的界限模糊,积极参与和组织行为相互混同。网络技术支撑下的参与便捷性,导致网络聚众、网络组织化情形骤增,网络犯罪主体的融合性、同质化趋势明显,网络责任具有显著的聚合性。而且,网络技术的便捷连接和使用,使得网络技术作用下的主体行为呈现出前所未有的"平等化",原有基于生理、身份等差异形成的"差等性"特征日渐消失,取而代之的是网络时代的主体平等化与主体行为的"均值化"动向。(5)犯罪主体的平台化与技术聚合性。在网络主体的聚合性下,网络组织、领导、指挥主体高度团体化、组织结构化,并正式演变为网络平台。当前,网络平台是技术、功能与主体三者合一的智能化、集成化网络时空场所,网络主体平台化成为最重要的动向。而且,网络平台的出现弱化了平台责任与平台责任人员之间的界限,网络平台刑事责任作为新生的责任类型有待厘清。(6)智能时代的智能主体横空出世。当"人的主体性地位"早已司空见惯之际,陡然出现"智能人",难免在认识论上掀起轩然大波。随着人工智能技术这个下一代互联网信息技术的发展,"智能人"的主体性不断强化,并可能演变为一种新型的犯罪主体。进一步地讲,人工智能具有独立自主的行为能力,有资格享有法律权利并承担责任义务,人工智能应当具有法律人格。但由于人工智能承担行为后果的能力有限,人工智能应适用特殊的法律规范与侵权责任体系安排,其具有的法律人格是有限的法律人格。[1]这绝非空穴来风。(7) 网络犯罪主体的普泛化与标准化。传统犯罪主体有身份的特定性。但任何与网络有关的网络空间主体都可能是犯罪主体，自然人的责任黏合性上升，网络法人与其责任人员的责任日渐分离，网络组织内部的责任形态更混杂，网络聚众的具体责任难以区分。网络平台责任呈现综合交叉性。网络犯罪主体的内部构造正在蜕变，客观上导致不能完全与传统主体理论相匹配，调整由自然人与单位组成的"双轨"传统主体理论是必然趋势。

基于此，对于传统犯罪主体中的自然人与法人（单位），随着网络犯罪因素的嵌入，所形成的异化现象可以概括为：(1) 自然人的变化。自然人身份的电子化，自然人的社会属性呈现技术化、网络化，个人责任边界不断扩张。其中，网络自然人主体的成立条件趋于复杂尤为明显，如危害行为高度网络化，主观心态模糊化、片面化，客观危害的权重下降、技术危险或行为危险的权重攀升、技术危险的客观化，等等。(2) 法人的变化。具体表现为：网络法人具体类型的多样化、淘汰、更新短期化，新型网络犯罪单位主体的处罚规定空泛化，网络法人责任与具体责任人员责任的混淆程度加重，网络法人责任的电子证据收集、刑事证明难度以及刑事定罪难度递增，等等。这对理论，尤其是立法提出了新的要求。

三、传统犯罪主体的网络化修正前瞻

应当根据网络社会的发展规律，针对网络犯罪的演变特征与趋势，基于网络刑法学的基本原理，逐步修改现有犯罪主体规定，适时重构网络犯罪主体格局。

（一）自然人犯罪主体的网络立法修正

1997年《刑法》着重规定了自然人犯罪主体，既包括第17条、第18条、第19条等一般自然人主体的规定，也包括第25条、第26条、第27条、第28条、第29条关于共同犯罪的主体规定，以及第93条、第94条、第97条等特殊自然人主体规定。但是，在网络空间社会，自然人的物理属性正在消解，网络空间属性却在递增。在社会有机体的联系与互动中，网络自然人之间的"数字化"联系正在成为主导力量，人与人的物理性互动降低。相应地，危害行为、危险结果等都以网络空间社会为背景，网络"数字化"的刑法评价因素与体系逐渐呈现独立性。日益强大的"数字化"属性不断叠加，自然

---

[1] 参见袁曾："人工智能有限法律人格审视"，载《东方法学》2017年第5期，第50页。

人的责任前提、责任承担能力、归责要素等被摄入"网络因素",自然人开始褪去"物理人"的属性,成为网络数字空间的渺小个体,网络数字成为网络社会链接的基本媒介。在此背景下,自然人作为犯罪主体,已和传统意义的自然人日渐分离,迎来重新洗牌的变革时代。

1. 立法的要点

(1) 自然人网络身份的立法化。在传统现实物理社会,一般性或特殊性的生理因素、心理因素以及社会身份是自然人主体特有的刑法属性,具有决定罪与非罪、此罪与彼罪、罪重与罪轻的作用。在网络技术支撑的网络空间社会,在数字化生存与人工智能化的引领下,犯罪主体的电子化身份属性尤为凸显。关于犯罪主体的电子化身份,既包括自然人专属的电子身份,如IP地址、电子账号等网络身份;也包括自然人专属的社会身份,如网络工程师、互联网管理人员等;以及共处于网络空间社会的自然人共有的网络身份。网络身份是网络犯罪主体特有的电子身份,是立足于自然人的物理社会身份,但又超越物理身份的新内容,重在强调自然人在网络空间社会的新身份。网络电子身份具有刑法意义,应当通过立法明确规定。(2) 刑事责任年龄的适度下调。网络技术已经高度智能化、便捷化,既帮助人类社会告别网络技术的专属性与复杂性,也带来网络技术应用的普及化与智能化。相比于传统现实物理社会,掌握网络技术并实施破坏网络空间安全的机会成本不断降低,犯罪主体的低龄化趋势日渐明显。由此,网络环境下未成年人主体的刑事责任年龄是否降低的问题随之而来。从我国立法的过程看,最低刑事责任年龄经历由小到大再到小的变化,立法分歧一直较大。[1]从未成年人的犯罪规律及其趋势看,降低刑事责任年龄的呼声始终存在。但是,第十七届国际刑法学协会大会达成的《国内法和国际法下的未成年刑事责任决议》明确提出刑事责任年龄的最低限制为14岁。[2]尽管如此,犯罪低龄化并非毫无根据的预测,[3]特别是通过网络技术实施网络犯罪的难度系数不断下降、犯罪成本不断降低,导致犯罪主体的低龄化趋势日渐凸显。这既是降低刑事责任年龄的客观条件,也是对网络犯罪主体现状的正常反映。为此,立法机关应当将调

---

[1] 参见赵秉志、袁彬:"我国未成年人犯罪刑事立法的发展与完善",载《中国刑事法杂志》2010年第3期,第11页。

[2] 参见林维:"未成年人刑事责任年龄及其制裁的新理念——《国内法和国际法下的未成年人刑事责任决议》解读",载《中国青年政治学院学报》2005年第2期,第1页。

[3] 参见胡燕华:"犯罪低龄化的冷思考",载《人民论坛》2017年第29期,第106页。

整刑事责任最低年龄的问题提上立法修正的议程,并根据不同网络犯罪情形,有条件地、选择性地、有步骤地适当降低刑事责任年龄。(3)网络共同犯罪主体的修正。在网络共同犯罪中,共同犯罪人之间的共同意思联络、共同危害行为的相互联系、分工配合以及共同责任的分担等方面都有变化,主要是共同意思联络与共同危害行为出现单方化、片面化、随意化等特征,按照传统共同犯罪理论和立法不利于对其追究刑事责任。为此,部分(片面)共犯行为被一些司法解释通过正犯化的方式加以处罚。但是,司法扩张层面的"共犯正犯化"模式也受到一定的质疑,主要是对共犯从属性、正犯体系等问题存在分歧。为此,《刑法修正案(九)》增设第287条之二即帮助信息网络犯罪活动罪。这是将帮助行为提升为正犯,蕴含着"打早打小"、提前防卫、强化打击的政策思想。[1]但有观点认为,网络帮助行为上升为正犯的立法规定本身回避理论争议;[2]甚至认为,由于我国当前立法和理论采取的是共犯从属性说而非共犯独立性说,第287条之二属于帮助犯的量刑规定而非正犯化,该罪在实践中甚至可能扩大处罚范围,导致处罚过于严厉。[3]理论界目前对《刑法》第287条之二的立法规定存有正反两方面的评议,这也间接说明网络共同犯罪的立法修改仍遗留诸多未决问题,网络共同犯罪的犯罪主体规定便在其中。对此,刑法总则应对自然人共同实施网络犯罪的主体身份及其责任边界等重新作出规定。

2. 立法修改建议

(1)自然人犯罪主体的单节化。网络犯罪主体是网络刑法典的重要内容,为了确保立法的科学性、完整性、有效性,应单独成章,分设不同小节。网络自然人应当作为其中一节,对网络自然人这一犯罪主体作出明确规定。立法设计上应注意以下三点:一是不宜全面删除以物理社会身份为基础的总则规定。可以保留《刑法》第17条、第17条之一、第18条、第19条等,但应作出必要的微调,以适应网络社会的基本属性。二是对自然人实施或参与网络共同犯罪的,可以作出提示性规定,具体可在网络共同犯罪部分作出规定。条文可以表述为"自然人实施或参与网络共同犯罪的,本法另有规定的,

---

[1] 参见胡云腾:"谈《刑法修正案(九)》的理论与实践创新",载《中国审判》2015年第20期,第16-23页。

[2] 参见车浩:"刑事立法的法教义学反思——基于《刑法修正案(九)》的分析",载《法学》2015年第10期,第12-13页。

[3] 参见张明楷:"论帮助信息网络犯罪活动罪",载《政治与法律》2016年第2期,第2-16页。

依照其规定处理"。三是明确是否降低刑事责任年龄。从网络犯罪的发生机理看，特别是考虑到技术便捷化、低龄化、犯罪成本不断降低等因素，应适当降低刑事责任年龄，但下降的幅度应控制在1周岁至2周岁内，以12周岁或13周岁作为法定的最低刑事责任年龄为妥。而且，应充分发挥限制处罚的作用，对犯罪类型的轻重等作出具体的限制。（2）用单独条文规定自然人主体的网络身份与地位。在单独一节规定自然人犯罪主体的前提下，应当设置独条，概括性地规定自然人的网络身份，明确网络社会中自然人的变化及其对刑法的影响。条文可以表述为"在网络空间环境下，自然人实施网络犯罪的，应当承担刑事责任"。该条意在强调，网络空间社会的自然人有其特殊身份，但本质上是隶属于犯罪主体的责任要素；无论"网络人"的具体身份及其利用方式等为何，都需要承担刑事责任。

（二）单位犯罪主体的网络立法修正

1997年《刑法》在总则第30条、第31条规定了单位犯罪主体，并在分则以明确的方式规定可以成立单位犯罪的具体罪名。但网络数字化环境削弱了物理接触与社会连接，网络空间行为逐渐演化为网络数字行为。网络空间的技术特性与虚拟属性具有天然的聚合性与融合性，这也是网络空间社会结构的独有方式。由此，网络空间社会形成独特的组织结构、行为逻辑与运行规律，网络组织性犯罪主体快速扩容，"法人"概念明显出现供给不足的弊端。应当解放网络"法人"犯罪主体的张力，对新出现的网络平台责任等新问题作出及时的确认和重组。实践证明，网络"法人"的异化不断增加，网络组织、网络聚众、网络平台等新型犯罪主体形式翻陈出新。再不释放网络聚合性犯罪主体的容量，必将导致刑法规制出现漏洞。因而，应当根据单位实施网络犯罪的内在特征作出修改。

1. 修改的重点

（1）由单位到法人的立法话语体系调整。单位犯罪概念属于未消除计划经济时代残余的立法表现，其话语体系的不适性与日俱增。既与国际社会的法人制度、法人犯罪等不相适应，也与我国公司法等民商事法律理念与制度不匹配。在实践中，由于政治体制改良、行政体制改革、国企改革、国有资产保护、社团组织治理等外部因素具有不确定性，"单位"的内涵和外延也具有不确定性，"单位"内部的人事关系、管理结构、职能分配等异常复杂，"单位犯罪"的主体资格及其责任认定问题长期困扰司法机关。相比之下，以法人犯罪取而代之更妥当，现代法人制度的资本制度、内外关系、管理结构、职能分配、责任承担等问题更易依法认定。此外，法人制度具有一定的解释功能，可以合理容纳新型网络犯罪主体。既避免释法不明的尴尬，也不至于出现援引"法外之法"的越界之举。（2）国家机关等公法人可以作为网络法人主体的具体类型。关于国家机关等公法人是否可以真正作为单位犯罪的主体，传统刑法学内部的分歧很大，持否定立场者居多数。[1]但是，在网络时代，网络犯罪主体可以包括公法人，并不绝对排斥公法人。理由主要为：一是我国正在积极推动依法治国，尤其是依法行政建设，权责的界限更为科学，国家机关应当承担违法行政或不作为的法律责任，此乃法治的要求；二是网络社会的公法人与传统现实物理社会的公法人的差异较大，公法人承担网络安全监管职责便是最大的变化。由于公法人承担并履行网络安全监管义务是网络社会治理的基础，对其追究刑事责任的前提已然具备。

2. 立法修改建议

（1）单节规定法人犯罪主体。网络法人是网络犯罪主体的另一重要类型，应设置单节，逐条规定网络法人犯罪主体。从其主要内容看，至少包括：一是关于网络法人主体的责任能力；二是网络法人犯罪主体的成立条件、成立范围等；三是网络法人的制裁原理以及对网络法人内部成员的制裁标准。（2）重新设计法人犯罪主体的条文表述。应作出以下调整。一是摒弃单位犯罪成立范围"法定化"的立场，"法律规定为单位犯罪的"这一表述不再保留，原则上不设置规制禁区，除非客观上完全无法实施的，如强奸罪等。二是法人犯罪主体作为统称概念，应当具有包容性。从立法技术上看，无需列明国家机关、公司、企业等具体的网络法人主体，而留待网络行政法律规定。法条可以表述为："法人实施网络犯罪，造成严重后果的，应当承担刑事责任。"

（三）新兴网络主体的立法确认

在传统现实物理社会中，自然人与法人的"二元"主体模式具有强大的解释能力，可以容纳一定范围的新型主体，如恐怖组织、犯罪集团、黑社会性质组织等。但是，自然人和法人在网络空间社会已"自身难保"，更遑论发挥扩张解释功能。新型的网络犯罪主体不断翻新，既是对自然人和法人的发展，也是自生自发的革命性蜕变。鉴于此，应当从立法层面扩容新型网络犯罪主体，并作出明确的规定。

---

[1] 参见马克昌："'机关'不宜规定为单位犯罪的主体"，载《现代法学》2007年第5期，第54页。

1. 传统"自然人"主体网络异化形态的确认

（1）网络共同犯罪。网络共同犯罪的变动是最为剧烈的，《刑法》增设第287条之二并确立"共犯正犯化"的立法旨趣便是最佳注脚。但《刑法》第287条之二只是分则的规定，总则的规定并未调整，由此产生了总则规定与分则规定不一致的情况，也不可避免地引发传统共同犯罪理论与网络共同犯罪现象之间的不适。为此，应从立法上对共同犯罪规定作出网络化的修改，同时也需要对共同犯罪理论体系作出相应的调整，否则立法与理论的不同步还将引发一系列问题。（2）网络有组织犯罪。有组织犯罪是必要的共同犯罪形式，是高级的共同犯罪形式，通常表现为犯罪集团。在网络空间下，犯罪集团的内部组织结构更隐秘、跨国性更强、参与人员更分散、组织行为更具间接性、组织体更难追踪、组织体的责任更难归责，导致的危害结果和危险状态具有全球性、潜伏性、交叉性与递增性等特性。《刑法》第26条第3款的规制能力明显不足，应当单独规定网络有组织犯罪主体，重新设计归责原则、分配原理与责任界限等，依法制裁利用网络和危害网络的有组织行为。基于网络有组织犯罪的新趋势、新特点，以及涉及组织人数的多寡、组织结构严密或松散度、有组织危害行为的类型及其危害程度、非法控制范围与经济实力等因素，应考虑降低制裁的门槛，重新设计认定条件或标准。在处罚的限度上，既要从重制裁组织者、领导者、积极参与者，也要适度放宽一般参与者的归责条件和范围，追究片面共同犯罪的刑事责任，防止"中立行为"的不当泛滥。（3）网络聚众犯罪。当前，众筹、直播等不同形式的网络聚众犯罪，可以是任意或必要的共同犯罪形式。网络聚众犯罪的发起更便捷、参与主体更广泛、聚众行为更隐蔽、各自的责任边界更模糊，导致其与共同犯罪的外部差异增大，网络聚众犯罪不能简单归入网络共同犯罪。《刑法》第97条无法充分应对新型网络聚众犯罪问题，分则11个有关聚众型犯罪的条文规定同样如此。单独规定网络聚众主体，是对不断增量的网络聚众现象的立法回应，有助于将网络聚众犯罪从网络共同犯罪中合理剥离，明确网络聚众犯罪的刑事责任边界。网络聚众犯罪主体规定的核心是明确聚众的组织化与结构化程度、聚众的网民范围或波及圈、聚众的分工与作用类型、聚众主体责任的分配原理、聚众与关联犯罪的竞合或牵连关系的处理等问题，重点解决聚众的首要分子、网络煽动聚众行为、间接的网络教唆聚众行为、教唆聚众而不参与实行行为、积极通过网络帮助聚众、纯粹参与聚众等行为之间的处罚条件与限度等问题。（4）立法建议。对于网络有组织犯罪与网络聚众犯罪的主体问题，《刑法》第25条、第26条以及第97条作为相关联的法条，都应作出相应的修改。其中，第25条属于共同犯罪的基本规定，需要重新对网络共同犯罪主体的类型及其成立条件等作出规定，包括"共犯正犯化"、网络有组织犯罪、网络聚众犯罪等问题。在此基础上，为第26条、第97条等有关不同主体的责任规定的修改奠定基础，并根据情况增加新的责任规定。至于第27条、第28条和第29条是否修改，应与第25条相一致，实现知识结构的整体置换。

2. 新型独立网络主体的增设

（1）增设网络平台。在网络空间社会中，网络犯罪高度技术化，行为主体的高度聚合现象日益显现，网络平台犯罪随之出现，催生了网络平台这一新型犯罪主体。当前，金融平台、直播平台、服务平台等网络平台均呈现出爆炸式增长，网络平台的数量与形式高速递增和变化。网络平台与网络法人等有一定的相似性或交叉性，但网络平台的主体聚合力远远超出后者，网络平台的责任内容更复杂。应单独规定网络平台犯罪主体，[1]着重解决网络平台的聚合形式或网络平台的类型、不同网络平台的义务内容及其设定标准、聚合主体和参与主体的分工与配合、平台履行网络安全管理义务的主体责任、平台使用者的刑事责任、平台滥用者的刑事责任、平台监管责任与用户参与责任等基本问题，并与其他网络犯罪主体相区分。（2）细化规定网络运营者这一新型主体。《网络安全法》着重规定网络运营者这一主要的网络主体，事实上其也是常见的网络犯罪主体。例如，《刑法》第286条之一就明确将"网络服务提供者"作为犯罪主体。在理论上，关于网络运营者与网络服务提供者是否相同还是有所区别、网络运营者的主要类型等问题还存在一定的争议。目前，主要有"二主体说"（网络连接服务提供者与网络平台提供者）、[2]"三主体说"［访问软件提供者、平台提供者、接入服务提供者，[3]或网络接入服务提供者、网络平台服务提供者、网络内容及产品服务提供者，[4]以及信息接入/传输服务提供者、信息缓存服务提供者或信息存储服务提供者、信

---

[1] 参见孙道萃："网络直播刑事风险的制裁逻辑"，载《暨南学报（哲学社会科学版）》2017年第11期，第68页。

[2] 参见欧阳本祺、王倩："《刑法修正案（九）》新增网络犯罪的法律适用"，载《江苏行政学院学报》2016年第4期，第127页。

[3] 参见涂龙科："网络服务提供者的刑事责任模式及其关系辨析"，载《政治与法律》2016年第4期，第113-115页。

[4] 参见谢望原："论拒不履行信息网络安全管理义务罪"，载《中国法学》2017年第2期，第240-241页。

息定位（搜索、链接）服务提供者[1]等不同看法。今后，立法者应当对网络服务提供者与网络运营者的关系以及后者的主要类型等基本问题作出明确规定。（3）考虑确立"智能人"的刑法主体地位。人工智能技术已经处在互联网信息技术的下一个风口，人工智能技术的开发与应用正在迅猛发展，无人驾驶、智能医疗、智能量刑、法律智能化等领域是热点区域。在此背景下，由"人"与"人类社会"到"智能人"与"智能社会"的渐进过渡，正成为这场变革的基础矢量。随着人工智能时代的不断迫近，"人"的主体性地位可能会不断受到冲击，"智能人""智能网络社会""网络智能犯罪"等新生事物纷纷登台。"智能人"作为具有独立社会地位与刑法属性的新型网络主体，有必要通过立法予以确认，以满足现实需要。[2]当然，可以根据情况，分阶段确认具有限制性或独立性能力的智能主体。（4）立法建议。对于新出现的网络犯罪主体，无论是网络平台，还是网络运营者、网络服务提供者或"智能人"等，在现有犯罪主体格局下，都难以找到合适的位置。因此，需要重新设计条文，考虑到新兴网络犯罪主体始终处于增量趋势，可以考虑在条件成熟之际，单独设置一节。从应急性的修改方式看，可以在《刑法》第31条后增加"第31条之一"，对网络平台、网络运营者等新型网络犯罪主体作出规定。至于"智能人"等潜在的主体，可以采取相似的方法予以增设。随着网络犯罪主体数量与类型的丰富，可以整合后适时单设一节，提高立法的科学性。

（四）网络立法技术的优化

网络犯罪主体是网络刑法学的重要支点。网络犯罪主体的立法改良具有一定的局部性，网络刑法学的整体置换才具有根本意义。因此，需要加强配套立法。

1. 分则犯罪主体规定的修正

总则规定的犯罪主体具有指导作用，原则上适用于分则的所有罪名，除非分则有特殊规定。分则的特殊规定基本分为拟制性规定与提示性规定，前者属于分则突破总则规定后的特殊条款，后者是对总则规定进行细化、说明的提示性条款。在总则对网络主体作出修改后，分则也应作出调整。简言之：

---

[1] 参见陈洪兵："论拒不履行信息网络安全管理义务罪的适用空间"，载《政治与法律》2017年第12期，第40-41页。

[2] 参见刘宪权："人工智能时代的刑事责任演变：昨天、今天、明天"，载《法学》2019年第1期，第79页。

（1）叙明罪状与简明罪状。对于总则已经规定的犯罪主体，具体罪名的罪状是否逐一明确规定，应当区别对待。无论是叙明罪状还是简明罪状，均应当遵循科学有效的基本理念，既避免重复累赘，也不失于模糊不清。（2）差异处罚与相称处罚。总则关于犯罪主体的规定，包括成立条件与刑事责任范围两个层次。分则的具体罪名可以根据实际情况对总则的责任规定作出调整，可以对犯罪主体的责任范围与处罚程度作出差异性规定，包括偏重、偏轻或加重、减轻等；通常也可以附加特殊主体身份等差异性的条件，但不能违背罪责刑相适应原则。

2. 网络刑法典章节的体例布局

网络犯罪主体是网络刑法学的有机组成部分。由于网络犯罪主体的类型不断发展和扩容，单节或单章作出规定的体例需求日益凸显。目前，《刑法》第 17 条、第 18 条、第 19 条、第 25 条、第 26 条、第 27 条、第 28 条、第 30 条、第 31 条以及第 93 条、第 94 条、第 97 条，分别置于第一编"总则"中，具体包括第二章"犯罪"的第一节"犯罪和刑事责任"、第三节"共同犯罪"、第四节"单位犯罪"以及第五章"其他规定"。从中可见，犯罪主体的规定分散且单一，与网络犯罪主体的扩容趋势不一致。为了整合立法资源，应当单独设立一章，并分为多节，整合性地规定各种类型的犯罪主体。当然，网络犯罪主体的立法调整，仍以刑法典章节的整体网络化修改为前提。

四、结语

从传统现实物理社会到网络空间社会的社会形态变迁过程可以看出，传统犯罪主体正在经历前所未有的制度性变革。这既是从传统刑法学到网络刑法学的知识变革的一个缩影，也成为观察网络刑法学基本理论的具体视角。网络时代正在颠覆传统固见，网络刑法学加速推进对传统刑法学的渗透、置换，网络犯罪主体是其中的一个"切面"。网络犯罪主体是网络刑法学体系的必要组成部分，是确定犯罪主体和责任主体的依据，建构网络犯罪主体理论迫在眉睫。自然人和单位组成的二元主体结构早已捉襟见肘，网络自然人与网络法人相继递补续位。与此同时，网络平台等新兴主体类型纷至沓来，既冲破了传统犯罪主体结构的藩篱，也勾勒出网络犯罪主体的基本框架。基于此，从现实主义的立场出发，审视刑法理论与立法规定，裨益于有序展望我国网络犯罪主体的未来图景。

第五章
网络刑事制裁范畴的理论视域与制度具象之前瞻

一、问题的提出

在风险社会形态的变动格局下,网络信息技术革命正在酝酿网络社会的物质基础、关系网格、交往方式以及新型生产生活图景。撇开农耕社会、工业革命的遗留与旧影,"网络化"逻辑成为网络社会崛起的第一动力,网络社会形态的面貌越发清晰可见。网络技术风险愈演愈烈,网络安全形势日益严峻,网络犯罪来势汹汹,立足于传统现实物理社会的原有刑法理论体系的不适与失灵现象不断出现,不断侵蚀传统刑法体系的存在根基及其合理性。目前,应对思路主要为:一是司法层面的扩张解释;[1]二是积极修改立法并增设罪名;[2]三是司法解释相对优先与立法修改的补强。[3]现有做法存在以下问题。一是扩张解释的制度局限性。扩张解释的适用空间相对有限,特别是网络犯罪与传统犯罪存在实质差异,扩张解释是权宜之计。二是立法应对的不足。刑法修改的幅度不大、修改的范围有限,立法的碎片化,对日新月异的网络犯罪而言可谓"杯水车薪",难以形成整体性的聚合反应效果;存在"拆东墙补西墙"之嫌,修改分则却遗留总则问题,导致总则与分则不一致,《刑法》第 287 条之一、第 287 条之二使总则的预备犯与共同犯罪规定陷入被动;"亦步亦趋"的被动式反应存在缺陷,"就事论事"的短期性立法、"事后

---

[1] 参见刘艳红:"网络时代刑法客观解释新塑造:'主观的客观解释论'",载《法律科学(西北政法大学学报)》2017 年第 3 期,第 93-105 页。

[2] 参见陈兴良:"网络犯罪立法问题思考",载《公安学刊(浙江警察学院学报)》2016 年第 6 期,第 8 页。

[3] 参见张明楷:"网络时代的刑事立法",载《法律科学(西北政法大学学报)》2017 年第 3 期,第 69-82 页。

反应型"的补充性立法等问题突出，立法缺乏足够的前瞻性、预见性与整体性。

在深究司法应对与立法修改究竟孰优孰劣及其破解方法之际，"网络犯罪"实体范畴几乎成为唯一的焦点，网络犯罪形态中的"刑罚实体"在无形中被遮蔽。事实证明，传统刑事制裁体系及措施，用于应对网络犯罪的制裁效果不尽如人意，既表现为刑罚措施的无效性，也表现为制裁效果的"代际落差性"。网络刑事制裁范畴研究的薄弱以及刑法建构的空白是重要的制度供给缺失，网络刑事制裁体系作为网络刑法体系范畴的本源性问题理应被重视。由传统刑法体系到网络刑法学知识形态转轨是网络社会变迁下的必然产物，网络刑事制裁体系不能缺位。《刑法修正案（九）》首次较大幅度修改传统计算机犯罪规范体系，并增设多个纯正网络犯罪的构成要件与法定刑，标志着我国刑法的一个专门领域即网络刑法的真正诞生。[1]为此，应反思当前片面聚焦"网络犯罪实体"思维逻辑的偏颇，根据网络犯罪的发展形势，构建科学合理的网络刑事制裁体系。

二、传统刑事制裁理论的网络异动

网络刑事制裁范畴被淹没在热火朝天的网络犯罪本体治理中，使推动网络刑罚制度变革的动力系统几近瘫痪。随着网络安全秩序地位的抬升，积极预防功能诉求的攀升，传统刑罚体系因应网络犯罪的有效性不足问题日益暴露。因此，有必要打破传统刑法理论的一些"旧观"，推动网络刑事制裁体系的适时切换。

（一）价值变迁与刑罚机能异化

网络技术风险不断加剧，网络安全秩序价值在风险社会的地位跃然而上，成为社会公众的主要诉求。这决定了刑法（刑罚）机能应迎合时代作出新定位。

1. 安全秩序价值与刑法（刑罚）机能的演变

网络技术异化风险不断扩张，风险社会脆弱的安全状态持续加剧，安全需求不断扩大，网络安全上升为风险社会安全的基本内容，保护网络安全法益成为法律制度的时代使命。这促使刑法价值定位发生一定的位移，加速了以安全价值为优先导向的安全刑法观念的生成。[2]风险社会下的风险刑法已

---

[1] 参见梁根林："传统犯罪网络化：归责障碍、刑法应对与教义限缩"，载《法学》2017年第2期，第3页。

[2] 参见[德]乌尔斯·金德霍伊泽尔："安全刑法：风险社会的刑法危险"，刘国良编译，载《马克思主义与现实》2005年第3期，第38-41页。

经开始出现价值与制度的位移,安全价值引领下的预防刑法是发展动向,[1]直接决定积极预防开始逐渐成为刑法保护理念的新使命。以预防为导向的刑法制度变革正在悄然进行,对传统刑法理论体系产生巨大的影响,并在我国近年来的刑法立法中得以充分体现。《刑法修正案(九)》高度重视安全秩序价值的地位及其保护力度,增加安全秩序领域的犯罪规定,显示了刑法价值的变化对刑法机能或刑罚功能内部布局的直接作用。通常认为,刑法机能包括规制机能、秩序维护机能和自由保障机能,[2]并可以分为保护机能和保障机能,保护机能是规制与秩序维护机能的概称,保障机能则侧重于人权保障。在域外刑法理论中,预防机能、保护机能与保障机能组成了具体的刑法机能,预防机能可以分为消极的一般预防与特殊预防,以及积极的一般预防与特殊预防。[3]在风险社会,刑法的积极预防机能被激活,日渐挣脱从属和依附于消极一般预防机能的蛰伏状态,开始获得独立地位和发挥更重要的作用。预防的早期化与刑法介入的前置化、必要的犯罪化等纷纷植入其中,成为刑罚制度供给的新内容。[4]刑法机能的重大转向,不免引发刑罚目的同步变动,也动摇传统刑事制裁体系的存在根基,寻求变革成为必然的选择。

2. 预防性刑罚措施的新近动向

基于安全价值而形成的预防功能,在刑法机能内部占据越来越重要的地位,相应地,刑事制裁范畴随之变动。从发展趋势看,因应网络社会风险的刑事制裁体系,与传统刑事制裁体系的差异不断扩大,预防性刑罚措施有增量的趋势,以满足早期预防、事前防控、遏制风险等特殊需要。英国刑事司法中的预防性禁令颇具代表性。英国政府为了防控已经实施或可能实施犯罪的危险行为以及危险人格,针对恐怖组织犯罪人、暴力犯罪人、性犯罪人等颁布了一系列预防性禁令,诸如重罪预防令、暴力犯罪人令、反社会行为令等,在一段期限内限制主体的行动自由或主体的相关资格等,作为刑事处罚的

---

[1] 参见劳东燕:"风险社会与变动中的刑法理论",载《中外法学》2014年第1期,第70-102页。

[2] 参见赵秉志:"略论刑法的机能",载《北京联合大学学报(人文社会科学版)》2006年第2期,第65页。

[3] 参见马克昌:"刑法的机能新论",载《人民检察》2009年第8期,第8页。

[4] 参见孙道萃:"积极一般预防主义的理论逻辑与中国话语",载《河南财经政法大学学报》2016年第2期,第83-84页。

辅助性禁止措施,是"预防性正义"兴起的重要标志。[1]尽管并非完全指向网络空间社会领域,亦非专门为网络制裁体系而设计,但网络风险实乃人为的技术异化结果,积极预防的真正对象是风险社会的危险个体。因而,此举仍可以视为是一种尝试,对网络制裁体系的确立与生成具有一定的启示意义。当前,刑法价值引发刑法机能的悄然改变已是事实,并触动了刑事制裁体系的变革。但理念与制度的滞后性充分暴露出网络刑法学知识转型的"失衡","重网络犯罪实体而轻刑事制裁"的理论与立法脱节现状亟待扭转,以提高刑事制裁措施的网络适应性。

(二)积极预防目的与制裁功能的嬗变

刑罚目的是刑罚范畴运行与刑罚制度变革的重要动力系统。[2]网络安全秩序的地位抬升与积极预防性刑法理念的生成,既嵌入了刑罚目的理论体系的网络化转型进程,也为网络刑事制裁体系的深层次蜕变提供动力和明确主要的发展方向。

1. 积极预防刑罚目的的转向

整个近现代刑法是报应与预防的斗争史。预防主义通常认为包括特殊预防和一般预防。在一般预防中,消极的一般预防长久以来占据统领地位。然而,随着风险社会步步紧逼,网络技术发展与网络安全风险的博弈状态始终存在。为了兼顾安全与发展,积极防控网络技术风险成为必然,刑事制裁体系肩负早期预防、提前介入的重任。但网络技术风险不能被消灭,只能被控制在国家、社会所能容忍的合理范围之内,严厉的刑事制裁及其报应效果并不能满足网络安全的诉求。相反,既要鼓励技术创新和推动社会进步,又要积极防控技术异化风险和保障网络安全,催生以积极防控网络技术异化及其风险为导向的预防理念,并提供长远的制度供给和网络安全秩序。这正是网络空间社会对预防理念的迫切需求,预防功能成为风险社会中刑罚目的的重要取向。积极预防功能是面向未来的思维导向,建立在相对主义犯罪观和犯罪控制理念之上,不但不排除报应主义的惩罚立场,而且更重视犯罪控制理念所倡导的积极预防效果,刑罚目的被植入了早期化、前置化的危险防控内容。[3]

---

[1] 参见冀莹:"'英国预防性刑事司法'评介与启示——现代刑法安全保障诉求的高涨与规制",载《政治与法律》2014年第9期,第117-118页。

[2] 参见高铭暄、马克昌主编:《刑法学》,北京大学出版社、高等教育出版社2016年版,第224页。

[3] 参见孙道萃:"网络犯罪治理的基本理念与逻辑展开",载《学术交流》2017年第9期,第130-133页。

积极预防主义作为传统刑罚目的理论的最新发展动向,实质上符合风险社会以及网络时代发展的基本规律与需要,更成为指导和引领网络刑事制裁措施与体系步入变革轨道的重要理论支撑。

2. 刑罚制度呼应的失位

刑罚种类、刑罚体系、刑罚结构深受刑罚目的理论体系的影响,刑罚体系与刑罚结构旨在实现刑罚目的。对传统刑罚目的理论体系的扬弃,必然导致刑罚功能观、价值观等发生剧烈的"地壳运动"。这正是触发风险社会下积极预防理论引领刑罚制度变革的重要机理。然而,关于刑罚体系或刑罚结构的改革问题,轻刑化、限制死刑适用,充实自由刑、财产刑、资格刑的种类及推动其他刑罚制度的改革,死刑去中心化与以罚金刑中心化为核心的刑罚适中主义等,均立足于传统刑罚体系与刑罚结构,无法掩饰其内生性的制度缺陷。在与网络空间社会的遭遇战中,传统思维遏制网络技术风险的能力和水平频现失效,暴露出当前刑罚体系与刑罚结构的改革明显背离刑罚目的理论体系的真实指向,对域外摆脱报应主义与预防主义的纠缠并转向积极预防理念的最新改革动向也缺乏足够的关切和回应。传统现实物理社会与网络空间社会的过渡性决定了刑罚制度处在艰难的蜕变过程中,传统刑罚体系与刑罚结构难以继续为防控网络技术风险和制裁网络犯罪提供全面支撑,随着网络刑事制裁体系的独立性不断增强,传统刑罚体系及其结构的"网络化"趋势转型不可阻挡。实际上,对刑罚制度的修正已经渐呈"网络化"迹象。《刑法修正案(八)》增加禁止令,对设置网络空间禁止令具有启示意义;《刑法修正案(九)》在坚持批判性的法益观和行为人刑法立场之际,对以预防为中心的刑罚目的理论倾注了大量的关注并予以规范化,终身监禁便是一例。[1]尽管终身监禁指向情节极其严重的贪污贿赂犯罪,但仍具有一定的启发性,"网络终身禁止触网"等可以作为一种延伸性的启示予以探讨。

(三)制裁有效性与刑罚结构位移

刑罚体系是实现刑罚目的和推动刑罚结构改革的出发点。从传统的刑罚体系到网络刑事制裁体系的转变中,刑事制裁的有效性命题位居首位,去"主附加刑模式"是开端之举,根据网络技术行为与网络犯罪规律进行全盘重组是基本方向。

---

[1] 参见车浩:"刑事立法的法教义学反思——基于《刑法修正案(九)》的分析",载《法学》2015年第10期,第7—10页。

1. 刑罚体系与刑罚结构的代际落差

由刑罚体系与刑罚结构组成的刑罚制度，在网络时代的挤压下，日益暴露出规制对象的非针对性、效果的非直接性等问题。择例而言：（1）主附加刑模式的"去中心化"。根据1997年《刑法》的规定，刑罚结构可以概括为主附加刑模式。但主附加刑模式的内在弊端无法消解，不断侵蚀刑罚结构的有效性。[1]一方面，主附加刑模式违背刑罚轻重的本质区分属性，也背离刑罚结构依循刑罚种类的功能加以设计、安排的基本原理。另一方面，在废除劳教后，轻刑化、非监禁刑化的改革日渐推进，特别是死刑减少、罚金刑地位急速攀升、资格刑内容亟待扩容，不断剥离主附加刑模式的微弱优势，共同导致主附加刑模式实际上的名存实亡，对提高刑罚有效性和推动网络刑罚体系的网络化改革其实并无多大的正向意义。（2）"死刑过重、生刑过轻"刑罚结构改革的"失真"。1997年《刑法》客观上确立了"死刑过重、生刑过轻"的刑罚结构，死刑罪名过多，与生刑体系的衔接不畅，导致刑罚梯度在自由刑与死刑之间存在一定的"沟壑"。[2]《刑法修正案（八）》废除死刑罪名，提高生刑体系的幅度，增加自由刑的实际执行期限，对这一问题初步予以了扭转。《刑法修正案（九）》进一步废除死刑罪名，相对再次加重了生刑，增加终身监禁制度，使刑罚结构更合理、刑种衔接更具理性。[3]但对打击纯粹网络犯罪的功效并不明显，死刑与生刑主要针对自然人，对网络社会的犯罪主体未必完全适用。《刑法修正案（八）》增加社区矫正制度，尽管该制度属于刑罚执行的辅助措施，然而，社区矫正的积极预防旨趣已是共识。一旦将其迁移到网络空间社会的刑事制裁体系，网络社区矫正不仅可以发挥强大的行为矫治与规范重塑能力，更能强化规范的有效性及其认同。在网络刑事制裁体系中，习以为常的话语体系正在悄然改变，重刑主义、轻刑化、死刑的意义、自由刑的效果等问题早已"今非昔比"，及时切换到网络环境加以思考和置换是认识的前提。

2. 刑罚制度的重组

刑罚有效性是判断刑罚制度好坏的"风向标"，刑罚有效性直接决定刑罚

---

[1] 参见孙道萃：《罪责刑关系论》，法律出版社2015年版，第344-356页。

[2] 参见陈兴良："刑罚结构亟待调整：限制死刑加重生刑"，载《人民检察》2007年第19期，第8页。

[3] 参见陈兴良："犯罪范围的扩张与刑罚结构的调整——《刑法修正案（九）》述评"，载《法律科学（西北政法大学学报）》2016年第4期，第971页。

目的能否实现及其效果。因应风险社会与网络技术风险相互叠加的复杂形势，积极预防理论备受青睐，对刑罚有效性的关切集中在规范有效性上，这是指导刑罚体系与刑罚结构迈向制度蜕变与创造转换的理念先导，可以作为建构刑事制裁体系的重要原理。去"主附加刑模式"、对"死刑过重、生刑过轻"的调试，都是传统刑罚体系与刑罚结构主动尝试变化的具体切入点。然而，传统刑法学仍根深蒂固，导致刑法体系的网络化理念转换及其相应改革均难以启动，现有改革仍未自觉自发地摄入网络因素，未能遵循网络犯罪趋势与规律，更未植入网络刑事制裁这一基本的理论变革动力。从知识变革的过程看，关于网络刑事制裁体系的类型、排列组合等问题，应当分阶段推进。（1）刑罚体系层面。生命刑、自由刑、财产刑、资格刑等相对陈旧的类型化设置思维已显不适，脱离了网络空间社会的基本属性，具体的刑种应当作出调整。（2）刑罚结构层面。由自由刑与财产刑组成的当代刑罚结构，或重刑与轻刑、监禁刑与非监禁刑组成的"对称性"刑罚结构，都是陈旧的话语体系。因此，逐步清理传统刑罚的立法与研究成果是新生的始端，网络刑事制裁体系是否遵循有效性原则，关键看宏观和微观的制裁是否契合网络技术风险的特性及其防控需要，是否可以起到夯实规范有效性及其认同的正向作用。只有实现脱胎换骨的大变革，才能适应网络时代的具体要求。

三、网络刑事制裁的本体宏构

网络刑事制裁体系是前所未有的知识探索，其面临的主要困难包括：一是与传统刑法知识的历史纠葛与取舍关系难断；二是与未来网络刑法知识的碰撞与对接充满未知性。这既使建构网络刑事制裁体系需要支付"白手起家"的原初成本，也使其享有无限创新的可能性。建构网络刑事制裁范畴，应立足网络刑法体系的整体考量。

（一）网络刑事制裁的基本范畴

近现代刑法理论体系作为近代工业革命与启蒙思想运动的产物延续至今，但也开始禁锢社会历史形态与法律制度的动态变迁。网络空间社会的到来，打破了既有的社会形态属性，也颠覆了网络法律制度的安定性。网络刑事制裁体系作为网络刑法学体系的一项基础性的制度安排，应首先确定未来发展的阶段与轨迹。

1. 概念本体论

传统理论一般认为，刑事制裁与刑罚处罚不尽相同，刑事制裁主要立足于犯罪圈展开，而刑罚处罚主要以法定的刑种与刑罚体系为立足点。因此，刑事制裁的外延往往更广，不仅包括法定的刑罚体系及其具体刑种，也包括其他非刑事处罚措施，甚至包括广义刑罚层面的保安处分及其措施。相比于传统刑法体系中的刑罚处罚范畴，网络刑事制裁范畴更具包容性和开放性，更彰显变幻莫测的网络时代的话语脉络。基于此，网络刑事制裁体系比网络刑罚体系更适合网络时代的发展态势需要，其优势在于：一是包含刑罚处罚之外的制裁措施，而不过度依赖于法定刑罚处罚的绝对主导地位，易与变动的网络社会形态、网络犯罪形势等因素保持一致，不至于因过于保守或僵化而影响革新。二是网络刑事制裁范畴及其体系结构具有独立性。在充分因循积极预防理念之际，"刑事制裁"作为关键词，相比于"刑罚"，既褪去了传统刑罚体系负载的超额报应成分，也激活了传统刑罚内在的积极预防因素，使网络刑事制裁体系的外延更具有延展性和适宜性。三是网络刑事制裁体系是因应网络技术风险而特殊提出，并通过立法的方式予以制定的，具备直接或间接制衡网络技术风险的专属能力。

2. 地位独立论

以网络技术为支撑的互联网与网络空间社会一度被"虚拟性""虚拟世界""虚拟空间"等观念所笼罩，以至于由此衍生的"涉网"观念与制度看似"虚无缥缈"。其实不然，尽管演变的过程较为模糊且演变的时间较为漫长，但网络空间中的主体是真实的，[1] 网络空间社会是不断发展中的社会形态。相应地，基于网络空间社会而自发形成的法律制度及其制裁体系并非"主观臆断"之物，而是与网络空间社会相生共存的实在法，是人类社会主动应对网络犯罪现象而自然形成的。这决定了"网络刑事制裁"范畴作为一个发展性的命题，是独立且专属的，同时并不即刻完全脱离现实。具体而言：（1）网络刑事制裁的社会基础具有真实客观性。理论界已经逐渐打破"虚拟社会"这一陈见，树立起网络空间独立性与真实性的理念。比如，2013年，《最高人民法院、最高人民检察院关于办理利用信息网络实施诽谤等刑事案件适用法律若干问题的解释》将"公共场所"扩大到"网络空间"。网络空间社会与传统现实物理社会组成的"双层社会"格局渐成共识，保护网络空间社会的网络安全法益已成为传统刑法的时代命题。但是，由于"双层社会"正处在形成期，虚拟与现实不断互动，导致网络法律制度的稳定性降低；而且，由于重视犯罪实体、相对轻视刑罚的固有思维作祟，理论准备也不充分。相比于网络犯罪实体的跃进，网络刑事制裁体系的建构意识、间接适用概率

---

[1] 参见2016年中央网络安全和信息化领导小组批准的《国家网络空间安全战略》。

等明显滞后,网络化进程长期被搁置。然而,传统犯罪理论体系的网络化转型最终目标是建立健全网络刑法学,网络刑法学显然属于完全独立的刑法历史形态。网络刑事制裁体系作为其中最重要的部分,其独立性是无需赘述的前提性问题。作为独立的新型刑事制裁体系,既要摆脱传统刑罚体系的束缚,更要创新符合网络时代的制裁措施。这正是建构网络刑事制裁体系的首要逻辑前提,坚持理念、制度、属性、措施独立的立场。(2)网络刑事制裁是发展性的全新范畴。刑事制裁体系具有显著的开放性、包容性及经济性,更适宜应对网络时代的不确定性风险与不断变化的网络犯罪形势。但是,由于新旧刑法知识的更迭异常激烈和残酷,有关网络刑法体系的构想仍处在萌芽状态,放眼全球并无成熟的先例,在如何设计制裁措施及其体系结构时,缺乏参照样本以及相应的理念、制度、技术等配套措施。尽管如此,树立刑法建构的逆向思维,可以提供很好的突破口。简单地讲,通过明确网络技术风险的主要类型及其特性等客观前提,可以从反面逻辑的角度提供重要的对比样本。纵观具有不确定性风险特征的网络技术,网络技术代际、技术门类、技术基数、技术危险源、危险主体、危险行为、危险对象、危险结果、危险样态、危险系数、危险类型等都属于重要的具体变量,是建构相应网络制裁体系及其措施的重要对象,也是确保制裁措施具有有效性的前提。举例而言,当前非法利用信息网络行为大量存在,增设相关罪名可以维护信息网络安全。通过增设禁止接触网络或限制网络职业等措施,不仅可以惩罚具体的网络危害行为,也可以起到积极预防效果。网络空间禁止令的理论探索作为其中的一个缩影,可以成为今后设计网络刑事制裁体系及其措施的有益个案样本。

3. 演变阶段论

毋庸置疑的是,网络刑事制裁体系的建构不可能一蹴而就,应根据网络技术代际、网络犯罪形态、网络社会成熟度、人类认识水平等因素,分阶段稳步地推动其蜕变和进化的进程,具体地讲:(1)进化性。网络空间社会的根基是网络技术,与传统现实物理社会相区分,成为传统刑法学与网络刑法学的分水岭。网络技术的发展始终是推动网络代际变迁、网络空间社会发展、网络刑法知识变革的根本动力,网络刑事制裁体系更是如此。网络技术代际的更迭是制定网络刑事制裁措施、确立制裁目的、设计制裁体系的客观基础与社会背景,一旦脱离网络技术发展趋势,网络刑事制裁体系的时效性、有效性将大打折扣。比如,传统刑罚体系中的死刑、自由刑在网络空间社会的有效性明显下降,特别是死刑的威慑力与剥夺效应明显乏力;网络刑事制裁体系如果继续沿用传统,不仅无法因应网络技术风险的积极预防理念,也导致对网络空间犯罪主体的制裁缺乏针对性。网络刑事制裁体系是关于网络刑罚制度的未来设想,目前基本上处在完全的空白状态。这既赋予网络刑事制裁体系史无前例的创新空间,也带来了前所未有的探索难度。(2)新旧混合期。对于由信息网络技术引发的社会形态变革,早期常用"Internet Society"的建构思路,突出技术的主导地位及其本质属性,不轻易模糊现实社会与网络社会的差异;而后期则更倾向于"Network Society",更强调"网络化"的必要性、现实性及其未来性的基本逻辑,突出网络社会的独立性、真实性与客观性。从"Internet Society"到"Network Society"的切换,其实是网络空间社会不断摆脱,却又不能即刻与传统现实物理社会剪断联系的动态过程的写照。"双层社会"是传统现实物理社会与网络空间社会的动态碰撞产物,网络刑法学超越和取代传统刑法理论体系是一个渐进的过程,共用刑法理论与刑罚体系的混合现象并不抵牾。因此,网络刑事制裁体系在初期阶段并不能彻底弃用传统刑罚体系,否则,抵御网络技术风险的任务无法实现。(3)完全独立期。随着网络技术的发展,关于网络社会究竟属于"虚拟社会说""现实社会延伸说",还是"现实—虚拟混合说"的分歧终将烟消云散,"双层社会"可能最终演变为单一的网络空间社会。在此背景下,网络刑法学将逐步定格与成型,网络刑事制裁范畴及其体系将迎来真正的独立化契机。独立时期的网络刑事制裁体系完全浸透到网络空间社会,但一套完整的制度清单仍有待勾勒。(4)自我进化期。任何事物都是发展的,网络刑法学与网络刑事制裁体系也不例外。自从德国社会学家弗勒希特海姆(Ossip Flechtheim)1943年在美国首创未来学以来,对未知的科学技术与社会发展的探索从未停止,总的趋势就是工业社会向全球信息社会的转变。[1]"计算机未来学"等提法都是对信息社会的未来探究,可以视为未来网络空间社会的雏形。2017年9月,鉴于信息网络技术给人类社会生活带来的前所未有的重大变革,给全球法治带来的巨大的挑战和机遇,中国人民大学法学院正式宣布成立"未来法治研究院"。这彰显了网络社会可能变成未来的社会形态及其生存方式、生产方式。我国已经将"互联网+"作为一项重要的发展内容,大数据、人工智能等新兴网络技术正在迅猛发展,网络社会的发展进程正在提速。网络刑法学是网络社会在刑事法治领域的具体体现,一旦网络刑法学获得独立的地位,网络刑事制裁体系

---

[1] 参见王强:"人类面临的新社会——20世纪未来学大观",载《国外社会科学》1999年第6期,第11-17页。

也会正式进入自生自发的进化期。根据网络代际的变迁不断作出调整、修正、改良，是网络刑事制裁体系经历知识进化的宿命。

（二）网络刑事制裁的功能模型

网络刑事制裁体系作为一个发展性范畴，基于不同的网络社会代际，遵循相应的网络制裁目的导向，通过结构重组与体系编排等方式，满足了网络代际变迁的阶段性需要与整体性需要。比如，传统现实物理社会先后经历生命刑、自由刑为主导的刑罚结构形态，当前自由刑的主导地位正在弱化，财产刑与非监禁刑的主导地位正在攀升。[1]同样，从网络空间社会与传统现实物理社会的复杂关系及变化态势、网络社会发展与网络刑法学的渐进态势看，基于专属性的强弱程度，网络刑事制裁的历史结构与形态，也将经历不同的发展阶段。

1. 绝对专属型

网络空间社会是真实客观的，是独立与封闭的新型社会形态。虽然网络空间的技术性与虚拟性被诟病，但网络空间社会具有绝对的专属性与自持性。网络刑事制裁措施具有绝对的专属性，且仅存在于网络空间社会，一旦置身于传统现实物理社会，既无存在的可能性，亦无存在的必要性。因此，应重视制裁体系与措施设计的专属性，根据网络技术的特征、网络技术风险的属性、网络社会变迁的规律等，设置技术相互制衡、功能相互压制、类型完全匹配的措施，以此对网络技术风险形成专属的反制力。只有制裁措施的个别化功能完全压制网络技术风险的泛滥，才能确保制裁措施在运用时具备有效性。当前，关于绝对专属的网络刑事制裁措施的类型或范围，主要包括：（1）切断物理性网络链接的制裁。网络空间社会是电子化的运行空间，是数字代码与解码的新纪元。一旦从物理上断开网络链接或切断网络社会的电子基础或技术平台，网络空间社会将荡然无存，网络制裁措施亦毫无意义。切断网络链接等本源性、致命性或终结性的制裁措施，是绝对专属于网络空间社会的，在传统现实物理空间社会毫无意义。（2）纯粹针对网络刑事责任主体的制裁。网络社会不仅是整体的网络化，更是网络主体的彻底网络化，其直接结果是导致由现实公民到"网民"的主体地位切换。网络刑事责任主体的全面网络化是其中一环，是与传统刑事责任主体完全不同的，前者已经是未来网络空间社会的主体。对于绝对独立的网络责任主体，在追究网络刑事责任时，有关刑事制裁措施具有绝对的专属性，并不能套用传统刑事责任主体规定，否

---

[1] 参见梁根林、黄伯胜："论刑罚结构改革"，载《中外法学》1996年第6期，第1页。

则,制度嫁接失灵,将导致严重的"水土不服"。(3)针对纯粹破坏网络空间安全或"网络对象(网络空间)型"犯罪的制裁。网络空间社会是独立的时空形态,与传统现实物理社会无法并合。网络空间安全是全新的安全法益,与传统的国家安全、公共安全、公共秩序等法益有本质差异,具有独立的法益属性与时空维度,是网络空间社会法益的整个抽象体。纯粹破坏网络空间社会安全的整体法益的,刑事制裁措施具有专属性。破坏网络空间主权,网络空间的国家安全、网络公共安全、军事安全与国防安全的,均应采取专属性的制裁措施。

2. 相对专属型

在相对较长的社会变轨期,即使网络社会在未来将逐渐成形,但仍无法彻底脱离传统现实物理社会。目前,难以准确预测网络技术代际的演变趋势,从现实社会到网络社会的过渡期具有不确定性和突变性,物理社会与电子社会的博弈天平难有"准星"。网络刑法学是对传统的扬弃而非绝对的排斥,网络刑事制裁体系亦是如此,断然取消传统刑罚制度并不现实,网络制裁措施范畴有一个自然的形成期,使得网络刑事制裁范畴呈现出强烈的独立性与被动的依附性两种属性。主要包括但不限于以下犯罪情形。(1)大量过渡期的交叉型犯罪。在"双层社会"的形成期,过渡期犯罪数量庞大,在危害行为、危害对象、危害结果、时间、地点等方面,现实社会的物理因素仍占据较大成分,同时也包含了网络犯罪的部分因素。因此,刑事制裁措施具有相对的专属性,并不完全以网络社会为基本属性,因为社会结构决定犯罪形态及其性质。而这种过渡期的交错状态,目的是更好地提高刑事制裁的效果,可以充分应对传统犯罪与网络犯罪相互融合的新情况。(2)网络"手段型"或网络"空间型"犯罪。利用网络空间实施犯罪的,危害结果或危险状态可能发生在网络空间社会,也可能发生在传统现实物理社会。鉴于犯罪的性质具有双重性,刑事制裁措施也具有相对性,并不必然专属于网络社会或现实社会。相对专属的制裁措施,首先包含传统刑罚的因素,也具有网络制裁的因素,各自权重由具体的制裁措施及其目的、功能等共同决定。(3)纯粹网络主体之间的犯罪。即使"人"最终成为网民,其他新型网络主体也相继出现,也不能短期内彻底消除"人"作为主体的物理属性与生物属性。网络主体之间的犯罪,是责任主体之间的"互损"行为。鉴于维持刑法责任主体之间的和平、有序的关系网格是重点,制裁措施应具有相对的专属性,这是面向主体生物属性、社会属性的因应措施。(4)危害物理网络建设、网络运营基础设施、关键信息基础设施的犯罪。"一旦没有电能,网络社会则可能灭亡。"一旦脱离网络建设、运营等物理基础设施的支持，网络社会无法独立前行，网络犯罪更无从谈起。由于网络基础设施等都具有显著的物理性，是以现实社会为依存前提的，对于破坏网络建设、运营基础设施等的行为，刑事制裁措施的行为对象、有效性的实现场所、制裁的时空维度等，都与网络空间社会有所隔离，是相对专属的刑事制裁措施。(5)破坏传统现实物理社会的犯罪。即使网络空间社会完全独立，在此过程以及后续的演进过程中，传统现实物理社会也未必彻底消亡，因为"人"的存在性、主体地位以及社会关系等仍旧存在，传统意义上的犯罪现象仍在发展中保留"本色"。当然，纯粹的传统现实物理社会犯罪逐渐淡化，同时也杂糅一定网络因素，使相应的网络刑事制裁措施具有相对性。

四、网络刑事制裁体系的类型具象

网络刑事制裁体系遵循发展原则，应根据网络代际的变迁作出同步调整。我国正快速告别以计算机技术为核心的网络1.0时代，积极容纳和推动以信息网络为核心的网络2.0时代的发展与成熟，开始转向以大数据、人工智能为核心的网络3.0时代。在此基础上，探寻网络刑事制裁体系的雏形之条件已经具备，应根据网络犯罪的趋势、规律及其动向，基于网络刑事制裁目标，拟定具体的制裁措施。

（一）网络刑事制裁措施的类型组合

如何建构网络刑事制裁体系，尚无直接有效的参照样本，但传统刑罚体系的借鉴意义不容忽视。刑罚体系通常由不同类型的刑种组成，类型化是设置刑罚体系的主要思维。网络刑事制裁体系可以遵循类型化思维，根据具体制裁功能等因素，科学设置多元层次性的制裁体系，实现网络风险技术防控等预防目的。

1. 网络犯罪轻重类型

轻重之别是刑事制裁措施的本质属性。究其原因，任何犯罪都存在轻重之别，犯罪分层观念正是将犯罪分为严重程度不一的层次的思想基础，对犯罪的反应体系即刑事制裁措施具有直接影响。[1]网络犯罪作为全新的犯罪形态，基于网络技术的危险程度等因素，仍无法剔除网络犯罪的轻重程度这一自然属性。通常而言，犯罪可以分为重罪（最严重的犯罪、次严重的犯罪、

---

[1] 参见卢建平："犯罪分层及其意义"，载《法学研究》2008年第3期，第147-149页。

一般严重的犯罪)、轻罪和微罪(或称为轻微罪)三个层次。[1]在此基础上,网络犯罪也可以区分为不同层次,形成轻重有别的理性梯度结构。基于罪刑实质均衡的基本要求,任何刑事制裁必然存在轻重类型之分,网络刑事制裁措施的轻重之别亦是题中之义,进而,应当体现轻重类型的差异设计。比如,在网络时代,死刑与自由刑仍在一段时期内存在,并且在性质上是重刑,比网络职业禁止措施更严厉;在网络刑事制裁措施体系之内,物理性断网比职业禁止措施更严厉。之所以确立轻重有别的网络刑事制裁措施,是为了满足并实现最基本的司法正义原则。

2. 网络主体类型

在网络环境下,网络犯罪主体的地位不言而喻,网络技术风险的实质是网络社会主体的人为危险,因此,以主体类型为导向的构建思维有其合理性,对不同网络主体采取有针对性的规范引导、意识形塑意义显著。在设置网络刑事制裁体系时,应当对网络空间社会的自然人、法人及其责任人员、网络犯罪集团、网络平台等不同的网络犯罪主体,分别制定相适应的刑事制裁体系,以确保网络制裁效果的"个别化"与有效性。比如,网络平台主体作为新兴类型,[2]与网络自然人存在巨大差异,应针对网络平台主体的特性与犯罪形态的特征,设置相适应的制裁措施,如禁止平台服务、取缔平台资格等都是与之相适应的惩罚措施。再如,智能人作为"自然人"的新替代物,与自然人存在本质差异,对"智能人"而言,设置有别于传统的制裁措施,卸载智能运行程序或终止"行动资格"等新型措施更贴合实际。

3. 网络犯罪代际类型

当前,网络犯罪与传统犯罪交织在一起,二者的界限并非绝对。对于介于传统犯罪和网络犯罪之间的犯罪类型,传统刑事制裁体系具有一定的参照性。但是,网络犯罪的终极形态一旦形成,将取代并超越传统犯罪形态,网络犯罪的内部类型也将焕然一新。由于网络犯罪类型并不能完全套用传统的财产犯罪、职务犯罪等话语体系,与之对应的网络刑事制裁体系也应当转变思维,根据网络犯罪类型的新发展设定相适应的制裁措施。比如,计算机技术犯罪、信息网络犯罪、大数据与智能犯罪,分别代表网络1.0时代、网络2.0时代以及网络3.0时代的主要犯罪类型,未来的网络犯罪类型仍不确定。

---

[1] 参见孙道萃:"犯罪分层的标准与模式新论",载《法治研究》2013年第1期,第66页。

[2] 参见孙道萃:"网络平台犯罪的刑事制裁思维与路径",载《东方法学》2017年第3期,第83页。

在此基础上，网络技术代际所形成的网络犯罪形态，要求建构与之相适应的网络刑事制裁体系。这是刑罚进化的属性及其过程的体现。目前，根据三代主要的网络犯罪类型特征，可以发现，限制技术滥用、设置信息网络安全管理义务、加强大数据法益保护等是应对策略。相应地，禁止技术随意传播、积极履行网络信息安全管理义务与禁止擅自提供网络技术帮助等，也应成为具体刑事制裁措施的核心内容。

4. 网络行为类型

在网络时代，刑法中行为的地位与意义仍不容小觑，网络行为仍是制定刑事制裁措施的重要参照因素，简言之：（1）网络危害或危险行为系人造的网络技术危险。网络犯罪的最大特征是技术化，网络技术风险看似是技术行为的风险，其实更是人为的危险，是人身危险性在网络环境中的形态延伸，是行为危险与人身危险的高度合一。一方面，网络危险行为是网络刑法学的逻辑起点，是制定网络刑事制裁措施的基本匹配对象。只有与网络危险行为的类型属性相契合，才能发挥制裁措施的特定功能。另一方面，网络危险行为是以网络技术为前提和基础的，脱离网络技术及其载体形式后，网络危险行为将失去社会基础、技术支持与空间平台。因此，网络技术类型往往决定网络危险行为的类型、格局及其代际属性，并对制定与网络危险行为相配套的制裁措施具有决定意义，同时成为有效反制网络技术风险的刑法制衡举措。（2）网络危害或危险行为的不同样态匹配不同的网络制裁措施。在网络环境下，网络技术风险可以表现为不同的刑法危险，主要包括传统现实物理社会常见的实害结果、纯粹的技术（行为）危险或具体的危险状态、单纯的网络危险行为。借鉴我国传统刑法理论中的结果犯或实害犯、危险犯、行为犯、举动犯等分类，可以初步确立网络技术的危害、网络技术的行为危险、网络技术的危险状态（抽象或具体）、网络技术的潜在危险等不同的危害行为类型。不过，由于不同的网络危险行为，可以与不同的网络安全法益对象随机匹配，导致网络技术危险行为在表现形式上纷繁复杂，因而，需要不断更新具体类型。同时，如何从技术层面确立一套科学的网络行为危险评估体系，也至关重要。在这些前提下，根据不同网络技术及其对应的网络危险行为，可以配置不同的制裁措施。

5. 网络制裁目的或功能类型

网络刑事制裁体系是以具体制裁目的为导向的制度产物，不同网络刑事制裁目的决定不同的制裁措施及其体系结构。传统刑罚目的通常包括报应、预防以及恢复，网络制裁的目的略有不同，既创造性地保留并发展了报应、特殊预防、消极的一般预防，更着眼于网络技术风险的特性并提倡积极预防理念。相比之下，积极预防目的更能成为刑事制裁体系的核心目的索引。因此，在报应、预防、恢复以及积极预防目的的引导下，网络刑事制裁体系既要兼顾传统，更应凸显新需要，从而创设新型的制裁措施。只有通过创设新的网络刑事制裁措施，准确回应刑事制裁目的，才能开辟新的网络刑事制裁功能，并对不同类型的网络犯罪实施有针对性的制裁。比如，积极预防网络犯罪是当前各界的共识，因而，积极预防目的是制定网络刑事制裁措施的基本参数，通过网络技术或其他手段，可以实现积极预防效果，网络禁止令措施便是其一。

6. 网络一元制裁模式

为了避免传统刑罚范畴长期陷入刑罚与保安处分孰优孰劣的陈弊，网络刑事制裁体系应当摒弃"二元"模式，转而坚持"一元"模式，并注重根据不同网络代际实现阶段性的发展与更迭。究其原因，网络犯罪形态不同于传统犯罪形态，相应地，刑事制裁措施与体系也截然不同，刑罚处罚措施与保安处分是基于报应与预防目的而形成的分流，是刑法新旧学派的对垒点之一，对于网络犯罪而言则是历史遗产。易言之，网络空间社会已经剔除了区分刑罚措施与保安处分的社会基础，仍对二者进行区分的必要性与现实意义基本丧失殆尽。网络刑事制裁作为独立的网络刑法学范畴，具有相应的层次性、阶段性、类型性，无需再区分所谓的刑罚与保安处分，"二元"模式或其他模式亦无必要。在以网络刑事制裁为核心要素的"一元"模式下，科学的制度设计、体系架构以及科学的措施，有助于保证网络刑事制裁体系的科学性与有效性。

（二）网络刑事制裁措施的逻辑演绎

在具体设计网络刑事制裁体系的措施时，应从宏观与微观两个层面出发，既包括由其他法律法规转化而来的措施，也包括传统刑事制裁措施的网络延伸形式。

1. 宏观措施

主要包括：（1）物理性隔断。对网络社会而言，网络技术一旦脱离物理性保障，则网络技术无法运行，网络社会无法正常运转。因此，如果从根源上切断网络社会的物理性隔断，无疑可以在刑事制裁领域起到根本性的制衡效果。对此，《反恐怖主义法》第61条第4项规定："在特定区域内实施互联网、无线电、通讯管制。"而且，根据其第19条的规定，对发现违法信息的，可以关闭相关网站、关停相关服务。《网络安全法》第58条规定："因维护国家安全和社会公共秩序,处置重大突发社会安全事件的需要,经国务院决定或者批准,可以在特定区域对网络通信采取限制等临时措施。"从《反恐怖主义法》《网络安全法》规定的一些物理性隔断措施看,对网络犯罪是"致命一击",效果完全不亚于传统现实物理社会中的"死刑"制度,可以视为是网络刑事制裁中的"极刑"。(2)网络实名制。网络实名制是网络空间社会的社会身份认证体系,是确保网络行为具有可追踪性、可归责性的社会制度保障。在网络空间社会,实名制可以选择"后台实名、前台自愿"的相对模式,也可以选择"后台实名、前台实名"的绝对模式。无论采取何种模式,如若作为刑事制裁措施,可以发挥显著的积极预防效果。如若采取绝对的网络实名制,则同时强化个别预防。《网络安全法》第24条正式确认了我国的网络实名制制度,虽仍遗留具体贯彻问题,[1]但其作为网络空间社会运行的基本制度,具有积极的一般预防效果,可以作为基础性的制裁措施。(3)信息与数据生成、传输、处理、流动与记录保存。在网络时代,信息传输、数据流动,尤其是跨境流动是最基本的网络活动,但也隐藏不确定的风险。从网络刑事制裁体系的设置看,对信息传输、数据流动的重启、停止、管制及其电子记录作出规定,无疑具有管控危险的基础性意义。《反恐怖主义法》第19条规定,网信、电信、公安、国家安全等主管部门以及电信业务经营者、互联网服务提供者发现含有恐怖主义、极端主义内容的信息,或在互联网上跨境传输的,应当立即采取停止传输、保存相关记录、删除相关信息,或者关闭相关网站、关停相关服务等措施。有关单位应当立即执行,并保存相关记录,协助进行调查。《网络安全法》第47条、第50条对一切法律、行政法规禁止发布或者传输的信息,均作出相应的要求。在信息网络时代,特别是大数据时代,信息与数据是最基本的媒介,对其流动性进行控制,不失为有效的刑事制裁措施。(4)信息与数据的公开、共享与遗忘。在信息网络时代,数据开放与共享成为大数据时代的重要演变方向和生产动力。然而,"由于数字技术和全球网络的发展,记忆与遗忘的平衡已经被打破,往事正像刺青一样刻在我们的数字皮肤上,遗忘已经变成了例外,而记忆却成了常态"。[2]同时,"数字化记忆的广泛应用很可能导致信息控制的减弱,一个人可能在数字化记

---

〔1〕参见贾登勋、杜一冉:"我国网络实名制的困境与出路",载《人民论坛》2017年第7期,第78-79页。

〔2〕参见[英]维克托·迈尔-舍恩伯格:《删除:大数据取舍之道》,袁杰译,浙江人民出版社2013年版,第3页。

忆的世界中丧失自己对信息的控制权"。[1] 易言之，在大数据时代，个体严重依附于数据安全，甚至成为数据的牺牲品，数据的公开传播不断挤压个人隐私。从刑事制裁的效果看，公开个人数据或删除个人数据对网络空间主体的权益影响很大。公开数据与删除数据的效果与传统刑法中的前科报告制度与犯罪记录封存制度相似，但网络环境下的数据范围明显大于前科记录等内容。数据删除或数据遗忘问题，是国际社会的前沿问题。欧盟在"数据遗忘"的权利化道路上长期处于领先地位，引领全球数据遗忘问题的进程，欧洲法院的首例"遗忘权"判决更迈出了最为重要的一步。欧盟数据遗忘权的发展演进过程作为唯一的活样本，引发了多方面的法律争议，而权利化是焦点所在。在大数据时代，数据的公开、使用、删除等与网络主体的权益息息相关，我国也应考虑这方面的立法问题。[2] 因此，数据公开、共享与遗忘等所组成的数据权利这一主题，也将成为制定网络刑事制裁体系中的基本措施的重要索引。（5）智能算法、产品与应用的限制。人工智能时代正在迅猛推进，国务院《新一代人工智能发展规划》（国发〔2017〕35号）与工业和信息化部《促进新一代人工智能产业发展三年行动计划（2018—2020年）》（工信部科〔2017〕315号）更全面部署了今后的工作重心与方向。可以预见的是，人工智能技术风险不断增量，传统刑法为了应对这类新型犯罪问题，需要重新配置与之相适应的制裁措施。从技术层面看，算法是核心，而智能产品与技术应用是衍生技术风险的主要场域。粗略地看，应当对算法的运行与系统操作、智能化技术、产品使用等采取必要的限制、禁止或删除等措施，如操作系统的删除、产品的停用等。（6）预防性制裁措施。从整体看，网络技术风险具有潜伏性、不确定性以及相对不易控制性，因而，积极预防网络技术风险已是共识。在此基础上，网络刑事制裁体系也应通过科学的预防性措施，来确保积极预防效果。这决定了制定预防性制裁措施的必要性。具体到制度设计层面，需要解决以下问题。一是风险评估体系的形成与技术运行的保障。刑法意义上的风险，是一种高度盖然性或具有现实紧迫性的危险，由于缺乏客观的可视性、可感知性，因此需要通过系统科学，采取技术手段，评估是否达到法定的风险，并决定是否施加制裁。这是技术层面的攻关难题。二是基

---

[1] 参见［英］维克托·迈尔-舍恩伯格：《删除：大数据取舍之道》，袁杰译，浙江人民出版社2013年版，第136页。

[2] 参见万方：《终将被遗忘的权利——我国引入被遗忘权的思考》，载《法学评论》2016年第6期，第155页。

于技术制衡理念，设计具体的措施。所谓技术制衡，就是通过网络技术实现反制的效果，通过更高级或高端的技术，来压制犯罪行为或罪犯所倚仗的"技术工具"。比如，通过建立电子地图，可以对被标定为"危险区域"或"危险人"的对象进行全程监控。

2. 微观措施

根据当前的发展趋势，有些传统的刑罚种类并不必然奏效，有些作出调整后仍具有适用价值。如不考虑这种变革的渐进性与动态性时，可以对现有刑罚体系与结构作出如下初步的网络化调整，具体而言：（1）网络空间禁止令措施。《刑法修正案（八）》增设禁止令规定。有观点认为，可以对"区域、场所"作出扩张解释，使其包括网络平台、微博、微信等，从而适用于网络空间社会。[1]但是，刑法解释的效果有一定的局限性。禁止令的积极预防的效果与网络刑事制裁措施的属性完全契合，网络刑事禁止令可以起到显著的预防早期化效果，最大限度地降低技术风险。立足于网络刑事制裁体系的独立性，可以考虑增设一些具体的网络空间禁止令的行为类型。[2]此外，《刑法修正案（九）》增加第37条之一，确立了职业禁止制度。关于职业禁止制度的法律性质，理论界的分歧很大，主要有刑罚处罚措施、非刑罚处罚措施、保安处分三种看法。但无论如何，都不影响立法者设置职业禁止所期望实现的预防性功能。不过，职业禁止规定仍以传统现实物理社会为基础，对网络社会的主体并不具有必然的效果，因而，也应纳入网络禁止令范畴，并作出网络化的修正。（2）网络财产刑。刑法中财产概念与形式的网络化趋势，使传统意义上的财产刑发生重要变化。早期多以"虚拟财产"相称，当前已经拓展为网络财产性利益，今后将完全演变为独立的网络财产范畴，并衍生出诸多新形式。在此基础上，网络财产刑的设置应当注意以下几点。一是罚金刑的保留与修正。罚金刑是财产刑体系的主要内容，网络时代应当予以保留，但需要作出相应修正。既要确保修正后的罚金刑在内容上与时俱进，也要确保剥夺的制裁力度与预防的效果，更应强调罚金刑契合网络财产概念及其形式的外部变化。二是没收财产刑的废止。没收财产刑的合理性与正当性备受争议。从与国际相关公约接轨的立场看，应废除没收财产刑。但可以

---

[1] 参见陆旭："网络服务提供者的刑事责任及展开——兼评《刑法修正案（九）》的相关规定"，载《法治研究》2015年第6期，第66页。

[2] 参见孙道萃："网络刑事禁止令制裁措施的创制"，载《西南政法大学学报》2017年第4期，第76页。

设置功能相似的其他制裁措施，与网络罚金刑保持相适应的轻重梯度。比如，增设没收网络设备、终止网络技术的应用等措施。三是新型网络财产刑种的同步增设。由于网络财产的开放性与多样性，应根据网络社会对财产认识的变化，同步增设新型网络财产刑种，如删除数据、冻结信息等。（3）网络资格刑。我国资格刑的规定明显单薄，种类明显偏少，原则上仅包括剥夺政治权利；同时，针对法人的资格刑明显不足，对法人的刑事制裁力度偏弱。在网络环境下，"资格"的语义发生质变，网络主体更丰富和多元，包括网络平台等新的犯罪主体相继出现，倒逼资格刑扩大范围。为此，应当彻底改造，实现脱胎换骨的效果，重新配置具有过渡性、包容性与前瞻性的网络资格刑种，如取缔网络营业资质、注销网络技术资质、禁止网络营业或执业等。此外，针对网络自然人或"智能人"是否继续设置剥夺政治权利的刑种有待探究，一旦废止后，应当设置相应的网络刑种填补空缺。（4）网络自由刑。自由刑与财产刑是传统刑罚结构的两大主体。在网络时代，自由刑在一定时期和范围内仍有保留的必要，但应当建立与网络犯罪、网络犯罪主体等相契合的制裁力度，确保实现网络刑法中的罪责刑均衡原则。自由刑的网络化改造势在必行，其要点为：一是建立与网络社会相符合的"时间"观念和刑期的尺度。网络社会的"时间"概念及其对长短的衡量将会出现实质的变化，因而，需要重新设置并评估网络自由的刑期制度，以便确立规范层面的轻重的剥夺效果及其社会评价体系；二是建立网络主体的"自由"权利观念。网络自由是传统自由观念的网络化延伸，只有网络刑法的自由权利观念与网络社会的权利观相衔接，与网络刑法体系中的权利体系相配合，才能确立刑法中具有结构科学、轻重适度的自由刑体系与剥夺的梯度表。（5）网络生命刑的废除与终身监禁的严格适用。立法废除死刑、司法严格限制死刑适用，乃至事实上不适用死刑是基本趋势，但"隔绝网络""切断网络链接"等措施也堪称网络社会的"死刑"。在此基础上，应注意：一是死缓的改良命运。死缓制度毕竟是死刑执行方式，具有显著的依附性和从属性，废除死刑后，死缓制度原则上也被废除。但是，死缓制度普遍被视为重要的死刑替代措施，是废除或限制死刑适用的衔接措施，以避免死刑废除后与生刑体系之间出现处罚的真空地带。即使废除死刑，也并不必然意味着死缓制度的寿终正寝。在网络空间社会，如何改造更值得探索，如暂缓隔绝网络。二是终身监禁的改良意义。不得减刑、假释的无期徒刑（终身监禁）虽备受争议，但也被视为是死刑的替代措施。《刑法修正案（九）》在修改第383条时，对重大贪污罪规定终身监禁处罚。在网络时代，终身监禁作为替代措施具有可行性与现实性，而其关键是严格限制终身监禁的适用条件。比如，终身禁网、终身禁止从事网络职业等。三是可以设置相对的网络不定期制裁措施。不定期刑的命运起伏不定，曾招致较多的负面评价。[1]刑法的积极预防理念是因应网络技术风险的产物，可以作为对不定期刑进行适度松绑的理念支撑。网络刑事制裁体系并不必然禁止类似于不定期制裁的措施，如"不定期限制触网"等，但具体如何设计需进一步调试。（6）创制新型网络制裁措施。完全依靠调试传统刑罚体系，在对象、范围以及效果上都具有一定的局限性。随着网络犯罪的发展与刑法理论体系的转变，应创制新型网络制裁措施，建立健全网络制裁体系。

五、网络刑事禁止令制裁措施的创制

从传统现实物理社会到网络空间社会的历史变迁是网络科技发展的未来远景，传统法律制度无处遁形，被迫开启前所未有的"网络化"转型。从传统刑法理论体系到网络刑法学理论体系的代际变迁正是具体缩影，初步勾勒出网络刑法学知识形态转型的轨迹，这其中既包括犯罪论的演变，也包括刑罚论的演进。[2]比如，刑事禁止令作为传统刑罚制度改革的点睛之笔，可以在网络时代焕发新面貌，并成为网络刑事制裁体系的独立部分，发挥重要的积极预防作用。

（一）刑事禁止令的网络化失灵

《刑法修正案（八）》增设的禁止令是传统刑罚制度的创新之举，却在对接网络空间社会时招致搁浅。值此，创设网络空间刑事禁止令制裁措施呼之欲出。

1. 刑罚制度的创新修正

《刑法修正案（八）》对管制和缓刑增加"禁止犯罪分子在执行期间从事特定活动，进入特定区域、场所，接触特定的人"的禁止令规定。其立法背景为：一是管制是不关押执行，执行存在缺乏有效监管、有效改造等问题，增设禁止令可以加强刑罚执行效果与维护正常社会秩序；二是基于维护社会稳定、保护被害人与证人的人身安全、帮助罪犯改过自新、防止再犯罪等需要，

---

[1] 参见衣家奇："不定期刑现象之思考"，载《法学评论》2005年第1期，第73页。

[2] 参见孙道萃："网络刑法知识转型与立法回应"，载《现代法学》2017年第1期，第119-120页。

对缓刑采取社区矫正制度，并辅以禁止令。[1]因此，禁止令作为非监禁刑的强制执行辅助措施，是管制或缓刑依法实施社区矫正时的重要执行内容。[2]时隔不久，合肥市蜀山区人民法院首发"男子考验期禁止接触被害人"的禁止令，正式开启司法适用的大门。但是，《刑法修正案（八）》对"可以根据案件情况作出禁止令"的适用条件未详细说明，亟待司法解释予以释明，以消除规定过于原则化而可能导致的司法适用模糊的问题。

随后，《最高人民法院、最高人民检察院、公安部、司法部关于对判处管制、宣告缓刑的犯罪分子适用禁止令有关问题的规定（试行）》（以下简称《禁止令规定（试行）》），着重细化"从事特定活动，进入特定区域、场所，接触特定的人"的适用情形，明确启动目的是"促进犯罪分子教育矫正""有效维护社会秩序"，适用条件为"犯罪原因、犯罪性质、犯罪手段、犯罪后的悔罪表现、个人一贯表现等情况，与犯罪分子所犯罪行的关联程度"以及"有针对性""可行性"，禁止内容为一项或多项"从事特定活动，进入特定区域、场所，接触特定的人"。此举为禁止令的适用提供了更明确的操作指引，但并未涉及是否可以适用于网络犯罪形态并在效果上延伸至网络社会空间。

2. 网络化适用的代际搁浅

根据现行规定与做法，针对管制、缓刑而增设的禁止令，依附于管制的执行与缓刑的考验期，缺乏独立的刑法地位，不能作为独立的刑罚种类运用。这客观上限制了禁止令充分发挥预防功能的空间。而且，刑事禁止令的制定背景与作用场域固守传统刑法理论与刑罚体系，具体的禁止活动、行为、场所立足传统的现实物理社会。尽管禁止令是刑罚制度在执行环节的创新之举，却与高度浸透的网络空间社会毫无关系，禁止的内容难以续接网络空间社会的风险属性与安全保障需要，对全面嵌入的网络空间社会及风险防控难有招架之力。

有观点认为，可以对"区域、场所"作出扩张解释，使其包括网络平台、微博、微信等，以延伸到网络空间社会。[3]但面临网络规范的整体配套措施

---

[1] 参见黄太云："《刑法修正案（八）》解读（一）"，载《人民检察》2011年第6期，第15页。

[2] 参见郎胜："《刑法修正案（八）》解读"，载《国家检察官学院学报》2011年第2期，第154页。

[3] 参见陆旭："网络服务提供者的刑事责任及展开——兼评《刑法修正案（九）》的相关规定"，载《法治研究》2015年第6期，第66页。

不齐的制约。[1]更重要的是,《刑法修正案（八）》《禁止令规定（试行）》事实上已然封闭了扩张解释的空间,基本上阻断了禁止令"触网"适用的可能性,搁浅了刑事禁止令的"网络化"平移进程,使传统刑事禁止令的网络适用陷入强烈的网络代际落差与话语体系的不适。对网络失范行为,甚至违法犯罪行为,刑事禁止令的"监管""矫正""维护秩序"等作用无处发力。尽管如此,《禁止令规定（试行）》毕竟是"试行"之举,作为暂行规定,原则上仍具备对其采取根本性修正的可能性。

基于此,从传统刑法学到网络刑法学的知识转型正在悄然推进,防控网络技术风险异化为刑法危险的任务已摆在首位。然而,增设网络空间"禁止令"这一新型网络刑事制裁措施却仍处在空白状态,这不仅阻碍了传统禁止令的预防功能在网络社会的自如延伸与拓展,也制约了网络刑事制裁体系的独立化进程。鉴于此,探讨建构网络空间刑事禁止令制裁措施的必要性与主要路径具有重要的现实意义。

（二）创制网络空间刑事禁止令措施的当代意义

刑事禁止令无法在网络空间社会施展积极预防效能,既暴露出传统刑法理念的滞后,也揭示了刑事禁止令的网络化改造迫在眉睫。创设网络禁止令,是传统刑法理论体系,尤其是刑事制裁体系自觉寻求并推动刑法知识转型的具体体现。

1. 维护网络空间安全秩序价值的优位需求

传统现实物理社会已延续了几千年,但是,以计算机为核心的网络1.0时代开始颠覆现实社会的"可视化"特点,虚拟空间动摇了传统现实物理社会的统领地位。以信息网络为核心的网络2.0时代加剧了网络空间的客观化、真实化进程,传统现实物理社会与网络空间社会的"双层格局"加速成型。比如,发生在网络空间的诽谤等危害行为同时破坏了网络空间与传统现实物理社会的公共秩序。当前,以大数据为标志的网络3.0时代基本确立了网络空间社会的未来格局,网络空间社会正以网络平台、全媒体与自媒体、移动智能互联终端等多种方式呈现。网络空间社会的独立性、独立秩序与安全价值正在形成,以网络空间作为新时空维度的网络犯罪正在延伸,并成为未来网络技术风险的主要来源。进而,网络安全法益正在全面渗透和逐渐取代传统刑法法益的统领地位。

---

[1] 参见徐剑:"对象型网络犯罪的刑事政策应对",载《河北法学》2016年第8期,第152页。

由于"虚拟空间"不再"虚拟",反而朝着客观、真实化的趋势迈进,并将成为完全独立的新型社会形态,网络空间社会将会是真实、客观存在的人际、信息、数据集合体,保护网络空间安全与社会秩序已经成为刑法的首要任务,[1]积极防控网络空间社会的不确定技术风险成为"新常态"。其中,创设专属网络空间社会的禁止令制裁措施,如禁止特定网络活动、特定准入资质或资格、特定网络区域与时空场所、特定网络职业、特定网络技术等,既可以实现事后制裁效果,更可以有效发挥事前的积极防控效果,是保护网络空间安全价值与秩序的有效措施。

当然,由于网络空间社会的独立化进程充满不确定性,且对现实社会的依赖度较高,网络空间的独立性、自持性并不充沛。网络禁止令原则上并不能即刻彻底摆脱传统刑事禁止令的时空场域,但依赖度正在递减,独立性正在增强。

2. 回应网络空间安全法益的整体迁移态势

网络空间被公认为是人类社会的"第五空间",网络技术发展加速网络空间社会的成型,并促使网络社会成为人类社会生产生活空间与生存竞争的新场域。与此同时,计算机(信息)系统时代、信息网络时代以及大数据时代先后更迭,计算机(信息)系统安全与信息网络安全、大数据安全先后成为重要的刑法法益内容,如网络谣言、网络寻衅滋事等危害行为严重破坏网络空间的信息安全、数据安全与秩序安定等,将其作为犯罪论处正体现出保护网络安全法益的宗旨。

网络安全法益已经全面渗透并逐步取代传统刑法法益。其作为独立的新型刑法法益,既表现为网络空间的公共秩序安全,也延伸到国家安全、公共秩序以及其他法益等。简言之:(1)网络空间安全首先事关国家安全。2013年,中央国家安全委员会的成立极大地充实了我国的国家安全体制和国家安全战略;2014年,其提出"总体国家安全观",信息网络安全列入其中;2016年,《网络安全法》第1条首次明确将"保障网络安全,维护网络空间主权和国家安全"作为立法任务。这充分说明网络空间安全的重大性,是国家安全的战略高地,是国家主权与国家数据主权的新场域。(2)网络空间安全与公共安全、公共秩序息息相关。比如,网络恐怖主义活动犯罪不断蔓延,持续威胁网络空间的公共安全与社会管理秩序。(3)信息交流安全、应用安

---

[1] 参见[德]汉斯·约格·阿尔布莱希特:"安全、犯罪预防与刑法",赵书鸿译,载《人民检察》2014年第16期,第30-34页。

全、网络平台运行安全、网络交易安全等网络安全法益的新内容翻陈出新，不仅拓展了网络安全的新内容，也升级了公共安全法益的新内容。

当前，网络安全法益正处于整体迁移过程，既冲击了传统刑法学的根基，也奠定了网络刑法学的社会基础，保护网络安全法益亦成为当代刑法的首要任务。为了防控网络技术的异化风险，既应保留传统报应性司法理念及其惩罚体系，也应倡导处罚的前置化与预防的早期化，提前防控网络技术异化为刑法危险。网络空间禁止令以积极预防功能为立足之本，可以降低网络技术风险的隐患系数。

3. 推行网络技术风险的积极制衡理念

德国社会学家贝克提出人类社会正在面临和经历风险社会，风险防控已经成为全球性课题。网络技术是把"双刃剑"，既带来了丰厚的社会福利与技术惠利，也裹挟着庞大的不确定性风险，是风险社会的主要风险来源与类型。比如，备受瞩目的"快播案"充分揭示出网络技术的两面性，单纯以"技术是中立的""技术是无罪的"进行辩解苍白无力，适当处罚网络技术（片面）帮助行为是各方的共识。[1]

但是，传统刑法学推崇报应性司法理念，遵循社会危害性原则，通常以实害结果作为评价标准，对预备行为、未遂行为、帮助行为的处罚较为慎重，立法上多以结果犯为主；而且，传统刑罚制度的设计理念存在一定的延迟性，主要以报应主义和消极预防主义为主，对积极一般预防理念的摄入不足。然而，网络技术风险往往本身裹挟高度的不确定危险，部分网络技术预备行为、未遂行为、帮助行为等具备处罚的实质必要性，通过设置网络危险犯才能提前介入并实现预防的早期化。这正是网络刑法学专有的积极预防理念，并以预防性立法作为载体。[2]从《刑法修正案（九）》增设第287条之二看，既秉承了技术中立的相对性，更从积极预防理念出发，采用积极的预防性立法理念，将危险度明显偏高的网络技术帮助行为单独处罚，以期实现预防的早期化与风险控制的提前化。

相比于传统的社会危害行为，网络技术风险往往裹挟着明显偏高的刑法危险。为了从源头上遏制具有明显早期化、提前化的网络技术危险行为，刑

---

[1] 参见孙道萃："网络片面共同犯罪的制裁边界：兼议'快播'案"，载《浙江工商大学学报》2016年第4期，第59-60页。

[2] 参见周光权："积极刑法立法观在中国的确立"，载《法学研究》2016年第4期，第23页。

法预防的前置化势在必行。预防性立法以及网络抽象危险犯、网络预备犯等具体规定，旨在实现以积极预防功能为导向，其中，网络刑事禁止令亦应率先发力，通过激活内在的网络技术制衡能力，强化主动控制网络技术异化风险的积极防控效果。

4. 疏缓传统刑罚制度的衔接不畅

传统刑法学的知识变革正在颠覆和扬弃传统刑罚体系。从网络刑法学的知识转型趋势看，应当配备独立的网络刑事制裁体系。当前，刑事禁止令作为刑罚制度的创新之举，却在网络空间社会失灵，其根源是传统刑法学无力支撑相应的刑罚体系并予以对接，将传统刑事禁止令升级为网络刑事禁止令是首选途径。

尽管当前处于网络代际的过渡期，传统刑法理论及刑罚体系与网络空间社会及其风险防控任务并不必然绝对互斥。然而，完全依靠传统刑罚制度，显然不足以应对网络时代的特性与要求，甚至可能陷入制度供给持续失灵的恶性循环，导致网络刑罚制裁的低效能化，迟滞网络刑事制裁体系的形成和发展。刑事禁止令作为弥补传统刑罚种类及体系之弊的独创，具有鲜明的控制风险、抵御危害、提高安定和保护法益的多项积极功能。然而，在适用时与网络空间社会却隔岸相望，既限制了禁止令的网络功能拓展，也迟缓了开辟网络空间刑事禁止令的有利时机。

实践证明，传统刑罚种类及其组成的刑罚体系已经处于"废旧立新"的转型时期，并为网络刑法学及网络刑事制裁体系的知识变革提供了制度给养。刑事禁止令在网络空间社会的"再造"尝试，正是主动"触网""入网"的变革举措。

5. 盘活网络空间禁止令的积极预防功能

刑事禁止令作为管制执行与缓刑考验期的新型配套措施，彰显了鲜明的预防理念。禁止令具有防卫社会、防止再犯两大主要功能，也包括强化执行的规范化、提高改造的效果、保护当事人、节约司法资源、避免非监禁刑的交叉感染等具体功能。相比于传统刑罚措施的惩罚性，禁止令既保留必要的剥夺性、威慑性，更凸显预防性与行为矫正功能，并在执行方式上充分重视刑罚执行个别化、行刑社会化以及行刑的社区化等精神。与其他传统的法定刑罚种类相比，刑事禁止令的多用途功能更契合风险社会的时代属性，凸显网络技术风险控制的要领。

在网络空间社会中，网络建设者、网络运营者、网络服务提供者以及用户是主要的网络主体。其中，用户处于相对的弱势地位，网络运营者、网络服务提供者往往处于优势地位或垄断地位。但是，所有网络主体均可能成为网络技术风险的制造者、携带者与传播者。而且，网络技术风险是非传统的新型风险类型，网络技术风险具有全球性、潜伏性、随机性、个体性、隐匿性，使得技术风险的危害度与危险系数具有未知性、难测性与可控性低等问题。相比于传统现实物理社会对社会危害的防控，网络技术风险防控的技术难度大，覆盖面具有不确定性，司法成本昂贵，专业性要求很高，亟待"先发制人"的早期介入与预先遏制，以提高主动防御和积极遏制能力。相比于事后惩罚的"贬值"效应，早期预防是应对技术风险的逻辑起点，网络空间禁止令是预防性措施，正好吻合积极预防的目标。

综上，在日渐独立的网络空间社会，禁止令可以作为防控技术风险的创新举措，简言之：一是竭力恢复被破坏的网络空间安全秩序，并重回安定有序的自由交流国度；二是积极引导提升网络空间社会的行为规范意识与水平，警醒并遏制潜在的不安因素与因子；三是提高防控网络技术风险的技术可行性与结果的可预测性。

（三）网络空间刑事禁止令措施的建构展开

刑事禁止令具有地位依附性、性质从属化的特点，使其网络化适用无从谈起。尽管网络空间禁止令无需与传统刑事禁止令"老死不相往来"，但应在适用原理、适用对象、存在范围、禁止类型与法律属性等方面充分契合网络空间社会日渐独立与专属的趋势。既不失禁止令的本质与功能，亦不滞后于网络犯罪的新变化。

1. 适用基础的梳理

明确适用基础及目标是科学确定网络禁止令的适用对象以及范围并划定功能边界的基础。从设立刑事禁止令的初衷与积极预防网络技术风险的目标看，其目标是积极预防网络主体制造刑法不允许的技术风险并异化为刑法危险。

（1）积极预防主义是终极目的。从立法的旨趣看，刑事禁止令的核心思想是预防，在刑罚目的上更偏爱一般预防与特殊预防，但并不失于施加报应主义。与此同时，网络空间技术风险的最终源头是技术使用者的滥用、投机与侥幸行为等。遏制技术异化的关键不是弃用技术，而是控制技术的人为异化与防控人造技术风险的蔓延。网络禁止令充分保留了传统刑事禁止令的消极预防功能，并升级为积极一般预防，强调早期介入与处罚前置化的作用。通过预防的早期化方式防控网络技术风险的异化，可以确保刑事禁止令与网络技术风险防控在功能上高度契合。由此，积极预防理念是设置网络禁止令的指导纲领与终极目的所在。

（2）防控人为风险是内核。网络技术风险看似是技术行为引发的外部危险，但技术是相对中立的，网络主体利用或滥用技术才是风险的真实根源。"行为风险"最终附着于"人为风险"，集中表现为对网络安全法益的严重不从、背离与反叛，并故意或过失制造和提高刑法危险。因而，网络技术风险实质是人利用技术的失范风险，是典型的"人为风险"。刑事禁止令聚焦"人"的危险，与网络技术的风险本质与遏制网络技术危险的规律不谋而合。禁止从事特定活动、进入特定场所与空间及接触特定人，看似是禁止"行为风险"，实则是防控"人为风险"。

（3）网络技术的行为风险是评估与制衡的落脚点。网络技术的隐匿性、开放化、易变性、随机性，导致网络空间呈现出虚拟性，追踪网络的"人为风险"面临技术评估、辨识与制衡等难题。但是，网络危害行为仍具有相应轨迹的可捕捉性、危害结果的可视化、危险程度的可定量性、制裁的个别化，可以对其进行危险评估、分级、制定控制方案等。积极预防主义是面向未来的理念，高度重视人身危险性及其预测、评估与控制的重要作用。当前，网络行为危险及其背后的人身危险评估技术、指标与结果的客观性与标准化有待提升。这既对预测、评估、制衡网络技术危险构成一定的负面效果，也是今后需要强化的理论环节。

2. 适用范围的扩容

网络禁止令的适用主体应具有普遍性，原则上包括所有的网络主体，并以网络自然人和法人为主。而且，不应限于专有的网络罪名，应当扩展至所有普通罪名。目前，刑事禁止令仅适用于管制和缓刑两种情形，但从其预防主义的立法旨趣、具体的禁止内容以及管制、缓刑的法律属性看，假释也可以适用禁止令。

（1）适用的网络主体具有普遍性。传统刑事禁止令的适用主体在范围上具有一定的特定性，但网络空间禁止令并无适用主体的禁区。①未成年人的适格性。从当前法院的适用情况看，适用对象目前主要以有一定恶习的未成年人为主。在网络空间社会，未成年人是数量庞大的参与主体，同时兼具受害者与侵犯者双重身份，是适用禁止令的主要对象。对未成年人适用禁止令是预防未成年涉网犯罪的积极举措，可以帮助未成年人矫治行为方式，养成健康的网络空间伦理与规范意识，并促进其重返社会。②网络法人的适格性。

有观点认为单位不宜作为网络犯罪的主体，[1]但是，网络空间的禁止令应当适用于法人。理由主要为：一是网络建设、运营与服务提供者是网络空间的优势群体，是技术的垄断者或核心技术的持有者，互联网企业是网络空间的引导力量，应当承担更重的社会责任与法律义务。二是法人犯罪的扩张是国际趋势，依法惩治和预防法人犯罪是国际社会的共同任务，对网络法人施加禁止令有理有据。③适用主体的广泛性。在网络空间社会，包括网络建设维护者、网络运营者、网络使用者、网络监督管理者等网络主体，都属于潜在的技术风险携带者、制造者、传播者，都处在禁止令的积极管控范围，并在刑法领域具体表现为网络自然人、网络法人、网络共同犯罪人、网络犯罪集团等众多的网络犯罪主体。

（2）适用罪名范围呈现普通化。当前，尽管网络禁止令以制衡网络犯罪为出发点，但适用范围不限于网络专属罪名，可以适用于传统罪名、涉网关联罪名，并最终涵括网络刑法学统摄下的所有网络罪名。理由为：①网络罪名体系划分。当前，涉网罪名包括三类：一是《刑法》第285条、第286条、第286条之一组成的以网络为犯罪对象的罪名；二是《刑法》第287条、第287条之一、第287条之二以及其他直接关联法条组成的以网络为犯罪手段的罪名；三是其他间接涉网的传统罪名。其中，前两类属于专门的网络罪名，后者属于关联罪名。由于网络禁止令以网络空间社会为立足点，网络禁止令是否仅限于具有专属性的网络罪名或原则上无罪名适用禁区的问题也随之而来。②传统罪名网络化是趋势。有观点认为，纯正网络犯罪原则上可以适用禁止上网令，非纯正网络犯罪要根据是否侵犯网络法益与对网络技术的依赖度为标准作出选择性适用，网络色情犯罪要根据侵犯网络法益与网络技术的严重依赖度决定适用。[2]诚然，网络空间社会并未完全取代占领现实社会，传统刑法学并未被网络刑法学所取代，而表现为渐进的交替置换过程；而且，目前并非所有罪名都严重侵犯网络安全刑法法益，并非所有的罪名都需要适用禁止令。但是，人为限制适用罪名的范围，既不当压缩了网络禁止令的效力范围，也制造出适用范围的分裂局面。实际上，传统罪名的"网络化"及其司法适用正在急速扩大，对传统罪名进行"网络"废、改、立是趋势，无

---

[1] 参见张智辉："试论网络犯罪的立法完善"，载《北京联合大学学报（人文社会科学版）》2015年第2期，第91页。

[2] 参见吴沈括、董妍："中国禁网令制度的建构：从美国司法实践谈起"，载《华北水利水电大学学报（社会科学版）》2015年第5期，第72页。

需另行限制适用网络禁止令的罪名范围。③网络安全法益的整体迁移决定普遍适用。网络禁止令的预防功能是保障网络空间安全的有力手段,网络安全法益全面渗透和嵌入传统刑法法益,因此,适用范围原则上无禁区。一方面,预防网络技术危险是网络刑法学的根基与任务,网络禁止令深植于积极预防理念。从网络技术的普适性、网络的普及化、网络空间的智能化等看,禁止令的适用罪名范围原则上不应有立法或司法"禁区"。传统罪名均将接受"网络化"改造,只要符合网络禁止令的基本原理与适用条件,都可以启动适用,人为限制禁止令的适用范围无疑自缚手脚。另一方面,传统刑法学正加速"触网",独立的网络刑法学与网络刑事制裁体系正在生成,网络禁止令将转换为防控网络技术风险和强化积极一般预防的"新常态化"举措,既然适用对象具有普遍性,则不宜人为限制适用范围。

(3)假释考验期的延展适用。主要理由为:①假释考验期与缓刑考验期、管制的执行方式具有共性。刑事禁止令目前仅适用于管制和缓刑两种情形,理由主要为:一是管制属于非监禁刑,执行方式应当坚持开放性、社会化等理念,禁止令根治管制"无管"的执行软肋;二是缓刑属于刑罚执行制度,考验期完毕后合格的,不再执行。考验期具有开放性特点,禁止令可以纠正缓刑考验期"考验乏力"的执行疲软。基于此,刑事禁止令实乃强化刑罚执行力度的创新举措,旨在强化执行过程的监督强度与效能。但是,假释考验期也属于开放化执行,具备配置禁止令的重要前提。假释依法适用禁止令是其预防功能的深度延伸,是保障考验期的辅助力量,是控制危险度更高的罪犯重新再犯的监管措施。②禁止令可以提高假释考验期的执行力度。假释虽属于提前释放的刑罚执行制度,但考验期的考察内容与缓刑的考验期具有相当的共性。假释考验期的"考验流于形式、缺乏实质"等疲软现象备受诟病,与缓刑或管制的执行乏力同出一辙,却并不在禁止令的适用范围之列。既然法理基础、考验目的、考察内容相似,从罪行的严重性、执行贯彻罪责刑相适应原则、假释考验期的监督管理需要等看,假释适用禁止令适当其时,直接充实了社区矫正的"内核"。当前,仅对管制和缓刑"开一道口子",堵塞假释适用禁止令的必然性与可行性,是对禁止令适用范围的不当限制,抑制了禁止令发挥其特殊的积极预防功能。③假释依法适用社区矫正与适用禁止令的功能完全契合。刑事禁止令作为管制执行与缓刑考验的辅助措施,具体实施依赖社区矫正。目前,管制、缓刑、假释、暂予监外执行都实施社区矫正。既然如此,排除依法适用社区矫正的假释不妥。《禁止令规定(试行)》第9条规定:"禁止令由司法行政机关指导管理的社区矫正机构负责执行。"

既然管制、缓刑的禁止令可以通过社区矫正机构实施，假释如若适用禁止令，在操作层面完全无碍，还可以切实提高对假释犯的监管力度与效果。鉴于此，在当前仍然依赖传统刑罚体系之际，对假释适用网络禁止令具有相当的现实意义。

3. 网络禁止令的类型设计

禁止令的预防功能及其顺畅运行最终落在禁止令的类型上。尽管传统刑事禁止令类型作为"前见"具有参考意义，但创设有效的网络禁止令类型更重要。

（1）对传统禁止令类型的研判。传统刑事禁止令主要包括：①禁止从事特定活动。主要包括禁止"设立公司、企业、事业单位"、禁止"从事证券交易、申领贷款、使用票据或者申领、使用信用卡等金融活动"、禁止"从事相关生产经营活动"、禁止"从事高消费活动""其他确有必要禁止从事的活动"。②禁止进入特定区域与场所。主要包括禁止"进入娱乐场所"、禁止"进入举办大型群众性活动的场所"、禁止"进入中小学校区、幼儿园园区及周边地区""其他确有必要禁止进入的区域、场所"。③禁止接触特定的人。主要包括"禁止接触被害人及其法定代理人、近亲属"、禁止"接触证人及其法定代理人、近亲属"、禁止"接触控告人、批评人、举报人及其法定代理人、近亲属"、禁止"接触同案犯"、禁止"接触其他可能遭受其侵害、滋扰的人或者可能诱发其再次危害社会的人"。尽管三种情形都有"其他"的兜底性规定，但与网络空间社会的技术代际、行为属性、危险类型、时空场所、网络主体等相比，仍然难以直接"平行嵌入"网络空间社会。因此，既要肯定传统的禁止令类型对设置网络禁止令的类型具有一定的参照性，更应挖掘和确立全新的网络禁止行为类型，充分体现网络空间社会的特性与需要。

（2）网络禁止令类型的革新思维。从网络禁止令的理论基础、功能设定与网络空间社会的技术风险特征看，不能完全参照既有类型，应当创制网络禁止令的新类型，并遵循以下基本思路。①准确锁定关键词。网络空间社会的核心特征是技术占据基础地位，主要以技术创新、技术应用与技术支持为重心，技术的异化风险是最大的风险源头，技术制衡是最有效的防控突破口。因此，应当强调网络技术风险防控的目标与原点，强调"技术"与技术制衡是关键词，客观反映网络空间社会与现实社会的过渡形态及其现实需要，强化遏制网络空间技术异化及其与现实社会的关联风险等目标。②明确网络技术风险的指标系数。网络技术风险异化是刑法危险的源头，主要包括技术滥用、技术垄断、技术不正当竞争、技术的过度化中立、技术的纯粹工具化或手段化、技术创新的过度保护、技术自由交流的失衡、技术的跨国化、技术的保护不力等，这些是确立网络禁止令类型的重要指标索引。网络禁止令的类型应当从技术制衡、风险遏制、危险消除等方面积极应对。③明确网络禁止令的关键内容与类型分布。物理性切断网络通信或断开网络链接，将直接导致网络空间社会运行陷入停顿，属于绝对的"剥夺型"类型。但应以限制性的禁止内容为主，并辅以期限等作为裁量权限。毕竟禁止令是预防性措施，禁止令旨在保障网络安全，并非阻碍网络技术进步与网络空间社会发展。

（3）网络禁止令的类型清单。目前，根据网络建设者、运营者、使用者等不同网络主体的行为特性，网络空间禁止令的类型主要包括以下七个方面。①禁止或限制进入或参与网络空间社会的场域。包括禁止上网、禁止接触网吧；禁止接触局域网等网络或连接互联网的场所、地点和设备等；禁止接触提供公共通信、广播电视传输等服务的基础信息网络；禁止接触能源、交通、水利、金融等重要行业和供电、供水、供气、医疗卫生、社会保障等公共服务领域的重要信息系统；禁止接触军事网络，设区的市级以上国家机关等政务网络，用户数量众多的网络和系统等网络关键信息基础设施。②禁止从事网络职业。《刑法修正案（九）》增加禁止职业的规定，预防性功能是其主要特征，禁止职业的实质内容主要表现为保安处分措施，[1]与设置网络禁止令的初衷和具体网络职业禁止类型的功能完全契合。可以包括：禁止从事收集、使用公民个人信息业务；禁止发送者、应用软件提供者从事发送信息、提供应用软件等业务；禁止从事提供网络软件、程序、工具及其制作方法等业务；禁止从事提供网络技术支持、广告推广、支付结算等业务；禁止个人从事有关网络的职业，限制、撤销网络执业资格；禁止法人或社会组织从事网络服务或限制、吊销企业营业执照；禁止从事大数据业务；禁止从事网络安全管理和网络运营关键岗位的职业或营业等。③禁止接触与网络有关的人员、组织、法人等网络主体，禁止接触网络监管部门及其工作人员。④禁止制作、接收、发布、搜索、传输、提供、删除、保留或使用信息与数据。⑤停止使用网络及其相关产品。⑥网络失信的附随禁止行为。⑦纯粹物理禁网或限网，如临时限制全部或局部网络通信、断开局部或全部网络链接等措施。《网络安全法》第58条规定的"特定区域对网络通信采取限制等临时措施"做法具有参照性。

---

[1] 参见卢建平、孙本雄："刑法职业禁止令的性质及司法适用探析"，载《法学杂志》2016年第2期，第22页。

4. 独立网络刑事制裁措施的性质定位

传统刑事禁止令的官方定位是刑事执行的创新措施，理论界更倾向定位为保安处分或独立刑种等。但是，网络禁止令应当成为网络制裁体系的独立种类。

（1）刑事禁止令的法律属性及地位辨识。关于刑事禁止令的法律属性，理论界有不同的看法。简言之：①官方意见。刑事禁止令是对管制、缓刑具体执行监管措施的革新，不是新的刑罚，无需规定诉讼化条款。[1]究其原因，禁止令作为具体执行监管的革新措施，是附属于社区矫正的执行环节，彻底失去独立意义，无法作为独立的刑罚种类。然而，禁止令的地位从属性直接严重压制禁止令的预防机能发挥，并妨碍其作为独立的网络制裁措施。②保安处分说。禁止令与保安处分都有防卫社会的功能，禁止令的具体适用以行为人的人身危险性为依据，保安处分可以在刑罚执行期间适用。[2]③社会保安措施说。禁止令作为借鉴国外经验的立法产物，高度重视特殊预防、社区矫正等内容，本质上并非刑罚，并无刑罚处罚的属性，是社会保安措施。[3]相比于官方的保守立场，特别考虑"后劳教"时代的轻缓化刑罚结构改革深入推进，理论界的保安处分说以及社会保安措施说等看法具有相当的前瞻性，也充分揭示了禁止令内在的积极预防功能。目前，传统刑罚体系正逐步经历"网络化"的结构性变革，网络刑事禁止令作为网络社会特有的制裁措施，不宜再作为特定的网络刑罚执行辅助措施，既不符合网络技术风险防控的需要，也客观限制了建立健全独立的网络刑事制裁体系。

（2）网络禁止令的法律属性与地位蜕变。网络禁止令应当摆脱传统刑事禁止令对刑罚体系的地位从属性与适用依附性这一劣势，立足于网络刑法学的知识转型与网络刑事制裁体系的蜕变，最终演变为全新网络刑事制裁体系的独立元素。具体而言：①独立的网络制裁措施是其法律地位。保安处分、社会保安措施及刑罚处罚措施等不同的主张，都立足于传统现实物理社会，核心争议是"刑罚处罚"与"保安处分"的区别以及传统刑罚体系的范围大小。显然，刑事禁止令究竟属于保安处分还是独立刑罚种类，仍立足于传统

---

[1] 参见胡云腾等："《关于对判处管制、宣告缓刑的犯罪分子适用禁止令有关问题的规定（试行）》解读"，载《人民检察》2011年第13期，第23页。

[2] 参见龙长海："刑事禁止令与刑法溯及力"，载《求是学刊》2015年第2期，第89-90页。

[3] 参见张绍谦："《刑法修正案（八）》对我国刑罚制度的修改与补充"，载《中州学刊》2011年第3期，第108页。

现实物理社会的话语背景，客观上导致禁止令的属性和地位无法有效切换到网络空间社会的场域。网络空间社会的刑事制裁体系以网络空间社会为制定背景，网络刑事禁止令聚焦预防功能及其实现，作为网络刑法学知识变革的缩影，继续沿着刑罚与保安处分何去何从的固有逻辑，明显脱离网络空间禁止令的产生背景与时代使命。而且，网络禁止令的适用主体范围、罪名范围、禁止类型等原则上并无"禁区"，已具备独立的刑法地位，应当作为网络刑事制裁体系的具体措施。②推动网络刑事制裁体系的独立化进程。随着网络技术的进步、网络代际的变迁以及网络空间社会的成熟，传统的刑罚处罚措施或保安处分措施蜕变为独立的网络刑事制措施具有可预期性。网络空间禁止令作为网络制裁体系的独立组成部分，不仅摆脱了对传统管制、缓刑、假释、暂予监外执行等刑罚处罚措施或社区矫正等刑罚执行制度的依附性，更成为建构独立网络刑事制裁体系的突破口。易言之，网络禁止令在网络空间社会确立独立地位后，既可以作为范本驱动网络刑事制裁体系的全面革新，也可以深度拓展禁止令在网络空间社会的"预防"功能，助推网络刑事制裁体系的独立化进程。

六、结语

近现代刑法确立"无犯罪则无刑罚"的基本理念，进而也确立了通过刑罚打击犯罪的基本逻辑，同时更要求犯罪与刑罚之间的内在一致性。纵观传统刑法理论的演变和发展，犯罪与刑罚两大范畴之间的调试仍在反复进行。[1]但这一习以为常的刑法运作现象，在网络社会变迁、网络犯罪到来与网络安全地位攀升等因素出现后，迎来阵痛期与变革契机。易言之，在不断加深对网络犯罪形态这一实体范畴的认识后，必须通过建立健全相匹配的网络刑事制裁体系，才能更科学地应对网络犯罪现象。然而，理论界对网络刑法知识变革背景下的刑事制裁措施体系问题的重视不够，研究尚在开始阶段，这严重制约了网络犯罪应对的协同发展。为此，解构这场制度演变的内在机理与刑法教义基础，有助于构建一套行之有效的刑事制裁体系，更好地应对网络犯罪的来袭，保障网络空间社会的有序运行。

---

[1] 参见孙道萃：《罪责刑关系论》，法律出版社2015年版，第21-23页。

第六章
网络犯罪治理的基本理念与逻辑展开

我国正在由网络大国迈向网络强国，网络安全已经上升到国家战略层面，网络安全正在全面渗透国家安全、公共安全、公共秩序以及其他法益。然而，脆弱的网络安全环境是无法回避的"拦路虎"。刑法始终承担保护网络空间安全的重任，《刑法修正案（七）》《刑法修正案（九）》《中华人民共和国刑事诉讼法》（以下简称《刑事诉讼法》）以及《网络安全法》持续夯实刑法保护的规范基础。但是，网络技术风险并无消退的迹象，网络犯罪亦无法被彻底消灭。打击网络犯罪并非一劳永逸的选项，治理网络空间十分重要。应当以犯罪控制理念为原点，导入刑事政策的指导功能，吸收犯罪学提供的事实依据，聚焦社会控制与法律控制的功能协同，积极治理新兴网络犯罪现象。

一、网络犯罪的相对中立价值判断立场

犯罪治理已经是人类社会的日常性活动。但是，在治理观念上，既有早期深恶痛绝的朴素认识和绝对报应主义，也有晚近以来将犯罪视为普通正常社会现象的相对理性。对于网络犯罪的严峻态势，治理观念的抉择难题再次浮现。究竟持彻底消灭的立场还是合理限度的控制立场，首先涉及网络犯罪的价值判断问题。[1]网络技术进步撑托起网络时代的发展，网络科技是基础环节，围绕网络科技是否中立及异化风险的价值判断，必将成为网络犯罪治理认识论的首要前提。

（一）网络科技的二元价值悖论

现代科技革命推动网络时代的到来及其变革，创建了更智能化、智慧化、

---

[1] 参见卢建平："需要一种正确的犯罪观"，载《江苏公安专科学校学报》2002年第3期，第38页。

便捷化的生产生活方式。而今,国际社会正在告别20世纪确立的以计算机及其技术、计算机信息系统及其运行安全为主要内容的网络1.0时代,并全面进入以信息网络为核心内容的网络2.0时代,并正在开始迈向以大数据为关键内容的网络3.0时代。在这场网络科技革命带来的饕餮盛宴中,网络科技福利纷至沓来,网络代际变迁见证现代网络科技的巨大价值与应用功能。但是,以网络技术异化为主要内容的网络技术风险接踵而至,成为困扰人类社会的全球性难题。"赛博空间的创建者的初衷是建立一个精神理想国,或者说建立一个人们以诚相待的试验性世界,可是他们发现,自己眼前呈现的反而是一个无法无天的抽象空间。因为人们可以自由地侮辱他人,而不用承担任何结果,不用感到任何耻辱,所以,游荡在赛博空间里的人们几乎带着某种激情为所欲为。'怒火之战'——污言秽语大杂烩——充斥着各个讨论区,'网络礼仪'被束之高阁。"[1]这正是对现代网络科技具有两面性的真实写照。网络科技福利与网络技术风险的交替代谢已成常态,为网络犯罪治理带来一个逻辑悖论。既不能停止网络科技的探索与创新活动,又不能纵容网络科技的中立性原则陷入无节制的异化,更不能任其负面效应无限膨胀。网络科技的价值判断问题随之产生,妥当而适宜的价值判断立场与结论,直接决定未来网络时代的进程及发展景象。

(二) 网络科技的中立性及其异化风险

现代科技是人类认识社会、改造社会的工具。由于认识的局限性与有效性,科技无法彻底实现改造的目标,科技也往往作为价值中立的工具被理性对待。在西方近现代的社会科学领域,价值中立原则占据重要的地位,倡导"实然"的认识立场与规范化的功能定位。在网络新时代,网络科技是人类认识世界的进步结晶,在原初意义上显然具有中立性。"技术中立论"最早是由英国的R. J. 福布斯在《征服自然》一书中提出的:"技术专家在为他的技艺辩护时,只能说他的创造性活动产生的结果既不好也不坏。技术问题像科学问题一样,只承认解法正确与否;关于'好'与'坏'的价值判断只是在当这种解法应用于人类事物时才会提出来。"尽管网络科技探索的初衷是推动社会进步与提高社会服务,但是,应当区分技术本身与技术的应用服务功能,前者是客观化的范畴,后者是主观化的范畴。在主观化的过程中,由于摄入和掺杂复杂多变的外部因素等,网络科技的应用出现异化等负面效应,使得

---

[1] 参见 [美] 马克·斯劳卡:《大冲突:赛博空间和高科技对现实的威胁》,黄锫坚译,江西教育出版社1999年版,第71页。

网络科技的中立地位受到一定的质疑和挑战。但是，中立性原则的实质是相对意义的"非此即彼",[1]不存在绝对的技术中立原则，否则，完全割裂认识与改造世界的一致性，无法为国家与社会的规范化干预与介入提供合理的制度通道，将违背改造社会的终极目的。比如，在备受关注的"快播案"中，被告人有关"技术是中立的""技术是无罪的"的辩解一度风靡网络，深得各方的认同与支持。然而，静态意义上的"技术中立"一旦付诸应用层面，在主观化的过程中容易出现异化现象，其一便是成为传播淫秽物品牟利的技术"帮凶"。[2]换言之，当"技术中立"原则被技术应用的负面效应所"绑架"时，刑法介入具有合法性与必要性。[3]这是网络创新与违法犯罪之间的界限。实践不断证明，网络自由与规制相生相克。

（三）科技风险的客观性与治理必要性

事实与价值的冲突与内合是人类哲学史上的千古难题。通常认为，既应当坚持价值中立立场，撇清事实与规范、价值的界限，但同时也不否定价值判断的必然性与必要性。犯罪首先是一种社会现象，应从事实层面出发，植入价值中立的原则。法国著名社会学家迪尔凯姆认为，一种社会现象，当它在发展的某个阶段是以一般的方式存在于某一类型的社会时，这种现象就是一种正常的社会现象。犯罪不仅见于大多数社会，而且见于所有类型的社会，不存在没有犯罪的社会。只要犯罪行为没有超出每个类型社会所规定的界限，而是在这个限度内，它就是正常的。正常性由其普遍性所决定。[4]易言之，犯罪是正常的社会现象，犯罪在事实层面的客观性不以人的意志为转移。但是，价值中立与价值关联是辩证统一的关系，价值关联与判断是人类改造的前提。网络安全治理是主体性活动，价值判断不可或缺，引领着网络安全治理的规范制定与价值取向。完全无视网络科技异化及其风险的客观危害，秉持绝对中立原则明显背离中立原则的相对性，也放纵了网络科技风险的异化及其危害，显然贻害无穷。

---

[1] 参见周晓虹："社会科学方法论的若干问题"，载《南京社会科学》2011年第6期，第1页。

[2] 参见孙道萃："网络平台犯罪的刑事制裁思维与路径"，载《东方法学》2017年第3期，第92页。

[3] 参见吕本富："技术和法律的轨道不是平行线——在'快播'问题研讨会上的发言"，载《中国信息安全》2016年第2期，第17页。

[4] 参见［法］E.迪尔凯姆：《社会学方法的准则》，狄玉明译，商务印书馆1995年版，第83-84页。

(四) 网络科技自由创新原则

网络科技负载人类认识与改造世界的主观目的，自由创新是网络科技进步的永恒动力。但是，遵循创新、自由、开放与共享之际，必然要打破常规、冲破常态，甚至离经叛道，极易与现行社会治理与法律制度渐行渐远，制造正能量与负能量的价值僵持。这在大数据时代得到淋漓尽致的体现。一方面，"由于数字技术和全球网络的发展，记忆与遗忘的平衡已经被打破，往事正像刺青一样刻在我们的数字皮肤上，遗忘已经变成了例外，而记忆却成了常态"。另一方面，"数字化记忆的广泛应用很可能导致信息控制的减弱，一个人可能在数字化记忆的世界中丧失自己对信息的控制权"。[1] 在大数据时代，创造数据、存储数据、记录数据、运用数据成为新常态。但是，云计算、大数据带来数字安全隐患，庞大的"数据池"将数字革命中的个体卷入"数字化"的黑洞，个体的独立意识、隐私权益等都统统失去既有的保护。然而，"云计算"却是迄今为止最先进的新型计算方式与模型，是网络科技创新的最新形式。再如，融合P2P等技术的"快播"是全新的播放软件，倡导网络资源的个性化服务、最大范围共享等，是技术创新与应用服务升级的典范之作，却也成为网络淫秽物品传播的技术载体与流量平台，究其原因在于人为制造或平台监管不力而引发的严重的技术失范风险。[2] 诚如国家互联网信息办公室发言人就"快播案"所指出的，"所有利用网络技术开展服务的网站，都应对其传播的内容承担法律责任，这是中国互联网发展和治理的根本原则"。尽管网络空间不是"法外之地"，却不能因噎废食。网络科技创新与网络的开放、自由、共享是网络社会前进的生命力，[3] 应当禁止和杜绝网络科技的"野蛮"生长及其危险蔓延，进而推动其走向有秩序的繁荣。

综上所述，网络科技自由创新、技术中立、技术异化及其风险是网络时代无法回避的"三部曲"，也是对网络犯罪治理进行价值判断的事实基础。价值判断并非为了回答技术中立原则的具体取向，而是为了明确治理犯罪的基本理念，确定网络犯罪的"正负能量"及其治理立场。在犯罪学领域，围绕"犯罪是否有益"的价值讨论虽然至今未能形成共识，然而，"犯罪有益论"

---

[1] 参见 [英] 维克托·迈尔-舍恩伯格：《删除：大数据取舍之道》，袁杰译，浙江人民出版社2013年版，第3页、第136页。

[2] 参见袁胜："'快播'案为安全、法律、技术划线"，载《中国信息安全》2016年第2期，第63页。

[3] 参见方兴东："互联网精神和对法律的敬畏——关于王欣和'快播'想说的话"，载《中国信息安全》2016年第2期，第68页。

的主张及其相关的批判可以侧面反映网络犯罪治理的价值判断问题。网络犯罪是必然的恶，治理是制恶的必要手段，但不能恣意改变网络技术创新、开放结构与自由共享的基本理念。网络技术异化及其风险始终相伴相随，寄希望于通过严厉打击的手段以消除网络技术异化风险不现实且不可能。网络犯罪既是网络空间社会在形成过程中的正常现象，也可以间接推动网络技术的积极改良，提升网络安全治理能力，此乃价值悖论。

二、网络犯罪的控制理念

犯罪观，是对犯罪现象的态度和立场，首先应当是一种客观评价，但不排斥价值判断。长期以来，绝对主义犯罪观一直占领主流地位，其主张可以消灭一切犯罪，报应性司法模式与惩罚主义立场作为关键内容延续至今，是"惩罚（打击）犯罪"的刑法功能（机能）得以付诸实践的保证。但是，相对主义犯罪观正在崛起和获得广泛认同，其核心观点是将犯罪控制在合理容忍与能够控制的范围内，并主张犯罪控制理念。犯罪控制有别于惩罚犯罪，前者秉持相对主义犯罪观，将犯罪视为正常的社会现象。相对主义犯罪观是科学认识网络犯罪现象的价值判断立场，是刑法功能有限性的必然产物，支撑起网络犯罪治理的基本理念。在犯罪控制体系中，社会控制是首位选择，法律控制及刑法控制是次优的控制方案。

（一）刑法功能的局限性与犯罪的饱和法则

通过法律控制社会是法治趋于成熟的重要表现。[1]通过刑事法治控制犯罪是治理犯罪趋于理性的体现。从消灭犯罪到控制犯罪的观念转型，是基于对犯罪现象的客观性和刑法功能的有限性而逐渐形成的理性认识。"除恶务尽"折射出"绝对主义"犯罪观的基本立场，犯罪现象被认为可以彻底消除，[2]而且百害而无一利。但是，事实层面的犯罪现象与刑法规定的法定犯罪，本质上存在事实与规范、事实与价值判断的差异性。犯罪现象是普遍的社会客观事实，刑法规定的法定犯罪是经过价值判断后的产物，二者不能等同对待。实践也证明，犯罪原因的复杂性、犯罪规律的运动性、犯罪形势的易变性，

---

[1] 参见［美］罗斯科·庞德：《通过法律的社会控制》，沈宗灵、董世忠译，商务印书馆1984年版，第1页。

[2] 参见王顺安主编：《中国犯罪原因研究》，人民法院出版社1998年版，第121页。

使得刑罚的有效性具有相对性，刑法的功能同样具有相对性。[1]这正是相对主义犯罪观的内生性机理，既将犯罪作为正常的社会现象加以对待，充分消除犯罪学与刑法学之间的隔阂，以犯罪学的事实规律、中立现象为基础，校正刑法学在功能预设上的偏执，同时，主张犯罪并不能被彻底消灭，却可以控制在社会能够容忍的合理限度内。[2]按照意大利犯罪学家菲利的犯罪"饱和"理论，犯罪量及其总体趋势处于动态状态，在"饱和"与趋于"饱和"之间往返波动。[3]犯罪"饱和"理论充分说明社会可以容纳一定的犯罪量而仍然保持正常状态，刑法介入的意义旨在促使犯罪量的相对饱和，防止犯罪量的绝对饱和，并控制在社会有机体可以容忍的合理范围内。对于不断递增的网络犯罪而言，从犯罪原因、演变规律、危害范围以及危险状态等方面看，网络犯罪与传统犯罪的生成规律及其发展趋势并无本质差异，网络犯罪量有其自身的"上限"，彻底遏制和消除网络犯罪并不可能，只能将其控制在网络空间社会所能容忍的合理限度内。

（二）犯罪控制的基本观念

犯罪控制理念以相对主义犯罪观为前提，强调犯罪及其量应当控制在国家、社会所能容忍的正常范围之内。因此，犯罪控制理念并不赞成绝对的惩罚主义，也不完全认同严厉的刑事制裁与报应主义；[4]却高度重视刑法的威慑功能，也同样重视预防功能。以相对主义犯罪观为立足点的犯罪控制理念，与绝对主义的犯罪观不同，前者从事实层面将犯罪现象作为社会有机体的正常部分，秉持价值相对中立的判断立场。借此，犯罪控制理念严重依赖犯罪学与刑法学的内部联通，只有将二者置于"同一屋檐下"，才能为犯罪控制理念提供可靠的事实依据。犯罪学与刑法学相互依存，是现象学与规范学的交融，规范学依赖犯罪学提供可靠的实证数据以客观真实地反映现实世界，犯罪学需要从刑法学中获得规范内容与价值判断以合理划定研究对象、范围及其预期目标。[5]在此基础上，犯罪控制理念以客观的事实作为前提，以刑法

---

[1] 参见梁根林："从绝对主义到相对主义——犯罪功能别议"，载《法学家》2001年第2期，第19页。

[2] 参见李卫红："当代中国犯罪观的转变"，载《法学研究》2006年第2期，第91页。

[3] 参见［意］恩里科·菲利：《犯罪社会学》，郭建安译，中国人民公安大学出版社1990年版，第56页。

[4] 参见樊文："犯罪控制的惩罚主义及其效果"，载《法学研究》2011年第3期，第112页。

[5] 参见［德］汉斯-海因里希·耶赛克："一个屋檐下的刑法学与犯罪学"，载赵秉志主编：《刑法论丛》（第22卷），法律出版社2010年版，第407-409页。

学的规范判断与价值取向为坐标,在报应主义与预防主义的基础上,保持合理与理性的犯罪存在态势,是对绝对主义犯罪观的摒弃,是对惩罚主义为主导的规范刑法学的必要扬弃。当前,导致网络安全形势日趋紧张的原因复杂多元,网络科技本身具有相对的中立性,网络科技异化风险具有客观的必然性。单纯的刑事制裁并不能实现预防网络犯罪的目的,毕竟网络技术应用的主观化具有不确定性。反而,应当转向犯罪控制理念,建构立体的防控体系与措施,确保刑法理性介入和规制网络犯罪。

(三)犯罪控制的立体结构

犯罪控制理念在将犯罪学与刑法学融合在一起时,也导入刑事政策的串联与指导作用。这是刑事一体化的理念,可以最大限度地扩容刑事治理体系的内外功能。相比于传统刑法长期固守的报应性司法理念,在犯罪控制模式中,刑事制裁的绝对主导地位明显下降,以犯罪学和刑事政策为依托的控制策略与方式发挥更重要的作用。德国著名学者李斯特曾指出,最好的社会政策就是最好的刑事政策。因此,社会控制是首要部分,是犯罪控制的优先方案,也是最直接有效的控制方案。[1]在类型上,包括由国家治安控制、社会情境控制、社区控制、被害控制等组成的宏观控制与微观控制、主体控制与条件控制等具体类型。与此同时,法律控制是次优方案,法律控制包括立法控制与执法控制、行政法控制与刑法控制等类型。其中,刑法控制占据非常重要的地位,主要包括立法控制、刑罚控制、司法控制等具体类型。概言之,犯罪控制观念是一个立体结构,由社会控制与法律控制组成,各自内部有不同的控制类型或控制方式。因应网络犯罪现象时,刑事控制是法律控制的重要部分,主要由立法控制与司法控制组成。在网络犯罪的控制结构中,网络空间的社会控制是首选,网络空间的法律控制是次选,但这一先后次序也并非绝对,重在通过差序格局实现功能互补。

三、网络犯罪治理的政策安排

在网络空间社会,网络科技引发的信息不对称将持续下去,不断加剧网络犯罪的肆虐与治理犯罪的非对称性博弈状态。刑事政策有助于改变犯罪学与刑法学之间的事实与规范(价值)的分离状态,衔接犯罪学的事实判断及其对犯罪治理的正向效应,并对刑法的实际运行具有指导作用。犯罪控制理念是犯罪学、刑事政策与刑法三者实现相互沟通与合作的理性产物,刑事政

---

[1] 参见刘广三:"犯罪控制宏论",载《法学评论》2008年第5期,第27页。

策是犯罪治理的润滑剂与指明灯。尽管网络空间社会与传统现实物理社会不尽相同，但是，宽严相济与"零容忍"可以分别作为基本和具体的刑事政策，用于指导网络犯罪治理活动。

(一) 信息不对称与策略误区

传统现实物理社会具有极强的可视性、可追踪性、可归责性等特征，是人与人的社会化网格体。但是，网络空间社会大为不同。网络技术制造了网络空间的技术"虚拟性"，导致网络空间社会的"可视性""透明性"等明显下降，人与人之间的物理联系骤降，人与社会有机体的物理关系弱化。网络空间社会的"虚拟性"原本是网络技术运行的中立产物，然而，由于应用者往往恣意滥用，既助长网络违法犯罪活动的投机、侥幸心理，也直接加大追踪与归责的难度，客观上使得网络犯罪治理必须首先克服"虚拟"的异化风险。如此一来，网络空间犯罪的发生与控制犯罪之间的信息不对称性问题继续加剧，犯罪治理陷入更不利的"非对称性"博弈环境。目前，由于信息的不对称，导致治理策略出现盲区，"头疼医头、脚疼医脚""拆东墙补西墙"等随机性、象征性、短期性打击策略有所抬头。从刑事治理体系的反应机制与反应效果看，明显呈现出"事后性""碎片化"等不足，"亦步亦趋"的反应机制降低了治理效果，也显得毫无章法。这既是人类认识局限性与网络时代不断变迁更迭的共同结果，也是刑事政策把握失真的表现。治理网络犯罪应当注重与战略、策略的协调，既要提高治理网络犯罪的意识与技术制衡能力，也应当依循科学原则，以科学的刑事政策引领与指导治理活动，校正和纠偏网络犯罪刑事治理的立法偏航与司法误区。对于来势汹汹的网络犯罪，既不能因噎废食，片面固守网络技术的中立性原则，采取过高的容忍度，也不能否定网络技术中立性的客观事实，采取绝对的"零容忍"态度，无故压缩自由创新的空间。只有刑事政策定位准确与科学后，才能设计犯罪控制的有效运行机制，才能直接作用于实体法与程序法的联动控制机制。

(二) 犯罪控制与刑事政策的贯通

犯罪控制理念在消除犯罪学与刑法学之间的事实与规范这一隔阂时，也同时联通了犯罪学、刑事政策学与刑法学的内在有机联系。刑事政策与犯罪学、刑法学之间既有共性、也有差异。其中，刑事政策是对犯罪控制的战略与策略性思考，遵循科学原则审视犯罪现象、犯罪规律、犯罪趋势等问题，并提出控制犯罪的主要策略。由此，刑事政策作为融合事实、规范以及价值于一体的方略与策略，既串联起犯罪学与刑法学，也使得犯罪学对刑法学的作用更具客观性、真实性以及有效性，最终实现犯罪学、刑事政策学、刑法学之间的融通。通常认为，刑事政策学与刑法学是相互制约、相互促进的互动关系。[1]刑法对刑事政策的制定与实施具有制约作用，从而确保"刑法是刑事政策不可逾越的边界"；同时，刑事政策可以指导现行法律的制定、实施和变迁，刑事政策的刑法化是弥合刑事政策与刑法之间的"鸿沟"的主要途径。[2]比如，网络谣言严重影响网络空间社会的秩序，严密惩治网络谣言的法网是各方的共识，"零容忍"政策自然被提上立法理念的议程，《刑法修正案（七）》《刑法修正案（九）》先后予以贯彻。在治理网络犯罪的运行机制上，刑事政策的指导作用不能缺位。不过，由于网络技术异化风险是全新的事物，因应网络科技风险的专门化、科学化刑事政策尚付阙如。是否破旧立新、重新设计治理网络犯罪的政策体系，还是在已有基础上进行必要的调整，是接下来需要解决的问题。

（三）宽严相济与"零容忍"的协同治理

从预防的角度看，治标与治本之间存在"鱼与熊掌不可兼得"的关系。既不能片面追求治标的短期效果，也不能以急功近利的方式实现治本效果。从刑事政策的角度看，既不能片面扩大刑事法网与刑罚圈，恣意启动刑罚权，绝对的"零容忍"容易滑向重刑主义、甚至"严打"旧路；也不能弱化犯罪控制能力，刑事法网过于疏松，刑罚圈明显偏小，将直接影响威慑效果的辐射面与持续力，不利于治理效果的实现。因而，从刑事政策的结构看，首先应尊重基本的刑事政策导向，也应在特定环节或时期区别对待，以基本政策为基础释放具体政策的协调功能。当前，宽严相济是我国的基本刑事政策，[3]其核心是区别对待，强调该宽则宽、该严则严、宽严结合、宽严得当。网络犯罪治理虽有其特殊性，但治理策略可以秉持宽严相济的核心内容，并指导刑事法网的严密、刑事制裁的轻重、刑罚结构的厉缓等具体内容的设计与适用。同时，在网络空间社会的形成与过渡期，由于网络社会的规范体系不齐备，网络社会的行为伦理薄弱，网络犯罪来势凶猛，在特定时期、特定领域可以适度转向"零容忍"政策。"零容忍"并非法定的刑事政策类型，却是"破窗理论"的重要结论。"破窗理论"的核心是无序环境与犯罪之间存在正相关

---

〔1〕 参见卢建平："刑事政策与刑法关系的应然追求"，载《法学论坛》2007年第3期，第59页。

〔2〕 参见陈兴良："刑法教义学与刑事政策的关系：从李斯特鸿沟到罗克辛贯通——中国语境下的展开"，载《中外法学》2013年第5期，第974页。

〔3〕 参见马克昌："论宽严相济刑事政策的定位"，载《中国法学》2007年第4期，第117页。

关系，并主张积极干预和消除无序环境。[1]"零容忍"往往主张尽量严密刑事法网、扩大刑事制裁的范围并采取最严厉的打击手段，[2]竭力消除潜藏风险的社会消极因素，切断不安定因素与诱发犯罪可能性之间的正相关性联系，防止犯罪的发生和积极实现一般预防的早期化。在"零容忍"具体策略的引领下，应当严密打击网络犯罪的刑事法网，以密而不严的政策效果塑造网络行为规范意识并强化规范的威慑、引导功能。但是，"零容忍"不能作为长期性、常态化的基本政策。

四、网络犯罪现象治理的工作清单

传统现实物理社会与网络空间社会组成的"双层社会"正在形成，但是，完全独立的网络空间社会有待确立。网络犯罪治理与传统犯罪治理在宏观和微观上不尽相同，理念的视角之变是首位。应适时调整微观治理措施。在犯罪控制观的统领下，制作并落实社会控制、法律控制与刑法控制的措施清单具有现实意义。

（一）"双层社会"与网络空间控制思维

传统现实物理社会是几千年以来人类习以为常的生产生活场所。但是，网络时代彻底颠覆传统思维，网络空间社会以迅雷不及掩耳之势渗透到传统现实物理社会。尽管传统现实物理社会与网络空间社会正处在"双层社会"的磨合期，但人工智能社会的未来前景一片光明，"双层社会"最终演变为网络空间社会，"网络社会"将独立成为全新的生产生活时空维度。网络空间被称为人类社会的"第五空间"，是当前刑事治理的主要盲区，这既由认识局限性所致，更是网络代际变迁的未知性所致。基于此，网络治理体系不能遵循老路，要破旧立新，树立空间思维，重新设计和布局网络治理体系及其措施。概言之：一是要将网络科技及其异化风险作为治理的主要对象。网络空间社会首先是网络科技的世界，离开网络科技寸步难行，网络科技风险是一切风险的源头，也是治理的主要对象。二是网络空间社会的主体仍然是现实社会的个体，网络空间治理不能断然抛弃现实物理社会的配合与制约，传统现实物理社会是治理网络空间犯罪的重要场域。三是治理措施重在消除或控制技

---

[1] 参见李本森：" 破窗理论与美国的犯罪控制"，载《中国社会科学》2010 年第 5 期，第 155-157 页。

[2] 参见王世洲、刘淑裙："零容忍政策探析"，载《中国人民公安大学学报》2005 年第 4 期，第 68 页。

术异化风险,技术制衡应当作为网络犯罪治理的重要内容,但是,技术制衡应当与法律控制同步推进。

(二) 网络风险社会的预防性理念

与传统现实物理社会相伴随的是报应性司法理念,其以客观危害为评价的起点和对象。但是,网络科技风险不完全表现为实害结果,科技风险还表现为行为危险、结果危险状态。危险具有很强的潜伏性、高危性等特征,导致报应性司法理念在应对网络科技风险时遗留了大量的空白地带。为了弥合报应性司法理念与网络科技风险的"技术鸿沟",应适当转向以预防理念为核心的预防性治理体系。预防性刑法理念是因应风险社会的合理反应,将网络安全价值置于首位,刑法变成管理不安全因素的风险控制工具。[1]行为危险、危险增加、结果危险状态等法律所不允许的风险都可以在法定的条件下作为评价对象,在立法上表现为网络预备行为实行化、片面帮助行为正犯化、行为犯与危险犯的增加等,并呈现出刑事处罚的前置化与预防的早期化功能。[2]《刑法修正案(九)》增设第287条之一、第287条之二,将网络预备行为、网络帮助行为分别入罪,体现预防性刑法理念的思想,有助于缓和当前网络信息安全的严峻形势。但是,预防性刑法理念不能走向极端,对自由的保障不能松懈,对罪刑法定原则、比例原则的遵守不能懈怠。在设定预防性刑法理念及立法的正当性边界时,一是要坚持明确性原则,只有刑法典才能规定预防型的罪名及刑事制裁;二是预防型的刑事法网不能过于宽泛,比例原则是最基本的检验标准,但凡缺乏处罚的必要性与有效性的,不能介入或制裁;三是评价的标准既要考虑实害结果,也要考虑危险或危险状态,应当根据具体情况加以选择,不能片面增加抽象危险犯或具体危险犯,尽管危险犯是重要的立法技术;[3]四是主观罪过一般是故意,重大网络技术过失行为在情节严重时可以介入,一般的业务过失或监督过失应当慎重制裁。

(三) 社会控制体系

网络犯罪的社会控制体系是开放性的结构,新老方式交替不断进行。不同的社会主体、不同的义务主体、不同的时空条件、不同的参与方式等,都可

---

[1] 参见[德]汉斯·约格·阿尔布莱希特:"安全、犯罪预防与刑法",赵书鸿译,载《人民检察》2014年第16期,第30-31页。

[2] 参见车浩:"刑事立法的法教义学反思——基于《刑法修正案(九)》的分析",载《法学》2015年第10期,第6-7页。

[3] 参见孙道萃:"网络共同犯罪的多元挑战与有组织应对",载《华南师范大学学报(社会科学版)》2016年第3期,第140-147页。

以作为独立的社会控制力量来源或具体类型,最终汇成庞大的社会控制体系。当前,以下三类社会控制措施具有特殊的意义:(1)重视网络实名制。网络空间社会由网络技术支撑而起,网络技术的电子化运行使得网络空间具有显著的虚拟性,网络技术的匿名化问题不断加剧,助长侥幸心理、投机心理,成为诱发和隐藏网络技术风险的源头之一。从技术制衡的角度看,网络实名制是与其针锋相对的技术抗衡制度,直接压制网络匿名的异化迹象,成为净化网络空间秩序的一剂良方。《网络安全法》作为网络安全的基本法,其第24条正式确立网络实名制,这是网络犯罪社会控制体系的一大进步。网络实名制是网络空间社会的最基础性社会管理制度,既可以确立网络空间行为规范的可视化、可追踪、可归责的良性运行体系,也从预防的角度直接切断网络匿名环境与网络犯罪的潜在关联性。(2)制定网络自治公约。网络空间真实存在,网络空间社会的安全需要全体网络参与主体共同维护,单方面依靠国家与政府的监管难以奏效。政府规制与自治规制互相补充、互为支持的合作式规制体制,应当成为我国互联网规制的发展方向。当前,网络空间的行为规范不成熟、治理规则不健全、参与规则不明确、网络道德伦理标准模糊、网络评价规范缺失,导致网络自治机制陷入乏力,甚至瘫痪状态,难以发挥自我规制的积极效应。为网络空间社会"建章立制"是社会控制体系的重要环节,制定具有民主性、科学性的网络自治公约是其关键内容,既可以起到行为引导、意识强化等作用,也可以促使国家监管体系的同步跟进。(3)推行互联网企业适法计划。网络参与主体主要包括网络企业与用户,网络企业具体包括网络建设维护者、网络运营者与网络服务提供者。从社会控制的原理出发,企业是社会控制的关键主体之一,企业应设立内部控制网络犯罪机制。企业适法计划(Corporate Compliance Programs)起源于美国,各国的规定和做法不一,通常认为是企业为预防、发现违法行为而主动实施的内部机制,基本的构成要素包括正式的行为规则、负责官员以及检举制度等。[1]企业适法计划属于企业自治的重要内容,同时也是企业参与社会控制的重要途径,可以从内部形成控制犯罪发生的遏制力量与纠正机制,明显提高社会控制的效率。而且,企业适法计划摆脱国家行政主导的一元管理格局,重新确立国家监管与企业自治的"二元治理模式",形成共同治理网络犯罪的新机制,明

---

[1] 参见周振杰:"企业适法计划与企业犯罪预防",载《法治研究》2012年第4期,第27页。

显强化了社会控制的力量体系。[1]但是，企业适法计划不能取代国家监管的地位及其作用，国家监管职责不能过度转移到企业。在网络科技创新、自由发展的基本原则下，过度增加企业的社会控制责任，不仅不利于网络企业的发展，也弱化了社会控制各方的职责并降低了社会控制的效率。

（四）法律控制体系

法律控制是指通过法律体系进行的犯罪控制活动，其主要内容是立法控制、执法控制。立法控制主要是加快推进国家网络安全法律体系的建设，执法控制的主要任务是强化执法力度以消除无序的外部环境。简言之：（1）以《网络安全法》为基础推进网络立法体系完善。顺利通过《网络安全法》具有划时代意义，将网络空间作为规制对象，将网络空间安全保护作为立法任务，填补网络安全基本法长期缺位的重大制度漏洞，消除1994年《计算机信息系统安全保护条例》遗留下的历史问题。在此基础上，应以《网络安全法》为参照，为其他法律修改注入网络因素，逐渐形成主次分明、结构协调、功能合理的网络法律法规体系，避免《网络安全法》陷入独力难支的窘境。(2)修改《中华人民共和国治安管理处罚法》（以下简称《治安管理处罚法》）。现行有效的《治安管理处罚法》是落实法律控制的主要行政法依据，是国家实施网络监督并强化执法力度的重要逻辑起点。但是，《治安管理处罚法》的制定背景是传统现实物理社会，因而，面临网络化转型。从治理网络技术风险和防控网络违法活动出发，启动立法修改不可逆转，并应当对一系列新情况、新问题作出前瞻性的规定。(3)加大网络监督执法力度。在网络空间社会的形成初期，由于网络自治模式运行欠佳，甚至出现失灵现象，国家监管具有非常重要的作用。但是，当前网络监管体制尚未成型、监管机制的合力不足、监管部门的力量分散、监管人员专业化不高，严重制约政府对网络安全的有效监管。国家网络监管的主要活动是执法，严格执法和加大执法力度、频率是"零容忍"政策的内在要求。

（五）刑法控制

刑法控制是法律控制的重要组成部分，是网络犯罪治理的最前沿。但是，当前无论是刑事实体法还是刑事程序法，都以传统的现实物理社会为制定背景，必然出现应对网络犯罪控制的制度供给不足问题。刑法控制主要分为立法控制与司法控制，也可以分为刑事实体法控制与刑事程序法控制，其主要

---

[1] 参见李本灿："企业犯罪预防中国家规制向国家与企业共治转型之提倡"，载《政治与法律》2016年第2期，第51页。

内容包括：（1）刑法典的网络化改造。1997年《刑法》在制定时并未将网络因素作为立法的重要内容，虽然经过《刑法修正案（七）》《刑法修正案（九）》两次调整，网络犯罪的规范体系得到加强，但是，网络刑法规范体系仍远远无法满足现实需要，"无法可依""适法不明"等问题非常突出，严重制约刑法控制的广度、深度与力度。从微观看，刑法总则和刑法分则都面临修改的新挑战，应当围绕网络安全法益及其具体内容，既要在网络刑法学的基本原则、网络犯罪概念、网络犯罪构成及其要件要素的遴选、网络共同犯罪等特殊形态、网络正当化事由等方面作出根本性改变，也要对犯罪对象、危害行为类型、定量因素及体系、罪状内容、法定刑配置、罪名调整、章节安排等作出必要调整。从长远看，网络刑法学可以作为未来的理论形态，承担传统刑法理论体系"网络化"后的衔接任务，并可以指导网络刑法立法完善活动。[1]（2）刑事诉讼法典的网络化修正。1996年《刑事诉讼法》同样对网络时代的规定严重不足，2012年修正时尽管作出了一定的补强，然而，网络案件刑事诉讼程序不仅滞后于实体法的修正步伐，更明显滞后于网络时代的变迁，这必然对司法控制产生持续的负面作用。从重点内容看，主要包括管辖原则、电子证据、可视化司法等。2015年，"互联网+"成为国家战略，"互联网+"司法改革也迎来元年，为刑事诉讼法典的网络化转型提供了充沛的司法支撑力量和实践平台。无论是刑法典还是刑事诉讼法典的"网络化"转型，第十九届国际刑法学协会大会通过的决议都为其提供了最前沿的参照模板，是刑法控制网络犯罪的重要国际范本。

综上，向网络犯罪宣战，是网络空间社会面临的全新议题。遵循传统思维因应来势汹汹的网络犯罪，已日渐显露出疲态与失灵现象。网络犯罪是网络空间社会的正常现象，彻底消除网络技术风险是奢望，毕竟网络技术具有相对的中立性。应当秉持相对主义犯罪观，确立犯罪控制理念。在犯罪控制的宏观层面，及时打通犯罪学、刑事政策学与刑法学的内部关联通道，尤其是发挥刑事政策的衔接作用，营造宽严相济与"零容忍"政策共同指导的刑事法治反应机制的生态。在微观上，也应当制定社会控制、法律控制及刑法控制的任务清单，逐步推进立体化的控制体系，将网络技术风险控制到网络空间社会能够容忍的合理范围。

---

[1] 参见孙道萃："网络刑法知识转型与立法回应"，载《现代法学》2017年第1期，第129页。

第七章
我国网络安全刑事保障的体系完善与机制构建

网络信息技术的迅猛发展,促进了经济社会的重大繁荣进步,也带来了新的安全风险和挑战。纵观全球网络安全形势,日益严峻的网络技术异化风险与网络犯罪形态接踵而至,迫使国际社会和各国纷纷聚焦如何维护网络世界的安全与秩序课题。其中,网络安全刑事保障机制作为重要一环,既是国际社会激烈争夺的制高点,也是各国矢志不移加以完善和强化的核心板块。在新形势下,我国应保持网络安全刑事保障体系的稳定发展,着重优化机制建设与全局治理格局的提升。

一、网络安全刑事保障的域外演进与本土思考

计算机的诞生宣告新纪元的来临,互联网时代开辟前所未有的新型网络社会形态。人类社会在享受无穷尽的网络福利之际,也饱受网络安全的脆弱之苦。在全球范围内,网络技术异化风险挥之不去,网络空间安全治理与网络技术风险防控成为全球议题,刑事法治体系因担负保障网络安全法益的重要使命而备受关注。

(一)因应全球网络风险的国际考察

新兴网络世界主要是西方发达国家主导和推动的社会产物。网络技术风险引发的无序严重侵扰西方发达国家的网络安全,也促使国际社会参与治理网络犯罪。

1. 欧美发达国家主动出击

基于技术优势,欧美发达国家既占据网络安全治理的"领头羊"位置,也占尽国际舆论前端、政治主动权与技术垄断优势,并对其他发展中国家形成了严峻的外部竞争与战略空间挤压态势,导致发达国家与发展中国家之间围绕国际互联网治理的权力之争愈演愈烈。以美国为例,2001年,美国政府

颁布《爱国者法案》；2015 年，美国议会先后通过《美国网络安全信息共享法案（CISA）》《美国网络安全法》(the Cybersecurity Act of 2015)；2016 年，美国白宫公布《网络安全国家行动计划》(CNAP)；同时，美国在刑事领域也取得显著成果，包括《美国联邦计算机欺诈与滥用法案》(1986 年)、《美国联邦禁止电子盗窃法案》(1997 年)、《美国联邦禁止网上攻击者法案》(2006 年)、《美国联邦非法互联网赌博执行法案》(2006 年)、《美国模范刑法典》(修订)、美国加州参议院制定通过第 568 号法案（"橡皮擦法案"，2013 年）等。这些立法举措确保美国继续走在国家网络空间安全治理的最前列与引领位置。而且，网络安全的刑事治理与保障始终是各国与国际社会网络空间安全治理体系的焦点，因为直接事关诸方的核心国家安全利益、国家网络主权地位、国家公共安全等。这些丰富的域外网络安全治理经验亦是中国厚积薄发的重要外部力量。

2. 国际社会积极反应

面对日益严峻的网络安全形势，国际社会和欧盟纷纷加快推进国际互联网治理的"建章立制"进程，刑事保障体系方面尤为突出。主要包括：(1)《网络犯罪公约》。作为首部针对计算机、网络相关犯罪的区际、国际公约，是目前有效的全球性计算机、网络犯罪治理公约，对寻求共同打击计算机、网络相关犯罪的共同刑事政策、法律体系与国际协助起到显著的推动作用。[1]基于此，《网络犯罪公约》首次确立科学、完整的复合型应对体系，注重对计算机、信息技术、信息社会与网络等专门术语进行解释和说明，在实体法部分、程序法及管辖部分、国际合作部分三个方面取得了突破性进展。但是，《网络犯罪公约》已日渐变成计算机技术犯罪这一特定时代的产物：犯罪圈设置偏大，弱化人权保障；强化网络版权的国际保护，忽视国际差异和公平正义；网络犯罪管辖权的规则简单，滞后于现实需要；受限于计算机技术的历史局限性，过度关注计算机技术犯罪，与网络犯罪的发展趋势并不吻合；国际合作效果与理念无法跟上最新的发展趋势和需要。因而，互联网治理机制与刑法保障体系有待升级换代。(2)第十九届国际刑法学协会大会通过"信息社会与刑法"决议[2]（2014 年）。决议反映国际社会治理信息网络安全的最新经验与最新共识，具体包括刑法总论、刑法分论、刑事程序法、国际刑事法

---

〔1〕 参见皮勇：《网络犯罪比较研究》，中国人民公安大学出版社 2005 年版，第 20 页。

〔2〕 决议的中文翻译版本援引自北京师范大学刑事法律科学研究院吴沈括副教授的微信公众号。

律四部分。刑法总论和分论相辅相成，与程序法、国际法律部分相得益彰，共筑了最新的国际网络空间治理新机制，在国际治理理念与水平的超前性、高度协同的整体应对机制、网络技术的规制与运用并重、倡导国际网络空间社会共治理念、国际经验的可参照性等方面略胜一筹。尽管决议在诸多方面已经超越《网络犯罪公约》，但也存在国际约束乏力、内容过渡性、参与差别性、实操理想化、分歧虚置化等缺陷。这迫使国际互联网治理，尤其是刑事治理仍需持续改进。（3）欧盟《通用数据保护条例》。为了率先踏上数字时代新秩序的起跑线，通过对欧盟《数据保护指令》反复讨论和修改后，欧盟正式通过欧盟《通用数据保护条例》，再次占据大数据保护的前沿阵地，这些集中体现在适用（管辖）范围的极大拓展、统一规则与特殊规则的兼顾思维、数据处理的合法性、数据安全与数据使用的核心化、数据监管的一站式治理、数据跨境流动的完善机制与数据主权的维护、数据画像的规范化、数据权利的救济、强大的安保措施等方面。其中，对滥用权力和侵犯数据权益的，也制定了严厉的制裁措施，包括禁令措施、罚金等。[1]欧盟《通用数据保护条例》引领了最新的国际保护动向。

尽管各方的分歧与博弈持续不减，但国际社会对治理网络空间安全的共识与机制日显端倪，并取得一定成效。而且，联合国主导下的相关机构与部门不甘落后，积极推动"数据革命"等全球互联网安全治理议题，凸显网络空间治理的战略地位与网络安全保障的时代使命。《2016年世界互联网发展乌镇报告》指出，网络安全和互联网治理的国际交流与合作将成为国际社会最关注的话题，国际社会正积极推动互联网治理体系的构建与完善。在全球共治格局下，我国既不能独善其身，更不能"落单"自行；既要权衡得失，更应驱动长远发展；既要尊重和参与国际经验的制定，也要因地制宜地明确参与立场和维护国家利益。

（二）国内刑事保障进展的评估

自1994年接入国际互联网以来，我国互联网高度普及，移动互联网高速发展。我国正由网络大国迈向网络强国，网络安全已经直接关系到国家安全、公共安全、公共秩序与公民权益。在此期间，专门性法律法规相继出台，网络安全治理的上层力量与法律制度持续发展，不断夯实网络安全刑事治理体系的规范基础。但是，当前的网络安全保障体系仍存在代际落差明显、有效性不足等问题。

---

[1] 参见王融："《欧盟数据保护通用条例》详解"，载《大数据》2016年第4期，第101页。

1. 上层结构与法律体系的稳步推进

尽管加入互联网的时间短、网络治理起步晚，但受益于改革开放与网络的高度普及，我国有组织应对网络安全的保障体系发展迅猛，刑法保障机制也蒸蒸日上。主要包括：（1）设立"中国共产党中央国家安全委员会"、成立中央网络安全和信息化领导小组（与国家互联网信息办公室合署办公）等领导指挥力量体系，为网络安全治理注入强大的政治推动力和政策驱动力。（2）提出"总体国家安全观"，网络安全上升到国家战略高度，刑事法治体系保障网络安全的战略地位不断攀升，迫使刑法启动修改。（3）提出"互联网+"国家战略、"网络强国建设"等全新战略理念与思维。释放网络的强大生产力，为网络安全治理灌入变革的新能量，也迎来网络安全保护的新挑战、新形势。（4）顺利通过并施行《网络安全法》。作为最重要的网络安全立法活动，《网络安全法》是我国网络安全法律体系的基本法；同时，《中华人民共和国国家安全法》《中华人民共和国反间谍法》《反恐怖主义法》等相关网络立法相继补强法律规范的供给。（5）刑法规范供给体系不断完善。1997年《刑法》初步建立计算机犯罪规范体系，《刑法修正案（七）》充实计算机犯罪规定与罪名结构，《刑法修正案（九）》合理扩大刑法介入网络犯罪的边际与扩充网络犯罪的罪名体系，刑法已然成为网络安全治理的中流砥柱。（6）刑事诉讼法的网络化修正有序推进。1996年《刑事诉讼法》对网络犯罪案件刑事诉讼程序的专门性规定微乎其微，2012年修正时略有涉及，2015年开启"互联网+"司法改革的序幕，但刑事诉讼制度的"网络化"修正与转型仍进展缓慢。至此，保护网络安全的指导核心、组织结构、动力体系、法律规范趋于完善，其中，刑法保障体系也沿着实体、程序相互协同并进的原则不断完善。

2. 刑法规范供给不足与制度缺位突出

与《网络犯罪公约》、"信息社会与刑法"决议、欧盟《通用数据保护条例》确立的刑事保障体系相比，我国刑事规范供给与制度输入明显跟不上，具体表现如下。（1）网络基础立法长期滞后。1994年生效的《计算机信息系统安全保护条例》作为特定的历史产物早已捉襟见肘，甚至落后，对1997年《刑法》制定计算机犯罪的负面影响也在递增。（2）《网络安全法》的局限性。作为网络基本法的《网络安全法》顺利通过，对其他网络法律法规的修改与完善具有显著的辐射效应与指导作用。但《网络安全法》无法面面俱到，对云计算、大数据等新生安全的规定相对不足，过于重视个人信息与信息网络安全保护而忽略其他环节，宣示性、软性条款偏多使得规定操作的可行性不尽理想，可能存在过度加重网络参与主体尤其是网络运营者的义务而不当扩大监管主体的权力范围之嫌等。而且，其他网络关联立法诸多空白，使《网络安全法》对推进刑事保障机制完善的作用仍有待评估、检验和修正。

（3）传统计算机犯罪规定日显疲态。1997年《刑法》施行至今，以计算机犯罪、计算机信息系统及其运行安全为主导的陈旧立法思维仍然根深蒂固，已经无力统摄不断开放与膨胀的网络犯罪形态。不仅导致现行刑法规范严重超负荷运行，也导致刑法规范供给与网络代际更迭的现实需要之间严重脱节。

（4）刑法体系的网络化转型进展缓慢。网络犯罪的立法具有被动性、局部性和零碎性，刑法立法理念滞后、法益保护范围过于狭隘、危害行为类型化不足、推动与引领国际网络安全治理的步伐仍需强化等问题始终存在，独立的网络安全刑事治理理念与机制仍未成型，网络刑法学知识转型尚未真正开启。

（5）刑事诉讼的"网络化"协同转型不力。刑事诉讼的网络化转型明显迟缓于实体法，包括转变的意识不足、核心理念不清、价值取向不明、与实体法的主动互动不足、程序制度设计与规则适用有待完善等问题，协同供给的能力有待提升。

综上所述，互联网"地球村"的设想正在展开，作为关键要素的网络安全却警钟长鸣，新型网络犯罪形态的浪潮大有席卷全球并取代传统犯罪形态之势，打击、预防网络犯罪已是各国和国际社会面临的常态化挑战。刑事法治机制基于自发自生的防卫社会与人权保障机能，始终承担有效控制网络犯罪、积极预防网络技术风险的重任，是网络安全保障机制与网络犯罪控制的核心动能。刑事治理体系作为维护网络空间安全的基础法治力量，早已成为各国与国际社会共治网络空间机制的争夺与建设重点。在举办三届世界互联网大会、制定"互联网+"国策（2015年）和发布《国家信息化发展战略纲要》（2016年）、《国家网络空间安全战略》（2016年）等一系列重大举措后，我国已经全面勾勒出网络信息安全治理、网络安全国际共治、网络空间法治建设的总体部署与发展愿景，也直接为酝酿我国网络安全刑事保障机制的完善提供了前所未有的历史契机。

二、国内网络安全刑事保障的体系协同

回顾网络安全的刑事保障体系的进程及其得失，积极推动网络刑法学与网络刑事诉讼学的协同知识转型是关键，而辅以一系列任务的贯彻和完成是保障。

（一）传统刑法学的网络化延展

网络安全基础立法是刑事治理体系的前提与刑事立法完善的保障。刑法

立法更新升级是刑事治理体系实现跨越式发展的先导与推进"供给侧"改革的排头兵。网络刑法学是传统刑法理论彻底实现"网络化"转型的新生历史形态。

1. 立法回应机制的陈弊

立法活动并非绝对的主观"创造",而是对社会事实的自发反应与合理重构。[1]顺利通过《网络安全法》对网络基础立法具有划时代的意义,意味着成功突破第一道封锁线,可以填补网络安全法律体系的重大空白,引领其他部门法与专门立法跟进,并确立新时期网络安全法律体系的格局。更重要的是,《网络安全法》与其他关联法律是网络安全刑事立法完善升级的重要参照指标,也间接决定了网络刑事治理体系的基本框架与规范供给量。但是,我国网络安全立法总体上发展不够,也间接使得当前刑法立法明显呈现"被动型""事后性""应急化""象征化"等消极迹象,具体为:(1)立法的前瞻性不足。比如,对于移动互联网犯罪、大数据犯罪、云端犯罪等新问题,理论研究的前沿性、超前性受阻,有失于立法的战略性、规划性和长久性。刑法立法拖后腿是刑事治理体系的"硬伤",不断加剧传统理论的失灵弊端,制约刑事诉讼程序的衔接。(2)立法的理论回应缓慢。尽管《刑法修正案(九)》增加了网络预备犯罪、网络片面共同犯罪,但并未触及总则的犯罪停止形态、共同犯罪等核心问题,更未通盘考虑修改犯罪概念、犯罪构成、刑罚体系等基础环节。"旧瓶装新酒"的过渡模式难以持久。总则搁置全局性的立法调整,分则立法如同"无头苍蝇"。总则分则一旦陷入首尾难以相顾的困境,就容易出现非理性的短期行为、[2]立法动机的情绪化[3]等问题。(3)立法的个别性强、缺乏全盘性。《刑法修正案(七)》具有局部性、内部冲突性、零碎性等特点,导致修改的阶段性、过渡性色彩偏重;《刑法修正案(九)》虽具有及时性与超前性,却也有失于修改内容的整体性和系统性。[4]新近的两次修正虽解决了一些焦点突出、形势紧迫、条件成熟的老问题,却

---

〔1〕 参见 [英] 弗里德利希·冯·哈耶克:《自由秩序原理》,邓正来译,生活·读书·新知三联书店 1997 年版,第 201 页。

〔2〕 参见车浩:"刑事立法的法教义学反思——《基于刑法修正案(九)》的分析",载《法学》2015 年第 10 期,第 15 页。

〔3〕 参见刘宪权:"刑事立法应力戒情绪——以《刑法修正案(九)》为视角",载《法学评论》2016 年第 1 期,第 86 页。

〔4〕 参见赵秉志、袁彬:"中国刑法立法改革的新思维——以《刑法修正案(九)》为中心",载《法学》2015 年第 10 期,第 23 页。

缺乏全面规划与布局，不足以应对不断涌现的网络犯罪新问题。分则修改采取"出现一个、解决一个"的策略，是"亦步亦趋"的被动之举，耗费大量立法资源，尤其对司法适用有负面影响。反而，整体性的专属网络立法理念呼之欲出。

2. 网络立法完善的要领

在网络立法不断完善之际，网络刑法立法应当面向未来，以发展的眼光创设新的规范体系。网络立法完善的要领主要包括：（1）网络立法活动的独立专属化。传统的计算机犯罪立法理念已成为过去式。网络作为犯罪对象仍大量存在，网络作为犯罪手段仍不断翻新，网络作为新的时空维度正在扩容，犯罪形势的巨变迫切要求立法思维主动寻求变革。要坚持网络对象型、网络手段型立法思维，更应重点拓展网络空间型犯罪的新思维。网络空间社会是迅猛发展的新鲜事物，是刑法保护的真空地带，是亟待立法明确属性与地位的"第五空间"。网络空间法益需要独立保护，独立的网络空间法益是新时期立法思维的根本方向，要防止立法技术与立法内容的断代、断层及落差现象不断加剧。（2）总则与分则的联动修改。应兼顾总则与分则的同步修改，一律固守"分则先行、总则迟缓"理念并不可取，"总则适度超前、分则具体跟进"未尝不可，确保协同立法价值、理念与技术是关键。应当根据形势发展和情势需要，采取区别对待、主次有别的修改，不要求总则与分则完全同步。总则修改牵一发动全身，应当稳妥而不失前瞻性；分则修改可以偏重灵活性、特定性与实效性，修改的时机节点、内容表述、范围大小等可以伺机而动。（3）网络安全法益作为立法的基础依据。网络安全法益正在整体渗透国家安全、公共安全、社会秩序与公民合法权益，网络安全法益是独立的新型刑法法益。网络安全法益的整体迁移态势不可逆转，对传统法益内容及其类型施加强大的嵌入、修正、升级、淘汰、创新等外部力量，促使传统刑法法益实现"脱胎换骨"式进化，新型、独立的网络犯罪体系指日可待。（4）立法技术与立法理念的协同升级。"宜粗不宜细"的立法技术正在被淘汰，立法精细与精致化是趋势。网络刑法立法技术应当紧随并超越网络技术发展的步伐，以先进的立法技术制衡网络技术异化风险，植入预防性刑法立法理念、合理降低网络犯罪的入罪门槛、适度增加抽象或具体危险犯及行为犯的立法数量、改变结果犯"独大"局面、创生网络定量因素及评价机制等都是重点板块，并最终创生网络刑法典。

3. 网络治理的刑事政策定位

网络技术风险是新生事物，在应对不确定的网络安全挑战时，更应从宏观上确立科学的刑事政策与策略。发挥刑事政策对刑事立法与司法的指导作用，为刑事法治体系的"网络化"转型提供准确的理念与路线导航，而其关键是宽严相济与"零容忍"的理性互动。（1）"零容忍"作为具体策略的必要性。为了从源头上遏制网络技术风险，应当清除一切可能诱发危险的因素，切断危险源头与潜在犯罪之间的联系，"零容忍"政策由此而生。"零容忍"虽非法定的刑事政策，却客观反映"破窗理论"的内核及其要求，两者都强调不良的外部因素与诱发犯罪的正相关性，主张竭力清除外部因素以切断关联性。因此，"零容忍"凸显刑法功能的发展性与适宜性，理性激活了刑法的积极预防功能，并释放刑事处罚的早期化、法益保护的提前化以及一般预防的积极化等效能，集中表现为密而不严的刑事法网结构。比如，《刑法修正案（九）》增加第287条之二，确立严密的网络技术帮助行为制裁体系，体现了"零容忍"的立法意图。在网络犯罪处于上升期、高发期之际，"零容忍"政策可以起到立竿见影的治标效果，有助于遏制网络安全形势的蔓延态势。"零容忍"倡导的刑事处罚早期化不是某些国家主张的积极网络攻击策略，并非"先发制人"的单边主义行为。（2）宽严相济作为基本策略的科学性。任何犯罪都无法消灭，网络犯罪的数量始终处在此消彼长的状态，犯罪只能被控制在合理的容忍范围内。[1]社会控制是首要方案，包括刑法控制在内的法律控制是次优方案。从相对主义犯罪观看，为了合理控制网络犯罪的蔓延态势，应当兼顾治标与治本，甚至应当有先后主次之分，治标是当务之急，治本才是归宿，"高压治标是为了更好地为治本预留空间"。尽管刑罚处罚前置化与预防早期化是治标的利器，却非治本的最有效方式。刑法并非万能的社会控制手段，预防与惩罚应当相辅相成，完全依靠高压的报应性司法模式，既无法通过严厉的惩罚实现威慑效果，也不足以有效控制犯罪。刑事法网的疏密、刑罚圈的大小、刑罚结构的轻重、刑事制裁的严缓，都应秉持区别对待、张弛有度、宽严相济的精神。"信息社会与刑法"决议高度重视预防机制的重要作用，规定"为应对网络犯罪现状及其可能带来的威胁，并考虑到维护网络安全的必要性，法律和刑事司法系统应当平衡个人、共同体、私营和公共部门之间的利益。应避免过度依赖刑法保护，鼓励健全预防机制、采取主动防御策略、注重公众教育与意识培养以及采用替代性制裁措施"。这显示了反对一味迷信犯罪化与惩罚功能的旨趣。实际上，对于不同的网络犯罪类型，在打击力度上应"分而治之"，适当纠正一律从严、从重、从早的策略，如网络

---

[1] 参见刘广三："犯罪控制宏论"，载《法学评论》2008年第5期，第28页。

信息传播型犯罪应高压打击，而互联网金融犯罪应审慎打击。[1]因此，面对来势汹汹的网络安全挑战与日益复杂化的网络犯罪形势，刑事治理应当遵循区别对待原则，注重有效纠偏与校正"零容忍"具体政策在运行过程中的"脱轨"，该宽则宽，该严则严，宽严适度。

4. 加快网络刑法体系的知识转型

立法完善是传统刑法学实现"网络化"转型目标的迫切需要与首要任务，网络犯罪的控制观念也进一步凝练了刑事法治的资源和动能。然而，面对网络犯罪带来的系统性挑战，坚守传统刑法基本原理与及时调整刑法应对措施是一对相互联系却又相互排斥的联合体，[2]影响并制约了传统刑法体系的与时俱进。从社会变迁与刑法制度变革的内在规律看，传统刑法体系将被逐步淘汰和稀释，建立健全网络刑法学体系才是终极目标和未来方向。[3]从传统刑法学到网络刑法学的知识形态之历史迁移，是刑法制度内生性的空前裂变，是网络安全刑事保护的时代需要，是整个网络法律制度蜕变的缩影。网络刑法学作为全新的理论形态，是完全根据网络时代的需要而作出的同步的协同创新，是对传统刑法学的扬弃、颠覆与重塑，是刑法历史形态的一次重生。当前，这场剧烈的制度蜕变仍处在起步阶段，而且受网络技术、网络社会等多重不确定性因素的牵制，理论体系的演变缺乏可以借鉴和临摹的范本。回顾我国1997年《刑法》实施以来的三十多年刑法学的发展，刑法学界的学派之争为我国刑法教义学的发展提供了契机，三阶层与四要件之争、形式刑法观与实质刑法观之争、行为无价值论与结果无价值论之争进一步深化了教义学研究。[4]可以预见的是，网络社会的到来与网络犯罪的冲击，还将带来全新的理念、知识与动力，再次强化了我国刑法教义学的研究，其中，网络刑法体系的孕育和发展正是主线。基于此，不妨先不落入"选边站队"的思维窠臼，以传统刑法学体系的罪责刑关系为基础，推动犯罪、刑事责任与刑事制裁三个基本范畴的革命性的蜕变与制度性的创新，使网络犯罪概念与犯罪构成、刑事责任及其归责原理、刑事制裁体系及其结构、网络犯罪形态等具

---

[1] 参见刘宪权："网络犯罪的刑法应对新理念"，载《政治与法律》2016年第9期，第8页。

[2] 参见张智辉："网络犯罪：传统刑法面临的挑战"，载《法学杂志》2014年第12期，第70页。

[3] 参见孙道萃："网络刑法知识转型与立法回应"，载《现代法学》2017年第1期，第117页。

[4] 参见陈兴良："刑法教义学的发展脉络——纪念1997年刑法颁布二十周年"，载《政治与法律》2017年第3期，第2页。

体概念以崭新的面貌呈现,服务于保护网络空间安全刑法法益的核心任务。

(二)刑事诉讼的网络化转型

刑法立法与刑事诉讼是刑事治理体系的"两翼"。网络代际的变迁迫切要求传统刑事诉讼理念主动求变,促发刑事诉讼形态的"结构漂移"与"和平演变"。建立健全与网络空间社会属性相符的刑事诉讼法学(知识形态)势在必行。

1. 刑事诉讼网络化变革的客观必然性

网络刑事诉讼知识形态是传统刑事诉讼面向未来和实现网络转型的发展方向,理由如下。(1)现有零散调整的不足。2012年《刑事诉讼法》开始有意识地规定网络犯罪案件刑事诉讼程序,如"电子证据"的法定化、技术侦查措施的明确化等,具有一定的突破性与参照性。经此,总体上与国际水平、标准实现接轨。但是,宏观布局和规划意识淡薄、整体修改幅度零散杂乱、个别问题的修改力度明显不足与操作性乏力、国际司法合作基本搁置等新老问题交替混杂,管辖原则不明、电子证据取证规范化、案件取证难、案件初查难等难题接踵而至,严重制约司法机关的反应速度和效果。[1]尽管《最高人民法院、最高人民检察院、公安部关于办理网络犯罪案件适用刑事诉讼程序若干问题的意见》于2014年发布,然而,司法补强意义有限,大量问题仍受限于转型期的阵痛而被搁浅。(2)法治转型的内生性需要。美国证据法学的巨擘达马斯卡曾提出"飘移的证据法",旨在描述证据学的剧烈变迁。2012年《刑事诉讼法》虽有一些进步,但不免在网络时代再次陷入被淘汰的历史宿命,对网络时代的反应不足是最直接的隐患,导致传统刑事诉讼的生产力促进作用开始负增长,甚至逐渐枯竭。传统刑事诉讼程序不能被动挨打、毫无反应,不能再沿着刑法立法"拆东墙补西墙"的老路子,否则,传统体系与网络体系的对接必然异化为"碎片化"微调,最终导致理念、技术与制度陷入激烈对抗与冲突不止的积重难返状态。网络空间社会的刑事诉讼理念及其构造、模式、制度、规则等正在漂移,新一轮的"地壳运动"正在酝酿,是开拓刑事诉讼结构转型的新增长点。(3)国际社会的外力使然。各国高度重视传统程序法的"网络化"变革,联合国主导下的国际司法标准积极主动进行调整。比如,"信息社会与刑法"决议的"程序法部分"竭力融合ICT新兴因素,具有明显的整体功能优势,个别适用优先性与网络技术指导性,具

---

[1] 参见吴孟栓、侯庆奇:"《关于办理网络犯罪案件适用刑事诉讼程序若干问题的意见》理解与适用",载《人民检察》2014年第11期,第25页。

体集中在依托网络技术的信息收集、调查或侦查、电子证据使用、可视化庭审等方面,并将网络因素全面延伸到国际司法合作。显然,"信息社会与刑法"决议可以作为我国刑事诉讼网络化转型的外部参考指标。

2. 刑事诉讼网络化的衔接要旨

2015年,"互联网+"升级为国家发展战略,被写入政府工作报告,刑事诉讼的"互联网+"改革正扬帆起航。当前,管辖原则的重新设计、电子证据的诉讼运用、庭审的可视化改造、国际司法合作的网络化转型等改革需求纷至沓来,既占据网络犯罪刑事诉讼程序转型的桥头堡,也指明改革的前进方向。核心内容主要包括:(1)情报信息交流共享。大数据时代的最大特征是"数据池"蕴含无穷尽的信息"富矿",用好数据才能发挥大数据的司法应用功能。应当织起打击网络犯罪信息的大数据网,建立健全"信息引导侦查"的长效机制,提高犯罪侦查效率与协同能力。(2)配置专门网络侦查部门。大数据时代为传统侦查活动提供了"大数据分析"等技术优势,但也对侦查部门的技术要求、专业程度与职能升级等提出了新要求,专门的网络犯罪案件侦查机构应运而生。比如,美国的联邦调查局总部的网络部、受过特训的网络小组、网络行动组,以及加拿大的皇家骑警的技术部门下辖的技术犯罪项目部均走在前列。目前,我国有些地方开始尝试建立相对独立的侦查职能部门、办公室,如最高人民检察院成立的"检察技术信息研究中心"(信息办)、大连市人民检察院成立的"网络犯罪检察监督处"、北京市东城区人民检察院成立的"网络和电信犯罪检察部"等。今后可以通过试点等方式推广普及,提高专业水平。(3)电子证据运用的国际标准化。在电子证据的收集、保存、使用、认证、移交等方面,新老问题层出不穷,如电子数据的快速保护、电子证据的搜查扣押、数据跨境使用的规范化。2016年,最高人民法院、最高人民检察院、公安部印发的《关于办理刑事案件收集提取和审查判断电子数据若干问题的规定》仍有提升空间,应加快形成符合国际趋势的司法标准,降低国际合作门槛,提高诉讼效率。(4)加速推进刑事诉讼阶段的"网络化"改造。首先,以庭审中心主义等司法改革拉开序幕后,庭审环节的"网络化"应率力先行。比如,河南省郑州市中级人民法院尝试通过微信平台开庭的方式探索庭审的"互联网+"改革;"快播案"成为首例适用认罪认罚从宽制度的网络犯罪案件等。其次,检察工作的"互联网+"进展迅猛,[1]

---

[1] 参见正义网络传媒研究院:"首份《'互联网+检察工作'研究报告》解读",载《检察日报》2016年1月13日,第12版。

是传统检察体制主动自觉协同联网发展的重大决策。今后应继续围绕数据生产与采集、检察数据标准化建设、存储与运行、海量数据的应用研发能力的专业化等方面，巩固检察机关网络安全建设的技术基础，稳步提升检察网络化的协同治理能力，推进检察机关保障网络安全能力建设。（5）厘清网络刑事诉讼转型的价值均衡。为网络空间权利"立规矩"和为权力"划边界"的博弈始终对峙，应当确立犯罪控制与诉讼人权保障不偏不倚的网络刑事诉讼理念，寻求客观且中立的诉讼功能和任务。比如，"信息社会与刑法"决议在严格使用电子监控、慎用远程进入网络的技术侦查、扣押电子邮件遵循比例原则等方面，均具有一定参照性。

3. 网络刑事诉讼的知识体系

刑事实体法与刑事程序法协同共进是刑事治理体系趋于完善的终极指标，刑法学与刑事诉讼法学同步"网络化"转型是网络安全刑事治理机制实现效益最大化的重要保障。网络刑事诉讼法学是传统刑事法治理念与体系在程序法层面彻底实现革命性蜕变的未来方向，是因应网络技术风险的必然反应。然而，相比于实体法层面的主动变革意识与积极行动，程序法层面的反应意识明显淡薄，应对措施也明显迟缓，遗留的问题和积累的矛盾也在增多。究其内因，网络犯罪形态对刑事诉讼的渗透具有发散性，对刑事诉讼规则的排斥与适用更温和，对刑事诉讼原理的冲击具有后置性，延缓了新旧知识对抗的激烈性和不对称性。但是，从实体法与程序法的一体性关系看，程序法层面应迎头赶上。网络刑事诉讼法学将对传统刑事诉讼法学进行彻底改造与升级，刑事诉讼理念、模式、原则、制度、阶段、程序、规则以及管辖、证据、司法合作等"骨架"将焕然一新。我国当前正在如火如荼地进行刑事司法体制改革，应当主动转向并积极推动司法体制改革的网络转型，建立健全刑事诉讼网络化发展的长效机制。

三、网络安全国际共治的刑事机制

"他山之石，可以攻玉。"在国际共治格局下，不仅应与时俱进地革新国内刑事治理体系，也应积极推动与引领国际社会治理体系及刑法保障机制的发展。

（一）国际共治的法治思维确立

国际社会对网络空间共治存在重大分歧。无论是2011年11月在伦敦举行的"网络空间国际会议"（伦敦会议），还是后续2012年10月在布达佩斯举行的"网络空间国际会议"（布达佩斯会议），国际社会围绕国家干预与人权保障、经济发展与网络安全、网络犯罪等分歧展开的激烈角逐，最终都是国家主权原则的博弈。[1]国际话语仍由西方社会主导，发达国家与发展中国家以及东西方阵营的利益分歧与政治博弈持续胶着。我国应当明确建立参与网络安全国际共治的法治思维。

1. "同呼吸、共命运"的国际共治理念

"斯诺登"事件暴露了网络安全的脆弱性，网络有组织犯罪、信息技术滥用、网络监听、网络攻击、国家支持的网络战等如鲠在喉。赛门铁克公司旗下杀毒软件诺顿（Norton）的一份报告显示，中国是黑客攻击的主要受害国，是面临网络安全威胁最严重的国家之一。但是，习近平主席在2015年华盛顿州当地政府和美国友好团体联合欢迎宴会上的演讲中指出，中国是网络安全的坚定维护者。党的十八大以来，我国对外战略提出"命运共同体"的新思维，积极履行"负责任大国"的承诺与国际义务。"负责任大国"形象不仅是对"中国威胁论"的正面回答，也是对"中国责任论"的新解。习近平主席在2015年第二届世界互联网大会开幕式上的讲话中指出，网络安全是全球性挑战，维护网络安全是国际社会的共同责任。网络空间是人类共同的活动空间，网络空间的前途命运应由世界各国共同掌握。因此，"同呼吸、共命运"是国际社会参与共治的价值基础。应摒弃"网络安全威胁忧虑论"与"网络安全效用怀疑论"等政治偏见与分歧，"网络安全话语建构论"是构建国际网络集体安全与政治关系格局的正确理念。习近平主席在2015年第二届世界互联网大会开幕式讲话中指出，应该坚持"尊重网络主权""维护和平安全""促进开放合作""构建良好秩序"四大基本原则，建立多边、民主、透明的全球互联网治理体系"。在第三届国际互联网大会上，中国政府再次倡导"四项原则""五点主张"，呼吁尊重网络主权，维护各国在网络空间平等的发展权、参与权、治理权，推动建立多边民主透明的全球互联网治理体系与网络空间命运共同体。

2. 围绕联合国的主导地位

国际社会在"二战"后共同确立以联合国为主导地位的国际关系格局与集体安全机制，《联合国宪章》是国际社会处理国际关系的核心准则。国际社会共治网络也应当坚持联合国的主导地位始终不能动摇。2013年6月，联合国副秘书长彼得·朗斯基·蒂芬索表示："作为全球性挑战的网络空间安全问

---

[1] 参见黄志雄："2011年'伦敦进程'与网络安全国际立法的未来走向"，载《法学评论》2013年第4期，第57页。

题，需要由联合国来解决。"任何单边行动无助于共同解决国际网络安全问题，任何双边或多边行动应当在联合国框架下进行。近年来，联合国一直紧跟国际互联网技术变革的最新步伐，致力于引领国际互联网治理模式与格局的创新与变革。2014年9月，联合国经济和社会事务部举办联合国"第九届互联网治理论坛"，"连接五大洲，增强互联网多方治理"的主题研讨成功连接单边、双边、多边以及全球性网络治理模式。同时，联合国将2015年后的发展议程聚焦到数据革命，推动建立全球数据伙伴关系。[1]联合国始终推动国际社会一道反对单边主义与单边行动，反对霸权主义、双重标准、多重标准，反对先发制人的进攻型国家网络安全战略，支持围绕集体安全机制推动互联网全球治理体系变革。

（二）聚焦制定国际公约的首要任务

加快推进国际公约的制定工作进程是当前国际社会的首要任务，也是我国积极参与国际共治的重要着力点。国际社会应当共同拟定平等互惠的互联网公约，并加大对网络犯罪，尤其是国际恐怖活动犯罪、有组织犯罪等的打击力度。

1. 制定公约的迫切性与中国贡献

联合国近年来积极主导与推进国际互联网共治机制的发展。联合国安理会、人权理事会、国际电信联盟（电信基础设施合作领域）、国际刑警组织（打击网络犯罪的跨国行动）等有条不紊地推进改革，在维护网络信息安全权、保护网络隐私权、打击网络恐怖主义、促进儿童与青少年网络安全等方面取得显著成效。2011年9月，中国等常驻联合国代表在第六十六届联合国大会上散发《信息安全国际行为准则》，对信息安全和网络安全提出诸多建议。2012年12月，国际电信联盟世界大会通过新的《国际电信规则》，作为首个国际性网络规范，赋予各国政府监管本国互联网的权力，将监管范围扩大到互联网公司，不再限于电信公司。[2]但也面临技术监管标准难统一、治理对象纷繁复杂多变、网络信息全球共享不足与不平等、发展中国家不重视及力不从心、各自为战的分裂格局、全球资源整合乏力等难题，加快制定国际网络治理公约迫在眉睫。2013年6月，联合国专家组向联合国大会提交

---

〔1〕 参见张春、高玮："联合国2015年后发展议程与全球数据伙伴关系"，载《世界经济与政治》2015年第8期，第89页。

〔2〕 参见王孔祥："新《国际电信规则》及网络安全的法律分析"，载《网络安全技术与应用》2013年第4期，第78页。

《关于现有联合国宪章适用于网络空间的报告》，直接推动国际治理的"建章立制"进程。联合国专家组秘书处编写了具有广泛代表性的《网络犯罪问题综合研究报告》，间接成为多边法律文书和示范条款的有效来源。2013 年 9 月，美国智库战略与国际问题研究中心（CSIS）高级研究员詹姆斯·刘易斯表示："联合国正在组织有关专家制定互联网安全公约，公约规定主权和国际法适用于互联网领域，包括俄罗斯、英国、中国等 15 个国家将成为签约国，并将择期公布。"2015 年 10 月，第六届香山论坛分组会议以"网络空间行为准则"为主题，对建立网络空间行为准则的主旨、原则、基本内容、主要任务等展开讨论。2016 年 9 月，G20 杭州峰会一致认为，互联网治理应继续遵循 WSIS 成果，强调政府、非政府组织和国际组织等积极充分参与互联网治理。《2016 年世界互联网发展乌镇报告》称，当前的网络空间国际规则对话积极活跃，第五届联合国信息安全政府专家组会议聚焦网络空间国家行为规范等问题，上海合作组织发表《塔什干宣言》并支持在联合国框架内制定网络空间负责任国家行为的普遍规范、原则和准则，G20、OECD、金砖国家、东盟等积极参与治理。习近平主席在 2016 年第三届世界互联网大会开幕式讲话中指出，中国参与和推动国际网络治理的首要任务是完善全球治理规则，督促国际社会围绕联合国的主导地位加快推进条约的制定工作并实现"建章立制"目标。

2. 全球公约的制定思路

国际网络空间共治规则是各国博弈的焦点和重点，直接关系到规则制定权的参与和共享、规则制定权的主导地位与从属地位、网络空间权力清单与权利多寡。当前，联合国主导下的国际社会尚未形成共治规则，具有全球影响力的示范性规则或综合性的多边文件具有重要的参考意义，对制定具有高度共识的国际共治规则至关重要。有观点认为，应该在联合国主导下，修改欧盟的《网络犯罪公约》，尝试确立全球性的网络空间治理公约。[1]另有观点认为，《网络犯罪公约》作为区域性网络犯罪的打击与合作框架，正向全球治理机制发展。[2]然而，《网络犯罪公约》的历史局限性已是不争的事实，其全球代表性作用被过分夸大。《2016 年世界互联网发展乌镇报告》指出，在尊

---

[1] 参见刘胜湘、石磊："网络安全困境与国际治理探析"，载《深圳大学学报（人文社会科学版）》2014 年第 2 期，第 85 页。

[2] 参见宋玉萍："全球化与全球治理——以欧洲委员会《网络犯罪公约》为例"，载《新疆社会科学》2013 年第 1 期，第 84 页。

重网络主权、《联合国宪章》等国际法和国际关系准则基础上,制定各方普遍接受的网络空间国际规则成为国际社会的共同愿望。当前,中国、俄罗斯、巴西等国家主张以全新的"国际标准"制定新公约,并可以参照《网络犯罪公约》等区域性法律文书的规则,同时补充反映发展中国家关切和主张的内容。[1]联合国也正在组织制定《互联网安全公约》,参照《美洲反腐败公约》、欧盟《打击涉及欧洲共同体官员或欧洲联盟成员国官员的腐败行为公约》等制定的《联合国反腐败公约》是极好的范例。

(三) 国际刑事共治的议程

联合国主导下的国际合作对国际网络空间共治具有举足轻重的作用,国际(刑事)司法合作是重要环节,可以统合尊重国家主权与有效打击网络犯罪。

1. 刑事司法合作任务表

打击网络犯罪和维护网络安全需要国际司法合作的同步跟进和强力支持。我国可以通过如下措施推进国际私法合作。(1)《中华人民共和国引渡法》(以下简称《引渡法》)的网络化修改。《引渡法》是开展国际司法合作与协助的重要国内法。但是,《引渡法》的制定背景早已今非昔比,其对具有专属性、独立性、专门化的网络空间国际司法合作缺乏预见性和有效服务的对接能力。《引渡法》应当在网络犯罪国际司法合作问题上率先发力,聚焦"互联网+"思维,对其大幅度修改应当提上议程。(2)双边条约的积极植入。双边条约具有明显的灵活性、双向性。我国双边国际司法合作条约数量不断递增,在形成与制定网络空间规则时,双边机制可以发挥突出的局部突破与个别示范作用,可以为刑事司法合作提供积极的外部动力,并在与各国相互协商合作的过程中形成具有共识的双边操作范本。比如,中美积极构建两国安全对话合作机制和确立"共同打击网络犯罪等执法安全领域"的双边司法合作共识与意向,充分展示双边机制对司法合作的促进作用,对加强国际网络空间共治具有示范意义。2015年9月,中国与英美两国签订了具有里程碑意义的网络安全协议,加速推进全球性主要网络大国的协同合作。截至2016年12月,中美已经进行三次打击网络犯罪及相关事项活动,具有国际示范作用。(3)发挥区域性的领导地位和建设性作用。《2016年世界互联网发展乌镇报告》指出,多边参与、多方参与及"共享、共治"将成为互联网治理常态。中国应当充分借力区域性大国地位,延展区域性网络司法合作与协助。比如,

---

[1] 参见胡健生、黄志雄:"打击网络犯罪国际法机制的困境与前景——以欧洲委员会《网络犯罪公约》为视角",载《国际法研究》2016年第6期,第31页。

上海合作组织的反恐合作经验成熟，为打击区域网络恐怖主义和推进区域性网络安全刑事司法合作提供了重要契机。此外，我国应当在东盟地区积极推动网络空间治理的区域合作互助，积极参与东亚安全论坛、欧亚论坛等区域性论坛并推动区域性司法合作。（4）拓展国际非官方组织的助推效应。《2016年世界互联网发展乌镇报告》指出，国际组织将更加主动、积极地推动全球互联网发展与治理进程。在刑事法治领域，国际刑法学协会、国际社会防卫学会、国际反腐败学院、联合国犯罪预防与刑事司法项目科学专业咨商理事会（ISPAC）、定期举办的联合国预防犯罪与刑事司法大会等，都是当前重要的国际司法合作力量与支撑点，我国可以借力发挥建设性作用。（5）激活"一带一路"战略的增量意义。"一带一路"的国家战略正在深度推进，覆盖的区域广泛。积极推进"一带一路"战略与网络安全国际司法合作的协同化建设具有相当的可行性，从而在区域内形成良性的合作机制。

2. 联合国治理机制清单

网络空间社会的国际共治是全球性事务，联合国应当发挥主导作用，并可在以下方面推动国际共治。（1）机构谋略与职能建制。联合国正在规划"数据革命"的蓝图，为整合资源和协调各方力量，应当设立专门的委员会或办公室等独立运行机构或办事机构。首先，可以成立独立运行的治理委员会，专门负责全球网络空间治理课题，并集中精力打击网络犯罪，可以配置下级职能机构、部门或办公室等，具体协调负责各项专门业务。比如，联合国毒品和犯罪问题办公室、联合国预防犯罪和刑事司法委员会（U. N. Commission on Crime Prevention and Criminal Justice，CCPCJ）及下设的网络犯罪政府专家组、反恐怖主义委员会执行局及其委员会等都是联合国领导下打击全球犯罪的中坚力量与专门机构，但亟待组织机构与功能的深度整合。其次，健全运行的配套机制。建立网络安全的国际预警与信息共享、发布中心，健全国际网络安全的"生态服务"链条。建立长效的国际监管机制，提升预防和打击网络犯罪的反应体系。遴选全球专家智库组成专家咨询委员会，定期发布咨询报告、安全报告等指导性文件。例如，欧盟于2005年9月建立"欧洲网络与信息安全局"，2013年1月成立隶属于欧盟刑警组织的"网络犯罪中心"并重点打击有组织犯罪团体的网上违法活动，2014年推出《网络有组织犯罪威胁评估》。[1] 欧盟的探索提供了有益的借鉴经验。（2）探索网络犯罪管辖

---

[1] 参见王云才："网络有组织犯罪威胁评估——欧洲网络犯罪中心报告解读与启示"，载《中国人民公安大学学报（社会科学版）》2015年第1期，第11页。

问题的国际仲裁中心。国际社会共治网络空间首先要遵循国家主权原则,但是,网络犯罪与传统犯罪的最大差异是行为或结果的不确定性与全球藏匿性、恣意篡改性,这直接导致案件管辖冲突的高发性和多发性,增加了法律冲突与解决管辖冲突的难度,阻碍主权国家积极寻求和相互提供司法协作。从解决争议的首选方式看,应当在联合国及其专门委员会的组织和协调下,尽快制定全球性网络空间治理公约,直接确定各方接受的解决途径。但是,完全寄希望于国际公约未必现实,不妨可以考虑设置国际网络犯罪刑事管辖争议的仲裁中心,增加解决途径的多样性,提高解决方案的自愿性和执行的有效性。(3)提议设置国际网络犯罪专门法庭。国际刑事法院作为首个国际性刑事审判机构,创设了全新的国际犯罪法律制裁机制。尽管国际刑事法院的运行受到多重不利因素的影响,但仍提供了建设性、有益性的全球法律治理机制范本。国际网络犯罪的涌现对国际网络安全的威胁不断递增,不妨设置国际网络犯罪专门法庭,因应全球网络空间治理,专门制裁严重的国际网络犯罪,维护重大的国际网络空间安全利益。但是,网络犯罪专门法庭究竟是否直接专属于国际刑事法院或增设为内部办事部门或机构,究竟选择普遍管辖原则还是特殊管辖原则等问题仍是各方争议的焦点。

四、结论

网络安全治理是全球性问题,全球参与共治是必然趋势,刑事治理体系始终是国际社会与各国争夺的焦点。我国应当回顾网络安全刑事保障的发展历程并反思其不足,统合网络法律体系的治理效能,推动刑事治理体系的跟进和发展,积极发挥刑法保障网络安全、打击网络犯罪和维护网络社会秩序的基本功能,并主要从更新升级网络刑事法治的基本理念和任务、构建我国刑事治理协同改革的蓝图、输出推动国际共治的"定制"方案等方面加以完善。

第八章
网络时代的刑法研究 40 年：回顾与展望

一、问题的提出

我国 1994 年才正式接入国际互联网，国务院于 1994 年出台《计算机信息系统安全保护条例》，宣告我国步入互联网发展的快车道。为了保护计算机（信息系统）领域的安全，1997 年《刑法》增设"计算机犯罪"规定（第 285 条、第 286 条、第 287 条），开启了我国计算机犯罪规制的新时代，但司法实践中的问题不止。2016 年，《网络安全法》作为我国网络安全法律体系的基本法正式颁布，倒逼我国刑法立法的同步修正。2017 年 9 月，时任中央政法委书记的孟建柱在"全国社会治安综合治理表彰大会"上指出，现在网络犯罪已成为第一大犯罪类型，未来绝大多数犯罪都可能借助网络实施。要打破以传统办法应对网络犯罪的思维定式，坚决把网络犯罪高发态势压下去。[1] 2018 年以来，在犯罪类型的结构上，传统犯罪逐步减少，但"互联网+传统犯罪"愈演愈烈。[2] 这一犯罪态势的重大演变正在加速到来，对当代法律制度，尤其是刑法体系，正在产生深远的影响。我国已经是网络大国，网络犯罪位列犯罪类型的首位，并处于迅猛发展的态势，不仅排挤传统犯罪的主导地位，也间接冲击传统刑法体系的"统治地位"。这场连锁性反应无疑使"传统刑法体系的网络化转型"成为当代刑法发展的最重要"旋律"。因此，当代刑法体系的时代适宜性与生命力大打折扣。当前，不同的声音相互叠加，鲜明地反映了网络时代的诸多分歧，既涉及根本立场的选择，也涉及法理逻辑

---

[1] 参见魏钦恭、冯仕政："建立网络综合治理体系 提升社会综合治理能力"，载《中国社会科学报》2017 年 12 月 15 日，第 4 版。

[2] 参见靳高风、守佳丽、林晞楠："中国犯罪形势分析与预测（2018—2019）"，载《中国人民公安大学学报（社会科学版）》2019 年第 3 期，第 1 页。

的取向，更关系当代刑法体系的时代命运。在网络犯罪时代加速渐进的态势下，当代中国刑法面向网络时代的"发展图景"日渐清晰和明朗，但也面临诸多挑战和困境。应当整体回顾我国网络发展进程中的（网络）刑法（学）研究历程，总结经验与教训，科学展望当代刑法体系的发展方向与基本策略。

二、网络时代的刑法发展历程之回顾

回顾由计算机犯罪到网络犯罪的代际变迁，既可以看到技术发展对犯罪现象的多维度渗透作用，也可以看到当代刑法应对路径的位移态势。总体来看，在立法、司法以及理论层面，当代刑法在应对新型网络犯罪方面有着非常鲜明的发展特征。

（一）活性化的积极立法

从1979年《刑法》颁布至今，我国计算机犯罪与网络犯罪的立法化进程，主要经历了几个渐进发展的阶段，呈现出日益活性化与积极性的立法态势。

1. 创立发展阶段

在制定1979年《刑法》时，受当时特殊的时代背景、立法技术等影响，并未对计算机犯罪这一域外前沿犯罪的新动向予以"法定化"。但是，改革开放以来，计算机技术及其应用不断推进，计算机（信息系统）安全问题日益严峻。计算机犯罪问题不断涌现，而立法并没有相关规定。无论是从立法原意还是从客观意思看，都无法寻找相应的"入罪依据"。这逐渐造成一种立法与司法相互"脱轨"的尴尬情况。1994年，国务院出台《计算机信息系统安全保护条例》，立法条件更加成熟。鉴于此，立法机关在1997年《刑法》第六章第一节"扰乱公共秩序罪"中，规定了第285条、第286条、第287条，建立起我国计算机犯罪的罪名体系。危害信息交流安全与非法利用计算机技术是计算机犯罪的主体内容。[1]其中第285条、第286条的犯罪对象是"计算机信息系统安全"，二者保护的法益具有同质性。第287条间接保护其他的传统法益，所保护的法益与前二者不同，主要规制"利用计算机技术作为犯罪工具（实施传统犯罪）"的情形。

2. 平稳发展阶段

虽然1997年《刑法》规定的条文与罪名数量有限，但是，对新出现的计

---

[1] 参见赵廷光、皮勇："论我国刑法中的计算机犯罪"，载《现代法学》1999年第4期，第101–102页。

算机犯罪具有直接的规制作用。然而，计算机犯罪的形式不断变化，《刑法》第285条、第286条的"追诉标准"也不明确，导致司法适用并不顺畅。第287条虽然按照传统犯罪规定予以定罪处罚，但也存在追诉标准不明的问题。1997年《刑法》对计算机犯罪的规定存在一些不足，司法实践的效果也欠佳。然而，这些规定不仅构建了我国最原初的计算机犯罪规范体系，也对持续增量的计算机犯罪及其衍生的定罪处罚难题等，提供了最直接、有效的规范依据。

3. 繁荣发展阶段

在该阶段，集中表现为以下几个转折点。(1) 为了遏制新型计算机犯罪，《刑法修正案（七）》首次修改计算机犯罪规定，增加第285条第2款、第3款，即非法控制计算机信息系统罪、非法获取计算机信息系统数据罪，提供侵入、非法控制计算机信息系统程序、工具罪。《刑法修正案（七）》适应了网络犯罪发展的新特点，对遏制新型网络犯罪具有重要作用。但是，新的计算机犯罪立法及其司法适用仍存在一些问题，需要进一步完善。[1] (2)《刑法修正案（九）》增设多个"网络犯罪罪名"，分别是第286条之一、第287条之一、第287条之二，罪名为拒不履行信息网络安全管理义务罪、非法利用信息网络罪、帮助信息网络犯罪活动罪。对第285条、第286条以及关联犯罪作了局部修改。

从1979年《刑法》的立法阙如，到1997年《刑法》填补立法空白。这些重大的突破性进展，开创了我国计算机犯罪立法的先河。随着网络犯罪时代的全面到来，由《刑法修正案（七）》到《刑法修正案（九）》的立法变迁，不仅呈现出鲜明的活性化特征，也在立法层面实现了由计算机犯罪到网络犯罪的质性跃升。

（二）扩张性司法模式

1997年《刑法》规定的计算机犯罪罪名非常有限，而《刑法修正案（七）》的立法增补空间相对受限，整体上导致计算机犯罪规范的供给明显不足。《刑法修正案（九）》的强势补位，进一步充实了规范供给的存量。但是，这些持续增量的立法规范，仍不能满足日益增长的新型网络犯罪的司法需求。扩张性的网络化适用是重要的司法角力场域，在现阶段激活了传统刑法规范的司法张力。

---

[1] 参见皮勇："我国新网络犯罪立法若干问题"，载《中国刑事法杂志》2012年第12期，第44页。

1. 传统罪名的扩张性适用是现实选择

传统社会与网络社会时代组成的"双层社会"日渐壮大，导致根植于工业时代的传统刑法及其罪名体系，必然需要向网络空间予以延伸适用。当前，整个司法和理论都面临着现实挑战，对传统犯罪的核心内容进行扩张解释、调试以符合网络时代的立案标准、发布专门的司法解释等做法，都是最直接的司法应对路径。其中，刑法解释制度在现阶段的地位与意义尤为凸显。在现有条件下，扩张性的刑法解释旨在兼顾网络技术与刑法规范之间的冲突与融合。而且，网络犯罪仍将持续增量，扩张性的网络化适用在一段时期内，仍具有庞大的需求。但是，立足于传统刑法规范的立法原意，以扩张解释应对新型网络犯罪亟待质性的提升，刑法解释的机制、领域和视野亟待扩充，以充分增强当代刑法体系的适应能力。

2. 新型网络犯罪的扩张性网络化适用

在刑法规范供给不足的情况下，对于新出现的网络犯罪问题，扩张性的网络化适用是主要的应对路径，可以激活传统罪名以及新的网络犯罪规定的潜力。当前，特别是在以下重点、难点领域体现得尤为明显。（1）网络财产性利益的保护策略。早期主要参照财产犯罪规定论处，但网络中财产性利益的价值认定是其适用的技术难题。随着网络犯罪的罪名体系不断增加，按照网络犯罪规定论处更合理。[1]这反映了对网络财产性利益的刑法性质持发展性的认识立场。实际上，关于虚拟财产的财物属性和权利属性，司法实践经历了由非财物到财物再到数据的演变过程。对刑法中的财物采取最为广义的概念，完全可以涵盖具有财产价值的虚拟财产，其应当被视为刑法中的财物。[2]这是典型的扩张解释，对传统刑法中的"财产"作出了契合网络时代的"无体物"含义之扩展。（2）信息数据的保护方式。在大数据时代，数据与信息、个人信息与APP数据、APP数据与计算机信息系统数据等相互交织，数据的刑法保护问题日益凸显，财产化路径是扩张适用的做法。然而，刑法中的数据具有个人信息、计算机信息系统数据、网络财产性利益等多重特征，并以计算机信息系统数据为基本特征。例如，非法获取APP数据的，原则上应当以非法获取计算机信息数据罪论处，而非财产犯罪或个人

---

[1] 参见任彦君："网络中财产性利益的刑法保护模式探析"，载《法商研究》2017年第5期，第112页。

[2] 参见陈兴良："虚拟财产的刑法属性及其保护路径"，载《法学》2017年第2期，第146页。

信息犯罪。[1]现有规定显然无法支撑"立法原意"层面的解释依据，采取多元化的数据概念，特别是网络化保护方式，都是扩张性的司法适用。（3）网络刷单或网络炒信的入罪方向。只有对"其他方法"作扩张的解释，才能激活破坏生产经营罪的网络化适用，应对网络炒信与刷单行为。[2]这种做法实质上也是扩张解释的适用逻辑。总体看，对于分则的开放性犯罪构成规定，扩张式的网络适用具有得天独厚的优势条件，更是司法实践的迫切需要。

3. "口袋化"的司法异化动向

在立法原意的容量相对有限的情况下，对传统罪名、计算机犯罪罪名以及网络犯罪罪名的扩张解释，容易出现"口袋化"的异化问题。举例而论：（1）非法获取计算机信息系统数据罪日益成为新的"口袋罪"，[3]覆盖了所有以数据为对象和媒介、工具的网络犯罪。（2）破坏计算机信息系统罪的"口袋化"趋势明显，[4]日渐成为计算机犯罪体系的兜底罪名。（3）对网络刷单或炒信适用非法经营罪，存在宽泛化的司法适用倾向，[5]也进一步恶化非法经营罪在网络时代的"口袋罪"之司法风险。对于网络时代的扩张性司法适用异化为"口袋罪"的现象，当前盛行的扩张性网络适用模式难辞其咎。虽然激活了刑法规范的网络化适用空间，但持续冲击着立法原意与解释的正当边界。

网络时代的纵深跃进，不仅促成由计算机犯罪到网络犯罪的深度蜕变，也使当代刑法规范供给不足的问题日益加剧。这就引出了网络刑法规范供给的制度性瓶颈及其疏通等重大问题。当前，对传统犯罪的网络化扩张解释成为重要的司法选择，尽管收效不错，但网络化扩张适用的"过犹不及"之动向亦值得警惕。

（三）摇摆型理论路径

新型网络犯罪类型不断出现，使传统犯罪形态与结构出现了不同程度的

---

[1] 参见孙道萃："非法获取 APP 数据行为的刑法教义学分析"，载《人民检察》2018 年第 7 期，第 32 页。

[2] 参见李世阳："互联网时代破坏生产经营罪的新解释——以南京'反向炒信案'为素材"，载《华东政法大学学报》2018 年第 1 期，第 50 页。

[3] 参见杨志琼："非法获取计算机信息系统数据罪'口袋化'的实证分析及其处理路径"，载《法学评论》2018 年第 6 期，第 163 页。

[4] 参见周立波："破坏计算机信息系统罪司法实践分析与刑法规范调适——基于 100 个司法判例的实证考察"，载《法治研究》2018 年第 4 期，第 67 页。

[5] 参见王华伟："刷单炒信的刑法适用与解释理念"，载《中国刑事法杂志》2018 年第 6 期，第 95 页。

异化,传统刑法理论、刑事立法和司法都遭遇重大的挑战。完全遵循传统刑法规范,通过对刑法规范进行扩张解释,并非根本性的对策,立法的积极回应不可或缺。这一讨论基本上反映了当前扩张性的网络化适用与立法完善的"二元"反应模式及其影响力。但是,当代刑法理论体系的知识转型却被遮蔽与搁置。而且,处于启蒙状态的网络刑法知识转型,在路径与方向上存在一定的"摇摆性"。

1. 积极论

对于网络大变革时代,2016年《网络安全法》的颁行具有划时代的基础意义,奠定了其在我国网络法律体系中的基本法地位。"网络刑法学的知识转型"命题也应运而生,[1]并全面触及与启动网络时代的刑法立法之变革。[2]这反映了理论界已经开始孕育"理论转型与立法完善"的二元应对路径。易言之,立法率先出击,为传统理论体系的网络化转变,奠定了非常重要的规范前提和基础。《刑法修正案(九)》专门规定了拒不履行信息网络安全管理义务罪、非法利用信息网络罪、帮助信息网络犯罪活动罪和编造、故意传播虚假信息罪等四个纯正网络犯罪的构成要件与法定刑,标志着我国刑法的一个专门领域即网络刑法的真正诞生。[3]立法的突破性发展,不仅缓解了传统刑法规范供给不足引发的司法危机,也倒逼当代刑法理论转变的有效跟进。因此,关注以及倡导"网络刑法"之概念,体现了与时俱进的创新精神,也更需要系统性的"精装"与"加载"。

2. 消极论

当前,不乏"面对网络时代的新型犯罪时,能够通过刑法解释路径予以应对的,就不需要采取刑事立法路径,没有必要也不应当制定所谓'网络刑法'"[4]的观点。对理论与立法的双重转轨,持"审慎"的观望态度不无道理。只是刑法解释应对网络犯罪的"效能"存在制度瓶颈是基本事实,[5]传

---

[1] 参见孙道萃:"网络刑法学知识转型图景",载《检察日报》2017年2月15日,第3版。
[2] 参见孙道萃:"网络刑法知识转型与立法回应",载《现代法学》2017年第1期,第117页。
[3] 参见梁根林:"传统犯罪网络化:归责障碍、刑法应对与教义限缩",载《法学》2017年第2期,第3页。
[4] 参见张明楷:"网络时代的刑事立法",载《法律科学(西北政法大学学报)》2017年第3期,第69页。
[5] 参见刘艳红:"网络时代刑法客观解释新塑造:'主观的客观解释论'",载《法律科学(西北政法大学学报)》2017年第3期,第93页。

统刑法解释的基本观念、原则与规则都在一定程度上出现失灵现象。而且，更不乏"现有的刑法体系在网络时代具有再生和再利用的知识资源，没有必要为网络时代定制一部专门或者特别刑法"[1]的看法。将"不断通过解释激活传统刑法"奉为圭臬，其合理性与可行性仍有待实践的检验。毕竟司法路径依赖于立法规范，更需要理论体系的指导。司法应对路径作为末端机制，不能脱离前端机制的供给。只有在制度层面统合立法、司法以及理论，才能更好地应对网络犯罪。

在网络大变革时代，网络刑法知识转型已然启程。然而，网络刑法学的基本议程仍"反复不止"。这不仅折射了网络犯罪时代对当代刑法的"渗透"仍在渐进过程中，也反映当代刑法体系根深蒂固的合理性与正当性，更迟滞网络时代的刑法学转型之深度与广度。对于这些重大的现实课题，理论界仍需积极作为。

三、网络时代的刑法回应之结构性反思

从无到有的立法发展，是当代刑法体系回应网络时代的最显眼之变化与发展。在此基础上，司法应对紧随其后，在规范供给不足的压力下，通过扩张性的网络化适用，有效地解决新型网络犯罪的定罪处罚问题。更重要的是，立法与司法的联动，也倒逼当代刑法理论体系的网络化演进与蜕变。这彰显了我国当代刑法体系积极应对网络犯罪的主动性与自觉性。但也遗留了不少深层次的问题。

（一）网络时代的刑法有效性延展

当代刑法体系与网络时代的交互，注定是制度性与结构性的撕裂与对冲。为此，当代刑法体系尝试从多维度进行回应，竭力维护其时代的有效性与适宜性。

1. 立法体认的制度供给效果斐然

在任何时候，立法都是主动应对新型犯罪的最有利举措。面对更迭的计算机犯罪与网络犯罪浪潮，我国在立法层面的效果是有目共睹的。概言之：（1）立法话语体系的有序质变。由1979年《刑法》到1997年《刑法》，是从无到有的重大进步。不仅意味着计算机犯罪规定正式入法，更宣告了我国计算机犯罪的立法彻底告别了"空窗期"，也为从计算机犯罪到网络犯罪的立法话语体系之转变奠定了基础。《计算机信息系统安全保护条例》为建立"计

---

[1] 参见徐剑锋："互联网时代刑法参与观的基本思考"，载《法律科学（西北政法大学学报）》2017年第3期，第511页。

算机犯罪体系"提供了重要的前提。随着我国互联网应用迅猛发展，利用互联网实施犯罪、针对互联网安全的犯罪等不断递增，涉互联网犯罪的体量急速增加。"计算机犯罪"一词已经不能完整概括这类犯罪的本质特征，"网络犯罪"的概念表述直接体现了现阶段计算机犯罪的网络化、电子化、空间化、实质化以及独立化等多重特征。这种立法表述方式及话语体系的实质性转变，是网络时代的刑法立法走向繁荣的征兆。（2）紧密联动网络时代的一般性立法持续推进刑法立法完善。在1997年《刑法》的开创性立法之基础上，网络时代的一般性立法也紧随其后，进一步推动刑法立法完善的进程。主要有以下几方面：一是2000年，全国人大常委会通过《关于维护互联网安全的决定》，明确规定21种利用互联网实施的违法犯罪行为。此后，陆续发布了《互联网信息服务管理办法》《互联网上网服务营业场所管理办法》《互联网电子公告服务管理规定》等互联网信息服务管理的法规和规章。二是国际接轨。为了有力打击网络犯罪，维护我国网络安全和信息社会的正常秩序，国内法与国际规则的接轨被提上议程。如借鉴了欧洲理事会通过的《网络犯罪公约》等，完善我国刑事立法。三是2011年，国家互联网信息办公室成立，主要职责有落实互联网信息传播方针政策和推动互联网信息传播法制建设，指导、协调、督促有关部门加强互联网信息内容管理，依法查处违法违规网站等。截至目前，已经制定与发布了近百部网络安全管理规定，对有效打击网络犯罪具有非常积极的意义。四是2016年通过《网络安全法》，宣告了我国网络法律体系的基本法正式颁布实施，对刑事立法具有非常直接的推动作用。（3）预防性立法观念的理性伸张。新型网络犯罪持续出现，刑法规范的"不适""失效"乃至"失灵"问题日益增多，呼唤立法规制的主动性、积极性功能。立法的积极预防属性呼之欲出，有助于实现必要的前瞻性、预见性以及体系性的立法规制效果。在网络时代的高速变动下，应当与时俱进地理解与贯彻立法的谦抑性及其时代内涵，不能简单地认为刑罚处罚范围越窄越好。扩大刑罚处罚范围以保护法益的倾向，是多元价值观在网络时代交互的结果。由"限定的处罚"转向"妥当的处罚"是必然趋势。[1]在网络时代的强大司法需求下，预防性的立法理念是持续发展的。例如，网络犯罪的罪名体系仍将继续扩张，新型网络越轨行为的犯罪化是新的场域；对于智能时代的侵犯财产犯罪，单纯的刑法扩张解释路径相对单一，应考虑立法完善。显

---

[1] 参见张明楷："网络时代的刑法理念——以刑法的谦抑性为中心"，载《人民检察》2014年第9期，第6页。

然，以犯罪化为主要标志的立法应对路径，在很大程度上都遵循了预防性刑法立法理念。[1]（4）犯罪化的合理活性。传统犯罪规定与计算机犯罪规定的滞后性，决定了网络时代的犯罪化应当保持必要的活性。《刑法修正案（七）》增设了非法获取计算机数据罪、非法控制计算机信息系统罪和为非法侵入、控制计算机信息系统提供程序、工具罪，首次增补并夯实了计算机犯罪规定及罪名体系。尽管《刑法修正案（七）》的立法补充与规范完善之意义客观存在，但仍然存在明显的不足，尚需进一步完善。[2]《刑法修正案（九）》增设拒不履行信息网络安全管理义务罪、非法利用信息网络犯罪、帮助信息网络犯罪活动罪三个纯正网络犯罪罪名，真正实现了由计算机犯罪到网络犯罪的重大立法转变。而且，《刑法修正案（九）》超越了单纯规制网络对象型犯罪的立法局限性，围绕网络手段型、网络空间型犯罪展开立法，强化了网络犯罪治理的空间思维。

2. 司法反应的有序衔接与潜能释放充沛

传统刑法规范供给不足的问题始终存在，而立法修改的跟进相对滞后。这必然要求司法层面予以能动性、扩张性的应对。借由扩张解释并激活传统刑法规范的网络化"意义"，成为当前司法机关的"无奈必选"。正是由于司法层面的能动衔接与前瞻性拓展，使过渡期、变动期应对新型网络犯罪问题"相对从容"。

具体而言：（1）司法解释的重磅"释缓"效应。《计算机信息系统安全解释》充分适应形势发展的需要，科学合理地确定危害计算机信息系统安全犯罪的定罪量刑标准，最大限度并及时满足司法实践的诉求。不仅规定危害计算机信息系统安全犯罪各环节的刑事责任，还特别解决掩饰、隐瞒计算机信息系统数据、控制权行为的定性，以单位的形式实施危害计算机信息系统安全犯罪的处理原则，危害计算机信息系统安全共同犯罪的处理原则等长期困扰司法实践的突出问题。《网络犯罪刑事案件解释》对拒不履行信息网络安全管理义务、非法利用信息网络、帮助信息网络犯罪活动等犯罪的法律适用作出明确的规定。（2）网络化定罪的司法新常态。新型网络犯罪类型交替出现，并往往与传统犯罪相互交错，增加了定罪难度。在实践中，开始逐渐呈

---

[1] 参见高铭暄、孙道萃："预防性刑法观及其教义学思考"，载《中国法学》2018年第1期，第166页。

[2] 参见皮勇："我国网络犯罪刑法立法研究——兼论我国刑法修正案（七）中的网络犯罪立法"，载《河北法学》2009年第6期，第49页。

现出网络化定罪的司法新常态。以数据犯罪为例,在大数据时代,数据是网络及其运行的核心要素。现行刑法对"数据"的规定存在明显的时代局限性和滞后性,相关司法解释对数据的性质与内涵作了一定的扩张解释,司法实践也倾向于扩大数据的内涵,更乐于采取独立的网络化保护方式而非财产化保护等传统方式。(3)新立法规定的刑法解释。《刑法修正案(七)》与《刑法修正案(九)》的立法规定是否有效、科学,关键看刑事司法适用的效果。对新立法规定的正确解释与依法适用,是司法环节最主要的任务与挑战。即使是《刑法修正案(九)》新增的网络犯罪的理解与适用,仍应从立法原意出发,作出扩大解释或采取必要的限缩解释,明确主体范围、明知的内涵、客观行为的表现形式、入罪标准等内容,厘清相关司法解释之间的冲突。

3. 理论研究的网络化转型日渐"开化"

网络犯罪时代的加速到来,不仅暴露了立法规范供给的制度性失衡问题,也导致司法应对陷入持续性的动荡与不确定性状态。而这些变化的集合,也必然倒逼刑法理论体系出现连锁反应。面向网络时代的刑法学探索由此渐进"开化"。

总的来说,在网络犯罪的初始阶段,理论研究的转向主要表现为:(1)研究意识明显提高。1997年《刑法》颁布以来,根据不同阶段的计算机犯罪与网络犯罪的情况,有针对性地予以立法。在司法层面,以扩张性的网络适用为导向与基本内容,以及与之相关的定量标准的理论重构等,是网络犯罪的理论探索之重要面向。即使是新增的网络罪名,仍应当注重从刑法理论体系上予以衔接与确认。这些在一定程度上反映了现阶段积极应对网络犯罪的重要路径,也即依托但不依赖立法,积极推动理论体系的无缝衔接。但是,面对日益复杂的网络犯罪问题,立法与司法的协同反应,仍不足以从本源上解决问题,理论体系的与时俱进才是根本之路。当代刑法应当专门作出回应。但是,不能完全寄希望于扩张解释与立法完善,而应寻求理论体系的支持,更充分地保护网络空间安全。(2)研究内容深浅交错。网络时代的犯罪类型及形态急速变化,研究与实践的对象、素材及议题纵横交错,为网络刑法时代的理论研究,开辟了诸多新的场域与空间,也意味着网络时代的刑法知识变革具有层次性、结构性。数据犯罪的有效规制,最终离不开理论调试。而且,现代信息网络技术与智能技术的深度嵌合,也为网络时代的刑法理论研究注入新动能。智能合约可以成为犯罪行为的完美载体。智能合约犯罪主要破坏互联网的价值。传统信息互联网犯罪定罪量刑的规则体系无法进行有效规制。应当设置智能合约犯罪的罪名体系。[1] 这些都是网络时代的新型犯罪问题，在不同程度与范围冲击着当代刑法体系。相应地，理论研究的深入程度以及效果，也呈现出层次化、立体化的发展样态。

(二) 当代刑法因应网络时代的制度性困境

虽然已在不同层面积极应对新型网络犯罪问题，但整体看，传统刑法体系在治理网络犯罪上仍存在制度性"失衡"。这种供需两端的"脱节"，导致当前的应对陷入一定的困局。

1. 立法疏解的效能相对克制

相比于网络犯罪的演进速度与复杂度，立法修改所形成的疏解效能仍相形见绌。它主要表现为：(1) 立法的前瞻性不足。针对网络犯罪的刑事立法，在观念上存在保守的一面。例如，首先应修改完善已有的刑法规定，将司法实践中超越司法解释权限但具有合理性的解释性规定上升为刑法规范。编造、传播虚假信息的行为应规定为独立的犯罪，网络犯罪的预备行为不应规定为独立的犯罪，由单位实施或者以单位名义实施的网络犯罪实质上是自然人犯罪等。[2] 这显然是不全面的看法。《刑法修正案（九）》更是旗帜鲜明地启动专属立法。这种过度迷信现行规定并尤为审慎的立法态度，是导致立法缺乏前瞻性的重要原因。立法前瞻性的匮乏，不仅使立法修改陷入急功近利的"短视"误区，也不利于对立法时机、立法观念、立法格局、立法内容等问题形成科学的认识。(2) 立法修正整体性偏弱。网络犯罪具有严重的社会危害性，网络犯罪不断暴露出传统刑法规定的漏洞和差距，包括网络犯罪的罪状表述、网络犯罪的刑事责任年龄是否降低与未满 16 周岁的人是否对网络犯罪承担刑事责任、单位实施以网络为对象的犯罪是否独立设罪予以处罚、网络犯罪的刑事制裁是否加重以及完善刑罚种类、是否设置网络犯罪的新型资格刑，以及网络犯罪的严重危害性提高与现有法律规定明显存在入罪量刑偏低、加重处罚量刑偏高之间的冲突等问题，并在网络服务提供者刑事责任、虚假信息犯罪立法范围、侵犯公民个人信息犯罪立法模式等具体问题上有所体现。这些都是立法完善的重要方面。而且，现有规定主要针对网络作为对象与网络作为工具的两类犯罪，《刑法修正案（九）》虽然涉及网络空间领域，但

---

[1] 参见赵志华："区块链技术驱动下智能合约犯罪研究"，载《中国刑事法杂志》2019 年第 4 期，第 90 页。

[2] 参见张智辉："试论网络犯罪的立法完善"，载《北京联合大学学报（人文社会科学版）》2015 年第 2 期，第 91 页。

是网络犯罪类型的多样化，使现行立法规定越发"力不从心"。总体看，我国网络犯罪的最新立法修正总体上是必要和合理的，但立法的体系性与科学性仍有待提升。（3）立法开始进入制度性的功能瓶颈期。出台专门计算机犯罪司法解释，部分解决了打击网络犯罪的难题，弥补了立法的不足，但对网络犯罪的整体管控欠佳。特别是现行刑法体系面对网络犯罪的虚拟性等问题，仍存在话语体系的局限性，扩张解释并非长久之计，而统一刑法典模式的局限性也可能日渐放大，因此应专门制定单行网络刑法。[1]这是对立法完善模式的结构性反思，也指出了网络立法完善的碎片化等技术不足问题。不容否认，《刑法修正案（九）》实现了刑法在网络犯罪领域的扩张，但司法适用仍面临诸多难题，[2]在愈演愈烈的网络犯罪蔓延态势下依旧显得相形见绌。随着利用信息网络作为新的犯罪工具或犯罪场域实施传统犯罪日渐增多，传统犯罪的不法属性及其程度，乃至刑事归责等均受到影响。立法中心主义及其解释论的实践拓展以及理论的延伸，都是应当关注的重点。只有从全局统筹立法、司法与理论三个维度，才能最大限度发挥立法的积极作用。

2. 网络化扩张适用的风险高位运行

在现阶段，扩张性的网络化适用，是以传统规定的扩张解释为基本依托的。司法为主导的刑法体系可以用于应付复杂的网络犯罪形势。尽管目前运行效果良好，可以有效地解决一些新型网络犯罪问题。但扩张式的定罪处罚之合法性、正当性却处于随时可能被侵蚀的状态。这种高位运行的局面亟待调试与完善。

具体而言：（1）网络化扩张适用的过度畸重。对新型网络犯罪进行扩张化解释与规范评价，是以罪刑法定原则为前提的，应当按照实质等价的规范评价要求，充分结合新型网络犯罪的行为方式、行为对象、危害结果、主体等要素，作出最符合网络犯罪之属性与特征的规范评价，并且不能明显超出现行规范的"容量空间"。但实际上并非如此。例如，制裁网络刷单或炒信行为的，实质是司法层面的个别犯罪化之举措。一律都入罪是不妥的。反向刷单炒信的行为不构成破坏生产经营罪，建立网络平台为正向刷单炒信提供信

---

[1] 参见卢建平、姜瀛："犯罪'网络异化'与刑法应对模式"，载《人民检察》2014年第3期，第5页。

[2] 参见喻海松："网络犯罪的立法扩张与司法适用"，载《法律适用》2016年第9期，第2页。

息交换帮助的行为也不构成非法经营罪。[1]而且，这种过度化倾向，也折射了未能合理处置扩张解释与立法完善之间的优先序位关系。例如，网络平台是当前极其活跃的新型网络主体，网络平台犯罪形势严峻，立法规范供给与理论跟进失衡是原因所在。网络平台服务商怠于履行职责、放任危害后果发生的，应承担刑事责任。依法设定具体的网络安全管理义务，增加不同类型的网络平台作为新型犯罪主体，可以为追究网络平台的刑事责任提供充足的规范依据与理论指导。[2]这是对扩张适用功能有限的理性反思。（2）扩张解释与类推解释的纠葛延续。针对新型网络犯罪的刑法解释，扩大与类推的限度之争问题日益凸显。例如，有观点认为网络游戏中的虚拟财产，不属于盗窃罪中的"财物"，窃取行为主要侵犯的不是财产所有权，不符合盗窃罪的构成要件。窃取网络虚拟财产行为，不构成非法获取计算机信息系统数据罪。[3]然而，这种看法与网络犯罪的发展态势并不契合，扩张性的解释才能激活传统刑法规范的有限潜能，"消极主义"的刑法解释观欠缺现实合理性。实际上，新型网络犯罪中的实行行为、法益侵犯、共犯行为正犯化等要素均有所"异化"，"扩张性"解释势在必行，但与罪刑法定原则的紧张关系也日益加剧，倒逼刑法规范适时修改。网络时代的刑法解释的理论与实践，呈明显的扩张化趋势，也不断突破罪刑法定原则。这就隐藏了扩张解释与类推解释"混同"的重大风险。当前，主要通过探究社会秩序的客观精神之方式，对社会现实进行客观的评价，导致客观解释更易被选择。然而，客观解释以扩张适用为导向，导致客观解释"等同于"扩张解释，形成了入罪化的结果样态。应当以客观解释为基础，以不能超出"刑法条文的语言原意"的范围，将主观解释作为客观解释之限定。[4]但是，传统语境下主客观解释立场之争，在网络时代未必仍然有效，对区分扩张解释与类推解释的意义可能非常有限，毕竟时代背景与话语体系发生了质的变化，不宜直接嵌入使用。同时，网络犯罪的事实因素、规范性内涵以及外部表现形式都有新变化，使传统刑法解释原理及其方法等也未必均有效。例如，划定解释限度，应坚持"法条用语

---

[1] 参见叶良芳："刷单炒信行为的规范分析及其治理路径"，载《法学》2018年第3期，第177页。

[2] 参见孙道萃："网络平台犯罪的刑事制裁思维与路径"，载《东方法学》2017年第3期，第83页。

[3] 参见刘明祥："窃取网络虚拟财产行为定性探究"，载《法学》2016年第1期，第151页。

[4] 参见刘艳红："网络时代刑法客观解释新塑造：'主观的客观解释论'"，载《法律科学（西北政法大学学报）》2017年第3期，第93页。

的可能含义""一般人的预测可能性"等一般标准,根据网络犯罪的类型确定刑法解释的大致方向,再根据网络犯罪与传统犯罪的等价性确定刑法解释的具体限度。[1]但这种看法未能与网络时代的实际情况相契合。当前,网络时代的扩张解释路径,存在较为明显的正当性风险,与类推解释的界分难题始终存在。(3)传统刑法规范的司法张力接近"上限"。针对快速增长的网络犯罪案件,现行刑法存在入罪标准和构成要件模糊、罪名区分困难等问题,发布司法解释以及激活刑法解释等对策的潜能日益萎缩。单纯通过解释传统刑法条文,已无法规制网络犯罪。例如,通过非法获取计算机信息系统数据罪来保护网络财产性利益的实践做法是权宜之计,未能对侵害财产的不法内涵进行全面评价,财产化保护方式仍应是首选。不当使用数据并致他人财产遭受损害的,应当增设专门的构成要件与罪名。[2]现有刑法规范供给不足问题日益凸显,应当启动立法修正,通过立法的方式,从本源上解决司法实践中的问题,同时理论体系的发展不能缺席。

3. 网络知识转型的制度性迟滞

刑法理论变革的结果形态往往是靠后的,但理论变革的意识与举动则应当是靠前的。网络时代的纵深演进,要求当代刑法体系保持稳步、有序的变革姿态,既及时对立法完善与司法变迁予以必要的体认、检讨与修正,也固化并进一步指导立法与司法的后续升级,促成理论体系的整体性、跨越式转型,最终契合新时代的理论需求。尽管网络化的知识转型已然有所反映,但问题仍然不少。

它主要表现为以下几个方面:(1)网络犯罪的本体不实。网络犯罪是讨论网络时代新型刑法问题之前提,但理论上的关注并不充分。例如,有学者认为网络犯罪首先是一个犯罪学概念,而不是一个刑法学概念。[3]这是矫枉过正的看法。虽然强调了网络犯罪的现象学意义,但忽视了规范性及其他意义。尽管网络犯罪的概念是发展且不确定的,但可以参照传统犯罪概念予以延拓。例如,有学者主张应以传统犯罪为参照标准,将网络犯罪的类型分为与传统犯罪本质无异、较传统犯罪呈危害"量变"、较传统犯罪呈危害"质

---

[1] 参见欧阳本祺:"论网络时代刑法解释的限度",载《中国法学》2017年第3期,第164页。

[2] 参见徐凌波:"虚拟财产犯罪的教义学展开",载《法学家》2017年第5期,第44页。

[3] 参见徐剑锋:"互联网时代刑法参与观的基本思考",载《法律科学(西北政法大学学报)》2017年第3期,第115页。

变"的三类犯罪。[1]这种看法提供了一定的参照意义，但弱化了网络犯罪的独立属性。网络犯罪概念的界定不能漫无边际，要立足于网络技术的前提，更要充分映衬网络犯罪的发展态势。从动态看，网络的发展先后经历了前网络时代、网络1.0时代、网络2.0时代、网络3.0时代等阶段，网络也先后表现为媒介、对象、工具、空间等角色，网络犯罪的客体包括软件、系统、财产、秩序等渐次的发展。这对动态地、阶段性地揭示网络犯罪概念及其发展性特质，具有积极的参考意义。只有从规范层面厘清网络犯罪的概念，才能科学启动与推进网络刑法知识的探索。（2）刑法理论转型的多重阻力交错。在新旧两种刑法知识的交互过程中，传统桎梏及其阻力是多方面交错在一起的，它的直接后果就是理论代际变革的总体规划阙如。目前，我国对网络犯罪的研究普遍缺乏创新性、实体性、前瞻性和具体性，欠缺从犯罪学、刑事诉讼法学等角度进行综合把握。这是网络犯罪背景下传统刑法体系主动求变不足的体现。更重要的是，以传统现实物理社会为基础的当代刑法学体系仍根深蒂固，"重犯罪定性而轻处罚有效性"等倾向较为突出。特别是传统刑法知识体系的法定性、坚硬化，导致面向网络时代的理论调试处于多重压力与阻力之中。然而，也应当看到，多方变量因素相互交错，正在推动网络刑法学知识形态的渐进性蜕变。

四、网络时代的刑法转型之展望

在新时代，针对当代刑法体系的结构性调试势在必行。关于网络刑法研究的体系性反思与展望，应当聚焦功利性的效能偏向与基本价值设定、制度实体的迷失与罗盘之确立、立法与司法的路径取舍之道、理论研究的不掉队与教义学的强化等重大核心问题。借此，才能厘清并勾勒出网络刑法知识的未来景象。

（一）网络犯罪时代的立法升级

网络犯罪的演变态势，决定了网络时代的专属性、专门性、专业性立法是大势所趋。这是立法提升的重要指导方针，也是充实司法供给与理论发展的重要前提。

1. 立法完善的基本思路

网络时代的新型犯罪翻陈出新，使传统刑法规范供给的制度性、结构性

---

[1] 参见刘宪权："网络犯罪的刑法应对新理念"，载《政治与法律》2016年第9期，第2页。

失衡问题日益加剧。针对网络犯罪的立法完善，必须依托可持续性的驱动方式推进。

在一段时期内，针对网络犯罪的立法完善，应注意以下两个基本方面：（1）网络空间社会的立法思维。在网络空间社会，网络安全问题涉及各方面的核心利益，是最令人关注的公共利益。网络安全是网络社会的基本组成部分，并深受网络时代的不确定性风险之影响。网络犯罪归根到底都是网络安全问题，网络安全嵌入国家安全，承载公共安全，关系公共秩序与经济安全、个人利益，全方位地对现行法律规范造成了严重的冲击。这决定了网络安全的刑法保护是立法的中心任务，网络安全法益是刑法保护的对象。基于网络时代犯罪态势的演变，在立法观念上，应当遵循网络空间社会的基础性思维。由现实社会向网络社会的转变非常关键，是指导立法展开的根本性思维。只有保障网络时代的网络安全，刑法立法才能获得毋庸置疑的正当性。而且，只有根据网络安全与网络社会等网络时代的基础要素，确立网络空间安全立法思维，才能超越计算机时代的陈旧立法思维，才能高度契合网络时代的安全诉求。（2）犯罪化的正当性底线。现行刑法立法相对滞后，难以应对日益复杂的网络安全问题。这必然加速立法的活性化发展。然而，新型网络犯罪与传统网络犯罪在构成要件上存在差异，对现行刑法规定予以"修修补补"显然不够。在可预见的时期内，基于网络犯罪的迅速扩张，以及网络犯罪是法定犯的重要特征，必然需要积极填补规范空白，弥补规定漏洞，严密刑事法网，扩大法益保护范围。因而，具有预防性导向的积极犯罪化仍将持续增量，如网络预备行为的实行化、网络帮助行为的正犯化等。这是网络时代立法发展的重要趋势。然而，在网络危害行为的入罪化问题上，也应当合理克制刑法的扩张，刑罚处罚的范围不宜过大。网络时代应当包容必要与合理的犯罪化，但是，并非可以对犯罪圈的扩大持无底线的包容态度。刑法典的扩张与置换应当是一个循序渐进的过程。在较长一段时期之内，可以有序并小幅度"扩大"犯罪圈，通过必要的犯罪化，确保刑法介入网络安全问题的适度性。

2. 网络时代的立法修正重点

网络犯罪的本质属性是新型法定犯，基于罪刑法定原则等基本要求，应当根据网络安全法律体系的规定，通过犯罪化与非犯罪化等方式对其予以确认。但是，纵观过往的刑法立法，仍存在一系列问题，导致立法缺乏整体性、全局性等。为此，应当围绕网络立法的重点与难点展开修正，克服当前立法存在的碎片化等问题。

网络犯罪时代加速到来，立法的重点与难点在于以下几个方面：（1）围绕网络犯罪类型进行精细立法。网络犯罪是发展和变化的，无形中增加了立法的难度。在立法的科学性上，首先应当充分认清网络犯罪演变的基本过程和当前态势，围绕主要的网络犯罪类型，实现更精细化的立法。例如，网络犯罪行为的规模化、链条化、网络犯罪行为主体的聚合化日益凸显，帮助行为的正犯化、预备行为的实行化以及网络平台责任是立法的重点，对此《刑法修正案（九）》作出了一定的回应。从网络犯罪的发展动向看，可以将"对象型""手段型""空间型"网络犯罪形态作为基本的立法逻辑起点，引导规范发掘和创制技术，实现立法的精细化。（2）立法技术与规范表述的高度合一。再好的立法原意，都需要借助立法技术，通过规范表述予以达致。例如，按照传统的实质预备犯、帮助犯相关理论，难以实现传统刑法理论与立法规范之间的自洽。这不仅暴露了现行立法的滞后，也对立法技术提出了更高的要求。如何设置新罪与配置刑罚，都是网络时代刑法立法需要重新考虑的基本问题。在网络安全法益的立法依据引领下，个体利益、抽象秩序、宏观安全等组成了基本的价值关切。因此，应当建立复合型的刑法保护体系。特别是应当围绕网络安全的主要类型，结合网络犯罪的特点和新的趋势，对网络定罪情节、刑事责任年龄、单位犯罪、共同犯罪等问题进行调试。这是推动网络犯罪立法完善的关键。例如，为了契合新型网络犯罪发展的特质与规律，可以引入网络累积犯的概念，[1]也可以同时增设资格刑。（3）行刑的立法精准对接。网络犯罪是典型的新型法定犯，在很大程度上受网络法律体系及其规定的影响。网络法律体系不断扩张和完善，行刑衔接是立法的常态内容，也是决定立法科学性与正当性的重要保障。主要包括：一是参考《网络犯罪公约》《通用数据保护条例》等国际社会的立法成果，提升网络时代的立法水平，推动与国际标准接轨。二是与《网络安全法》的衔接。《网络安全法》是我国网络安全法律体系的基本法，对刑法立法具有直接的影响。在适用衔接上，主要涉及网络空间主权规定对刑事管辖权的积极影响、信息网络安全管理义务的规定与《刑法》第286条之一的对接、公民个人信息规定的理解与适用以及宽严相济刑事政策的贯彻等。三是与国家互联网办公室发布的规范性法律文件衔接。国家互联网办公室成立以来，已经陆续发布涉及网络安全各领域的规章制度以及实施办法、管理规则等，建立起复合的网络安全管理体制。网络时代的刑法立法必须充分参照执行，强化立法的精细化、

---

〔1〕 参见皮勇："论新型网络犯罪立法及其适用"，载《中国社会科学》2018年第10期，第126页。

类型化。四是与《反恐怖主义法》《民法典》等的衔接。涉及网络安全的基本法律仍持续增量，网络恐怖主义、数据保护等新议题不断出现，都是刑法立法完善的对象。

3. 创制网络时代的刑法典构想

在《刑法修正案（九）》较大幅度增设纯正的网络犯罪罪名之际，是否继续沿用刑法修正案模式的问题随之出现。当前，究竟是坚持统一刑法典的立法模式，还是遵循刑法典与单行网络刑法之模式，一定程度上已经进入立法完善的重大议程序列。有观点认为，在网络犯罪时代，应当由单一的法典化向多元的立法完善模式转变。[1]这种看法不妥。现阶段的网络犯罪虽然发展迅猛，但仍无法全面取代传统犯罪形态，刑法学知识结构的转型是漫长的过程。寄希望于全面修订现行刑法典是急功近利的做法。从网络犯罪时代的发展趋势以及我国刑法立法的经验看，刑法修正案仍是修法的"新常态"模式，目前全面修订1997刑法典为时过早。在网络时代，既应当不断强化刑法典的时代适宜性，也应当加强对刑法总则的理论部分的修改工作，抓好网络犯罪等重大和新兴领域的立法修改工作。[2]在可预见的时期内，刑法修正案应当作为首选，发挥其有序、稳步的渐进式立法修正功能，逐步推进由传统刑法典向网络时代刑法典的进化。但是，并不排除在时机相对成熟的情况下，将网络时代的刑法典创制工作纳入工作议程并予以前瞻。

（二）网络时代刑法学的知识面向

"网络刑法学"是面向未来的知识探索，虽不即刻完全脱离当代刑法体系，但也必须作出调整与变革。在"摸着石头过河"的语境下，应从多维度拉开帷幕。

1. 网络时代的刑法变革立场

网络刑法学是新生事物，也是不确定性的刑法知识现象。网络时代的刑法学之规范性欠缺、合法性匮乏等问题，仍将在很长一段时期存在，但并不意味着推进网络刑法学的知识探索毫无意义。当前，应遵循理性的路径予以有序铺开。（1）自觉自发的变革意识及其意义。在现代网络技术及其应用全面进入人类生产生活的背景下，由传统现实物理社会到网络社会的变迁是不

---

[1] 参见储槐植、薛美琴："对网络时代刑事立法的思考"，载《人民检察》2018年第9期，第11页。

[2] 参见高铭暄、孙道萃："97刑法典颁行20年的基本回顾与完善展望"，载《华南师范大学学报（社会科学版）》2018年第1期，第39页。

可阻挡的趋势。自觉自发的知识转型意识尤为重要，理论变革是法治进化的历史必然。例如，新型网络犯罪的出现，引发了虚拟财产的性质、社会危害性的评价、共同犯罪的理论合理性等问题，并持续肢解传统刑法理论及其规范的合理性与有效性。历史经验反复证明，刑法理论体系在任何时候都是根据犯罪态势、社会情势而保持动态发展的。在网络时代，坚守刑法的基本原理与及时调试传统刑法不可偏废，必须共同推动传统刑法体系与时俱进。[1] 只有与时俱进地推动理论体系的进化，遵循有序的升级换代模式，才能推动刑事法治更积极、更主动地面向未来。而且，在网络犯罪的研究与治理中，应当紧密融合法律与技术。技术制衡是治理与控制网络犯罪的最好方式，也是依法确定网络犯罪主体、实现制裁效果的重要因素，应围绕技术拓展研究广度、深度及基础。（2）网络刑法学的发展品格。网络刑法学是在网络技术、网络犯罪等一系列变量的前提下，基于网络犯罪的衍生效应，而逐步发展并成型的知识体系。当前，传统刑法学知识的网络转变是最引人瞩目的焦点问题。对此，既不能一味固守传统，也不宜冒进。应当坚持理性的发展品格，对网络刑法学的知识进化持开放式的认知立场，并处理好以下问题。一是与传统刑法学的动态接续关系。诚然，在现阶段，传统刑法规范、扩张解释虽有失灵的一面，但仍发挥着中流砥柱的作用。因此，不能片面地质疑刑法规定以及刑法理论。这应当成为互联网时代的基本共识。传统刑法学体系仍然可以是网络刑法知识转型的重要前提与基础，两者绝非"对立"的状态。二是网络刑法学的递进式发展阶段。回顾网络时代的演变，先后出现了"手段型""对象型""空间型"犯罪形态。我国网络犯罪的司法实践与立法走向推动了网络犯罪治理，为理论发展贡献了样本。目前，网络犯罪呈现为三类形态相互交织、混合并行的状态，"对象型""手段型"网络犯罪仍稳步递增，"空间型"网络犯罪形态的整体比例趋重。网络犯罪形态正在向前发展，必然推动理论体系面向未来作出更为实质性的突破。这奠定了网络时代刑法知识转型的渐进性逻辑。三是通过刑法解释提炼立法，特别是理论规则与原则。刑法的扩张性解释具有制度的局限性，强调个别性规律与经验，而在持续性与普遍性方面略显不足。但立法与理论都更偏爱类型化规则、原则与理念。在毫无知识"前见"与固有经验可以参照的情形下，通过运用归纳方法，从扩张性适用的刑事司法实践中，发现、挖掘并提炼规则、原则以及理念，对

---

[1] 参见张智辉："网络犯罪：传统刑法面临的挑战"，载《法学杂志》2014年第12期，第65页。

推动网络时代的立法升级与理论进化,具有非常积极的意义。个案规则精准地置换为规则认定,可以促成个别到一般、特殊到普通的理念提升,打通规则到原则的制度性切换通道。在制定网络犯罪的司法解释时,应尽可能地规则化、体系化。加快建立健全网络犯罪案例指导制度,为理论发展提供丰富的素材。

2. 网络刑法学的基本范畴之创生

究竟如何理解与探索未知的网络刑法学,目前无任何可以遵循的先例,是在理论空白的状态下进行的。在现阶段,对网络刑法学进行全流程、精细化的解构是不现实的。然而,明确网络刑法学的基本范畴具有根本性的奠基意义,有助于从宏观上框定知识变革的议程与边界。基于此,根据当代刑法学体系的基本结构,网络刑法学可以包括如下内容:(1)网络犯罪范畴。明确网络犯罪的概念具有前提性意义,对理解网络时代的犯罪本质、启动立法调试以及理论体系的发展,都具有极其显著的引导意义。当前,对网络犯罪的概念,在理论层面的讨论非常不足,已有的讨论也存在诸多问题。例如,网络犯罪就是广义的信息犯罪;建立完善的公民个人信息保护制度和机制,可以有效遏制网络犯罪的快速发展。[1]这种看法显然过于狭隘,极大地压缩了发展中的网络犯罪概念之内涵与外延。从技术是网络犯罪发生的基本场域之事实前提看,网络空间的虚拟性与现实性是并存的,网络犯罪的特质在于全部或部分实行行为发生于网络空间。因此,应当特别强调网络犯罪的技术特质。它是窥探网络犯罪本质特征的重要切入点。在强调网络犯罪的"技术性"特征的同时,还应当实现规范化的界定,从多维度阐明网络犯罪的内涵与形式。其中,网络犯罪的社会危害性绝非固定不变,规范层面的网络犯罪圈是变化的,网络犯罪的概念也表现为并入已有罪名、创设新罪名、撤销"过时"罪名等不同形式。(2)网络刑事责任范畴。基于犯罪与刑事责任之间的特殊结构关系与功能安排,以及网络犯罪与传统犯罪的实质差异,变化不仅体现在危害行为等构成要件要素层面,也必然反映在刑事责任层面。根据《刑法修正案(九)》规定的纯正网络犯罪罪名及其规定,可以发现网络时代的刑事责任有其特殊性。网络犯罪时代的刑事责任,由于网络犯罪是典型的法定犯罪,因而刑事责任具有更强的法定性特征。而且,刑事归责原理及其具体要素也更侧重于对技术与规范的双重兼顾。这亟待重构一套新的理论体系与规范。(3)网络刑罚范畴。回顾已有的刑事立法,主要着力于网络犯罪罪名的增设。然而,针对新型网络犯罪的法定刑配置不足等问题愈演愈

---

〔1〕 参见时延安:"网络规制与犯罪治理",载《中国刑事法杂志》2017年第6期,第14页。

烈,暴露出对刑罚范畴的调试已然滞后。从罪责刑相适应原则的角度看,偏重犯罪而弱化刑罚,是头重脚轻的不协调现象。从理论的前瞻性看,应当对网络刑罚范畴予以探究。例如,对于网络服务提供者提供网络技术支持和帮助行为的,应增设适应于网络时代的资格刑,以激活网络语境下的禁止令。

3. 网络时代刑法本体元素的发展

由当代刑法学体系到网络刑法学的知识变迁是一个漫长的过程。当前,仍可以在现有刑法学理论体系的基础上,逐步展开网络刑法体系的基本议题之讨论。

在现阶段,可以根据网络犯罪的类型、态势等规律,结合当代刑法体系的基本原理,尝试从以下几个方面展开讨论。(1)网络安全刑法法益的基础地位。网络安全刑法法益是传统刑法法益在网络犯罪时代的延伸与发展,是网络时代刑法的基本使命与任务之所在。在现阶段,其基本内涵及其意义,主要表现如下。一是网络安全法益的实体内容不断充实,相继转化为国家网络安全等安全体系要素。而且,网络社会具有极强的交互性,网络安全法益呈现出一定的公共化趋势,并逐步扩展到网络公共安全、公共信息安全和网络公共秩序,引发了网络犯罪的结构变化。这要求合理制定和调整国家网络安全战略。同时,规制网络犯罪的时间节点、内容范畴、解释路径、协调立法等,也应作出相应的调整。二是网络安全法益是增设新罪的重要依据。法益的内容是变化与发展的,新型的网络法益不断出现,一些传统法益在网络时代被注入新的内容(利益),部分传统法益逐步被淘汰。法益的内涵与形式不断变化,不仅启动了立法的正当性基础,也是增设新型法定罪名的基本依据。[1]三是网络安全法益是刑法解释的重要依据。网络安全法益具有强大的刑法解释功能。例如,"利用信息网络"是非法利用信息网络犯罪的行为特质,应确认信息网络安全管理秩序的具体法益内容,固化释法机能。[2]又如,互联网经济迅猛发展更使网络虚假广告犯罪及其适法难题凸显,罪质理解不清是重要原因。应扩大网络广告管理法益的内容,将网络虚假广告罪的基本罪设置为危险犯形态,重置立案标准。[3](2)新型网络犯罪主体的更新。在

---

〔1〕 参见张明楷:"网络时代的刑事立法",载《法律科学(西北政法大学学报)》2017年第3期,第69页。

〔2〕 参见孙道萃:"非法利用信息网络罪的适用疑难与教义学表述",载《浙江工商大学学报》2018年第1期,第42页。

〔3〕 参见孙道萃:"虚假广告犯罪的网络化演变与立法修正思路",载《法治研究》2018年第2期,第111页。

网络时代,由人与法人组成的二元犯罪主体格局,正在遭受渐进的肢解。自然人作为最主要的刑法主体及其衍生的共犯形态等刑法主体形式,以及拟制的法人主体,都存在一定的网络化迹象,特别是网络平台、智能主体等新兴主体类型的相继出现,是宣告刑法主体网络化动向的重要标志。为此,在理论层面,应当积极推动犯罪主体理论的网络化转型,也要通过立法积极修正并确认网络犯罪主体的类型。[1]当前,迫切需要对网络平台等新型主体予以立法,并解决好网络时代共同犯罪主体异化后的新问题。(3)网络犯罪行为的异变。网络犯罪与传统犯罪的差异化也体现在行为上。在网络时代,无论是"对象型""手段型"还是"空间型"网络犯罪,其危害行为首先与网络技术及其应用息息相关。然而,相比于传统刑法中的危害行为,网络犯罪的危害行为在社会危害性的形式、结果及其程度上均有差异,既表现为"技术"导向的特质,也表现为行为方式、规范内涵以及与其他犯罪要素的功能结构趋于复杂。在认识与构建网络时代的危害行为时,不仅要遵循归纳法,总结现行网络犯罪行为的主要特征;也要遵循演绎法,通过前瞻的理论结构,实现更有预见性的规制效果。对危害行为的评价不能忽视被害人对网络灰色行为的宽容与缓和之评价意义,特别是个案分析中的特殊意义。(4)网络刑事制裁措施的创制。网络时代正在冲击传统刑罚理念。例如,传统刑事禁止令无法在网络空间社会施展预防机能,因此,建构网络刑事禁止令刻不容缓,并且应当作为未来网络刑事制裁体系的独立部分。网络时代的犯罪形态不断变动,基于罪刑关系的内在逻辑,传统刑罚体系与结构的代际蜕变已经不可阻挡。网络时代的刑事制裁现象已具雏形,然而其却是网络刑法知识整体转型的一大短板。它是全新的独立范畴,也是开放性的专属范畴,更是面向未来的发展性、阶段性概念。而且,网络时代的刑事制裁体系存在绝对专属与相对专属等不同功能设定的演变阶段,基于罪质轻重、主体差异、制裁功能等因素,可以容纳多元化、层次化、类型化的具体制裁措施,其既可以表现为物理性断网、实名制、数据删除等宏观措施,也可以表现为网络禁止令、从业禁止等微观措施。[2](5)网络犯罪的定量标准与体系的建立。传统犯罪的定量标准体系,是以现行刑法典规定的罪名为对象,并结合犯罪的实际情

---

[1] 参见孙道萃:"犯罪主体的网络化演变动向与立法修正脉络",载《中国应用法学》2019年第5期,第104页。

[2] 参见孙道萃:"网络刑事制裁范畴的理论视域与制度具象之前瞻",载《西南政法大学学报》2019年第4期,第100页。

况，所得出的一套立法定量与司法衔接的知识体系。网络犯罪与传统犯罪不同，规范评价的对象、标准以及体系也不尽相同。在网络时代，新型犯罪不断出现，犯罪性质、特征、罪质要素等都出现了新的变动，与传统定量体系日渐格格不入，不免难以实现公正、高效的规范评价。例如，在网络犯罪时代，定量因素主要表现为信息数量、计算机台数、断网时长等。基于此，应创建体系化的网络犯罪之定量要素与标准体系，对新出现的定量因素进行归纳、总结，以实现高效的规范评价。从司法实践看，网络犯罪的行为、结果等要素均发生了不同程度的变化，使定罪的基准、要素、标准等一整套规范内容处于深度进化阶段。因此，有必要加快探讨网络犯罪的定量体系及其理论依据等，这不仅有助于立法的精细化、司法的精准化，也有利于增强理论层面的研究。

第九章
迈向独立的中国网络刑法：以"马法之争"为知识缘起

一、问题的提出

1996 年，时任美国第七巡回上诉法院法官的佛兰克·伊斯特布鲁克（Easterbrook）在芝加哥大学举办的"网络空间法研讨会"上提交的论文《网络空间与马的法律》中指出，普通法上有很多关于马的问题。这些问题完全可由合同法、侵权法等一般法律解决，没有必要再汇集成一部"马法"，否则将极大地损害法律体系的权威性。网络法就如同马的法律一样，只不过是具体法律部门在特殊领域内的运用，完全没有必要独立设置，也完全没有必要设置专门的网络法课程。政府不需要去主动规制网络空间，发现最优法律规则的办法是让当事人自主选择、自主决定，这就是著名的"马法非法"观点。而这场"马法之争"也拉开了网络法应否独立的论争序幕。在当时的条件下，该问题尚过于超前，"马法之争"未有定论。尽管如此，其仍引发了广泛的后期讨论。现在回看，"马法之争"显示了在 20 世纪末，美国学界已经开始探讨网络法是否具有独立部门及学科地位的问题。从其后续走向看，在网络法"门外汉"佛兰克·伊斯特布鲁克提出这一"反动"观点后，包括劳伦斯·莱西格（Lawrence Lessig）等行家已经有力地作出针对性回应和驳斥。[1]在这场最早的争鸣后，网络法作为新兴、专门领域一直蓬勃发展，甚至不断扩张与进化。在网络法日益壮大的既成事实之下，"马法之争"已经基本上一边倒了。这为"马法之争"以及中国网络法的开宗立派奠定了缘起依据。

网络法作为网络与法律的结合产物，在我国一直以来处于"妾身不明"的境况。将网络法简单理解为与网络有关的法律，那它就是一部"马法"；反

---

[1] 参见戴昕："超越'马法'？"，载《地方立法研究》2019 年第 4 期，第 2 页。

之，单列特殊的网络法律以及网络法规则，则应当是独立的法。[1]当前，"网络法"发展迅猛，具有自主生长的生命力和独立的价值，是以网络空间行为作为调整对象，与既有法律绝不简单重复的另类规范体系。网络法发展的关键显然在于搞清楚定位。特别是从中国晚近二十余年在网络技术及其应用上的穷追猛赶看，"马法之争"不仅迫切且尤为关键，对网络规制、网络安全保障以及网络社会的有序发展等具有重大意义。"马法之争"对我国而言绝不遥远。网络法研究向前推进，是以保持足够的理论意识和理论自觉为前提的，或者说是以默认网络法的独立性为前提展开的，从而有助于真正的整体性和开拓性的理论研究。而且，网络法独立的问题，不仅在网络法的一般领域存在，也存在于重大的基本部门法中，如刑法学领域也需要讨论。网络法领域的"马法之争"将不仅深根于网络法的一般领域，也会渗透到部门法领域。尽管这些探索未必以即刻取代"马法"为使命，但务必要超越"马法之争"。[2] 2017年9月，全国社会治安综合治理表彰大会指出，当前网络犯罪已成为第一大犯罪类型，未来绝大多数犯罪都可能借助网络实施。在刑法领域，围绕网络刑法学的知识转型议题已然出现，网络刑法学的独立化问题不再是空谈。从网络法的"马法之争"到网络刑法学的"马法之争"，可谓是中国网络法律体系进一步发展后的必然延伸，也是网络法学体系整体变迁后的真实写照。结合我国网络刑法的理论研究，进一步阐明网络刑法学的独立性问题及其重大关切，有助于推动当代刑法学的现代化，也有助于推动网络法学独立性问题的学术研究之深入。

二、中国网络法独立化的时代境遇

发生于1996年的"马法之争"，起初对我国法学界而言"过于超前"，以至于讨论网络法的独立性问题缺乏相应的"土壤"。然而，时过境迁，当下再来回顾与评议中国语境下的"马法之争"，不仅是直面现实挑战的求真态度，也对我国今后准确界定网络法的性质及其定位具有非常直接的参照作用。

（一）迷失中的网络法独立问题

尽管晚近以来，我国网络技术应用日益普及，网络社会日渐成型，网络法律规范不断递增。然而，在此背景之下，对网络法应否独立的问题，理论上却疏于关注。这使"马法之争"在我国网络领域的学术研究中处于束手束

---

[1] 参见刘品新："网络法是'马法'吗"，载《检察日报》2007年9月5日，第3版。
[2] 参见戴昕："超越'马法'？"，载《地方立法研究》2019年第4期，第16页。

脚的状态。

1. 法律规则还是独立法的认识前提摇摆

很显然，网络技术的发展会引发传统法律规则的网络化问题，或者说，会催生网络法律规则（网络法律体系，下同）。按照"马法之争"的逻辑，网络法律规则在传统法律部门中均有所涉及。网络法律规则逐渐积累，当其达到一定量后，便会引发法律规则体系的质变。与之相关的是，网络法律规则还是网络法才应当是理论上应当选择的基本定位，该问题目前仍然摇摆不定。

从形式上看，随着网络法律体系的不断扩充和发展，各界对网络法律规则的认识更为充分，但也忽视了网络法律规则不断扩充背后的网络法应否独立问题。目前，一些讨论暴露了上述问题，也即：（1）网络行为规范主要包括技术规范和非技术规范。网络法的核心在于技术性法律规范。[1]这是典型的"技术规范"导向思维，止于表面，未能深入实质。（2）关于信息时代网络法律体系的整体建构，应当从宏观上深刻揭示技术与法律的关联性及其内在的规律性认识，梳理和总结网络时代对传统法律规则与体系、法学理论提出的挑战，构建适应时代需求的网络法律体系及理论体系。这一看法跳出了纯粹的"网络法律规则"之局限，转向网络法律体系及理论体系是其可取之处。

上述两种看法都侧重于阐明网络法律规则与网络法律体系的应变。还应当明确的是：（1）网络技术的崛起引起社会规则层面的法律变革，网络法律规则的大量出现势成必然，网络法律体系也在此过程中不断成型。法律规则的变化是浅层次的，网络法律规则是网络法演变中的重要外部要素。但是，背后的法律理论变化以及对网络法独立性的确认才是关键。应当对网络法律规则的增量以及网络法律体系的发展之现象，进行法理层面的分析，探寻适应网络空间的法律新理论，为网络法问题提供深层次的理论支撑。[2]（2）只有从理论上明确网络法的性质，才能就如何维护和保障公民的权利等现代网络法研究的主要价值基点作出科学的判断。同时，这也有助于研究网络立法的合理边界，避免盲目立法。然而，"超越"网络法律规则的观点不能走向另一

---

［1］参见张楚："关于网络法基本问题的阐释"，载《法律科学（西北政法学院学报）》2003年第6期，第80页。

［2］参见夏燕、栗佳佳、石琳民："中国网络法研究现状与反思——基于CSSCI法学类期刊论文（1999—2011年）的分析"，载《理论与现代化》2012年第6期，第83-84页。

端。对网络法的独立性认识，是以网络法律的充实、网络法律体系的发达为基本前提和客观条件的。当前，理论上对这两个问题的认识不利于触及问题的本质。

2. 杂乱的网络法概念

随着网络法律体系的丰富，在对网络法律规则进行实质分析后，理论上对网络法的独立性认识不断得以强化。但是，对于"什么是网络法"的本源性追问，理论上并没有令人满意的具有共识性的答案。反而，实际情况是，对网络法的概念及其内涵的界定是杂乱无章的，无法揭示网络法的独立本质。

目前，对网络法有以下不同的界定：（1）网络法是不科学的、主观臆造的提法。电子商务法是全新的独立法律部门，是调整电子商务活动的法律规范的总称。[1]这是完全消极的看法。将电子商务法概括为网络法，显然是以偏概全的做法。（2）网络法是以网络活动和行为的规范为主，包含电子信息法律规范和信息化工程法律规范的内容，由电子信息法、网络法、信息化法组成的完整结构，具有多层次多模块的统一架构形式。[2]简单地说，该观点的重点落在"信息法"之核心特质。网络法的技术基础是现代信息网络技术，强调"信息"特征是可取的，但网络法应当超越信息法的范围，信息是网络的要素而非上位概念。（3）信息网络法是正在形成中的独立法律部门。建立信息网络法学，其核心是学科体系建设与研究方法。应构建信息网络法学科体系的基本框架并明确信息网络法基本理论。[3]它的要领可以概括为"信息网络法"之归结。这相比"信息法"更为全面，但"信息网络法"没有网络法概括，两者一样通俗易懂和广被接受，毕竟信息、数据都是网络的基础要素。（4）网络法律以"网络人"为出发点，基本理念为秩序维护、权利保护和自由共享，包括促进网络发展、利益均衡、可行性（技术性）、全球化等基本原则。[4]该观点可以概括为"网络法律"，其看法相比之下更为精准，但也容易陷入"网络法律规则"主导论的倾向，引发不必要的误会。（5）网络法理学是研究网络法律最基本规律问题的学术门类，以作为整体的网络法律的共同性问题和一般性问题为研究对象，探寻网络法律背后最根本的规律，关注

---

[1] 参见刘满达："'网络法'热的冷思考"，载《当代法学》2003年第5期，第106-107页。

[2] 参见蒋坡："论网络法的体系框架"，载《政治与法律》2003年第3期，第53页。

[3] 参见孙占利、胡坚："信息网络法学初论"，载《科技与法律》2005年第1期，第19页、第22页。

[4] 参见夏燕："论网络法律的基本理念与原则"，载《重庆邮电大学学报（社会科学版）》2007年第6期，第56页。

网络法律最根本的问题，是关于网络法律问题的一般规律、理念、原则及体系的理论法学研究。[1]该看法可以称之为"网络法理学"。网络法理学是更高层次的讨论，同时也是一个部门法框架下的观察，不同于网络法。(6) 网络宪政以现实基础、理论依据、逻辑体系和学术价值为科学基础，以网络社会为理论分析的"场"，以宪政四要素为研究路径，是以网络宪法的制度型构、网络人权的合理保护、网络民主的科学监督、网络法治的积极建构为框架体系的新宪政主义观。[2]这一看法以传统法律体系的"宪政"话语体系为语境，可以概括为"网络宪政"。它和"网络法理学"的观点所面临的问题相似。

上述不同看法，都触及了网络法作为独立法律部门的本质，但是，对网络法的描述、界定、判断以及建构，甚至还存在消极论，各自也存在不同的问题。首先，消极论是不可取的，因为网络法的壮大已经是不可逆转的客观事实。而其他的界定之说，其问题集中表现如下：(1) 对应当独立的网络法之界定，存在范围不科学、名称含混、概念逻辑交错等问题。网络法的独立化是以科学的研究对象、规制范围等为前提，既不是过于狭隘的"电子商务法"，也不是已显得陈旧的"信息网络法"，还不应当是无所不包的"网络法律"之泛论。这些都是以偏概全或过度扩大的界定。同时，正在独立中的网络法也不应被"碎片化"，实际上变成"马法"。(2) 网络法与网络法学是两个密切相关的问题。网络法强调了其作为独立的法律部门，与刑法、民法等基本法律部门是平等关系。网络法学是法学研究上的一门独立学科，与刑法学、民法学等是对等的关系。当前，应当优先明确网络法是独立的部门法，而后才是网络法学的学科理论体系问题。此乃二者之间的基本逻辑，既应予以区分，也要紧密融合在一起。(3) 对网络法的独立化认识不宜"简化"或"过急"。目前，虽然讨论网络法理学、网络宪政学的基础或条件正在日益向好，积极推动前瞻性研究有其积极意义，更进一步强化了网络法的独立性问题。但是，关于网络法理学、网络宪政学等问题的讨论，没有真正回归到网络法的一般特征和规律，而是简单地对传统法律体系的"旧瓶装新酒"之举，这不仅导致讨论的实际意义下降，也无法深入网络法背后的法理问题，最终无法满足网络法独立的需求。关于网络法独立问题的讨论，本就是超前的理论

---

[1] 参见夏燕："网络法律的法理学分析"，载《社会科学家》2008年第10期，第83页。
[2] 参见陈驰："网络宪政论纲"，载《四川师范大学学报（社会科学版）》2012年第3期，第30页。

研究，秉承了前瞻性地位。因此必须克服"前见"不够的制度性困境，防止过度依赖或"叠加"于传统法律知识结构。（4）在现阶段，优先解决好网络法的独立性问题具有更重要的奠基意义。只有充分确认了网络法的独立性，才能进一步延伸至网络法的内部，并对一些趋于成熟的"网络部门法"进行单独研究，如"网络法理（学）""网络刑法（学）"等。进言之，对网络法中的部门法进行研究，并确定其"独立性"地位，是网络法独立化的深度进阶。当然，网络法独立性研究的优先性是相对而非绝对的，并不反对或排斥对个别部门法的研究更为超前，从而"反哺"前者。但这需要根据实际情况进行调整。

3. 无休止的"技术代际决定论"之观念禁锢

网络法律规则、网络法律体系的发展势头虽然迅猛，但对网络法的认识仍处于一个相对不确定或模糊不定的状态。应当承认的是，网络法是发展中的事物。网络法的独立化是应然而非实然层面的问题，当前是"面向未来"的讨论。

但是，当前对正在发展中的网络法之判断，相对而言是过于审慎或偏于保守的，缺乏必要的法学想象力，使得理论研究的前瞻性与预见性被禁锢，不利于揭示网络法的独立化进程。以下看法就值得讨论：（1）网络法律体系是信息时代诞生的全新体系，仍存在较大的不足。强化网络法基础理论研究和顶层设计，才能有序推动网络法律体系建构。这应当是中国未来网络法理论和体系建构的努力方向。这种看法过于偏重网络法律的立法进步维度，以此圈定网络法是技术代际决定论的产物。诚然，网络立法的意义和作用无需赘言，只是立法不能"绕开"理论。（2）网络法律具有广泛的渊源和多元的层次，是由互联网领域各个子系统的法律规范的分类组合所形成的合乎逻辑的法律整体，与网络法的独立性、网络法对社会关系的特有调整方法、网络法律体系建设、网络法学研究及网络法制建设等息息相关。[1]这种看法过于偏重网络法律体系发展的观察维度，也揭示了"马法之争"在网络法律体系进程中的"呈现"。网络法律体系是一个宽泛的概念，其要素涉及面很广、很杂，且理论性不足。过度面向"网络法律体系"来讨论网络法问题，容易陷入"马法之争"的漩涡。实际上，网络法律规则、网络法律体系等问题，与网络法独立化之间应当是"反哺"的互动关系。

上述看法明确了网络法律及其规则体系处于不断演化的进程中，以及在

---

[1] 参见周庆山："论网络法律体系的整体建构"，载《河北法学》2014年第8期，第8页。

此过程中存在不确定性、易变性等问题，使网络法并非一个稳定或成熟的概念。因而，在讨论网络法之独立化的问题上，不可避免地受到网络法律规范体系等变动要素的影响。网络法律规则的增量以及网络法律体系的扩容，重在强调网络法律规则的重大变动以及法律结构的深度演变，并不能直接推导出网络法的独立化问题。然而，网络法的独立化问题，超越了法律规则或法律体系的层面，是基于前述变化及其形成的条件，进而在法律部门演进上的"拓展"，其旨在廓清网络法与传统法律之间的交互以及分离关系，尤其是澄清分布于不同传统部门法中的"网络法律规则"在整体上的法律性质及其逻辑归属。网络法本就是发展的概念，但绝不是"虚无"的概念，不能以网络法律规则及其体系的发展属性为由，迟滞该问题的讨论，人为限制网络法的独立。只有打破"技术代际决定论"所裹挟的狭隘保守，才能打开讨论网络法独立化的新界面。

（二）积极的网络法独立论

时至今日，"马法之争"在我国所处的时代语境已经发生了重大的变动。进一步说，"马法之争"的社会条件与理论基础越来越向好。站在"马法之争"的消极一端更容易暴露其内在不足，同时也强化了网络法独立的必要性。借此，也为网络刑法独立化等深层次问题提供了源源不断的前提和基础。

1. 网络法应当独立化的现实基础

网络作为这个时代最具发展活力的领域，需要法律为其发展保驾护航。随着网络法的快速发展，其在法律体系中的独立地位广受关注，尤其是网络法是否可以作为独立的法律部门这一问题成为了焦点。实际上，随着向好的积极因素不断累积，以及"独立"与否之下的利弊权衡，理论上的"天平"已经倾斜一方。

在现阶段，可以从应然与实然两个维度看待网络法的独立化问题。（1）网络法独立化的消极论面临可预见、可视化的现存隐忧或潜在危害。集中反映在：一是在"马法之争"的起初，消极论就已经暴露了诸多问题，时至今日，消极论更难堪负重。二是面向未来地看，不将网络法作为独立的法律部门，而是不同部门法对网络法这头"大象"的不同部位分别进行研究，势必会割裂网络法的整体内容和结构，不利于网络法的发展。网络法不作为独立的部门法，仍沿用传统部门法的固有立法理念、裁判理念，必将造成我国互联网领域立法松散、混乱，也将难以深入研究网络法的独有特性，更难以进行法律观念的转型，阻碍网络法以及整个网络技术的发展。三是将网络法作为独立的部门法建构，有利于从总体上确立网络法的基本指导原则，为网络立法、司法实践等提供体系性的规则指导以及功能索引。(2) 网络法的独立化是由一系列积极因素所决定的应然产物。它至少包括：一是网络法的独特性或专属性。网络法有其独立的规制内容、独特的属性、特殊的法律原则，将其作为独立法律部门进行构建极具必要性和社会价值。而且，传统法律部门的分类标准并非一成不变，以此否定网络化显然不妥。应当顺应时代发展逐步调整传统的法律部门分类标准，并为网络法作为独立的法律部门提供可行性的规范基础。二是网络法内容趋于完整。网络法有其独立的规范内容，包括调整主体、调整客体和权利义务关系等。而且，网络法有异于传统现实空间的法律属性，所遵循的法律基本原则也不同。[1]有必要将网络法作为独立的法律部门进行建构。如若不然，网络法日益膨胀，必然与现有法律之间交错不止。三是传统法律体系的最优重组。我国网络法律体系发展到当下阶段，网络法是否属于一个独立的法律部门之问题，已经涉及法律体系的重组问题。从理论上看，是将传统法律部门的分类标准，即主要涉及的调整对象与调整方法等，作出与时俱进的解释，从而将网络法整体纳入，使其成为独立的法律部门；还是对每一个传统法律部门的调整对象和调整方法的内涵与外延进行延伸，将网络法拆分后，对应归属到传统的法律部门，如将电子商务归属于民商法法律部门。这两种做法其实就是"马法之争"在我国网络法独立化路径上的特定呈现。在现阶段，为了确保网络法律体系的完整性、体系化，应当从网络法的独立化出发，以网络法统摄网络法律规范以及网络法律体系的发展，使其自成一体。四是活性的网络立法维系并持续夯实网络法的独立化需求。网络法的独立化进程必然是以不断增量的网络法律规范以及日益丰满的网络法律体系为前提和基础的。只有源源不断的网络法律规则以及网络法律体系的日渐发达，网络法的独立才具备坚实的可持续性基础与动能。实际上，从我国网络立法的强度、广度、深度以及更新频次看，这一条件已是既定事实。

2. 网络法独立的应然划界

网络法的独立化进程，也是其与传统部门法（网络部门法）之间划清界限的过程。只有划清网络法的边界，才能对"马法之争"作出明确的回答。

在设定网络法的独立边界及其与其他关联法的界限问题上，有以下看法：(1) 网络法是研究网络安全与治理、信息利用和保护、网络开发和应用及其

---

[1] 参见来小鹏："论作为独立法律部门的网络法"，载《法学杂志》2019年第11期，第67页。

内在规律的法学学科。网络法学几乎涉及所有现行法律所调整的范围，现行的所有法律均可以适用到网络环境。[1]这对网络法作为一门学科进行了"广义"的理解。(2) 网络法作为动态的部门法，应当是广义的互联网法，不仅包括网络安全法等互联网专门立法，还应当包括国家安全法等网络相关的立法，并与民法等法律部门存在交集。这是从部门法的角度出发强调了网络法的动态独立性，其边界亦是动态的。(3) 网络法学有其特定的研究对象和研究领域，具有交叉学科特点。未来的互联网法很可能成长为包含互联网、人工智能、大数据与法律交叉等所形成的新型法学知识体系。[2]这是从网络法作为独立学科的角度所作的"构想"，不仅涵盖网络法的常见问题，还延伸至大数据、人工智能等新兴多学科的交叉语境。

上述对网络法边界的讨论，存在以下问题：(1) 关于网络法的学科地位。既然网络法应当是独立的，那么，网络法应当是一门独立的法学学科。这是必然的逻辑推论。但是，网络法与作为一门学科的网络法学仍存在差异，二者不能等同。(2) 网络法的体系结构。关于网络法的体系结构，是指网络法的内部要素及其排列组合等问题。网络法涉及全方面的问题，但是，就网络法的体系结构而言，应当是高度凝练与概括后的产物。对此，《网络安全法》提供了一个很好的雏形，可以作为观察、确认网络法的体系结构的参考。(3) 网络法的广义与狭义之分。网络法是发展的概念。对于网络法的理解与认识，就其边界而言，存在广义和狭义之分。但是，广义和狭义之分，都应当以超越"马法之争"为前提，并以确认网络法的独立为基础。对于其他部门法中涉及的网络法律规则而言，应当均纳入网络法的统一范畴。不过，对于"纳入"的方法或策略，可以参照刑法是由刑法典、单行刑法以及附属刑法组成的方式进行。

对网络法的边界之认识，首先与网络法独立化问题息息相关。只有在网络法应当独立的前提下，才能更科学全面地审视网络法的边界，从而澄清其与相关法律问题之间的逻辑关系、功能组合与性质定位等。而且，对网络法的地位与性质的准确认识，也为面向未来的网络法学体系及其内部力量的生长奠定了基础。其中，网络刑法的冉冉升起，正是"马法之争"在中国开花结果之体现。

[1] 参见来小鹏："法治化语境下的网络法建构"，载《法学杂志》2019年第11期，第45页。
[2] 参见解志勇："法学学科结构的重塑研究"，载《政法论坛》2019年第2期，第13-22页。

三、传统刑法应答网络犯罪的模式反思与出路

在网络犯罪不断增量的情况下，运用传统刑法理论及其立法规定进行有组织反应，已经相继出现了一些理论与立法层面的不适问题。对此，刑法理论上的应答模式也不尽相同。总体看，传统刑法体系急需作出整体的回应，防止碎片化应对下的各种应急性隐忧和问题。网络刑法的独立化问题也由此日益凸显。

（一）三种因应进路的评议

对于网络犯罪的刑法治理，当前主要形成了三种类型化的应对路径。各种路径相互之间仍存在不少的制度纠葛乃至功能冲突。这暴露了当前反应机制的生成逻辑及其实际效果并不尽如人意。而其根源就在于对网络刑法（学）的认识不一。

1. 立法论与司法论的纠葛

面对新型网络犯罪，究竟优先采取立法完善还是司法上的刑法（扩张）解释，目前形成了两个比较鲜明的立场：（1）立法完善的积极论与消极论。对于网络犯罪时代的刑法立法，有以下两种较为对立的看法：一是网络空间犯罪是计算机犯罪、网络犯罪在网络平台时代的新相态，既要坚持本土化的理论发展，也要借鉴国外立法的成功经验，积极推动国际社会相关立法协调一致。[1]这种看法对立法路径以及国际立法接轨持积极态度。二是网络犯罪首先是犯罪学概念，而不是刑法学概念。现有刑法体系在网络时代具有再生和再利用的知识资源，没有必要为网络时代定制一部专门或者特别的刑法。不断解释刑法应当成为互联网时代的刑法学共识。互联网时代更强调刑法的谦抑价值。[2]这种看法显然反对立法路径，特别是立法所形成的扩张效应。上述对立法完善路径的不同立场，基本上代表了保守与激进的取舍。（2）刑法解释优先论。解释论是刑法谋求自主进步能力的常态方式，也是应对社会巨变的常见策略。虽然社会空间形塑了新的特殊法律事实和法律概念，传统刑法的解释论仍有很大的市场。实质解释的立场要求提高解释能力，以使动态的刑法典更具实质理性。[3]这种立场在立法论和解释论之间明显更倾向于后

---

[1] 参见皮勇："论中国网络空间犯罪立法的本土化与国际化"，载《比较法研究》2020年第1期，第135页。

[2] 参见徐剑锋："互联网时代刑法参与观的基本思考"，载《法律科学（西北政法大学学报）》2017年第3期，第115页。

[3] 参见刘艳红："网络犯罪的刑法解释空间向度研究"，载《中国法学》2019年第6期，第202-216页。

者，因为解释论在现阶段更容易以低成本的方式实现规制网络犯罪的效果。

立法论与解释论的分野，反映了对传统刑法体系及其规范之有效性的不同看法，以及对传统刑法体系在网络犯罪时代的潜力和张力之预判。解释论以保守的立场，采取了更稳健的回应；立法论以积极的姿态，采取了前瞻性的布局。分阶段地看，解释论在当前仍具有积极的作用，但长远看，立法论才是解决问题的根本之策。实际上，网络犯罪的态势才是决定立法论与解释论何者更优的因素。很显然的是，随着网络犯罪逐渐占据主导地位，传统刑法体系内在的规范供给不足、立法原意缺失等问题不断加剧，为了实现有效的治理，立法论是不二之选。

2. 教义学论或知识论的并进

立法论或司法论都存在一定的问题，只解决了规范供给不足或强化规范供需这一层面的问题。从本源性的角度看，理论体系的网络进化才是更关键的根基问题。对此，理论上已经从刑法教义学的调试与网络刑法知识转型等角度，提出了更为本体性的解决方案。概言之：（1）教义学研究路径。传统的刑法教义学是以现实物理空间的传统犯罪为基础形成的。《刑法修正案（九）》的修改，对刑法教义学产生重要的影响，也即：一是义务犯理论。拒不履行信息网络安全义务罪是典型的义务犯。二是刑法保护前置化理论。非法利用信息网络罪是预备行为的正犯化。预备行为的正犯化是刑法保护前置化的立法措施。三是帮助行为正犯化理论。帮助信息网络犯罪活动罪是帮助行为的正犯化。四是网络财产犯罪理论。应当加强网络犯罪的刑法教义学研究，为司法机关惩治网络犯罪提供理论根据。[1]教义学路径在内容上超越了立法论的单一层次，从理论演进的角度对网络刑法作出了更深入的阐释。（2）知识论更新路径。面对新型网络犯罪，传统刑法学知识结构已从根本上变成了制度性障碍，迈向网络刑法学的知识转型具有历史必然性。网络空间社会思维、网络安全秩序价值、网络安全法益、预防性刑法观念都是构筑网络刑法学知识体系的教义根基，而且以预防性立法为主要动力形式，制定与时俱进的网络刑法典是推动并实现网络刑法学知识转型的扛鼎之举。[2]知识更新路径这一观点对网络刑法知识转型作了宏观的讨论，既阐明了动因、必然性以及现状，也指出了问题症结以及挑战，还展示了理论建构的主体要素

---

[1] 参见陈兴良："网络犯罪的刑法应对"，载《中国法律评论》2020年第1期，第88页、第90—95页。

[2] 参见孙道萃："网络刑法学知识转型图景"，载《检察日报》2017年2月15日，第3版。

等。更有观点指出，网络时代社会复杂性日益加剧，刑法体系面临如何实现结构性更新的问题。网络时代需要倡导反思性功能主义的刑法观，能以自主体系的形式而存在，蕴含自我演化的机制。[1]这倡导了自主性、反思性、功能性的网络刑法理论体系，不仅是对传统刑法构造的质性"突破"，也是全面应答网络犯罪的"顶层设计"。从网络刑法的独立化进程及其稳定性看，建构自主性、本土性、实用性的理论体系与知识脉络是重中之重。

相比于解释论以及立法论，教义学论或知识论是更具本源性、根基性的应对。它充分且客观地注意到网络犯罪时代所带来的重大变革，已经超越了解释论与立法论所能兼顾的程度以及场域。为了真正高效地应对网络时代中传统刑法遭受的冲击，就必须从刑法理论体系的革命性进化角度进行观察、反思与重构。但是，在网络犯罪迅猛发展的不确定性状态下，知识论或教义学论的根基不稳，不仅导致本源上的讨论有些"虚无化"，也使面向未来的"前瞻性讨论"难接地气。

3. 统合论的整全性模式

对于立法论与司法论，或者教义学论与知识论的应对，其整体性、全局性尚且不足。易言之，只强调立法、司法或理论的一面，都不足以全面应对网络犯罪。这正是"统合论"的产生背景，旨在超越单一的反应模式，实现整全性的应对。目前，有以下不同看法：（1）立法与理论的并重与立法、理论以及司法三位一体。关于如何同时启动立法论、解释论以及教义学论的共进，理论上有以下看法。一是网络安全法益正在整体嵌入和覆盖传统刑法法益，网络空间社会日益真实客观化，安全刑法观推动网络刑法学知识形态的蜕变，网络刑法立法迎来了根本性的转变，应树立全新的立法思维、增容保护范围、确定预防性的理念及技术等。[2]这是全方位的推进思路，而不限于立法、司法或理论的某一个维度。二是网络犯罪对传统法律体系与规则的冲击，使立法、司法和理论研究相互交织，法学理论和法律规则的网络化是必然趋势。该观点倡导规则与理论的协同演变。（2）实体法与程序法的融合。网络安全及其刑事保障是全球课题。我国应加快整合实体法与程序法资源，聚焦刑法立法升级换代与刑事诉讼模式重塑，着力推动刑法与刑事诉讼的网

---

[1] 参见劳东燕："网络时代刑法体系的功能化走向"，载《中国法律评论》2020年第2期，第101页。

[2] 参见孙道萃："网络刑法知识转型与立法回应"，载《现代法学》2017年第1期，第117页。

络知识转型,协同落实具体任务清单。[1]以刑事一体化思维推动纵深的协同有其合理性与积极意义。(3)网络刑法的转型。网络空间中传统刑法理论和刑事法律体系的时代转型正在进行,这是传统刑法规则回应网络犯罪的规范产物。网络刑法作为刑事法学的子门类正在形成,其基础仍然是传统刑法,与传统刑法上述三种看法虽各有差异,但归结而论,独立的网络刑法应当是终极方案。

当前对网络刑法的多维度展望,都是面向未来的前瞻,是应然层面的"模拟",而非实然层面的"阐明"。对于快速变动中的网络犯罪时代及其衍生的刑法效应,解释论、立法论、教义学论、知识论的讨论均有其合理性,在不同阶段,针对不同问题或场域,均可以发挥积极的作用。这是整合论的合理性之所在。

(二) 网络刑法是终极应答方案

当前,应对网络犯罪的不同模式应相互融合,使其整合为一个全局性方案,可以持续、动态并有效地作出回应。而网络刑法就是这场进程的终极归宿。

1. 回归三种回应路径的"最大公约数"

就上述三种模式回应网络犯罪的效果看,在不同阶段,基于网络犯罪的态势,均具有合理性。在此作如下评价:(1)"触底反弹":解释论与立法论的博弈。解释论的旨趣是借助刑法解释的方式,激活传统刑法规范及其罪名的网络化适用潜力,从而解决当前迫近的新型网络犯罪。立法论的旨趣则是基于解释论的制度短板,以必要的犯罪化等激进和彻底的方式,直接确立新的网络犯罪规范体系,从而更包容和动态地应对不断涌现的网络犯罪。这两种立场之间的博弈并非"全面对抗",而是形式上的"优劣取舍"。这主要是由对当代罪刑法定原则的理解和掌握,特别是对网络犯罪时代语境下的罪刑法定原则的认识和赋能所决定的。严格遵循罪刑法定原则,解释论的扩张功能存在诸多的隐忧,从而必然陷入功能瓶颈。立法论积极扩张之际,虽通过立法的活性化使规制能力有所提升和加强,但对罪刑法定原则的正面"伤害"是更容易出现的。因此,上述任何一种模式,都是"触底反弹"的做法,都容易出现脱离法治轨道的情况。这意味着必须在上述模式的基础上,寻求更为可靠的周全模式。(2)"釜底抽薪":教义学与知识论的本质。无论是解释

---

[1] 参见孙道萃:"网络安全刑事保障的体系完善与机制构建",载《华南师范大学学报(社会科学版)》2017年第5期,第118页。

论还是立法论,都是不够"彻底"的。或者说,这两种方法解决了"术"的问题,但没有解决好"道"的问题。但是,教义学或知识论则是触及根基的置换,是对传统刑法体系的本源性之解构与重构。这种"釜底抽薪"的变革,尽管是以渐进的方式进行,却宣告了"破旧立新"的基本立场。在此前提下,教义学与知识论的旨趣是打造与网络犯罪时代相适应的理论体系、知识结构以及教义学原理,并以此对网络犯罪作出有组织性的反应和打击。(3)"折中之道":统合论的合理、有效维度。网络技术及其应用正在走向全面普及化,网络犯罪时代也在深度演变。但是,由网络社会取代传统现实物理社会、由网络犯罪替代传统犯罪等面向未来的预测,在短时期内难以实现,这是一个渐进的过程。因此,对于日益复杂与多变的网络犯罪,必须采取多元化的应对路径,整合多重路径的优势,实现整全性的应对。这就是"统合论"的合理性与有效性优势。只有同时打通立法、解释、理论、教义学的应答通道,实现知识结构的创造性切换,才能建立持久的、动态的灵活应对体系。更重要的是,在"统合论"的语境下,实际上正在丰富网络刑法的独立基础和条件,当包括技术、规范、立法、理论以及知识等的所有要素都齐备时,网络刑法确立独立地位也水到渠成。

上述因应网络犯罪的三种主要路径,尽管在内容或策略上存在一定的差异,但从整体上看,不应对上述三种路径"割裂"开来并"孤立"地评价。反而,上述三种路径作为整体,在方法论上具有亲和性与黏合性,从不同纬度印证了由立法、司法、理论以及教义学、知识论所组成的反应机制是更为合理的。而这也正是网络刑法应当独立的由来与缘起。或者说,网络刑法的独立,不仅是对上述三种路径的超越,更是整合与重组,从最原初的起点建立起应对网络犯罪的整全方式。

2. 网络刑法独立化的应然理据

上述三种模式的讨论,从反应模式上,为更科学地看待网络刑法的独立性提供了独家的视角和依据。一般而言,法律部门的历史演化规律揭开了法律部门应否独立的条件或因素,它至少包括调整对象、调整手段、立法基础、司法基础、学术基础和政策基础。目前,网络法已具备成为独立法律部门的条件,这决定了网络法的独立具有现实的必要性。而且,上述看法对如何理解与认识网络刑法独立化问题具有积极的参考价值与索引意义。

对比网络法应当独立的要素与条件,在新时代背景下,网络刑法独立的条件更为积极乐观,主要归结为如下几个部分:(1)网络社会基础条件日渐完备。法律是社会发展的产物。网络法律规范、网络法律体系的壮大，得益于网络社会各方面条件的日益显现与成熟。网络法应否作为一个独立的部门法，遵循历史规律以及类比方法论，只要社会条件达到或具备，就往往会出现有别于传统法律制度或形态的新型部门法。在社会各方面的基础条件不断夯实的情况下，网络法独立的条件不再存有争议。在网络法的部门法领域，网络刑法同样如此，不仅可以与网络法独立化进程保持同步，也可以更为超前。最终形成网络法与一般网络部门法之间"深度反哺"的进化格局。（2）网络安全的重大基础地位。在网络技术全面应用的情况下，网络安全问题日益凸显，并已经成为全球性风险与重大挑战。对于现代法律制度而言，整体都面临如何更好地保障网络安全的课题。对于当代刑法制度而言，运用传统刑法体系应对网络安全已经被证明不是最佳选择，容易出现规范供给不足、司法应对不对称、理论呼应错位等问题。在刑法制度的进化和完善过程中，针对网络安全保障课题，必然自主自发地演化出与之相适应的刑法知识体系与功能结构。网络刑法的独立化呼之欲出。（3）网络安全法益日渐成为主要的刑法保护对象。网络法益的多样性，决定了网络安全的多样性，也决定了网络法律的多元性。针对基本的网络法益，应完善和创制互联网基础法律。针对网络工具权，推进互联网使用和虚拟财产保护法。针对网络信息权，进一步完善信息权益法。针对网络大数据权，出台数据资源权益法。[1]但是，如此分散的网络立法会导致网络法支离破碎，"碎片化"的网络法律无法支撑独立的网络法。因此，应创制专门的互联网法律，对网络安全法益进行整体性保障。这也是网络刑法独立的基本内因，否则，也会出现碎片化的保护问题，引发保障功能的不周延等。（4）网络刑法的功能体系日益充盈。从现代法律视角审视网络空间、网络社会以及网络法治等问题时，不能陷入唯技术论的狭隘视角，而应站在网络社会的深度蜕变这一历史发展维度。网络作为一种新型的社会组织形式的出现，对既有的社会治理机制提出了严峻的挑战。[2]作为社会治理机制之组成部分的刑法，也同样面临着重大的冲击。在社会治理法治化的前提下，刑法在社会调控上扮演重要的角色。在高度流动与复杂性日益提升的社会中，刑法的功能应当准确定位，整个刑法理论体系需要及

---

[1] 参见何明升："中国网络治理的定位及现实路径"，载《中国社会科学》2016年第7期，第118页。

[2] 参见劳东燕："网络时代刑法体系的功能化走向"，载《中国法律评论》2020年第2期，第102页。

时作出调整,才能有效应对网络时代的社会治理要求。(5)网络刑法理论知识的持续积累与储备。以"马法之争"为起点,经过前期的理论积累和立法实践,我国的网络法已具备作为独立部门法的所有条件,网络法的理论体系趋于完整。这是网络法走向发达与繁荣的前提。在刑法领域,随着网络犯罪的立法持续增量,司法解释有序出台,案件数量快速攀升,案件占比高位运行。这不仅为网络刑法的理论研究提供了源源不断的素材,也为理论研究的可持续性发展奠定了良好的基础。基于网络犯罪的严峻形势,整体性或局部性的理论研究,乃至知识转型研究此起彼伏,不仅为网络刑法储备了知识,也为网络刑法的独立化供给了能量。(6)国际社会的总体发展趋势。网络安全是全球性课题,网络主权问题日益凸显,网络空间已成为生产生活乃至国家博弈的新场域。国际社会积极制定网络治理规则,各国也纷纷出台网络法规。国际社会对网络法的独立性认识正在强化。我国处于由网络大国到网络强国的进程中,必须及时关注国际社会的最新动态,积极参与网络法治并共建规则。网络空间的法学研究应当尽快适应。从方法论上看,网络空间法学研究应以传统法学研究为基础,[1]但更应超越传统刑法学,以真正契合网络犯罪时代的应然需求。

四、网络刑法作为独立部门法的教义学建构

网络刑法的独立化是"马法之争"在传统刑法领域中的一种倾向性预测或预答,反映了对"马法之争"持积极乐观的态势,也呼应了网络法的独立动向。在探讨作为独立的部门法之网络刑法时,仍应作出前瞻性的建构。

(一)网络刑法的知识图谱

网络刑法的独立化问题,既是其基于网络犯罪的演化而自主形成的一套专属的知识体系,也是其超越传统刑法体系的迭代产物。这就是其知识图谱的由来。

1. 网络刑法的学科体系

网络刑法的独立化,亦是其应作为一个独立的网络法学科的标志。在讨论网络刑法学科体系时,应明确以下问题:(1)研究对象。独立的研究对象是部门法的基本标志。网络法的研究对象具有专属性,决定了该部门法的独立地位。相应地,网络刑法也应当具有独立的研究对象,并能与网络法以及

---

[1] 参见周宏仁:"网络空间法学研究刍议——观察模型、典型问题与对网络空间国际法的启示",载《国际经济法学刊》2020年第2期。

其他网络法体系中的部门法的研究对象相区别。纵观网络刑法的缘起，它首先是由网络犯罪的演变所触发的，继而需要解决好网络犯罪的治理问题，尤其是如何进行刑事归责以及制裁等。因此，网络刑法的研究对象是网络犯罪与由此引发的犯罪人应当承担的网络刑事责任、网络刑罚，以及网络犯罪治理、网络安全保障等。（2）研究方法。独立的部门法往往也以相对独特的研究方法作为其外部特征或标志，其中，传统刑法学方法论仍在一定时期内发挥积极的作用，或者经过必要的修正后继续有效，如法教义学、法社会学等方法或思维。例如，对于传统刑法而言，由于研究对象的特定性等，刑事一体化、刑法教义学等都是颇具特色的研究方法。在网络时代，为了认识网络技术、行为与法律之间的关系以及作出科学的评价等，急需建构网络法学方法论体系。[1] 网络法学方法论专属于网络法领域，如技术思维、技术制衡理念、技术中立规则等，并对网络刑法研究方法具有一般性的指导意义。而网络刑法方法论，则是以网络刑法为前提的，有关认识、判断以及评价网络犯罪等内容的研究方法，如技术分析方法、网络社会学方法等。（3）学科属性。法学学科可以分为"基础学科"和"领域学科"。基础学科负责国家根本法律制度、法学基本原则和方法论的塑造，包括刑事法学（含刑事诉讼法）等传统型学科与行政法学（含行政诉讼法）等现代型学科。领域学科负责局部法律制度的构建，是开放的体系。领域学科包括网络法学等新兴法学学科。[2] 在现阶段，"基础学科"和"领域学科"的分类有其合理性。网络法与网络刑法都是发展中的新事物，是新兴的开放性、回应性、针对性、灵活性学科。从"马法之争"的本源旨趣看，网络法、网络刑法都应当是"基础学科"，是网络社会语境下最重要的基本法与部门法。

2. 基本任务或目的

对于网络刑法，至少应当将以下要素纳入基本任务或立法目的的框架中，也即：（1）保障网络安全。在网络社会中，网络安全是最基础的运行要素，是社会安定有序的根本保障。因此，维护网络安全将变成一项基本的任务，是网络刑法之目的导向。（2）保护网络权利。在网络社会成熟之际，网络权利体系也日臻完善。网络权利和传统现实物理社会在权利形态、保护需求、保护手段等方面存在较大的变动。例如，在网络社会中，公民信息权以及数据权将成为基础性的基本权利形态，对于这些新型权利，不能直接按照已有

---

[1] 参见谢君泽："寻觅网络法学方法论"，载《检察日报》2017年9月21日，第3版。

[2] 参见解志勇："法学学科结构的重塑研究"，载《政法论坛》2019年第2期，第13页。

的规定进行保护。(3) 保障网络法治。网络社会是法治社会,网络法律体系是维护网络治理的制度。网络法律体系作为一个独立的整体,与现行法律体系存在诸多差异。对于刑法而言,推进网络社会的法治化建设,建立健全网络社会的刑事治理体系是其基本任务。

3. 基本价值

在网络刑法的演进过程中,基于网络犯罪的规律与特征以及网络社会发展的趋势等,应当重点将以下价值纳入保护序列,也即:(1) 自由。近现代以来,任何社会形态下的刑法,只要仍然以人类的主体性地位为存在前提,全面实现人的全面发展,那么,保障自由就是刑法的永恒使命。没有自由价值作为基础,刑法的性质及其功能是令人担忧的。(2) 安全。在人类社会的漫长演变过程中,安全是社会个体的最基本需求,甚至可以认为是一种生理与心理上的共同需求,舍此,人类社会的存在意义荡然无存。在网络社会,网络安全隐患成为各界关注的热点,网络安全同样是各方最为在意的,安全价值的地位可见一斑。只有遵循网络安全政策,建立全方位的网络安全保障体系,才能实现网络安全的价值诉求。(3) 秩序。网络社会是不断演变的。网络社会的发展与繁荣,首先取决于网络社会的有序安定。只有网络社会处于和谐状态下,社会矛盾和冲突控制在社会可以接受范围内,网络社会才能积蓄创造力,才能谋求持续发展。网络刑法必须切实保障社会秩序的整体安全,将网络社会的有序安宁作为重要的价值依托。

4. 基本范畴

在网络刑法的持续性、渐进式演进过程中,在缺乏"前见"的知识困局下,可以借鉴我国传统刑法学体系的有益部分,动态地形塑网络刑法的基本范畴。在现阶段,可以重点围绕以下三个部分进行讨论:(1) 网络犯罪论。在网络刑法中,其首要的问题是准确界定"网络犯罪"这一最基础的前提。只有从犯罪学、刑事政策学以及刑法学的角度出发,对"网络犯罪"作出不同维度且相互关联的界定后,才能开启网络刑法的讨论前提,才能锁定网络刑法的评价对象,才能确认网络刑法的规制对象。其中,对"网络犯罪"的一切讨论,最核心的命题是为认识、观察、判断、评价网络刑法意义上的"犯罪"提供合法依据。因而,构建网络刑法中的"犯罪构成"亦成为不容忽视的基本问题。关于"网络犯罪构成体系"的规范设定、重组以及建构,现行刑法可以提供一定的参考与索引。但是,由于网络犯罪的基本构成要件及其要素都发生了重大的变动,因此,必须重新进行设定,并将所涉的基础要件予以类型化,所涉的法定要素予以明确化。(2) 网络刑事责任论。在网络犯罪时代，网络犯罪主体的地位更为凸显。原因在于网络犯罪是典型的"技术型"犯罪，技术是相对中立的，滥用技术才是罪责的本源。而且，网络犯罪都是法定犯，基本上不存在自然犯。因此，犯罪主体"违反网络法律规定"应当是基本的成立条件，决定了行为违法性的一般化、常态化。在此背景下，针对网络犯罪主体的刑事归责显得尤为重要。在我国现行刑法理论中，刑事责任是相对薄弱的一个环节，网络刑事责任论的建立健全可以成为传统刑事责任范畴谋求重大进展的契机。（3）网络刑罚论。在网络犯罪时代，有效防控网络犯罪是网络刑法启动刑事制裁的动因所在，此乃"矛"与"盾"的关系。因此，网络刑罚论是不可或缺的，尽管其处于网络犯罪的刑事治理体系之末端。不过，应当看到，由于作为前提对象的网络犯罪、作为基础依据的网络刑事责任等内容都相继发生了重大的质变，包括预防以及报应等传统刑法中的刑罚目的等内容，在网络刑法中也未必继续有效。今后更为可取的做法是，根据网络犯罪的发展态势，结合网络刑事责任的基本理论，逐步建立一套独立的网络刑罚论，对刑罚目的、刑罚措施、刑罚体系、刑罚裁量、刑罚执行等基本问题作出规定。

5. 基本原则

当前，在坚守现行刑法体系的常见基本原则之外，网络刑法未来还应秉持以下基本原则：（1）技术制衡原则。网络犯罪是"技术型"犯罪，治理网络犯罪，首先要从源头出发，主动运用"技术"的内在规律和优势，实现"技术制衡"的治理效果。网络刑法的内部功能结构以及制度安排，都应当全面、全程贯彻该理念，以实现最佳的治理效果。（2）风险预防原则。网络技术遵循创新理念，没有止境。网络技术的应用遵循商业化规则，容易越界。但是，这一切又必须在法治的框架内进行。网络技术裹挟的技术异化风险，是网络社会中的正常现象，是无法彻底消灭的。然而，从治理的有效性看，应当遵循积极预防理念，尽量将技术异化风险控制在最低限度内。这就是风险预防原则的始源，也是网络刑法应当坚持的基本原则，这些内容也在预防性刑法理论、预防性刑法立法等方面有所体现。（3）刑事治理原则。相比于以自然犯为主的传统犯罪格局，在网络时代，法定犯成为最主要的犯罪类型。法定犯的主导化格局，是由多方面因素所共同决定的。由于网络法律体系是不断发展的，"刑事违法性"的判断依据具有易变性，导致法定犯的犯罪本质及其危害具有显著的变迁性，加大了犯罪治理的难度。为此，应当遵循刑事治理理念，结合犯罪学、刑事政策学等学科知识，整合社会政策等外部资源，共同推动网络犯罪的管控与治理。这就是刑事治理原则的缘起。

(二) 网络刑法的理论体系

网络刑法不仅需要科学的知识图谱作为索引,也需要理论体系作为依存根基。在现阶段,传统刑法理论体系仍继续长期主体性地存在,可以作为建构网络刑法理论体系的"前见"与参考。同时,经由批判性的反思路径,可以初步搭建网络刑法的理论图景,并对一些重大的基本问题作出恰如其分的解读。

1. 网络刑法与网络法的逻辑关系

刑法是法律体系中的重要部门法,网络刑法也应当是网络法体系中的重要部门法。这种种属关系的逻辑延伸,是界定网络刑法的场域与边界的前提之一。而且,这也有助于现阶段科学地锁定网络刑法的外延,从而划清与网络法以及其他网络部门法之间的关系。但是,在网络刑法与网络法的关系上,可能出现以下新的情况:一是网络法的体系结构出现重大变动,主要的部门法已经有了剧烈的更迭,一些传统的部门法可能消亡,一些新型部门法顺势成长。这使得网络刑法所面临的"部门法"语境不同。二是网络刑法自身经历了革命性的蜕变,从自主运行的角度看,它与部门法之间的交互关系、维度以及方式也不尽相同。这种"相互"异变的态势,迫使我们重新审视网络法下的部门法关系,以及刑法所处的地位与扮演的角色。

从网络刑法的应然层面看,其与网络法之间的关系,可以从以下几个方面讨论:(1) 网络刑法与网络法之间是特殊与一般的关系。网络法是未来取代传统法律的概念,包括了所有网络法律体系的子系统。网络刑法是网络法的一个组成部分,它们之间是种属关系。该关系也体现在规制对象、功能设定等微观方面。(2) 网络刑法与其他网络部门法之间是平等的,不存在事后"保障法"的关系。传统观点认为,刑法是最严厉的部门法,是其他部门法的事后"保障法"。这其实是对传统刑法的性质以及地位的认识误区。在网络法的框架下,所有的部门法都是平等的关系,相互独立,有着其专属的规制对象、研究方法以及学科体系等。而且,为了更好地贯彻网络刑法的积极预防原则,更应强调网络刑法的自主独立性。(3) 网络刑法是独立自主的,并与其他网络部门法以及整体的网络法之间遵循"最优"的协作关系。在网络法的大格局下,部门法之间是相互独立的,难免存在功能重合或内部交错等问题。对此,必须遵循"最优"的冲突化解原则,理顺各部门法之间的内在协同关系,而不是一味强调"刑法优于民法""刑法是事后保障法"等。至于如何明确"最优"的内部逻辑规则,可以根据网络法以及具体网络部门法的发展情况,适时明确内部功能协作的指导规则。

2. 三大基本范畴的理论化

在网络刑法理论体系的构建思路上，其难点与重点落在了刑法学基本范畴的理论化上。基本范畴得以理论化、知识化与体系化，不仅形塑了网络刑法的基本结构，也决定了网络刑法的基本功能，更左右了网络刑法的成熟度、独立性以及演化水平。承上所述，在现阶段，围绕网络犯罪、网络刑事责任以及网络刑罚三大基本范畴进行"演绎"是可取的，符合我国刑法知识传承与严谨的合理逻辑。

在三大基本范畴的理论化上，应注意以下问题：（1）犯罪概念与犯罪构成的理论化。关于网络犯罪范畴的理论化的核心问题，可以归结为犯罪概念和犯罪构成的理论化。由于网络犯罪处于高速演变中，如何理解"网络犯罪"是一个长期性的难题。对网络犯罪进行高度概括的犯罪构成体系也遭遇了相同的问题。这决定了对网络犯罪、网络犯罪构成作出规范界定时将面临技术与法律的双重难题，而规范层面的理论设定也是如此。只有对网络犯罪、网络犯罪构成进行理论化，使其纳入网络刑法的知识体系，形成有序的知识谱系，才能形成长期、稳定、科学的理论指导。（2）刑事归责的理论化。承上所述，在网络犯罪以"技术"为前提下，刑事责任的地位更为凸显，或者说，相比于传统刑法中的刑事责任之地位有所抬升。因而，对刑事责任的理论化亦成为重大课题。在网络刑法中，刑事责任范畴主要解决犯罪主体的人身危险性、技术滥用的社会管控政策、正当化事由等问题，而不是解决犯罪成立与否的问题。它不仅要揭示网络犯罪的本质，也要承接网络犯罪构成的规范判断之结果，同时还必须植入独立的归责要素与内容，使其独立于网络犯罪范畴，以便更为全面地审视犯罪主体的罪责及其程度，继而为刑事制裁的启动提供最为科学的依据和标准。（3）刑事制裁的理论化。在网络犯罪的治理末端，刑事制裁范畴发挥了举足轻重的作用。对于网络刑法的治理体系而言，只有前端，而没有终端，不仅不完整，也是功能不齐整的表现。在刑事制裁的理论化上，应当采取"互动式"的回应模式。不仅要从网络犯罪、网络刑事责任之源头出发，实现"后发"的及时应答；也要重视理论体系的自主构建，实现自主的发展与进化；在"制约"与"反制约"之间发挥更为积极的作用。在内容上，包括刑罚目的、刑罚措施、刑罚体系、刑罚裁量、刑罚执行等既有的基本要素，都属于需要重新置换的对象，应当根据网络犯罪治理的有效性原则，作出不同程度的增删或补充，使其真正可以对网络犯罪发挥治理的作用。

3. 网络法定犯主导模式的确认

在互联网犯罪时代，法定犯将成为犯罪类型的主导形态，传统的自然犯将被极大压缩,甚至消亡。之所以如此,是因为在网络法律体系中,违反网络法律体系及其规定是成立犯罪的前提,并决定了网络犯罪的刑事违法性及其程度。这一质性的变化,迫使网络刑法在理论上,就网络法定犯的治理预留充足的规范存留、制度空间以及司法余力。针对如何从理论上回应网络法定犯的问题,建议从以下几点进行布局。(1) 刑事违法性的重要地位。刑事违法性应当是网络犯罪的本质特征之一,揭示了网络犯罪的规范特质。在犯罪构成体系上,刑事违法性的认识问题应当是必要的法定构成要素。同时,对于刑事违法性的规范判断,需要结合网络法治的水平、网络时代的法治宣传力度、犯罪主体的认识能力、认识水平以及控制能力、避免能力及其效果等因素,进行综合判断,设置相应的出罪情形。(2) 法定犯的立法。在网络法定犯的主导下,科学立法尤为关键。一方面,犯罪化仍将是最为突出的,也是立法的常态,但是,非犯罪化也同样进行,并与刑事违法性的动态变化保持一致。另一方面,法定犯的立法,不仅要考虑网络法的一般规定,也要考虑刑法规制的起点,也即立法定量问题。由于网络犯罪的本质及其构成体系均发生了质变,立法定量尤为关键。立法者应当为法定犯设定科学的入罪标准,使其不脱离网络法治的精神,提高刑法规范的可操作性。为了防止司法恣意,不宜放权于司法定量。(3) 动态地设置入罪和出罪机制。在网络犯罪时代,由于网络法律体系处于更迭状态,刑事违法性的法源亦是如此。因此,是否构成犯罪的规范标准是变动的,有些犯罪可能随着网络法的调整而不应作为犯罪,有些新型犯罪则不断出现。鉴于犯罪圈的内部"进出"问题,理论上应当为法定犯罪设置科学且严密的入罪机制和出罪机制,以确保刑法规制的正当性。

4. 网络刑法的法典化

在网络刑法的发展进程中,必须将网络刑法的法典化作为一项基本议程,并根据时机与条件的成熟度,推动网络刑法典的创制,其理由在于:(1) 在依法治网和保障网络法治的要求下,对于网络刑法的探讨,如果可以形成共识,则应当通过立法的方式予以确认,固化理论积累,使其成为下一阶段的逻辑起点。(2) 需全面理解网络刑法的独立性。它不仅体现在理论方面,以健全的教义学体系、知识谱系为标志;也表现在立法方面,以成熟的立法化形式为载体,呈现理论建构的进步。(3) 网络刑法的法典化尽管目前看来甚为遥远,乃至不切实际,但其意义在于,一是将网络刑法立法化,可以实现其制度化、合法化,提升网络刑法的独立性地位,使网络刑法的理论化与立法化相互契合,从而真正可以满足时代的需求;二是网络刑法的法典化,提供了可以凭借的规范判断依据以及司法标准,对构建网络时代的刑法规范体系以及法治体系具有根本性意义。

五、结语

20世纪的"马法之争"至今已面临不同外部环境。我国正在由网络大国迈向网络强国,"马法之争"问题显得尤为突出和迫切。实际上,随着法律规则的扩充等积极因素的增量,网络法的独立化问题日益明朗。接下来的关键是如何实现网络法的独立化。网络刑法的独立化问题正是在此背景下衍生而来的,也是网络犯罪不断蔓延后的理性反应。当前,理论界对网络刑法的独立问题仍处于"妾身不明"的状态,不过,从已有的认识和反应机制看,总体上呈现出了积极乐观的趋势。因此,不妨比照传统刑法体系,对网络刑法作为一个独立的部门法进行前瞻性的观察与建构,其意义必定是非凡的。

第二编 立法论

第十章
网络不正当竞争犯罪的立法应答

一、问题的提出

1993年《中华人民共和国反不正当竞争法》（以下简称《反不正当竞争法》）是我国反不正当竞争领域的首部基本法。第二章"不正当竞争行为"规定了当时常见的不正当竞争行为，同时涉及部分"市场垄断行为"。基于此，1997年《刑法》在第二编"分则"的第三章"破坏社会主义市场经济秩序罪"第七节"侵犯知识产权罪"、第八节"扰乱市场秩序罪"中，集中对当时一些典型的不正当竞争行为作出了犯罪化的规定。但由于立法背景存在历史局限性，1993年《反不正当竞争法》与1997年《刑法》，对不正当竞争违法犯罪行为的规定都存在诸多缺漏，与《中华人民共和国反垄断法》（以下简称《反垄断法》）等后续法律规定的重合与冲突不断激化。近些年，随着互联网经济的突飞猛进，网络生产经营方式大变样，网络市场竞争日益激烈，新型竞争制度、竞争方式层出不穷，相应地，新型网络不正当竞争行为也翻陈出新，出现了如网络刷单、恶意评价、流量劫持、深度链接、网络干扰等新内容。这些新情况，既导致1993年《反不正当竞争法》与1997年《刑法》相关的犯罪规定出现明显的司法不适应，也导致大量新型网络不正当竞争行为游离于法律制裁的灰色地带。刑事介入的不足已经异化为破坏互联网经济平等竞争环境与健康发展的重大隐患。基于新兴网络不正当竞争行为对互联网经济安全与互联网市场秩序的重大现实危害与潜在危险，刑法应当介入。但客观上也面临理论体系不相称、立法规范供给不足等问题，以刑法解释为主的司法应急对策暴露出功能紊乱和乏力的短板。2017年修订的《反不正当竞争法》第12条专门规定了"互联网不正当竞争行为"；《中华人民共和国电子商务法》（以下简称《电子商务法》）也有明确规定。随着"网络不正当竞争条款"的立法化成为既定事实，网络不正当竞争犯罪的刑法规制迎来新的契机。围绕网络不正当竞争犯罪问题的立法完善更应提上议程，从而化解刑法介入的规范供给不足问题。

二、新型网络不正当竞争行为的刑事制裁困题

新型网络不正当竞争行为推陈翻新，典型的有网络刷单、网络评价、流量劫持等。在实践中，新型网络不正当竞争行为往往严重破坏网络市场竞争制度、竞争利益与竞争秩序，但刑法是否介入及刑事制裁边界较为模糊等问题仍然存在。尽管司法机关充分挖掘传统罪名的解释能力，但这种定罪思路存在明显的"制度瓶颈"缺陷。

（一）对网络刷单的入罪过慎与定罪"权宜"

网购是互联网经济的标签性商业形态，网络刷单（炒信、虚假交易等）是最典型的网络不正当竞争行为。行政处罚与民商事诉讼是主要的法律救济途径。同时，对职业刷单人的犯罪边界，虽先后确立了破坏生产经营罪与非法经营罪的规制方向，但面临扩张解释的过度化等问题。2017年修订的《反不正当竞争法》第8条第2款虽禁止经营者实施虚假交易行为，但未解决刑事责任问题。

1. 演变动态与规制不足

对于网络刷单现象，行政处罚以及民商事诉讼是主要应对措施，并以行业自治为辅。尽管一些网络刷单实施者或平台组织者受到惩罚，但对不良商家往往"网开一面"。这种扭曲的司法治理现象集中表现如下：（1）网络刷单的野蛮生长。在以淘宝为代表的电商平台中，网络刷单是非常有特色的现象。一般而言，消费者根据交易数量形成选择偏好，淘宝商城根据交易数量决定搜索排序、商店信誉、贷款级别、返利标准等。交易数量是电商运营模式的核心要素，直接决定商家的经营效益与营业利润等，商家通过虚假的交易信息可以获得所需的竞争利益，市场主体为了自身的需求，自行或通过其他平台发布虚假物品成交的信息，提高相关物品的销售量及店铺的信誉，增加产品被购买的概率，营造可视化的虚假交易数量。这直接引发职业刷单现象的泛滥不止。所谓网络刷单，大体是指为获取虚假交易数据、虚假商品声誉、虚假商家信用而实施的虚假交易流程、伪造物流、资金流等的行为。当前，职业刷单群体不断扩大，以刷信誉、声誉为导向的刷单行为日益职业化、专门化，网络刷单炒信助长了不正当竞争的恶劣风气。对于网络刷单形成的黑色犯罪利益链条，除了行业自律与加强监管外，刑事制裁亦不能缺位。实践证明，刑法介入的不足纵容了网络刷单违法犯罪的蔓延。（2）对犯罪化持

过慎态度。2016年9月，河南省工商部门查处了为京东电商平台的商家提供网络炒信服务的特大第三方平台，其虚构交易数近500万单，总流水金额超17亿元，涉及商家2000余家。〔1〕这是目前全国查处的刷单流水金额最大的案件，对市场秩序、市场信用、消费者的合法权益的破坏已经达到相当严重的程度，但对涉案的两家网络公司仅分别作出罚款19万元、16万元的行政处罚，与涉案金额以及案件的社会危害性相比极不相适应。对职业刷单行为不作犯罪论处，有放纵犯罪之嫌。又如，阿里巴巴集团控告某公司组织的刷单行为使平台电商数据被污染，误导消费者的消费决策，损害淘宝与天猫的市场声誉和竞争力，索赔216万元。〔2〕2017年2月，"电商起诉刷单团伙第一案"在杭州市西湖区人民法院开庭审理，仅解决了民事赔偿，刑法是否介入仍搁置。〔3〕但1993年《反不正当竞争法》与1997年《刑法》均无直接规定，客观上存在放纵之嫌。

2. 传统罪名网络化适用的内生阻力

目前，虽然司法机关通过援引破坏生产经营与非法经营罪，较合理地解决了当前的定罪难问题。但扩张解释的法理基础依然薄弱，与虚假广告罪等关联罪名的竞合问题也接踵而至。这种对传统罪名进行扩张解释的司法入罪思路，暴露了应急性与权宜性的制度弊端。(1) 已有生效判决的概要。目前，已有两例网络刷单入刑的案件。一是2013年9月，某公司在淘宝网注册成立网上店铺，主要经营论文相似度检测业务。同在淘宝网经营论文相似度检测业务的董某，为了打击竞争对手，雇用他人多次以同一账号在竞争对手的网店恶意刷单，总计多达1500笔，导致该公司被处罚，且订单交易额损失15万余元。2016年12月，针对全国首例"恶意刷单"案件，二审法院维持原判，认定构成破坏生产经营罪。〔4〕二是2013年2月，被告人李某某通过创建网站、语音聊天工具等建立刷单炒信平台，吸纳淘宝卖家注册会员，并支付会员费和平台管理维护费及体验费。李某某还通过制定刷单规则与流程，组织并协助会员通过平台发布或接受刷单炒信任务。会员在淘宝网上进行虚假

---

〔1〕 参见余瀛波："河南查处两起网络刷单炒信大案"，载《法制日报》2016年10月22日，第6版。

〔2〕 参见王晓东、郝一萍："电商'结'何解 阿里起诉刷单平台"，载《新金融观察》2016年12月12日，第12版。

〔3〕 参见张智全："'刷单平台'败诉具有标杆意义"，载《中国商报》2017年11月22日，第P01版。

〔4〕 参见南京市雨花台区人民法院（2015）雨刑二初字第29号刑事判决书。

交易并给予虚假好评，提升淘宝店铺的销量和信誉，实现淘宝店铺的欺骗性销售诱导和不正当竞争等目的。李某某共非法获利90余万元。2017年6月，一审法院判决组织者李某某构成非法经营罪。[1]（2）法院定罪逻辑的审视。这两个有罪判决扭转了刑法消极应对的被动局面。从其入罪的裁判逻辑看，强调网络刷单对其他竞争对手正常的网络生产经营的危害，或者注重网络刷单平台的刷单业务的非法营业性，即注重对生产、经营两个核心关键词进行扩张的网络化理解。但不足在于忽视了消费者合法权益的间接保护，也未能直接保护网络市场公平竞争秩序与市场管理秩序，后者具体是指网络市场信用管理秩序。因此，两个有罪判决的问题在于，都从刷单实施者出发，但未能规制背后的"授意者"。具体表现为：一是破坏生产经营罪的解释乏力。破坏生产经营罪一直处于农耕时代与工业革命的笼罩下，对网络经济、网络经营模式的适应力不强。但新型网络不正当竞争行为也往往破坏合法经营主体的利益及其正常的生产经营行为，客观上使得破坏生产经营罪的网络化适用具有很大的司法市场需求。网络刷单构成破坏生产经营罪，对"破坏生产经营"作出必要的扩张解释是其内在的司法逻辑。[2] 二是非法经营罪的射程泛化。从投机倒把罪分解而来的非法经营罪，至今背负"口袋罪"的法治诘责，限制适用成为各方的共识。1997年《刑法》第225条的相关内容具有高度的抽象性，构成要件的开放性与司法认定的不确定性、不统一性，为其网络化的扩张适用提供前提与可能性。但该罪在立法时并未植入相应的网络立法思维与立法原意，在解决网络不正当竞争犯罪上仍有明显的立法正当性与合理性缺陷。（3）扩张解释路径的"负荷"弊端。网络刷单入刑，除了破坏生产经营罪与非法经营罪，网络化定罪的"解释张力"还包括三种情形：一是虚假广告罪。网络刷单的本质特征是提供、传播虚假的商品或服务信息，通过虚假交易为他人提升商业信誉并制造虚假的网络信用，情节严重的，涉嫌构成虚假广告罪。二是损害商业信誉、商品声誉罪。网络刷单同时附加恶意评价，市场竞争对手的商业信誉、商品声誉往往会因此而"遭殃"，符合立案标准的，可能涉嫌构成损害商业信誉、商品声誉罪。[3] 三是非法利用信息网络

---

[1] 参见方敏："全国'刷单入刑'第一案宣判"，载《人民日报》2017年6月21日，第5版。

[2] 参见孙道萃："破坏生产经营罪的网络化动向与应对"，载《中国人民公安大学学报（社会科学版）》2016年第1期，第85页。

[3] 参见汪恭政："网络交易平台刷单行为的类型梳理与刑法评价"，载《北京邮电大学学报（社会科学版）》2018年第3期，第18页。

罪。以营利为目的,设立网站或通讯群组,组织店铺和刷手进行虚构交易是常见形式,网络刷单平台的组织者可能涉嫌构成非法利用信息网络罪。但扩张适用传统罪名仍无法充分且具体揭示新型网络行为的不正当竞争之特性。扩张适用的"超负荷"运行,源于立法修正的迟滞不前。

因此,在应对网络犯罪形态时,因立法背景、立法理由以及立法原意的断代与脱节,传统罪名内生出强烈的功能排斥效应,应对新型网络犯罪的潜力不足;扩张的网络化适用的功能有限,也使新型网络不正当竞争犯罪的边界模糊不清。

(二) 对网络恶意评价的解释乏力与立法阙如

商业评价是市场竞争中的重要元素,好与坏的评价直接关系到商品信誉、商业声誉,直接关系到网络市场主体的竞争格局与竞争优势,也是消费者的重要索引与基本参照。一些不良商家对网络评价动了歪心思,将其用于恶意打击竞争对手。作为新型网络不正当竞争行为,刑法是否应当介入以及如何介入,实践中仍举棋不定。

1. 蔓延态势与应对难题

恶意评价是最常见的不正当竞争行为,网络恶意评价有了新的发展,对其性质的判断等问题也不宜照抄照搬原有思路。在缺乏网络恶意评价的相关规定之际,规制恶意评价需求与刑事司法应对措施乏力的紧张关系愈演愈烈。其现实困难在于:(1) 网络恶意评价有危害性。为了诋毁竞争对手,获得相应的竞争优势,网络恶意评价也演变为网络不正当竞争的"毒瘤行径"。其主要包括:一是恶意差评。网络恶意差评,是指买家、同行竞争者等通过职业评价人或评价平台,对同属竞争对手的其他电商进行恶意的大量差评,使其陷入店家搜索排名靠后、商誉受损、声誉下降、销量锐减等状态,这是所有电商都闻风丧胆的恶行。这催生了"恶意差评师",其是各商家相当忌惮的群体。恶意差评不仅损害市场主体的正常经营行为,也直接破坏了公平竞争的网络市场秩序,更侵犯消费者的知情权。情节严重的,可能涉嫌构成刑事犯罪。在全国首例"恶意差评师案"中,法院认定被告人构成敲诈勒索罪。[1]该案具有深远的司法标杆意义,严厉打击了利用网络实施犯罪的危害行为。二是恶意好评。恶意好评也令不少商家犯愁。比如,根据《淘宝规则》,对明显超出合理范围的大量好评,淘宝系统会自动触发监督机制并实施"淘宝降

---

[1] 参见孟焕良、徐艳芳:"全国首例'恶意差评师'案宣判",载《人民法院报》2013年7月5日,第3版。

级"的内部处理,直接影响正常经营商家的合法权益。对于存在竞争关系的商家,向对方发起恶意好评攻击,不仅打击了竞争对手,也恶化了市场竞争秩序与公平经营环境。此外,网络"暴力型"不正当竞争行为还包括恶意骚扰、集体竞拍、恶意退货等。[1]对这些情节严重的网络不正当竞争行为,民事责任等并不足以遏制,也无法具体评价其严重的社会危害性,因此,暴露出刑法规制的真空。(2)"网贷评级"首案司法偏离。2015年9月,短融网起诉融360,主张融360不具备评级业务资质,评级缺乏依据,造成短融网品牌和信誉受到损害,要求其立即停止对短融网商业信誉进行诋毁的不正当竞争行为。融360认为,发布P2P评级报告是业内惯例,融360并非首家不具有评级资质而发布评级报告的主体,被告发布网贷评级报告仅为投资者提供参考借鉴,无需具备信用评级资格。融360评级并不是信用评级,而是基于市场考量,为投资者提供安全选择平台的参考依据。2015年12月,北京市海淀区人民法院开庭审理"网贷评级第一案",驳回了原告的全部诉讼请求。[2]该案属于新兴互联网金融行业规则与经营者竞争规则的交叉适用情形,发布评级报告是否涉嫌不正当竞争是该案的争议焦点。对此,该案判决传递的要旨为:除非出于不正当竞争的主观故意,设计不科学、不合理的评级体系规则并用于评级活动,否则,法院不对网贷评级体系规则本身的优劣进行干涉或评判。易言之,对于新型的网络恶意评价现象,最终以不构成不正当竞争结案,而完全不涉及是否涉嫌构成损害商业信誉、商品声誉罪,这直接导致消费者的金融安全、网络金融市场公平竞争秩序以及管理秩序的刑法保护的空置化。再次揭了示专门立法的滞后与空白,导致新型网络不正当竞争行为的本体范畴与制裁边界模糊。

2. 网络专门立法滞后的牵制

网络恶意评价行为的具体实施者与幕后利用者侵犯的法益内容不尽相同,看似属于侵犯财产法益或市场管理秩序,但利用互联网实施恶意评价有其特殊性,其实质是网络不正当竞争行为,完全依靠传统罪名无法作出合理的解释与适用。同时,从"找法"的适用逻辑看,最接近的罪名是损害商业信誉、商品声誉罪,却呈现出传统罪名效能匮乏的一面。理由如下:一是传统罪名的罪质与网络市场竞争制度的质性"不兼容"。商业信誉、商品声誉是市场经

---

[1] 参见陆玫:"淘宝商城涨价引数千小店家围攻",载《东方早报》2011年10月13日,第A4版。

[2] 参见北京市海淀区人民法院(2015)海民(知)初字第32295号民事判决书。

济的软实力,是竞争主体的重要角逐对象。1993年《反不正当竞争法》第14条明确禁止"损害竞争对手的商业信誉、商品声誉"。设置损害商业信誉、商品声誉罪,旨在保护市场竞争秩序。但"损害竞争对手的商业信誉、商品声誉"与损害商业信誉、商品声誉罪的区分是司法难题,更重要的是,传统商业信誉、商品声誉与网络经济下的市场信用或网络商业信用等的内容不尽相同,很难直接套用。二是关联罪名的适用混淆。如在首例"恶意评价师案"中,法院认为构成敲诈勒索罪,而未直接认定该类行为的不正当竞争属性,恶意差评是否涉嫌构成损害商业信誉、商品声誉罪也无从得知。即使认定构成损害商业信誉罪、商品声誉罪,又面临扩张解释是否合理的问题。又如,在全国首起"网络诽谤追究刑事责任案"中,虽是按照损害商业信誉、商品声誉罪论处,[1]但未能明确利用网络实施不正当恶意评价的本质是网络不正当竞争行为。三是传统罪名的网络化适用相互竞合,折射出新型网络不正当竞争行为的定性困难,暴露出网络专门立法的匮乏。市场竞争是互联网经济的动力来源,良性竞争与不正当竞争是矛盾体。打击网络不正当竞争犯罪不能牺牲市场竞争,同时也不能纵容不正当竞争的肆虐。从1993年《反不正当竞争法》、1997年《刑法》的相关规定及立案标准等因素看,新型网络不正当竞争违法行为与不正当竞争犯罪行为之间的界限之所以模糊,立法规范供给不足是主要原因之一。

(三) 对网络流量劫持的定性纠葛与规范失真

在互联网经济背景下,网络竞争的基本元素发生质变。拥有网络数据流量或信息收集通道正成为占据竞争优势的重要保障。以流量劫持为代表的新型网络不正当竞争行为早已暗流涌动,但实践中应如何应对仍悬而未决。

1. 民刑交错与介入困局

流量劫持完全是互联网经济下特有的不正当竞争行为。一方面,流量劫持的技术定位仍未达成共识;另一方面,现有的刑法规范所提供的定罪思路不尽合理。如何应对该问题困扰各方。具体分析如下:(1) 流量劫持的危害本质。互联网公司围绕流量劫持的争斗远未停歇。[2]所谓流量劫持,是指利用各种恶意软件修改浏览器,锁定主页或不停弹出新窗口及强制用户访问某

---

[1] 参见张克:"根据新特点规制互联网犯罪 专访北京大学法学院博士生导师梁根林教授",载《检察风云》2011年第1期,第16-17页。

[2] 参见王斌:"流量劫持是中国互联网公司'特色'竞争方式",载《通信世界》2016年第1期,第9页。

些网站并导致互联网使用者流量损失的行为。被互联网企业高度警惕和极力反对的流量劫持[1]，其本质是使数据丧失加密保护，传输的机密性和完整性可能受损，是运营商及授权机构、第三方公司以及自然人强行占用他人网络资源以达到非法牟利的目的的行为。一般而言，流量引导产生的互联网广告、业务分成等核心盈利点，也是互联网企业的根本经济利益。流量劫持既直接侵犯竞争对手的正当竞争利益，也侵犯消费者的自主选择权，同时侵犯网络市场的公平竞争秩序及管理秩序。流量劫持作为新型网络不正当竞争手段，用于抢夺对手市场份额，是流氓行径与强盗行为，是典型的不正当竞争行为。[2] 比如，在"凤凰新闻诉今日头条的流量劫持不正当竞争案"中，原告的诉求很好地揭示了流量劫持行为的特征及其危害性，北京市海淀区人民法院予以立案（2017年7月25日），也进一步说明流量劫持的"不正当竞争性"特质。（2）"网购助手"首案的剖析。网购平台为获取客户资源，穷尽各种竞争方式，"网购助手"成为备受青睐的网络购物方式。对于"网购助手"，当前主要按照不正当竞争行为处理，但存在明显的问题。在2015年10月的"网购助手"首案中，淘宝、天猫公司以不正当竞争为由，向浦东新区人民法院申请诉前禁令，后又以不正当竞争为由起诉。法院审理后认为，双方存在竞争关系，双方的用户存在较大程度重合；二者的服务内容虽不完全相同，但被告的购物助手依附于购物网站而生，存在极为紧密的关联；从具体行为看，两被告实施了争夺用户流量入口的行为。同时，被告违背诚实信用原则构成不正当竞争。原告依托其商业模式，通过多年经营所获取的在购物网站行业的竞争优势，属于应保护的合法权益。被告通过"帮5淘"购物助手在原告页面中插入相应标识，以减价标识引导用户至"帮5买"网站购物的行为，会降低原告网站的用户黏性，给原告造成损害，违反了诚实信用原则和购物助手领域公认的商业道德，具有不正当性。[3] 据此，相互存在竞争关系的对手，不应恶意抢占竞争对手培育的客户及其相应的付出，不得违反商业道德，滥用或恶意使用他人的竞争优势为自己谋取交易机会，不得不当干扰竞争对手的正当经营模式，更不应通过上述不正当竞争行为使消费者发生明

---

[1] 当前，流量劫持主要分为域名劫持、数据劫持或软性劫持、硬性劫持等类型。

[2] 参见王治国："流量劫持 互联网世界的'拦路抢劫'"，载《人民法院报》2016年6月13日，第6版。

[3] 参见王治国："首例涉网购助手不正当竞争案一审宣判"，载《人民法院报》2017年4月12日，第3版。

显的混淆。"帮5淘"软件可能造成混淆服务来源、售后不良等后果，必然会降低原告网站的用户黏性并削弱其竞争力，损害消费者的合法利益，明显超出竞争对手与竞争秩序的应有容忍范围。（3）刑法介入的必要性。在首案审结后，淘宝网、天猫商城又对"花生地铁WiFi"提起了流量劫持的不正当竞争诉讼。[1]对这类高发案件，实践中仅作为互联网经济中的不正当竞争行为来处理，恐有不当。一是网购助手作为不正当竞争的工具时，严重侵害消费者的自主消费权，造成的消费误解与混同后果相当严重，且往往涉及的人数规模极其庞大。二是网络助手不仅被作为不正当竞争行为用于攻击竞争对手，也严重影响互联网经济的公平竞争市场秩序与有序的管理制度，极大地威胁日益蓬勃发展的互联网经济，造成的危害结果及其连锁反应相当严重。三是任何网络不正当竞争行为，都侵犯多方主体的利益，而不单纯使特定竞争主体之间的"竞争利益"受损。刑法应以保护整个互联网经济的良性竞争为出发点，适时介入一些严重的流量劫持不正当竞争行为。

2. 网络刑法规范的适用离合

目前，司法机关对流量劫持的定性仍有不同见解，已有的两种定罪思路也存在学理瑕疵，暴露了网络刑法规范的针对性不足。具体介绍如下：（1）生效判决。据初步统计，针对情节严重的流量劫持行为，目前已有三个生效判决，罪名分别为非法控制计算机信息系统罪与破坏计算机信息系统罪。下面具体介绍其中两例案件。一是2013年2月至2014年12月，被告人施某、唐某某等人为谋取非法利益，违反规定，先后对重庆某公司互联网域名解析系统进行非法控制。被告人施某、唐某某等人实际违法所得分别为157.1万元、50万元。法院认为，被告人施某等人系非法控制计算机信息系统的域名解析系统，构成非法控制计算机信息系统罪。[2]二是2013年底至2014年10月，被告人付某等人使用恶意代码修改互联网用户路由器的DNS设置，使用户登录"2345.com"等导航网站时跳转至其设置的"5w.com"导航网站，再将获取的互联网用户流量出售给杭州某科技有限公司（系"5w.com"导航网站所有者），违法所得合计75万余元。浦东新区人民法院认为，被告人付某等对计算机信息系统中存储的数据进行修改，构成破坏计算机信息系

---

[1] 参见"流量劫持？淘宝天猫诉花生地铁WiFi不正当竞争"，载搜狐网，http://www.sohu.com/a/148786481_229954，最后访问时间：2019年5月13日。

[2] 参见重庆市渝北区人民法院（2015）刑初字第00666号刑事判决书。

罪。[1]（2）学理解剖。从上述案例中可以看出：一是同案不同判的司法分流现象，不仅折射出司法机关对流量劫持的本质特征缺乏统一的认识，也暴露出现有计算机犯罪规定以及新增设的网络犯罪规定的不适性。简单地说，破坏计算机信息系统罪、非法控制计算机信息系统罪作为以"计算机技术"为立法导向的传统计算机犯罪，在应对流量劫持时，仍存在构成要件、法定刑不相匹配的被动性。这是出现司法裁判不一的根源。而且，司法裁判思维的差异间接反映现有的计算机犯罪罪名存在内容重合、法益交叉等立法不足问题；同时，完全按照犯罪竞合问题并遵循从一重罪论处，[2]也未必能够反映这类犯罪的罪质。二是《刑法》第286条之一、第287条之一、第287条之二，对规制新型网络不正当竞争行为有一定积极意义。例如，实施网络不正当竞争行为依赖网络技术为其提供互联网接入等技术支持的，第287条之二可以发挥间接的规制作用；再以网络服务提供者不作为而言，往往也与实施网络不正当竞争的主体重合，援引第286条之一可以起到直接的规制作用。但这三个罪名都并非专门的罪名，仍需要借助扩张解释实现间接的规制效果。三是网络流量本身具有财产属性，劫持流量具有财产犯罪的部分属性；同时，流量劫持涉及互联网企业与用户的信息数据，也可能构成侵犯公民信息犯罪或侵犯商业秘密罪。但这均忽视了对用户的流量权益、竞争对手的网络竞争法益、互联网业界的正当竞争秩序等新型的法益内容的保护。据此，将定罪的逻辑出发点定为计算机信息系统安全、流量的经济效益与数据安全等，而非网络正当竞争法益，都难免有失偏颇。

综上所述，在新型网络不正当竞争行为中，网络刷单、网络恶意评价、网络流量劫持等均颇具代表性，都对网络市场经济的正当竞争秩序与管理秩序、正当的竞争利益及消费者权益造成严重的破坏。但困局在于：（1）1993年《反不正当竞争法》并无直接的相关规定，传统不正当竞争诉讼的规制效果欠佳，往往以行政处罚结案，无法精准打击。（2）对于情节严重的网络不正当竞争行为，司法机关在入罪上持尤为谨慎的态度，扩张解释作为入罪的途径具有应急性，刑法专门立法不足是根本原因。刑法介入的边界不明确，严重制约刑法保障互联网经济安全的效果。应尽快明确网络不正当竞争犯罪的本质特

---

[1] 参见上海市浦东新区人民法院（2015）浦刑初字第1460号刑事判决书（相似判决参见上海市徐汇区人民法院（2015）徐刑初字第245号刑事判决书）。

[2] 参见叶良芳："刑法教义学视角下流量劫持行为的性质探究"，载《中州学刊》2016年第8期，第45页。

征、规范修正、定罪处罚等基本问题，借助立法修正的方式予以固化。（3）修改后的《反不正当竞争法》与颁行的《电子商务法》顺应网络经济时代的规律和要求，规定的网络不正当竞争行为具有开创意义，为刑法更好地进一步规制提供了依据和契机。

三、不正当竞争犯罪规范供需矛盾及其反思

在市场经济深入发展的环境下，1997 年《刑法》中的不正当竞争犯罪规定明显不足，对传统不正当竞争犯罪的司法规制效果欠佳。在网络经济时代，网络不正当竞争领域的立法加速推进，但仍显迟滞。这种刑法规范供给不足的结构性矛盾，不利于及时有效地规制新型网络不正当竞争行为以及更好地保护互联网经济安全与秩序。对此，应当从理论与立法层面进行回应。

（一）最新网络不正当竞争立法的外溢效应

在互联网时代，传统经济形态的网络化演变加速推进。互联网经济背景下的不正当竞争行为在内容、形式以及危害性等方面都正在发生重大的变动。在立法层面，关于网络不正当竞争行为的行政立法不断强化与升级，行政法规制体系日趋完善，倒逼刑法跟进。

1. 《网络安全法》的一般立法

《网络安全法》是我国首部网络基本法，对网络主体、网络空间行为、网络安全管理等基本问题作出了规定，对互联网经济的合法运行具有直接的指导作用。

纵观《网络安全法》的相关规定，其对互联网市场竞争制度的影响表现如下：（1）明确了依法保护的基本精神。第 1 条、第 2 条明确了建设、运营、维护和使用网络以及网络安全的监督管理主体，体现了依法参与网络活动的基本精神。（2）确立了"强监管"的基本制度，针对不同的互联网参与主体，规定了较为完整的网络安全管理义务。第 9 条规定，网络运营者开展经营和服务活动，必须遵守法律、行政法规，尊重社会公德，遵守商业道德，诚实信用，履行网络安全保护义务。（3）设置了不同类型的法律责任。第 74 条规定了违反本法规定的民事责任、行政责任以及刑事责任。

尽管《网络安全法》并未对网络不正当竞争行为作出明确的规定。但是，规定网络参与主体的法定义务以及设置罪责条款，为依法规制网络不正当竞争犯罪提供了基本依据。这些立法规定也是规制互联网经济市场竞争的重要依据。

2. 《反不正当竞争法》的专属立法

《反不正当竞争法》对互联网经济领域的市场竞争秩序起到了非常直接和关键的作用。其所引起的变化主要表现为：（1）保护正当竞争的基本规定。一是第1条规定了立法目的，也即促进社会主义市场经济健康发展，鼓励和保护公平竞争，制止不正当竞争行为，保护经营者和消费者的合法权益。二是第2条规定了正当竞争原则与"不正当竞争行为"。后者是指经营者在生产经营活动中，违反本法规定，扰乱市场竞争秩序，损害其他经营者或者消费者的合法权益的行为。此外，第31条规定了相应的刑事责任。（2）立法理念与保护法益的网络化延展。互联网经济本质是注意力经济，第2条体现了商业竞争制度的现代化转变，确立了竞争秩序、消费者利益、经营者利益三者统一的利益层次结构，将经营者或消费者权益作为判断竞争行为合法性的因素。消费者在互联网经营模式中的主体地位强化，可能使反不正当竞争法出现私法化问题，不利于真正弱化消费者在互联网不正当竞争下的弱势地位。（3）互联网条款及其立法不足。第12条规定的网络不正当竞争行为类型是立法亮点，承载了调整网络不正当竞争行为的立法预期，为规制新型互联网不正当竞争行为提供了明确的法律依据，也有助于协调竞争法与相关法律之间的关系。从立法技术看，理想的类型化条款是以各种行为类型之间互斥并且周延为基本要求的。从发展趋势看，第12条所列举的行为类型，在适应性与预见性方面尚有待检验。为了避免挂一漏万，立法者又设置了兜底条款。此举也遭到质疑。

《反不正当竞争法》是理解与治理不正当竞争犯罪的主要依据。增设"互联网专门条款"具有划时代意义，不仅从根本上推动了网络不正当竞争行为的专属立法，也必然倒逼刑法从理论、立法以及司法等方面作出全面回应。

3. 《电子商务法》的特别立法

《电子商务法》的颁行具有划时代的意义。它以电子商务活动为调整对象，必然涉及互联网经济下不正当竞争行为的立法规制问题。主要为：（1）电子商务的基本概念与要素。第2条对此作出了规定。电子商务法的调整对象和适用范围是电子商务法的核心问题。信息网络技术是电子商务活动的独有存在基础，信息网络使电子商务活动演变成独特的法律事实，新的法律事实和问题催生了立法需求，电子商务法由此成为独立的法律部门。（2）电子商务的公平竞争精神。第5条对此作出了规定。市场主体应当公平参与市场竞争，履行法定的义务。（3）依法经营电子商务的义务体系。第17条规定了禁止虚构交易、虚假刷单。第18条、第40条规定了搜索广告的正当合法。第22条规定了不得滥用技术形成的市场支配地位。(4) 电子商务信用的立法保护。我国电商生态型组织彻底改变了传统的商业模式，但是，电子商务信用风险与商务信用问题日益凸显，电子商务信用的法律保障机制尚不健全。为此，第3条规定，国家推进电子商务诚信体系建设。第39条规定，电子商务平台经营者应当建立健全信用评价制度。第70条规定，国家支持依法设立的信用评价机构开展电子商务信用评价。(5) 法律责任。第87条、第88条规定了相应的法律责任。对刑事责任的规定，为刑法作出修正提供了法律依据。

相比于《反不正当竞争法》，《电子商务法》是特别立法，是对数字化经济、互联网经济以及电子商务时代的最新回应。它对一些新型网络不正当竞争行为的特殊规定，不仅与《反不正当竞争法》的规定互补，也提出了新的立法需求。

(二) 网络不正当竞争犯罪的立法供给不足

我国现行不正当竞争犯罪规定存在诸多不足，主要包括立法原意模糊、立法表述欠精准、立法罪名分散化、罪名体系不健全等问题。在互联网经济背景下，上述立法缺陷被进一步放大，并集中表现为刑法规范供给的失衡。

1. 传统不正当竞争犯罪立法明显脱节

传统不正当竞争犯罪的立法，首先源自于不正当竞争法律规定，主要包括：(1) 1993年《反不正当竞争法》列举了我国经济生活中存在的11种不正当竞争行为。但是，"法律责任"一章只规定上述部分行为可能需要依法追究刑事责任的情形，对于其他不正当竞争行为，仅规定行政处罚措施。从立法科学性上看，显然无法满足规制社会危害性已经达到应受刑罚惩罚程度的不正当竞争违法犯罪行为之客观需要。(2) 1993年《反不正当竞争法》规定的法律责任，主要以行政责任为主，以民事责任为辅，以刑事责任为补充。在这种综合性的法律责任体系中，刑事责任规定的明显不足，导致打击日益增长的不正当竞争犯罪之力度不足。(3)《中华人民共和国商标法》《中华人民共和国专利法》《中华人民共和国著作权法》《中华人民共和国产品质量法》《中华人民共和国消费者权益保护法》(以下简称《消费者权益保护法》)《中华人民共和国广告法》(以下简称《广告法》) 等相继通过，宣告了我国竞争法律体系基本建成。但是，有关不正当竞争刑事责任的规定，却显得与之极不相称。只是在刑法典、一些单行刑事法规以及其他法律中，存在一些相关的罪名或原则性规定。

随着社会主义市场经济的持续发展，不正当竞争违法犯罪行为日益增加。在刑法修订期间，先后出现了一些立法修改的建议，主要针对不同的罪名及其法定的构成要要件要素的设置。[1]相比于1979年《刑法》对不正当竞争行为的毫无规定,1997年《刑法》将部分不正当竞争行为予以犯罪化。但是,这些罪名与当时的民事法律规定、经济法律规定不尽一致,存在一定的"落差"。对其他常见的不正当竞争行为,立法尚且空白。总之,1997年《刑法》中有关不正当竞争犯罪的规定,存在内容分散、罪名单一、主旨不明、难以操作等不足,并且未对其他一些不正当竞争行为规定刑事责任。

2. 网络不正当竞争犯罪立法空缺渐显

1997年《刑法》对不正当竞争犯罪规定的不足,已经使面向网络不正当竞争犯罪的立法供给,出现了非常突出的结构性制衡问题。当前,这种新旧交替下的规范失衡问题突出地表现为:(1)传统不正当竞争犯罪的立法原意与互联网经济时代严重脱节。1979年《刑法》是立法空白时代。1993年《反不正当竞争法》的出台,倒逼刑法修订过程中必须加入不正当竞争犯罪的规定。1997年《刑法》主要在分则第三章"破坏社会主义市场经济秩序罪"之第八节"扰乱市场秩序罪"中,部分地确认了传统不正当竞争犯罪。然而,1993年《反不正当竞争法》并未考虑网络时代的情况,也未对互联网经济中的不正当竞争行为予以规定。1997年《刑法》规定的不正当竞争犯罪,在立法原意上与新型网络不正当竞争犯罪之间存在明显的代际脱节问题,甚至可以认为是"毫无准备"。(2)加速放大传统不正当竞争犯罪的体系欠合理性。1997年《刑法》对1993年《反不正当竞争法》的立法确认,存在行刑衔接不相称等问题。因为只是部分地对《反不正当竞争法》中的行为予以犯罪化。在立法体例上,也并未专门用一节规定"不正当竞争犯罪",而是相对分散地进行了规定。1997年《刑法》针对不正当竞争犯罪的规定缺乏体系的合理性,不仅表现为罪名的不完整,也表现为体系的不独立。而其根源就是对不正当竞争犯罪的理论体系、立法依据、保护内容等缺乏充分、全面的认识。(3)传统不正当竞争犯罪的网络化扩张适用存在风险。对于新型网络不正当竞争犯罪,在立法原意阙如的前提下,只能转向传统的不正当竞争犯罪规定,并对扩张解释的依赖度不断升高,甚至主要表现为通过扩张解释的方式,实现网络化的适用效果,在结果上一般表现为"入罪"。这种"嵌入式"的规范援引方式,是刑法规范供给不足之下的无奈之举,也是激活传统不正当竞争犯罪的网络化适用潜质的必然选择。尽管在互联网经济时代,对新型网络

---

[1] 参见舒慧明、万选才:"增设不正当竞争罪的立法探讨",载《法学家》1996年第4期,第85-86页。

不正当竞争犯罪进行扩张解释的意义和作用是显著的，但其内在的瓶颈与缺陷也是相当明显的。(4)《电子商务法》的颁行使规范供给失衡问题尤为凸显。1997 年《刑法》中的不正当竞争犯罪规定，基本无法兼顾《电子商务法》中新型网络不正当竞争违法犯罪行为，刑法规范供给不足问题变得更为严峻。

总之，1993 年《反不正当竞争法》是以我国社会主义市场经济建设的初期为立法背景和基础的。互联网经济目前已经取得了巨大的进步，与传统经济形态既高度融合又日渐分离。网络不正当竞争违法犯罪行为的形式也日渐翻新，不断加剧与现行刑法规定之间的紧张关系，旧法在高速发展的互联网领域继续有效的观点难以成立。《反不正当竞争法》增设网络不正当竞争条款就是最好的回应。

（三）理论与立法的协同应变

面对层出不穷的新型网络不正当竞争违法犯罪行为，现行刑法应当作出结构性、前瞻性的调试与回应。不仅需要尽快解决刑法规范供给失衡的问题，也要优化网络不正当竞争犯罪的立法体系。《网络安全法》《反不正当竞争法》《电子商务法》等提供了最基本的"修正"逻辑与索引。然而，也不能"头疼医头、脚疼医脚"，仅解决刑法立法完善问题，转而忽视了理论体系的更新与司法应对的反哺效应。这显然容易引发"头重脚轻"的单一化、非结构性的效果。

在理论上，对不正当竞争犯罪的理论研究相对而言是薄弱的。1993 年《反不正当竞争法》第二章"不正当竞争行为"规定了多种不正当竞争行为。1997 年《刑法》分则第三章第七节"侵犯知识产权罪"、第八节"扰乱市场秩序罪"，从立法上对上述不正当竞争行为予以了犯罪化。然而，不正当竞争犯罪概念在立法上是模糊的，没有专门的章节对其予以明确的表述。1997 年《刑法》中的不正当竞争犯罪不是规范化的概念，也不是立法确认的术语。立法上的模糊化，导致理论上对不正当竞争犯罪的基本问题认识不够充分。理论研究的不足，既表现为立法规范上的羸弱或缺陷，也反映为司法适用上的各种实际问题，特别表现在不正当竞争犯罪的客体内容不明、理论基础薄弱、类罪研究匮乏等方面。在互联网经济时代，网络不正当竞争犯罪尚属新事物，立法本就严重滞后，理论研究自不必言。既缺乏集中的专题研究，以明确该类罪的基本理论问题；也缺乏精细的个别研究，对具体罪名的基本理论缺乏深入阐释。立法供需失衡与理论研究迟滞的叠加，不仅加剧了立法层面的隐忧，也必然要求重视基础理论的研究，从而为立法修正与司法适用提供指导或依据。这才是理想的互动模式。其中，明确网络不正当竞争犯罪的基本概念、法益内涵以及保护需求等是重中之重。

四、网络不正当竞争犯罪的刑法理论续造

网络不正当竞争行为衍生于互联网技术与互联网经济时代，由于经济活动的要素、主体、方式等都发生了不同程度的变化，其与传统不正当竞争行为存在本质上的差异。这也是规范供给失衡的根本原因。在此基础上，理论学说与知识体系之间的"代际鸿沟"也日益扩大。有鉴于此，应当探索网络不正当竞争犯罪的理论体系与知识要素，填补二者的认识差异，也进一步指导立法完善与司法适用。

（一）网络不正当竞争犯罪概念的界定

究竟什么是"不正当竞争犯罪"？这是一个相对模糊的概念。在传统刑法理论中，对不正当竞争犯罪的概念界定是模糊的，导致对其理论研究也是相对滞后的。应当根据最新立法规定，科学界定网络不正当竞争犯罪的基本概念。

1. 传统不正当竞争犯罪概念的检视

关于传统不正当竞争犯罪的概念，有以下不同认识：（1）经营者为排挤竞争对手，违反《反不正当竞争法》的规定，以不正当竞争手段，损害其他经营者的合法权益，破坏市场经济主体间的公平竞争秩序，情节严重的。[1]该观点强调了"违法性"，也明确了犯罪客体是"损害其他经营者的合法权益，破坏市场经济主体间的公平竞争秩序"。（2）经营者采取《反不正当竞争法》所列举的各种不正当竞争手段，损害其他经营者和消费者的合法权益，扰乱社会主义市场经济秩序，且情节严重的。[2]该观点阐明了不正当竞争犯罪是一类犯罪，在犯罪客体上肯定了"消费者的合法权益"。（3）经营者违反《反不正当竞争法》的规定，采取欺骗、胁迫、利诱等违背诚实信用原则和公平竞争商业道德的手段，损害其他经营者和消费者的合法权益，扰乱社会主义经济秩序。[3]该观点特别列举了不正当竞争行为的常见行为方式，

---

[1] 参见辜明安："不正当竞争犯罪概念探析"，载《四川警官高等专科学校学报》2001年第4期，第28页。

[2] 参见邢素军："论新刑法对不正当竞争犯罪的规制"，载《中国工商管理研究》1998年第5期，第36页。

[3] 参见叶高峰、史卫忠："对我国不正当竞争犯罪的立法思考"，载《中央检察官管理学院学报》1996年第2期，第52页。

对犯罪客体的理解更为宽泛。（4）商品经营者或营利性服务的法人、其他经济组织或个人，以获取非法利润为目的，实施不正当竞争，扰乱社会主义市场竞争秩序，侵害其他经营者和消费者合法权益，情节严重的，是破坏社会主义经济秩序的类罪。[1]该观点提出了实施不正当竞争犯罪的主体，对犯罪客体的理解与前述几个观点有极大的相似性，内容上总体也比较宽泛。

从上述不同的概念界定看，其问题在于：（1）缺乏足够的规范性，主要是根据市场经济竞争的一般背景予以概括性界定，没有充分体认行政法规以及刑法规定，导致与立法实际情况脱节。1993年《反不正当竞争法》的规定相对不足等因素，使传统不正当竞争犯罪立法也不尽全面，导致不正当竞争犯罪概念的规范性薄弱问题尤为突出。（2）缺乏类型化思维，未能在概念中明确不正当竞争犯罪的主要类型，概念界定缺乏实用性。（3）缺乏本体性，没有对不正当竞争犯罪的本质内容、法益及其危害属性予以明确，不利于更准确和全面地认清不正当竞争犯罪的本质特征，对精准立法与司法等产生了消极的影响。

2. 网络不正当竞争犯罪概念的缺位

传统不正当竞争犯罪概念的薄弱，不仅导致刑法理论与立法对这类犯罪的认识尚不够全面，也使得理解互联网经济下新型不正当竞争犯罪陷入了认识困局。

《反不正当竞争法》第6条、第12条等条文确立了涉互联网不正当竞争行为的初步框架。但在实践中，可能是分别构成不正当竞争、属于正常的市场竞争手段或不属于兜底条款等情形。对于情节严重的网络不正当竞争行为，刑法应当予以规制。《反不正当竞争法》增设专属的网络条款，为评价网络不正当竞争行为的正当性提供了规范依据。只是在立法的类型化上，存在盲目选择既有案例群以及成熟的网络不正当竞争类型的问题，使第12条的解释与适用可能面临张力不足或滞后性凸显等问题。这进一步放大了概念不明所引发的行为不周延等问题。针对第12条规定之立法合理性的讨论，不仅反映了该立法可能与实际发展情况不符，也充分说明了互联网不正当竞争行为的立法缺乏强有力的理论支撑。与此同时，由于相似的原因，理论上对《电子商务法》中的相关规定也欠缺足够的讨论，电子商务领域的不正当竞争犯罪概念及其理论体系也尚处于空白状态。

---

[1] 参见晁玉凤：“略论不正当竞争罪的构成及处罚”，载《政法学报》1994年第2期，第17页。

当前，立法供给不足等因素导致对网络不正当竞争犯罪概念难以达成共识，更无法对其实质内容、根本特征进行普适性的界定。对于网络不正当竞争犯罪的法教义学研究而言，网络不正当竞争犯罪概念的模糊化与规范化不足是首要问题，不仅导致立法与理论之间无法相呼应，也不能共同指导司法适用。

3. 网络不正当竞争犯罪的规范界定

在《网络安全法》《反不正当竞争法》《电子商务法》相继修改的情况下，互联网经济中的不正当竞争违法犯罪行为的规范特征得以进一步明确。这有助于从理论上讨论和界定网络不正当竞争犯罪之概念，以便应对日益发展的需求。

根据现有规范体系，在界定网络不正当竞争犯罪时，应当侧重以下几个方面：（1）以"违反国家规定"为必要前提。不正当竞争犯罪是网络时代的新型法定犯，是违反相关网络法律法规的犯罪。在罪状中，是以"违反国家规定"为必要前提的。这里的"国家规定"，主要包括《网络安全法》《反不正当竞争法》《电子商务法》，但不限于上述法律，而应当进行广义的动态理解。（2）犯罪客体或法益的内容。在互联网经济背景下，关于不正当竞争犯罪的犯罪客体，首先包括竞争关系中的经营者的合法利益，这是对竞争者的保护；同时，在网络经济时代，也包括与竞争关系高度相关的消费者的合法权益，这是对竞争关系的保护；此外，还包括扰乱社会主义市场经济秩序，这是对市场竞争秩序的保护。进言之，不正当竞争犯罪侵犯的是复杂犯罪客体，不再限于竞争者之间的利益关系之狭隘层面。（3）"不正当"的罪质。究竟何为"不正当"的竞争行为？它应当是与"正当"相比较而言的。"不正当"不仅体现在违反了国家规定，也即具有了刑事违法性；也体现在侵犯了上述的犯罪客体，也即具有社会危害性；也反映在采取违背诚实信用原则的做法上，在网络经济时代，包括虚假交易、网络刷单等行为方式，在司法认定上，应当坚持比例原则，综合考虑相关要素。（4）类罪的属性。传统不正当竞争犯罪是类罪，而不是个罪。网络不正当竞争犯罪也是类罪，不仅限于《反不正当竞争法》《电子商务法》中规定的不正当竞争行为，还包括正在演变和尚未成型的新兴行为类型。（5）其他要素。在互联网经济背景下，不正当竞争犯罪还涉及特定的犯罪目的、犯罪主体等特定的内容。一般而论，由于不正当竞争犯罪是经济犯罪，因而往往存在非法获利、非法牟利等犯罪目的或犯罪动机。同时，在互联网经济背景下，网络平台或电子商务平台成为非常重要的经营者与竞争参与主体,[1]是不正当竞争犯罪的实施主体。这些特殊因素都应当予以考虑。

明确网络不正当竞争犯罪的规范要素,便于揭示网络不正当竞争犯罪的概念及其内容,使其与其他关联犯罪进行区分。同时,为了强化其规范属性以自成体系,应当通过立法予以确认,为不正当竞争犯罪的理论体系建构奠定基础。

(二) 网络不正当竞争犯罪的本质属性

科学界定不正当竞争犯罪的本质属性意义重大。这首先需要阐明网络正当竞争的基本内容以及竞争法益的基本要素等。借此,可以澄清网络不正当竞争犯罪的保护法益、基础理论、规制范围等主要问题,并为立法修正等奠定基础。

1. 正当竞争的内涵结构

在理解网络不正当竞争犯罪的罪质时,首先就要讨论"竞争"问题。"竞争"是关键词,决定了对"正当"与"不正当"进行界分的法律边界。具体而言:(1) 竞争关系的扩大化。在形式条件上,竞争关系一直作为认定不正当竞争行为的前提要件,甚至被严格限定在同业经营者之间。但是,最高人民法院指出:"经营业务虽不相同,但违背了《反不正当竞争法》第2条规定的竞争原则,也可以认定具有竞争关系。"这一解释虽并未抛弃竞争关系的外衣,但已经达到不再要求竞争关系的效果。[2]实际上,学术界也基本赞同对传统竞争关系做扩大解释。只是仅因消费者利益受损,是否也可以认定行为具有不正当竞争性尚存争议。[3]从保护效果看,竞争是一个动态的过程,竞争者利益、消费者利益和社会公共利益都参与其中。局限于竞争者利益的内部,即坚持"保护竞争者"的认定范式,本质上是对竞争结构的"割裂化",也是对竞争过程的"静态化"处理,最终很可能会抑制竞争和创新。[4]在互联网经济背景下,仅以经营者利益为中心的法益结构不再全面有效。在互联网

---

[1] 参见孙道萃:"网络平台犯罪的刑事制裁思维与路径",载《东方法学》2017年第3期,第83页。

[2] 参见孔祥俊:"论反不正当竞争法的新定位",载《中外法学》2017年第3期,第745-749页。

[3] 参见焦海涛:"不正当竞争行为认定中的实用主义批判",载《中国法学》2017年第1期,第150页。

[4] 参见张占江:"不正当竞争行为认定范式的嬗变——从'保护竞争者'到'保护竞争'",载《中外法学》2019年第1期,第212页。

经济表现为消费者注意力经济等因素下，消费者的主体地位明显得以提升，反不正当竞争法所承担的社会法品格不断增强。实际上，域外的反不正当竞争法也正在经历由"经营者一元中心"到"经营者与消费者二元平衡"法益结构的深度演变。[1]有鉴于此，在现代的反不正当竞争法中，"经营者保护"与"消费者保护"是不可分割的法益结构之整体。(2)消费者是竞争关系的有机部分。在坚持竞争关系仍然是现代反不正当竞争的前提要件之基础下，不能认为消费者只是正当竞争的受益者，而应把保护消费者利益作为直接的立法内容。市场主体的自由是市场运行的关键，它应当由企业行为自由和消费者决策自由共同构成。从互联网经济的特征以及规律看，对消费者，特别是对消费者决策自由所产生利益的保护，不仅是维系互联网经济市场正常运行的重要条件，也是督促相关竞争者有序竞争的催化剂。在网络经济时代，消费者在一定程度上已经担当了竞争行为与竞争主体的裁判者，其决策是整个竞争过程中最具决定意义的一环。如此一来，保护现代互联网经济中的消费者利益，显然不是对竞争者进行保护过程中的制度"副产品"或附随效应，而是独立的需求与目的。

通过明确正当竞争法益在现代互联网经济下的拓展，不仅跳出了围绕经营者界定竞争利益的窠臼，还补入了消费者利益的新要素，便于更精准地理解网络不正当竞争犯罪所应当保护的法益内涵及其范围，进而匡正其立法与司法的边界。

2. 网络不正当竞争犯罪的法益保护

如何理解网络不正当竞争犯罪所侵犯的法益性质及其范围是一个亟待明确的前提性、根本性问题。只有从规范层面确定了网络正当竞争法益，才能澄清这一类新型犯罪的本质特征、刑法性质，继而决定如何完善立法等一系列问题。

对于网络正当竞争行为所包含的法益及其内容，应当结合参与主体、利益关系等要素进行讨论，也即：(1)竞争法益的实体扩充。《反不正当竞争法（修订草案送审稿）》第2条第2款将不正当竞争界定为损害经营者或者消费者的合法权益的行为。但是，《反不正当竞争法（修订草案）》在一般条款中删除了"消费者权益"的表述。《电子商务法》第1条对消费者利益的规定也是不明确的。这种反复与权衡折射了立法者的纠结与权衡。所幸的是，《反

---

[1] 参见陈耿华："论反不正当竞争法法益结构的转型"，载《商业研究》2019年第10期，第120页。

不正当竞争法》第 2 条第 2 款最后还是将不正当竞争行为界定为"扰乱市场竞争秩序，损害其他经营者或者消费者的合法权益的行为"。这反映了对不正当竞争行为的认定范式构造和调整观念形成了新的看法，而其焦点就是对消费者的保护。传统的"保护竞争者"范式直接保护竞争者的利益，对消费者的保护只是竞争改善的间接结果，不是独立的判断标准。立法者选择新的"保护竞争"范式，以"保护竞争"为目标，突破了竞争关系的束缚，将市场参与者基于竞争享有的利益纳入考量范围，消费者利益受到损害也可以单独成为认定不正当竞争的标准。基于"保护竞争"范式及立法规定，应当基于竞争享有的利益，整体权衡竞争者、消费者和社会公众利益，判断是否通过损害其他市场参与者竞争利益的方式并不合理地获得了竞争优势。（2）消费者合法利益的独立摄入。《反不正当竞争法》第 2 条第 2 款作为一般条款，突破了传统竞争关系的桎梏，确立了从"保护竞争者"到"保护竞争"的行为模式与保护理念之深度转变，回归并扩充了传统竞争的本质内涵。"扰乱市场竞争秩序"置于经营者和消费者权益之前，不是重新排定价值序位，而是旨在强调行为只有构成对经营者竞争自由的"显著损害"，或对消费者决策自由的"实质扭曲"，导致不合理地获得竞争优势，才具有"不正当性"，并厘清了与《消费者权益保护法》等其他法律的界限。在认定行为的不正当性时，消费者利益虽是独立的标准，但也应当综合考虑竞争的结构、功能、特性等。

从《反不正当竞争法》以及《电子商务法》看，网络不正当竞争犯罪所侵犯的法益，已经不限于竞争利益，还包括消费者权益，以及与其息息相关的竞争政策、竞争秩序。这反映了网络经济时代的竞争法益发生了质性的变化，涉及保护要素、保护场域、保护理念、价值权衡等。这为科学锁定网络不正当竞争犯罪的罪质内容、立法范围等基本问题提供了依据。更重要的是，在竞争关系以及法益内容得以澄清的前提下，网络不正当竞争犯罪的理论研究将迎来新的契机，有助于明确法定犯的特质、经济犯罪的性质归属、理论学说的取舍标准等基本问题。在此情况下，可以指导并解决供需失衡下网络不正当竞争犯罪的立法修正等问题。

（三）确认网络市场正当竞争管理秩序的法益观念及其释明

部分网络不正当竞争行为具有严重的社会危害性是不争的事实，司法应对的"畏难"局面首先源自于观念缺失，尤以网络经济竞争秩序的法益地位阙如最甚。当代刑法应将网络经济竞争秩序作为独立法益，从根本上扭转司法现状。

1. 网络市场竞争管理秩序的法益观念确立

当前，互联网经济市场秩序中公平竞争观念的缺失问题较为严峻。以传统刑法理论和立法规定为出发点，在应对新型网络不正当竞争犯罪时，因立法背景、规范表述、法益辐射等方面的滞后或排斥，往往出现刑事制裁边界模糊的问题。特别是多元价值的博弈下，在保护网络经济的自由竞争与防止恶性的不正当竞争之间举棋不定，进一步加深了刑事保障机制的复杂性与对立性，进而使对网络不正当竞争行为进行犯罪化面临更复杂的法治压力，尤其是在互联网经济的早期阶段，往往受"政策包容"的庇佑，不当压制保护网络市场竞争秩序的强烈现实诉求。当前，恶意卸载软件、流量劫持、不兼容、不当干扰等不正当竞争行为，在妨碍、破坏正常营业活动时引发的危害，远超出竞争利益者之间的正当竞争利益这一特定层面。实际上，这类行为不仅对相关互联网企业或竞争主体的正常经营、商业信誉等造成重大损害，也对广大消费者的合法权益造成损害，更对网络市场竞争秩序造成相当严重的损害。对于危害或情节明显严重的不正当竞争行为，如若不作为犯罪论处，恐有放纵犯罪之嫌。这不仅是对网络经济参与主体、网络市场消费者以及网络市场经济秩序的"漠视"，也是对相关刑法法益保护的坐视不管，有悖于刑法保护网络经济秩序法益的基本任务，有损刑法在网络时代的积极惩防功能。然而，一旦作为犯罪论处，也面临"无法可用""刑法解释的应急性"等现实困难。归根结底，对竞争者的合法利益、消费者权益、互联网经济的公平竞争与管理秩序，未能准确作出理论定位是问题根源，未能充分确认新兴互联网经济管理秩序与公平竞争理念的独立法益地位是制度缺位的具体反映，以致并无相应的网络立法，尤其是刑法规定予以衔接。

2. 网络市场竞争管理秩序的内涵阐释

在互联网经济时代，互联网市场的公平竞争秩序是激发市场活力与市场创新的基本条件，互联网市场管理秩序是确保互联网经济有序发展的"定海神针"。新型网络不正当竞争行为，给网络市场经济的有序竞争与健康发展带来了诸多危害，也直接侵害了网络市场经济不正当竞争秩序这一新出现的独立法益。大体而言，网络正当竞争秩序法益的内容主要包括：（1）合法的网络竞争制度与竞争利益。市场经济是竞争经济，竞争是常态，但竞争应遵循公平原则，否则，市场秩序紊乱不堪，最后两败俱伤。这在互联网经济背景下更是如此。目前，新型不正当竞争行为严重损害互联网经济中的创新竞争制度，严重损害竞争对手的合法市场利益与生产经营利益等，这些利益主要包括网络环境下正常的生产经营、商品信誉与企业声誉、企业的经济效益、企业的数据安全、企业的竞争优势等。尤其相比传统的市场经济与商品经济，互联网经济的业态有诸多新特点，竞争利益的表现形式被赋予丰富的网络因素，直接导致网络竞争制度及其竞争利益的内涵、外延及其保护等焕然一新，与传统竞争制度、竞争利益及其表现形式之间的分流趋势升温不止。这酝酿出当代网络竞争制度的内变因子，也倒逼传统法律制度的同步变革并实现了对当代网络竞争制度的专门保护局面。（2）网络市场公平竞争的管理秩序。在侵害竞争主体的合法竞争利益之余，处于个体竞争者利益之上的整体市场公平的竞争秩序与市场管理秩序也未能幸免。互联网经济是"传统经济+互联网"后转型的新兴产物，是以创新和全面改革为导向的新型经济模式，充分鼓励和支持包括竞争制度在内的产业创新。然而，任何经济创新或制度创新都是建立在有序的竞争环境下的，公平的竞争环境才能确保有效创新和维持健康的市场经济，这既是市场管理秩序的理想状态，也是网络竞争制度良性发展的前提。反观层出不穷的新型网络不正当竞争行为，如破坏网络市场信用等行为，直接冲击网络市场公平竞争秩序与管理秩序，严重扰乱了网络市场管理秩序。但由于缺乏预先性的立法规定，采取行政处罚、民商事诉讼等对策时，规范供给明显不足成为掣肘。同时，刑法在保障当代网络竞争制度时，也难有作为的空间，过度依赖扩张解释的司法保护仍是权宜之计。（3）消费者的合法权益。尽管竞争的根本目的是争夺交易机会，但争夺交易机会往往表现为争夺客户（主要是消费者）。实际上，现代反不正当竞争法已经逐渐开始保护竞争利益以及与竞争紧密相关的消费者权益。消费者永远是互联网经济发展的首要动力所在，网络经济中消费者的主体性地位不断强化，特别是在大数据时代，消费者的消费偏好、定制式服务等都直接左右互联网经济的动向与命脉。相比之下，互联网时代的消费者更具主体性、能动性、选择性以及引领性，不再是受困于生产经营的被动消费群体，而是生产经营与市场变化的引领者、决定者。因而相比于传统经济形态，在互联网经济时代，一旦正当竞争原则遭受破坏，良性的竞争秩序坍塌，消费者的合法权益将更容易被侵犯，自由消费更无从谈起。例如，网络刷单等新型网络不正当竞争行为，严重侵害消费者的自主消费及其合法权益。但《消费者权益保护法》并未对严重侵犯消费者合法权益的行为是否追究刑事责任作出规定；1993年《反不正当竞争法》的相关规定，对消费者权益的保护力度也明显不够。特别是回顾我国现行不正当竞争犯罪的一些规定，都以具体的市场管理秩序为保护法益，消费者权益并未作为基本或主要的定量因素，并无直接保护消费者权益的立法规定，消费者权益保护缺乏直接性，与其他罪名竞合等问题日渐暴露。而且，由于立法原意对消费者合法权益的保护不到位，消费者合法权益无法发挥定罪量刑的基本作用，导致一些严重的网络不正当竞争行为无法纳入刑法规制序列，同时完全疏于对消费者权益的保护，也使现有不正当竞争犯罪规定在保护消费者权益时发生竞合。未来应将消费者的合法权益，作为网络不正当竞争立法所要保护的基本法益内容，而这在2017年修改《反不正当竞争法》时已有一定的体现。[1]

五、网络不正当竞争犯罪的立法修正

在传统刑法立法供给不足的背景下，前瞻性的刑法立法是有效规制新型网络不正当竞争犯罪的首选。在现阶段，针对网络不正当竞争犯罪的立法修正，涉及针对传统罪名的网络化修正与直接增设新的专属罪名两种方式。[2]既需要解决好已有规定何去何从问题，也要做好立法修正的长期规划，实现新旧立法交替的顺畅有序。在条件成熟的情况下，应当创设独立、专属的网络不正当竞争犯罪规范体系，在刑法分则中统合为单独的"（网络）不正当竞争犯罪"一节，优化罪名结构。

（一）传统不正当竞争罪名的网络化修正

承上所述，在现行刑法中，以"扰乱市场秩序罪"一节中的相关罪名为主体，初步建立了传统刑法中的不正当竞争犯罪规范体系。这也是讨论网络化修正的逻辑前提之一。在此基础上，针对已有的不正当竞争罪名，可以尝试做相应的修改。

1. 损害商业信誉、商品声誉罪的网络化修正

《刑法》第221条规定的损害商业信誉、商品声誉罪，自其规定以来，司法适用率不高。在理论与立法上，损害商业信誉、商品声誉罪的法益内容不够明确，司法实践中的争议也不断出现。晚近以来，司法实践中出现了积极扩张的裁判倾向。这既是因为商业信誉、商品声誉在现代市场竞争中处于更重要地位，尤其是消费者关注的市场因素；也是因为网络经济时代中的商业信誉、商品声誉变成了不正当竞争的主要对象，出现了新的保护需求。但是，传统理论上对于该罪的保护法益、捏造并散布虚伪事实的行为结构特征以及构

---

[1] 参见孙晋、闵佳凤："论互联网不正当竞争中消费者权益的保护——基于新修《反不正当竞争法》的思考"，载《湖南社会科学》2018年第1期，第75页。

[2] 限于篇幅与主旨，本文无法逐一详细讨论立法修正的理由等内容，但将另文具体阐述。

成要素、其他造成重大损失和其他严重情节等问题存在不同的认识，[1]包括"未经核实"是否可以作为认定故意的事实依据、构成要件行为是"散布"还是"捏造"、如何理解"散布"以及"虚伪事实""严重情节"等。在互联网经济背景下，由于商业模式、商品形态、消费者的关注点、市场主体间的评价标准与方式、市场运营等要素，都注入了互联网因子，导致"商业信誉""商品声誉"的内涵与形式正在经历蜕变，对其进行"损害"的规范评价对象、要素以及标准也有新情况，不能再继续套用传统经济形态的一般认识和理解。在如何对损害商业信誉、商品声誉罪进行网络化的修正上，应当注意以下几点：（1）在网络社会空间，虚假信息更容易滋长，而且是实施商业诋毁的主要手段，对市场竞争秩序产生了极其不良的影响。在互联网经济背景下，虚构信息等方式是损害其他竞争主体的商业信誉、商品声誉的主要手段。这有别于传统经济中的情况。只是在信息网络环境下，对信息的真实性等进行辨识难度很大，对于虚构、伪造、传播等行为的恶意性等进行确认的技术难度陡增，更涉及如何有效维护网络言论自由等问题。此外，虚假信息的使用行为，也可能涉及虚假信息犯罪等网络犯罪，需要在犯罪竞合上预先做好处理，防止出现立法交错问题。（2）要准确界定互联网经济背景下的商业信誉、商品声誉的实体内容。理论上对传统刑法中的商业信誉、商品声誉存在不同认识。在理解网络语境下该罪的犯罪客体时，首先仍应当回归"不正当竞争"的行为本质，也即是违反国家规定的诋毁竞争对手信誉或声誉的恶意行为；同时，也要兼顾消费者权益的评价权利，真正的商业诋毁行为最终会实质侵害消费者权益，但消费者对使用的评价行为不必然是"诋毁"。（3）在网络经济时代，关于互联网商业信誉、商品声誉的评价主体及其标准设立，首先应当考虑竞争主体（对手）的竞争利益及其受损情况，将其作为规范评价的基本要素。同时，网络经济具有鲜明的消费者注意力经济之特质，也要考虑消费者的利益。通过竞争者加消费者组成的市场评价，更客观、中立地评价与判断危害结果。（4）对损害商业信誉、商品声誉罪进行网络化修正时，要防止与其他相关的不正当竞争犯罪之间出现立法重合。例如，网络语境下的商业信誉、商品声誉与电子商务信用存在较为密切的关系，究竟是合一立法还是区分立法以及如何区分立法等，尚需要解决好。在司法适用上，关键要区分好相似或相同的不正当竞争行为直接或主要侵犯的法益内容。

---

[1] 参见杨绪峰："损害商业信誉、商品声誉罪的教义学检讨"，载《政治与法律》2019年第2期，第53页。

在立法建言上，可以在《刑法》中增设第 221 条第 2 款，其立法表述为："互联网生产经营者，以刷单、虚构交易、虚假信息等不正当手段，损害他人的商业信誉、商品声誉，给他人造成重大损失或者有其他严重情节的，依照前款的规定处罚。"

2. 虚假广告罪的网络化修正

《反不正当竞争法》与《电子商务法》将虚假宣传作为典型的不正当竞争行为，并强化对网络虚假宣传行为的打击力度。在很长一段时间内，传统虚假广告犯罪在司法阶段频遭冷遇。但在互联网经济迅猛发展的背景下，新型网络虚假广告犯罪日益增多，使规范供给不足的问题也开始暴露。目前，主要依靠扩张解释来激活传统罪名的网络化适用潜质。但是，应当启动网络化修正，将网络广告市场管理秩序与网络信息数据安全作为新增的具体法益，进一步扩大"违反国家规定"的网络立法语境，逐一调整犯罪构成要件要素的内容以及定量因素、标准，使其契合网络虚假广告犯罪的趋势和本质特征。同时，也要调整法定刑，提高罚金刑的处罚力度，增设网络职业禁止等预防性刑罚处罚措施。[1]上述立法建议立足于网络虚假广告犯罪的新情况，具有一定的参考意义。结合网络不正当竞争犯罪的法益内容以及立法需求，还应明确以下问题：（1）网络虚假广告犯罪的主体。《广告法》（2018 年修正）第 44 条对利用互联网发布广告的行为进行了规定。在互联网经济背景下，实施虚假广告的主体，既可能是竞争主体，也可能是其他的网络平台、网络技术帮助者等。（2）确定"虚假广告"的网络评价与判断体系。不能继续沿用传统的判别标准，审查网络广告的"虚假"。应当建立相适应的网络判断标准体系，核心是以网络正当竞争的基本要求作为基础标准，侧重以消费者的第三视角进行判断，可以更全面地判断是否为"虚假广告"。（3）厘清虚假广告罪与其他犯罪的界限。根据《电子商务法》的相关规定，信用评价系统具有广告功能，损害信用评价系统是对广告管理制度的侵害。虚构网络交易行为破坏电子商务平台的信用评价系统，虚增网络交易量，对商品、服务进行虚假的及引人误解的商业宣传时，即符合虚假广告罪的行为要件。[2]这混淆了网络虚假广告与侵犯网络电子商务信用两种不同的不正当竞争行为之间的界

---

〔1〕 参见孙道萃："虚假广告犯罪的网络化演变与立法修正思路"，载《法治研究》2018 年第 2 期，第 111-123 页。

〔2〕 参见王安异："虚构网络交易行为入罪新论——以《中华人民共和国电子商务法》第 17 条规定为依据的分析"，载《法商研究》2019 年第 5 期，第 54 页。

限。在互联网经济背景下，电子商务信用具有独立性和专属性，是维持网络市场竞争的基础性电子依据和信用凭证，是具有官方性、行业性、自治性等特征的内容。以《电子商务法》的特殊规定为前提，应当考虑对电子商务信用制度予以独立保护和规定。如果将其纳入传统虚假广告犯罪中，可能无法实现类型化与专门化的有效保护。

在立法建言上，可以考虑在《刑法》中增设第222条第2款，其立法表述为："互联网生产经营者，通过虚增网络交易量等行为，对商品、服务进行虚假的及引人误解的商业宣传等，扰乱广告管理秩序，情节严重的，依照前款的规定处罚。"

3. 非法经营罪的网络化修正

在互联网经济背景下，经营的合规合法是维持和保障有序、正当竞争的基本前提。相应地，非法的网络经营也很可能是不正当竞争行为。这决定了对非法经营罪作出网络化修正的必要性。展开地讲：（1）在互联网经济背景下，"经营"的主体、要素、规则、方式以及场域等都发生了显著的改变，决定了规范意义上的"经营"已经出现了质变，包括但不限于网络平台成为主要的经营主体、信息网络平台运行安全及消费者的数据信息等是主要的经营要素、电子商务规则等成为新的经营规则、互联网经济法律法规是"违法性"的前提、经营的方式与场域逐渐开始由线下逐步迁移至线上等。在此情况下，《刑法》第225条规定的几种传统行为方式都可能逐渐"失效"，需要重新置换为符合网络经济时代的"非法经营"行为。（2）传统经济下的非法经营罪，在罪质与性质等方面尚存有争议，包括"经营"的内容、"非法经营"的违法性判断、是否以营利目的为必要、经营者的判断等。[1]这些问题也部分地反映在互联网经济时代的"经营"之理解上，其中，"违反国家规定"仍是首要难题。这既有待于网络法律体系的持续完善，以提供"规范依据"，也需要对庞大的互联网经济行为做"减法"，锁定真正的网络非法经营行为。因此，在立法技术上做好新旧交替的知识更迭尤为重要。同时，在立法技术上，是否继续沿用兜底条款表述，以确保能够容纳新出现的非法网络经营行为，这不仅涉及网络时代的"口袋罪"问题，也涉及立法规制的价值取向。考虑到新行为类型不断出现，设置兜底条款，有助于提升立法的包容性。

在立法建言上，可以考虑在《刑法》中增设第225条第4项，原第4项改为第5项，其立法表述为："（四）违反网络法律法规的规定，非法从事网

---

[1] 参见王飞跃："论刑法中的'经营'"，载《政治与法律》2019年第10期，第51页。

络生产经营活动的。"

4. 强迫交易罪的网络化修正

在互联网经济背景下，消费者的主体地位得以提升，交易的平等性、自愿性变得更加重要，也是网络消费者更注重的权益。这不仅抬升了打击网络强迫交易的迫切性，也使得对强迫交易罪的网络化修正势在必行。其要点为：（1）对网络经济时代的"暴力、威胁等手段"，需要进行重新理解。网络环境下的"暴力""威胁"行为，逐渐不再主要以语言或身体动作等方式呈现，而可能主要是利用市场地位优势、强制捆绑交易、强制搭售、技术破坏等行为，表现为日常网购中的"强制配单""返利不当"等情形。因此，对于"强迫"这一核心关键词，应当进行内容的置换，弱化物理上的可视性暴力等，强化网络空间的技术滥用等情形，并将侵犯消费者自主权以及由此引发的不正当竞争效应作为评判的实质依据。在网络经济时代，"交易"在内容和形式上也有非常大的变动，不再是现货的物物交换，而是由电子商城、电子下单、电子交易、电子交付等要素组成的。网络交易行为的实施到完成，在时间节点与行动标志上，表现出瞬间性、电子确认等特征。根据上述变化，网络经济时代的强迫交易，已经在行为构造、危害形态以及定罪体系等构成要件层面出现了显著的变化，应当通过立法进行确认。（2）在修正思路上，主要应当就《刑法》第226条规定的"强迫"与"交易"这两个核心规范要素在网络经济时代的新变化下的新内涵进行及时的确认。对于网络经济时代的"强迫"，应当做"软化"或"软性"的处理。它不再是物理意义上的有形威胁等，而是利用信息网络技术等，违反网络经济秩序的基本规则，尤其是电子商务规则，强行要求竞争者或消费者进行网络交易，从中谋取非法利益。对于"交易"，必须全面按照线上交易的形式与要求进行判断，突出网络交易的电子性之本质特征，将已经出现和可能演变的网络交易形态纳入刑法规制序列。

在立法建言上，可以考虑在《刑法》中增设第226条第2款，其立法表述为："在互联网经济活动中，违背他人意愿，强制进行交易的，依照前款的规定处罚。"

5. 破坏生产经营罪的网络化修正

在互联网经济时代，生产经营的要素和方式发生了重大的变化。破坏网络生产经营的违法犯罪行为不断出现。然而，遵循现有刑法规定及其立法原意，并不足以有效规制。对破坏生产经营罪进行扩张解释是目前的主要做法。例如，有观点认为，破坏生产经营罪是针对全体财产的犯罪，而非针对个别财产的犯罪。生产经营的范围可以扩充到业务，破坏可以是造成他人的业务无法开展并导致整体财产损失。[1]这是典型的网络化扩张解释，通过对传统罪名的关键词等要素进行网络化理解，从而激活传统罪名的立法原意与规制边界。但是，这种扩张解释容易有类推解释之嫌，甚至变相地"创制立法"。而且，如此解释并不足以反映破坏生产经营罪应当是不正当竞争犯罪的本质特征，也不利于处理好此罪与彼罪的竞合问题。譬如，现行刑法并无直接规定，对刷单炒信行为按照破坏生产经营罪论处，这是典型的司法犯罪化。[2]对破坏生产经营罪进行扩张理解，尽管可以在一些新型网络个案中实现有效的司法规制效果。但相比于立法完善，显然是次优选择。在互联网经济背景下，应当对破坏生产经营罪进行网络化修正，其要点在于：（1）犯罪客体的修正。生产经营经历由传统到网络的演化，使其内容出现了新情况。在网络时代，生产经营由线下转入线上，电子数据、电子信用、信息以及数据等成为新的生产资料，网络参与者、网络平台等成为新的经营主体，迫使重新认识网络时代的"破坏"行为及其对象已经不再仅限于物理空间与物理形态，而是电子化或虚拟化之标的。鉴于此，应当确认市场秩序与网络经济的正常生产经营为犯罪客体的内容，[3]充分反映破坏生产经营罪在网络经济时代的司法动向与客观需求。在此犯罪客体之前提下，通过网络化的立法可以实现更精准的司法规制。（2）立法体例的辨识。在网络经济时代，更值得深究的本源性问题是，为何需要将置于侵犯财产罪中的破坏生产经营罪移入经济犯罪体系内，作为具体的不正当竞争犯罪罪名。其主要理由为：即使在传统现实物理社会及其经济社会生活中，"生产经营"是典型的经济行为或经济活动，虽然一般涉及"财产因素"，但是，无论从语义范围还是国民的一般认识以及"生产经营"内部结构看，可以确认"生产经营"的经济属性明显重于财产属性。1997年《刑法》将其规定为经济犯罪是一场"美丽的误会"。特别是互联网时代，传统生产经营所附着的财产利益被不断弱化而变得次要，网络生产经营中的经济利益或产业价值等属性变得重要且更容易遭受侵犯，是网络不正当竞争行为的主要泛滥区域。

---

〔1〕参见李世阳："互联网时代破坏生产经营罪的新解释——以南京'反向炒信案'为素材"，载《华东政法大学学报》2018年第1期，第50-57页。

〔2〕参见叶良芳："刷单炒信行为的规范分析及其治理路径"，载《法学》2018年第3期，第177页。

〔3〕参见孙道萃："破坏生产经营罪的网络化动向与应对"，载《中国人民公安大学学报（社会科学版）》2016年第1期，第85页。

在立法建言上，在暂不考虑由财产犯罪调整为不正当竞争犯罪的章节体例之前提下，可以考虑在《刑法》中增设第 276 条第 2 款，其立法表述为："在互联网经济活动中，故意破坏生产经营活动及正常秩序，情节严重的，依照前款的规定处罚。"

(二) 新型专属罪名的增设

根据对网络不正当竞争行为的本质属性、网络不正当竞争犯罪所侵犯的法益以及当前主要的网络不正当竞争行为等的分析，建议考虑增设以下新罪名。

1. 增设网络不正当竞争罪

不正当竞争犯罪是一个类罪。在互联网经济背景下，也应当是一个类罪，而且是保持发展与变化的类罪，其罪名体系应当保持适时的调整。对于严重破坏正当的网络竞争利益、消费者合法权益、网络市场公平竞争及管理秩序的不正当竞争行为，应当确立网络市场正当竞争管理秩序作为新型刑法法益的地位，并将其作为立法完善与司法应对的基础依据。在现阶段，为了更好地兼顾立法的预见性与包容性，同时降低立法修正的反复性与变动性，可以考虑增设一个相对概括性的总领罪名，类似于"生产、销售伪劣产品罪"，可以很好地兼顾一般规制以及特定情况下的个别规制效果。"网络不正当竞争罪"应当是一般性与基础性的罪名，具有显著的基本规制功能，在一定程度上发挥司法兜底的特定作用。有观点认为，根据《反不正当竞争法》《电子商务法》的相关规定，可以在"扰乱市场秩序罪"一节中，增设第 231 条之一（网络不正当竞争罪），采取总括的方式，尽量集中规定一般性的网络不正当竞争行为，作为网络不正当竞争犯罪罪名体系中的基本罪名以及特定情况下的专门罪名，发挥一般的基本规制作用。[1]应该说，这一立法建议及其条文表述具有前瞻性，也比较及时和客观地反映了当前网络不正当竞争犯罪的立法需求及其首要任务。当然，尚需讨论的问题还包括：（1）网络不正当竞争罪必须具有立法的统领性与总纲性。这对本罪的立法技术提出了极高的要求。不仅要确保本罪可以发挥一般性的立法规制，也不会与其他不正当竞争犯罪规定重合或冲突，还能在网络不正当竞争犯罪不断发展与演变的情况下，提供必要的补充性规制效果。同时，在立法技术上，为了防止本罪成为"口袋罪"，在条文表述上应当尽量明确、具体；同时，应严格限制司法兜底作用，

---

〔1〕 参见孙道萃："网络不正当竞争犯罪的司法巡思与立法应对"，载《华南师范大学学报（社会科学版）》2019 年第 5 期，第 152 页。

在司法适用上对扩张解释予以严格的限制。（2）在立法体例上，为了与增设的独立网络不正当竞争犯罪相衔接，有必要在时机成熟的情况下，在刑法分则第三章的第八节之外，另行设置新的一节即第九节——"（网络）不正当竞争犯罪"，以便更好地统合传统不正当竞争犯罪修正后的罪名体系，同时兼容不断递补的新型网络不正当竞争犯罪罪名，使网络不正当竞争犯罪的规范体系与罪名结构趋于科学。

基于此，增设的第231条之一，可以表述为："违反国家规定，经营者利用技术手段，妨碍、干扰、破坏互联网经济活动，损害其他经营者的合法权益，影响用户选择，扰乱网络市场竞争秩序与管理秩序，情节严重的，处五年以下有期徒刑或拘役，并处罚金；情节特别严重的，处五年以上十年以下有期徒刑，并处罚金或没收财产。单位犯前款罪的，对单位判处罚金，并对直接负责的主管人员和其他直接责任人员，依照前款的规定处罚，并根据本法的从业禁止规定处罚。"

2. 增设破坏网络市场信用评价罪

在互联网经济背景下，网络商务信用与传统的商务信用存在区别，电子商务信用是互联网经济的"通行证"与"名片"，具有极高的商业价值，是竞争利益的重要载体，是竞争实力的重要表现，更是竞争者争相追逐的"资源"。同时，网络商务信用评价有其相对的独立性与特殊性，不当的商务信用评价，不仅无法客观显示竞争者的电子信用，也极易限制与妨害正当竞争。因此，网络商务信用评价领域中的不正当竞争行为具有特殊性，是新型且相对独立的网络不正当竞争行为。根据《电子商务法》的规定，应当单独考虑增设特殊罪名，发挥专门的规制作用，优化网络不正当竞争犯罪的罪名体系结构，更好地协同一般法条与特殊法条的关系。有观点认为，根据《反不正当竞争法》《电子商务法》的规定，可以考虑在增设的第231条之一后，增设第231条之二（破坏网络市场信用评价罪）。[1]该看法以《电子商务法》为前提，从保护电子商务信用的角度出发，基于有效打击侵犯电子商务信用的不正当竞争行为，设置单独的罪名。既反映了在网络时代保护电子商务信用制度这一新型法益的必要性，也与传统不正当竞争犯罪形成了合理的分流，还契合了网络不正当竞争犯罪的独特性与增量趋势。而且，增设本罪不会与已有的损害商业信誉、商品声誉罪出现竞合问题。虽然二者都是对网络不正

---

[1] 参见孙道萃："网络不正当竞争犯罪的司法巡思与立法应对"，载《华南师范大学学报（社会科学版）》2019年第5期，第153页。

当竞争犯罪的立法规制,只是网络环境下的商业诋毁,与破坏电子商务信用的行为相比,前者更侧重于对信息网络实施商业诋毁的行为进行论处,主要以网络经济语境下的商业信誉和商品声誉为对象。后者则更侧重于保护电子商务时代的信用制度、信用体系及其商业价值,电子商务信用制度具有独立性,在内容上是全新且不断发展的,所保护的对象和范围明显超越了商业信誉、商品声誉。《电子商务法》直接确立了独立保护电子商务信用制度的立场,在数字经济时代,保护电子商务信用是维护网络经济有序进行的基石。如果按照传统的商业信誉、商品声誉对待,则人为地限制了电子商务信用制度在应然层面上的保护范围。

基于此,增设的《刑法》第231条之二可以表述为:"违反国家规定,在互联网经济活动中,以不正当手段损害其他经营者的电子商务信用记录、电子商务信用评价制度,扰乱网络市场信用管理制度,影响用户选择,情节严重的,处五年以下有期徒刑或者拘役,并处罚金;情节特别严重的,处五年以上十年以下有期徒刑,并处罚金。单位犯前款罪的,对单位判处罚金,并对直接负责的主管人员和其他直接责任人员,依照前款的规定处罚,并根据本法的从业禁止规定处罚。"

3. 增设网络经济市场垄断罪

1997年《刑法》对具有不正当竞争性质的部分垄断行为缺乏直接的规制。2008年《反垄断法》第1条明确规定了预防和制止垄断行为以及保护市场公平竞争之立法目的。第5条、第6条分别规定了公平竞争、自愿联合,以及具有市场支配地位的经营者不得滥用市场支配地位排除、限制竞争等。但是,关于刑事责任,根据第55条的规定,仅限于知识产权犯罪领域。长期以来,由于没有充分认识到垄断行为的社会危害性,致使规制垄断行为的刑法规定不够健全,是否应将垄断行为入罪的争议不止,且不乏否定观点。但是,为了更好地保护合法经营者和消费者的权益,遏制垄断对公平竞争秩序的破坏,运用刑法规制垄断经营行为成为国家干预市场经济的必然选择。从社会危害性、刑罚必要性、国外立法例以及现实需求看,滥用行政权力排除、限制竞争行为,情节严重或社会危害性大的,应归属于不正当竞争犯罪,并基于独立的犯罪构成设计罪状与法定刑。关于涉垄断犯罪是"不正当竞争犯罪"的定位,不乏观点认为,根据强迫交易罪的罪质,部分垄断行为,特别是滥用市场支配地位和垄断协议等行为,迫使对方被迫接受其不公平、不合理的交易,属于利用威胁等手段迫使被害人非自愿接受交易的行为,可能涉嫌构成强迫交易罪。[1]尽管部分市场垄断行为破坏了市场公平竞争,也具有一定的"强迫性",但不是刑法意义上的"强迫交易"行为,实质上是基于市场支配地位和垄断优势等的"强制性"交易,是滥用市场垄断优势的行为,应当作为独立的不正当竞争行为。随着我国社会主义市场经济制度的日益发展,部分垄断行为严重破坏了(网络)不正当竞争秩序的,应当考虑通过立法予以规制。《电子商务法》第35条规定,电子商务平台经营者不得利用服务协议、交易规则以及技术等手段,对平台内经营者在平台内的交易、交易价格以及与其他经营者的交易等进行不合理限制或者附加不合理条件,或者向平台内经营者收取不合理费用。这就属于电子商务平台经营者滥用市场地位实施垄断经营的行为。2020年1月,《〈反垄断法〉修订草案(公开征求意见稿)》公布。其中,新增了互联网经营者市场支配地位认定的相关规定,"认定互联网领域经营者具有市场支配地位还应当考虑网络效应、规模经济、锁定效应、掌握和处理相关数据的能力等因素"。这反映了对互联网新业态的积极介入姿态。竞争政策是我国基本经济政策,应当强化竞争政策的地位。[2]从互联网经济发展的趋势看,结合《反不正当竞争法》《电子商务法》的规定,为了营造平等的竞争环境,维护竞争者的利益与优势,强化对消费者合法权益的保护,有必要将部分网络经济市场中(不正当)的"垄断行为"入罪。同时,《反垄断法》第七章"法律责任"应增加"违反本规定的行为,构成犯罪的应当追究刑事责任"之内容,实现行刑之间的衔接。

基于此,在立法建议上,可以考虑增设《刑法》第231条之三,罪名暂定为"网络经济市场垄断罪",其法条表述为:"违反国家规定,在互联网经济活动中,非法利用垄断地位或垄断优势等,限制或排除他人竞争,情节严重的,处五年以下有期徒刑或者拘役,并处罚金;情节特别严重的,处五年以上十年以下有期徒刑,并处罚金。单位犯前款罪的,对单位判处罚金,并对直接负责的主管人员和其他直接责任人员,依照前款的规定处罚,并根据本法的从业禁止规定处罚。"

4. 审慎增设妨害网络业务犯罪

在域外,尤其是近邻日本,刑法中规定了妨害业务罪。这被国内不少学

---

[1] 参见徐铭勋:"论强迫交易罪对垄断行为的规制",载《法学杂志》2018年第4期,第88页。

[2] 参见王晓晔:"我国《反垄断法》修订的几点思考",载《法学评论》2020年第2期,第11页。

者认为,是当前解决和应对一些新型网络犯罪的"良方",如作为反不正当竞争犯罪规定,可以填补我国刑法中缺乏业务犯罪的立法空白。例如,有观点认为,以威力、诡计妨害业务或者利用计算机妨害业务的行为,严重侵害了业务者从事正当业务活动的自由,妨碍了经济发展。借鉴日本关于妨害业务罪的规定,我国可以增设妨害业务罪,是规制妨害业务行为、保护正当业务的理想路径。[1]刑法中的"业务"是一个相对宽泛的概念,而且,中日两国的刑法典在分则的布局与安排上不尽相同,对刑法中的涉业务犯罪,在立法上也各有特色,引入"业务犯罪"未必周全。另有观点更具体地指出,当前对利用计算机信息系统妨害业务的行为,主要按照破坏生产经营罪、破坏计算机信息系统罪、非法经营罪处理,这种扩张解释过于牵强,特别是对其他妨害正常网络业务的危害行为,司法上目前通过导入政策考虑与"软性解释"的方式,实现扩张处罚之功能预期。这与罪刑法定原则的关系颇为紧张。应当增设《刑法》第276条之二(广义的妨害业务罪)或第286条之二(利用信息网络妨害业务罪或狭义的妨害业务罪),规制利用信息网络实施新型妨害业务的行为,全面保护该类法益,填补立法的"意图性的法律空白"。[2]对于增设一般的妨害业务罪或利用信息网络妨害业务罪的立法建议,其立法的合理性不容否认。但是,从我国互联网经济迅猛发展、打击网络不正当竞争犯罪的现实需求以及刑法对涉业务犯罪的规定情形等方面看,其不足在于:(1)增设妨害业务罪只能发挥一般性的立法规制,其立法效果无异于增设一个传统罪名。对互联网犯罪,尤其是网络不正当竞争犯罪的立法规制而言,仍极可能继续处于"空缺状态"。在不深究另行增设妨害业务罪与我国现有罪名之间是否重合等问题的前提下,寄希望于可以直接规制网络环境下的各类妨害业务行为,其立法逻辑是紊乱且不经济的。而且,相比于增设专属的网络妨害业务罪,也显然是次优的选择。(2)增设利用信息网络妨害业务罪,必然与《刑法修正案(九)》增设的第287条之一或第287条之二之间发生高度交错、重合。不仅容易引发犯罪竞合问题,也降低了增设该新增纯正网络犯罪罪名的立法必要性与司法意义。在实践中,第287条之一或第287条之二,也可以(部分)解决"利用信息网络"实施妨害业务的危害行为。既然如此,另行增设利用信息网络妨害业务罪的必要性骤降。(3)引入妨害业

---

[1] 参见张明楷:"妨害业务行为的刑法规制",载《法学杂志》2014年第7期,第8-10页。
[2] 参见周光权:"刑法软性解释的限制与增设妨害业务罪",载《清华法学》2019年第4期,第951-966页。

务犯罪的立法思路,将冲击我国传统不正当竞争犯罪的罪名体系,打乱网络不正当竞争犯罪的精细化修正之规划,不符合我国的立法传统以及实际需要,更不符合我国网络不正当竞争犯罪迅猛演变的态势。这种借鉴域外立法的"应对"路径,极易在我国互联网经济与新型不正当竞争犯罪演化的双重挤压下,更不利于真正实现通过立法规制新型不正当竞争犯罪的目标。当然,对于域外刑法中的妨碍业务罪之合理的部分,可以吸收到具体的不正当竞争犯罪中,并在传统罪名的网络化修正或新增独立罪名时,予以充分考虑。

六、结语

在互联网时代加速更迭与渗透的大背景下,当代法律体系在不同程度上遭受了冲击,当代刑法制度亦在其中。在互联网经济日益繁荣的新情况下,传统不正当竞争犯罪的有效性不足问题日益暴露,并集中表现为规范供给不足的结构性矛盾。我国正由互联网大国迈向互联网强国,网络领域的立法在近些年取得了长足的进步,逐步建立起成熟的网络法律体系,以及日渐独立的网络法学;[1]同时,也倒逼传统法律体系的网络化转型,由传统刑法学到网络刑法学的知识转型正在启程。[2]其中,针对新型网络不正当竞争犯罪的立法调试课题已然到来。然而,理论界对不正当竞争犯罪及其网络化演变的基本问题缺乏足够的深入研究,法教义学的制度供给能力非常薄弱,迟滞了因应新型网络不正当竞争犯罪的适宜性。当前,从规范、理论与立法的三个层面进行反思与重塑的意义是显著的,旨在澄清规范如何供给、理论如何重塑、立法如何实现网络化修正及其贯通问题。

---

[1] 参见来小鹏:"论作为独立法律部门的网络法",载《法学杂志》2019 年第 11 期,第 65 页。

[2] 参见孙道萃:"网络刑法知识转型与立法回应",载《现代法学》2017 年第 1 期,第 117 页。

第十一章
虚假广告犯罪的网络化演变与立法修正思路

尽管严厉打击虚假广告行为一直是各界的共识，但虚假广告罪在传统现实物理社会的司法适用明显不足，其中缘由是多方面的，利益纠葛与立法不足是主要原因。随着互联网信息技术的迅猛发展，网络广告与网络虚假广告也同时相伴而生，传统广告形式与互联网广告领域的重大分流开始显现，虚假广告罪的网络化趋势日益明显，司法应对面临着全新的挑战。然而，《广告法》在2015年修订时未能及时反映现实需要，对网络广告的规制明显不足。现实的情况是，大量网络虚假广告违法犯罪行为处在法律规制的边缘，遵循《广告法》的既有规定或参照刑法中的虚假广告罪规定，都无法达到有效的规制，进而直接虚化传统虚假广告罪的立法背景与立法原意。在此背景下，《互联网广告管理暂行办法》（2016年7月，国家工商行政管理总局，以下简称《暂行办法》）、《互联网信息搜索服务管理规定》（2016年6月，国家互联网信息办公室，以下简称《管理规定》）以及《网络安全法》（2016年11月）等相继出台，已然倒逼虚假广告罪的网络化调试。尽管刑法不应介入所有网络虚假广告违法行为，但应明确刑法介入严重网络虚假广告行为的依据与刑事责任边界，而对传统虚假广告罪进行必要的网络化修正与适用是关键所在。

一、网络虚假广告犯罪的动向与司法挑战

互联网广告的演变动向正在颠覆传统广告的形式与实质，也使网络虚假广告变得更复杂，持续暴露现行立法与理论的短板以及司法应对逻辑的错乱状态。

（一）网络虚假广告的激增态势与乱象局面

纸质媒体到电视广播媒体，见证了广告制度的两个纪元。在商品经济与市场经济的生态中，广告成为重要的竞争方式，广告宣传是重要的市场润滑

剂,但是,虚假广告也随之出现,并成为扰乱市场管理秩序的不利因素。为此,1993年《反不正当竞争法》、1994年《广告法》均对虚假广告行为作出规定,设置行政责任、民商事责任。然而,在市场经济的大浪潮下,由于地方保护主义、监督不力、虚假广告黑色利益链条的隐蔽化等,导致虚假广告长期大行其道。

随着互联网因素的加入,网络广告发展迅速,很快占领和扩张市场。在利益的驱动下,制作网页、利用电子邮件与论坛、利用搜索引擎、利用网络视频发布虚假信息等行为层出不穷,利用互联网发布虚假广告的违法犯罪充斥其中。[1]互联网广告是网络2.0时代互联网企业的核心商业模式,是众多企业营利的主要来源,并成为各方布局网络经济的争夺中心。普华永道的报告称:中国是世界第二大互联网广告市场,仅次于美国。互联网广告背后的巨大商机,也被不法分子恶意利用。由于监管规则长期缺位,导致行业陷入野蛮生长状态,违规违法的互联网虚假广告现象非常突出,药品等热点领域的虚假宣传、不正当竞争迅猛飙升。国家工商行政管理总局的监测显示:互联网广告违法率是传统媒体的三倍以上,甚至个别大型门户网站的违法率已超20%。国家工商行政管理总局通报:2015年,全国查处互联网广告案件2300件,罚没款2862万元;链接广告中被链接的网页违法广告多发,搜索引擎网站广告违法违规屡禁不止,网络交易平台网站的广告处在高危运行状态。网络虚假广告正成为广告违法犯罪现象的"重灾区"。"魏则西事件"发生后,旋即出台《暂行办法》正是"零容忍"打击的具体体现。

1979年《刑法》并无虚假广告犯罪的专门规定,1994年《广告法》颁布施行后,1997年《刑法》才新增第222条并确立罪名为虚假广告罪。[2]不过,自虚假广告罪增设以来,适用案件尚不多见,[3]即使进入新世纪后也未明显改观。究其原因:一是1994年《广告法》的立法瑕疵与缺陷客观存在,2015年修改后的一些立法进步内容,仍需假以时日予以检验。二是现行刑法因袭1994年《广告法》,对虚假广告罪的规定不免夹带历史的局限性,理论阐释相对不够,虚假广告罪的本体教义学相对单薄。三是虚假广告罪的司法

---

[1] 参见河南省三门峡市湖滨区人民法院(2017)豫1202刑初68号刑事判决书。

[2] 参见高铭暄:《中华人民共和国刑法的孕育诞生和发展完善》,北京大学出版社2012年版,第436页。

[3] 参见李希慧、沈元春:"虚假广告罪若干问题探究",载《河北法学》2015年第12期,第17页。

解释不多,实践中的难题却不断增加。最近的相关司法解释,如《最高人民法院、最高人民检察院、公安部、国家安全部关于依法办理非法生产销售使用"伪基站"设备案件的意见》(2014年)第2项的补强效果也差强人意。这些因素共同导致虚假广告罪的立案数量与司法适用效率明显偏低。[1]打击虚假广告犯罪的效果难免流于形式,打击网络虚假广告犯罪更相形见绌。但是,《网络安全法》《管理规定》与《暂行办法》的相继出台,在一定程度上开始扭转现有的被动局面。

(二) 网络虚假广告犯罪的刑事制裁困题

在传统虚假广告罪面临的司法难题之上,网络虚假广告犯罪的实践困题为:一是行刑衔接不畅,过分慎用刑事制裁。二是对虚假宣传、足以误导消费者、网络虚假广告等重要罪质内容存在较大分歧,对是否追究刑事责任的说理不充分。三是网络立法加速发展,但刑法立法的及时更新相形见绌。四是网络虚假广告的兼容性,使其与生产、销售伪劣产品等犯罪的竞合频次增大,定罪标准难统一。

1. 刑法介入明显不足

传统广告与网络广告都是"广告",都是竞争手段。网络虚假广告虽形式多种多样,但实质是违反2015年《广告法》的强制性规定,虚假宣传并误导消费者。然而,网络虚假广告是新生事物,在法律责任上,当前主要以行政处罚为主,明显欠缺刑事处罚的力度,对网络虚假广告犯罪的制裁严重不足。大体而言:(1) 行政处罚为主的应对样态。从官方数据看:2014年10月,国家工商行政管理总局发布并通报5起典型网络虚假广告案件;2015年9月,国家工商行政管理总局公布十大涉嫌违反《广告法》的典型案件;2016年9月,国家工商行政管理总局在2015年《广告法》实施一周年新闻发布会上向媒体公开曝光一年来查处的10起典型案件;2017年7月,国家食品药品监督管理总局官方通报,在互联网上监测到6起药品和2起保健食品广告宣传内容存在含有不科学的功效断言、扩大宣传治愈率或有效率、利用患者名义或形象作功效证明等问题,并依法移送有关部门查处,对相关企业依法采取撤销广告批准文号、责令产品暂停销售等措施。从这些网络虚假广告的典型案件看,基本上通过行政执法的方式被发现,主要以行政处罚为结案方式,而刑事处罚很少介入其中。更值得反思的是,尽管《刑法》第222条初步解决

---

[1] 到目前为止,北大法宝网(http://www.pkulaw.cn/Case/)与中国裁判文书网(http://wenshu.court.gov.cn/list/list/? sorttype)收录的虚假广告罪的已决案件数,维持在20件左右。

定罪处罚的规范供给问题,却在政策把握、入罪尺度、规范理解等方面缺乏统一性,对传统虚假广告犯罪的处置并不理想。面对网络虚假广告行为,由于缺乏前瞻性的刑法规范,对是否涉嫌构成虚假广告犯罪无从判断,折射出以行政处罚为导向的治理策略背后的司法无奈性。(2)刑事追诉的比例过低。尽管行政处罚是主要的治理方式,但不乏个别入罪情形。比如,在官方发布的典型案例中,有某公司在其自设网站发布广告,宣传其销售的依能静胶囊获得"第十二届全国发明展览会金奖"等内容。经查证,该宣传与事实不符,属于虚假广告宣传行为,先后被工商行政管理机关予以两次行政处罚。2014年,该公司继续利用互联网自设网站发布虚假保健食品广告,被工商行政管理机关立案调查。根据《行政执法机关移送涉嫌犯罪案件的规定》《最高人民检察院、公安部关于公安机关管辖的刑事案件立案追诉标准的规定(二)》(以下简称《立案追诉标准(二)》)的相关规定,工商行政管理机关将该案移送公安机关,依法追究该公司发布虚假广告的刑事责任。相比于行政处罚的数量和比例,将案件移送立案并依法追诉追责的,毕竟是为数不多的情形,折射出刑事追诉比例相对偏低的客观状态。

2. 行刑制裁的衔接不畅

无论是占主导地位的行政处罚,还是明显偏弱的刑事处罚,在打击网络虚假广告问题上各自为政,难以形成合力,出现了"惩罚性罚款制度的缺位""与刑事立案标准脱节"等问题。具体而言:尽管我国一直对虚假广告采取高压的打击态势,[1]但从公布的典型案例看,往往不主动采用行政罚款措施,而首先采取整改、停顿整业等相对软性措施,以代替通过惩罚性的罚款措施严厉打违规商业广告的利益链条。"沉疴应用猛药",对高暴利的广告行业,应注入相称的威慑力,惩罚性罚款是题中之义。但与之相左的是,行政处罚的罚款数额整体上相对偏低,参照2018年《广告法》的以"广告费用"的3倍为计算标准,一般的处罚上限只有200万元,比如,2014年,国家工商行政管理总局等大部门开展专项行动,共查处互联网广告违法案件5232起,罚款总额5157万元,案件平均处罚额不到1万元,最高的一起罚单仅为191万元。《暂行办法》规定一般最高处罚为3万元;情节严重的,处以广告费3倍的罚款,最高为100万元。《管理规定》则并未规定付费搜索的处罚数额问题。与此同时,根据《立案追诉标准(二)》第75条的规定,广告主、广告

---

〔1〕参见杨彪:"广告法律规制的市场效应及其策略检讨——来自中国医药行业的经验证据",载《法学家》2016年第4期,第71页。

经营者、广告发布者违反国家规定,利用广告对商品或者服务作虚假宣传,违法所得数额在10万元以上的;给单个消费者造成直接经济损失数额在5万元以上的,或者给多个消费者造成直接经济损失数额累计在20万元以上的;假借预防、控制突发事件的名义,利用广告作虚假宣传,致使多人上当受骗,违法所得数额在3万元以上的,应予立案追诉。在此前提下,从行刑两法衔接看,行政罚款数额整体偏低,往往导致行刑制裁衔接不畅的不良反应,主要为:一是行政罚款的数额与立案标准规定的数额之间,前者的平均水平可能低于后者,刑事制裁无疑流于形式,也间接导致刑事追诉的门槛"水涨船高";二是个别罚款数额高于立案标准规定的数额,客观上出现行政处罚严于刑事制裁的"倒挂"现象,使其与刑事处罚之间有一片较大的"间隙"。

3. 网络虚假广告行为的罪质模糊

虚假广告的认定一直是行政执法与刑事司法的共同难点,网络虚假广告的演变使其更复杂,加剧虚假广告犯罪的罪质模糊问题。具体而言:(1)传统虚假广告本质的争议性。1994年《广告法》并未直接阐明"虚假广告"的内涵及其类型,导致虚假广告罪缺乏附属刑法的辅助,规制对象和处罚范围的限定效果欠佳。2018年修正的《广告法》第二章"广告内容准则"详细规定广告的规范化问题,并在章末用第28条规定虚假广告的概念,即虚假广告是指"以虚假或者引人误解的内容欺骗、误导消费者",具体包括五类主要情形。[1] "抽象+概括"的立法方式具有明显的进步性,但除第一项的规定外,第二项至第四项的"实质影响购买行为""无法验证的信息""虚构效果"及其他欺骗或误导消费者的行为,具有相对的不确定性,都可能成为认定传统虚假广告的难题。在此基础上,网络虚假广告这一新事物的司法认定更复杂。(2)付费信息搜索服务等新挑战仍在增加。互联网广告是新生事物,自然成为各方打"擦边球"的制度漏洞,付费信息搜索服务是否属于互联网商业广告的问题颇具典型性。"魏则西事件"曝光后,国家互联网信息办公室会同有

---

[1] 修订后的《广告法》第28条规定:"广告以虚假或者引人误解的内容欺骗、误导消费者的,构成虚假广告。广告有下列情形之一的,为虚假广告:(一)商品或者服务不存在的;(二)商品的性能、功能、产地、用途、质量、规格、成分、价格、生产者、有效期限、销售状况、曾获荣誉等信息,或者服务的内容、提供者、形式、质量、价格、销售状况、曾获荣誉等信息,以及与商品或者服务有关的允诺等信息与实际情况不符,对购买行为有实质性影响的;(三)使用虚构、伪造或者无法验证的科研成果、统计资料、调查结果、文摘、引用语等信息作证明材料的;(四)虚构使用商品或者接受服务的效果的;(五)以虚假或者引人误解的内容欺骗、误导消费者的其他情形。"

关部门成立联合调查组进驻百度公司,集中围绕百度搜索在该事件中的问题、搜索竞价排名机制存在的缺陷展开调查。调查报告认为,百度搜索相关关键词竞价排名结果客观上对魏则西选择就医产生了影响,百度竞价排名机制存在付费竞价权重过高、商业推广标识不清等问题,影响搜索结果的公正性和客观性,容易误导网民。在司法实践中,主张付费信息搜索本质是信息搜索技术服务的观点更通行,理由为:如若是信息搜索技术服务,网络信息搜索服务商可以根据"避风港"原则,抗辩行政监管部门规定的内容审查义务过于严苛。除非违反"红旗原则",一般不承担法律责任。如果视为互联网商业广告行为,信息搜索服务商是广告发布者,应当履行相应的内容审查义务,并可能需要承担法律责任。无论1994年《广告法》或2018年《广告法》,均无法预料这种新情况,网络虚假广告的认定目前更难有共识。

4. 定罪逻辑的困顿

现有的立案标准并不能有效指导司法实践,在应对网络虚假广告犯罪的问题上更明显。当前,援引其他相关罪名来间接取代虚假广告罪被虚置后的空当,使定罪逻辑缺乏统一性与科学性。其问题主要为:(1)立法标准的可操作性不强。2018年《广告法》第71条、第72条、第73条虽规定了刑事责任内容,但并未涉及广告主、广告经营者与发布者的刑事责任。《立案追诉标准(二)》第75条规定了六种应当立案追诉的情形,[1]明确行政处罚与刑事追诉的界限。但从立法标准的类型看:一是尽管前三类情形的立案数额相比高于行政处罚数额的处罚基准(3万元),但违法所得数额、直接经济损失数额的计算标准不明确,如是否包括非法经营数额等问题不明确。而且,第一种情形以违法所得数额10万元为准,明显与2018年《广告法》首先以广告费的金额为处罚数额的标准不符,实践中证明具体违法所得数额的难度也较大。二是第四种情形以行政处罚的次数为基准,是目前运用较多的类型。三是第五种情形以是否造成伤害结果为准,但刑法因果关系不易证明。因此,六种立案情形的司法可操作性相对不高,犯罪门槛也偏高,与行政法规及其

---

[1] 根据该追诉标准第75条的规定,广告主、广告经营者、广告发布者违反国家规定,利用广告对商品或者服务作虚假宣传,涉嫌下列情形之一的,应予立案追诉:(一)违法所得数额在10万元以上的;(二)给单个消费者造成直接经济损失数额在5万元以上的,或者给多个消费者造成直接经济损失数额累计在20万元以上的;(三)假借预防、控制突发事件的名义,利用广告作虚假宣传,致使多人上当受骗,违法所得数额在3万元以上的;(四)虽未达到上述数额标准,但两年内因利用广告作虚假宣传,受过行政处罚二次以上,又利用广告作虚假宣传的;(五)造成人身伤残的;(六)其他情节严重的情形。

处罚体系的衔接不够通畅，遗留制裁的灰色地带。（2）与关联犯罪的竞合效应。尽管从北大法宝、中国裁判文书网以及官方数据看，虚假广告罪的适用率相对偏低，但司法实践对虚假广告犯罪并非采取"极低"的容忍度，反而通过适用其他相关罪名，进行间接打击。这虽稀释该罪的立法本意，但避免了放纵犯罪的发生。初步看来，实践中的做法主要为：一是援引生产、销售伪劣商品犯罪。伪劣产品与虚假广告存在相互依赖的市场关系，也最容易出现司法竞合问题，更成为虚假广告罪被虚置后的定罪首选。《刑法》第140条、第141条、第142条、第145条以及第148条等规定的罪名，都可能成为虚假广告罪的"替代物"。二是援引其他扰乱市场秩序的不正当竞争犯罪进行规制。如在实施网络虚假广告犯罪时，破坏竞争对手的商品声誉、商业信誉，情节严重的，涉嫌构成犯罪。三是非法利用信息网络罪或帮助信息网络犯罪活动罪。利用信息网络发布虚假广告，情节严重的，涉嫌构成《刑法》第287条之一的罪名。为实施网络虚假广告行为提供网络技术帮助的，涉嫌构成《刑法》第287条之二的罪名。四是诈骗罪或合同诈骗罪等。利用广告虚假宣传实施欺诈类犯罪很常见，对已经造成较大财产损失等危害结果的，一般认定构成诈骗罪等欺诈类犯罪，难有虚假广告罪的适用空间。虽然网络虚假广告行为往往同时成为其他犯罪的工具或手段，实践中也不可避免出现司法竞合问题。但这些"退而求其次"的定罪逻辑，既说明虚假广告罪的立法规定出现严重的失灵与失效问题，也说明目前对网络虚假广告犯罪的打击很难实质推进。

5. 刑法立法理念与规定的脱节

《广告法》《反不正当竞争法》与《刑法》对不正当竞争的规定均具有一定历史局限性，当时的立法原意根本无法预见到今天迅猛发展的网络虚假广告问题。立法理念与具体规定的时代滞后性，严重制约虚假广告罪的规制能力与效果，更遑论应对新型网络虚假广告犯罪行为。与此同时，刑法与重大相关立法的修订也明显滞后。当前，2018年《广告法》颁布实施，首次回应了网络虚假广告问题；同时，《暂行办法》与《管理规定》出台，对规范网络广告行为与打击网络虚假广告罪的影响甚大。进而，虚假广告犯罪的立法背景已经发生重大变化：（1）《暂行办法》的颁布实施具有划时代的意义。1994年《广告法》以传统现实物理社会为立足点，虽然2018年《广告法》规定了"利用互联网从事广告活动，适用本法的各项规定"。但现有判决对网络虚假广告犯罪难有招架之力。[1]互联网广告极为发达,却乱象丛生,亟待依法治理和规范化。(2)《管理规定》第11条第1款规定"互联网信息搜索服务提供者提供付费搜索信息服务",第2款规定"互联网信息搜索服务提供者提供商业广告信息服务"应遵守相关法律法规。对于当今社会的新变化,新近的刑法立法未能及时作出同步回应,使传统虚假广告罪的网络化适用受阻,刑法解释模式亦受限。

综上所述,受限于广告立法的历史局限性,1997年《刑法》第222条规定的虚假广告罪已经暴露出原立法规范的失效、刑法扩张解释效能有限、司法适用率不高以及应对互联网广告犯罪乏力等问题。继续完全遵循传统刑法理论体系与虚假广告犯罪立法来解决当前新问题已难奏效,反而直接加剧传统罪名在网络化适用时的理论体系不适,乃至冲突。同时,互联网广告的立法规制也长期处在滞后状态,直接影响了应对新型互联网广告犯罪的效果。为此,在加快网络立法与网络法律体系建设之际,更应着力推动传统虚假广告罪的网络化修正,化解司法适用难题。

二、虚假广告罪的网络化修正逻辑

尽管刑法解释是传统刑法应对网络异化的有效方式,[2]但立法修正的作用不应被低估。当前,应加快虚假广告罪的网络化修正,主要内容包括:一是对犯罪构成要件进行网络化修正;二是对犯罪性质与立案标准加以重新调整,优化行刑衔接;三是调整刑事制裁体系,如增加职业禁止作为预防性刑事制裁措施等。

(一) 犯罪构成要件要素的网络化重置

《刑法》第222条规定的罪状为"违反国家规定,利用广告对商品或者服务作虚假宣传"。据此,违反国家规定是定罪前提,利用广告虚假宣传是行为核

---

〔1〕 比如:北京市石景山区人民法院(2014)石刑初字第136号刑事判决书;北京市朝阳区人民法院(2014)朝刑初字第3542号刑事判决书;辽宁省沈阳市沈河区人民法院(2014)沈河刑初字第753号刑事判决书;湖北省恩施市人民法院(2014)鄂恩施刑初字第00148号刑事判决书;河南省鹤壁市山城区人民法院(2014)山刑初字第178号刑事判决书;河北省玉田县人民法院(2015)玉刑初字第9号刑事判决书;四川省广元市中级人民法院(2016)川08刑终40号刑事裁定书;贵州省正安县人民法院(2017)黔0324刑初33号刑事判决书;浙江省温州市中级人民法院(2017)浙03刑终40号刑事裁定书。

〔2〕 参见张明楷:"网络时代的刑事立法",载《法律科学(西北政法大学学报)》2017年第3期,第69页。

心，行为对象是商品或服务是关键点。但这些核心的构成要件要素在互联网广告的语境下出现新的变化，应从网络广告管理的法益层面分别进行网络化修正。

1. "违反国家规定"及刑事违法性判断的网络同步性

虚假广告罪作为典型的法定犯，"违反国家规定"的具体理解直接关系到刑事违法性的判断。鉴于《广告法》的修订与其他相关互联网广告规定相继出台，应具体地判断"违反国家规定"，并与时俱进地判断刑事违法性是否存在。具体分析如下：（1）"违反国家规定"的变动性。根据《刑法》第222条的规定，"违法国家规定"是本罪成立的前提条件，说明本罪采用空白罪状的立法技术，是开放性犯罪构成，实践中往往根据附属刑法的相关规定确定行为的刑事违法性。当前，在技术变革的影响下，网络立法活动具有很强的时代变动性，导致刑事违法性呈现出明显的不确定性与变动性。根据《刑法》第96条的规定，[1]"违反国家规定"首先是指《广告法》这一基本法律，但也包括《网络安全法》《暂行办法》《管理规定》等相关法律、行政法规、规章及其他规范性法律文件。因此，在认定刑事违法性时，应当紧密追踪附属刑法及其规定的变化，特别应注意到网络方面规定的增加趋势，及其对刑事违法性判断的实质影响。在动态地审查"违反国家规定"的前提下，也应侧重对虚假广告罪进行网络化修正，为追究虚假网络广告犯罪提供新的规范依据，实现其他法律与刑法共同打击网络虚假广告犯罪的同步性与内在协调性。（2）付费搜索即竞价排名服务的示例分析。"违反国家规定"的变动性使刑事违法性的判断具有不确定性，付费信息搜索服务即竞价排名作为新型网络广告行为正是最好的注脚，以此作为示例分析，可以具体地阐述虚假广告罪在网络时代中的刑事违法性判断问题。具体为：一是1994年《广告法》完全没有涉及这方面的内容。但2018年《广告法》第2条规定，商品经营者或者服务提供者通过一定媒介和形式直接或者间接地介绍自己所推销的商品或者服务的商业广告活动适用该法。这里的媒介与形式包括互联网，百度有偿推广是通过百度搜索引擎及其信息服务的排名功能实现的，在实质层面上满足第2条的规定。而且，从国家互联网信息办公室的调查结果看，也并未明确其不是互联网广告行为。二是《暂行办法》第2条规定，利用互联网从事广告活动，适用广告法和本办法的规定。第3条第1款规定，互联网广告，是指"通过网站、网页、互联网应用程序等互联网媒介，以文字、图片、音频、

---

[1]《刑法》第96条规定："本法所称违反国家规定，是指违反全国人民代表大会及其常务委员会制定的法律和决定，国务院制定的行政法规、规定的行政措施、发布的决定和命令。"

视频或者其他形式，直接或者间接地推销商品或者服务的商业广告"。据此可知，互联网广告的范围较宽泛，包括一切利用互联网从事相关广告活动的情形，其中，明确列举"推销商品或者服务的付费搜索广告"属于商业广告，意味着百度推广客观上具有相应的互联网广告属性。当然，这种看法面临三点疑问：作为部门规章有突破上位法的嫌疑；单纯从技术层面区分付费搜索的广告内容与自然搜索结果并非易事；按照《暂行办法》第11条的规定，[1]广告发布者应当负有并履行审查义务，但网络信息搜索服务提供商是否应承担具体的内容审查义务并不明确。因而，是否属于广告发布者的主体资格存在模糊性。三是《管理规定》第2条第2款规定，互联网信息搜索服务是指"用计算机技术从互联网上搜集、处理各类信息供用户检索的服务"。第11条第2款规定，互联网信息搜索服务提供者提供商业广告信息服务，应遵循相关法律法规，如不得提供含有虚假信息的搜索结果并牟取不正当利益。因而，网络信息搜索服务提供者提供付费信息搜索业务并提供商业广告信息服务，其实是一种互联网广告行为，应遵守广告法等相关法律法规。进而，将百度有偿推广作为一种新型互联网广告形式，属于合理的扩张解释，是"违反国家规定"及刑事违法性判断在网络时代变迁的实然结果。

2. 网络广告管理秩序法益的具体厘定

法益保护是刑法的任务所在，明确个罪的法益内容，不仅可以用于解释罪名，还可以用来批判该罪的立法本身。[2]传统虚假广告罪的司法适用不足，保护的法益不清晰便是其中的诱因之一。在对虚假广告罪进行网络化修正之际，应当重新厘定网络法益的扩充内容。简言之：（1）传统虚假广告罪的直接客体纷争。传统刑法学对虚假广告罪所保护的犯罪客体存有争议，主要包括：一是"单一客体"说，主张保护的客体为广告管理秩序、公平竞争的市场秩序、社会主义市场经济条件下商品正当的交易活动和竞争活动等；二是"两客体"说，主张保护的客体为国家对广告活动的管理制度和消费者的合法权益（通说）、国家对广告的管理制度及市场经济的公平竞争秩序；三是"三客体"说，主张保护的客体为广告管理制度、共同遵循的商业经营活动规则和消费者的权益；四是"选择客体"说，主张直接客体包括国家的广告管理

---

[1] 该办法第11条规定："为广告主或者广告经营者推送或者展示互联网广告，并能够核对广告内容、决定广告发布的自然人、法人或者其他组织，是互联网广告的发布者。"

[2] 参见［德］克劳斯·罗克辛："对批判立法之法益概念的检视"，陈璇译，载《法学评论》2015年第1期，第53页。

制度、价格管理制度等。[1]据此，本罪保护的法益主要是超个人法益（集体法益），可以概括为市场管理秩序，而对个人法益的保护则处在次要地位或由其他罪名承担。对此，有观点认为，本罪将主要客体确定为超个人法益而非个人法益，导致立案标准主要以市场秩序受到破坏的程度为主要考虑因素，既脱离本罪对消费者合法权益的保障，也导致本罪与财产犯罪、人身权利犯罪的界限变得模糊，甚至出现关联罪名之间的罪刑失衡。[2]该看法有其道理，揭示出本罪在超个人法益与个人法益之间更侧重前者，可能导致对个人法益保护偏弱。实际上，在并未正式规定虚假广告罪前，就有观点主张虚假广告行为可能构成诈骗罪和销售伪劣商品犯罪，[3]也暗含本罪与财产犯罪等犯罪之间的紧密联系。尽管如此，分则罪名是根据侵犯的客体类型不同所作的分类，虽然虚假广告犯罪可能侵犯人身权利、财产权利，但虚假广告犯罪首先直接破坏广告市场的管理秩序与市场经济的诚信精神与公平竞争理念，当时立法将虚假广告罪的直接客体确定为广告市场的管理秩序并置于第三章"破坏社会主义市场经济秩序罪"并无不当，不妨碍对个人法益进行间接或次要的保护，也有助于实现本罪与关联罪名之间的罪质分明、处罚均衡。这是讨论网络虚假广告犯罪所侵犯法益内容的前提。（2）将网络广告市场管理秩序与网络信息数据安全作为新增的具体法益。网络虚假广告犯罪的出现，使关于传统虚假广告罪的犯罪客体的既有讨论显示出明显的历史局限性，对虚假广告罪的法益内容进行界定时，更应及时回应网络法益变化的特定性。网络虚假广告犯罪不仅破坏传统现实物理社会中的广告市场管理秩序与其他个人法益，也严重破坏市场经济下的网络信息安全法益、数据安全法益以及网络广告的市场管理秩序。理由为：虚假广告是庞大的信息网络与网络数据的流动媒介，网络虚假广告不仅危害信息网络管理秩序与网络数据安全，也危害网络数据的真实性、可靠性与有效性，更直接破坏网络广告市场的管理秩序，并间接破坏其他的超个人法益和个人法益。据此，网络虚假广告犯罪实际上已经侵犯网络市场管理秩序与广告宣传的诚实信用原则、公平竞争理念，集中表现为破坏网络市场的信息管理秩序与网络信息数据的真实性与安全系数。在网

---

[1] 参见李希慧、沈元春："虚假广告罪若干问题探究"，载《河北法学》2005年第12期，第18页。

[2] 参见黎邦勇、张洪成："重新认识虚假广告罪的法益位阶及构成要件"，载《中国刑事法杂志》2009年第7期，第46页。

[3] 参见张明楷："论虚假广告的刑事责任"，载《法学》1994年第10期，第26-29页。

络化修正层面,应当确认网络广告市场管理秩序、网络信息数据安全是新的具体法益,并用于引导本罪的罪状修正、法定刑调试、圈定保护范围等方面。(3)增补网络商品或服务作为新的犯罪行为对象。法益内容与犯罪对象息息相关。在传统商品经济和市场经济条件下,从虚假广告罪的构成要件看,虚假广告的行为对象是物理性的商品或传统的劳动力服务,商品和服务的内涵和外延具有显著的物理性、可视性等特征。但是,在互联网经济下,互联网商品和服务具有显著的电子化、数据化、虚拟性、技术性等特征,使网络虚假广告犯罪的行为对象发生明显的质变。《暂行办法》第3条第1款规定,互联网广告是指通过网站、网页、互联网应用程序等互联网媒介,以文字、图片、音频、视频或者其他形式,直接或者间接地推销商品或者服务的商业广告。该条扩大了广告的网络空间存在范围,互联网广告所指的商品或服务,应包括传统商品经济和互联网经济两种形态下的表现形式。《暂行办法》第3条第2款规定,互联网广告不仅包括商业广告,也包括普通的互联网媒介作为载体的广告、电子邮件广告、付费搜索广告、商业性展示中的广告等当前已经成熟的互联网类型。这也客观上扩大了互联网广告中的"商品或服务"的范围。据此,应增加网络商品和网络服务作为新的行为对象,同步延伸本罪的适用边界。

3. 网络虚假宣传的危害行为本质及其主要类型

对虚假广告行为采取立法列举的方式,具有不可避免的不完整性与欠前瞻性,毕竟新的行为类型不断出现。虚假广告行为的认定一直都是妨碍各方打击的难点,网络虚假广告更是如此,准确把握网络虚假广告的行为本质及其主要类型,具有重要的适法意义。具体而言:(1)《广告法》规定的解读。1994年《广告法》并未单独规定虚假宣传的概念与类型。2018年《广告法》第28条集中规定"虚假宣传"的本质特征及其几种情形,为理解虚假广告罪中的"虚假宣传"提供了最直接、有效的规范依据,也初步框定了本罪的客观危害行为的主要类型。"虚假宣传"的本质特征是"以虚假或者引人误解的内容欺骗、误导消费者",主要包括以下情形:一是虚假的内容;二是引人误解的内容;三是兜底情形。尽管第28条提供了更具操作性和包容性的判断依据,然而,区分虚假广告与合理的艺术夸张表达、甄别欺骗性广告和误导性广告的构成要件差异等,始终是"虚假广告"的解释论难题。[1]2018年《广

---

[1] 参见宋亚辉:"虚假广告的立法修订与解释适用",载《浙江学刊》2015年第6期,第167页。

告法》第 28 条的规定,并不能完全揭示互联网虚假宣传行为的本质特征,尤其考虑到网络技术的演变代际、网络信息的传播规律与虚假信息的泛滥、网络大数据的流动与数据安全的地位等因素,网络虚假宣传的方式推陈出新,将不断突破 2018 年《广告法》第 28 条规定所能包含的主要类型及其范围。因此,在确定网络虚假广告行为特征及其类型时,不能完全照搬第 28 条的规定。(2)现行刑法规定的检讨。1994 年《广告法》的相关规定较为抽象,虚假宣传行为主要散落规定在第二章"广告准则"中。1997 年《刑法》第 222 条采取简明罪状,笼统规定了危害行为是"利用广告对商品或者服务作虚假宣传";而且,立案标准也并未具体化,使刑法意义上的虚假宣传行为具有相当的不确定性。"虚假宣传"作为危害行为的关键要素,直接影响司法认定的科学性与准确性。基于新法优于旧法的法律效力规则,2018 年《广告法》第 28 条可以直接作为理解 1997 年《刑法》第 222 条中的"虚假宣传"的依据,并可以参照诈骗罪与金融诈骗罪的判断规则认定"虚假"。但是,判断是否属于刑法中的虚假宣传行为,仍需引入独立的实质判断要素,具体是指虚假的广告宣传行为具有足以欺骗和误导消费者的虚假程度,已经造成相当严重的现实危害结果或高度的危险状态,同时虚假宣传与欺骗、误导消费者之间存在刑法的因果关系。其中,关于因果关系,通常以一般人的普通、谨慎及理性的注意义务要求作为判断标准。关于欺骗和误导的主观罪过,欺骗必然是故意,而误导是否可以是过失存有争议,基于虚假广告罪是故意犯罪的基本立场,误导仅限于间接故意心态,不包括过失心态。对于艺术夸张与虚假广告的区分,关键看是否实质上导致相关公众一般性地会产生不可避免的误解。(3)网络虚假宣传行为的特性。与传统现实物理社会相比,网络虚假广告中的"虚假内容""引人误解的内容"与"误导消费者"及其因果关系,在具体的内容与形式载体上均有所不同,并主要呈现出以下特征:一是互联网广告与传统广告不尽相同,虚假宣传的内容载体与对象形式迥然有异,网络虚假广告在本质上主要表现为虚假的网络信息数据,而信息数据的虚假性与现实物理方式在程度、效果上不同,是否属于欺骗、被害人是否误解及其程度的司法认定标准,都需引入网络化因素并作出相应的判断。二是网络广告的受众及其一般性的网络认知状态、认识水平差异甚大,对网络环境下的欺骗方式、对误解的感知及判断能力等均不同,使对网络环境下"认识错误"及其程度的刑法判断难度增加,也增加了个案判断主客观要素的难度。三是网络环境下的直接、必然因果关系模糊化,行为之间的相关性或关联性关系逐渐成为新常态,并开始成为确定行为与结果是否关联的重要思维,严格的因果关系标准正被稀释和修正。"以虚假或者引人误解的内容欺骗、误导消费者"的实质,是利用互联网的隐匿性、虚拟性、开放性等主体身份与行为内容具有不确定性的缺陷,加大网络虚假广告对被欺骗者认知能力与判断能力的削弱力度,提高误导消费者的网络技术含量、时空虚假性及社会辨识难度,提高虚假内容在欺骗、掩饰及隐瞒上的"逼真"性,以降低实施虚假广告犯罪及关联犯罪的技术成本与经济成本。(4)网络虚假广告行为的主要类型。以 2018 年《广告法》第 28 条为基础,基于当前网络虚假广告的案发形式,网络虚假广告危害行为的情形主要包括:一是物理空间或网络空间的商品或服务不存在或无法显现;二是明显超出审批范围,在授权范围外宣传;三是物理空间或网络空间的商品的性能、功能、产地、用途、质量、规格、成分、价格、生产者、有效期限、销售状况、曾获荣誉等信息数据,或服务的内容、提供者、形式、质量、价格、销售状况、曾获荣誉等信息数据,以及与商品或者服务有关的允诺等信息与实际情况不符,对购买行为有实质性影响;四是广告承诺明显不符合实际,且根本不能兑现;五是使用现实社会或利用网络社会虚构、伪造或无法验证的科研成果、统计资料、调查结果、文摘、引用语等信息数据作证明材料的,或在网络中加以使用;六是虚构使用商品或者接受服务的效果,或利用网络并在网络中加以宣传;七是在现实社会或网络社会中,以虚假或者引人误解的内容欺骗、误导消费者的其他情形;八是其他新型网络虚假广告行为,如依托付费信息搜索服务而提供的竞价排名业务。可以预见的是,随着互联网广告的进一步发展,危害行为的新形式也将不断涌现。

4. 网络犯罪主体的增补

相比于传统的虚假广告犯罪主体,在信息网络时代、自媒体时代以及网络广告新运行模式的背景下,网络虚假广告犯罪主体有新变化,立法修正时应作出相应的反应。其新情况为:(1)自然人和法人的扩容。根据刑法的规定,虚假广告罪的犯罪主体包括广告主、广告经营者、广告发布者。2018 年《广告法》第 2 条第 2 款至第 4 款规定,广告主(商品经营者或者服务提供者)、广告经营者、广告发布者可以是自然人、法人或者其他组织。2018 年《广告法》第 2 条第 5 款规定,广告代言人亦是该法的适用主体。特别需要指出的是,在全民自媒体时代,自媒体作为网络虚假广告犯罪的主体呈现出递增趋势,[1] 如网络主播。据此,应对 1997 年《刑法》第 222 条的广告主、广告

---

[1] 参见潘雪松:"论自媒体广告的规制与监管",载《北京邮电大学学报(社会科学版)》2017 年第 2 期,第 33 页。

经营者、广告发布者予以扩张认定,原则上包括现行刑法规定的所有犯罪主体类型,也即自然人、法人、其他组织以及广告代言人等。(2)区分网络广告主与经营者、发布者。根据1997年《刑法》第222条的规定,广告主与广告经营者、发布者是并列的犯罪主体。但2018年《广告法》第4条第2款规定,广告主应当对广告内容的真实性负责。同时,根据2018年《广告法》第34条第2款等的规定,广告经营者和发布者对广告的真实性负审查义务,对真实性证明文件负有审查义务,不要求广告经营者、发布者对广告真实性承担责任。因此,实践中难以认定广告经营者、发布者的主观故意或共犯心态,且远甚于对广告主的认定。为了防止广告经营者、发布者以业务过失而无共犯故意逃避刑事责任,应着重单独规定共犯的构成要件,强调广告经营者与发布者的主观"明知"心态。如在《刑法》第222条增加第2款,具体表述为"广告经营者和发布者明知他人实施前款行为,仍提供(网络)广告宣传服务的,依照前款的规定处罚"。此外,如果与《刑法》第287条之二发生竞合的,根据刑法相关规定处理。(3)网络平台主体的增设。在网络环境下,网络平台作为新型网络犯罪主体迅猛增长,[1]在网络虚假广告中亦不例外,理由为:一是《暂行办法》第13条规定,"程序化购买互联网广告"(实践中称为广告联盟[2])包括广告需求方平台、媒介方平台、广告信息交换平台等新型网络平台主体。第14条规定,广告需求方平台的经营者可以是互联网广告发布者或广告经营者。《暂行办法》增加了以网络平台为主要形式的新型犯罪主体,虽然突破《刑法》《广告法》的规定,却完全符合实践中的发展趋势。更重要的是,目前大量存在的网络广告公司或网络广告联盟是网络虚假广告的主要源头,[3]如网络直播平台等。因此,将网络广告联盟等网络平台主体作为犯罪主体是现实需要。二是《管理规定》第2条、第11条分别规定了付

---

〔1〕 参见孙道萃:"网络平台犯罪的刑事制裁思维与路径",载《东方法学》2017年第3期,第83页。

〔2〕 网络广告联盟,又称联盟营销,指集中中小网络媒体资源(又称联盟会员,如中小网站、个人网站、WAP站点等)组成联盟,通过联盟平台帮助广告主实现广告投放,并进行广告投放数据监测统计,广告主则按照网络广告的实际效果向联盟会员支付广告费用的网络广告组织投放形式。网络广告联盟包括三要素:广告主、联盟会员和广告联盟平台,涉及的内容有广告与联盟会员网站匹配、联盟广告数据监测和统计、联盟广告付费方式、联盟分成模式等内容。网络广告联盟广告主,指通过网络广告联盟投放广告,并按照网络广告的实际效果(如销售额、引导数、点击数和展示次数等)支付广告费用的广告主。

〔3〕 参见邓曦涛:"网络虚假广告的罪与罚",载《中国消费者报》2010年3月24日,第C02版。

费的信息搜索服务属于互联网广告的重要形式，将诸如百度搜索引擎这一网络信息服务提供商等网络平台纳入其中。三是《网络安全法》明确规定了网络平台主体。第9条、第10条等条文对"网络运营者开展经营和服务活动""建设、运营网络或者通过网络提供服务"等网络平台主体及其行为予以规范。鉴于已将网络搜索平台纳入虚假广告罪的规制序列，其他网络平台原则上也可以成为本罪的犯罪主体，因此，应以立法形式加以确认。

（二）犯罪性质与追诉标准的网络化修订

实践证明，现行立法标准存在两个问题：一是操作性不高，有些情形甚至不合理，导致犯罪门槛偏高；二是立案标准的要素在网络化程度上偏低，不足以满足网络定量因素及其体系等变化形成的新需求。为此，应从整体上加以完善。

1. 结果犯立法模式的改良

根据《刑法》第222条的规定，本罪要达到"情节严重的"，才构成犯罪，是结果犯（情节犯）；同时，刑罚配置为"二年以下有期徒刑或者拘役，并处或者单处罚金"，是典型的轻罪，甚至可以归为轻微罪。[1]从"情节犯+轻罪"的立法配置看，凸显出立法者慎重制裁虚假广告行为的立场，也传递出立法者试图尊重并维护市场秩序的自由精神与良性竞争环境。但现实情况是，当前对虚假广告的行政处罚与刑事制裁力度明显偏弱，导致虚假广告犯罪的违法犯罪成本过低，不足以遏制其背后的高风险、高暴利、高回报的非法犯罪利益链条的形成与滋生。而且，从虚假广告犯罪的案件数量巨大、涉案被害人员与潜在消费者众多、虚假广告所引发的严重市场秩序紊乱，以及所引发的重大财产损失、重大人身伤害等情况看，"情节犯+轻罪"的立法配置明显脱离现实。因此，尽管二年以下有期徒刑的主刑配置本身并无不当，却明显与行为的社会危害性不相称，直接导致立法的罪刑失衡。为了有效遏制虚假广告犯罪的蔓延态势、切断虚假广告犯罪的非法利益链条、提前防控和降低虚假广告犯罪所可能引发的其他后续危害、突出对网络经济市场秩序的保护，应当考虑将虚假广告罪的基本罪改为危险犯，并配置一档相适应的结果加重犯（情节加重犯）以优化罪刑结构。其调整方式为：（1）将现行基本罪由结果犯改为具体危险犯。当前，我国仍需要通过适度降低犯罪门槛的方式，实行必要的犯罪化，以反映社会的现实需要，并辅以刑罚宽缓化，从

---

[1] 参见孙道萃："犯罪分层标准的理论体系续造"，载《江苏警官学院学报》2016年第3期，第17页。

而贯彻"严而不厉"的刑事政策。[1]虚假广告罪的基本罪转为危险犯立法，既是为了适应网络环境下虚假广告犯罪的高度危险性以及危险的蔓延性、潜伏性等特征，也体现了立法者加强打击虚假广告犯罪的重要导向。从当前虚假广告犯罪的特征，尤其是网络虚假广告的消极辐射力极强看，大量虚假广告并不必然已经造成具体的危害结果或其他间接结果，却已经严重误导消费者及公众。（2）增加一档结果加重犯形态。在实践中，虚假广告犯罪往往引发其他公共法益、个人法益受到侵害，危险犯的基本罪配置明显不够。设置结果加重形态后，可以提高罪刑配置的合理性与体系衔接性。当本罪与其他罪名出现竞合时，也可以由本罪独立处置，进而优化本罪的立法独立性与缓解其司法闲置现象。

2. 与行政处罚保持科学的衔接

在虚假广告罪的基本罪调整为危险犯后，与行政处罚保持科学的衔接至关重要，既决定能否在行刑之间无缝对接，也决定虚假广告罪的危险犯设置是否在实践中有效运行。但行政法规的变动性很强，行政处罚也具有一定的浮动空间，间接增加了行刑两法对接的难度，科学设置追诉标准可以有效缓解该问题。为此，应注意以下几个方面：（1）行政处罚的标准体系可以作为追诉标准的设定参考。首先，《广告法》与其他直接相关的规范性文件主要规定了虚假广告的行政处罚。《广告法》的"法律责任"一章，集中规定行政责任以及民事责任与刑事责任。根据其第 55 条至第 68 条的规定，可以确定行政责任的处罚前提是违反第二章"广告内容准则"与第三章"广告行为规范"，但无法将行政处罚标准具体化，行政处罚的裁量标准也较为模糊，使确定行政处罚的基准很难在技术上操作。其次，《中华人民共和国行政处罚法》（以下简称《行政处罚法》）可以提供最原初的参考标准。《行政处罚法》第 5 条第 2 款规定："设定和实施行政处罚必须以事实为依据，与违法行为的事实、性质、情节以及社会危害程度相当。"该规定明确了处罚的基本原理；第 32 条规定从轻或减轻处罚的情节。尽管《行政处罚法》的标准也具有一定的概括性与抽象性，却提供了有效的判定规则与裁量情形，有助于明确行政处罚的边界，并同时成为设置刑事追诉标准的"临界点"。（2）网络虚假广告的刑法危险判断。任何概念和原则都是抽象的，即使明确了行政处罚的基准与边界，也具有相对性。从方法论看，既应从正面划定行政处罚的禁区，也

---

[1] 参见卢建平、刘传稿："法治语境下犯罪化的未来趋势"，载《政治与法律》2017 年第 4 期，第 41 页。

应圈定刑事处罚的临界点。从行政违法性与刑事违法性的界限看，二者存在交叉与重合的部分，但在社会危害性或社会危险性的程度上存在质性差异，后者要求网络虚假广告行为已经导致刑法保护的网络广告市场管理秩序这一法益陷入不被现代刑法所允许的高度危险状态。而且，虚假广告罪的基本罪被调整为危险犯后，应仅限于具体的危险犯而非抽象的危险犯，危险是具体的、紧迫的，足以导致市场秩序受到明显的破坏的程度，但不以消费者实质被骗且遭受重大损失为前提。关于本罪的具体危险犯形态的立法技术与司法判断规则，可以参照刑法分则的相关规定，并侧重网络环境下的具体危险判断。

3. 追诉标准的重设

将基本罪改为危险犯，应与行政处罚主动实现无缝衔接，以重新调整本罪的刑罚处罚边界。为此，应同时修正本罪的立案标准，并增加结果加重犯的处罚标准，确保刑事追诉条件与范围的科学性。概言之：（1）补充基本罪的立案标准。以《刑法》第222条的规定为基准，《立案追诉标准（二）》第75条规定的六种立案追诉情形，大部分可以在稍作修改后继续作为基本罪的追诉情形，另外的部分可以在修改后作为结果加重犯的适用情形。考虑修改后的基本罪是具体危险犯形态，具体是指达到"应当足以严重破坏市场秩序与公平诚信，且明显误导消费者"，集中表现为"明显误导消费者"的高度盖然性。因此，在判断本罪的具体危险犯时，重要的判断因素可以包括多次、长期、反复实施、虚假广告所涉商品或服务的性质、虚假广告的投放数量和范围、虚假广告对受众的影响人数和区域大小、虚假广告所涉的商品或服务是否交易及其数量、因虚假广告宣传被行政处罚次数等方面，以显示网络虚假广告行为本身的危险及其背后实施主体的社会危险性程度，综合判断"误导消费者"的盖然性与紧迫性。（2）结果加重犯的修正。主要限于更严重的直接危害结果，既包括竞争对手的市场占有率、市场销量、预期利润等权益损失情形，也包括消费者合法权益，还包括网络市场正当竞争秩序，具体为：违法所得数额或非法经营数额巨大，导致多人遭受重大的伤残结果或过失致两人以上的死亡结果，导致重大的公私财产受到直接损失的数额巨大，导致整个广告行业、特定商品产业或服务的信誉严重受损，虚假广告对消费者的负面误导效应过于庞大且难以短期内消除不良影响，虚假广告的内容牵涉国家安全或国家声誉且造成不良的国际社会影响。但是，也不完全排除极其严重的间接危害结果等追诉情形。

(三) 刑事制裁体系的网络化调试

根据《刑法》第222条的规定,虚假广告罪的法定刑为"处二年以下有期徒刑或者拘役,并处或者单处罚金"。但是,网络犯罪需要相应的制裁措施,为了提高应对网络虚假广告犯罪的刑罚有效性,应调整本罪的刑事制裁体系。

1. 刑事制裁结构的调整

本罪规定的法定最高刑是两年有期徒刑,客观地讲,已经略低于轻罪通常配置的三年有期徒刑。1997年《刑法》将本罪的法定刑设置为立法惯例的最低档,是以鼓励市场主体正当竞争为出发点的,其实无可厚非。但是,从各方面调查和报道的案件情况与相关数据看,虚假广告犯罪的危害结果在实践中并非处在最轻的序列,相反,虚假广告罪的危害结果往往具有蔓延性、潜伏性且受众面极广的特征,相比之下,网络虚假广告犯罪的危害尤为明显。从立法的科学性看,应适度提高本罪的法定最高刑,以符合罪责刑相适应原则的要求。基于体系性的解释规则,在"扰乱市场秩序罪"一节中,除第221条(损害商业信誉、商品声誉罪)设置的法定刑相同之外,其他罪名的法定刑明显偏高,并主要集中在三年以上有期徒刑、五年以上有期徒刑、三年以上七年以下有期徒刑、三年以上十年以下有期徒刑以及十年以上有期徒刑五个档次。这也间接说明虚假广告罪的法定刑配置有欠妥当。一旦对虚假广告罪进行网络化修正后,也即基本罪调整为危险犯形态并增设结果加重犯,更应调整法定刑配置。从与其他"扰乱市场秩序罪"的法定刑保持相当性的角度看,可以重新设置两个法定刑档次:(1)基本罪改为"三年以下有期徒刑或拘役",有助于本罪与其他罪名之间的衔接,并与本节的其他关联罪名在基本罪层面保持均衡;(2)结果加重犯的法定刑为"三年以上十年以下有期徒刑"。设置十年作为结果加重犯的法定最高刑期,是为了与合同诈骗罪、非法经营罪保持衔接,为网络虚假广告犯罪的潜在危害后果预留处罚幅度与必要的裁量空间,减少犯罪竞合的频次。此外,虚假广告罪具有高暴利等特征与财产犯罪属性,应当将"可以判处罚金"的规定统一调整为"应当判处罚金",采取抽象制的立法模式,强化刑事制裁的剥夺与积极遏制效果。

2. 增设预防性网络刑事制裁措施

为了有效应对网络虚假广告犯罪,不仅需要从犯罪本体层次作出修改,也需要从刑事制裁的有效性这一末端加以优化。其中,增设具有预防性的网络刑事制裁措施有其必要性与可能性。具体而言:(1)网络禁止令措施。《刑法修正案(八)》对管制、缓刑设置刑事禁止令规定,《禁止令规定(试

第十一章　虚假广告犯罪的网络化演变与立法修正思路

行)》则进一步作出细化规定。关于禁止令的性质，有观点认为，禁止令不是一种刑罚，其功能在于强化对犯罪分子的监管，防止其再次危害社会。[1] 尽管如此，在实践中，已有检察机关将禁止令作为量刑意见，并得到法院的认可。[2] 而且，禁止令的适用具有明显的积极预防功能导向，是以有利于犯罪分子的改造、有利于促进教育矫正、防止再次犯罪作为基本的逻辑起点。因此，刑事禁止令措施具有鲜明的预防性功能。但其缺陷在于，禁止令的制定与适用仍以传统犯罪的社会背景为基础，对网络技术背景下的网络犯罪缺乏预设的适用属性。在保留传统犯罪的内容外，对于网络虚假广告犯罪而言，现存的刑罚处罚措施并未奏效，应当增补一些相称的制裁措施。为此，应推动禁止令的网络化改造，增设网络刑事禁止令这种具有网络专属性的制裁措施，使禁止令的积极预防功能在网络犯罪中得以发挥，更好地实现打击网络犯罪的积极预防效果。[3] 比如，对实施网络虚假广告行为的主体，采取禁止名人代言网络广告、禁止网络平台继续从事广告服务营业等方式，均具有特殊的制裁效果。(2) 网络职业禁止措施的具体分析。《刑法修正案（九）》增加第37条之一，确立职业禁止或从业禁止的相关规定。尽管对"职业禁止"的法律属性存在较大争议，如新的刑罚种类、非刑罚处罚措施、保安处分等，但对其积极预防性功能已有共识。[4] 根据《刑法》第37条之一的规定，适用的前提条件为"因利用职业便利实施犯罪，或者实施违背职业要求的特定义务的犯罪被判处刑罚的"。在此基础上，人民法院根据"犯罪情况和预防再犯罪的需要"决定适用。从这一递进式的适用条件看，可以分为强制性前提和裁量性情节两部分。裁量性情节主要包括"犯罪情况"和"预防再犯罪"，充分显示积极预防的目的与功能导向，也强调设置职业禁止旨在面向未来和防控潜在的特殊职业主体再次引发的刑法风险。在互联网经济条件下，设置网络职业禁止措施有着迫切的现实需要，对实施网络虚假广告的犯罪主体设置网络职业禁止的制裁措施，既增加了犯罪成本，也可以激活积极预防功能，

---

[1] 参见李洪杰："刑事禁止令适用状况实证研究"，载《法商研究》2017年第4期，第134页。

[2] 参见吴万相、靳吉昌："刑事案件'禁止令'量刑建议被法院采纳"，载《方圆》2016年第2期，第76页。

[3] 参见孙道萃："网络刑事禁止令制裁措施的创制"，载《西南政法大学学报》2017年第4期，第80页。

[4] 参见赵秉志、袁彬：《刑法最新立法争议问题研究》，江苏人民出版社2016年版，第208-211页。

并有效遏制网络虚假广告犯罪的再发生。

三、结语

虚假广告罪的司法消极状态，正在现代市场经济条件下迎来一定的"复苏"，特别是在互联网时代迎来爆发之势时，也同时触发行刑之间立法衔接的失衡、刑法规定的网络化修正滞后、传统罪名的网络化适用失灵等诸多问题。从当前司法实践的境遇看，虚假广告罪的既有立法缺陷仍旧存在，网络化的修正迟迟未启动，共同加剧虚假广告罪在新形势下的适法尴尬境遇，也预示着变革的不可避免性。为此，应以完善虚假广告犯罪为逻辑原点，以网络化修正为核心的功能导向，进一步提升刑法立法的合理性和司法应对的有效性。在此基础上，还应正确对待传统刑法体系的网络化变革趋势，[1]启动全面改革尤为重要。

---

[1] 参见梁根林："传统犯罪网络化：归责障碍、刑法应对与教义限缩"，载《法学》2017年第2期，第7页。

第十二章
网络预备犯罪的立法教义学思考

传统理论认为,预备行为和实行行为具有本质差异,前者主要是制造工具与创造条件,后者意味着开始实施具体犯罪的客观方面要件规定的危害行为,并且后者的危害结果或危险性明显高于前者。实行行为是启动刑事处罚的重要时间节点,预备行为一般不作为单独的犯罪规定,除非具有极高的危害或风险。但是,传统理论在网络环境下出现一系列"位移"现象,司法实践与刑事立法陆续对一些网络预备行为采取实质的独立处罚,开启制裁网络预备犯罪立法的最新动向。究其原因,互联网安全极其脆弱,一些看似属于预备性质的网络技术行为却具有明显偏高的刑法危险,并裹挟着难以预测和估量的潜在危害或危险。尽管不乏反对将部分网络预备行为予以实行化或规定为单独罪名的观点,[1] 但在理论和立法上,为了有效防止风险扩大或避免更严重的危害结果,不乏将部分网络"技术型"预备行为实行行为化并按照独立的犯罪论处的考虑。而且,刑法立法相继确立网络预备行为"实行化"处置的司法常态,包括1997年《刑法》第285条、《刑法修正案(七)》增加的第285条第2款与第3款以及《刑法修正案(九)》增加的第287条之一等。

当前,网络安全保护形势日趋严峻,适度扩大网络预备犯罪的处罚范围体现立法者对刑事处罚的前置化、预防的早期化、一般预防的积极化等风险防控理念及其措施的合理认同和适度确认,并初步酝酿出预防性刑法理念与立法技术的基本轮廓。虽然网络预备犯罪的立法举动与国际趋势不谋而合,但应梳理网络预备犯罪的基本原理并明确处罚边界。同时,刑法总则仍规定

---

[1] 参见张智辉:"试论网络犯罪的立法完善",载《北京联合大学学报(人文社会科学版)》2015年第2期,第97页。

预备犯的普遍处罚模式，使得对"预备行为实行化"的正当有效性的隐忧仍有待立法层面的消解。

一、网络预备犯罪的当代立法旨趣

网络安全时刻牵动传统现实物理社会的安全动脉和网络社会的安宁神经，网络"技术型"预备行为是主要隐患。刑法立法有序扩大网络预备行为的实质处罚范围，突显了安全价值、秩序维持的优位性与积极防控网络技术风险的意图。

（一）制裁网络预备行为的现实必要性

网络预备行为具有成本低廉、传播极快、参与广泛、隐秘性强、证据痕迹不易保留、危害潜伏时间长、危险爆发具有随机性等特征，比物理社会的预备行为容易造成更严重的危害结果或更易升高危险的程度。网络预备行为的泛滥已成为网络安全的主要危险源，对其加以独立、实质处罚具有显著的迫切性与必要性。

1. 风险社会加剧网络安全保护形势及其防控难度

网络代际的变迁日新月异，网络技术风险接踵而至，网络安全的隐患翻陈出新。网络空间变为风险社会的最重要危险区域，网络安全与有序环境成为公众的首要诉求。相比于传统现实物理社会，防控网络技术风险和保护网络安全面临诸多新挑战，主要包括：（1）网络安全的内容不断升级换代，已经融合系统安全、信息安全、应用安全、使用安全、内容安全以及空间安全等新内容，导致刑法保护的疆域和难度纷纷叠加，加剧传统刑法理论的衰退。（2）网络安全的外延呈开放性，与国家安全、军事安全、国防安全、经济安全等相联系，网络安全已经全面融入国家的总体安全体系。网络安全的开放性、扩充性、关联性相互交织，使得网络技术的危险源具有极大的不确定性、潜伏性和易变性。（3）网络技术行为的正常性与高度危险性。网络技术是危险源头，既包括常见的网络实行行为，也包括大量的预备行为，都可能危害网络、网络空间或网络应用平台。为了有效控制风险来源及网络技术风险，刑事处罚的前置化成为必然，处罚（网络）预备犯是其重要的实现方式之一。

2. 适度提前保护网络空间秩序安全的迫切需要

网络空间已经成为人类生产生活的重要场所。"没有网络安全，就没有国家安全。"网络安全已经上升到国家主权与国家安全的战略高度，网络信息安全也是维护公共安全、社会秩序以及个人权利的重中之重，充分印证了网络安全法益已经全面嵌入传统刑法法益格局并将取而代之。为此，一系列针对网络安全的战略部署与立法计划相继展开：2014年，时值我国正式接入互联网20周年，中央国家安全委员会正式成立，网络安全成为中央国家安全委员会统筹协调的重要事项；2014年2月，中央网络安全和信息化领导小组成立，彰显保障网络安全和推动国家信息化建设的决心，网络安全提到前所未有的战略高度；2014年4月，中央国家安全委员会首次正式提出"总体国家安全观"，"信息安全"列入其中；《中共中央关于全面推进依法治国若干重大问题的决定》对网络法治化、网络空间法治化建设作出部署；2016年《网络安全法》将已有的网络安全战略、政策、措施及其实践上升为法律制度；同年《国家信息化发展战略纲要》《国家网络空间安全战略》对相关内容作出最新部署。尽管高度重视网络空间秩序安全价值，而且网络安全保护的法律体系也日趋完善，但有组织应对危害网络安全行为的压力丝毫不减。其中，压缩网络"技术型"预备行为等高度危险行为的生存空间，可以明显强化刑法运用技术制衡理念介入的早期预防效果与主动优势。

3. 网络"技术型"预备行为是威胁网络安全秩序的最前端

网络技术进步推动网络代际升级换代，网络空间社会日渐成型。网络空间社会的技术依赖性及网络空间的虚拟性、神秘性和不可控性等特征是潜在的网络技术风险载体，滋生牢不可破的犯罪利益链条，诱发大量网络技术危险源，直接或间接加剧网络危险行为的前置性、隐秘性、易变性。其中，泛滥不止的网络技术预备危险行为处在网络技术异化危险的最前端，往往扮演着技术支持、物理性参与，乃至不亚于实行行为的协助等角色，是网络技术危险不断的重要导火索。相比于传统现实物理社会，网络空间的"技术型"预备行为具有明显偏高的刑法危险，然而，按照传统刑法理论往往无法介入，既纵容了网络预备危害行为的泛滥，也导致了网络犯罪低成本化、早期化、规模化。既然网络空间的"技术型"预备行为的危害性或危险性已经不亚于或相当于实行行为，单独、实质处罚网络预备行为是防控和遏制网络技术异化风险的必然要求，也是刑法积极介入网络技术风险的临界点。也可借此为网络危险犯罪初步划定立法的轮廓与边界。

(二) 网络预备犯罪的立法修正评判

"立法者的任务不是建立某种特定的秩序，而只是创造一些条件，在这些条件下，一个有序的安排得以自生自发地建构起来，并得以不断地重构。"[1]

---

[1] 参见 [英] 弗里德利希·冯·哈耶克：《自由秩序原理》，邓正来译，生活·读书·新知三联书店1997年版，第201页。

刑法提前介入网络技术异化风险和制裁网络预备行为，彰显积极预防的网络刑法理念。

1. 体认网络安全法益的基础地位

实践证明，《刑法》第 285 条与增设的第 285 条第 2 款、第 3 款，对打击危害网络安全犯罪并维护网络秩序安全具有非常显著的积极遏制效果。《刑法修正案（九）》较大幅度增设网络预备犯罪，更强化对网络秩序安全价值的保障，主要为：（1）增设普通网络预备犯罪。有观点认为，没有必要增设第 287 条之一的规定，其违背刑法的谦抑精神，实践中难以进行有效的追诉；应仍按照原有规定，追究利用这些条件实施犯罪的刑事责任，也可以起到惩罚和预防的效果。[1]但是，诸如设立网站、通讯群组、发布违法犯罪以及相关信息等行为本就是高度危险的网络预备行为，一旦后续被利用和不当使用，实行行为（正犯）将造成更为严重的危害结果或危险状态。更重要的是，受制于网络预备行为的证据收集、诉讼证明难度大以及正犯不构成犯罪时无法追究责任（共犯从属性理论），只有从立法上将其拟制为法定的抽象危险犯或具体危险犯并独立处罚，才能避免传统理论与司法技术的羁绊。因此，对常见多发的网络预备行为，采取独立预备犯的立法模式，进行实质处罚，将会实现显著的法益前置化保护效应，[2]符合保护社会和维护网络安全的基本立场，有利于针对潜在的网络预备行为或网络危害行为形成积极的一般预防效果。但是，又有观点认为，"等违法犯罪活动"或"其他违法犯罪信息"作为本罪的限制性条件难以明确，可能导致本罪在司法阶段出现"口袋化"趋向。[3]尽管司法扩大化的隐忧并非毫无道理，然而，大量网络预备行为是高度危险的网络技术支持行为，已经对网络安全造成法律所不允许的重大风险，一旦被非法利用或滥用，造成的后续危害结果无法估量；而且，提前处罚网络预备行为并不必然导致司法的"口袋化"现象，关键是坚持处罚根据的正当性和确保司法环节严格慎用。（2）增设网络恐怖预备犯罪。当前，网络恐怖主义已成为全球反恐的重要问题。2013 年 12 月，联合国安理会通过第 2129 号决议并指出，对恐怖组织或恐怖分子利用互联网实施包括煽动、招募、

---

〔1〕参见张智辉："试论网络犯罪的立法完善"，载《北京联合大学学报（人文社会科学版）》2015 年第 2 期，第 96-97 页。

〔2〕参见赵秉志、袁彬："中国刑法立法改革的新思维——以《刑法修正案（九）》为中心"，载《法学》2015 年第 10 期，第 21 页。

〔3〕参见车浩："刑事立法的法教义学反思——基于《刑法修正案（九）》的分析"，载《法学》2015 年第 10 期，第 11-12 页。

资助或策划等恐怖行为和活动表示严重关切，明确要求加强打击力度。2014年1月，联合国安理会通过的第2133号决议持续关切恐怖活动，指出"在日益全球化的社会中，恐怖分子及其支持者越发频繁使用新的信息和通信技术，尤其是因特网进行招募和煽动以采取恐怖行动"；同时重申煽动实施恐怖行为等行为违反联合国的宗旨与原则。网络恐怖主义不仅保留暴恐活动的突发性、隐匿性等危险因子，更在网络空间环境下强化了不确定的危险因素，加大了事前防控的技术难度，降低了事后制裁的刑罚效果。为了将网络预备性质的恐怖活动遏制在萌芽阶段，防止造成更严重的危害结果，将其作为实行犯规定是当前恐怖主义犯罪高发态势下的必然选择。《反恐怖主义法》第2条、第5条等规定了防范为主、惩防结合、先发制敌、保持主动的反恐工作基本原则，防范恐怖主义思想的形成和传播、恐怖活动组织的形成和扩大是重点，将恐怖活动消灭在预谋阶段和行动之前，体现了"打早打小"的预防性立法思维，并非纯粹的"应急性立法"与"情绪性立法"。比如，对于非法持有行为，修改期间曾出现"处罚过于严厉""按照组织、领导、参加恐怖活动罪的预备犯处理"等不同声音。[1]最后，增加了"情节严重"规定，严格限制处罚范围，体现了立法坚持适度犯罪化的慎重性。

2. 凸显网络安全价值的主导序位

在限制处罚背景下，关于预备行为的处罚根据，域外刑法理论基本可以归纳为刑事政策需要、刑法规范判断（社会危害性、法益侵害或对规范有效性的危险）、现实需要等，核心是确保处罚的正当性与必要性，合理限制与必要扩张始终是预备犯处罚的焦点所在。当下，各方对刑法增设普通或特殊网络预备犯罪的担忧主要是可能过度扩张预备犯处罚范围，因此转而主张以后续行为的共犯、传授犯罪方法罪或特定的预备犯论处。[2]然而，共犯从属性，尤其是实行从属性是其他方案的理论障碍，导致实行主犯（正犯）不构成犯罪时无法处罚预备犯罪；传授犯罪方法罪在网络空间的解释力明显不足，也受制于实行从属性理论。更为重要的是，网络时代传统刑法学正在经受脱胎换骨的改变，焕然一新的网络刑法学作为未来的知识形态加速生成，传统刑法思维、理念及其立法与司法快速被淘汰和扬弃，并基于网络空间社会的属性建立了独有的网络制裁原理。比如，相比于传统现实物理社会，网络空间的部分预备行为具有明显偏高的刑法危险，是网络空间社会特有的网络技术

---

[1] 参见赵秉志："中国刑法的最新修正"，载《法治研究》2015年第6期，第9页。
[2] 参见赵秉志："中国刑法的最新修正"，载《法治研究》2015年第6期，第10页。

风险现象，适当扩大网络预备行为的处罚范围是网络安全保护的需要，完全契合刑法功能与价值的时代定位。一方面，符合国家高度重视网络安全与倾力保护网络空间安全的基本策略，提前介入可以震慑和预防潜在的网络技术预备行为，有助于刑法立法活动合理呈现积极预防的张力，缓解传统危害原则统领下的刑法理论与立法对报应性司法模式的过度依赖。另一方面，尽管《刑法》第22条确立普遍处罚原则，但限制处罚是主流趋势；适当扩大处罚范围仅限于独立的实质预备犯，从属的形式预备犯不在此列，并不会骤然急速扩张网络预备犯的数量，确保了犯罪化的慎重性与特定性。

二、网络预备犯罪的立法原理

网络预备犯罪的立法举措并非我国独创，反而是以相应的域外立法经验和国际共识作为参照和支撑，通过比较可以夯实我国网络预备犯罪的立法正当性，也为勾勒我国网络预备犯罪的立法原理提供了观察的视角。究其本质，是遵循风险社会的积极防控理念，采取刑事处罚的前置化和预防早期化的预防性立法举措。

（一）德国的立法经验

目前，一些国家已经设立网络预备犯罪罪名，德国的做法较为典型。1986生效的《德国第二部与经济犯罪作斗争法》是德国较为集中的计算机犯罪立法，其规定了第202a条窥探数据罪、第303a条变更数据罪、第303b条破坏计算机罪与第263a条计算机诈骗罪共四个罪名。2007年，德国通过并施行《为打击计算机犯罪的〈刑法〉第41修正案》，对第202a条、第303a条、第303b条作出了修改，并增加第202b条截取数据罪和第202c条探知数据和截取数据的预备处罚规定。[1]其中，第202c条是颇具特色的立法。修改后的第202a条规定了探知数据罪："未经授权为自己或者他人访问数据，克服访问保护措施，探知不属于自己的、为防止他人非法获取而作了特殊安全处理的数据，处3年以下自由刑或罚金刑。第1款所述数据，仅指以电子的、磁性的或其他不能直接提取的方法储存或传送的数据。"该规定与我国《刑法》第285条第1款、第2款的规定较为相似，制裁非法侵入或获取数据的行为。增加的第202b条截取数据罪规定："未经授权为自己或者他人使用技术手段，从非公开的数据传输或者从数据处理设备的电磁辐射中，获取不属于本人的

---

[1] 参见皮勇："论欧洲刑事法一体化背景下的德国网络犯罪立法"，载《中外法学》2011年第5期，第1049页。

特定数据的，处 2 年以下自由刑或罚金刑。当其他条文中未对此行为规定适用更严厉的刑罚时。"该规定与我国《刑法》第 285 条第 2 款的规定较为相似，主要制裁非法控制并非法获取数据的行为。增加的第 202c 条探知数据和截取数据的预备犯罪规定："实施符合《刑法》第 202a 条和第 202b 条规定的预备行为者，即通过修改密码或者其他安全保护码，使得访问第 202a 条第 2 款规定的数据有可能，或者为自己或他人编写其目的是实施上述行为的计算机程序，出售或转让，传播或者以其他形式提供的，处 1 年以下自由刑或罚金刑。第 149 条第 1 款和第 3 款也适用。"该规定与我国《刑法》第 285 条第 3 款略相似，制裁明知仍直接使用或提供非法用于侵入、获取数据的网络技术的行为。德国处罚探知数据和截取数据的网络预备行为，旨在解决按照原有规定无法规制大量存在的网络生产、销售"黑客工具"行为的难题，尤其解决生产、销售"黑客工具"的行为无法按照第 202a 条的帮助犯加以处罚的难题。[1] 此举客观上提高了德国网络犯罪的立法高度，既弥补了处罚漏洞，也通过刑法提前介入的方式强化了保护力度。

适度处罚网络预备行为是域外的立法共识，我国《刑法》规定的网络预备行为处罚规定并非特例，其中，《刑法》第 285 条第 3 款属于特殊条款，第 287 条之一是专门的普通规定。第 285 条第 3 款的立法效果与德国刑法中的第 202c 条大体相同。第 287 条之一已经超越《刑法》第 285 条第 3 款与德国刑法中的 202c 条的保护范围，开启了专门性与独立性并轨处罚的立法格局。

（二）国际社会的共识

在国际社会，网络预备犯罪的立法呼声日渐高涨，不仅已经在网络恐怖犯罪中得以体现，也在普通领域有所延展。2014 年，第十九届国际刑法学协会大会以"信息社会与刑法"为主题，并一致通过"信息社会与刑法"决议。在该决议的第一部分"刑法·总论"中，就网络犯罪的刑法扩张问题初步达成共识。简言之：（1）一般规定。该决议第 9 项规定："对单纯预备攻击信息和通信技术网络的行为（例如编制、分销和持有恶意软件等）予以犯罪化的做法，只有在预备行为损害或具体威胁他人受保护利益或者信息和通信技术网络的保密性、完整性以及可用性的情况下才具有合法性。如果预备行为具有可罚性，刑罚应当低于犯罪既遂的刑罚。"从该规定看，网络预备行为具有处罚的必要性与正当性，但是，应当考虑利益被侵害或网络安全被破坏

---

[1] 参见申柳华："德国刑法计算机犯罪修正案研究"，载明辉、李昊主编：《北航法律评论》2013 年第 1 辑，法律出版社 2014 年版，第 233-243 页。

的客观事实或重大危险，不能单纯追求抽象危险状态的可罚性，不能片面作出不必要的立法规制或采取不合理的犯罪化举措，否则容易导致处罚边界的不当扩张，干扰网络空间的自由交流、技术创新与产业革新。《刑法修正案（九）》增设的第287条之一规定"情节严重"要件，充分体现了慎重处罚的立场。(2) 网络持有行为。该决议第10条规定："不应当只是为了方便不法行为的取证而将持有软件的行为予以犯罪化。这样的犯罪化处遇不应过分限制软件的合法使用。"易言之，对网络持有行为的处罚应当坚持合法性原则，行为必须客观上侵害网络安全，具体表现为明显的危害或危险时才能加以处罚。《刑法修正案（九）》制裁有关网络恐怖主义与网络恐怖活动犯罪的特定持有行为，究其正当性，在于通过网络持有涉恐信息或资料等行为，已经对个人自由、社会共同利益和国家安全稳定造成了不同程度的实害结果和制造了法律不允许的高度危险。(3) 网络持有行为按照预备犯罪处理的正当性尺度。该决议第11条规定："只有在持有和浏览数据是故意的并且对受保护权益造成直接或者间接的损害或具体危险的时候，单纯的持有和浏览数据的行为才可能予以处罚。"据此，在有直接故意或间接故意的情况下，对保护的法益或网络安全造成客观危害或制造法律不允许的危险状态时，对持有数据和浏览数据的行为可以作出轻于既遂状态的处罚，过失犯罪原则上不处罚。独立、实质处罚网络持有行为是谨慎的刑法扩张之举，应当严格慎用。

该决议是最新的国际共识，同样主张处罚网络预备行为（持有行为），充分反映了国际社会致力于积极预防网络技术风险的意图。但是，同时强调处罚的慎重性与严格控制处罚条件，主张只有客观存在明显的危害或相当的危险时才能介入。

(三) 犯罪化的基本原理

从域外立法规定和国际共识看，不乏处罚网络预备行为的先例和肯定立场，但均持较为慎重的扩张态度。目前，我国网络预备行为的处罚规定在国际上已经处于较为超前的地位，说明我国网络犯罪立法已经高度重视前瞻性和预见性，更说明在网络时代制裁部分网络预备行为是贯彻预防性立法理念的必然趋势。

1. 犯罪化的慎重性

刑法因应网络"技术型"预备行为，可以选择适度的犯罪化，并遵循以下条件：(1) 故意实施网络预备行为可能制造高度的不可控刑法危险。技术滥用是网络技术风险的内生因素，大量利用网络的"技术型"危害行为尽管具有预备属性，却往往具有高度的社会危害性或危险性。将网络预备行为作为独立的犯罪加以处罚,其理由可以概括为故意实施的网络预备行为具有高度危险的犯罪客观事实,并对网络安全明显造成相当的侵害或制造法律所不允许的风险,直接破坏信息和通信技术网络的保密性、完整性以及使用性和其他关联法益。但是,网络预备行为的犯罪化也容易遏制网络技术自由创新,过度犯罪化将导致自由、安全、秩序的价值序位陷入混乱。网络预备行为毕竟不是实行行为,即使具有立法拟制的明显偏高的刑法危险,也应仅限于情节严重的情形;否则,单纯基于降低取证难度、减少司法成本或回应非理性的民意等采取犯罪化,将直接消损处罚的正当性。《刑法修正案(九)》增设的第287条之一规定的"情节严重"的条件,是适度犯罪化和反对情绪化立法的体现。(2)防止过度犯罪化。网络环境下的犯罪化是刑法功能的发展性与适宜性的体现,但应当禁止不必要的犯罪化。首先,应排除单纯违反宗教、背离道德的网络预备行为,此类型行为刑法一般不宜介入。其次,网络犯罪作为典型的法定犯,网络技术不断升级和网络代际变迁不止,使得网络犯罪发展趋势、入罪的客观基础、风险系数、处罚原则、处罚标准、处罚范围等必须及时作出调整和修正。立法应当根据网络技术的升级换代与网络代际的变迁,作出同步的更新与调整,确保介入的正当性和处罚范围的正当性。再次,应将情节轻微、危险系数明显偏低行为以及正当业务行为排除在外。应当秉承遵循罪刑法定主义、比例原则与罪责刑均衡理念。罪刑法定主义是指导网络预备犯罪立法与确定其边界的指导方针,比例原则为锁定合理的处罚范围提供标尺,罪责刑均衡理念为处罚的正当性奠定理性基础。情节轻微的,一律不处罚,避免不必要的刑法介入;严格限制中立技术行为的处罚边界,鼓励网络的正当、合法业务;防止过度犯罪化的不良倾向,充分保障网络空间社会的表达自由、创新自由、分享自由。

2. 预防性立法理念的理性导入

网络"技术型"预备行为的危险实质是网络技术异化后的高度风险。但是,网络技术风险具有一定的客观必然性,是网络技术发展的正常伴随现象。虽然无法彻底消除网络技术风险,但不能弱化严厉制裁产生的"零容忍"遏制效果。为了应对网络犯罪的严峻现状及其可能引发的危害和潜在威胁,为了消减大量泛滥的网络"技术型"预备危害行为的自身危害与消解诱发网络安全问题的不良因素,应当遵循积极预防的网络刑法理念,对于单独处罚部分危险度明显偏高的技术预备行为,应将刑法防线适度提前。借此,可以从源头切断风险,有效控制后续网络(正犯)犯罪的发生,肃清网络失范状态、强化网络行为规范意识和增强刑法规范的有效性,促使各方自觉遵守网络空间行为规范和自发维护网络空间秩序。这正是积极预防型的网络刑法立法理念，有别于传统的报应性司法理念。预防性立法理念催生预防性立法技术，[1]其中，网络预备犯罪是立法者拟制的刑法风险，展示抽象或具体网络危险犯是预防性立法技术的重要立法动向，对结果犯的主导地位、犯罪门槛等均产生冲击。但是，在拟制或推定的网络危险犯罪立法中，基于客观的实质审查立场，事后证明确实不存在或不会导致拟制的高度危险的，应当支持通过反证予以出罪。[2]

尽管网络预备犯罪的立法具有实质的正当性与合法性，然而，由于刑法总则规定的预备犯普遍处罚模式备受非议，导致立法增设网络实质预备犯的举措再次深陷正当性的争议漩涡，改进预备犯的立法模式成为接下来的重要任务。

三、网络预备犯罪的立法改进

当前，增设网络预备犯罪都是分则的个别性修改，尚未同步修改总则的普遍处罚模式，更遑论对总则的前瞻性修改。普遍处罚模式与域外限制预备犯处罚的理念背道而驰，并引起各方的高度警惕，侵蚀网络预备犯罪的立法正当性。应当协同修改总则与分则的相关规定，进而提升网络预备犯罪的立法水平。

（一）网络预备犯罪的立法模式优化

《刑法》第 22 条以传统现实物理社会为立法背景，并且长期遭受立法合理性的质疑，并不适宜网络预备犯罪的立法需要，应当作出必要的调整。

1. 现行立法模式的不足

域外立法往往例外、实质地处罚预备犯，[3]而且严格掌握处罚的根据，处罚的范围非常有限，主要限于直接侵犯法益或制造了具体、紧迫的危险状态的情形。我国传统理论认为，预备犯的危害性一般大大轻于既遂犯和显著轻于未遂犯，因而规定《刑法》第 22 条第 2 款的处罚原则；[4]同时，又对预备犯采取普遍处罚模式，使得预备犯罪处罚范围可能偏大，而且立法的正当

---

[1] 参见周光权："积极刑法立法观在中国的确立"，载《法学研究》2016 年第 4 期，第 23 页。

[2] 参见付立庆："应否允许抽象危险犯反证问题研究"，载《法商研究》2013 年第 6 期，第 76 页。

[3] 参见张明楷：《刑法学》，法律出版社 2011 年版，第 312-313 页。

[4] 参见高铭暄、马克昌主编：《刑法学》，北京大学出版社、高等教育出版社 2016 年版，第 152 页。

性也备受质疑,主要表现为:(1)总则规定的控制力不足。总则规定普遍处罚的模式,分则规定一些独立预备犯,虽然可以形成总则和分则处罚的协调,但实践中容易诱发分则处罚范围不明或恣意扩张等问题。新增加的网络预备犯罪与其他独立预备犯并不受总则规定的制约,导致总则的普遍处罚模式几乎形同虚设。(2)分则的处罚范围不明。分则普通故意犯罪的预备行为是否处罚尚不确定,实践中虽通常根据社会危害性的大小、但书条款、刑事政策的宽严协调、刑法解释的扩大与缩小等因素予以个别确定。但是,除非已经明确规定为独立的预备犯,否则,不排除边界不明导致分则处罚预备犯的范围模糊化等问题。(3)分则独立预备犯的扩张处罚造成对总则规定的冲击。分则通过立法修正将一些预备行为实行行为化,并增设特定领域的新型独立预备犯,实际上扩大了分则对预备犯的处罚范围,并呈现出一定的扩张趋势。而且,增设独立的网络预备犯罪是当前重要的"增量"来源,对总则规定和普遍处罚模式的负面影响不断递增。(4)预备犯的立法原则及其模式诱发司法适用的混乱。总则采取普遍处罚原则,分则却背道而驰,容易产生预备犯可以无限扩大和加剧预备犯成立范围的模糊性和随机性等的认识假象及误区,导致总则和分则陷入对立,使预备犯的普遍处罚模式的正当性困局进一步恶化。

2. 预备犯罪规定的立法调整

预备犯普遍处罚模式既对司法机关准确拿捏和掌控处罚范围造成很大负面效应,也导致增设网络预备犯存有隐忧,应尽快调整处罚原则与立法体例。

主要包括:(1)普遍到个别处罚模式的立法修改。有观点认为,我国预备犯的立法模式应当实现从普遍处罚到例外处罚、从总则规范到分则规范、从形式预备犯到实质预备犯的制度转换。[1]还有观点认为,应当删除总则对预备犯及其处罚的一般性规定,采取个别化的立法模式,消除总则与分则关于预备犯处罚模式的矛盾,提高立法规定与司法适用的一致性,并摒弃预备行为与实行行为的区分理论。[2]普遍处罚预备犯不可取,不符合宽严相济刑事政策,容易架空《刑法》第 22 条的规定,司法机关在实践中基于司法规律往往慎重适用就是有力说明。《刑法》第 22 条的普遍处罚更具有形式上的宣示意义,弃用是众望所归。但是,从普遍处罚到例外的个别处罚,并不必然以废除总则规定、摒弃预备行为与实行行为的区分为前提。在共犯从属性,

---

[1] 参见梁根林:"预备犯普遍处罚原则的困境与突围——《刑法》第 22 条的解读与重构",载《中国法学》2011 年第 2 期,第 173-175 页。

[2] 参见李梁:"预备犯立法模式之研究",载《法学》2016 年第 3 期,第 78 页。

特别是实行从属性的前提下，当前分则仍以实行行为的既遂为立法模式，《刑法修正案（九）》增设网络恐怖预备犯罪的实质正是"预备犯的既遂化"，弃用实行行为概念后，预备行为的处罚依据将具有一定的随意性。（2）总则分则协同的立法体例。为了贯彻预备犯处罚的例外性原则，保证处罚范围在立法与司法环节具有个别化、特定化机能，必须修改《刑法》第22条。在立法体例上，废除总则的一般性规定并仅在分则作出个别性规定绝非必然选项，总则的一般性提示规定仍可以实现例外处罚的限制效果。比如，总则可规定"预备犯的处罚，本法有规定的，依照本法的规定处理"。一旦彻底放弃总则的一般性规定，个别性规定可能"异化"为一般性规定，分则的独立预备犯甚至会陷入失控状态。因此，不绝对排斥在总则中对预备行为的处罚作出普遍性的规定，总则即使作出处罚规定，也不妨碍分则限定实质预备犯的处罚范围，总则的"提示性"规定可以与分则的实质处罚规定保持逻辑一致与功能协调。（3）一般不处罚分则故意犯罪的预备形态。即使总则规定预备犯罪处罚的一般规定，也是关于分则是否例外处罚的提示性规定。总则可以对是否处罚普通故意犯罪的预备行为保留一般性（提示性）的空间，但具体应由分则的独立预备犯直接确定是否处罚。分则没有明确规定为独立预备犯，原则上不宜处罚，除非查证确实属于危害严重且不符合但书条款的情形；属于特殊情形的，分则应尽快增设为独立预备犯。

（二）网络危险犯的立法扩容

网络犯罪的实质是网络技术异化为刑法所不允许的风险，究其形式与内容，除客观上导致实害结果的传统形态之外，往往表现为高度的技术（行为、行为人）危险或危险状态，后者包括网络预备行为等具有高度抽象或具体危险的网络危害行为。为了维护网络空间秩序价值和满足公众对安全价值的现实需求，网络危险犯将成为重要的设罪立法技术，也是预防性刑法理念的实现途径之一。

在传统现实物理社会，由于认识水平、生产生活方式、社会评价体系的固有作用，刑法主要基于危害原则和实害结果确立处罚的依据与边界，结果犯（既遂犯）成为主要的立法技术，行为犯或危险犯的数量相对有限，对预备行为的处罚更是谨小慎微。但是，网络技术本身往往携带高度的危险，即使单纯利用、传播、提供网络技术，也不免裹挟高度的刑法风险。网络技术风险不仅表现为实害结果，更通常表现为行为危险或危险状态。网络危害行为的类型、危险的本质及评价标准等发生了改变，以结果犯为主导的立法模式时常陷入失灵状态，不足以及时制裁网络预备行为、未遂行为、（片面）共犯行为等网络危险行为。为了消除结果犯立法形态属于"事后介入"的掣肘，应转向网络危险犯以确保适度提前介入。

这正是网络时代促成的预防性刑法理念，以网络安全与秩序价值为优位因素，以积极预防为主调，有别于以报应为主调、以自由价值为优位的传统报应性司法模式。在立法技术上，预防性理念主要表现为采取预防性立法举措，[1]设置包括具体危险犯与抽象危险犯在内的危险犯（行为犯），同步降低犯罪门槛，而网络预备行为的实行化与独立的实质处罚正是具体体现。相比于结果犯或实害犯的立法技术，危险犯作为立法者推定的法定风险或类型化危险，客观上降低了网络犯罪的入罪门槛并降低了司法证明的难度，有助于形成密而不严的刑事政策法网。网络危险犯的立法旨趣如出一辙，并契合积极防控网络技术风险的当下任务。从网络社会发展趋势和刑事政策变革的动向看，我国的犯罪门槛仍将处在不断降低的状态，[2]与风险社会的时代背景、网络安全的严峻趋势、网络技术风险的本质特征等因素不谋而合。只有整体上适度降低入罪门槛，才能为防控网络技术风险清除理论障碍，密而不严的刑事政策可以确保犯罪化的慎重性与适宜性。刑事处罚的前置化具有发展的必然性，分则将继续适度增设（网络）独立预备犯；网络危险犯形态是个别性立法技术，可以缓和《刑法》第22条的立法与司法困局。

四、结论

日益重要的网络安全却也极其脆弱，刑法有必要提前介入危险明显偏高的网络预备行为，实现刑事处罚的早期化和强化积极一般预防的效果。遵循罪刑法定主义、比例原则、罪责刑相适应原则、主客观相统一的犯罪化理念的同时，可以适度扩大网络预备犯的实质处罚范围，通过严格入罪标准和司法慎用防止不必要的犯罪化。网络预备犯罪立法有"增量"趋势，促使加速推进修改《刑法》第22条。应摒弃现有的普遍处罚模式，总则可以保留处罚的提示性规定，分则根据现实需要慎重增设独立预备犯规定，逐步迈向普遍与特殊相结合的立法体例，合理确定预备犯的实质处罚范围，善用危险犯的立法技术，维系自由与安全的价值均衡。

---

〔1〕参见于改之、蒋太珂："刑事立法：在目的和手段之间——以《刑法修正案（九）》为中心"，载《现代法学》2016年第2期，第119-120页。

〔2〕参见卢建平："犯罪门槛下降及其对刑法体系的挑战"，载《法学评论》2014年第6期，第74页。

第十三章
网络共同犯罪的有组织应对

网络犯罪所处在的网络空间具有显著的技术性与虚拟性，利用网络技术实施网络犯罪呈高度增长态势，日益促使网络空间成为新型的犯罪场域、对象或目标，并开始向现实社会延伸，网络犯罪成为当前新兴的犯罪形态，对传统刑法理论的影响与冲击也不断放大。当前，网络预备行为（如网络空间"黑客"技术）、网络片面技术帮助行为（如 P2P 下载模式）大量出现，对网络安全构成严重的威胁，新型、疑难网络共同犯罪案件正拷问传统共同犯罪的主流理论以及立法规定，实践中逐渐形成"共犯行为正犯化"的司法扩张解释应对机制。事实证明，"共犯正犯化"等做法是当前行之有效的司法应急方案，但立法完善更具针对性和有效性，由来已久的网络共同犯罪立法完善等问题也再次被提上议程。

一、网络共同犯罪的新挑战与规范供给困局

在后工业时代，风险社会不期而至。网络技术的高速发展既带来了巨大的社会福利，也裹挟着不可预知的技术风险。互联网时代步步紧逼，人类社会正在悄然经历一场声势浩大的时空场域切换，并给几千年形成的传统现实物理社会形态带来了强烈的冲击。

传统现实物理社会的任何主体都是客观存在的自然人或法人实体，具有固定的时空存在区域和行为轨迹的可追索性，现实社会的行为具有现实性而非虚拟性，共同行为具有可认知、可捕捉的社会联络性与共同意志性。但是，网络空间的技术虚拟性是最大的场域特征，不断吞噬和颠覆传统现实物理社会的可视性、可知性和可追索性等基本认识与观念，导致网络共同危害行为的外观形式发生改观。

网络共同犯罪行为的重大变化机理主要表现如下：（1）网络空间的普及

化与技术本身自然形成的虚拟性提供了更便捷与更低廉的准入条件，形成了日益庞大的网络虚拟空间的参与主体，网络空间的社会关系化迹象日益明显。在技术高度变革的虚拟维度，利用网络空间并在网络空间实施共同犯罪具有更低的风险和更高的非法预期收益。（2）网络空间的发达技术与技术内在的隐匿性加剧了网络空间行为的不确定性、易变性与随机性等特征：一是导致网络行为更具分散性、隐蔽性、快速传播性与不确定性，同时导致通过法律规制网络违法犯罪行为的难度递增；二是导致网络主体具有明显的不确定性和陌生性，网络行为充斥着隐秘性与随机性等，使得共同犯罪行为及其分工、网络共同犯罪故意不便认定。

总的来看，网络共同犯罪的定罪处罚难题包括：（1）共同犯罪故意。虚拟性使得共同犯罪的意思联络具有模糊性、隐秘性、不确定性、变动性与多样性，导致意思联络的具体性、明确性、相互性问题呈现出弱化趋势，如认识内容不充分的意思联络、网络片面共犯的片面意思联络、网络聚众犯的单向意思联络、承继共犯的"后发"意思联络等新情形相继出现，打破了共同犯罪故意有关意思联络的存在基础与认识共识。（2）共同犯罪行为。网络空间的技术性特征使得网络共同犯罪行为往往严重依赖网络技术，尤其是正犯行为（实行行为），网络技术的帮助行为、网络预备行为大量出现。目前，网络空间的虚拟性使得网络共同犯罪行为或实行行为具有显著的分工的随机性、参与的聚众性、网络技术的犯罪手段化等特征。换言之，网络空间的虚拟性与技术性特征使得实行行为变得更加简单和隐秘，组织行为可能实质上呈现为帮助行为，教唆行为与帮助行为的界限变得模糊，帮助行为呈现出实质上具有实行行为效果的正犯化趋势等。（3）共同犯罪的责任承担。在认定网络共同犯罪的具体责任人时容易面临新困难，典型的有"中立"的技术帮助行为是构成（片面）帮助犯还是应独立地成罪等。以网络空间环境下帮助网络空间的"使用盗窃"现象为例，利用网络技术的独特优势，非法使用他人的IP地址、网络带宽等网络资源的行为极为常见，这可以看成是网络空间的"使用盗窃"行为。但是，由于危害结果的数额不便确定，以至于实践中难以对"使用盗窃"行为定罪。同时，尽管提供"使用盗窃"的技术帮助行为更具有明显的危害性与潜在的风险，却由于"使用盗窃"的正犯行为一般无法认定是否构成犯罪，导致无力惩罚网络技术帮助行为。

在面对网络空间新环境下的共同犯罪人内部联系、行为分工以及作用程度发生位移、共同的犯罪故意与片面的帮助故意等主观因素难于证明、追究网络服务运营商和服务提供商的片面共犯责任缺乏共犯理论基础和立法规定等复杂形势下，传统共同犯罪理论与立法规定的适用已经出现失灵或不适症状。为了克服理论不足，应对网络预备危害行为的危险增高、网络帮助行为的危害性递增等客观事实，难免要部分承认成立片面共犯、共谋共同正犯。[1]在司法阶段，可以考虑通过扩张解释的方式确立"共犯行为的正犯化解释"模式。但是，将网络帮助等共犯行为"正犯化"也遭到质疑，主要理由是"共犯行为正犯化"的理论基础尚不牢固，[2]共同犯罪的本质及其抉择应当是解决共犯处罚范围的唯一理论通道。

目前，在解决网络共同犯罪定罪量刑难题时，"共犯行为正犯化"与适度运用片面共犯的司法路径日获共识，可以用于化解"帮助行为"因实行行为（正犯行为）不成立犯罪时无法入罪的司法尴尬。尽管"共犯的正犯化"司法路径存在一定的理论短板，但《刑法修正案（九）》专门增设第287条之二（帮助信息网络犯罪活动罪），明确追究网络片面帮助行为的刑事责任。此举使"共犯正犯化"扩张解释旋即"合法化"。尽管如此，由于技术引领网络代际高速变迁，立法难免滞后，"共犯的正犯化"的扩张解释路径仍将发挥作用，片面共犯的适度适用或网络中立技术帮助行为的必要处罚、网络预备行为的实质处罚等应对路径仍需持续延伸，共同"倒逼"网络共同犯罪立法的完善。

二、"共犯正犯化"扩张解释路径的辩驳与延展

在非单一的正犯体系内，共犯与正犯的成立条件、处罚要求都不同。我国传统共同犯罪遵循共犯从属性理论，现行法律规定中的共犯和正犯泾渭分明。但是，独立处罚网络共犯呈必然的扩大趋势，"倒逼"司法解释采取"共犯正犯化"举措，立法修改随后予以肯定，不断放大"共犯正犯化"问题的争议性。

（一）"共犯正犯化"的学理澄清

共同犯罪是刑法学的"绝望之章"。各国刑法关于正犯和共犯的理论不尽相同，既使得"共犯正犯化"的理解及其运用陷入认识纷争，也使其合理性存疑。

---

[1] 参见郑延谱："网络背景下刑事立法的修正"，载《法学论坛》2012年第4期，第21页。
[2] 参见阎二鹏："共犯行为正犯化及其反思"，载《国家检察官学院学报》2013年第3期，第108页。

1. 域内外的共同犯罪理论及比对

通常认为，在正犯与共犯相分离的"区分制"（非单一的正犯概念）体系下，正犯和共犯是相对应的概念，单一的正犯概念将所有为犯罪的成立赋予条件者都视为正犯。在"区分制"中，为了区分正犯和狭义共犯，逐渐形成了限制的正犯概念和扩张的正犯概念：限制的正犯概念具有扩大处罚范围的意义，相应的共犯规定属于"刑罚扩张事由"；扩张的正犯概念立足于单一的正犯概念，共犯的处罚规定是缩小正犯处罚范围的事由，即"刑罚缩小事由"。[1]通常认为，只有在限制的正犯概念的立场下，才有区分正犯和共犯的必要性与可能性。

而且，为了更好地区分正犯和共犯，理论学说主要有主观说（意思说和利益说）、客观说（诸如原因必要说、犯罪行为同时说、重要作用说、危险性程度说等）[2]与犯罪行为支配说或犯罪事实支配说（一元正犯原理的行为支配理论和多元正犯原理，一元的行为支配理论包括结果的支配可能性理论、意思支配说、目的支配说，[3]多元正犯原理的集大成者是罗克辛的行为支配理论[4]）。据此，所有观点都否定共犯的独立性学说，强调正犯与共犯之间的从属性关系（从属度有争议），共犯的成立条件（甚至处罚）都从属于正犯，维持"区分制"体系。

域外对正犯和共犯的概念及其区分标准都存在争议，实质是对共同犯罪本质的不同认识，是对共犯的从属性与共犯的独立性、犯罪共同说与行为共同说的不同选择。[5]犯罪共同说和共犯的从属性说主张共犯从属于正犯、共犯成立条件更严，行为共同说和共犯的独立性说主张共犯具有独立性且成立条件更宽。

我国关于共同犯罪的理论争议不断，共同犯罪的立法理念和模式有其特殊性，在共同犯罪人的分类上尤为明显。在起草1979年《刑法》时，形成了"根据犯罪分子在共同犯罪中的作用""根据犯罪分子在共同犯罪中的分工""以按分工类为主""基本上按作用类""集团性的共犯和一般的共犯（正犯、

---

[1] 参见马克昌主编：《外国刑法学总论（大陆法系）》，中国人民大学出版社2009年版，第312-313页。

[2] 参见陈家林：《外国刑法通论》，中国人民公安大学出版社2009年版，第490-494页。

[3] 参见许玉秀：《当代刑法思潮》，中国民主法制出版社2005年版，第574-576页。

[4] 参见马克昌主编：《外国刑法学总论（大陆法系）》，中国人民大学出版社2009年版，第346-347页。

[5] 参见陈家林：《外国刑法通论》，中国人民公安大学出版社2009年版，第502-514页。

教唆犯、帮助犯）"等共同犯罪人分类的观点，[1]最后确立主犯、从犯、胁从犯和教唆犯四种类型（《刑法》第23条至第26条）。1979年《刑法》确立了以共犯的作用分类为主、教唆犯作为特殊情况并列于主犯、从犯、胁从犯后（对教唆犯按照所在共同犯罪中所起的作用处罚）的共同犯罪人分类法。1997年《刑法》仍然采取"以作用为主、分工为辅（例外）"的共同犯罪分类方法。一般而言，分工分类法便于定罪、不利于解决各自的责任（量刑），作用分类法便于解决刑事责任（量刑）、不便于定罪。[2]我国共同犯罪的本质、共犯从属性及程度以及立法规定等与德日刑法理论不尽相同。

2. "共犯正犯化"的司法释义

在限制的正犯概念中，我国刑法规定的主犯（实行犯）往往被等同于"正犯"概念。[3]从犯、教唆犯、胁从犯大体上与"共犯"概念等同，从犯（次要的实行犯、帮助犯）和教唆犯[4]与域外通常意义上的狭义"共犯"大体一致。

在互联网环境下，"共犯的正犯化"是指我国的"从犯"（目前主要是网络帮助犯）应当按照"正犯化"进行独立处罚，通过扩张解释消除从属性的限制，直接将一些共犯作为"正犯"行为对待，并以分则的具体罪名论处。易言之，如若处罚片面共犯（帮助犯），对于网络运营者、网络服务提供者明知状态下的直接帮助或放任行为，应当扩张解释为相关犯罪的实行行为或作为独立的"不作为"，而不继续按照共同犯罪的立法规定进行认定。理由为：实践中部分正犯不成立犯罪，相应的共犯行为已经（应当）构成犯罪。我国一般采取极端从属性说，[5]只有正犯构成犯罪时，共犯才能构成犯罪，以至于不便对片面的技术帮助行为按照相应正犯所触犯的罪名独立论处，最终导

---

[1] 参见高铭暄：《中华人民共和国刑法的孕育诞生和发展完善》，北京大学出版社2012年版，第30-32页。

[2] 参见高铭暄、马克昌主编：《刑法学》，北京大学出版社、高等教育出版社2016年版，第171页。

[3] 但也有反对观点。参见刘明祥："主犯正犯化质疑"，载《法学研究》2013年第5期，第113页。

[4] 通常认为，教唆犯规定具有双重性，第1款规定从属性，第2款规定独立性。但也遭到非议。

[5] 通常认为，我国采取区分制体系，采取严格的共犯从属性。参见钱叶六："共犯的实行从属性说之提倡"，载《法学》2012年第11期，第119页。但是，也有观点认为我国采取不区分正犯和共犯的单一正犯（行为人）体系，并无共犯从属性说。参见刘明祥："论我国刑法不采取共犯从属性说及利弊"，载《中国法学》2015年第2期，第282页。

致可能放纵网络犯罪。

(二)"共犯正犯化"的评议

关于"共犯行为的正犯化"的扩张解释机制,实践中首先是通过一系列司法解释逐渐形成的。简言之:(1)《淫秽电子信息解释(一)》(2004年)第7条与《最高人民法院、最高人民检察院关于办理赌博刑事案件具体应用法律若干问题的解释》(以下简称《赌博案件的解释》,2005年)第4条首开"共犯正犯化"的扩张解释先河,处罚提供互联网接入、服务器托管等网络服务或帮助的行为。虽然前述两个司法解释的内容可以解释为处罚网络片面共犯,但是,"以共犯论处"并未明确按照正犯的罪名论处;而且,缺乏独立的量刑标准,仍需要参照共犯的从属性进行评价。(2)《最高人民法院、最高人民检察院、公安部关于办理网络赌博犯罪案件适用法律若干问题的意见》(2010年)在关于"网上开设赌场共同犯罪的认定和处罚"中规定,明知是赌博网站,而为其提供互联网接入等服务或者帮助的,属于开设赌场罪的共同犯罪,依照《刑法》第303条第2款的规定处罚。该规定有新突破,直接规定按照正犯的罪名处罚,显示独立处罚共犯行为的意图;而且,配备独立的定罪标准体系,使得"共犯行为的正犯化"解释立场更为牢固。(3)《淫秽电子信息解释(二)》(2010年)第4条至第7条再次肯定了"共犯正犯化"的扩张解释的做法,网络技术帮助或技术支持行为(往往表现为不作为)将按照相关正犯实施的危害行为论处共同犯罪。(4)《计算机信息系统安全解释》第7条规定,明知是非法获取计算机数据和非法获取计算机系统控制,而予以转移、收购等的,按照掩饰、隐瞒犯罪所得罪处理。这再次肯定了"共犯行为正犯化"的解释立场。(5)《最高人民法院、最高人民检察院关于办理诈骗刑事案件具体应用法律若干问题的解释》(2011年)第7条规定,明知他人实施诈骗犯罪,提供一系列网络服务的,以"共同犯罪论处"。该规定也是"共犯正犯化"的解释。(6)《暴力恐怖和宗教极端案件意见》(2014年)规定,应用软件服务提供者与网络信息建立、开办、经营、管理者为暴力恐怖和宗教极端行为提供网络技术层面的"仓储、邮寄、投递、运输、传输、发布及其他服务的",以煽动分裂国家罪或者煽动民族仇恨、民族歧视罪的共同犯罪定罪处罚。该规定与前述的规定无异。经此,"共犯正犯化"的扩张解释渐成司法常态。

为了解决定罪处罚的乏力,司法机关被迫先于立法推行"共犯正犯化"的扩张解释之举,间接回应了共犯从属性在实践中已经降低的客观难题,避免网络成为共同犯罪的"无法空间"。《刑法修正案(九)》增加的第287条之二将片面技术帮助行为"正犯化"变成既定事实,适度扩大片面共犯的处罚范围,"共犯正犯化"成功脱去纠结于扩张解释与类推解释的合法性阴影。同时,《刑法修正案(九)》增加的第287条之一独立处罚网络预备行为,"预备行为的正犯化"精神清晰可见。这是立法有效回应网络共同犯罪新情况、新挑战的具体举措,也间接影响和调整了刑法总则共同犯罪、预备犯罪的规定及其理论学说。

但是,"共犯正犯化"的表述在逻辑上有一定的瑕疵:在"区分制"体系内,共犯和正犯的关系主要讨论共犯从属性问题,[1]共犯和正犯泾渭分明,共犯被解释为正犯是无可奈何的司法变通,"共犯正犯化"的实质是共同犯罪的本质认识问题,通过调整共同犯罪理论和立法体系可以消除"共犯正犯化"的存在土壤。易言之,不断消除我国共犯从属性理论的消极效应更直接和彻底,可以摆脱犯罪共同说对成立共同犯罪要件的严格要求,转而选择行为共同说主张的更低成立条件。但是,理论的根本性变动难以在短时间内完成,更遑论共同犯罪理论争议的长期性、繁杂性,因此应积极促成通过量变"倒逼"立法改进。

三、网络片面共同犯罪的制裁边界

在互联网环境下,互联网运营商、互联网服务提供商是最重要的互联网参与者、组织者,甚至是垄断者,在提供一系列互联网运营基础服务与主要经营服务时,属于地位较高、技术垄断优势明显的一方。在明知提供的一系列服务可能为其他互联网使用者实施犯罪提供网络帮助时,仍提供帮助或放任不管的,是否构成犯罪、如何定罪及标准如何等存在一定的争议。从传统共同犯罪理论看,转向有争议的片面共同犯罪理论是较为妥当的途径,但其可行性等问题尚需明确和细化。《刑法修正案(九)》集一系列司法解释的大成,正式规定独立的网络片面共同犯罪罪名。这一立法先例旋即掀起网络片面共同犯罪立法与司法探索的新篇章。

(一)片面共同犯罪的学理比较

"区分制"下的片面共同犯罪颇具争议。简言之:(1)片面共同正犯,是指共同正犯要求主观上必须有共同实行的意思,但是,该意思究竟必须存在于各个共同行为者之间或仅一方存有分歧。理论上存在肯定和否定两种观点。(2)片面教唆犯,是指教唆人基于教唆的故意实施教唆行为,但被教唆人并

---

[1] 参见钱叶六:"共犯与正犯关系论",载《中外法学》2013年第4期,第767页。

不知道在被他人教唆而决意实施犯罪。理论上存在肯定和否定两种看法。（3）片面帮助犯，是指有片面帮助的故意而实施的帮助行为。理论上存在肯定和否定两种看法。[1]主流意见是根据犯罪共同说肯定片面帮助犯，一般不承认片面共同正犯和片面教唆犯。但是，按照行为共同说，则会肯定片面共同正犯、片面教唆犯和片面帮助犯。

我国传统理论一般认为，片面共犯，是指共同犯罪行为人的一方有与他人共同实施犯罪的意图，并加功于他人的犯罪行为，但他人不知其被给予加功的情形。一般认为，片面教唆犯和片面共同实行犯不可能存在，但是单方面帮助他人犯罪且他人不知情在现实生活中客观存在，对片面帮助他人的，按照从犯处理更妥当。[2]换言之，我国传统理论坚持的犯罪共同说和共犯的极端从属性理论认为，不成立片面共同正犯，可能成立片面共犯，尤其是片面帮助犯。但有观点认为，应当同时承认片面帮助犯、片面教唆犯和片面共同正犯，关键是承认共同犯罪的因果性包括心理上的因果关系与物理上的因果关系，物理上的因果关系是片面共犯成立的理论基础。[3]

由此可见，片面共同犯罪属于边缘性话题，一般不承认片面共同正犯、片面教唆犯，但理论和实践往往倾向于承认片面帮助犯。在网络环境下，网络片面技术帮助行为泛滥不止，严重威胁网络安全，应当考虑独立定罪处罚。

（二）传统网络片面共同犯罪"触网"的理论困境

我国《刑法》第25条至第29条采取"作用+分工"的分类方法，在共同犯罪人的类型上包括主犯、从犯、胁从犯和教唆犯。国外的正犯概念在我国缺乏立法的直接对应概念，但一般将主犯或实行犯作为对应的概念。同时，域外的共犯概念与我国的从犯（次要的实行犯和帮助犯）、教唆犯概念较为相似。

传统理论认为，片面共犯，是指共同行为人的一方有与其他人共同实施犯罪的意思，并加功于他人的犯罪行为，但他人不知其给予加功的情况。片面的教唆犯和片面的实行犯不可能发生，单方面帮助他人犯罪且他人不知情在社会生活中客观存在，可以按照从犯论处。[4]但是，传统理论会导致是否

---

[1] 参见陈家林：《外国刑法通论》，中国人民公安大学出版社2009年版，第551-555页、第585-586页、第604页。

[2] 参见高铭暄、马克昌主编：《刑法学》，北京大学出版社、高等教育出版社2016年版，第166页。

[3] 参见张明楷：《刑法学》，法律出版社2011年版，第392页。

[4] 参见高铭暄、马克昌：《刑法学》，北京大学出版社、高等教育出版社2016年版，第167页。

处罚网络片面共同犯罪陷入僵局。简言之：（1）当前立法和理论难以支撑片面共同正犯的成立基础。我国立法更接近德日刑法理论的犯罪共同说，共犯从属性问题接近极端从属性。《刑法》第25条规定"二人以上共同故意犯罪是共同犯罪"。而且，"部分行为全部责任"是处理正犯（主犯）刑事责任的重要原则。从立法的理论基础和解释论看，该条规定显然难与行为共同说的理论融洽相处，更无法为片面共同正犯的存在提供学理依据。（2）《刑法》第29条规定教唆犯，第1款往往被认为肯定了教唆犯的从属性，但第2款又被认为肯定了教唆犯的独立性。争议的规定无法准确推断是否存在片面教唆犯。除非从立法和理论上确认行为共同说并摒弃犯罪共同说，否则，难以容纳片面教唆犯以及其他的片面共犯。（3）理论上认为存在片面帮助犯的现实可能性。《刑法》第27条关于从犯的相关规定并未直接加以否认，实践也部分认可。但是，既强调意思联络的重要性，又肯定片面的单方面帮助故意的可罚性明显自相矛盾。

目前，主要有以下三种应对方案：（1）继续推行"共犯正犯化"的扩张解释路径。理论上将司法解释处罚片面共犯的肯定立场归结为"共犯正犯化"的扩张解释路径，其是指将一些危害性明显过大的网络帮助行为解释为"正犯"，以有效处罚网络片面帮助行为。但是，域外共犯和正犯的关系主要讨论实行从属性、要素从属性和罪名从属性（甚至包括处罚的从属性）等共犯从属性的重要问题。"共犯正犯化"提法未必完全可取，其实质主要是在限制正犯概念的前提下，如何有效科学地解释构成要件符合性，实际上也可以通过选择不同的共同犯罪理论进行解决。[1]尽管如此，在现有理论和立法中，"共犯正犯化"是可以接受的"司法现象"。（2）整体的立法置换。整体修法并逐步置换我国的共同犯罪理论，适度接纳行为共同说的理论学说和主张，消除过度依赖犯罪共同说的一些弊端，为片面共同犯罪提供理论基础。该方案的激进性和彻底性夹杂着乏力的务实性。（3）局部立法调整。在适当对理论学说进行调整后，立法修改可以紧随其后，对共同犯罪的类型、成立条件等进行适当调整。这是较为温和稳妥的方案。修改《刑法》第25条规定的共同犯罪的界定及其成立条件首当其冲。如"共同故意犯罪"可以调整为"共同实施故意犯罪"；可以弱化意思联络的共同性、整体性，为承认意思联络的单方性与处罚必要性、共同实施犯罪行为的片面性与单方面性预留规范的存续

---

〔1〕 参见阎二鹏："共犯行为正犯化及其反思"，载《国家检察官学院学报》2013年第3期，第103-110页。

空间与铺垫。这正是促成《刑法修正案（九）》新增第 287 条之二的背景。

概言之，传统共同犯罪理论采取区分制，以共犯从属性为基础，片面共犯的存在空间有限。但是，网络因素对网络共同犯罪产生颠覆性影响，处罚网络片面共犯势在必行。司法机关预先通过司法解释确立处罚网络片面共同犯罪的立场，《刑法修正案（九）》再次确认，共同"倒逼"相关理论与立法加速启动后续变革。

（三）网络片面共同犯罪的处罚正当性

"共犯行为正犯化"的扩张解释可以为制裁网络片面共犯开辟绿色的司法通道。《刑法修正案（九）》增加的第 287 条之二是以往司法解释的集大成者，正式确立了网络片面共犯的处罚立场。但是，该修改曾经引起互联网业界的广泛关注。互联网业界主张，国外对此一般按照正常的业务行为对待，除非有排除合理怀疑的证据证明是帮助犯（共犯），否则应该是中立的（技术帮助性）经营行为，原则上不应处罚。[1] 诚然，增设网络片面技术帮助犯在实践中必然增加网络运营者和网络服务提供者的注意义务和其他安全保护监管义务，刑法过度介入可能影响技术创新与网络产业的自由发展，但袖手旁观则必然纵容网络犯罪的滋生蔓延。

在网络环境下，由于网络空间具有极其显著的"技术性"特征，通过技术制衡保护网络安全与鼓励网络技术自由创新是一对紧密联系却又关系紧张的矛盾体。实践中看似具有一定"中立"特征的技术帮助和技术支持的行为大量出现，甚至泛滥不止，往往给其他意图利用网络实施犯罪的人提供技术方便或条件，直接对互联网安全造成了极其严重的危害结果。但是，按照我国共同犯罪的规定与理论学说，对部分看似共同犯罪意思联络模糊且不属于共同实施的实行行为，往往无法按照共同犯罪处理。然而，却导致网络技术帮助或支持行为泛滥，纵容其对其他网络犯罪的客观帮助与支持。在互联网环境下，尽管不属于传统的共同意思联络，但单向意思沟通客观上具有因果关系，片面帮助行为与正犯行为之间存在物理层面的因果关系，肯定片面帮助犯有助于缓和共同犯罪故意的认定难题，有助于将危害或危险相当严重的技术帮助行为（支持行为）入罪处罚。《刑法修正案（九）》的相关立法举措开启了改变传统共同犯罪立法生态格局的进程。

---

[1] 参见周光权："《刑法修正案（九）》（草案）的若干争议问题"，载《法学杂志》2015 年第 5 期，第 80 页。

（四）网络片面共同犯罪的制裁演进

尽管共同犯罪理论和立法的形成和确立过程争议不断，但是，共同犯罪成立条件往往要求具有共同的犯罪意思联络与共同的犯罪行为。在刑法旧派理论中，片面共同犯罪是边缘问题，直到新派提出犯罪行为共同说后，才逐步使片面共同犯罪获得部分的认同。在互联网环境下，由于犯罪的方式、手段以及时空维度均发生了较为显著的变化，网络片面共同危害行为呈现出新的面貌，并往往具有明显偏高的刑事危险。为了切实保护网络空间安全与网络安全秩序，我国司法机关主动启用片面共同犯罪理论处理相关疑难问题渐成新趋势。

2004年，《淫秽电子信息解释（一）》第7条首开先河。"以共同犯罪论处"的规定首次客观上确立了网络犯罪环境下片面共同犯罪处罚的先例。提供网络帮助的行为与直接实施淫秽电子信息犯罪的实行行为不同，而且双方缺乏事前的犯意沟通，并不符合共同犯罪的成立条件。因此，"以共同犯罪论处"应当解释为按照制作、复制、出版、贩卖、传播淫秽物品牟利罪或传播淫秽物品罪（正犯罪名）论处。这显然突破了共同犯罪故意的传统理解与立法规定。

2005年，《赌博案件的解释》第4条再次做了相关规定，官方对"提供计算机网络直接帮助的，以赌博罪的共犯论处"的解释为：这种以共犯论处并不以事先通谋为前提，但既要求有证据证明行为人明知他人在实施犯罪，同时也要求提供计算机网络具有直接的促进作用的证明。《赌博案件的解释》和《淫秽电子信息解释（一）》的规定具有相似性。前者进一步明确按照"赌博罪论处"，也即按照其他正犯（主犯）所触犯的罪名定罪。但是，《赌博案件的解释》第4条并未明确片面共同犯罪的定量标准以及定量标准是否独立等深层次问题，属于其不足之处。

2010年，《淫秽电子信息解释（二）》第4条至第7条的规定在此问题上保持了一致。比如，官方对第5条的解释为：网络服务提供者没有依法履行阻止的法定义务，纵容淫秽物品的传播，是传播淫秽物品的特殊不作为行为，因为缺乏事前通谋的共同犯罪故意，不应当和其他直接传播的犯罪者按照共同犯罪论处，应独立按照传播淫秽物品罪论处。[1]官方对第6条的解释

---

[1] 参见陈国庆、韩耀元、吴峤滨："《关于办理利用互联网、移动通讯终端、声讯台制作、复制、出版、贩卖、传播淫秽电子信息刑事案件具体应用法律若干问题的解释（二）》理解与适用"，载《人民检察》2010年第5期，第65-70页。

为：网络服务运营者在淫秽网站的泛滥上承担不可推卸的法定管理失位责任，因其在明知的情况下继续提供相关内容或放任不管造成严重的危害结果。但是，与一般的直接传播淫秽物品牟利罪不同，不宜与直接传播者按照共同犯罪论处。为了切断淫秽网站的利益链和形成长效的预防机制，必须将网络服务运营者的帮助行为单独按照传播淫秽物品牟利罪论处。[1]《淫秽电子信息解释（二）》第4条和第7条的处罚原理基本相同。相比于《淫秽电子信息解释（一）》，从《淫秽电子信息解释（二）》第4条至第7条的规定来看，网络运营者和网络服务提供者在提供网络服务时，如果明知提供的服务正在帮助其他网络使用者实施其他犯罪，即使与其他用户并无共同犯罪的意思联络或使用者实施的犯罪尚未成立犯罪，仍然按照网络服务使用者实施的犯罪及其罪名论处。这显然继续肯定了片面共同犯罪的处罚立场。而且，第4条至第7条还明确了网络片面共同犯罪的独立定量标准问题，使得片面共同犯罪的定罪处罚问题得到一并解决，提高了司法的可操作性。

2014年，《暴力恐怖和宗教极端案件意见》第2条第6项至第7项规定，应用软件及网络应用服务的建立、开办、经营、管理者为暴力恐怖和宗教极端行为提供网络技术层面的仓储、邮寄、投递、运输、传输、发布及其他服务的，以煽动分裂国家罪或者煽动民族仇恨、民族歧视罪的共同犯罪定罪处罚。这显然也对网络片面共犯持处罚立场。

2015年，《刑法修正案（九）》增加第287条之二，罪名是帮助信息网络犯罪活动罪。网络片面技术帮助行为按照单独犯罪处理，充分反映了修改思路与已有司法解释立场的一致性，再次肯定了网络环境下片面共犯的客观存在及其处罚的必要性。而且，配置独立的量刑（定量）标准后，更具可操作性。但是，在修改过程中，第287条之二的必要性一度引起互联网业界的广泛关注。有观点认为，当前互联网业界主张中立的（技术帮助性）经营行为原则上不应处罚，国外一般将其作为正常的业务行为，除非有排除合理怀疑的证据证明是帮助犯（共犯）。[2]尽管中立的正常业务行为与片面网络技术帮助行为不易区分，然而，处罚危险性明显偏高的网络片面技术帮助行为

---

[1] 参见喻海松："《关于办理利用互联网、移动通讯终端、声讯台制作、复制、出版、贩卖、传播淫秽电子信息刑事案件具体应用法律若干问题的解释（二）》的理解与适用"，载《人民司法》2010年第5期，第13-18页。

[2] 参见周光权："《刑法修正案（九）》（草案）的若干争议问题"，载《法学杂志》2015年第5期，第77-84页。

已是共识。关键是厘定刑事制裁的边界,既要保障网络自由创新的健康发展,也要遏制网络技术帮助行为的危害蔓延。

网络共同犯罪是有别于传统共同犯罪的新样态,共同犯罪的主观故意、共同行为及其责任承担等都正在经历蜕变,网络片面共同犯罪迎来全新面貌。由于传统共同犯罪理论与立法存在明显的网络代际"鸿沟",司法机关被迫以司法解释的方式,强化干预网络片面共同犯罪的力度。《刑法修正案(九)》增加的第 287 条之二是集大成之作,为制裁网络片面技术帮助行为提供了规范依据。但是,第 287 条之二并未解决所有问题,制裁网络片面共同犯罪的理论原理尚需澄清。

(五) 网络片面共同犯罪的制裁原理

网络片面危害行为(技术帮助行为)具有相当严重的危害结果或潜藏不可预测的高度危险。为了满足网络安全保护的迫切需要,应当制裁高度危险的网络片面技术帮助行为,增强刑法有效防控网络技术异化风险的能力。当前,既应明确启动刑事制裁的基本原理与判断条件,也应客观回应"快播案"等热点问题。

1. 网络片面技术帮助犯罪的归责原理

在互联网时代,网络运营者与网络服务提供者是非常重要的网络参与主体,甚至是网络空间的(技术与服务)主导者。在复杂的网络形势下,网络运营者与网络服务提供者可能制造网络危险或潜在风险,是网络技术异化风险的主要来源。在实践中,网络运营者与网络服务提供者时常涉嫌片面参与或帮助其他网络用户主体实施犯罪,明确网络运营者与网络服务提供者的片面共同犯罪刑事责任及其边界是重中之重。

(1) 归责要素的逻辑证成。

首先,明确处罚的两大前提。主要包括:①主要障碍。当前,启动刑事制裁的障碍包括理论和立法两个层面,即在明知状态下的片面帮助行为是否具有可罚性、是否可以单独处罚、是否可以按照正犯所触犯的罪名论处。②是否负有网络安全管理义务是重要前提。责任主体明知负有法定的管理保护义务、明知正在提供帮助或明显怠于履行义务并造成相当严重的危害结果是前提。但是,超出期待可能性或当前技术标准的过高义务,不能作为归责的客观基础。易言之,网络运营者和网络服务提供者负有法定的网络安全管理义务,却仍然提供帮助或怠于履行义务并造成危害结果的,可以根据刑法的基本原则和精神进行处罚,并不违背罪刑法定原则或刑法谦抑精神。此乃网络片面共同犯罪的刑事责任边界。

其次，法定网络安全管理义务。我国对网络运营者和网络服务提供者网络安全管理义务的规定有一个发展演变的过程，总体趋势是持续强化和明确网络运营者的和网络服务提供者的网络安全管理义务。简言之：①1994年，国务院颁行《计算机信息系统安全保护条例》。该条例第7条、第14条等对使用单位具体使用和维护计算机信息系统安全提出一些义务要求。②2012年，《全国人民代表大会常务委员会关于加强网络信息保护的决定》第1条至第7条逐一规定了网络运营者和网络服务提供者保护公民个人信息的义务，这是首次全面规定网络运营者和网络服务提供者保护网络信息安全的法律义务。③2014年，根据《反恐怖主义法（草案）》第16条的规定，网络运营者和网络服务提供者负有积极防止网络恐怖主义信息传播和管控网络恐怖活动实施的法定义务，否则，可能涉嫌违法犯罪。④2015年，《网络安全法（草案）》的最新规定。根据该草案第7条、第22条、第34条等的规定，网络运营者和网络服务提供者负有一系列网络安全保护义务，应当依法履行具体的保护措施、保护标准和信息安全维护义务，并且明确禁止其为网络违法犯罪活动提供各种技术帮助。因此，《网络安全法（草案）》总结和补充了以往相关规定，明确网络运营者、网络服务提供者负有维护网络安全的义务，具体义务的内容更加广泛和全面。据此，网络运营者和网络服务提供者负有网络安全管理义务并应当遵循行业安全保护准则，依法抵制、防止、协助打击网络违法犯罪活动是其法定义务。当网络运营者和网络服务提供者明知所提供的网络服务正被网络使用者用于实施违法犯罪活动时，可以阻止违法犯罪活动发生或防止危害结果扩大，却仍然提供网络技术帮助或支持，造成严重危害结果的，可以考虑追究片面共犯的刑事责任。

再次，二元成立条件结构。主要包括：①现实背景。网络运营者与网络服务提供者是最重要的网络参与者，甚至是主导者，其所提供的网络接入、网络运行、网络信息输送、网络服务等共同组成网络空间的服务平台与社会组织架构的基石，是连接网络空间与现实社会、个人用户的基本媒介与组织形式。网络运营者与网络服务提供者作为影响网络安全的重要主体，扮演着维护者、破坏者或破坏参与者的多重角色。在网络空间社会，网络社会地位越重要，网络安全保护责任越重大，纵容、帮助或片面参与违法犯罪的行为，应当追究刑事责任。②规范依据。网络运营者和网络服务提供者违反网络安全管理义务是其构成犯罪的前提，在明知的情况下仍然继续提供网络技术帮助或放任不管，并且造成严重的社会危害结果的，具备应受刑罚处罚性的实质条件，追究刑事责任是刑法保障机能的体现。不过，对于关键信息基础设施或重大敏感的网络信息或数据，网络建设、运用、服务提供者应当承担更高、更严格的安全管理义务与保护义务，重大过失导致严重危害结果的，可以考虑追究刑事责任。

综上，符合以下三个条件，可以考虑追究网络运营者、网络服务提供者提供片面技术帮助行为的刑事责任：一是存在法定的或具体的安全管理义务。二是主观上是明知的心态，过失一般不成立犯罪。概括的认识一般不成立犯罪，否则，客观上显著增加了网络运营者和网络服务提供者的注意义务，除非有足够的证据证明概括的认识实质上是间接故意的主观心态。三是不属于合法正常的营业行为。如果有排除犯罪性事由，如正常的网络经营行为，则不宜认定为片面技术帮助行为。

（2）归责条件的辩驳。

首先，有观点认为，网络内容服务提供者、网络连接服务提供者和网络平台服务提供者是网络服务者的三种类型，网络连接服务提供者并无明文规定的断开连接义务，平台提供服务者缺乏事前防止和事后消除网络不良内容的期待可能性和作为的可能性，而P2P的服务提供行为具有正当业务的属性和未造成法律所不允许的风险，实践中提供的网络服务都难以达到"帮助行为性质"，以片面帮助犯论处缺乏妥当性。[1]然而，以上看法不妥：①按照2015年《网络安全法（草案）》第7条等的规定，网络运营者和网络服务提供者的网络安全管理与保护义务都有大幅度增加，防止违法犯罪活动是网络运营者和网络服务提供者的重要法定义务。②根据2015年《网络安全法（草案）》第13条（网络安全标准体系）、第17条（网络安全等级保护制度）、第21条（网络安全事件应急预案）、第23条（支持与协助调查和侦查义务）、第28条（关键信息基础设施的运营者安全保护义务）、第34条（网络运营者的用户信息保护义务）等的相关规定，网络运营者和网络服务提供者已经或应当具备履行网络安全保护义务与执行技术规范、必要措施和相应国家、行业标准等的能力或条件，可以主动区分正常业务行为和协助违法犯罪行为，并自觉经营合法业务和积极防止违法犯罪行为。③在实践中，当明知而非概括性认识时，网络运营者和网络服务提供者的大量"不作为""事后参与"等帮助行为已经造成相当严重的社会危害性或制造了法律所不允许的危险时，应当加以处罚。事实上，《刑法》第287条之二已经作出明确回答，再对网络

---

[1] 参见陈洪兵："网络中立行为的可罚性探究——以P2P服务提供商的行为评价为中心"，载《东北大学学报（社会科学版）》2009年第3期，第258-263页。

运营者和网络服务提供者的片面共犯责任继续视而不见,无异于放纵犯罪。

其次,有观点认为,在追究网络服务提供者的刑事责任时,还要考虑满足"利用网络服务实施的危害行为已经构成犯罪"和"经被害人或有关部门的通知后仍不履行职责"两个条件。[1]然而,该看法未必符合网络片面帮助行为的实际及其处罚原理,反而是对违反网络信息安全管理义务与积极提供网络片面信息帮助两种行为的"误解"。简言之:①如果要求"利用网络服务实施的危害行为已经构成犯罪",意味着网络运营者和网络服务提供者承担的片面共犯刑事责任不具有独立性,仍然完全依赖或从属于正犯的刑事责任,导致实质上已经不存在片面共犯的处罚问题,这事实上已经背离制裁网络片面共犯的初衷,是自相矛盾的主张。②"经被害人或有关部门的通知后仍不履行职责"属于限制性处罚条件,其出发点是确保网络运营者和网络服务提供者承担义务的合理性和必要性。限制处罚的范围契合刑法的谦抑性精神。然而,由于网络片面共犯仅限于明知情形,一般不存在过失情形,增加"通知不改正"的限制性处罚条件并无必要,且容易导致网络运营者和网络服务提供者在通知、改正期间放纵更大危害或增加危险。由于网络安全既极其脆弱又事关重大,为了及时积极防控和降低潜在的刑法风险,应然层面不宜设置该条件。从而避免在正犯与共犯之间形成两种不同的定罪处罚标准,真正实现网络片面共犯定罪量刑标准的独立化。③《刑法》第287条之二并未作出类似规定。该条与第286条之一规定的"经监管部门责令采取改正措施而拒不改正"截然不同,第286条之一仅限于网络服务提供者是否违反法定信息网络安全管理与保护义务,与网络片面技术帮助与网络支持行为及其处罚是不同问题。第287条之二立足于网络作为犯罪手段,在行为上表现为积极提供网络信息帮助而非消极不履行义务的不作为。因此,二者的立法意图不同,分别指向网络运营者的消极不作为与片面的积极作为,配置不同的构成要件理所应当。

2. 网络正当业务行为的制裁限度

网络空间具有极强的技术依赖性和技术创新性,对中立技术的私法保护是确保网络创新的重要法理念。但是,网络技术中立是相对的,刑法可以且应当介入超越合法合理的正常业务行为之外的其他行为。然而,网络技术瞬息万变,网络服务行为不断推陈出新,网络信息的大数据化、"云端化"持续

---

[1] 参见赵远:"浅析网络犯罪中网络服务提供者的刑事责任",载《法制日报》2014年7月23日,第11版。

加剧数据安全管理难度，网络运营者和网络服务提供者履行安全管理义务的方式、范围等难以保持足够的稳定性、确定性，监管部门当前的监管方式和力度都存在不足，单方面要求网络运营者和网络服务提供者承担过高或不切实际的安全管理义务缺乏期待可能性，[1]甚至可能阻碍网络技术创新、开放化以及网络产业的正常发展。[2]因此，应当区分正常合法的业务行为与非真正中立的帮助行为。既要考虑网络犯罪的严峻现状及其可能导致的危害和危险，也要防止不必要的介入和不当的犯罪扩大化。既不应出现不当干扰和过度介入，也不应丧失介入的主动性与必要性。

（1）理论比较与争议焦点。

关于中立帮助行为的处罚范围及其依据，德日刑法理论一直存在争议。在德国刑法理论中，支持中立帮助行为具有可罚性可以分为全面可罚说和限制可罚说，又以限制可罚说居多，限制可罚说又可以分为客观说（重视行为的客观要素，有诸如社会相当性说、职业相当性说、利益衡量说、违法性阻却事由说、义务违反说、客观归责论等）、主观说（重视故意、意图、动机等行为的主观要素）与折中说，又以客观说和折中说居多，其判例长期根据行为的主观要素判定中立行为的处罚范围即采取主观说立场；在日本刑法理论中，支持中立帮助行为可罚性的理论学说主要有"具有业务通常性的行为规范后退说""假定的代理原因考虑说"和"以印象说为基础的主观说"。[3]这些讨论进一步明确了中立帮助行为的处罚必要性、限制处罚的当然性以及处罚根据的综合性等基本共识：一是处罚的适当性立场；二是处罚范围的严格限制立场；三是处罚根据的综合判断立场。

目前，尽管我国关于共同犯罪的立法并未作出直接规定，但已经开始对中立帮助行为展开讨论，关于其处罚必要性与范围，有以下主张：①客观上"是否超过一般社会观念允许的界限并造成法律难以容忍的风险，是否具有明显的法益侵害性"；主观上对"是否存在片面的帮助故意"进行综合的判断；共犯处罚根据上"是否对正犯违法性、因果流程的影响已经足以达到帮助的程度"。[4]②根据"帮助行为性说"对是否具有侵害法益危险进行综合的实

---

[1] 参见周光权："网络服务商的刑事责任范围"，载《中国法律评论》2015年第2期，第175-178页。

[2] 参见车浩："谁应为互联网时代的中立行为买单？"，载《中国法律评论》2015年第1期，第47-50页。

[3] 参见陈洪兵："中立的帮助行为论"，载《中外法学》2008年第6期，第931-957页。

[4] 参见周光权：《刑法总论》，中国人民大学出版社2007年版，第326页。

质判断（具体涉及对是否存在注意义务违反、基于利益衡量是否存在优越的利益需要保护、是否制造不被法允许的危险等）。③客观上是否具有对正犯行为实施和危险增加的助益作用，主观上是否明确认识到正犯的存在并对正犯的行为持追求或容忍的态度。虽然三种主张的具体内容与理由不尽相同。但是，却包括以下共同点：①一致主张成立条件或处罚条件应当遵循主客观相统一理念，即不能仅考虑主观方面或客观方面的内容。既避免片面采取主观说或客观说的不足，也排除对仅有片面帮助的主观故意而并未造成实际危害结果予以处罚的情形，确保客观归责的重要立场。②考察方法采取综合的实质判断。不同情形的具体判断标准未必完全相同，但实质上都考虑是否造成相当的危害结果、是否制造及增加法律所不允许的风险。

据此，我国当前讨论处罚中立帮助行为的主要共识与德日刑法理论基本上一致，这也是讨论我国网络片面技术帮助行为的可罚性及其处罚范围的理论前提。

（2）制裁范围的释明。

在实践中，正当的业务行为与实质的片面技术帮助行为同时充斥网络空间，对后者应当据实考察并决定是否处罚。简言之：①处罚的规范依据与实质依据。国外往往根据网络服务提供者是否具有断开连接或删除内容等法定义务作为是否处罚相关业务行为的法律根据，主要涉及网络服务提供者是否负有实质的审查义务、审查的可期待性、行为与危害结果之间的因果性是否充分等内容。[1]因此，法定的网络安全管理或保护义务是关键。按照2015年《网络安全法（草案）》第7条的规定，在网络建设、运营、提供服务与用户的全部环节，建设者、运营者、服务者、用户都负有安全管理和保护义务。《网络安全法（草案）》将作为网络基本法，其相关规定可以为追究网络运营者的刑事责任提供规范前提。我国的做法与国际通行做法是一致的。但是，即使负有网络安全管理义务，也需要同时具备成立共同犯罪的主客观条件。既要明知正犯的行为并对帮助正犯持明确的希望或放任心态，也要客观上对正犯行为提供实质的帮助并造成危害或增加风险，但是，制裁片面帮助行为不以正犯实施的行为构成犯罪为前提，其可以构成独立的罪名，并配置独立的法定刑。②处罚范围的合理排除。完全纯粹中立的网络业务行为应当排除出处罚序列，网络业务行为林林总总且不断发展更新，无法具体描述，只能从类型上进行归纳总结。根据2015年《网络安全法（草案）》的规定，主要

---

[1] 参见陈洪兵：《中立行为的帮助》，法律出版社2010年版，第233页。

包括建设、运营、服务提供、使用四大块；运营和服务往往是主要类型，特别是服务提供占多数。在实践中，难以形成正面判断网络服务是否正当合理的统一原则。为了保障网络技术创新和推动网络产业的自由发展，通常默认所有网络服务行为具有正当合理性，也都可能在符合主客观条件时涉嫌犯罪，除非网络产业行为存在相应的排除犯罪性事由。通常而言，网络片面共同犯罪的排除犯罪性事由包括主客观两个方面：一是主观方面有诸如被技术欺骗、过失心态、概括性的不确定认识、不可抗力、意外事件、缺乏技术上的期待可能性等情形；二是客观方面有诸如被非法侵入、被非法控制、数据被非法窃取、遭到破坏并失去网络保护能力、网络安全标准体系滞后、网络安全等级保护制度失效、网络安全事件应急预案失灵、网络安全保护措施的技术瓶颈、大面积的网络攻击和网络病毒袭击等情形。如果出现主观或客观排除因素，则网络运营者和网络服务提供者等实施的服务行为缺乏实质处罚的必要性。但是，如果网络运营者或网络服务提供者是以提供相关非法业务并以牟取非法利益为主业的，无论掩饰形式为何，都应当处罚。③独立定量标准与处罚基准。按照我国传统的共同犯罪立法及其理论，共犯的处罚具有从属性，共犯缺乏独立的处罚标准，依附于正犯的定罪标准，并且基于"区分制"的立法体系，共犯的处罚标准相对偏低。换言之，其罪名和宣告刑依附于正犯或实行行为触犯的罪名和判处的宣告刑，共犯的宣告刑往往低于正犯的宣告刑。在实践中，我国也确实区分"主犯"和"从犯"的定罪处罚标准。但是，《刑法修正案（九）》增设第287条之二后使得局面发生改变，网络片面共同犯罪被"拟制"为正犯犯罪，并配置独立的罪名、独立的定量标准和处罚基准，不再依附或直接参照正犯的定量标准。尽管对传统的共同犯罪立法和理念造成冲击，但符合网络片面共同犯罪的发展趋势，反映了网络片面共同犯罪的实际情况。当前，司法机关应及时出台立案标准和量刑规范意见等配套措施，提高第287条之二的可操作性。

3. 介入"快播案"的司法导向

2016年，北京市海淀区人民法院依法开庭审理被告人王某等四人涉嫌传播淫秽物品牟利一案，即"快播案"。"快播案"堪称2016年互联网界的"首案"，《刑法修正案（九）》增设的第287条之二或将成为刑法介入网络片面共同犯罪的司法"标杆"。

（1）客观危害与制裁必要性的观察。

"快播案"的核心是"快播播放器"这一网络技术终端及其形成的技术平台。深圳市快播科技有限公司（以下简称快播公司）成立后发布了免费的

QVOD 媒体服务器安装程序，以快播播放器软件的方式，为网络用户提供网络视频快速播放服务。而 P2P 技术是实现网络"快速播放"的技术法宝，P2P 作为流媒体播放技术，提供用户在线观看视频并同时进行下载的双重服务，播放或下载的视频同时作为种子供更多用户分享。然而，这种模式很快成为盗版电影与淫秽视频滋生蔓延的温床。快播公司表面上设有负责鉴别、屏蔽不良内容的管理平台和用户举报机制，但基本形同虚设。同时，快播公司利用快播软件传播淫秽视频，以收取广告费和会员费牟利，涉案人员明知上述 QVOD 媒体服务器安装程序及快播播放器被网络用户用于发布、搜索、下载、播放淫秽视频，仍提供帮助或放任不管，导致大量淫秽视频在互联网上传播。快播公司甚至建立"小二广场"网站，直接在"小二广场"中存储近 300 部淫秽视频，用户付费获得更高权限后可以通过"小二广场"网站的"VIP 通道"观看淫秽视频。快播公司通过这些违法方式获取巨大利益。

涉黄违法犯罪活动历来是公安机关打击与整治的重点，我国对涉黄违法犯罪活动始终坚持"零容忍"态度，始终保持对网络涉黄违法犯罪活动的严打高压态势。在网络背景下，参与涉黄违法犯罪活动变得更加隐秘、随机和嚣张，使得侦查难度不断攀升，也使得违法犯罪成本下降。尽管参与涉黄违法犯罪的人员是罪魁祸首，但是，提供互联网服务的运营商和服务商是最大、最直接的"帮凶"。在利用网络实施涉黄违法犯罪活动的利益链条中，虽然互联网服务提供商并不直接参加或事前联络（通谋）参与，却在明知提供的网络平台、技术支持等被用户作为犯罪工具或手段使用时，继续提供网络帮助或不及时采取自行制止传输、消除危害结果、及时举报等手段，无疑是与实行犯危害相当的技术"掮客"与"帮凶"，不处罚显然脱离了刑法保障社会安全与秩序的基本任务。尽管"快播案"中传播淫秽物品的网络新媒介并非通常熟悉的网站等形式，但是，快播软件作为随时共享种子资源的网络技术平台和终端，提供上传和下载种子的技术帮助行为，客观上成为正犯传播淫秽物品的技术手段和掩饰外衣，为犯罪行为提供网络技术的便利和帮助是追究"快播案"涉案人员刑事责任的事实基础。

因此，诸如"只做技术、不管内容""技术是中立和无罪的"等辩解并不必然正确无疑。即使网络技术具有一定的中立性，但使用者的滥用行为本身裹挟着大量的不确定风险。当已经造成法律所不允许的高度危险时，应当对其加以处罚。

(2) 司法制裁的意义商谈。

从现有的事实和证据看，快播公司作为网络服务提供者在提供网络服务时明显故意违反网络安全管理义务，明知用户利用"快播播放器"实施违法犯罪活动，却继续提供，已经造成严重的危害结果。但是，按照《刑法》第25条的规定，快播公司与其他用户并不存在实施传播淫秽物品牟利的事前、事中意思联络，无法按照网络用户实施的正犯犯罪处理。即使按照用户实施的犯罪进行处理，也可能因用户实施的实行行为不构成犯罪而落空。进言之，在《刑法修正案（九）》增设第287条之二之前，《刑法》并未针对互联网服务提供商违反网络安全管理义务是否应当承担刑事责任作出明确规定，导致在面对事实上严重违背安全管理义务并严重破坏网络安全而正犯不构成犯罪的行为时，司法机关只能望洋兴叹。

应当积极鼓励网络技术自由创新，网络技术本身具有一定的中立性。但是，滥用技术或过度利用技术，不仅僭越技术自由创新的边界，也触及违法犯罪的底线。对充斥于网络空间的大量技术帮助行为，《刑法》第287条之二具有重要的司法意义。它不仅解决了司法解释的合法性问题，也直接提振司法机关追究网络片面共同犯罪刑事责任的底气。依法审理"快播案"或将成为打击网络片面共同犯罪（技术帮助犯）的一个缩影，既肯定了司法解释确立的司法导向，也呼应了刑法的最新修改意图，更对今后追究网络片面共犯刑事责任具有标杆意义。

四、结论

互联网时代充满颠覆与挑战，日渐捉襟见肘的传统共同犯罪立法及其理论仅仅是这场遭遇的一个缩影。共同犯罪一直都是刑法理论的"绝望之章"，互联网因素的"介入"无疑使得问题变得更加复杂，传统理论与立法的变革将在所难免。从发生机理上看，网络社会的技术性与虚拟性正在彻底摧毁传统现实物理社会共同犯罪意思联络与共同犯罪行为实施的理论，倒逼司法部门通过扩张解释缓和立法保护的真空与理论虚无。当前，"共犯正犯化"已成司法常态，并在立法层面上取得突破性进展，同时催生了网络片面共犯或处罚网络技术帮助行为、预备行为的实行化及独立处罚等应对路径。这既使得解决网络共同犯罪问题的路径充满新鲜元素，也为共同犯罪立法与理论变革埋下伏笔。宏观上看，为了总则和分则的协调性，总则应当增加网络共同犯罪的提示性规定，建议《刑法》第25条增加第3款："网络空间下的共同犯罪，本法有特殊规定的，依照特殊规定处理。"既充分回应刑法的最新修正，也为新情况留下缓冲余地。共同犯罪的立法改进是因应网络安全的必然反应，与（网络）预备犯的立法改良应齐头并进。这既弱化了"共犯正犯化"扩张解释方法裹挟的理论短板，也强化了对"共犯正犯化"实质内容的立法确认和司法体认，并夯实了网络安全的刑事保护法网。

第十四章
网络安全监管渎职罪的教义学理据与立法前瞻

全球网络安全形势愈演愈烈，国际社会高度重视网络安全监管工作，凸显了网络安全监管的基础性地位与意义。我国2016年《网络安全法》奠定了"强监管"的基本思路。[1]但网络安全监管渎职行为引发的安全问题，刑法理应考虑适时介入。继续沿用传统渎职犯罪规定不妥，应考虑新增独立的网络专属罪名。

一、网络安全监管渎职行为"入罪"呼之欲出

网络安全监管渎职行为严重威胁网络安全保障体系，对其予以犯罪化是现实需要。通过刑法修正案增设独立的网络安全监管渎职犯罪规定是必然选择。

（一）国家网络安全监管的当代使命

习近平主席在2018年全国网络安全和信息化工作会议上的讲话中指出，没有网络安全，就没有国家安全，就没有经济社会稳定运行，广大人民群众利益也难以得到保障。这是自上而下的基本共识，彰显了网络安全对国家整体安全的基础意义。《网络安全法》正是在此背景下颁布的，它作为我国网络法律体系的基本法和母法，是国家网络安全保障体系的制度基石与规范依据。

1. 国家网络安全监管的主导地位

在互联网发展与治理的初期，"去国家化"一度是主导声音。但是，随着网络安全成为全球性的重大挑战，尤其是网络安全已经演变为最新且最常见的非传统安全类型，并全面渗透国家安全、公共安全、社会秩序、个人权益等

---

〔1〕参见龙卫球："我国网络安全管制的基础、架构与限定问题——兼论我国《网络安全法》的正当化基础和适用界限"，载《暨南学报（哲学社会科学版）》2017年第5期，第1-3页。

领域，网络安全威胁凸显并上升为一种攸关国家安全的存续性威胁（Existential Threat），国家在互联网治理中的地位开始摆在更突出的位置。[1]易言之，互联网安全与威胁等问题的存在，为国家采取必要的非常措施进行应对提供了合法性依据，也直接大幅提升国家在互联网治理中的地位和作用。[2]例如，德国联邦、各州和行业协会均参与了互联网监管立法和机构设置，确立了以行政部门为主导的互联网监管体制。[3]目前，维护网络安全成为当代主权国家的全新课题，事关主权国家的政权安定、社会安全以及个体安全感。国家在互联网治理中的地位和作用显著提高，是传统安全议题在网络时代延伸的必然结果。

网络安全监管作为一项当代网络社会时代的重要国家新职责，不仅考验执政党的执政能力，也考验政府推进国家治理现代化建设过程中能否形成与时俱进的治理能力，更检验网络安全监管职能部门与国家工作人员是否可以"交出满意的答卷"。作为一项重要的法定职责，其不能停留于纸面之上，也不能缺乏执行的刚性。为此，《网络安全法》第8条首次明确规定我国网络安全监督管理部门的体制建构，彻底解决先前"九龙治水"的监管难题，具有划时代的意义。

2. 网络安全监管渎职的规制课题

2016年，习近平同志在主持召开"网络安全和信息化工作座谈会"上指出，要树立正确的网络安全观。网络安全不是孤立的而是共同的，维护网络安全是全社会的共同责任。因此，网络安全保障体系具有多元性与开放性。同时，2016年的《国家网络空间安全战略》（中央网络安全和信息化领导小组批准，国家互联网信息办公室发布）全面贯彻落实了习近平主席关于推进全球互联网治理体系变革的"四项原则"和构建网络空间命运共同体的"五点主张"，进一步阐述了我国网络空间发展和安全的重大立场，尤其表明了我国强化网络安全监管的决心。2017年12月，第四届互联网大会上大会组委会发布的《乌镇展望》指出，政府维护网络安全的职责愈发凸显，包括制定出台网络安全法律法规、打击网络犯罪与网络恐怖主义等。同时，国际组织、

---

[1] 参见[英]巴瑞·布赞、[丹]奥利·维夫、[丹]迪·怀尔德：《新安全论》，朱宁译，浙江人民出版社2003年版，第29-66页。

[2] 参见刘建伟："国家'归来'：自治失灵、安全化与互联网治理"，载《世界经济与政治》2015年第7期，第107页。

[3] 参见黄志雄、刘碧琦："德国互联网监管：立法、机构设置及启示"，载《德国研究》2015年第3期，第54页。

企业、技术社群、民间机构、科研院校、公民个人等主体也应在不同层面继续发挥作用，共同维护网络安全。这确立了国家主导下多元参与治理的网络安全观：尽管国家、社会、企业与个人都应当参与维护网络安全，但国家网络安全监管部门更应积极履行网络安全监管职责，切实担当和发挥网络安全保障体系的首要责任与主体责任。事实证明，网络安全监管的不足，已经成为重大网络安全隐患与危险的主要内因。例如，网络直播平台乱象丛生，除了主播和直播平台外，对直播平台的监管不力是重要原因；[1]强化政府监管并预防和减少网络不良信息传播，是预防网络诈骗犯罪的重要手段。[2]

强化网络安全监管是国际社会积极应对网络安全问题的必然选择。我国《网络安全法》第8条充分体现了"强国家监管"的网络安全治理观。但是，第8条的规定整体上仍较为宏观，立法配套规定及其措施未能及时到位，可操作性也相对不足，如发生职能冲突时的监管职责归属与配合执法等问题都有待明确。更实际的问题是，《网络安全法》虽然从宏观上解决了我国网络安全监管的体制与职能归属问题，但并未提供强力的法律责任规定，对违反规定的渎职行为，在追究法律责任上存在不足。特别是当代法律体系中的刑法，更应当前瞻性地研究违反《网络安全法》而构成网络安全监管渎职犯罪这一新问题。

(二) 传统渎职犯罪的网络代际落差与立法超越

在国际社会，网络安全问题已经上升到前所未有的高度，而国家作为维护网络安全的主导力量已是基本共识。我国早期的网络安全监管仍存在一些问题，[3]监管不规范、监督不力等情况还需进一步改进。但是，随着《网络安全法》的颁行，以及我国网络安全监管体制的正式确立，网络安全执法稳步提升，网络安全监管措施的威力与强度也会大幅提升。实际上，《网络安全法》奉行网络安全治理的强监管理念，在当今世界的网络安全专门立法中可谓独树一帜，以多层次、综合化的网络安全概念为基本面向，重在强化国家对网络安全的管制力与保障力。在此基础上，网络安全监管部门应明确监管主体地位及其职责，全面贯彻落实《网络安全法》等的规定。对于滥用网络

---

[1] 参见孙道萃："网络直播刑事风险的制裁逻辑"，载《暨南学报（哲学社会科学版）》2017年第11期，第69页。

[2] 参见杨永勤、季冬梅、梁月："强化监管防范网络盗窃"，载《检察日报》2018年2月23日，第3版。

[3] 参见王融："中国互联网监管的历史发展、特征和重点趋势"，载《信息安全与通信保密》2017年第1期，第52页。

安全监管职权或监管不作为的，不应纵容，其中情节严重的，应当严厉打击，并依法追究网络安全监管渎职犯罪的刑事责任。当然，这一前瞻性的立法考量与立法实现，在当前的情况下显得比较"超前"。

事实上，2012年的《全国人民代表大会常务委员会关于加强网络信息保护的决定》第10条、第11条规定，有关主管部门应当在各自职权范围内依法履行职责，采取技术措施和其他必要措施，防范、制止和查处网络信息违法犯罪行为。构成犯罪的，依法追究刑事责任。这首次较为明确地规定了网络安全监管渎职行为的刑事责任，但内容较为宏观，缺乏具体规定和配套措施。在新形势下，《网络安全法》第73条规定："网信部门和有关部门违反本法第三十条规定，将在履行网络安全保护职责中获取的信息用于其他用途的，对直接负责的主管人员和其他直接责任人员依法给予处分。网信部门和有关部门的工作人员玩忽职守、滥用职权、徇私舞弊，尚不构成犯罪的，依法给予处分。"该规定明确了网络安全监管主体违反监管职责的法律责任问题，但仅概括性地规定了网络安全监管渎职的刑事责任。严格地讲，《网络安全法》对网络安全监管渎职的法律责任，尤其是刑事责任的规定明显不足。更为重要的是，由于第73条的规定缺乏相应的专属性，而现行刑法又无直接对应的规定，对于网络安全监管渎职犯罪的，目前也只能援引一般性的"渎职罪"规定。易言之，目前只能援引1997年《刑法》第397条，根据滥用职权罪、玩忽职守罪两个一般性的罪名加以规制，并无预先规定的专门罪名，无法精准打击网络安全监管渎职犯罪。然而，对网络安全监管渎职犯罪破坏的网络法益、行为特征及危害结果的评价等新要素，套用传统渎职犯罪规定难免不适，不利于对网络安全监督渎职犯罪施加专门、科学的惩治，应规定新的专门网络罪名，发挥独立的刑法规制效果。由此也暴露了传统刑法理论与立法在网络时代所遭遇的"滞后"困境，更倒逼立法者考虑超越传统渎职犯罪规定，通过立法修正来正面回应网络时代的挑战。

对传统渎职犯罪规定作出网络化的修正势在必行，但对于独立罪名的设置路径，目前难有头绪。尽管如此，不妨以《刑法》增设的第408条之一作为范例。由于已有的渎职犯罪罪名体系存在一定的时代局限性，《刑法修正案（八）》将"加强民生的刑法保护"作为重要的立法目的，顺势增加第408条之一即食品监管渎职罪。此举对严厉打击食品安全监管渎职犯罪具有重要意义，进一步细化了渎职犯罪的罪名体系。这也为后续刑法修正提供了可资借鉴的先例。尽管1997年《刑法》在设置"渎职罪"一章时并无网络犯罪及网络安全监管犯罪问题，预先制定相关罪名客观上缺乏基础和条件。然而，在新情势下，为了强化有效履行网络安全监管职责，积极打击网络安全监管渎职犯罪，应考虑增设新的独立罪名。[1]

二、网络安全监管渎职犯罪的教义学叙说

网络安全的重要地位使其必然成为法律保护的对象，网络安全法益也随之确立。网络安全法益是发展的开放性概念，包括国家网络安全监管法益等在内。网络安全监管渎职犯罪作为一类新型（网络）渎职犯罪，以网络技术、网络时代、网络犯罪等新兴网络因素为前提，主要破坏国家网络安全监管制度及其正常运行安全。应当全面阐明破坏网络安全监管法益的新型网络渎职犯罪之罪质，从教义学层面明确该罪的基本内容，以便更好地对其作出前瞻性的立法规定。

（一）网络安全监管法益的本体释明

对于国家网络安全保障体系而言，健全的网络安全监管制度至关重要。它不仅是网络安全国家治理现代化体系中的核心部分，也是国家主导下网络安全保障体系中的领导力量，还是国家网络安全不受国外干扰和破坏的基本屏障。这决定了网络安全监管制度应当是独立的法益内容，应当受到网络刑法体系的保护。任何情节严重的网络安全监管渎职行为，都是与保护法益背道而驰的犯罪行为。

1. 网络安全监管法益的独立地位

只有明确网络安全监管部门负有法定的监管职责，才能确定存在刑法意义上的网络安全监管法益，进而才能认定存在渎职行为和确定刑事责任的归属。

所谓网络安全监管，是指《网络安全法》等法律法规规定的法定监管部门及其工作人员，应当依照法定程序，履行监管职责，维护网络安全、网络国家主权以及国家安全、社会公共利益，保护公民、法人和其他组织的合法权益。在"没有网络安全，就没有国家安全"的时代背景下，国家主导下的网络安全监管制度及其正常运行，对于国家网络安全保障体系有重大意义。这决定了网络安全监管法益在网络安全法益中的突出位置，而其主要内容大体包括：（1）建立健全网络安全的国家保障力量体系。网络安全事关国家主权和国家安全，因而网络安全需要一套强大的国家保障力量体系，其中，国

---

[1] 参见孙道萃："增设独立罪名惩治网络安全监管渎职犯罪"，载《检察日报》2018年7月1日，第3版。

家监管部门处于这条防线的前端,也是防御网络安全风险的国家屏障。(2)全面指导和监管网络服务运营者、提供者切实履行网络安全管理的主体责任与具体的法定义务。网络服务运营者、提供者是网络安全管理的基本主体。然而,完全由网络服务运营者、提供者自觉履行管理义务是不切实际的。需要通过正常引领、行政执法、业务指导、行政处罚等综合措施,督促网络服务运营者、提供者积极履行网络安全管理义务。(3)及时应对和处置网络安全事件和防范网络安全风险。近年来,网络安全突发事件频发。国家网络安全监管部门第一时间介入,控制事态,挽回损失,尽快修复并使之回归正常的网络运行状态;同时,国家监管部门应当统筹指导各方力量,积极参与风险防控工程,共同预防网络安全风险。(4)对外负责网络安全的国际治理合作工作。防止域外对我国网络安全的干扰或破坏,依法打击涉外网络安全违法犯罪行为,组织或指导开展网络刑事治理领域的国际司法合作。

由上可知,在互联网时代,任何国家的网络安全保障制度都是一个庞杂的系统性工程,由国家主导的网络安全监管制度具有举足轻重的作用,可以认为是网络安全保障的主导力量与基础制度,而且它具有显著的官方性、组织性、系统性与全局性等特征。网络安全监管制度不仅需要积极引导社会各方正确参与网络安全治理这一巨大工程,也肩负着指导互联网业界建立网络安全管理制度与切实履行网络安全管理的主体责任,同时需要维护广大网民的上网安全,更对一系列网络违法违规与犯罪行为发挥重要的法律制裁作用,还需通过参与国际互联网治理来维护我国的网络安全、网络空间主权。在此背景下,国家网络安全监管制度作为一项新型的国家安全管理制度内容,在网络时代应具有完全独立的内容与地位,刑法应对其给予专门的保护。

2. 网络安全监管法益的内容

关于传统渎职罪侵犯的客体(法益),有的认为是简单客体,也即国家机关的正常管理活动。[1]但也有主张是复杂客体,认为是国家机关的正常活动以及公民和社会组织的人身权、财产权及其他合法权益。[2]这两种看法均有其道理,毕竟任何行政监管渎职行为都不是独立存在的,必然同时会对行政相对人以及社会公共利益产生危害;或者说,"公共利益"作为次要客体,概

---

[1] 参见高铭暄、马克昌主编:《刑法学》,法律出版社、高等教育出版社2016年版,第643页。

[2] 参见赵秉志、吴大华:《新刑法典罪名及司法解释要义》,中国人民公安大学出版社1998年版,第502页。

括性地表述了渎职行为与其所引发的危害结果之间的因果关系；[1]而且，"公共利益"整体上也属于国家的政策安排与管理活动对象。因此，单一客体与复合客体在内容上并无实质差异，只是对保护的对象予以类型化的区分，从而使保护的侧重点也有所差异罢了。

网络安全监管渎职行为所侵犯的直接客体，也面临着相似的问题，它直接或主要侵犯的是国家网络安全监管体制及其正常运行以及国民对此的预期，在对国家网络安全造成危害结果时，也侵犯了社会公共利益、公民合法权益。易言之，网络安全监管渎职行为，既直接侵犯国家正常的网络安全监管制度与管理活动，也必然从整体上破坏相关的其他法益内容。此乃渎职犯罪的基本特性。

网络安全法益与网络安全监管渎职等都是法定的新生事物，严重的网络安全监管渎职犯罪是网络法定犯，其所侵犯的法益也具有法定性。因而，从《网络安全法》等网络法律法规的规定出发，可以动态地、综合地确定网络安全监管法益的主要内容及其表现形式。具体而言：（1）《网络安全法》的基本规定。《网络安全法》第1条规定："为了保障网络安全，维护网络空间主权和国家安全、社会公共利益，保护公民、法人和其他组织的合法权益，促进经济社会信息化健康发展，制定本法。"这是国家网络安全监管体制以及监管部门的日常管理制度，从宏观上明确了我国网络安全法律体系的立法初衷，也从不同层次明确了其所保护的网络安全法益，主要可以分为三个层次：一是维护网络空间主权和国家安全、社会公共利益；二是保护公民、法人和其他组织的合法权益；三是促进经济社会信息化健康发展。相应地，网络安全监管制度作为国家对网络安全、网络社会秩序等法益的正式保障制度，决定了其时代使命正是对网络安全法益保障体系的"官方监督与保障"，确保网络安全及其保障体系在国家的监管体系下得以正常运行。如此一来，《网络安全法》确定的网络安全法益及其内部结构，原则上也成为确定网络安全监管法益的前提和基础，前后者之间是具有密切联系的一个整体。基于《网络安全法》的基础规定，刑法意义上的网络安全监管法益，是指保障网络安全的国家管理制度及其正常运行，以及社会、公民对国家网络安全监管工作的信任。（2）网络安全监管法益的主要形式。从《网络安全法》的规定看，网络安全监管部门的安全管理制度在当前主要表现为以下三个方面：一是网络运行安

---

[1] 参见蒋熙辉："滥用职权罪相关问题之思考"，载《中国刑事法杂志》2000年第5期，第46页。

全的管理制度，特别是关键信息基础设施的运行安全。习近平总书记在"网络安全和信息化工作座谈会"上指出，关键信息基础设施是经济社会运行的神经中枢，是网络安全的重中之重；二是网络信息安全的管理制度；三是网络安全监测预警与应急处置的管理制度。这三个方面是信息网络时代下的网络安全的主要内容，是网络安全监管行为的主要对象和网络安全监管制度的主要组成部分，也是网络安全监管渎职的高发区域。对此，《国家网络空间安全战略》也基本保持了一致的立场与要求，同时特别指出，基于国家关键信息基础设施事关国家安全、国计民生，要坚持"关键信息基础设施保护是政府、企业和全社会的共同责任"，并对主管部门提出了依法完善保障措施、风险评估等一揽子要求。由上可见，这三个方面是国家网络安全监管制度的主要对象，特别集中地反映了网络安全监管的主要工作形式，今后还将有所发展。

(3) 网络安全监管法益的更新。在颁布《网络安全法》的同时，国家互联网信息办公室作为牵头机构，同时联合其他职能部门，持续发布新的网络法律法规规章等规范性文件。这些持续更新的网络法律法规以及规章制度，既细化了《网络安全法》的规定，也根据网络安全形势的发展扩充了不同领域的网络安全保障制度。目前，主要包括网络系统运行安全、网络数据安全、信息网络安全、网络平台安全、网络内容安全、网络运营安全、网络服务安全、网络建设与运营基础设施安全、网络空间管理安全等内容。网络安全法益的变动，使网络安全监管对象与法益也发生变动，既丰富了我国网络安全监管制度的本体内容，也充实了我国网络安全监管渎职犯罪所要保护法益的范围。

3. 网络安全监管渎职行为的类型

虽然立法仍处在发展状态，但根据《网络安全法》及相关法律规定，网络安全监管职责、网络安全监管渎职行为具有法定性。网络安全监管职责整体上反映了网络安全监管的基本方式，通过类型化可以进一步确定网络安全监管渎职行为的类型。

首先，通常认为，传统刑法意义上的渎职行为可以分为作为和不作为两种，前者典型的是滥用职权，[1]后者典型的是玩忽职守。其中，滥用职权主要包括两种：一是超过职权，违法决定、处理其无权决定、处理的事项。包括横向越权、纵向越权和内部越权。二是违反规定处理公务。另有观点认为，"滥用职权"的判断关键是滥用行为和职权界定，滥用的表现形式应当包括超

---

[1] 参见张小虎："论我国刑法滥用职权罪的实行行为"，载《法学杂志》2009年第11期，第26页。

越职权和不正当行使职权两种,超越职权系指无权而行使职权,不正当行使职权是指有权而违反规定行使。[1]这些观点大同小异,差异是对"违反规定"不当行使的具体判断标准问题。而玩忽职守,是指严重不负责任,不履行(擅离职守或在岗不履行)或不正确履行职责(履行职务过程中的差错、决策失误、采取措施不及时或不得力等)。在实践中,对玩忽职守的主要表现情形及其认定也存在不少争议。基于此,渎职行为基本上可以分为两大类。但实践中的问题在于:一是滥用职权和玩忽职守的界限并非完全分明,特别是在同时考虑主观罪过究竟是故意、过失还是复合罪过时,这种区分方法的司法意义可能会有所下降;二是在认定滥用职权或玩忽职守时,对其实质内容与主要表现形式存在不同看法,特别考虑到行政管理具有一定的裁量性、相对性与政策性等特点,导致对渎职行为的认定在实践中变得尤为复杂。

其次,对于网络安全监管渎职行为的主要类型而言,传统的渎职行为类型结构具有一定的参照意义,分为网络滥用职权与网络玩忽职守两种类型是可取的,但也面临相同的问题。与此同时,考虑到这两类犯罪存在较大差异,尚需创新性地结合网络安全监管渎职犯罪的内在特征作出更符合时代要求的界定,通过类型化的分析,使新的分类更好地用于界定网络安全监管渎职行为。这里尤其需要强调的是,网络安全监管渎职犯罪是典型的网络法定犯,是以《网络安全法》等网络法律法规所明确规定的网络安全监管职责为前提的。基于此,可以从网络法律法规所规定的法定职责类型出发,结合有关监管部门的职责规定的法理属性,重新认识网络安全监管渎职行为的主要类型。概言之:(1)违反强制性的职责规定。这是指"必须为之"的强制性法定职责,是常见的监管职责类型,在网络法律体系中都有体现,也注定是主要的监管渎职情形。例如,《网络安全法》第45条规定,依法负有网络安全监督管理职责的部门及其工作人员,必须对在履行职责中知悉的个人信息、隐私和商业秘密严格保密,不得泄露、出售或者非法向他人提供。2017年国家互联网信息办公室公布的《互联网新闻信息服务管理规定》第19条规定,国家和地方互联网信息办公室应当建立日常检查和定期检查相结合的监督管理制度,依法对互联网新闻信息服务活动实施监督检查。应当健全执法人员资格管理制度,应当依法出示执法证件。第21条规定,国家和地方互联网信息办公室应当建立互联网新闻信息服务网络信用档案,建立失信黑名单制度和约

---

[1] 参见江岚、祝炳岩:"滥用职权罪中'滥用职权'再析",载《中国刑事法杂志》2013年第11期,第49页。

谈制度。网络安全监管部门违反上述具有强制性的规定，是渎职行为，而且通常是滥用职权行为，情节严重的，应当依法追究刑事责任。（2）违反授权性的职权规定。这是指需要获得立法机关与行政机关或宪法、基本法律授权，才"可以或应当为之"的一种具有权限性的职责规定。例如，《网络安全法》第58条规定，因维护国家安全和社会公共秩序，处置重大突发社会安全事件的需要，经国务院决定或者批准，可以在特定区域对网络通信采取限制等临时措施。2017年国家互联网信息办公室公布的《互联网新闻信息服务许可管理实施细则》第2条规定，国家和省、自治区、直辖市互联网信息办公室实施互联网新闻信息服务许可，适用本细则。这些是授权性规定，监管部门在具体履行职责时具有一定的自由度，但不得与上位的授权性规定相冲突，网络安全监管部门违反授权性规定的，既是其刑事违法性的重要判断依据，也是渎职行为的具体体现，实践中可以是滥用职权行为，也可以是玩忽职守行为。（3）违反程序性的职责规定。这是指网络安全监管需要遵循法定程序的职责规定，其是与监管权限相配套的程序规定。例如，2017年国家互联网信息办公室公布的《互联网信息内容管理行政执法程序规定》第3条规定，互联网信息内容管理部门实施行政执法，应当遵循公开、公平、公正的原则，做到事实清楚、证据确凿、程序合法、法律法规规章适用准确适当、执法文书使用规范。这属于典型的监管程序性规定，专门规定网络安全监管部门的执法程序，是判断是否渎职的重要规范依据，具体可以是滥用职权或玩忽职守。（4）违反行政裁量性的职责规定。网络安全监管是一项新生事物，需要赋予监管部门适当的行政裁量权限，避免僵硬执法与机械监管。这也催生出具有裁量属性的行政监管职责规定。例如，2015年国家互联网信息办公室公布的《互联网新闻信息服务单位约谈工作规定》第2条规定，国家互联网信息办公室、地方互联网信息办公室建立互联网新闻信息服务单位约谈制度。约谈，是指在互联网新闻信息服务单位发生严重违法违规情形时，约见其相关负责人，进行警示谈话、指出问题、责令整改纠正的行政行为。第3条规定，地方互联网信息办公室负责对本行政区域内的互联网新闻信息服务单位实施约谈，约谈情况应当及时向国家互联网信息办公室报告。这些都是行政裁量性规定，是一种行政监管中的软性措施。但对于严重违反且造成危害结果的，则应当认定为网络安全监管渎职犯罪行为。

综上，根据网络安全法律法规的情况，目前主要存在四种不同的网络安全监管职责规范的表述，分别是强制性规定、授权性规定、程序性规定以及裁量性规定。相应地，违反这些规定的网络安全监管渎职行为也至少存在四种情形。但是，这四种行为也可以同时或个别地表现为滥用职权或玩忽职守。因为网络渎职行为的犯罪本质特征暂时仍未改变，传统理论在网络时代同样具有指导意义。只是从具体的网络安全监管义务规定的表述出发，确定网络安全监管渎职行为的主要类型，更符合网络时代的发展趋势，更能反映网络安全监管的实际情况。

(二) 网络安全监管渎职犯罪的主体内涵

相比于传统渎职罪的犯罪主体，网络安全监管渎职犯罪的主体有其特殊性，既因我国网络安全监管体系不同，也因具体监管人员的职责要求不同。应立足网络安全监管渎职犯罪的特殊性，准确拟定这类新型犯罪的主体及其范围。

1. 我国网络安全监管机构的体制格局

传统渎职犯罪的行为主体是"国家机关工作人员"。而该要件的认定，一直都是渎职犯罪司法认定的首要难题。网络安全监管体制、机构设置以及职能配置都具有特殊性，需要遵循网络安全法律体系规范与网络安全监管制度的内在需求，重新判断"网络监管"意义上的国家机关及其工作人员的具体范围。

以《网络安全法》为原点，我国网络安全法律体系不仅宏观上已经建立了网络安全监管体制，也同时通过其他网络法律法规细化了具体领域的监管主体。目前，大体上分为两个层次：(1) 顶层设计即中央网络安全和信息化领导小组、国家互联网信息办公室。2011年5月4日，经国务院同意，国家互联网信息办公室正式成立。[1] 2014年2月27日，中央网络安全和信息化领导小组成立。[2] 中央网络安全和信息化领导小组办事机构即中央网络安全和信息化领导小组办公室，由国家互联网信息办公室承担具体职责。更重要的是，《国务院关于授权国家互联网信息办公室负责互联网信息内容管理工作的通知》(国发〔2014〕33号) 明确规定，为促进互联网信息服务健康有序发展，保护公民、法人和其他组织的合法权益，维护国家安全和公共利益，授权重新组建的国家互联网信息办公室负责全国互联网信息内容管理工作，并

---

[1] 主要职责包括落实互联网信息传播方针政策和推动互联网信息传播法制建设，指导、协调、督促有关部门加强互联网信息内容管理，依法查处违法违规网站等。

[2] 该领导小组着眼国家安全和长远发展，统筹协调涉及经济、政治、文化、社会及军事等各个领域的网络安全和信息化重大问题，研究制定网络安全和信息化发展战略、宏观规划和重大政策，推动国家网络安全和信息化法治建设，不断增强安全保障能力。

负责监督管理执法。如此一来，《网络安全法》第8条所规定的国家网络安全监管的领导机构与主导力量，其实就是指合署办公的中央网络安全和信息化领导小组即国家互联网信息办公室。(2)"一体二轨"的监管体制。《网络安全法》第8条规定："国家网信部门负责统筹协调网络安全工作和相关监督管理工作。国务院电信主管部门、公安部门和其他有关机关依照本法和有关法律、行政法规的规定，在各自职责范围内负责网络安全保护和监督管理工作。县级以上地方人民政府有关部门的网络安全保护和监督管理职责，按照国家有关规定确定。"据此可知，我国独立的网络安全监管体制与制度体系，是以国家网信部门为主导并负责统筹协调，以国务院相关部门的具体主管为基础，是自上而下的网络安全监管体系，是一种主次分明、上下协同的"一体两轨"的综合监管体制。例如，2016年国家互联网信息办公室公布的《互联网直播服务管理规定》第4条规定，国家互联网信息办公室与地方互联网信息办公室分别负责全国和本行政区域内的互联网直播服务信息内容的监督管理执法工作，各级互联网信息办公室应当建立日常监督检查和定期检查相结合的监督管理制度等。国务院相关管理部门依据职责对互联网直播服务实施相应的监督管理。[1]该规定是对《网络安全法》第8条规定的"一体两轨"网络安全监管体制的具体贯彻和落实，也充分显示了我国网络安全监管主体具有特殊性，并随着监管任务的改变而不断发展。

2. "国务院电信主管部门、公安部门和其他有关机关"的范围

整体上看，关于"国务院电信主管部门、公安部门和其他有关机关"的表述分析如下。一是"公安部门"。这一表述是较易确定的，并应当包括国家安全部门。二是"国务院电信主管部门""其他有关机关"。这一表述具有一定的抽象性与变动性。关于"国务院电信主管部门"，根据2014年《电信条例》第3条和2016年《电信条例》第3条的规定，是指"国务院信息产业主管部门"，而这应当主要是指"工业和信息化部"下属的"信息通信管理局"。[2]三是"其他有关机关"。这一表述具有显著的开放性。按照"一体两轨"的设置规律，原则上可以是国务院与地方的任何相关机构，但以负有网络安全监管职责为前提。基于此，在理解"国务院电信主管部门、公安部门和其他有关机关"时，既要同步结合网络立法的最新变化，增加、调整或删除部分监管主体；也应适度地扩张解释，以便适应一些新情况，避免频繁出

---

[1] 其他由国家互联网信息办公室发布或联合其他部委机关发布的网络规范性文件基本如此。

[2] 以2008年、2018年国家部委机构改革为准。

现"立法滞后"的现象。这客观上隐含了兜底条款的立法意图，因而对于该规定所指的具体范围，原则上应当具体问题具体分析。

这里通过举例的方式予以说明：（1）《公开募捐平台服务管理办法》，2016年8月由民政部、工业和信息化部、国家新闻出版广电总局、国家互联网信息办公室共同印发。从其第7条、第11条的规定看，各级民政部门负责处理慈善组织在使用公开募捐平台服务中的违法违规行为。从其第12条、第13条的规定看，国务院及地方各级广播、电视、报刊及互联网信息内容管理部门、电信主管部门以及各级民政部门是相互协同的监管部门。（2）《网络借贷信息中介机构业务活动管理暂行办法》，2016年8月由中国银行业监督管理委员会（已撤销）、工业和信息化部、公安部、国家互联网信息办公室共同公布。从其第2条第3款的规定看，地方金融监管部门是指各省级人民政府承担地方金融监管职责的部门。从其第33条规定看，国务院银行业监督管理机构及其派出机构负责制定统一的规范发展政策措施和监督管理制度。（3）《互联网危险物品信息发布管理规定》，2015年2月由公安部、国家互联网信息办公室、工业和信息化部、环境保护部、国家工商行政管理总局、国家安全生产监督管理总局共同印发。从其第13条的规定看，各级公安、网信、工业和信息化、电信主管、环境保护、工商行政管理、安全监管等部门在各自的职责范围内依法履行职责，共同防范危险物品信息发布的违法犯罪行为。这说明在理解"国务院电信主管部门""其他有关机关"时，应当结合具体的网络安全法律法规进行认定和判断。

此外，要区分国家网络安全监管主体与网络服务提供者作为管理主体的实质差异。例如，2017年国家互联网信息办公室公布的《互联网新闻信息服务单位内容管理从业人员管理办法》第3条规定，互联网新闻信息服务单位，是指依法取得互联网新闻信息服务许可，通过互联网站、应用程序、论坛、博客、微博客、公众账号、即时通信工具、网络直播等形式向社会公众提供互联网新闻信息服务的单位。从中可以看出，互联网新闻信息服务单位是网络行政监管管理的行政相对人，与有关网络信息内容的网络安全监管部门是"相对"的主体关系，是监管与被监管的行政法律关系。

3. 网络安全监管部门中的国家机关工作人员及范围认定

关于渎职犯罪的行为主体范围的问题，一直都是理论界和实务界广泛讨论并富有争议的内容。渎职犯罪的主体是特殊主体，只能是"国家机关工作人员"。根据《刑法》第93条第1款的规定，本法所称的国家机关工作人员，是指国家机关中从事公务的人员，而不包括其他"国家工作人员"，也即渎职犯罪的主体只能是狭义的"国家工作人员",排除了在国家机关中从事劳务的人员。但是,《全国人民代表大会常务委员会关于〈中华人民共和国刑法〉第九章渎职罪主体适用问题的解释》指出,在依照法律、法规规定行使国家行政管理职权的组织中从事公务的人员,或者在受国家机关委托代表国家机关行使职权的组织中从事公务的人员,或者虽未列入国家机关人员编制但在国家机关中从事公务的人员,在代表国家机关行使职权时,有渎职行为,构成犯罪的,依照刑法关于渎职罪的规定追究刑事责任。这又采取了扩张的立场。基于此,渎职罪的犯罪主体,是指在国家各级立法机关、各级行政机关、各级司法机关、各级军事机构中从事公务的人员,不包括在国有公司、企业中从事公务的人员,但不排除非国家机关工作人员的存在。在判断行为人是否属于国家机关工作人员时,既要考虑特定身份,也要考虑从事活动的内容及其根据是否具有"执行公务"的实质特征。[1]

这些共识对确定网络安全监管渎职犯罪主体仍有一定的借鉴意义,但也应当回到网络安全监管制度本身,尊重网络时代的特征,单独讨论和确定这类犯罪主体的范围。简言之:一是在传统的"职务说"与"身份说"的争议中,仍应以"职务说"为基本原则,并兼顾"身份说"的主张,全面审查和判断网络监管主体的监管资格,从而建立起实质解释的基本立场。二是充分贯彻发展性原则。可以预见的是,我国网络立法正处在迅猛发展的活跃期,网络立法活动持续增量,将不断细化《网络安全法》的规定,一些新兴或具体的网络安全监管主体也将陆续出现,必然使得网络安全监管渎职犯罪主体的范围呈现为持续修正的状态。

当前,在认定网络安全监管渎职的犯罪主体时,还需要特别注意三个方面:(1)上下级。2016年国家互联网信息办公室公布的《移动互联网应用程序信息服务管理规定》第3条规定,国家互联网信息办公室与地方互联网信息办公室分别负责全国与本行政区域内的移动互联网应用程序信息内容的监督管理执法工作。(2)委托第三方。2017年国家互联网信息办公室公布的《互联网新闻信息服务新技术新应用安全评估管理规定》第4条规定,国家和省、自治区、直辖市互联网信息办公室可以委托第三方机构承担新技术新应用安全评估的具体实施工作。2017年国家互联网信息办公室公布的《网络产品和服务安全审查办法(试行)》(已失效)第5条规定,国家互联网信息办公室会同有关部门成立网络安全审查委员会。第7条规定,国家依法认定

---

[1] 参见张明楷:《刑法学》(下),法律出版社2016年版,第1238页。

网络安全审查第三方机构，承担网络安全审查中的第三方评价工作。（3）行业组织。2016年中国银行业监督管理委员会、工业和信息化部、公安部、国家互联网信息办公室共同发布的《网络借贷信息中介机构业务活动管理暂行办法》第34条规定，中国互联网金融协会从事网络借贷行业自律管理，并履行法律法规和网络借贷有关监管规定赋予的职责。又如，2016年国家互联网信息办公室公布的《互联网信息搜索服务管理规定》第4条规定，互联网信息搜索服务行业组织应当建立健全行业自律制度和行业准则，指导互联网信息搜索服务提供者提供规范的服务。对于这三种特殊情形，在确定是否属于"国家机关工作人员"的犯罪主体资格时，其一般标准为：一是从《网络安全法》确定的监管体制看，上下级这种情形，并不实质影响网络安全监管主体资格的判断，派出机构原则上也在其内；二是对于委托第三方和行业组织的情形，只要符合《刑法》第93条的规定以及司法解释的本意，实质性履行网络安全监管职责的，都可以作为本罪的犯罪主体。无论如何，不应单纯唯"身份论"，而应将是否真正负有监管职责作为实质依据。

（三）犯罪性质与因果关系的网络化延拓

按照传统渎职犯罪的理论构造与行为逻辑，其罪质为情节犯，因而，实践中需要解决渎职行为与危害结果之间的因果关系。对于网络监管渎职犯罪而言，情节犯的罪质界定更合理，但面临新型网络因果关系认定的挑战。

1. 网络情节犯的犯罪性质定位

从传统渎职犯罪的规定看，单纯实施了破坏国家管理制度的渎职行为并不够，同时还需要达到"情节严重"或"致使公共财产、国家和人民利益遭受重大损失"的危害程度。这就明确了渎职犯罪是情节犯（结果犯、实害犯等）的罪质属性。

之所以如此，是因为国家机关工作人员实施的渎职行为，不仅首先破坏了国家的正常管理活动，同时也破坏了公务行为的正当性、合理性、有效性以及国民对此的信赖，对后者的破坏更严重危害国家正常的管理活动。因此，渎职犯罪侵犯的客体具有双重性。国家的正常管理活动遭到破坏，实际上表现为两个递进的层次，既包括国家的正常管理制度本身，也包括国家管理行为对行政相对人的合法权益的各种损害。在此基础上，渎职行为所造成的刑法意义上的危害结果，呈现为递进的逻辑：一是破坏国家机关的公务活动管理及其正当、合理、有效的执行。这是对渎职行为的规范判断，其实是一种抽象的危害结果，同时依赖后一个层次的危害结果进行实质判断。二是公民与社会以及国家因渎职行为而遭受到的相关损失。这是渎职行为所必然引发的危害结果。因为从行政法律关系的构造看，渎职行为并非独立存在，必然对行政相对人以及社会、国家造成一定的损失。

相应地，网络安全监管渎职行为违反了国家规定，破坏了国家网络安全监管制度与工作，更将网络安全置于高度危险境地，并对网络建设者、运营者、服务者以及使用者的合法利益造成了严重危害。这揭示了渎职犯罪所侵犯的客体具有双重递进的基本属性。因而，应将网络安全监管渎职犯罪的罪质界定为情节犯。同时，情节犯的罪质定位，也对科学确定该罪的追诉情形具有直接的引导作用。

2. 网络型因果关系的异变与展开

渎职犯罪因果关系的认定历来是司法适用的难点。因为"重大损失"的结果通常并非是渎职行为本身造成的，而是渎职行为作为滥用公权力行为引发的危害结果；而且，往往并非系渎职行为全部直接造成的，还包括间接造成的情形，甚至是一些抽象的间接危害结果。[1]易言之，具体的渎职行为作为实行行为，与所导致的后续危害结果之间，原则上具有相对的独立性。但《刑法》第397条规定必须达到"重大损失"的结果，进而造成了渎职犯罪的因果关系认定问题。从渎职犯罪的内部构造可以看出，仅实施渎职行为，但未造成严重的危害结果的，首先违反了《公务员法》等法律，同时也违反党纪党规规定，但这些并不由刑法来调整，往往不能作为犯罪论处，除非渎职行为达到情节严重的程度。基于此，实施的渎职行为与其所引发的"致使公共财产、国家和人民利益遭受重大损失"的因果关系问题，既是渎职犯罪的成立条件，也必然是渎职犯罪司法认定的常态证明难题。

相应地，网络监管渎职行为与破坏"网络安全监管法益"的结果之间，也必须存在网络犯罪语境下的新型"刑法因果关系"。但在网络犯罪的语境下，由于危害行为与危害结果等都大不相同，因果关系也必然发展出新的特征，具体而言：（1）网络安全监管的技术性、专业性要求提高，倒逼监管主体的水平提升，渎职的规范判断难度系数递增。一直以来，网络技术具有相当的专属性，往往掌握在特定少数人手中。即使逐渐普及和应用，但一般人对技术的"可控制性"并不高。对于网络安全监管人员而言，"技术门槛"始终存在。由于监管的技术性、专业性要求显著提高，导致监管要求、监管能力随之攀升。继而，监管主体可能因自身技术不足、认识不够、能力不强

---

[1] 参见陈洪兵："渎职罪理论与实务中的常见误读及其澄清"，载《苏州大学学报（法学版）》2015年第4期，第70页。

等问题，难以同步适应"对技术风险进行有效监管"的职责，使"严重不负责任"与"监管能力的客观不足"之间的区分界线变得模糊。同时，也意味着在对监管人员的认识能力进行判断时，应符合国家或行业标准而非一般人的标准；对确实属于技术水平限制或客观上的能力不足的，在意志因素的认定上，也应予以排除认定。（2）网络安全监管危险的潜伏性、隐蔽性与蔓延性相对凸显，监管渎职危害结果的滞后性、复杂性增加，加剧了刑事归责的时空难度。首先，实施网络安全监管渎职行为后，对网络安全监管法益的侵害，可能无法立即显现出来，而往往具有潜伏性等特征。这是因为网络安全监管实质上是对不同程度的技术失范行为及其危险的监控与治理，而技术被滥用作为一种人为危险，其出现的时机不同于传统工业革命的情形，易变性与不可控性更明显，导致危险的潜伏性、隐蔽性等"非可控因素"明显增大，前因后果之间的时空链条被拉长。其次，对网络安全监管法益的侵害状态，由于技术本身具有虚拟性与不可视性，进而可能使技术危险结果或危险状态更缺乏可视性、可评估性，人类通过肉眼等传统方式，判断危害结果或危险状态时更为困难。在运用逻辑规则作出判断时，渎职行为与危险结果之间的时间跨度更大、内在联系变微弱。这意味着判断网络安全监管渎职犯罪中的因果关系，完全套用现有的规则未必可行，需要一套与之相适应的新规则体系。最后，互联网时代的技术危险具有一定的蔓延性，相互感染的危险系数相对提高，所引发的危害结果或危险状态也具有相当的发散性。这客观上使"一因多果"或"多因一果"以及"多因多果"等现象更容易出现，甚至相互交叉的情形大幅增加，进一步模糊了因与果之间的联系性程度，增加了识别与判断的难度，传统因果关系理论与判断规则的失灵在所难免。（3）网络安全监管渎职行为与法益侵害之间的必然性或唯一因果性联系降低。按照传统刑法理论，常见的必然因果关系是容易被认识和判定的。但是，由于网络安全监管渎职行为具备一系列新的特征，直接导致网络安全监管渎职行为与法益侵害之间的必然性联系显著降低。或者说，相比于传统渎职犯罪中的因果关系往往表现为确定的必然性、极其高度的概然性、可以排除合理怀疑地确信的紧密联系等不同类型，网络安全监管渎职犯罪中的因果关系变得更模糊、更微弱和更不确定。进而，刑法意义上的因果关系在认定时，更复杂、更困难。网络安全监管渎职犯罪是典型的法定犯和情节犯，司法认定面临着更艰巨的挑战。

基于此，急需思维转变与理论转型，由因果性到关联性的本质蜕变顺理成章。在网络时代，技术的"超人类性"特征尤为凸显，技术内在的虚拟性或不可视性,以及主体滥用的随意性、不确定性与可替代性等,均导致网络安全监管渎职行为、网络安全监管法益的内外表现形式,呈现明显的独立特征。为了更契合网络时代的技术特质,同时避免因果关系及其认定成为阻碍网络安全监管渎职犯罪在实践中的"过高门槛障碍",可以考虑将传统现实物理社会的因果关系调整为网络犯罪时代的关联性。所谓"关联性",是指降低行为与结果之间的"必然性及其程度",同时强化行为与结果之间的复杂关系。具有网络意义上的相关性,则通常认为具有网络犯罪意义上的因果性,都可以纳入因果关系的判断,并根据网络犯罪时代特有的判断规则,最终实质决定最接近或最合理的引起与被引起的关系。以关联性为核心关键词,既可以适度降低以必然或直接为主要类型的因果关系对"度量"的要求,避免因要求过高或无法证明因果关系,使网络安全监管渎职犯罪的立法目的落空;同时,关联性作为判断归责基础是否存在的关键词,或者说作为因果关系判断的焦点,只是定罪和追究刑事责任的一个内容,并不必然意味着入罪门槛被过度降低,甚至变成恣意入罪。反而,这种主动求变是现实需要的反映,但在认定和具体判断时需要根据一套科学且严谨的规则进行操作。在认定网络犯罪中的关联性条件时,应将合理且便于认定网络(安全监管渎职)犯罪中行为与结果的"归责性"作为基本目标,结合刑事诉讼法的相关规定,根据不同的案件类型、危害程度、审判程序等,确立层次合理、体系科学的判断规则,具体地解决网络安全监管渎职犯罪的关联性认定难题,以防止宽泛化的司法倾向。目前,推定制度的适度运用,有助于缓解在认定网络因果关系上的一些阻力。[1]

(四)主观罪过的网络化释义

关于渎职犯罪(主要是指《刑法》第 397 条规定的滥用职权罪和玩忽职守罪)的主观罪过,理论上的争议不断。例如,有观点认为,在滥用职权罪中,对所实施的行为持故意,对结果是放任或轻信过失难以确定的,应直接认定为故意。[2]另有观点认为,从实然看,滥用职权罪是过失犯罪,但从应然看,滥用职权罪应当是故意犯罪。[3]对于玩忽职守罪的主观罪过,通常认

---

[1] 参见魏颖华:"渎职罪司法认定中的因果关系与归罪模式",载《人民检察》2017 年第 8 期,第 10 页。

[2] 参见张克文、齐文远:"论滥用职权罪的罪过形式——从立法与实践的角度分别探讨",载《河南省政法管理干部学院学报》2002 年第 2 期,第 33 页。

[3] 参见周长军、汪雷:"错位与归位:滥用职权罪立法的检讨与重构",载《法学论坛》2005 年第 5 期,第 99 页。

为是过失，[1]但不乏主张可以是故意的观点。[2]这种故意与过失并存的局面，在不涉及立法体例等因素的前提下，与渎职犯罪的客体层次、行为构造、因果关系及归责方式等息息相关。展开而论：（1）渎职犯罪的客体具有层次性。既包括渎职行为本身对正常管理秩序的破坏，也包括渎职行为对行政相对人、社会与国家的破坏。从认识因素上看，认识的事实对象包括两类；从意志因素上看，需要控制的内容也包括两类。在实践中，监管主体对这两个层次的认识因素与意志因素，可能分别表现为故意或过失。（2）行为构造具有梯度性。从法律关系上看，渎职行为首先包括纯粹的渎职行为，也包括渎职行为实施后所形成的连锁行为及其引发的危害结果。关于后者的认识因素与意志因素，同样存在故意和过失的不同组合情形。（3）因果关系具有复杂性。在渎职犯罪中，因果关系也具有双重性，这是对主观罪过的复杂性的客观反映，充分印证了主观罪过的差异对其他构成要件要素的"影响力"。

对于网络安全监管渎职犯罪而言，在确定主观罪过问题上，也面临相似的难题。具体而言：（1）不同于特殊或法定的渎职过失犯罪，如环境监管失职罪，它被设定为一种严重不负责任的行为，主观罪过只能是过失，原因在于环境犯罪中的因果关系具有高度的复杂性，特别是具有潜伏性、多因性、扩展性等，[3]设定为故意犯罪可能导致证明难度过高并使该罪缺乏可操作性。相比之下，网络安全监管渎职犯罪，与食品监管渎职罪这种特殊的新型渎职犯罪更接近，均体现了立法者对某类犯罪接近于"零容忍"政策的态度，也体现了立法者对这类犯罪的"预防性"立法思维，设置为故意犯罪是对其主观恶性的惩治，设置为过失犯罪是对其高度危险的预防性确认。从实践看，食品监管渎职行为既可能表现为滥用职权，也可以表现为玩忽职守，因而该罪的主观方面可以是故意，也可以是过失。[4]这对设置《刑法》第408条之二的主观罪过类型具有更直接的参考意义，因为食品安全监管法益与网络安全监管法益具有高度的相似性，刑法在保护相似法益时可以相互借鉴；更重

---

[1] 参见王志祥、敦宁："科学把握滥用职权罪与玩忽职守罪的区分标准——以闫某玩忽职守案为例的分析"，载《学习论坛》2011年第7期，第65页。

[2] 参见单民、杨建军："玩忽职守罪立法研究——以'小官巨贪'现象为逻辑起点"，载《河南社会科学》2012年第1期，第32页。

[3] 参见杨继文："污染环境犯罪因果关系的证明"，载《政治与法律》2017年第12期，第80页。

[4] 参见谢望原、何龙："食品监管渎职罪疑难问题探析"，载《政治与法律》2012年第10期，第70页。

要的是，对网络安全监管法益所造成的危害或危险形式，可能是实害结果或危险行为等，因而罪过形式具有复杂性。（2）网络安全监管渎职犯罪的主观方面可以是故意与过失。网络安全监管渎职行为，可能是滥用职权，也可能是玩忽职守，在主观上分别表现为故意和过失。更深层次地讲，一方面，网络安全监管事关重大，完全排除过失犯罪，可能导致放纵犯罪；过失犯罪实际上是客观存在的，所造成的危害结果并不必然低于故意犯罪，毕竟对网络安全的危害具有延续性、潜伏性等特征；而且，设置为过失犯罪，也充分体现了立法者设置新罪名所欲实现的提前保护或积极保护的旨趣，同时体现了从严打击的立场。另一方面，网络安全监管人员负有法定的监管职责，并且对此是明知，同时对于所实施的滥用职权行为或玩忽职守行为的渎职性质及其可能引发的危害结果也是明知的，对于结果的发生也必然是希望或放任的心态，是典型的故意犯罪；从渎职犯罪的罪质等因素看，故意犯罪是常态，如果认为只可能是过失犯罪，显然不符合实际；而且，如果将网络安全监管渎职犯罪界定为情节犯，则它可能是结果犯或行为犯（实害犯与危险犯），对于客观上造成危害结果的结果犯，行为人的认识因素与意志因素可以是过失心态，如此也降低了检察机关的证明难度。因此，对于负有网络安全监管职责的国家机关工作人员，由于认识能力、监管体制、监管能力、监管对象、监管环境、国家政策等主客观因素，对于监管职责及其履行，既可能是有认识的希望或放任行为，也可能是有认识的轻率行为或无认识的疏忽行为。

三、刑法条文拟定与立法理由释明

根据网络安全监管渎职犯罪的法益、主体、罪质、因果关系等内容，可以通过刑法修正案的方式，增设独立的条文，罪名暂定为"网络安全监管渎职罪"。

（一）刑法条文设计

从立法技术与立法经验上看，可以借鉴《刑法》第408条之一的做法，同时适当参照《刑法》第397条关于滥用职权罪、玩忽职守罪的规定，增设第408条之二。具体内容可以表述为："违反国家规定，负有网络安全监督管理职责的国家机关工作人员，滥用职权或者玩忽职守，造成网络空间主权和国家网络安全、社会网络公共利益，公民、法人和其他组织的合法网络权益，以及经济社会网络信息化发展遭受严重损失的，处五年以下有期徒刑或者拘役；造成特别严重后果的，处五年以上十年以下有期徒刑。徇私舞弊犯前款罪的，从重处罚。符合本条规定的，同时又符合本法的其他规定的，依照处罚较重的规定定罪处罚。"

（二）法定刑档次与幅度的科学配置

关于网络安全监管渎职罪的法定刑及其档次的立法问题，可以考虑以下三个因素：（1）网络犯罪罪名。《刑法》第285条第1款只有一档法定刑，法定刑幅度是三年以下有期徒刑。第285条第2款、第3款都有两个相同的法定刑档次，情节严重的，法定刑幅度是三年以下有期徒刑；情节特别严重的，法定刑幅度是三年以上七年以下有期徒刑。第286条规定的法定刑档次为两个，后果严重的，法定刑幅度是五年以下有期徒刑；后果特别严重的，法定刑幅度是五年以上有期徒刑。同时，第286条之一、第287条之一、第287条之二都只有一个法定刑档次，即都是三年以下有期徒刑。（2）滥用职权罪和玩忽职守罪。情节严重的，法定刑幅度是三年以下有期徒刑，情节特别严重的法定刑幅度是三年以上七年以下有期徒刑。徇私舞弊的，情节严重的，法定刑幅度是五年以下有期徒刑；情节特别严重的，法定刑幅度是五年以上十年以下有期徒刑。（3）食品安全监管渎职罪。分为两个档次，后果严重或情节严重的，法定刑幅度是五年有期徒刑；特别严重后果的，法定刑幅度是五年以上十年以下有期徒刑。

以上犯罪都与网络安全监管渎职罪存在纵向或横向的正相关性，基于罪责刑相适应原则和比例原则的要求，上述各类的法定刑档次及其法定刑幅度均有相应的参考标准。尽管计算机犯罪和网络犯罪与网络安全监管犯罪都可以视为广义的网络犯罪，但基于网络安全监管渎职犯罪是特定的身份犯罪，应当从重处罚。同时，基于第408条之一是最接近的"并行"罪名，相比于第397条的规定，第408条之一的法定刑档次及其幅度最具参照性。因而，应借鉴第408条之一的法定刑档次及其幅度，最终设置为两档，并以十年有期徒刑为最高上限。

此外，需要说明的是，尽管本罪的法定刑幅度与档次高于《刑法》第285条、第286条、第286条之一、第287条之一、第287条之二，但符合"国家机关工作人员"作为特殊身份主体实施犯罪、应从重处罚的基本刑罚配置原理。

（三）追诉标准的拟定

从传统渎职犯罪的规定看，立法定量工作并未在刑法典中直接解决，而是通过司法解释予以实现。对于网络安全监管渎职犯罪而言，立法定量问题仍首先需要由司法解释完成，目前则需要通过刑法的体系解释等方法来完成。

其要领为：（1）在方法论上，主要是参照直接或间接关联犯罪的追诉标准，进而确定网络安全监管渎职犯罪的追诉标准。（2）在参考的对比来源上，主要有两部分，一是渎职犯罪的追诉标准，主要是指《刑法》第408条之一和第397条；二是计算机犯罪和网络犯罪的追诉标准，但纯正网络犯罪因目前并无相应的司法解释规定追诉标准，故客观上无法参用。基于罪质最相关性的首要原则，同时考虑到罪责刑相适应原则内在的罪刑对称性、比例原则的要求，渎职犯罪的参照性更高，尤其是食品安全监管渎职罪的直接参照性最强。（3）在参照的技术规则上，既要考虑定量因素这一前提，也要明确定量因素的评判系数。考虑到网络安全监管渎职罪的网络犯罪属性，在定量因素上应侧重参考计算机犯罪和网络犯罪的追诉标准中的内容。

1. 食品安全监管渎职罪的参用意义

目前，食品安全监管渎职罪是与网络安全监管渎职罪最接近的罪名，相应地，在立法定量上具有相当的可参照性。但是，食品安全监管渎职罪的追诉标准并未法定化，客观上无法提供参照。尽管如此，从生效判决出发，仍可以大体上确定食品安全监管渎职罪的追诉标准，并锁定可资借鉴的相关性因子。

这里选取五个典型案件，其定量因素与标准为：（1）放任不管，造成张某某等人长期非法屠宰生猪，造成3000余吨未经检疫的猪肉和病、死猪肉流入市场，并收受张某某的贿赂6000元。[1]（2）不正确履行职责，玩忽职守，放任监管对象曹某等人在经营冻库期间长期、大量制售病死猪，导致曹某等人生产、销售不符合安全标准的食品及张某等人销售不符合安全标准的食品行为发生，形成足以造成人体严重食物中毒等事故的后果，社会影响恶劣，致使公共财产、国家和人民利益遭受重大损失。[2]（3）擅自改变行政处罚决定和解除对毛猪油、活性土、菜油的封存，实际并未销毁该批原料。致使某公司在2011年11月至2012年3月期间，使用已查获的原料、无证生产食用猪油并流入社会，对人民群众的生命健康造成较大隐患。[3]（4）多次提前通风报信，致使胡某某等人逃避查处，导致该等人在一年多时间内持续非法利用病、死、残猪猪肉生产"敌百虫"和亚硝酸盐成分严重超标的腊肠、腊肉，销往

---

[1] 参见【法宝引证码】CLI.C.6618881（福建省漳平市病死猪肉渎职案）。

[2] 参见【法宝引证码】CLI.C.6618443（湖北当阳病死猪渎职案）。

[3] 参见【法宝引证码】CLI.C.2452166（检例第16号：赛某、韩某某受贿、食品监管渎职案）。

东莞市及周边城市的食堂和餐馆。[1](5)对该酒店食品安全监管不到位,没有完全正确履行监管职责,造成79人陆续发生食物中毒。经罗山县疾病预防控制中心鉴定,为沙门氏菌感染所致。[2]

从这五个典型的食品安全监管渎职罪的生效判决看,食品安全监管渎职罪的追诉标准可以分为两个层次。(1)入罪标准。包括:一是渎职行为。主要表现为滥用职权,如执法不严或怠于执法;或者玩忽职守,如疏于监管或监管不到位,但属于次要情形。二是对公共财产、国家和人民利益造成重大损失。它可以是实际的危害结果,也可以是重大的危险状态,还可以是抽象的社会恶劣影响等,分别对应的是"造成3000余吨未经检疫的猪肉和病、死猪肉流入市场""形成足以造成人体严重食物中毒等事故的后果,社会影响恶劣""使已查获的原料无证生产食用猪油并流入社会,对人民群众的生命健康造成较大隐患""持续非法利用病、死、残猪猪肉生产'敌百虫'和亚硝酸盐成分严重超标的腊肠、腊肉,销往东莞市及周边城市的食堂和餐馆""有79人陆续发生食物中毒、为沙门氏菌感染所致"。(2)定量。在定量因素上,主要包括不安全食品的数量、食品安全事故、食品安全危险等;在定量标准上,主要为数量、次数、人数、危险性程度等。

网络安全监管渎职犯罪的"情节严重"基本包括四个方面:一是存在网络安全监管渎职行为,主要包括滥用职权、玩忽职守的情形,并以超越职权等滥用职权的行为为主。二是网络安全监管渎职行为对国家网络安全及国家网络主权、网络公共安全与秩序、网络社会的经济利益以及普通网民的公私财产及利益,造成严重的危害结果,危害结果可以是实际的损害、高度紧迫的危险状态、抽象的社会恶劣影响等情形。三是渎职行为与危害结果之间具有网络刑法意义上的因果关系。四是在定量因素的评价系数上,有数量、次数、人数、危险性程度等。

2. 滥用职权罪与玩忽职守罪的参用意义

基于罪质相似性的考虑,在法定刑相同或相近的条件下,《刑法》第397条的追诉标准也具有相当强的"比例性"参考意义。2012年《最高人民法

---

[1] 参见【法宝引证码】CLI.C.2452160(检例第15号:胡某某等人生产、销售有毒、有害食品,行贿案;骆某等人销售伪劣产品案;朱某某等人生产、销售伪劣产品案;黎某某等人受贿,食品监管渎职案)。

[2] 参见【法宝引证码】CLI.C.8963661(任某某等三人食品监管渎职案——食品监管渎职罪的司法认定)。

院、最高人民检察院关于办理渎职刑事案件适用法律若干问题的解释（一）》（以下简称《渎职案件解释（一）》）第 1 条规定了第 397 条中的"致使公共财产、国家和人民利益遭受重大损失"的情形。从《渎职案件解释（一）》第 1 条规定的追诉标准看，有些定量因素不能直接用，如第 1 款第 1 项，毕竟网络安全并不必然或直接涉及人身安全问题；有些可以作为重点参考，如第 1 款的第 2 项、第 3 项、第 4 项，经济损失或社会影响等定量因素；第 2 款规定的加重犯罪形态情况也基本相同，除第 2 款第 1 项外，其他的都可以参用。同时，对于该条规定的定量评价系数而言，亦具有一定的参考意义。

3. 计算机犯罪的参用意义

《计算机信息系统安全解释》对《刑法》第 285 条第 1 款至第 3 款以及第 286 条所规定的罪名的追诉标准作出明确的规定，对网络安全监管渎职犯罪也有参照意义，尤其是在新型网络定量因素方面，对网络安全监管渎职犯罪具有直接的参考价值。

根据《计算机信息系统安全解释》：第 1 条的定量因素包括信息组数、计算机信息系统台数、违法所得或经济损失；第 3 条的定量因素有提供程序、工具的人次数、违法所得或造成的经济损失；第 4 条的定量因素主要有计算机信息系统台数、违法所得与造成的经济损害、计算机信息系统不能正常运行的时间；第 6 条的定量因素有计算机信息系统台数、提供的人次数、违法所得与造成的经济损失。这些新型或综合性的网络定量因素具有重要的直接参照意义。

4. 网络安全监管渎职罪的追诉标准

基于以上的分析，可以初步拟定网络安全监管渎职罪的追诉标准，主要为：导致计算机信息系统或信息网络无法正常运行；导致公民信息严重泄露；导致信息安全或数据安全遭受严重破坏；使国家网络安全监管制度处于无序运行状态，或使国家网络安全陷入重大的危险状态；造成国家网络安全方面的经济损失 30 万元以上的；造成网络信息社会的恶劣影响，或引发重大的网络安全事件并有损国家形象的；其他致使网络空间主权和国家安全、社会公共利益，公民、法人和其他组织的合法权益，经济社会信息化健康发展等遭受重大损失的情形。

四、结语

对于网络时代的加速到来，既要看到这场技术变革对传统刑法体系的冲击效应，也应主动根据网络犯罪的发展趋势作出积极的改变。《网络安全法》

的颁布具有划时代的意义,初步建立了我国新形势下的网络安全监管体制与运行机制。网络安全监管是一个国家的网络安全保障体系的主导力量,是维护网络安全的基本防线,是网络世界有序运行、网络社会安定发展的基石。网络安全监管的意义和价值无需赘言,这决定了网络安全监管法益的重要性。国家网络安全监管的正常运行尤为重要,但网络安全监管渎职行为相比于普通的渎职行为,可能造成的危害结果更为严重,理应在必要的时候作出更严厉的制裁。这进一步要求当代刑法应当主动作出回应。相应地,探讨是否增设独立的网络安全监管渎职犯罪,不仅是具有显著现实意义的深度追问,也对完善和健全我国网络犯罪的规范体系具有积极意义。从法教义学的立场出发,勾勒网络安全监管渎职罪的立法背景与原意、立法构造以及条文表述,无疑是颇具实践意义的一次前瞻性的立法尝试。

第十五章
网络平台犯罪的刑事制裁思维与立法因应

网络平台裹挟大量的法律风险,刑事风险高位运行,网络平台犯罪渐呈递增趋势。但是,网络平台的高度聚合性是传统法律主体所不具备的特征,按照传统刑法学原理及规定追究网络平台犯罪的刑事责任难以奏效。比如,继续按照传统刑法理论和规定,将难以厘清网络平台究竟是传统法人、有组织、聚众性组织或犯罪集团等犯罪主体;按照传统单位犯罪或共同犯罪理论及其规定,不便确定网络平台与工作人员、参与人员的责任边界;网络平台明知他人实施犯罪却仍故意提供网络技术的,是构成片面共同犯罪或属于帮助行为的正犯化还是属于中立行为等尚有争议;网络平台的类型化思维与具体安全管理义务的设定标准不明,平衡网络自由创新与网络安全有序的价值冲突方法阙如,等等。为此,应当回顾当前应对网络平台犯罪的司法、立法及理论现状,并从教义学层面予以逐一解决。

一、网络平台犯罪的制裁现状反思

当前,网络平台的刑事风险骤增,网络平台犯罪形态持续增量。比如,备受关注的"快播案"、百度"魏则西事件"、斗鱼TV直播乱象等相继涌现。这些既暴露了司法机关适法不明、规制乏力的痛点,也揭示出当前网络刑法立法的适宜性与有效性供给的失衡加剧,更成为反思传统刑法理论跟进不足的着力点。

(一)网络平台犯罪的司法应对动态

利用快播传播淫秽物品案、百度付费信息搜索竞价排名("魏则西事件")、网络平台直播乱象是网络平台犯罪的典型样本,揭示出网络平台刑事责任问题有待明晰。

1. "快播"作为网络视频信息服务提供者传播淫秽物品牟利案

"快播案"堪称 2016 年的互联网开年大案。在该案中,被告人提出的"只做技术、不介入也难以管理内容""技术是中立的""技术创新是无罪的""技术本身并不可耻""开展技术业务是中立的且并非故意的"等一系列抗辩,引起各方高度关注。借此,围绕网络技术是否中立、网络技术中立帮助行为的处罚是否正当且必要、刑法介入的尺度与网络自由创新的合理兼顾、增设《刑法》第 286 条之一与第 287 条之二的隐忧与积极意义等问题展开了激烈讨论。[1]在案件一审的第一次开庭期间,围绕以快播软件为核心的快播信息网络服务平台应否承担刑事责任、快播公司的主要负责人员与其他直接责任人员是否需要承担刑事责任等问题,控辩双方对抗非常激烈。2016 年 9 月第二次开庭时,在适用认罪认罚从宽制度下,[2]被告人当庭认罪,一审判决认定被告人王某等涉嫌传播淫秽物品牟利罪成立,王某被判处三年零六个月有期徒刑,并处罚金等;快播公司构成传播淫秽物品牟利罪,并判处罚金 1000 万元。至此,该案告一段落。

正如国家互联网信息办公室新闻发言人所指出的,所有利用网络技术开展服务的网站,都应对其传播的内容承担法律责任。这是中国互联网发展和治理的根本原则。[3]单纯以"技术是中立的"作为辩解,明显淡化滥用网络技术的主体责任。网络技术及创新本身是中立的且确实无罪,但技术创新与法治精神不能背道而驰,利用或滥用网络技术造成危害或制造风险可能涉嫌犯罪。大型互联网企业与平台应当负有相应的义务,并在发现危险后及时予以消除。网络平台并不能成为刑法的法外空间,快播作为网络视频服务平台,既要对传播的网络内容是否合法负责,也要对自身提供的服务是否合法负责。尽管面临正犯不构成犯罪时难以追究利用快播提供技术帮助行为的刑事责任这一传统共犯处罚原理的阻隔,[4]但快播平台严重违反信息网络安全管理义务并造成严重后果,并为他人实施信息网络犯罪活动提供技术帮助,司法机

---

[1] 参见车浩:"谁应为互联网时代的中立行为买单?",载《中国法律评论》2015 年第 1 期,第 47 页。

[2] 参见卢建平:"快播案与认罪认罚从宽政策",载正义网,http://news.jcrb.com/jxsw/201609/t20160913_1648725.html,最后访问时间:2017 年 1 月 5 日。

[3] 参见姜军:"所有网站都应对传播内容承担法律责任",载《中国信息安全》2016 年第 1 期,第 30 页。

[4] 参见孙道萃:"网络片面共同犯罪的制裁边界:兼议'快播'案",载《浙江工商大学学报》2016 年第 4 期,第 53 页。

关应当追究快播平台的刑事责任。但是，片面要求网络信息服务提供者承担过高的网络安全保护义务，将面临本案中"阻止扩散的法定义务是否具有技术阻止的可能性"等刑法介入的正当性失效等不确定性风险。

2. 百度搜索引擎的付费信息搜索业务

2016年注定是互联网发展的元年，在依法审理"快播案"的余温尚存之际，"魏则西事件"紧随其后，百度搜索引擎是否涉嫌违反行政法规或刑法的有关规定成为各方比对"快播案"的"噱头"，并最终指向网络运营及服务提供商是否负有网络安全管理义务以及严重违反网络安全管理义务是否应当承担刑事责任的问题。在信息网络社会，从网络技术运行运作与信息搜索服务的行业规律看，实际上遵循"被搜索引擎收录的才是存在的"（to exist is to be indexed by a search engine）原则。在此原则上，百度付费信息搜索提供的有偿推广服务进一步强化了"被搜索到且排名较高的才是真实存在且具有一定商业价值的"这一观点。强大的搜索引擎实际上处于网络信息流量的控制者地位，并基于垄断地位或其他优势处于信息网络及其传播的"gatekeeper"（看门人）位置，理应负有重大的信息安全管理义务，尤其是对内容真实合法的审查义务。百度搜索引擎作为国内最大的信息搜索引擎平台，可以运用技术措施防止虚假信息的传播和发布，却未基于法律法规的要求，客观、中立、审慎管理并确保信息网络的搜索、提供、使用具有可靠性、真实性，未能有效避免直接或间接导致信息网络的搜索者或弱势群体陷入严重的信息不对称、误判或其他更严重的后果。这种"为用户提供了错误的路标"的行为正是"原罪"，严重触及商业道德的底线，也触发了网络平台刑事责任问题。

但是，在"魏则西事件"中，百度搜索引擎作为搜索平台的刑事责任问题被淡化。一方面，国家互联网信息办公室会同多个有关部门成立联合调查组并提出整改措施，但行政监管的力度有限。另一方面，后续专门立法主要强化了行政法律责任，如《互联网信息搜索服务管理规定》（2016年6月，国家互联网信息办公室）、《互联网广告管理暂行办法》（2016年7月，国家工商行政管理总局）。虽然刑法介入理应保持克制，但遭遇沦陷的百度付费信息搜索与有偿推广服务，并未涉及是否涉嫌构成虚假广告罪或拒不履行信息网络安全管理义务罪，使《刑法》第286条之一与第287条之二被搁置。

3. 乱象丛生的网络直播平台问题

当前，网络直播产业迅猛发展，直播平台数量激增。然而，网络直播乱象丛生，网络直播平台刑事风险高位运行，日益失范的涉黄、涉暴、涉淫秽直播等现象接踵而至，其中，"斗鱼平台"出现的"直播造人"事件几乎

"触底"。[1] 网络主播虽是当前网络直播乱象的始作俑者，但网络平台作为运营服务商也难辞其咎。而且，目前主要通过加强行政监管和行业自治来遏制平台的刑事风险。（1）2016 年以来，文化部、全国"扫黄打非"办公室等部门联合专项整治；2016 年发布《文化部关于加强网络表演管理工作的通知》。（2）2015 年 8 月，由北京文化执法总队、北京网络文化协会共同推动，百度等 20 余家网络表演企业发布《北京网络表演行业自律行动宣言》；2016 年 4 月，北京网络文化协会网络音乐与表演专业委员会发起议定《北京网络直播行业自律公约》。不过，行政监管或行业自治主要发挥引导、纠正或整改作用，对平台犯罪的打击力度和震慑效果明显不足。

全国"扫黄打非"办公室强调，"净网 2016"行动开展对网络直播平台的专项整治工作，追究刑事责任是一项重要内容。国家互联网信息办公室负责人强调，任何传播淫秽色情信息的网站、提供淫秽色情信息的服务者都应当承担法律责任。网络直播平台的刑事风险主要包括四点。一是破坏网络空间社会的信息安全、网络空间的社会秩序或公共秩序。二是诱发传统现实物理社会衍生关联性危险或危害。三是破坏所有传统现实社会的刑法法益或新型的网络安全刑法法益，具体由直播内容、受众对象、直播形式及时间、地点等决定。四是平台的被害风险。与此同时，根据《网络安全法》（2016 年）、《互联网直播服务管理规定》（2016 年，国家互联网信息办公室）、《网络表演经营活动管理办法》（2016 年，文化部）等相关规定，直播平台负有包括"停止传输、及时报告、保留记录"等内容审查、信息安全保护的一系列网络安全管理义务。当网络平台违反法定义务并造成危害结果或危险的，可能需要承担普通的共犯责任、不作为犯责任、独立的正犯责任、重大管理或监督过失责任。

4. 司法制裁的研判

纵观当前有关网络平台的典型社会事件及犯罪案件，在追究网络平台的刑事责任时，呈现出过度的司法慎重性与过于保守的刑法谦抑性的特点，无法释放刑法保障网络安全法益的积极效能。究其原因主要有如下两点：（1）刑事司法介入偏于谨慎。尽管网络平台刑事风险形势严峻，但是，刑事司法应对呈现出明确的不对称性。司法介入的乏力既表现出过于慎重的处罚立场，也折射出司法保障的薄弱。对于网络平台故意违反国家规定或消极放任而不

---

[1] 全国"扫黄打非"办公室已严肃处理"直播造人"等涉嫌传播淫秽视频事件的责任人并追究法律责任。

履行法定的网络安全管理义务的行为,在符合刑事违法性与社会危害性的前提下,刑法应当介入。[1]刑法积极介入旨在以早期处罚的方式实现积极预防风险的早期化效果,单纯基于刑法的谦抑精神加以反对,是刑事司法的懈怠之举。实际上,从《刑法修正案(九)》增设第287条之一、第287条之二的立法意图看,刑法介入的早期化趋势已成立法事实,[2]但需严格把握尺度。(2)刑法规范供给失衡成为制度瓶颈。网络规范供给失衡的制度瓶颈长期存在,网络立法严重滞后于网络平台的发展速度,"无法可依"局面积重难返。网络刑法立法的迟延性直接制约网络犯罪构成的理解和适用,客观上导致刑法介入新型网络犯罪时显露出司法慎重惯性。

从"快播案"、百度付费信息搜索竞价排名事件、网络直播平台乱象看,网络平台犯罪有其特殊性,完全遵循传统理论和现有规定已显失灵窘态。在由传统刑法学到网络刑法学的知识转型之际,应重新审视和厘清网络平台的刑法属性,反思网络平台的刑法规定与司法实践做法,厘定追究网络平台刑事责任的基本原理,并确保立法的前瞻性修正与理论体系升级双管齐下。

(二)网络平台立法梳理与刑法理论检视

对于网络平台这一新生事物,现实情况是,网络基本立法、网络关联立法、网络刑法立法以及刑法理论未能同步跟进,暴露出一定的滞后性和内在不协调性等问题。为此,应当认真检讨当前的立法现状与理论致因,明确改进的方向和途径。

1. 网络平台的立法演进

当前,在以《网络安全法》为基本法在内的网络法律法规体系中,对网络平台作出的直接规定的仍然偏少,特别是追究刑事责任方面的立法空白较为明显。

概言之:(1)《网络安全法》(2016年)。作为网络法律体系的基本法,首次对网络平台作出较为基础的规定,主要包括:一是阐明网络主体的基本类型。《网络安全法》第2条、第9条、第10条对网络主体类型作出规定,主要包括建设、运营、维护、使用与监督管理五大主体。其中,建设、运营、维护、使用网络的,都可能演变为网络平台,尤以网络运营者和服务提供者

---

[1] 参见李源粒:"网络安全与平台服务商的刑事责任",载《法学论坛》2014年第6期,第29页。

[2] 参见刘志伟:"《刑法修正案(九)》的犯罪化立法问题",载《华东政法大学学报》2016年第2期,第21页。

为主。二是重点规定网络运营者、网络服务提供者的网络安全管理义务。根据《网络安全法》总则第 9 条、第 10 条、第 12 条，第三章"网络运行安全"，第四章"网络信息安全"等的规定，包括网络运营者在内的网络主体均负有相应的网络安全管理义务，如维护网络安全、加强内部网络管理、强化网络运营者的社会责任、留存网络日志的期限与配合有关部门监督检查等义务。三是单独特别对网络运营者予以规定。《网络安全法》第 76 条第 3 项规定："网络运营者，是指网络的所有者、管理者和网络服务提供者。"通过对网络运营者的主体类型及其网络安全管理义务作出规定，原则上为规制当前的网络平台犯罪提供了基本的规范依据。(2)《互联网信息搜索服务管理规定》(2016 年，国家互联网信息办公室)。该规定首次正式界定了"互联网信息搜索服务"，着力规范收费的信息搜索引擎问题并打击"竞价排名"乱象，明确了网络信息搜索服务提供商的七大安全管理义务。第 10 条明确规定互联网信息搜索服务提供者的经营管理与内容实质审查义务，第 11 条明确规定提供付费搜索信息服务以及提供商业广告信息服务应"合规"运营。互联网信息搜索服务提供者是当前重要的网络平台类型，百度搜索引擎等都是典型的网络信息服务平台，《互联网信息搜索服务管理规定》可以对其直接规制，但遗留了刑事责任规定的空白。(3)《移动互联网应用程序信息服务管理规定》(2016 年，国家互联网信息办公室)。移动网络平台发展迅猛，但往往夹杂违规、违法，甚至犯罪行为，成为危害网络信息安全的主要隐患。该规定第 7 条规定，移动互联网应用程序提供者应当严格落实信息安全管理责任，依法履行"六项义务"。第 8 条规定，互联网应用商店服务提供者应当对应用程序提供者履行四项管理责任。借此，可以间接规制新型移动网络平台的犯罪现象。(4)《互联网广告管理暂行办法》(2016 年，国家工商行政管理总局)。该办法第 3 条规定了互联网广告的内涵及其主要情形，增加了信息搜索付费业务或有偿推广的内容。第 7 条对网络广告的有序、规范运行作出规定，其他条文明确规定了互联网广告的各个参与主体（互联网广告主、广告经营者、广告发布者以及互联网信息服务提供者）的网络安全管理义务以及责任，如规定通过程序化购买广告（实践中被称为广告联盟）、不当的互联网广告行为等情形。但也缺乏直接的刑事责任规定。(5)《互联网直播服务管理规定》(2016 年，国家互联网信息办公室)。该规定第 2 条第 2 款规定，互联网直播服务提供者，是指提供互联网直播平台服务的主体。这明确了网络直播平台作为网络服务提供者的主体身份。第 3 条、第 9 条分别一般和具体地规定了直播平台应遵守的法律法规义务，第 5 条规定互联网直播服务提供者应取得互联网新闻信息服务资质的要求,第 7 条规定平台负有安全管理的主体责任。第 14 条规定互联网直播服务提供者应当对违反法律法规和服务协议的互联网直播服务使用者,视情采取警示、暂停发布、关闭账号等处置措施,及时消除违法违规直播信息内容,保存记录并向有关主管部门报告。此法规虽规定了直播平台负有网络安全监管的主体责任及义务,但只能为追究刑事责任提供一些间接的规范依据。(6)《网络表演经营活动管理办法》(2016 年,文化部)。从事网络表演经营活动的单位显然是网络平台。该办法第 3 条规定,应当遵守宪法和有关法律法规。第 4 条规定,应申请取得《网络文化经营许可证》。第 5 条规定,应当对本单位开展的网络表演经营活动承担主体责任,应建立健全内容审核管理制度,配备满足自审需要并取得相应资质的审核人员,建立适应内容管理需要的技术监管措施。第 7 条规定,应加强对未成年人的保护。第 8 条、第 9 条规定,应加强对表演者的管理,要求表演者使用有效身份证件进行实名注册。第 12 条、第 13 条规定,应积极采取措施保护用户信息安全,发现用户发布违法信息的,立即停止为其提供服务,保存有关记录并向有关部门报告;建立内部巡查监督管理制度,对网络表演进行实时监管,记录全部网络表演视频资料并妥善保存,在有关部门依法查询时予以提供。但这与《互联网直播服务管理规定》存在相似的问题。

网络立法不断进步,网络法律体系趋于完善,网络主体承担并履行网络安全管理义务由抽象变得更具体。然而,当前关于网络平台的直接规定,尤其是刑事责任规定仍不健全,对附属刑法以及追究网络平台的刑事责任产生了极大的负面作用。比如,《网络安全法》第 74 条第 2 款规定,构成犯罪的,依法追究刑事责任。该规定的形式意义大于实质意义,对弥补网络刑法规范不足的作用有限。

2. 网络平台犯罪规定的梳理

1997 年《刑法》粗略规定"计算机犯罪",主要包括其第 285 条、第 286 条以及第 287 条。从立法背景及原意看,显然并未直接涉及网络平台责任问题。随后两次刑法修正开始触及网络平台责任问题,直接规制能力明显得以提升。

具体而言:(1)《刑法修正案(七)》修改第 285 条,增加第 2 款、第 3 款。从新增两款的立法初衷看,旨在制衡非法控制计算机信息系统和非法获取计算机信息系统数据以及向非法侵入、非法控制计算机信息系统提供程序、工具的行为。尽管间接指向网络犯罪的黑色利益链条,但由于未直接将网络运营者、网络服务提供者明确规定为犯罪主体,对网络平台犯罪并无直接的规制作用。(2)《刑法修正案(九)》作出较大修改,并直接或间接涉及网络平台的刑事责任问题。一是修改内容涉及网络平台犯罪。其一,新增第286条之一(拒不履行信息网络安全管理义务罪),犯罪主体是网络服务提供者,直接剑指网络平台犯罪。其二,新增第287条之一(非法利用信息网络罪),尽管并未明确规定网络平台是犯罪主体,但从设立网站与通讯群组以及发布信息等危害行为方式看,原则上可以延伸至网络平台。而且,规定了单位犯罪主体,为对网络平台采取扩张解释奠定了规范基础。其三,新增第287条之二(帮助信息网络犯罪活动罪)。尽管和第287条之一都未直接规定网络平台为犯罪主体,但从提供互联网接入等危害行为看,原则上可以规制网络平台。同时,对单位犯罪主体作出规定,也为扩张解释预留空间。从立法原意看,该条将网络技术中立(片面)帮助行为予以正犯化并独立成罪,客观上为追究网络信息服务者的刑事责任提供了直接依据。其四,增设第285条、第286条的单位犯罪主体,间接为追究网络平台的刑事责任提供了规范基础。二是修改不足。第286条之一直接将网络服务提供者列为网络犯罪主体,为刑法介入网络平台提供了最直接、最有效的规范依据,不过,网络平台与网络服务提供者并不能直接等同。究其核心差异,第286条之一的网络服务提供者仅限于信息网络服务领域,显然与网络平台涉及领域广泛的现状相差甚远;同时,其他两个新增条文并未明确规定网络平台的刑事责任,只能间接对网络平台犯罪加以规制。

3. 网络平台刑法理论的掣肘

当前,传统刑法理论转型迟缓的本源性问题越加严峻。完全遵循传统刑法理论体系不可行,应尽快调试犯罪主体地位等基本理论,以接纳网络平台这一新型主体。

主要包括如下几个方面:(1)网络平台的犯罪主体地位不明。从总则关于自然人、单位、共同犯罪以及犯罪集团、聚众犯罪和分则关于恐怖组织、黑社会性质组织的规定看,传统犯罪主体理论中,自然人和单位组成的"二元"犯罪主体格局仍然根深蒂固,网络平台在解释论上均无法完整融入既有的传统犯罪主体体系。从网络刑法学的知识转型看,应当大幅修正传统犯罪主体理论,创制独立的网络犯罪主体类型,适时增设网络平台这一独立的新型网络犯罪主体类型。这不仅可以起到立法示范效应,也可以起到理论破冰效应。(2)网络平台责任类型的阙如。《刑法修正案(九)》新增第286条之一规定的网络服务提供者具体是指网络信息服务提供商,但网络平台的类型远超于此。而且,不同的网络平台类型所负的具体网络安全管理义务差异很大，对应的刑事责任类型也不同。正是目前网络服务提供者类型化规定和理念的缺失，造成我国网络服务提供者刑事责任边界不确定。为此，应当明确区分网络平台类型，廓清网络平台刑事责任类型。比如，《网络安全法》规定了五类网络主体，第76条第3项着重规定网络运营者这一主体。该规定虽并不能直接移植到刑法领域，却能为平台犯罪主体的类型化提供有益的基本框架。(3) 网络平台法定义务的界定模糊。虽以《网络安全法》为主导的网络法律体系，不断强化规定网络平台的网络安全管理义务。然而，由于附属刑法的薄弱，导致网络平台的刑法义务范围尚不明确，刑事责任边界也较模糊。为了确保刑法义务的具体性、个别性和明确性，应遵循合理原则科学设置网络法定犯的义务内容。

加速成型的网络社会正颠覆传统现实物理社会，网络社会的犯罪形态与传统犯罪的差异不断扩大。继续沿用传统刑法理论体系，不仅无法有效遏制犯罪，反而徒增新旧理论的对立和现行立法的失灵。传统刑法体系正在经历阵痛期，传统刑法学才是最根本的制度障碍，其导致对网络平台与网络平台犯罪的适应能力明显不足。推动传统刑法理论体系的网络刑法学知识转型才是治本之路。[1]其中，确立网络平台作为独立的新型犯罪主体、澄清其法定义务及其设定原则等是重点。

二、网络平台的犯罪主体化与类型建构思维

网络平台的犯罪主体资格首先决定其是否可以承担刑事责任。按照刑法对犯罪主体的有关规定，网络平台在立法论、解释论层面都处于游离状态。由此，确立网络平台作为新型犯罪主体地位是前提，并应同时解决类型设置问题。

（一）网络平台主体属性的解释学难题

在刑法典、特别刑法与附属刑法暂无明文规定的前提下，解释论是缓解立法尴尬的唯一途径，但是，按照传统理论和规定作出的解释结论并不理想。

1. 网络平台并非简单的自然人聚合

我国传统犯罪主体包括自然人和单位，自然人居于首位。尽管网络平台往往聚合大量的自然人，但网络平台显然不能简单认为是自然人的随机集合或聚合。单纯聚合不特定的自然人并非网络平台的本意，网络经济利益、人

---

[1] 参见孙道萃："网络刑法知识转型与立法回应"，载《现代法学》2017年第1期，第119页。

气等才是真正目的。因此，网络平台并非自然人的简单结伙、不特定多数人临时起意的聚集或随机聚合等，网络平台应当是独立行为主体。

2. 网络平台并非单纯的网络聚众

在大量网络平台的运营过程中，自发组织、随意加入、随机退出、自主领导等"一对多""多对多""多对一"是常态，使得部分网络平台具有一定的"聚众"特性，如"百度贴吧"、微信群、直播平台等。根据《刑法》第97条规定的聚众犯罪中的首要分子与分则具体罪名，聚众是故意组织、策划、领导、唆使或实施犯罪行为的特殊定罪情节或量刑情节。相比之下，网络聚众行为具有新特点：主体身份与犯罪地域的不确定性与隐匿性；组织、策划与领导的主体具有随机性且可能实施实行行为；组织、策划、领导行为与唆使、参与、积极参与之间的分工模糊、作用差异弱化；参与行为的危险度高于组织、策划行为等。因此，网络平台犯罪与聚众犯罪不尽相同。而且，运用现有聚众犯罪的规定，无法区分网络平台的控制人员与其他主管、直接责任人员。

3. 网络平台不同于网络共同犯罪

网络共同犯罪和传统共同犯罪的差异不断扩大，主要表现为共同犯罪人的意思联络程度下降、共同危害行为的客观紧密度下降、正犯行为与共犯行为的界限虚化、共犯行为的危险度可能高于正犯行为、网络帮助行为的地位与危害急速攀升、网络实行行为的地位下降、共犯行为的主犯化与正犯化等内容。[1] 从形式上看，网络平台也具有人员相对松散、组织化不高、分工不细等特征，与共同犯罪具有一定的相似性。而且，从网络平台的聚合力与运营服务看，网络平台往往具有无穷尽的组织"扩张性"、人员"吸附性"、分工"精细化"、社会影响的"控制力"等特征，用一般的共同犯罪形态无法容纳庞大复杂的网络平台现象，也不便说明网络平台自身与其相关责任人员的界限。

4. 网络平台与网络有组织、网络犯罪集团有差异

网络有组织是组织程度更严密的高级共同犯罪形式，其与我国的犯罪集团并非界限分明的概念。国外更常用有组织犯罪，我国刑法则主要使用"性质组织"予以限定，并在总则规定犯罪集团和分则明确规定"恐怖组织""黑社会性质组织"。无论是有组织网络犯罪还是网络犯罪集团，相比于共同犯

---

[1] 参见孙道萃："网络共同犯罪的多元挑战与有组织应对"，载《华南师范大学学报（社会科学版）》2016年第3期，第148页。

罪、聚众犯罪，与网络平台具有更多的形式相似性，如设置网络平台需要一定的物质基础、网络平台的强大聚合力、平台运营的高度组织化与机构化、平台作为犯罪手段的巨大危害性、网络平台的巨大社会影响力与经济控制力等。然而，网络平台是互联网经济发展的产物，往往是合法设立的网络运营终端，网络平台的人员配备、组织结构、分工协作、运营模式、营利方式、管理理念等，与传统有组织、网络犯罪集团仍有较大差异，援引有组织犯罪和犯罪集团规定的解释空间有限。除非网络平台以实施犯罪为目的，否则，对于大量并非以实施犯罪为（主要）目的的网络平台，套用有组织犯罪或犯罪集团仍有不适之处。

5. 网络平台不宜直接等同于网络法人

互联网的掣肘力量正是网络技术，互联网巨头往往处于技术的垄断地位，互联网公司容易首先成为网络技术风险的制造者、携带者与传播者，更是当前网络平台的引领者与主导者。当前，PC终端网络平台或移动网络平台往往借网络法人身份发力，深度挖掘网络法人的资源聚合力、商业影响力、运营模式等，推动网络平台的深度聚合效应。因而，网络平台与大型网络法人的关系极其紧密，网络平台与网络法人在人员配置、组织结构等方面具有相当的重合性、叠加性及衍生性。不过，按照《刑法》第30条、第31条的规定，网络法人具有主体的限定性、成立范围与责任范围的法定性、处罚模式的二元性等特征。[1]进而，如若对网络平台适用第30条、第31条的规定，会出现网络平台与法人主体类型不对接、网络平台实施的犯罪类型超出法定范围无法追究、是否同时处罚网络平台及其工作人员不明确、网络平台借单罚制逃避责任等问题。因而，网络平台的许多新问题无法借助法人制度予以解决。

综上，尽管一味批评立法是对刑法解释功能的不当忽略，但解释功能的发挥严重依赖刑法理论体系与刑法规范。"皮之不存，毛将焉附"，只有符合网络社会属性的网络刑法理论体系与规范，才能确保解释结论的有效性。网络平台的犯罪主体属性之争、刑法解释论的失灵，正应验了理论转型与立法完善的必然性论断。为此，应当单独对网络平台这一新型犯罪主体作出具体规定，使其成为现行刑法体系中的犯罪主体、刑事责任主体与接受刑事制裁的主体。只有从立法上加以明文规定，并同时更新犯罪主体理论格局，才有助于解决网络平台犯罪问题。

---

[1] 参见高铭暄、马克昌主编：《刑法学》，北京大学出版社、高等教育出版社2016年版，第102-103页。

(二) 网络平台犯罪的类型思维

技术变革引领下的网络平台是发展性与包容性极强的网络新事物，网络平台犯罪主体也具有相对的模糊性和不确定性，不同的网络平台负有不同的网络安全管理义务，承担不同的刑事责任。为此，应对网络平台进行类型化规定。

1. 网络基本法视角

在网络安全法律体系的框架内，对网络平台的类型也是各执一词，简言之：(1)《网络安全法》。根据《网络安全法》第 2 条的规定，网络主体总体包括建设、运营、维护、使用网络、监督管理五个方面。建设者与监督管理者原则上仅限于国家或依照法律法规具有建设、监督管理资质或职责的组织与机构等，因而，网络运营者、维护者与使用者，是与网络平台更紧密的网络主体类型。与此同时，从《网络安全法》的"法律责任"一章的相关规定看，需要承担法律责任的具体主体包括网络运营者，网络产品、服务的提供者，网络关键设备和网络安全专用产品的提供者，关键信息基础设施的建设者、运营者，网络产品、服务的提供者，电子信息发送服务提供者、应用软件下载服务提供者等几种情形。尤为突出的是，《网络安全法》第 76 条第 3 项单独规定了"网络运营者"，充分说明"网络运营者"是维护互联网安全的重要成员和国家规制的主要对象。根据《网络安全法》的规定，"网络的所有者、管理者和网络服务提供者"以及具体的"所有者、管理者与服务提供者"都是网络平台类型。实际上，从当前网络平台的演变态势与后续发展动向看，"网络运营者"与网络平台的正向对应性关系非常明显，甚至呈现出互为表里的逻辑特性。(2) 其他网络安全法律法规。《侵权责任法》(2009 年)、《信息网络传播权保护条例》(2013 年修订) 都使用了"网络服务提供者"。《全国人民代表大会常务委员会关于加强网络信息保护的决定》(2012 年) 明确了"网络服务提供者"是主要的网络平台。《互联网信息搜索服务管理规定》(2016 年) 重点规定了"互联网信息搜索服务提供者"。《移动互联网应用程序信息服务管理规定》(2016 年) 重点规定了"移动互联网应用程序提供者、互联网应用商店服务提供者"。《互联网广告管理暂行办法》(2016 年) 重点规定了"互联网广告主、广告经营者、广告发布者、广告需求方平台经营者"。《互联网直播服务管理规定》(2016 年) 规定了"互联网直播服务提供者"。《网络表演经营活动管理办法》(2016 年) 规定了"网络表演经营单位"。从这些具体规定看，网络平台主要集中表现为各种具体的网络服务运营者或网络服务提供者，也涉及网络建设者、网络运营者等重要的网络平台主体。

2. 域外刑法视角

域外较早注意区分网络平台类型，并规定不同的刑事责任形态。德国的《电信媒体法》（2007年）根据服务提供者的服务功能，将网络服务提供者的类型分为内容服务提供者、访问（信息传输服务或通道服务）提供者、临时性或自动性缓存提供者、托管或存储提供者，并规定了分级的法律责任体系。[1] 美国的《数字千年版权法》（DMCA，1998年）第二部分是网上著作权侵权责任限制（Online Copyright Infringement Liability Limitation），主要规定国际互联网服务提供者（ISP）通过网络侵害他人著作权的责任问题，免除传输信息的ISP的责任；并将网络服务提供者分为提供暂时传播服务者、提供系统缓存服务者、根据用户指示在系统或网络中存储信息者、提供信息搜索服务者。欧盟的《网络与信息安全指令》（Network and Information Security Directive，2016年）将数字化服务提供者（Digital Service Providers，DSPs）分为在线市场（Online Market Places）提供者、云计算服务（Cloud Computing Services）提供者、搜索引擎（Search Engines）提供者等。从域外的做法和经验看：一是网络平台主体的类型化思考有其必要性，有助于区分不同主体应负的法定义务，并明确各自的刑事责任范围；二是网络运营者或网络服务提供者是最活跃的网络主体类型，其所运营或服务的平台是网络生产生活的"枢纽"与信息、数据等网络资源汇集、交换的场合，是网络技术风险异化最激烈的场域，最有可能演变为具体的网络平台，更是网络平台犯罪与刑法介入的交集场域。

3. 国内刑法立场

在域外理论的影响下，我国理论界近年来也开始重视类型化思维，并对不同网络平台的义务与责任作出区分。主要包括如下内容。(1) 网络服务提供者（Internet Service Provider，ISP）包括网络连线服务提供者（IAP）、网络内容服务提供者（ICP）和网络平台服务提供者（IPP），三者构成犯罪与承担的具体刑事责任不尽相同。网络内容服务提供者（ICP）通常应当承担刑事责任，网络连接服务提供者（IAP）一律不应承担帮助犯的刑事责任，网络平台服务提供者（IPP）一般不应承担正犯或帮助犯的刑事责任，P2P服务提供行为一般是中立技术帮助行为且原则上不应受罚。[2] 显然，该观点深受域外

---

[1] 参见涂龙科："网络内容管理义务与网络服务提供者的刑事责任"，载《法学评论》2016年第3期，第307页。

[2] 参见陈洪兵："网络中立行为的可罚性探究——以P2P服务提供商的行为评价为中心"，载《东北大学学报（社会科学版）》2009年第3期，第259页。

理论的影响,并为不同主体配置完全不同的刑事责任。也有类似观点认为,网络连线服务提供者(IAP)可能需要承担帮助犯的责任,网络内容服务提供者(ICP)可能需同时承担提供犯罪信息的正犯责任和帮助他人犯罪的共犯责任,网络平台服务提供者(IPP)可能要承担不作为犯罪责任。[1] (2)网络服务提供者(ISP)是指提供网络服务的法人,根据网络服务提供者提供服务内容的不同,可以分为网络内容服务提供者(ICP,自己组织信息通过网络向公众传播)与网络中介服务提供者(为传播网络信息提供中介服务),后者有网络连接服务提供者(IAP)、网络平台服务提供者(IPP)等,网络服务提供者及其具体的主体类型在当代社会都可能需要承担刑事责任。[2] (3)内容提供者无一例外都可能需要承担刑事责任,其他服务提供者的刑事责任问题直接取决于内容管理义务的具体情形,平台提供者在一定条件下承担有限的刑事责任;软件接入提供者在直接控制有关违法犯罪信息等内容时承担刑事责任;网络硬件接入、缓存等其他网络服务提供者在明知是违法犯罪信息仍放纵的应承担刑事责任。[3] 该观点与前两者也大同小异。(4)可以借鉴德国和欧盟法律,以网络技术行为的主要功能为标准,将网络服务提供者分为内容提供者、网络接入服务提供者、缓存服务提供者、存储服务提供者四种类型,确立层次性合理、功能性鲜明的网络主体结构,并以此确定义务的核心内容与责任的边界。[4] 该观点也根据不同平台类型设置了相应的义务和责任。由上可知,随着网络安全形势的变化,网络运营或服务者不承担刑事责任的例外性递减,网络内容服务提供者(ICP)需要承担刑事责任基本无争议,其他具体的网络运营或服务提供者原则上也开始承担刑事责任。而且,由于具体网络平台犯罪的成立条件、制裁边界等仍差异较大,根据《网络安全法》《刑法》等的规定,网络平台的刑事责任类型主要包括帮助行为的共犯责任、独立的正犯责任(《刑法》第287条之二)、独立的网络平台责任(《刑法》第286条之一、第287条之一、第287条之二)三种形式。

---

[1] 参见李娜:"网络服务者(ISP)刑事责任的解构",载《理论月刊》2011年第6期,第121页。

[2] 参见陆旭:"网络服务提供者的刑事责任及展开——兼评《刑法修正案(九)》的相关规定",载《法治研究》2015年第6期,第62页。

[3] 参见涂龙科:"网络内容管理义务与网络服务提供者的刑事责任",载《法学评论》2016年第3期,第311页。

[4] 参见王华伟:"网络服务提供者的刑法责任比较研究",载《环球法律评论》2016年第4期,第43页。

4. 网络平台犯罪主体类型的应然划分

刑法视野下的网络平台类型化思维应当遵循以下立场。(1) 技术为基本、功能为导向是基本区分依据。网络平台首先是以网络技术为基础的人工智能产物,同时也是网络社会的独特生存方式与商业形式。因此,网络平台是技术与功能的结合体,并是以技术为基础、以功能(活动)为核心的新型平台主体。根据技术与功能的不同组合,可以对平台进行类型化区分。单纯根据技术或功能,都无法有效区分不同网络平台的义务差异。应当在技术之上,根据主要功能确定刑法网络平台主体及其义务范围、责任边界。(2) 网络运营者与网络服务提供者是最活跃和最主要的网络平台犯罪主体。从我国网络基本法的规定、域外刑法的探讨以及我国刑法理论的争议等综合情况看,基于技术与功能相结合的类型化思维,网络运营者或网络服务提供者是主要的网络平台犯罪主体。但网络运营和网络服务的技术或功能具有相同或相似性,而由于对网络运营者的界定有异,网络运营者和网络服务提供者具有一定的内容重合性或交叉性。比如,《网络安全法》第 76 条第 3 项采取包含式的规定,网络运营者可以包括网络服务提供者,但不影响后者的独立性。在实践中,网络运营者或网络服务提供者严重违反法定义务并造成危害结果的,都可能需要承担刑事责任。

不同类型的网络平台主体,所负的网络安全管理义务的具体内容有较大差异,并直接决定网络平台主体应负的不同刑事责任形态。由此,对纷繁复杂的网络平台进行类型化分析,是网络平台应当被规定为独立的新型犯罪主体及其司法适用的必然要求,也是探寻网络平台的本质特征及真实面目的前提。

三、网络平台的刑法义务与设置原则

网络平台负有特定的网络安全管理义务,才可能具有刑事违法性,设置相关的网络平台犯罪并对网络平台启动刑事归责才具有正当性。其中,应首先明确设定网络平台主体负有法定的网络安全管理义务及具体内容的科学原则。

(一) 刑法义务的地位与内容

网络安全管理义务是网络主体的行为依据,不同的网络平台应当负有不同的具体法定义务。在理论上,明确不同网络平台的法定义务是判断刑事责任的前提。应根据网络平台类型设置合理的法定义务,尤其是不作为义务。

1. 法定义务的刑事归责意义

从我国网络平台的相关立法看，都设定了相应的法定义务。由此，网络犯罪基本上都是法定犯罪类型，往往表现为空白罪状，配置开放性的构成要件与要素，法定的刑法义务是判断具有刑事违法性与启动社会危害性判断的前提，以避免基于网络技术的升级换代与网络平台功能的更迭出现"不具有违法性却构成犯罪"或"行为的社会危害性严重却不具有违法性"的现象。易言之，法定义务是规制网络平台犯罪的前提要素，确定具体的法定网络安全管理义务对定罪具有前提意义。[1]比如，从动态的过程看，网络内容服务商主要承担预先审查义务、实时监控义务、发现后报告或删除等一系列管理义务，但是否一律要求所有网络内容服务提供者均无差别承担存在分歧，尤其是预先审查与实时监控义务对网络服务提供者提出了明显较高的技术要求与义务标准。在美国网络服务提供者刑事责任第一案（BuffNET 案）中，[2]美国对网络服务提供者采用"明知+通知+不予改正"的追责规则：追究网络服务提供者的刑事责任，首先要求提供者知道有犯罪行为的存在，在此基础上经权利人或有关部门告知之后而仍不加以改正的，才可以认定为犯罪。[3]我国《刑法修正案（九）》增设第 286 条之一时，不乏监督管理过度导致网络服务提供者履行义务的范围过大、数量过多、与正常运营相冲突、技术上难以识别信息是否违法犯罪等问题。[4]究其根源，是在界定网络运营者的义务时缺乏指导性原则，导致网络运营者的具体法定义务来源及内容、履行义务的能力与条件、拒不履行义务的后果、拒不履行义务的处罚临界点等关键问题无法具体化，[5]增大了第 286 条之一的罪状不确定性与处罚边界的危

---

[1] 参见常锋："运用大数据思维惩防互联网犯罪——'2016 年互联网刑事法制高峰论坛'综述"，载《人民检察》2017 年第 1 期，第 64 页。

[2] 如在 BuffNET 案中，BuffNET 是一个区域性的网络服务提供者，有用户通过 BuffNET 在网络成员之间传播、交换儿童色情内容，执法机构告知了 BuffNET 其网络空间中存在违法犯罪内容，但是 BuffNET 作为网络服务提供者没有采取相应的阻止、改正措施，执法机构首先指控了发布违法信息的用户，并随后开始追究 BuffNET 在非法信息得以在网络传播中所起的作用，最后该案以 BuffNET 认罪告终。

[3] 参见涂龙科："网络服务提供者的刑事责任模式及其关系辨析"，载《政治与法律》2016 年第 4 期，第 109 页。

[4] 参见周光权："《刑法修正案（九）》（草案）的若干争议问题"，载《法学杂志》2015 年第 5 期，第 80 页。

[5] 参见周光权："网络服务商的刑事责任范围"，载《中国法律评论》2015 年第 2 期，第 178 页。

险性。第 286 条之一之所以设置"经监管部门责令采取改正措施而拒不改正"的规定，旨在根据是否可能阻碍正常运营、是否明显超出网络技术的普通标准、是否属于过高的法定义务等因素作出综合判断，而选择科学的法定义务及其具体内容。因此，确立科学合理的刑法义务是追究网络平台刑事责任的关键。

2. 法定义务的内涵确定

网络技术日新月异，网络平台的形式千变万化，网络监管要求不断调整，加之我国网络安全立法处在迅猛发展阶段，使得不同网络平台主体的法定义务及其具体内容具有明显的变动性和不确定性，也导致确定网络平台的抽象法定义务，尤其是具体的法定义务既重要又困难。简言之：（1）由抽象义务到具体义务的立法进步。以信息网络为主导的网络 2.0 时代日益繁荣，导致信息网络安全管理义务成为重点，但也忽略了其他方面的网络安全管理义务内容，包括程序运行保护义务、关键基础设施保护义务、大数据的保护义务[1]等。以《网络安全法》为原点，既规定网络主体的一般性法定义务，也规定特殊网络运营者、网络服务提供者及其他具体主体的特定法定义务。同时，《互联网直播服务管理规定》等一系列最新的法律法规，对某一领域内的网络平台主体所负的义务作出详细规定。当前，网络安全管理义务的抽象性正在下降，网络安全管理义务更加具体化、明确化、个别化。尽管如此，网络技术与网络时代特征变动不居，网络安全管理义务的内容具有发展性和不确定性，既要求立法保持与时俱进，也要求司法进行实质性的个别判断，合理确定是否负有义务并明确其具体内容。（2）刑法义务兼容国家标准与行业标准。网络平台首先必须遵守国家层面的义务，国家单方面可以确定网络平台安全管理义务，但过度强调国家自上而下主导设定网络主体的网络安全义务不妥，既忽略了网络平台等网络主体自身积极参与管理和防控风险的能力与积极性，也不利于充分顾及网络平台自身的特性与需求。在设定网络平台的法定行业经营管理义务时，应当考虑网络平台的管理需要与企业合规体系，根据国内行业标准、国际行业标准，合理确定具体义务，使网络平台在技术上可以充分履行相应义务。（3）确立"网络技术+服务功能"的义务内涵模式。事实证明，不同网络平台的运营、服务内容存在很大差异，强行规定完全相同的法定义务并不科学。网络平台作为整体，首先应当承担最基本与具有普适性

---

[1] 参见孙道萃："大数据法益刑法保护的检视与展望"，载《中南大学学报（社会科学版）》2017 年第 1 期，第 59 页。

的网络安全管理义务,其主要分为事前、事中以及事后三个环节。同时,不同的网络平台在运营、服务过程中,应当根据运营或服务的内容及方式等因素承担具体的义务,并辅以最基本的法定义务形成严密的义务体系。举例而言:一是年龄审核义务。据报道,英国下议院正在讨论一项法案,要求色情网站从2017年开始推行强制性的年龄验证,用户在登录网站前必须证明自己的年龄已经超过合法年龄18岁。[1]但这需要平台履行事前审核义务。二是主播实名认证审查义务。直播的内容应当存储并保留不少于15天以用于备查,完善内部管理制度和内容审核机制,对平台直播内容进行7×24小时实时监管,这具体由《北京网络直播行业自律公约》规定。三是《文化部关于加强网络表演管理工作的通知》(2016年)规定,网络表演经营单位要对本单位提供的网络表演承担主体责任,应当健全内容管理制度,一经发现含有违法违规内容的网络表演,要及时关闭表演频道停止网络传播,保存有关记录与立即报告。四是《网络安全法》与其他最新法律法规等规范性文件也规定了具体义务,如技术措施、保存记录、配合调查等。据此,网络平台的技术类别与经营模式直接决定其应当承担的网络安全管理义务的具体内容,网络服务提供者应对其所提供的服务承担相应的法定保护义务。

3. 设定不作为义务的审慎性

在实践中,一些网络平台犯罪表现为不作为犯罪,如《刑法修正案(九)》增加的第286条之一,网络不作为义务的来源问题随之产生。而且,基于网络平台对生产生活的重大影响,相比于其他网络主体,网络平台肩负更严格的法定义务。目前存在网络平台义务与责任趋重化观点,并认为《刑法》增设第286条之一有限度地引入了"过失责任"。认识有其合理性,关于网络过失犯的理解也并非空穴来风,以上均在强调网络平台的义务相比之下更多、更重。这是因为网络平台相比于单个网络技术帮助行为,具有更强大的集聚性和"一对多+"属性,可能造成的危害结果也更为严重,网络平台的重要地位决定其应承担更谨慎、更全面的义务需要承担大量具体的网络安全管理义务(命令规范),不作为义务的情形和数量也呈现为递增趋势。但有观点认为,访问软件提供者一般仅对共谋实施的行为承担刑事责任,不存在拒不履行法定义务的刑事责任问题;除非网络接入服务提供者使国家安全或重

---

[1] 根据该法案,没有执行这项规定的网站将被处以最高25万英镑的罚款。而且,违规网站域名也将提供给ISP和支付服务公司,这些公司将自己决定是否屏蔽违规网站或暂停为色情网站提供服务。

大公共安全受到危害，否则原则上不需要承担不作为刑事责任。〔1〕网络不作为犯罪首先以具有作为义务为前提，也要求网络运营者具有履行义务的主观能力与客观条件，避免过度增加网络运营者的义务和阻碍网络运营者的正常经营。在设定网络犯罪的不作为义务来源时，当以采取目前的技术措施不会实质性地不当增加网络服务提供者的运营成本或系统与网络的运行负担为限，应充分考虑网络平台履行义务的主客观条件及其能力，合理设定不作为义务的来源及其范围，慎重制裁过失行为。

（二）设定义务的基本原则

网络服务运营者与提供者作为网络平台，直接或具体承担的管理义务内容不同。在着重判断具体网络平台是否应当承担义务、是否实质违反义务、是否有技术能力履行而不履行义务等关键因素之际，应同时明确设定义务的基本原则。

1. 主要观点的解析

当前，有两种代表性观点。（1）中立行为论。有观点认为，应以是否属于中立行为来确定法定义务的范围，网络内容服务商原则上应对其提供的内容负责；网络连接服务商不应承担帮助犯的责任；网络平台服务商的行为通常是中立帮助行为，并未制造不被法所容许的危险。〔2〕从该观点看，网络平台提供的服务往往属于中立帮助行为。另有观点认为，信息网络技术支持、帮助的客观归责依据是制造法律禁止的风险。因果关系是其承担刑事责任的客观基础，应以中性业务行为与损害结果是否具有客观归责性为标准加以判断。正当业务抗辩是出罪机制，应以行为风险、社会常识、职业相当性等要素综合判断信息网络技术支持、帮助是否具有正当性。〔3〕该观点主张部分网络技术帮助行为不是中立行为，并提出网络技术滥用行为与中立帮助行为之间的区分标准。还有观点认为，中立的帮助行为客观上与正犯行为有限定因果性时才具有可罚性，或是物理上或客观上促进正犯实行行为的发生，或是从心理上或精神上促进正犯实行行为的发生。根据《刑法》第287条之二的规定，对网络服务提供者明知网络用户利用其提供的服务实施犯罪而放任的，

---

〔1〕参见涂龙科：《网络服务提供者的刑事责任模式及其关系辨析》，载《政治与法律》2016年第4期，第115页。

〔2〕参见陈洪兵：《网络中立行为的可罚性探究——以P2P服务提供商的行为评价为中心》，载《东北大学学报（社会科学版）》2009年第3期，第259页。

〔3〕参见刘宪权：《论信息网络技术滥用行为的刑事责任——《刑法修正案（九）》相关条款的理解与适用》，载《政法论坛》2015年第6期，第107页。

虽然网络服务提供者主观上为间接故意，客观上也为用户的非法活动提供帮助，但如果参照中立的帮助行为理论，网络服务提供行为应是一个不可罚的中立行为。[1]该观点既质疑《刑法》第287条之二的规定，也主张网络平台提供服务一般都是中立的行为。当主要立足于《刑法》第287条之一时，以是否属于网络中立行为作为区分的边界，可以起到限制处罚的作用。但是，纵观德日刑法理论，中立行为理论具有重大争议性，中立行为与犯罪行为之间的界限并不分明；而且，从《刑法》第286条之一、第287条之一等规定看，中立行为理论并不必然适用，其对纷繁复杂的网络平台犯罪的解释作用有限。（2）直接控制论。有观点认为，应当根据网络运营者或网络服务提供者直接控制违法犯罪信息作为设定义务的原则，只有网络运营者可以直接通过自身的途径或能力，实际发现并可以决定违法信息的传播、扩散以及方式、数量、途径等，才需要对其所控制的违法犯罪信息这一链条承担责任，但涉及重大公共安全利益且法律有例外规定的除外。[2]相比于中立行为标准，直接控制标准更为可取：一是以终端的实际危害或行为控制状态为标准进行判断，具有鲜明的实质判断意义，有助于将行为流程中其他次要行为或无关行为排除在外；二是以直接控制作为标准，可以从理论上防止设定过高的义务标准，制定切合实际的义务内容。但是，直接控制标准可能过度降低义务的存在范围，不符合当前实际，如网络平台的监督与管理义务具有普遍性；而且，直接控制标准的解释空间有限，可能无法澄清与其他网络平台义务的范围及其边界，如提供服务但并不直接控制或提供服务、信息数据等情形。

2. 实质必要论的提倡

中立行为标准与直接控制标准的不足在于，忽视了网络平台履行义务在网络技术上具有可行性与现实性，而且不明显干扰正常的网络生产生活这一基本的前提。从网络技术上要求网络主体承担明显不合理或不现实的法定义务，不仅超出网络技术自身的制衡能力，也将最终导致网络主体履行义务的落空，无助于实现维护网络平台安全的初衷。以百度信息搜索付费服务的审查义务为例，百度搜索平台在提供信息搜索付费服务时，没有充分履行必要的内容审查义务，未能提供客观、准确、可信的搜索信息，导致百度推广内容的失真并引发危害结果。从技术保障上看，百度搜索平台在提供信息搜索

---

[1] 参见孙万怀、郑梦凌："中立的帮助行为"，载《法学》2016年第1期，第150页。

[2] 参见涂龙科："网络服务提供者的刑事责任模式及其关系辨析"，载《法学评论》2016年第3期，第114页。

付费服务时应当有能力最大限度地防止推广虚假信息,国家互联网信息办公室的整改意见与百度的整顿措施也证实要求百度搜索平台承担内容审查义务具有技术的可行性与必要性。因此,设置网络平台主体的法定义务范围和内容,应以网络技术与运营内容的必要匹配为前提,兼顾网络技术安全与网络自由发展,确保设定的具体义务符合网络技术代际的发展趋势,并基于运营或服务功能的本质特性具有不可或缺性。实际上,监管技术与功能安全并重的实质必要论在实践中也得到广泛确认。(1)快播公司作为网络视频信息服务提供者应承担内容审核、事后删除等义务。快播公司是一家流媒体应用开发和服务供应企业,作为典型的网络视频服务提供商,平台对外提供视频信息服务业务,免费发布快播资源服务器程序和播放器程序,是快播网络系统的建立者、管理者与经营者。根据《网络安全法》等法律法规,快播公司应当依法承担内容审核、事后删除、积极防控等网络安全管理义务;特别是鉴于 P2P 技术容易被用于传播淫秽视频等是行业常识,快播公司有义务加强监管,避免淫秽视频通过快播网络传播。(2)《移动互联网应用程序信息服务管理规定》第 7 条规定,移动互联网应用程序提供者应当严格落实信息安全管理责任,建立健全信息内容审核管理机制。这为网络服务提供者确立了内容审核管理机制。第 8 条规定,互联网应用商店服务提供者应当对应用程序提供者履行管理责任,包括对应用程序提供者进行真实性、安全性、合法性等审核,督促应用程序提供者发布合法信息内容并建立健全安全审核机制等。该规定不仅要求网络服务提供者履行内容审核管理义务,也要求其承担实时监控义务。(3)《关于进一步加强管理制止虚假新闻的通知》(2016 年 7 月,国家互联网信息办公室)要求各网站要落实主体责任,切实履行网络内容管理职责,加强监督检查,进一步规范各类网络平台采编发稿流程,建立健全内部管理监督机制。这为网络信息服务提供商规定了内容审核义务与实时监控义务。(4)欧洲议会通过的《反恐怖主义指令(草案)》(The Draft Counter-Terrorism Directive,2016 年 7 月),要求国家当局采取措施迅速移除托管在其境内的构成公开煽动和恐怖主义罪行的非法内容,或应采取必要的措施屏蔽对此类内容的访问;但采取的措施需要过程透明,有充分的保障和接受司法检查。这使网络服务提供者将承担实时监控义务、报告义务以及删除义务等。(5)欧盟的《网络与信息安全指令》(2016 年 7 月)将规范的对象转移到"在一国经济社会中占据重要地位的行业",特别是相关网络服务经营者要承担"采取合适的安全措施并且向其主管国家机关报告相关安全事件"的特定义务。[1]

四、结论

相比于传统犯罪、网络对象型犯罪、网络手段型犯罪，网络空间型犯罪是当前网络犯罪的新兴类型。由于网络平台的参与主体众多、涉及面广，制造的危险和导致的危害结果往往更严重，成为破坏网络安全与网络经济秩序尤为严重的隐患。从刑事司法实践的疲软反应看，既有司法应对经验匮乏的原因，也有网络刑法立法完善明显滞后的牵制，更在于网络平台的犯罪主体地位、网络安全义务范围、具体的合理设定等理论问题明显脱节。今后，应当在《网络安全法》《刑法修正案（九）》等法律法规的基础上，对网络平台这一新型犯罪主体，着力强化以"技术+功能"的方式区分不同的网络平台类型，设定具体的网络安全管理义务，为追究网络平台的刑事责任提供充足的规范依据与理论指导。

---

[1] 参见曹建峰、李正："欧盟最新网络安全指令对我国网络安全立法的启示"，载腾讯研究院，http://www.tisi.org/4707，最后访问时间：2017年2月18日。

第十六章
破坏生产经营罪的网络化动向与立法修正

人类社会并未完全摆脱农耕社会,而繁荣的工业革命时代却正在发生巨大的变化,互联网时代已经开创了新纪元。互联网经济的快速崛起极大地改变了人类生产经营的观念、形式与法律评价标准,一场由新兴科技引领的产业革命正在吹响号角。在互联网环境下,破坏生产经营犯罪开始出现了一系列新的方式,同时也使司法机关面临一些新的法律适用问题。互联网安全既脆弱又极其重要,破坏生产经营罪在新型网络安全环境下面临"适法困难"的新挑战。对此,应当植入"互联网+"新思维和方式,适度运用扩张解释,最终以立法完善予以应对。

一、标本循证:破坏生产经营罪的网络化动向

在互联网环境下,生产经营活动的要素、形式等都发生了翻天覆地的变化,破坏生产经营的新类型案件也层出不穷。但是,由于破坏生产经营罪的立法具有一定的滞后性,以至于在应对互联网经济环境与相关犯罪时显得捉襟见肘,同时也间接反映了破坏生产经营罪的网络化改革动向刻不容缓。

(一)BBS论坛散布谣言案

1. 案情简介

1999年3月以来,被告人温某制造并散布谣言,声称郑州"某交通银行行长携巨款潜逃"。谣言一经传播,瞬间风声四起。不少储户纷纷致电交通银行郑州分行询问。1999年4月,被告人再次利用单位电话、个人账号登录BBS论坛,连续三次在BBS论坛(郑州商都信息港)的公告栏上发布有关交通银行郑州分行行长携款潜逃的虚假信息与煽动性的谣言,导致许多储户担惊受怕。同时,由于郑州市前段时间在处置非法集资上出现银行兑付困难等问题,使得谣言更加可信。4月19日起,不明真相的储户纷纷挤兑,导致郑

州分行的正常营业秩序、商业信誉及周边的公共交通秩序受到不同程度的影响。经公安机关侦查,郑州分行直接损失达到了1252万元,间接损失2050万元。[1]

2. 评析

案发时网络犯罪观念尚未形成,对网络环境下散布谣言行为的处置缺乏明确立场。但是,该案却首现破坏生产经营罪的网络化动向。然而,以当前的眼光看,将本案定性为破坏生产经营罪难免有瑕疵。关于定性有如下几种观点:(1) 可能涉嫌构成损害商业信誉、商品声誉罪。[2]根据《最高人民法院、最高人民检察院关于办理利用信息网络实施诽谤等刑事案件适用法律若干问题的解释》第9条的规定,[3]本案被告人通过网络方式声称郑州"某交通银行行长携巨款潜逃",已然对该公司的商业信誉造成了损害;而且,由于网络传播速度快、网络信息辟谣难度大,导致的危害结果往往比物理的社会空间更为严重,可考虑以损害商业信誉、商品声誉罪论处。在实践中对于此类行为,已经有按照损害他人商业信誉罪论处的司法判例。(2) 可能构成网络环境下的寻衅滋事罪。根据《最高人民法院、最高人民检察院关于办理利用信息网络实施诽谤等刑事案件适用法律若干问题的解释》第5条第2款的规定,[4]本案被告人在BBS论坛上发布虚假信息,客观上对物理的社会空间形成危害,可以考虑以寻衅滋事罪论处。(3) 可能构成聚众扰乱社会秩序罪。《刑法》第290条第1款规定,聚众扰乱社会秩序,情节严重,致使生产、营业等无法进行,造成严重损失的,可以处罚首要分子和积极参加者。BBS论坛虽为虚拟空间,但是,根据《最高人民法院、最高人民检察院关于办理利用信息网络实施诽谤等刑事案件适用法律若干问题的解释》的精神,虚拟空间是刑法应当保护的独立"公共空间",在BBS论坛上恶意发布虚假信息导致银行挤兑、营业受扰、信誉受损,可以考虑按照聚众扰乱社会秩序罪论处。总之,本案的定性争议揭示出传统犯罪体系应对网络犯罪的尴尬:一是专门

---

[1] 参见周康:"制造谣言者——'郑州温某等利用BBS论坛散布有害信息破坏生产经营案'解析",载《信息网络安全》2001年第2期,第45页。

[2] 参见刘松:"由一起利用BBS破坏生产经营案谈起",载《四川警官高等专科学校学报》2003年第3期,第34页。

[3] 利用信息网络实施诽谤等犯罪的,又构成损害商业信誉、商品声誉罪,依照处罚较重的规定定罪处罚。

[4] 编造虚假信息,或者明知是编造的虚假信息,在信息网络上散布,或者组织、指使人员在信息网络上散布,起哄闹事,造成公共秩序严重混乱的,以寻衅滋事罪定罪处罚。

的网络犯罪规定和关联规定跟不上时代步伐；二是因法条竞合关系客观存在，导致"涉网"关联罪名分歧不断。

（二）全国首例"恶意差评案"

1. 案情简介

随着电子商务与网购日益发达，商家根据营业情况设定客户信誉评价等级等标准，已成为店家生产经营的重要"资料"，也是客户选择购买的重要参考指标。但是，网络环境下的电子商务恶意竞争现象日渐恶化，催生出"恶意差评师"[1]，淘宝电商平台此种情况尤甚。[2] 2012年6月，杨某通过网络QQ群、YY平台等与他人共谋，并教授通过"恶意差评"勒索淘宝网店卖家钱款的方法：先在淘宝网上向某个店家恶意下单，后通过网络聊天平台谈判，向卖家表示如果发货将给予差评、不发货则投诉，除非支付一定的钱款，否则关闭交易。卖家为了不影响网店的正常经营和信誉评价，往往被迫选择付款，杨某事后再将部分赃款通过支付宝转给其他"恶意差评师"。被告人杨某等12人一个月内共作案14次，获得款项总计2995元。2012年11月，杭州市公安局与淘宝网共同宣布，破获全国首例"恶意差评案"，并以涉嫌敲诈勒索罪逮捕相关被告人。2013年7月，浙江省杭州市上城区人民法院对杨某等12名"恶意差评师"以敲诈勒索罪判处十个月到二年不等的有期徒刑。[3]

2. 评析

（1）"恶意差评"行为是电子商务环境下的新型恶意竞争行为，[4]但是，如果附加了勒索财物等情形，则可能属于威胁或者要挟的范畴；情节严重（如以降低网店的信誉度作为要挟谋取大额钱财）的，可能涉嫌敲诈勒索犯罪；数额达不到敲诈勒索罪标准的，可以按照损害商业信誉、商品声誉罪处理。（2）消费者在商品质量存在问题时，要求赔偿属于依法正当维权行为，不是"恶意差评"。（3）尽管可以援引敲诈勒索罪，损害商业信誉、商品声誉罪处理"恶意差评"问题，但是，"恶意差评"本身是否属于破坏生产经营行为更值得思考。从传统观念看，破坏机器是典型的破坏生产经营行为，

---

[1] "恶意差评师"，是指在淘宝网购后，以作出中评或差评的方式向网店谋取财物或不当利益的专业人员。根据淘宝的内部规则，中评或差评直接影响淘宝店铺的排名与销售，许多店家遭遇"恶意差评师"的勒索后，通常被迫接受"破财消灾"。

[2] 参见邹倜然："首例恶意差评师案开庭审理"，载《工人日报》2013年7月3日，第3版。

[3] 参见孟焕良、徐艳芳："全国首例'恶意差评师'案宣判"，载《人民法院报》2013年7月5日，第3版。

[4] 参见黄宏："恶意差评，网购的魔爪"，载《浙江日报》2013年7月4日，第19版。

然而，在数字经济环境下，"恶意差评"直接影响店家的搜索排名、购买信誉、销售数量与营利金额，大量恶意差评往往严重破坏生产经营，论处破坏生产经营更有利于体现互联网经济下保护正常合法生产经营活动的司法意图，也更符合本罪名的立法初衷。

（三）全国首例"恶意好评案"

1. 案情简介

电子商务与网购日益重视买家的评价，"恶意好评"却截然相反。在"恶意好评案"中，甲公司为了破坏乙公司在淘宝平台上的网络经营效益，特地雇用他人大量恶意购买乙公司的"paperpass"论文检测服务，同时全部给予"好评"。但是，根据淘宝内部运营监督机制，一旦好评数量出现异常现象，便会自动触发监督审查机制。根据《淘宝规则》[1]，甲公司的服务商品因突如其来的大量"好评"，被淘宝公司处以"淘宝降权"，甲公司的正常生产经营受到了严重的影响，并造成了经济损失20万元。案发后，公安机关以涉嫌破坏生产经营罪对乙公司及其法定代理人采取刑事拘留。[2]

2. 评析

（1）与"恶意差评"不同，"好评"店家本应受欢迎，但当注入"恶意"成分，则可能涉嫌犯罪。在互联网背景下，电子商务的生产经营要素发生巨大的变化，在淘宝这一最大电商平台的经营体系中，用户点评的等级直接决定电商企业的信用等级和搜索排名，是电商模式中最基本和最重要的生产经营要素与活动，"恶意好评"直接导致电商企业的生产经营要素受到打击或削弱，进而影响生产经营的规模、信誉度以及营利数额。（2）尽管现有立法规定未能及时反映互联网经济的特征与现实需要，但是，互联网经济对生产经营的变革与颠覆客观存在，对危害行为方式、危害评价基准等提出了新要求。有观点认为，"恶意好评"作为电商环境下的破坏生产经营行为应当以解释方式入罪，[3]不能放任自流，防止电商平台沦为"无法无天"的真空地带。该观点总体可取，但前提是情节严重或造成严重的危害结果。

---

[1]《淘宝规则》：卖家存在通过不正当竞争手段获得商品销量、店铺评分、信用积分等不当利益，妨害买家权益等虚假交易行为时，将根据实际情况予以处罚，如"淘宝降权"、下调商品的搜索排名序位等。

[2] 参见李怀胜："'恶意好评'引发的刑法问题及其思索"，载《中国检察官》2015年第6期，第10页。

[3] 参见黄晓亮："恶意给好评致使网店被降权处理的刑法评价"，载《中国检察官》2015年第6期，第7页。

（四）全国首例"集体恶拍"网络失范事件

1. 案情简介

2011年10月11日，我国最大的电商平台淘宝上演了"十月围城"的网络失范重大事件。[1]7000余个中小卖家集结于YY语音、QQ群，开始对淘宝商城的大卖家集中发起恶意购买的攻击行为：短时间内频繁购买大卖家的商品，购完后付款，但随即申请退款，或选择货到付款，后无理由退货。[2]这场"拍商品、给差评、拒付款"的恶意攻击，导致部分大卖家的商品被迫下架、正常经营活动受到严重干扰，使得被攻击的店铺评级、退货率等信用指标大打折扣。[3]10月12日，中小卖家开始联合攻击"淘宝直通车"与"淘宝聚划算"。[4]一些攻击者连续点击淘宝网页的广告位（广告位帮助商家展示货品，按点击量收费），短时间内大量点击广告位，导致广告费损耗颇大。[5]2013年，淘宝发布了"整治虚假交易"的新规，[6]使得部分天猫平台的大卖家在"双十二"（12月12日）来临之际，再次遭到淘宝小卖家的恶意攻击。[7]

2. 评析

（1）有观点认为，有组织地恶意攻击淘宝商城品牌商的行为构成了损害商业信誉、商品声誉罪。[8]诚然，网络恶意攻击确实部分影响了商家的信誉与商品声誉，然而，恶意攻击者的目的与动机主要是阻碍和防止其他大电商的正常经营活动，客观上对信誉与声誉的影响有限。（2）电商平台已经是重

---

[1] 事件起因为淘宝商城发布《2012年招商续签及规则调整公告》，将技术服务年费从6000元提高至3万元和6万元两个档次，商铺的违约保证金数额全线提高，导致许多中小企业无法承受。

[2] 根据淘宝商城的内部经营规则，用户7天内可以无理由退款（货），如果商铺不发货或不退款（货），将受到淘宝商城的扣分处罚。

[3] 参见陆玫："淘宝商城涨价引数千小店家围攻"，载《东方早报》2011年10月13日，第A04版。

[4] 参见张磊："淘宝'十月围城'纷争谁都伤不起"，载《中国消费者报》2011年10月19日，第C01版。

[5] 参见薛娟："'蚁攻'：淘宝商城上演互联网暴力"，载《中国经济时报》2011年10月14日，第1版。

[6] 参见车辉："恶意攻击还是被逼泄愤——透视淘宝商城被围攻事件"，载《工人日报》2011年10月14日，第4版。

[7] 首先是集体"震屏"，即装作买家向客服人员发抖动，使得客服只能屏蔽抖动功能；而后集体咨询相关商品，并采取对每个商品实施几十件狂拍，等送货时又退货。

[8] 参见敖祥菲："淘宝打假 小卖家恶意攻击天猫大卖家"，载《重庆商报》2013年12月11日，第B09版。

要的生产经营"场所（空间）",是电子商务开展经营的基本物理空间。在电商平台内,针对其他店家的"集体恶拍"是典型的网络失范行为,导致其他店家无法正常经营并侵犯了商家的合法商业利益,涉嫌构成破坏生产经营罪。

（五）广东首例静默卸载和安装手机应用程序案

1. 案情简介

2013年9月至2014年4月,沈某（系某无线通信技术有限公司技术主管）利用职务之便,在公司的手机"销量管理系统"应用软件中植入自己编写的恶意程序,并使用该恶意程序对用户手机通过静默卸载的方式恶意卸载了UC浏览器、百度浏览器等应用程序,以静默安装的方式推广欧鹏浏览器、百度应用盒子、朋游等应用程序,造成了A公司经济损失9万元,并非法获利（推广费）共约130万元。[1]公诉机关指控被告人沈某犯破坏计算机信息系统罪并提起公诉。法院认为,现有证据无法证明被告人沈某"静默安装",即未经用户许可、操控用户的手机下载应用程序,不能证明被告人沈某推广欧鹏浏览器等应用程序获取的130万元为"静默安装"方式的违法所得。本案事实不清,证据不足,指控的罪名不能成立,判决被告人沈某无罪。[2]随后,检察机关以适用法律错误为依据依法提起抗诉,案件进入二审阶段。

2. 评析

（1）围绕本案是否构成破坏计算机信息系统罪展开了有关证据、事实和法律适用方面的争论,但是,从恶意安装、卸载行为所造成的危害结果看,论处破坏计算机信息系统罪并不为过,[3]因为预先植入破坏性程序已经非常

---

[1] 参见孙道萃:"手机移动互联网犯罪的刑法制衡路径",载《河南警察学院学报》2015年第4期,第111页;孙道萃:"手机移动互联网犯罪挑战刑法",载《检察日报》2015年5月7日,第3版。

[2] 被告人沈某辩称,在公司的手机"销量管理系统"应用软件中植入自己书写的程序,通过该程序对手机用户进行静默卸载、静默安装的操作,收取推广费约130万元,但收取推广费与卸载UC浏览器等手机应用程序没有关系。辩护人认为,指控构成破坏计算机信息系统的事实不清、证据不足:一是鉴定结论不能证明被告人发出的静默卸载指令与涉案手机的UC浏览器被卸载之间存在因果关系,即使存在,应当通过民事途径解决;二是被告人的静默安装行为为得到用户同意,现有证据不足以认定被告人发出指令并造成手机被静默安装软件的事实,且被告人获得的130万元推广费不足以认定为其违法所得。

[3] 参见皮勇:"我国新网络犯罪立法若干问题",载《中国刑事法杂志》2012年第12期,第47页。

危险且后果难以控制，属于破坏计算机信息系统的典型危害行为。[1]（2）本案仍有两个值得思考的定性方向：一是被告人是否构成非国家工作人员受贿罪；二是被告人是否构成破坏生产经营罪，因为恶意删除浏览器等行为，对于经营浏览器的企业而言是不正当竞争行为，同时也是社会危害性较为严重的破坏经营行为。具体而言：A 公司作为互联网企业，UC 浏览器是其非常重要的经营项目和营业资料。UC 浏览器被恶意卸载直接影响到用户的体验感，并决定了用户的使用率与用户数量，最终直接关系到 A 公司的营业收益。因此，恶意卸载 UC 浏览器是一种不正当竞争行为，情节严重的，可以考虑以破坏生产经营罪论处。

综上所述：（1）五个不同的新型个案，从不同的角度展示了互联网经济条件下，生产经营活动的要素、形式及模式，企业营利方式、生产经营场所等都发生了显著的改变，并且酝酿了一场新兴互联网技术革命的前奏，使得实践中破坏生产经营的危害行为在犯罪方法、犯罪对象、犯罪时空场所、犯罪的危害结果等方面焕然一新，直接暴露了传统犯罪规定的滞后性与虚置性。（2）当前破坏生产经营罪的立法滞后性主要表现为立法规定的空白、立法内容的不对称性、立法指导思想的滞后等，这导致一系列新型危害行为难以按照破坏生产经营罪论处；即使按照其他犯罪论处，也不足以突出新型危害行为破坏生产经营的本质特征，不利于从司法层面强化刑法对互联网经济条件下合法正常的网络生产经营行为的保护作用。因此，互联网经济对破坏生产经营罪的司法冲击和挑战亟待多元的应对方案。

二、扩张解释：破坏生产经营罪因应互联网挑战的权宜之计

破坏生产经营罪在某种程度上是我国刑事立法的独创。1979 年《刑法》第 125 条规定了"破坏集体生产罪"，隶属于"破坏社会主义经济秩序罪"一章。1997 年《刑法》规定了"破坏生产经营罪"。"破坏生产经营罪"的内涵与外延比"破坏集体生产罪"更广，更契合社会主义市场经济体制改革的现实需要，更符合生产经营的要素、形式等不断翻新变化的客观事实。但是，破坏生产经营罪在修改时并未考虑到"互联网"因素。由于互联网环境下的生产经营活动已经发生了翻天覆地的变化，和传统的实体经营活动存在明显差异，电商平台下的商业运作模式、生产经营要素与形式、营利方法等更发

---

[1] 参见孙道萃："对手机植入破坏性程序并非法谋利的行为定性"，载《中国检察官》2015 年第 14 期，第 47 页。

生了显著的变动，使得破坏生产经营罪在面对互联网企业的生产经营活动时明显"失灵""失效"。

面对传统刑事立法与理论滞后于社会经济发展的现实需要，刑法分则的罪名已经面临如何应对互联网环境的新课题。对于严重危害社会的行为，刑法绝不能"袖手旁观"，通过扩张解释的方式对现有规定进行合理"增容"已经成为一种积极有效的应对方式。[1]换言之，在"互联网+"思维的引领下，应当对"破坏生产经营"的核心关键词进行扩张解释，化解适法难题，避免放纵犯罪，防止互联网在作为工具、对象以及独立空间时被异化为"无法无天"的"法外空间"。

在"互联网+"环境下，企业的生产经营活动已经基本上处于网络普及化的程度，网络电商平台是企业的重要营销渠道，网络购物、网络支付等网络生产经营行为不断推陈出新。而且，互联网不再由 PC 网络主导，移动互联网发展迅猛，手机购物、手机支付等新兴生产经营活动不断发展。由此，互联网企业的生产经营要素、管理方式、营销方法、营利手段等都发生了显著的变化，在解释《刑法》第 276 条规定的破坏生产经营罪时，必须采取扩张解释，否则，第 276 条的适用空间将日渐压缩，难以发挥刑法保障正常合法生产经营活动的基本功能。

目前，应当对"破坏生产经营"进行扩张解释，其客观基础主要包括如下几个方面。(1) 企业管理经营的网络化日益普及，互联网成为企业正常生产经营的重要技术平台，互联网 O2O 商业模式兴起，传统企业触网成为必然。[2] (2) 网络经济的快速增长和其地位的日益巩固，使得作为信息社会基础设施的互联网成为企业经营的重要平台，作为媒介的互联网同时成为企业营销推广的重要工具，网络购物已成为非常重要的消费方式。[3] (3) 网络经济催生网络支付的爆炸式增长，网络支付安全的警钟时刻敲响，对生产经营形成了新冲击，也提供了新机遇。[4] 基于客观情况的变化，为了保持立法规定的活性和生命力，应当进行扩张解释。

---

[1] 参见柏浪涛："破坏生产经营罪问题辨析"，载《中国刑事法杂志》2010 年第 3 期，第 41 页。

[2] 参见中国互联网络信息中心发布的《2014 年下半年中国企业互联网应用状况调查报告》(2015 年 2 月)。

[3] 参见中国互联网络信息中心发布的《2012 年中国网民消费行为调查报告——3C》(2013 年 1 月)、中国互联网络信息中心发布的《2013 年中国网络购物市场研究报告》(2014 年 4 月)。

[4] 参见中国互联网络信息中心发布的《中国网络支付安全状况报告》(2012 年 10 月)。

互联网经济作为全新的网络代际现象,开创了农业时代和工业革命时代的新纪元,迫使生产经营活动发生质的变化,《刑法》第276条规定的破坏生产经营罪已经明显出现了"不够用"的现象,扩张解释顺理成章成为解决此问题的首选,而破坏生产经营罪的规定也为扩张解释提供了基本的主客观条件。(1)"其他个人目的"提供了主观方面的扩张解释条件。破坏生产经营罪和故意毁坏财物罪同时组成"毁弃型财产罪",二者的重要差异之一在于前者要求主观上具有"泄愤报复"等动机。同时,《刑法》第276条还以"其他个人目的"作出了概括性的规定。在互联网环境下,不论是出于"泄愤报复"还是"其他个人目的",都可能引发针对互联网生产经营活动的破坏行为。因此,从解释论看,"其他个人目的"作为立法者预设的兜底性条款,客观上提供了扩张解释的主观条件。不过,破坏生产经营罪规定的主观要素也容易导致诉讼证明难的问题,不利于司法机关追究刑事责任。(2)"以其他方法"提供了客观方面的扩张解释条件。"毁坏机器设备、残害耕畜"是基于农耕社会和工业社会而规定的危害行为类型,直接指向了传统现实物理社会的生产经营活动。但是,在互联网环境下,破坏生产经营罪的方式已经与以往大不相同,如"恶意好评""恶意差评""恶意卸载"和"集体恶拍"等新型行为根本无需破坏机器设备等。但是,《刑法》第276条规定了"以其他方法"这一概括性内容,显然有助于为扩张解释提供客观的规范基础。不过,如果遵循立法原意,对"以其他方法"作出同等属性的解释时,解释结论往往难以包容当前的互联网新形式,以至于解释结论难免有"类推解释"或"司法造法"之嫌。总之,扩张解释是目前最直接有效的司法应对方案,避免了借助破坏生产经营罪与其他关联罪名的法条竞合关系作出变通处罚的被动与短板问题。传统理论一般认为,行为人以毁坏财物的手段破坏他人的生产经营并造成重大经济损失的,属于想象竞合犯,应当择一重罪处理。但是,两罪的法定刑档次完全相同,使得想象竞合犯理论的适用空间有限。同时,由于侵犯财产罪的犯罪对象目前通常认为是"财物(财产)",范围的狭隘性制约了故意毁坏财物罪解决网络犯罪新问题的能力,互联网环境下的财物形式也发生了相当程度的改变,共同使得在互联网环境下援引故意毁坏财物罪的司法意义不大,难以满足司法实践的新型需要。

综上所述:(1)互联网深刻地改变了农耕时代和成熟的工业革命时代的主要生产经营方式,互联网经济得到了迅猛发展,互联网所依赖的生产资料、营销模式、营利方法、管理途径等都发生了巨大的变化,直接"倒逼"传统刑事立法和理论必须作出及时的反应。(2)尽管《刑法》第276条的设置主要是以我国改革开放以来的社会主义市场经济为主要背景，并未有效融入时下的"互联网+"思维，但是，主客观要件的立法技术已经分别预先采取了概括性规定，使得通过扩张解释缓解立法不足具有一定的可行性，可以作为应急方案。尽管如此，由于制定破坏生产经营罪时的立法背景、立法理念已经整体上滞后于当前的互联网代际，导致按照传统财产犯罪采取扩张解释的范围有限，也不足以形成积极保护网络商业安全的效果，扩张解释作为权宜之计应适可而止。

三、立法改进：破坏生产经营罪协同"互联网+"思维的必由之路

现代科技引领下的互联网代际时刻更新换代，互联网对生产经营要素的颠覆高度深化。在"互联网+"大背景下，未来经济是实体经济和数字经济的结合已是全社会的共识，所有商业都将电子化，互联网、大数据和云计算将与一切商业运作紧密相连，"商业的电子化"可能会取代现有的"电子商务"概念，供应链、消费者营销、企业信息化、组织架构的彻底重塑将成为未来电子商业四大核心领域。"互联网+"思维已经从根本上改变了传统的生产经营。鉴于网络空间的日益独立和重要，发生在互联网平台的危害行为需要进行独立的刑法评价，[1]不能单纯寄希望于对现有规定进行扩张解释，反而，网络刑事立法的重新布局尤为重要，[2]应当作为解决破坏生产经营网络化问题的最终良方。

有观点认为，可以考虑借鉴日韩的规定，增设"妨害业务犯罪"和设置科学的法定刑，以解决我国当前立法不足和司法定罪依据不明的难题。[3]简言之：（1）日本刑法的相关规定。《日本刑法》第三十五章（信用和业务的犯罪）第233条规定："散布虚伪的传闻或者使用诡计，毁损他人信用或者妨害他人业务的，处三年以下惩役或者五十万元以下罚金。"第234条规定："以威力妨害他人业务的，依照前条的规定处断。"这就是"妨害业务罪"。第234条之二规定："损坏供他人业务上使用的电子计算机或者供其使用的电磁记录，或者向供他人业务上使用的电子计算机中输入虚伪信息或者不正当的指令，或者以其他方法使电子计算机不能按照使用目的运行或者违反使用

---

[1] 参见张智辉："试论网络犯罪的立法完善"，载《北京联合大学学报（人文社会科学版）》2015年第2期，第91页。

[2] 参见张明楷："妨害业务行为的刑法规制"，载《法学杂志》2014年第7期，第10页。

[3] 参见张明楷：《外国刑法纲要》，清华大学出版社2007年版，524页。

目的运行，妨害他人业务的，处五年以下惩役或者是一百万元以下罚金。"[1]之所以在后来增设"妨害计算机业务罪"，是因为电子计算机已经成为从事业务的重要工具、方法和手段。（2）韩国刑法的相关规定。《韩国刑法》第313条规定："散布虚假事实或者以其他欺骗方法，妨害他人信用的，处五年以下劳役或者一百万元以下罚金。"第314条规定："以前条的方法或者暴力，妨害他人业务的，处五年以下劳役或者一百万元以下罚金。"[2]但是，该看法并不完全可取，应综合各方因素确定完善方案。

（一）应当审慎移植国外立法经验

相比于近邻日韩的妨害业务罪，破坏生产经营罪的规定并非全无优点和毫无司法意义，主要理由如下。（1）"业务"和"生产经营"作为各自法益的关键词平分秋色。日本刑法理论与实务对何为"业务"、是否包括"公务"、是否包括"不正当（不合法）的业务"等存有争议，我国的"生产经营"也同样面临范围的解释问题，二者作为关键词，孰优孰劣难以定论，但都具备在网络时代作出扩张解释的潜质。（2）行为方式的实质对比。"妨害"与"破坏"都是对危害行为的"质性"进行概括性描述，在行为的类型与方式上具有共性，在界定"生产经营"时都可以起到限定作用，刻意将"破坏"调整为"妨害"的立法意义和司法意义并不显见，对聚焦具体的法益内容几乎毫无意义。反而，无论是传统现实物理社会还是网络空间，关键都在于明确所保护法益的内容，只有准确锁定了法益的范围，才能明确保护的范围，行为方式并非真正的分歧所在，且必然处在变革状态。（3）通过计算机妨害业务与通过互联网破坏生产经营的立法理念存在网络代际差异。近邻日本等国家单独、专门规定了妨害计算机业务罪，而我国的破坏生产经营罪仅在解释论上可以介入网络空间，以至于暂时只能通过扩张解释处理新问题。但是，现在已经全面进入了互联网时代并基本上取代计算机信息系统犯罪时代，[3]日本早期确立的妨害计算机业务罪及其立法理念已经暴露了网络代际的迟延性，并非最先进、最前沿的立法经验。我国可以后来居上，统合网络作为犯罪对象、方法与新"网络空间"三个立法维度，进行有针对性的完善，提高破坏生产经营罪的适宜度，实现立法规定和立法理念的根本性超越。此

---

[1] 参见张明楷：《外国刑法纲要》，清华大学出版社2007年版，第524-525页。

[2] 参见张明楷：《外国刑法纲要》，清华大学出版社2007年版，第524-525页。

[3] 参见张智辉："试论网络犯罪的立法完善"，载《北京联合大学学报（人文社会科学版）》2015年第2期，第87-98页。

外,从妨害计算机业务罪的内容看,与我国《刑法》第285条至第287条的规定具有内容上的重合性,特别是与第287条关于"利用计算机实施的有关犯罪"的规定在内容与功能上相似或重合,使得在我国单独增加"妨害计算机业务罪"缺乏体系协调的必要性,甚至制造了新的法条竞合难题。(4)妨害业务罪的客观方面规定了"暴力(威力)"要件,但是在互联网环境下,即使不通过物理层面的"暴力"也可以破坏生产经营,"暴力"禁锢了刑法介入的边界;同时,虚拟空间的"技术暴力"并非刑法一般意义上的"暴力",也应当加以规制,再行规定传统的"暴力"要素并不完全妥当。概言之,直接进行法律移植仍有待论证,但可以适当借鉴。

(二)厘清关联罪名并确定立法的规制边界

简言之:(1)我国1997年《刑法》已经初步确定了计算机犯罪罪名体系,《刑法修正案(七)》和《刑法修正案(九)》再次拓宽了网络犯罪的罪名体系。当前,网络作为犯罪对象和犯罪手段的立法规定更加完善和成熟,可以更好地介入和规制涉网犯罪。在互联网环境下,应当看到破坏生产经营罪保护网络经济的局部性、片段性,在立法完善时,既不应与专门的网络犯罪立法规定相重合、相冲突,也不应挤占其他网络犯罪关联规定的保护空间;破坏生产经营罪应当有其独立的存在空间,不能过于扩大介入圈,否则,容易导致相关法条的交叉重合关系越发复杂,而其关键是准确锁定法益保护的核心范围。(2)《刑法修正案(九)》增加了第287条之一、第287条之二,二者分别属于网络预备犯罪和网络(片面)帮助犯罪。[1]单独入罪的理由为:一是证据收集与证明难;二是非法利用网络行为本身具有较大的社会危害性,情节严重时可以单独入罪。新增的两个独立罪名与网络环境下的破坏生产经营罪的竞合关系发生了新变化,带来了新问题:一是网络型破坏生产经营的预备行为是否处罚;二是网络型破坏生产经营的片面帮助行为是否处罚。在《刑法修正案(九)》之前,前述两种行为一般不以预备犯罪、共同犯罪或单独正犯论处,但是,今后应当根据特殊法规与一般规定的竞合关系,按照特殊优于普通的原则,以新罪名依法论处,但前提是预备行为或网络帮助行为达到了情节严重的程度;当行为已经实行完毕和达到既遂时,造成了更为严重的危害结果,直接侵害了网络环境下的网络经济与网络生产经营等

---

[1] 有意见认为,可以按照具体犯罪的预备犯或者共犯以及传授犯罪方法等来追究其刑事责任,没有必要独立定罪。参见2015年全国人大常委会法制工作委员会刑法室编写的《〈刑法修正案(九)(草案)〉向社会公众征求意见的情况》。

法益,应当按照重法优于轻法的原则,以破坏生产经营罪论处。

(三) 破坏生产经营罪的网络化修正

基于"互联网+"经济的大背景,立法完善应当着力于以下几个方面。(1) 犯罪的一般客体应为市场经济的正常秩序,同类客体应为网络经济的正常秩序,直接客体应为生产经营,并适用于传统现实物理社会和网络空间社会。破坏生产经营罪置于"侵犯财产罪"一章,仅强调了"破坏",却忽视了"生产经营"作为法益的关键内容及其核心地位。破坏生产经营罪的重点是"生产经营(包括经济利益)",是直接客体所对应的内容,应当考虑置于"破坏社会主义经济秩序罪"一章,理由为:一是"生产经营"明显与我国的市场经济体制相关联,破坏生产经营直接导致社会主义市场经济秩序遭到侵害;二是"破坏"与"故意毁坏"不便区分,置于"侵犯财产罪"一章后,不仅徒增认定的困扰,更不利于发挥破坏生产经营罪保障市场秩序的作用。将本罪置于刑法分则第三章第八节"扰乱市场秩序罪"之后,可以强化对生产经营及其背后的市场秩序、经济利益、网络经济秩序与安全的保护力度,可以与非法经营罪等关联罪名保持功能的协调。此外,破坏生产经营罪在"扰乱市场秩序罪"一节的法条序位可以优先考虑为《刑法》第225条之一或第226条之一,以降低修改成本。(2) 取消"泄愤报复"等主观内容。《刑法》第276条规定了主观要件,旨在与故意毁坏财物罪相区分。但是,置于"扰乱市场秩序罪"之后,可以不再规定"泄愤报复"等主观内容,理由为:一是动机形式不影响对生产经营造成破坏;二是选择"列举+概括"方式规定主观要素固然可行,但是,容易导致司法认定的具体标准具有随机性;三是司法机关可以出台司法解释或指导性案例,针对特殊的"动机或目的"作出规定,既防止出现司法遗漏现象,也确保了量刑个别化。(3) 取消列举"毁坏机器设备"等危害行为类型。在市场经济,特别是"互联网+"环境下,生产经营的要素、方式、模型等始终在变化翻新,为了避免"列举+概括"立法技术裹挟的弊端,不妨直接将罪状简单规定为"生产经营",从而提高立法的包容性、预见性、前瞻性,避免今后因刑事立法需要频繁加以修改。而且,不必另行强调"互联网"的新背景,有助于提高立法的简洁性和科学性。当然,采取简明罪状难免牵扯出"口袋罪"的司法担忧,但只要根据本罪的法益内容严格认定危害行为范围,就可以避免司法认定的恣意。(4) 适当限定"生产经营"的外延。在"互联网+"经济背景下,生产经营的外延具有开放性、变动性,为了更准确地保护法益,需要明确"生产经营"的内涵和外延,其主要包括以下几个方面。一是生产与经营是两个独立的保护对象,在互联网环境下,生产和经营都与互联网经济息息相关,不能片面地认为主要保护的是经营内容,生产同样是保护的对象。二是一般只有合法的生产经营活动才受保护,但是,只要不是重大违法犯罪的行为,如制造、贩卖毒品等,仅具有轻微的行政违法性,如无证生产经营符合标准的食品等,可以纳入刑法保护的范围,也可以构成本罪。三是生产经营行为一般应当是按照市场规律,以追求正常合理的市场利益或经济效益为前提的,否则可以通过其他罪名进行保护。举例而言,对于"刘某某伤熊案",由于北京动物园不是营利性机构,所以,不能按照破坏生产经营罪处理,但可以通过其他关联罪名规制。易言之,互联网背景下的破坏生产经营罪不应当背负"全能"保护的包袱,应当专注于市场经济秩序,尤其是网络经济秩序与生产经营的安定性的法益内容。(5)单位应当作为犯罪主体。在犯罪主体上,《刑法》第276条仅规定了自然人,但是,本罪的犯罪主体可以是单位,而且,单位作为犯罪主体的情形有扩大的趋势。在"互联网+"经济环境下,生产经营的主体既可能是个体,也可能是法人,而法人破坏生产经营的危害结果往往更严重,更应当定罪处罚。但是,有观点认为,单位不构成网络犯罪的主体,原因在于单位犯罪的本质是自然人实施的犯罪,对单位的自然人进行处罚可以实现遏制网络犯罪的目的。然而,单位犯罪和自然人犯罪是不同的犯罪形式已经是共识,单位刑事责任的归责遵循从行为归责到责任归责的特殊原理,[1]单位在网络犯罪上和自然人同样具备刑事责任能力。更为重要的是,从《刑法修正案(九)》的修改内容看,扩大单位犯罪的适用范围是趋势,《刑法》第285条、第286条、第287条等网络犯罪罪名都规定了单位犯罪主体,网络化的破坏生产经营罪不规定单位犯罪主体显然不妥。(6)刑罚设置的多元与均衡。首先,在刑罚设置上,《刑法》第276条并未规定罚金刑,显然是立法漏洞。本罪具有明显破坏市场秩序和破坏公司财产的犯罪属性,应当增设抽象型的罚金刑,提高对经济犯罪的惩罚力度和预防效果。其次,《刑法》第276条置于"扰乱市场秩序罪"一节之后,为了与非法经营罪、强迫交易罪两个关联罪名的法定刑档次相契合,应当调整现有的法定刑配置,删除基本罪的"拘役"主刑配置,适当提高现有两档法定刑的幅度,再增设"情节特别严重"作为升高的量刑档次。最后,《刑法》第37条之一增设了"职业禁止"的规定,破坏生产经营罪也可以同步作出"职业禁止"的提示性规定,

---

[1] 参见孙道萃:"单位犯罪刑事责任中行为归责与责任归责理论之整合",载《中国刑事法杂志》2012年第8期,第22页。

既净化了网络经济的市场准入环境,也强化了刑罚的积极一般预防效果。

综上,破坏生产经营罪的规定可以重新表述为:"破坏生产经营的,处五年以下有期徒刑或者拘役,并处罚金;情节严重的,处五年以上十年以下有期徒刑,并处罚金;情节特别严重的,处十年以上有期徒刑,并处罚金。单位犯前款罪的,对单位判处罚金,并对其直接负责的主管人员和其他直接责任人员,依照前款的规定处罚。本法有规定禁止职业的,依照本法的相关规定处理。"

四、余论

在互联网环境下,犯罪的时空范围、方式、对象与法益内容都发生了显著的变化,传统罪名面临适应网络新挑战和保持活性的重大时代课题。从方法论看,扩张解释是直接有效的解决方案,而立法的持续与同步完善是最终手段。目前,"互联网+"经济日趋繁荣和发达,不断突破传统农耕时代和工业革命有关生产经营活动的旧有模式,互联网经济下的生产经营要素、方式、结构、营利模式等都正在发生或已经发生了根本改变,对"破坏生产经营"犯罪进行扩张解释已经成为必然。与此同时,借鉴域外的立法经验,根据国内互联网经济的发展趋势,重新修改和完善破坏生产经营罪的相关规定更迫在眉睫。修改应当主要集中在犯罪客体、罪状和法定刑等方面,《刑法修正案(九)》与2015年《网络安全法(草案)》相继增量了立法的主动性、有效性与复合性,夯实了破坏生产经营罪的网络化基础并加速了其发展进程。当前,"互联网+"思维已经成为更新换代的关键和迭代升级的风向标所在,在这个风云变幻的互联网时代,只有确立"互联网+"的刑法思维,才能为司法应对和立法完善提供最好的制度保障。当然,刑事实体法的立法完善仅是其中一环,刑事诉讼法立法的及时跟进同样重要。

第三编 司法论

第十七章
网络犯罪刑法解释的司法逻辑与本原归真

一、问题的提出

自 1997 年《刑法》规定计算机犯罪以来,《刑法修正案（七）》与《刑法修正案（九）》先后作出了两次较大幅度的改动。与之相应的是，我国网络犯罪的演变态势日益严峻，成为当前主要的犯罪类型，[1]适法问题的困扰随之递增。为此，最高人民法院、最高人民检察院先后发布指导案例或典型案例，进一步丰富"适法"的指导路径，为刑法解释提供"依据"。当前，网络型财产犯罪是高发领域，也是实践中急需指导适法的新领域。对此新型犯罪的司法适用，成为发布指导案例的首要关注点。同时，在最高人民法院、最高人民检察院发布的"计算机犯罪"指导案例中，主要以《刑法》第285条第2款、第286条的司法适用为重点。通过这些类型化的指导性案例及其适法要旨，可以解构传统计算机犯罪的"解释图景"以及司法运行导向、规律等基本问题。2019 年 10 月，最高人民法院发布非法利用信息网络罪、帮助信息网络犯罪活动罪典型案例共计 4 例。这不仅为纯正网络犯罪的"适法"提供了更丰富的司法参照，也初步界定了纯正网络犯罪时代的刑法解释远景。

在此基础上，通过发布司法解释及指导案例、典型案例，[2]初步框定了我国网络时代刑法解释的基本生态与面貌。相比于《计算机信息系统安全解释》与《网络犯罪刑事案件解释》的一般性、概括性、抽象化等特质，指导案例与典型案例更具有鲜明的个别性、具体性以及类型化特质，可以直观地显示

---

[1] 参见靳高风、守佳丽、林晞楠："中国犯罪形势分析与预测（2018—2019）"，载《中国人民公安大学学报（社会科学版）》2019 年第 3 期，第 1 页。

[2] 为了行文需要，本文对指导性案例与典型案例，均作了较大的删减和修改，特此说明。

网络时代刑法解释之运行样态、司法逻辑以及规律，也可以中立、客观地反映实践中的问题。这相比于纯粹从学理上探讨网络时代刑法解释面临的挑战及其应对而言，不至于陷入"自说自话"的虚无化、抽象化中，[1]也更契合网络时代刑法解释的实际运行逻辑与规律。通过对指导案例、典型案例进行结构性、回溯性、实证性以及归纳性分析，可以洞悉网络时代"活着的"刑法解释之逻辑与生态。总体上看，指导性案例与典型案例中的刑法解释问题具有突出的类型化规律，集中表现为"入罪"解释导向、扩张解释路径以及司法功利主义等方面。对于上述问题，应当澄清认识论的前提以及功能论的误区，并从合法性与正当性方面予以修正和完善。

二、网络时代"入罪"解释倾向与司法功能审思

在网络时代，新型网络犯罪翻陈出新，而传统刑法规范供给不足的问题日益凸显。这制造了"现行刑法规范无法规制社会危害严重的新型网络危害行为"的难题。在网络犯罪立法相对滞后的情况下，刑法解释作为激活传统刑法规范之网络化适用的重要方式，不可避免要承载"入罪"的司法赋能。这种"入罪"的解释导向，是网络犯罪立法不足所"强加"给网络时代刑法解释的"要求"。

（一）"入罪"解释样本的分析

最高人民法院指导案例（以下简称指导案例）27 号、最高人民检察院指导案例（以下简称检例）第 38 号、检例第 36 号都是较为典型的"入罪"解释样本。通过对样本的分析，可以透析网络时代"入罪"解释倾向的来龙去脉。

1. 保守的目的解释与实质入罪的现实需求

指导案例 27 号是首个涉及网络犯罪的指导性案例，其所呈现的解释立场值得关注，对实践中处理网络盗窃、网络诈骗犯罪具有重要的参照作用。

关于基本案情、判决情况，主要介绍如下。（1）盗窃事实。2010 年 6 月，被告人郑某某、臧某某预谋合伙作案。臧某某以尚未看到被害人金某网购付款成功的记录为由，发送交易金额标注为 1 元但实际植入了支付 305 000 元的计算机程序的虚假链接，欺骗并诱导被害人点击该 1 元支付链接后可以查看

---

[1] 参见刘艳红："网络犯罪的刑法解释空间向度研究"，载《中国法学》2019 年第 6 期，第 202 页。

到付款成功的记录，导致被害人网银账户中的305 000元，通过臧某某预设的程序，转到了臧某某名下控制的账户。臧某某使用116 863元购买大量游戏点卡，在淘宝网店上出售套现。（2）诈骗事实。2010年5月至6月，被告人臧某某、郑某某等人制作了虚假的淘宝网链接。被告人通过网络聊天工具，将该虚假淘宝网链接发送给买家，买家误以为真，点击该链接进行购物、付款，认为所付货款会汇入支付宝公司的公用账户，但该货款实际通过预设程序转入网游网站在支付宝公司的私人账户与被告人事先在网游网站注册的充值账户。事后，被告人在网游网站购买游戏点卡、腾讯Q币等并在淘宝网出售套现。被告人预谋后多次作案，涉案金额22 000元。一审法院认为，被告人臧某某等人分别构成盗窃罪和诈骗罪。臧某某提起上诉，二审法院维持原判。[1]

在传统刑法理论中，盗窃罪与诈骗罪的区分一直是实践中的难题。在网络犯罪时代，该问题仍有所延续。在新型网络"手段（工具）型"犯罪中，利用信息网络实施财产犯罪是常见多发的情形。信息网络技术的不可视性以及虚拟性等因素，使利用信息网络实施财产犯罪的"过程"更隐秘或不易被察觉，因而更具欺骗性，无形中加大了网络盗窃与诈骗之间的区分难度。指导案例27号主要涉及网络盗窃与网络诈骗的行为界分与识别标准之确定，在识别两种新型网络危害行为的界限时，保守的目的解释与实质入罪的现实需求之主线贯穿其中。

在指导案例27号中，最高司法机关明确提炼出一条定罪的基本规则，也确立了区分网络盗窃犯罪与网络诈骗犯罪的司法要旨，即以"危害行为"作为区分的基本立足点。在信息网络环境下，秘密窃取与基于认识错误的自愿处分，分别是网络盗窃与网络诈骗的核心特质，而"主要手段和被害人有无处分财物意识"是区分的关键要素。具体而言分析如下：（1）盗窃与诈骗都是以非法占有为目的，前者是指秘密窃取公私财物的行为；后者是指采用虚构事实或者隐瞒真相的方法，骗取公私财物的行为。同时采取秘密窃取手段与欺骗手段，非法占有财物的，应根据被告人采取的主要手段和被害人有无处分财物意识上予以区分。行为人获取财物时，起决定性作用的手段是秘密窃取，诈骗行为只是为盗窃创造条件或作掩护，被害人也没有"自愿"交付财物的，应当认定为盗窃；行为人获取财物时起决定性作用的手段是诈骗，被害人基

---

[1] 参见浙江省杭州市中级人民法院（2011）浙杭刑初字第91号刑事判决书、浙江省高级人民法院（2011）浙刑三终字第132号刑事裁定书。

于错误认识而"自愿"交付财物，盗窃行为只是辅助手段的，应当认定为诈骗。（2）在信息网络环境下，行为人利用信息网络，使用预设计算机程序并植入的方法，诱骗他人点击虚假链接而实际上通过预先植入的计算机程序窃取他人财物的，获取财物时起决定性作用的手段是秘密窃取，诱骗被害人点击"1元"的虚假链接系实施盗窃的辅助手段，只是为盗窃创造条件或作掩护，被害人没有"自愿"交付巨额财物，获取银行存款实际上是通过隐藏的事先植入的计算机程序来窃取的，应以盗窃罪论处。（3）行为人虚构可供交易的商品或者服务，通过开设虚假的网络店铺和利用伪造的购物链接，欺骗他人为支付货款而点击付款链接，以此获取财物的，应以诈骗罪论处。同时，应对数罪依法并罚。从指导案例27号提炼而出的一般性规则，对相似案件具有"参照"意义。

对于上述解释精神，应当明确的是：（1）指导案例27号的裁判规范依据是《刑法》第264条与第287条。它显然是在网络"手段（工具）型"犯罪形态的前提下展开定罪的。这类犯罪的本质仍然是传统的财产犯罪，只是实施犯罪的方式呈现为"网络化"。正是这一根本因素，才使指导案例27号成为对网络盗窃与网络诈骗的"解构"，在结论上与传统理论出入不大，甚至可以认为是"简单的语境切换"，而无"实质突破"。（2）指导案例27号的指导意义是为利用信息网络实施传统财产犯罪的行为定性提供明确的路径，也即该种行为可以构成传统财产犯罪。这客观上回应了实践中的两大问题：一是依附或附着于信息网络中的网络财产性利益，是应受刑法保护的财产法益，也间接确定了刑法中的财产性质；二是利用信息网络实施财产犯罪的本质仍是传统意义上的财产犯罪，而非纯正的网络犯罪即"网络财产犯罪"。现有刑法规范与定罪思路仍有效，客观方面仍是司法认定的重点要素。在新型网络财产犯罪问题上，指导案例27号总体上奉行"稳健"的扩张解释立场，其目的侧重于提供有效的"入罪化"之扩张效果，主要是对犯罪场域和犯罪手段进行"网络化"扩张解释，以此直接解决了"危害行为"的性质界定问题。

2. 扩张性目的解释之导向与犯罪化的新常态

检例第38号是关于新型网络诈骗的典型案件。该指导案例有助于更深入地观察针对网络时代新型财产犯罪的刑法解释之实况与问题。

关于基本案情、判决情况，主要为：2015年，董某等四名被告系某网约车平台注册登记的司机，其分别用未实名登记的手机号注册网约车乘客端，在乘客端账户内预充打车费10元至20元。后虚构用车订单，用司机端账户接单，发起较短距离用车需求，后又故意变更目的地延长乘车距离，大幅提高了应付车费。网约车公司往往预先垫付车费,并给予司机承接订单的补贴。四被告非法获取垫付车费及补贴40 664.94元。2016年4月,一审法院判定构成诈骗罪。[1]

检例第38号是典型的"网络平台刷单套现"犯罪案件。在互联网经济迅猛发展的背景下,大量网络运营平台相继出现,网络刷单作为基本的网络生产经营方式随之成为常态。互联网公司为抢占市场,以提供订单补贴的形式吸引客户参与。由于网络平台的虚拟性,网络运营不再是"现物交易"等传统交易及支付形式。采取违法手段,通过恶意大批量刷单,制造虚假交易,获取网络平运营商的补贴等,并予以非法套现,是当前常见的违法犯罪现象。在检例第38号中,关于网络危害行为的认定上,扩大性的目的解释导向与犯罪化的新常态是焦点。

具体而言:(1)这类犯罪首先具有网络手段型犯罪的特征,因为它利用网络平台及其运营模式的缺陷,实施侵害网络平台运营秩序以及资金安全等的行为,破坏了网络平台运营商的合法权益。这类犯罪也有网络对象型犯罪的特征,因为这类犯罪的目的是非法获取网络平台运营商的经营利益(如现金补贴、电子优惠券、电子兑换积分等)。这些新型网络经营利益基本上依附于网络平台,对网络平台背后的管理者的依附性明显下降。将其作为网络手段型犯罪更合理,可以更好地解释"套现"是实行行为,而非法获取资金是最终目的。这是该类犯罪应当按照诈骗犯罪来处理的重要原因。(2)在检例第38号中,基于网络约车的运营模式,行为人以非法占有为目的,通过网约车平台与网约车公司进行交流,发出虚构的用车需求,使网约车公司误认为是符合公司补贴规则的订单,并基于错误认识,给予行为人垫付车费及订单补贴,符合诈骗罪的本质特征,且是一种新型诈骗罪的表现形式。因此,其适法指导意义的核心内容,可以概括为:"以非法占有为目的,采用自我交易方式,虚构提供服务事实,骗取互联网公司垫付费用及订单补贴,数额较大的行为,应认定为诈骗罪。"该解释逻辑继承了诈骗罪的本质特征及其适用条件的基本要求,也增加了网络因素:一是虚构事实与隐瞒真相、被害人陷入错误认识并自愿处分,仍然是网络诈骗犯罪的基本行为逻辑结构,诈骗的本质在网络犯罪时代总体上未变;二是网络运营平台作为网络运营者的新型生产经营方式,与网络运营者的管理、权属等内容融为一体。利用网络平台运

---

[1] 2016年4月1日,上海市普陀区人民检察院以被告人董某、谈某某、高某、宋某某犯诈骗罪向普陀区人民法院提起公诉。

营规则的漏洞等条件,"欺骗"运营平台的计算机信息系统的,实质上是欺骗网络运营者,而不是"绕过系统平台的审查对网络运营者的秘密窃取"。从逻辑上看,尽管是因网络运营平台无法有效逐一识别交易的真实性,不可能全部辨识虚假交易等刷单行为,网络运营平台系统形式上是被骗对象,但实质是欺骗网络运营者平台自身。(3)骗取计算机信息系统如若等同于欺骗网络运营平台,无疑对传统认识有所冲击。一是网络平台运营者通过刷单实施交易,真正的网络平台所有者、管理者以及使用者往往无法判别是否属于虚假的交易,所有者、管理者往往需要事后进行人工审查与判断,客观上也一般难以出现"被欺骗"的客观事实。二是主张信息网络中的计算机信息系统或网络系统是可以被欺骗的,并等同于管理者被欺骗。它无疑是指并非只有"人"才可以被欺骗,这与传统理论显然相反。对于"有折扣"或非典型网络"诈骗行为"之处罚必要性,上述要旨的说理也并不充分。只是在"入罪"的现实诉求下,上述模糊的司法"入罪"逻辑才具有高度的现实认同性与不可替代的司法便宜性,以至于其"合理性"不被真正深究。

检例第 38 号遵循了目的解释的精神。具体地说,发生在信息网络空间且客观上实施了刑法上的欺骗行为,尽管直接指向的是网络平台运行系统,但仍应当肯定符合"欺骗行为"的本质属性,从而实现"入罪"的司法需求。

3. 网络数据的内涵演变与合理的当然解释

《刑法修正案(七)》增设《刑法》第 285 条第 2 款即非法获取计算机信息系统数据罪。该罪一度成为"明星"罪名,与财产犯罪等的"竞合适用"时常成为实践中的难点问题。对此,检例第 36 号可以提供一个观察的样本。

关于检例第 36 号的基本案情、判决,主要介绍如下。被告人龚某因工作拥有登录某大型网络公司内部管理开发系统的账号、密码、Token 令牌(计算机身份认证令牌),具有查看工作范围内相关数据信息的权限。2016 年 6 月至 9 月,龚某违反规定,向卫某提供该公司内部管理开发系统账号、密码、Token 令牌。卫某利用龚某提供的信息,违反规定多次异地登录该公司内部管理开发系统,查询、下载该系统所储存的电子数据。后卫某又交由薛某通过互联网出售牟利,违法所得共计 37 000 元。2017 年 6 月,北京市海淀区人民法院判决认定被告人卫某、龚某、薛某犯非法获取计算机信息系统数据罪,情节特别严重。[1]

---

[1] 2017 年 2 月 9 日,北京市海淀区人民检察院以被告人卫某、龚某、薛某犯非法获取计算机信息系统数据罪提起公诉。

检例第 36 号是典型的非法获取具有经济价值（财产利益、商业价值等）的计算机信息系统数据并非法获利的犯罪行为。计算机信息系统数据与网络 2.0 时代（信息网络时代）以及网络 3.0 时代（大数据时代）所指的"网络数据"并不完全相同，[1]由计算机信息系统数据到网络数据的演变，反映了"数据"作为刑法保护的新对象是动态的发展变化的。严格讲非法处置并获利才是最终目的，非法获取计算机信息系统数据是方法，应当是牵连犯问题。这类犯罪总体上仍属于网络手段型犯罪，但方法行为仍可以归属为网络对象型犯罪，与检例第 35 号颇为相似。检例第 36 号涉及网络数据更新与犯罪对象质变的合轨。对于犯罪对象的赋值问题，网络数据类型的演变与合理的当然解释是相互掣肘的两个方面。

检例第 36 号明确了非法获取计算机信息系统数据罪中的"侵入"内涵，其是指违背被害人意愿、非法进入计算机信息系统的行为，既表现为采用技术手段破坏系统防护进入计算机信息系统，也表现为未取得被害人授权擅自进入计算机信息系统，以及超出被害人授权范围进入计算机信息系统。因此，其核心的解释意义在于如下几个方面。（1）超出授权范围使用账号、密码登录计算机信息系统，是侵入计算机信息系统的行为。在本案中，被告人龚某将自己因工作需要而掌握的本公司账号、密码、Token 令牌等，交由卫某登录该公司管理开发系统并获取数据，虽不属于通过技术手段侵入计算机信息系统，但内外勾结擅自登录公司内部管理开发系统下载数据，明显超出正常授权范围，违反了《计算机信息系统安全保护条例》第 7 条、《计算机信息网络国际联网安全保护管理办法》第 6 条第 1 项等规定。（2）侵入计算机信息系统后下载其储存的数据，可以认定为非法获取计算机信息系统数据。（3）"非法"的含义包括非法侵入这一前置行为，与《刑法》第 285 条第 2 款的"侵入行为"不同。"获取"不同于删除、修改等行为，与《刑法》第 286 条的规定有所不同。非法获取具有"占有"并转移的属性，往往包括"事后处分"行为。

但是，检例第 36 号存在的主要问题在于，单纯实施"非法获取数据"，原则上并不足以将其入罪。因为非法获取计算机信息系统数据罪不是行为犯或危险犯，而是结果犯或情节犯，需要达到"情节严重"。同时，根据《计算机信息系统安全解释》的规定，违法所得 5000 元才达到追诉标准。这不仅在

---

[1] 参见孙道萃："非法获取 APP 数据行为的刑法教义学分析"，载《人民检察》2018 年第 7 期，第 32 页。

司法解释层面扭曲了"非法获取计算机信息系统数据"作为刑法中实行行为的独立性，也客观上使该行为的危害性依附于"非法处置数据"这一事后行为。进而，该规定客观上模糊了非法获取与非法处置的关系，也导致非法获取计算机信息系统数据罪与盗窃罪（非法占有具有经济价值的计算机信息系统数据）等犯罪之间的界限模糊不清。

（二）"入罪化"解释导向的双重审思

在网络时代，针对新型网络犯罪的刑法解释，当以传统刑法规范为主要依据进行时，在结论上往往表现为"入罪"。即使以计算机犯罪规定与纯正网络犯罪规定为解释依据时亦是如此。因此，应当辩证地审视"入罪"的解释倾向。

1. "入罪"司法逻辑的现实合理性

在现阶段，针对传统罪名的网络化适用以及计算机犯罪的扩张适用，在解释结论上更主要地表现为"入罪"倾向，其现实合理性在于以下两个方面。（1）刑法保障功能在网络时代的必然延伸。在网络时代，新型网络违法犯罪行为翻陈出新，对传统刑法的犯罪客体或法益造成了不同程度的危害。刑法基于保障功能，理应适时介入。由于刑法规范供给不足问题，导致刑法解释被迫承担了"入罪"功能。（2）网络"手段型""对象型"犯罪仍是主要的规制对象。当前，基本上认为网络时代的犯罪，可以分为"手段型""对象型""空间型"三种形态。其中，"手段型""对象型"网络犯罪是目前主要存在的犯罪形态，与传统犯罪形态存在一定的交叉或重合。在此情况下，尽管部分传统罪名没有直接的"立法原意"作为支撑，但是，"网络化适用"的制度空间与犯罪事实基础仍客观存在。

在网络时代，"入罪"的刑法解释导向，有助于解决以下司法难题。（1）使激活传统罪名的网络化适用潜质得以"实质化"。当前，激活传统罪名并实现网络化适用，是解决网络犯罪"定罪处罚难"困境的重要方式。对于传统罪名的"网络化适用潜质"，在激活的方式与效果上，却面临"立法原意"根本不存在的制度性难题。易言之，传统犯罪规定在立法之际，根本无法预留规制新型网络犯罪的内涵。因此，"激活"传统罪名并因应网络犯罪的规制问题，就必然体现为"入罪"的解释结论。否则，"激活网络化适用"等同于虚设。（2）解决无"法"规制具有严重社会危害性的新型网络违法犯罪行为之困境。网络犯罪浪潮正在加速到来，并日渐成为主要的犯罪类型。新型网络违法犯罪行为层出不穷，但是，完全依照传统刑法规范体系，显然不足以有效应对。这就制造了"无法可依"的难题，也暴露了刑法保障功能在网络犯罪时代的"难产"现状。为此,就不得不释放传统罪名的"入罪"张力,从而实现在现阶段有效打击犯罪的迫切任务。"入罪"解释的司法导向,与现代罪刑法定原则之间的紧张关系由此而产生。

2. "入罪"解释功能导向的风险及遏制

在网络时代,针对新型网络犯罪的刑法解释在结论上的"入罪"倾向,尽管有其现实合理性,但也存在明显的司法异化风险。最为明显的表现如下。(1) 僭越罪刑法定原则的合法性危机。罪刑法定原则是刑法立法、司法的基本性、贯穿性原则。从罪刑法定原则的精神,特别是明确性原则看,是否构成犯罪、是否需要刑罚处罚,应当由刑法明确规定。然而现实的情况是,针对网络犯罪的立法明显滞后。对于过渡期的新型网络犯罪,通过刑法解释的方式激活传统犯罪的部分潜能,以达到"规制"的效果,其结论往往表现为"入罪"解释。司法上目前基于政策考虑进行刑法的"软性解释"以扩张处罚范围,但此做法始终面临违背罪刑法定原则的质疑。[1](2) 模糊刑法解释与刑法立法之间的功能边界。"入罪"的解释结论之倾向,很可能超出了传统罪名、计算机犯罪罪名的立法原意,特别是传统罪名在立法时预设的规制边界。因此,以传统罪名为基础的网络化"入罪"解释,存在混淆合理解释与正当立法之间的功能边界的问题。尽管解释的结论是符合司法需求的,但是,从刑事法治的形式层面看,则很可能存在明显的不正当性。

为了合理遏制"入罪"解释的司法倾向最终变成极端化的做法,可以从刑法解释的方法论、解释限度的把握等角度予以制衡。但是,最重要的就是确立网络时代的立法完善之优越性思维,[2]也即实现由"入罪化"解释到"立法化"规定的进阶。在网络犯罪时代,及时有效的立法完善,可以从本源上疏解刑法规范供给不足的问题,防止对传统罪名进行大幅度的"网络化适用",实质上减轻了传统罪名在打击新型网络犯罪上的"兜底"压力与"入罪"解释引发的正当性隐忧。至于在"立法化"进阶问题上,关键是如何推动网络时代的科学立法。当前,对传统罪名的网络化扩张适用,呈现出"入罪"的倾向,也暗示该传统罪名的网络化修正之必要性与应然方向。由此可以认为,针对传统罪名的"入罪"解释及其司法逻辑,客观上揭示了现行刑

---

[1] 参见周光权:"刑法软性解释的限制与增设妨害业务罪",载《中外法学》2019年第4期,第951页。

[2] 参见孙道萃:"网络刑法知识转型与立法回应",载《现代法学》2017年第1期,第117页。

法在保护一些新型网络安全法益时存在规范缺漏与不足。[1]而这正是传统罪名的网络化修正如何科学化的重要参考指标。

三、犯罪构成要件要素的扩张化适用逻辑与正当性校准

在规范供给严重失衡的状况下,无论是现行刑法规范,还是计算机犯罪规定或网络犯罪规定,在应对新型网络犯罪上,往往倾向于对基本的构成要件要素进行扩张解释,在最大限度内"用尽"已有刑法规定的"适用空间"。对基本构成要件要素的扩张解释,已然成为网络时代刑法解释的主要规律和特征。既凸显了扩张解释在当前司法中的地位与生命力,也映射了扩张解释的运作机理。

(一)扩张化网络适用的运行现状

检例第37号、检例第33号与指导案例102号、检例第34号以及指导案例103号、指导案例104号,都鲜明地反映了扩张解释的网络化适用路径及规律。

1. 传统财产概念的网络化颠覆与类推解释的存疑

检例第37号是关于网络盗窃犯罪的,既可以与指导案例27号进行比较研究,也可以进一步细化新型网络盗窃犯罪的刑法解释"内幕"。

关于基本案情、判决情况,主要介绍如下。2009年5月,被害人陈某登录网络域名注册网站,以11.85万元竞拍取得"www.8.cc"域名,交由域名维护公司维护。被告人张某预谋窃取该域名。2010年8月,张某将该域名从原维护公司转移到另一网络公司申请的ID上。2011年3月,将该网络域名再次转移到张某冒用"龙嫦"身份申请的ID上,更换绑定邮箱。2011年6月,张某在网上域名交易平台将网络域名"www.8.cc"出售给李某,获利12.5万元。2016年5月,大连市西岗区人民法院判决认定构成盗窃罪。[2]

检例第37号属于"非法获取网络财产性利益"的新型网络犯罪案件,而且是网络对象型犯罪形态,其本质是新型网络法益成为犯罪的对象而非实施犯罪的手段。它有别于网络"手段型"犯罪,原则上不能直接按照《刑法》

---

[1] 参见张明楷:"网络时代的刑事立法",载《法律科学(西北政法大学学报)》2017年第3期,第69页。

[2] 大连市西岗区人民检察院于2016年3月22日以被告人张某犯盗窃罪向西岗区人民法院提起公诉。

第 287 条的规定处理。检例第 37 号涉及网络盗窃的新型对象认定问题，从其核心的解释要旨看，在网络犯罪对象的扩容上，财产概念的颠覆与类推解释的存疑交互存在。

具体而言：（1）犯罪对象是"网络域名"，是专属于网络时代的特有产物。对于新型的"网络"犯罪对象的刑法性质，裁判要旨已经明确肯定了其作为刑法中的"财产利益"的基本属性以及可以交易的市场属性。这决定了对其可以采取"财产化"保护策略，可以援引传统财产犯罪规定。理由为：一是网络域名具有专属性和唯一性，网络域名注册人的注册行为具有独占性。网络域名是稀缺资源，网络域名具有市场交换价值，所有人可以对域名行使出售、变更、注销、抛弃等处分权利，也可以以货币形式进行交易。二是注册人通过合法途径获得网络域名，该利益受法律的承认和保护。行为人为了非法获取网络域名的财产价值，利用技术手段，通过变更网络域名绑定邮箱及注册 ID，实现对域名的非法占有，并使原所有人丧失对网络域名的合法占有和控制，导致网络域名的所有人遭受直接的经济损失，符合窃取他人财产利益的本质属性，应以盗窃罪论处。三是可以综合网络域名的购入价、销赃价、域名升值潜力、市场热度等因素，认定"网络域名"的价值，从而解决这类网络财产的"定量"估值问题。（2）网络域名具备刑法意义上的财产属性，盗窃网络域名可以认定为刑法上的盗窃行为。然而，从传统的"可视化财产"转变为网络时代的"财产性利益（虚拟性目前是其外部特征）"，这不仅是重大的认识论转变，也是刑法中财产概念的"质变"。根据《刑法》第 91 条、第 92 条的规定，立法原意显然并不包括"网络财产性利益"。按照刑法扩张解释的基本原理，将"网络域名"解释为现行刑法中的"财产"，相当牵强，在效果上等同于立法增设了新的"入罪"规定，有类推解释之嫌。检例第 37 号在一定程度上有借扩张解释之名、行类推解释之实，客观上颠覆了刑法中的"财产"概念。然而，在定罪过程中，也有效避免了受困于"网络财产性利益是否为刑法中的财产"与"财产化保护是否正当合理"等疑问。同时，在财产化保护之际，辅以综合的价值认定方法，可以克减"估值"难题的负影响。[1]

2. 危害行为的泛化理解与网络定量的间接妥协

检例第 33 号对厘清破坏计算机信息系统罪，特别是对"破坏行为"司法

---

[1] 参见孙道萃："网络财产性利益的刑法保护：司法动向与理论协同"，载《政治与法律》2016 年第 6 期，第 43 页。

认定之实情,具有较直观的"呈现"意义。随后,指导案例 102 号即付某、黄某破坏计算机信息系统案[1]则进一步巩固了该罪在司法实践中的一般性裁判认知。

关于检例第 33 号与指导案例 102 号的基本案情、判决,主要介绍如下。(1)为牟取非法利益,2014 年 10 月 20 日,李某非法获取被害单位网站域名解析服务管理权限。10 月 21 日,李某先后实施了修改该网站子域名的 IP 指向等行为。当日 19 时许,李某对该网站域名解析服务器指向的修改生效,流量劫持成功,导致该网站不能正常运行。23 时许,该知名网站经技术排查恢复了正常运行。经司法鉴定,该知名网站 10 月 21 日 19 时至 23 时长达 4 小时左右无法正常发挥其服务功能,案发当日仅邮件系统电脑客户端访问量就从 12.3 万减少至 4.43 万。2015 年 11 月 4 日,上海市徐汇区人民法院判决认定构成破坏计算机信息系统罪。二审维持原判。[2](2)2013 年底至 2014 年 10 月,被告人付某、黄某等人租赁多台服务器,使用恶意代码修改互联网用户路由器的 DNS 设置,进而使用户登录"2345.com"等导航网站时跳转至其设置的"5w.com"导航网站,被告人付某、黄某等人再将获取的互联网用户流量出售给杭州某科技有限公司(系"5w.com"导航网站所有者),违法所得合计 754 762.34 元。一审法院认为,被告人付某、黄某犯破坏计算机信息系统罪。[3]

检例第 33 号与指导案例 102 号都是典型的网络域名劫持类新型犯罪案件,是互联网"流量经济"时代的标志性产物。网络流量承载了网络红利的基本来源,成为犯罪分子竞相追逐的对象。从实践中看,域名劫持是网络流量劫持案件中的主要类型。检例第 33 号、指导案例 102 号都涉及了网络"破坏"行为的延展问题,从两个指导性案例的内容看。当前,对网络"破坏行为"的意义之理解与认定,存在危害的泛化理解与网络定量的间接妥协之复杂问题。

具体而言:(1)明确肯定域名劫持是一种"对计算机信息系统功能进行删除、修改、增加、干扰"的行为。它的论证逻辑主要为:一是修改域名解

---

[1] 上海市浦东新区人民法院(2015)浦刑初字第 1460 号刑事判决书(认定罪名为破坏计算机信息系统罪)。

[2] 2015 年 4 月 9 日,上海市徐汇区人民检察院以被告人李某犯破坏计算机信息系统罪向徐汇区人民法院提起公诉。

[3] 上海市浦东新区人民法院(2015)浦刑初字第 1460 号刑事判决。

析服务器指向,强制用户偏离目标网站或网页进入指定网站或网页,是典型的域名劫持行为。行为人使用恶意代码修改目标网站域名解析服务器,目标网站域名被恶意解析到其他 IP 地址,无法正常发挥网站服务功能,造成计算机信息系统不能正常运行。这种行为实质是对计算机信息系统功能的修改、干扰,符合《刑法》第 286 条第 1 款的规定。二是网络域名劫持行为,不仅直接侵犯了域名的合法所有者及其运营网站的正常运营以及经济利益,也破坏了网络系统安全运行秩序,还侵犯了网络用户的合法权益。从司法可操作性的角度看,保护网络系统安全运行秩序,是目前更为合理的选择。既照顾了广大用户的合法权益,也间接保护了域名所有者的运营利益,并可以在追诉标准中逐一体现,最终实现综合保护的效果。三是关于网络流量劫持行为的危害结果及其判断,不仅技术上较难做到,从追诉标准上予以界定也很困难,更何况目前并无专门的网络犯罪的定量体系。检例第 33 号援引《刑法》第 286 条、《计算机信息系统安全解释》的相关规定,实质地判断是否属于第 286 条第 1 款规定的情节严重,也即在认定遭受破坏的计算机信息系统服务用户数时,根据计算机信息系统的功能和使用特点,结合网站注册用户、浏览用户等具体情况,作出综合判断,避免因"无获利"而搁浅入罪。(2)域名解析是一种新型"破坏"计算机信息系统的行为,这是基本结论。指导案例 102 号也确立了两项主要的适法参照规则:一是通过修改路由器、浏览器设置,锁定主页或者弹出新窗口等技术手段,强制网络用户访问指定网站的"DNS 劫持"行为,属于破坏计算机信息系统;二是对于"DNS 劫持",应当根据造成不能正常运行的计算机信息系统数量、相关计算机信息系统不能正常运行的时间、所造成的损失或者影响等,认定定量的梯度。(3)"类型化"的解释结果紧追计算机信息系统技术的演变动态并赋予"破坏行为"新含义。这是客观解释立场,实质上并未脱离立法愿意,反映了社会形势变化对刑法规范的供给力所提出的新要求。指导案例 102 号从司法裁判的角度再次确认了"同案同判"的适法要求,对流量劫持类计算机犯罪案件的定罪问题,遵循一般性的适法准则。然而,它的隐患在于:可能因立法规范更新的不足,倒逼《刑法》第 286 条所规定的"破坏行为"承担兜底之司法角色,并用于缓解立法供给不足的现实窘境。[1]一旦对网络环境中的"破坏行为"予以不当的泛化理解,则加大了犯罪竞合的概率,甚至在司法效果上可能演化为变相的"类推

---

[1] 参见孙道萃:"'流量劫持'的刑法规制及完善",载《中国检察官》2016 年第 8 期,第 77-78 页。

解释"。

3. 篡改数据信息的定性取舍与解释结论的"从重导向"

检例第 34 号与检例第 33 号不同,前者的关注焦点是犯罪对象,当然也涉及危害行为。这为进一步透视《刑法》第 286 条的网络化解释提供了不同的素材。而后,指导案例 103 号、指导案例 104 号是司法审判中扩张解释"计算机信息系统"的更直观的指导样本,显示了破坏计算机信息系统罪的兜底功能开始浮现。

关于检例第 34 号、指导案例 103 号、指导案例 104 号的基本案情、判决,主要介绍如下。(1) 2011 年 5 月至 2012 年 12 月,李某某单独或伙同他人联系需要修改中差评的网购卖家,从被告人黄某等处购买发表中差评的买家信息 300 余条。李某某冒用买家身份,骗取客服审核通过、重置账号密码,登录该购物网站内部评价系统,删改买家的中差评 347 个,获利 9 万余元。2015 年 1 月,杭州市滨江区人民法院判定被告人李某某构成破坏计算机信息系统罪。[1] (2) 西安市长安区环境空气自动监测站系国控空气站点,未经允许,非运维方工作人员不得擅自进入。2016 年 2 月 4 日,被告人李某私自截留子站钥匙并偷记子站监控电脑密码。被告人李某、张某某多次进入并指使张某甲、张某乙进入该站,用棉纱堵塞采样器的方法,干扰子站内环境空气质量自动监测系统的数据采集功能,造成自动监测数据多次出现异常、多个时间段内监测数据严重失真,影响了自动监测系统的正常运行。被告人何某明知而没有阻止,只要求李某降低空气污染数值。李某还指使张某甲、张某乙两次进入长安子站将监控视频删除。一审法院认定,被告人李某等五人犯破坏计算机信息系统罪。二审维持原判。[2] (3) 某公司为加强管理分期付款的工程机械设备,对"按揭销售"的泵车设备安装物联网 GPS 信息服务系统,使总部的远程监控维护平台可以对泵车进行监控。当发现客户有拖欠、赖账时,总部通过远程监控系统进行"锁机",泵车接收到"锁机"指令后依然能发动,但不能作业。2014 年 5 月,徐某使用 GPS 干扰器,为钟某等人名下或管理的五台泵车解除锁定,导致 GPS 信息服务系统无法实时监控和远程锁车。在审理过程中,被告人徐某退缴违法所得 45 000 元。一审法院认为,

---

〔1〕2014 年 3 月 24 日,浙江省杭州市滨江区人民检察院以被告人李某某犯破坏计算机信息系统罪,向滨江区人民法院提起公诉。

〔2〕湖南省长沙市岳麓区人民法院 (2015) 岳刑初字第 652 号刑事判决书(认定罪名为破坏计算机信息系统罪)、湖南省长沙市中级人民法院 (2016) 湘 01 刑终 58 号刑事裁定书。

被告人徐某犯破坏计算机信息系统罪。二审法院维持原判。[1]

检例第 34 号是典型的"篡改网络商业信息（系统数据）"的犯罪行为，其背景是在网络经济（网购）背景下，网络交易评价的"流量"地位攀升，成为网络生产经营重要的"软实力"要素，但也成为犯罪分子牟取非法利益的对象。指导案例 103 号、指导案例 104 号是典型类型。对于网络时代的新对象与行为的叠加情况，篡改数据信息的定性取舍与解释结论的"从重导向"是焦点问题所在。

以检例第 34 号为例，在互联网经济背景下，对侵入评价系统删改购物评价行为的定性，首先应考虑以下问题。（1）购物网站评价系统是对店铺销量、买家评价等多方面因素进行综合计算分值的系统，内部储存的数据直接影响到搜索流量分配、推荐排名、营销活动报名资格、同类商品在消费者购买比较时的公平性等。买家在购买商品后，根据用户体验对所购商品分别作出好评、中评、差评。所有的评价都是以数据形式存储于买家评价系统中，成为整个购物网站计算机信息系统整体数据的重要组成部分。对于网络市场主体而言，基于海量网购形成的网络交易评价而组成的数据，对正常生产经营的影响非常大，关系到商业信誉、商品声誉等。（2）侵入评价系统删改购物评价，危害了计算机信息系统数据采集和流量分配体系运行，使网站注册商户及其商品、服务的搜索受到影响，导致网站商品、服务评价功能无法正常运作。擅自篡改这些评价，实质上是对计算机信息系统内存储的数据进行删除、修改操作的行为。而且，还危害了购物网站所属公司的信息系统安全，侵犯网购消费者的合法权益与知情权，侵犯网络主体的良性竞争秩序，威胁网购数据的安全。基于其社会危害性的客观存在，刑法应当介入。

对这类新型网络犯罪，定罪的路径至少可以有以下四种。（1）适用非法经营罪。此路径需证明有偿擅自实施篡改经营信息的行为具有"违法性"，也即"违反了国家规定"。如此舍近求远之举，在司法定罪层面不够经济，且"口袋罪"的风险依旧存在。（2）适用破坏生产经营罪。此路径需从立法原意出发，论证网络生产经营活动亦是被保护对象，也即网络交易评价信息是典型的网络生产经营要素。此举有类推之嫌，但优点是将具有经济价值或财产属性的数据纳入生产经营中一并予以保护。（3）适用侵犯公民个人信息罪。因为网络交易评价是用户购物后的附属信息，具有高度的人身属性，可以认

---

[1] 陕西省西安市中级人民法院（2016）陕 01 刑初 233 号刑事判决书（认定罪名为破坏计算机信息系统罪）。

为是公民个人信息。但是，舍弃数据的生产经营性这一基本特质，在保护对象上"取轻舍重"，是不对称的刑法保护，也无法保护数据内在的经济价值。
(4) 网络购物评价信息在信息网络空间中归属于计算机信息系统，有偿擅自篡改也是一种破坏计算机信息系统的行为。与《刑法》第286条第1款的规定进行"匹配"后，可以认为，冒用购物网站买家身份进入网站内部评价系统删改购物评价，属于对计算机信息系统内存储数据进行修改的操作，应当认定是破坏计算机信息系统的行为且情节严重。在本案中，擅自修改的中差评信息数量与违法所得金额都有据可查，便于适用《计算机信息系统安全解释》规定的具体追诉标准。"计算机犯罪规定"的定罪路径消解了"价值评估"难题，提高了司法适用的便宜性。而且，既不需要大动干戈地进行扩张解释，也不用踩"类推解释"的红线。这种取舍同时也包括了"从重处罚"的司法功利性取舍。认定属于"后果特别严重"的，可以处五年以上有期徒刑，理论上可以判处最高达十五年有期徒刑。在不考虑是否达到追诉标准的情况下，援引《刑法》第286条可以起到"从重处罚"的实际效果。但其保守性的不足是未能从正面对数据本身的经济利益予以直接保护。

在立法规范"空缺"与刑法解释"应急"之间，检例第34号作出了合理的取舍，并不是僭越立法，而是力图在解释限度内解决问题。但通过对刑法规范的现状进行逻辑推演后可以发现，当对其他罪名采取扩张解释出现"不适"，转而适用计算机犯罪规定时，《刑法》第286条规定的"破坏行为"因具有很强的包含性与解释空间，往往成为最优选择，在一定程度上实质地发挥着兜底条款的司法作用。这是对"破坏行为"进行扩张解释后的必然结果。在此基础上，更直观的司法动态还体现为以下两点。一是指导案例103号确定的核心要旨，即企业的机械远程监控系统属于计算机信息系统。违反国家规定，对企业的机械远程监控系统功能进行破坏，造成计算机信息系统不能正常运行，后果严重的，构成破坏计算机信息系统罪。二是指导案例104号确定的核心要旨，即环境质量监测系统属于计算机信息系统。用棉纱等物品堵塞环境质量监测采样设备，干扰采样，致使监测数据严重失真的，构成破坏计算机信息系统罪。显然，这些都是典型的扩张解释立场，是对检例第34号的进一步"固化"，传递了对犯罪对象扩大化保护的动向。

（二）基本构成要件要素的扩张与合法性限度

在网络时代，刑法规范供给不足问题始终存在。以传统犯罪规定为主、以计算机犯罪规定与纯正网络犯罪规定为辅，并作为刑法解释的规范依据时，面对新型网络犯罪，扩张解释是不可避免的首选，如此才能实现网络化适用。

1. 扩张解释的网络司法逻辑

在网络时代，扩张解释作为主要的运行方式，其背景与缘由如下。(1) 缘何倚重扩张解释。在网络犯罪时代，对扩张解释的依赖是必然。原因在于：一是相比于限缩解释、目的解释、当然解释等，扩张解释是最便于激活传统犯罪的网络化适用潜质的途径；二是从新型网络犯罪的发展动态看，犯罪对象与危害行为作为变动最频繁的构成要件要素，尚需要对其进行扩张解释，如果对计算机犯罪或纯正网络犯罪进行限制解释，[1] 在当前的情况下，不利于缓解规范供给不足问题。因此，网络时代的刑法解释活动，从解释方法的角度看，基本上以扩张解释为主调。(2) 扩张解释的基本方式。在扩张解释的逻辑上，主要针对"手段型""对象型"网络犯罪的基本特征，侧重对新型犯罪对象、犯罪行为以及交互的情况，进行"网络化"的扩大理解，从而为传统犯罪或计算机犯罪的已有内容，注入新的元素，实现扩张规制的目的。但是，对于网络空间型犯罪，扩张解释的空间与张力明显受到限制。这不仅因为立法原意是"毫无关联"的，也因为扩张解释的限度已然是无法"链接"的。

2. 扩张解释与类推解释的界分之重述

在网络时代，扩张解释的效果就是"扩张化的网络化适用"，在解释限度上难免与类推解释发生正面的"交错"。禁止类推解释是罪刑法定原则的要求，区分扩张解释与类推解释的传统司法理性，在网络时代遭遇新的挑战，其主要包括以下两方面。(1) 在网络时代区分扩张解释与类推解释的真实意义。在传统刑法理论体系中，严格区分扩张解释与类推解释，是全面贯彻罪刑法定原则的基本要求。[2] 这不仅是因为罪刑法定原则要求禁止类推解释，也是因为传统犯罪主要以自然犯为主，这共同要求刑法解释要遵循合法性的限度，而不能超出国民的一般可预测范围。然而，在风险社会时代，新型法定犯处于增量的趋势，但是，相关立法并未同步跟进。在网络时代区分扩张解释与类推解释的实际意义相对有限，不仅在实际操作上偏于困难，也难以呼应网络时代法定犯快速增量的态势。(2) 网络时代扩张解释与类推解释"虚化"的评议。在传统刑法理论中，如何区分扩张解释与类推解释，始

---

[1] 参见皮勇："论新型网络犯罪立法及其适用"，载《中国社会科学》2018 年第 10 期，第 126 页。

[2] 参见高铭暄："刑法基本原则的司法实践与完善"，载《国家检察官学院学报》2019 年第 5 期，第 13 页。

终是困扰各方的难题。尽管从学理上，可以通过"国民的可预测范围"等角度，充分澄清刑法解释限度中的"扩张"与"类推"之别。[1]然而，在"入罪"解释的司法诉求下，对基本构成要件要素的扩张解释，在实际效果上，难免存在"类推解释"的"同化"效应。易言之，扩张解释的结论，有可能就是类推解释的内容。这就出现了网络时代扩张解释与类推解释之间的界限"虚化"问题。对此，要一分为二地看待：一是扩张解释与类推解释的"混同"，主要是网络时代的刑法规范供给不足所致，而强烈的司法规制诉求不断攀升，导致司法机关在掌握扩张解释的限度上，难免"泛化"或偏于"宽泛"；二是在理解网络时代的刑法解释限度时，也要区分对待。在刑法规范供给不足且以"对象型""手段型"网络犯罪为主的情况下，扩张解释承载了超出其制度张力与能力范围的"入罪"需求，在解释限度的掌握上，必然优先偏于"宽"而非"严"。

3. 网络化扩张解释的正当性维护

在网络时代，因犯罪类型、解释对象以及规范依据等要素的差异，扩张解释也表现为不同的形式，与类推解释的关系也不尽相同。具体而言有以下几点。（1）传统罪名的网络化适用与扩张解释。对于传统罪名而言，如若适用于新型网络犯罪，需要对其规范内容进行扩张理解，并让其可以"匹配"新型犯罪，而这必然要进行"大幅度"的扩张，甚至可能需要超出立法原意在网络犯罪时代的"最大射程"。这意味着在针对传统罪名的网络化适用上，扩张解释与类推解释的界限是模糊的。特别是考虑到"入罪"的解释倾向，甚至可以认为，扩张解释与类推解释在"语义范围"内的界限是微弱或者可以忽略不计的。（2）网络对象型、手段型犯罪与扩张解释。网络对象型犯罪的主要特征是，犯罪对象变成了网络时代特有或专属的内容与形式，如网络财产性利益、网络市场管理秩序等。网络手段型犯罪的主要特征是，计算机技术、现代信息网络技术作为实施传统犯罪、计算机犯罪或纯正网络犯罪的新型工具或手段，犯罪工具存在网络化的技术特质与属性。对于这两类新型犯罪，目前比较依赖扩张解释，且与类推解释的混同问题较为突出。（3）网络空间型犯罪与扩张解释。网络空间型犯罪是完全独立的犯罪类型，与传统犯罪在应然上属于相互独立的犯罪形态。由于网络空间型犯罪的犯罪构成要件要素以及立法规范等是完全独立的，因而，对扩张解释的依赖度非常微弱，加之

---

[1] 参见欧阳本祺："论网络时代刑法解释的限度"，载《中国法学》2017年第3期，第164页。

网络时代的立法趋于完善，因而，基本不存在扩张解释与类推解释的模糊化问题。（4）传统一般性保护与网络专门化保护。对于某一新型网络犯罪，究竟是按照传统罪名进行一般性保护，还是遵循计算机犯罪与纯正网络犯罪予以专门化保护，在实践中存在不同的做法。如果采取传统的一般性保护模式，则可能模糊扩张解释与类推解释的界限；如果采取网络化专门保护模式，由于都属于同一的立法话语体系与罪名结构，扩张解释更容易在合法性的边界内运行。

四、网络化适用的功利主义思维与修正

对于新型网络犯罪的定罪处罚，究竟是优先考虑按照传统犯罪论处，还是优先考虑按照计算机犯罪、纯正网络犯罪处理。对于"传统犯罪化"与"网络专门化"的刑法规制路径之取舍问题，它首先涉及犯罪竞合的处置问题。但是，由于刑法规范的立法原意、扩张解释的张力等因素的存在，导致在"传统犯罪化"与"网络专门化"的较量中，司法功利主义（司法便利主义）在无形中扮演着明显更重要的权衡角色，在一定程度上导致网络时代的刑法解释显现出功利主义的司法导向。

（一）司法功利主义与网络时代刑法解释的异化

究竟是遵循传统犯罪予以扩张化适用，还是按照计算机犯罪或纯正网络犯罪予以扩张化适用，也即在传统一般化保护与网络专门化保护的路径上如何取舍，是个问题。在一些个案中呈现出鲜明的司法功利主义倾向，集中表现为对"便于定罪量刑"之便宜性的妥协与退让。部分指导性案例从不同侧面反映了这一司法动态及其演进。

1. 移动网络智能终端的扩张解释与罪数问题的隐性消解

从检例第33号至第35号可以看出，犯罪对象与客观危害行为往往是"需要被解释"的两个主要部分，在个案中往往交错在一起并有主次之分。更特别的是，由于危害对象的特定性，网络危害行为之间会出现犯罪竞合的新问题。

关于检例第35号的基本案情、判决，主要介绍如下。2016年10月至11月，被告人曾某与王某结伙或单独使用聊天社交软件，谎称自己的苹果手机因故障无法登录"iCloud"（云存储），请被害人代为登录，诱骗被害人先注销其苹果手机原有的ID，再使用被告人提供的新ID及密码登录苹果官方网站，利用苹果手机相关功能，修改被害人的手机设置，用"密码保护问题"修改该ID的密码，远程锁定被害人的手机。后以解锁为条件索要钱财。曾某

单独或合伙作案共 21 起,涉及苹果手机 22 部,锁定苹果手机 21 部,所得合计 7290 元。2017 年 1 月,江苏省南通市海安县人民法院判定,被告人曾某、王某构成破坏计算机信息系统罪。[1]

在检例第 35 号中,存在复合行为问题,既包括以非法方式控制他人移动智能终端的破坏行为,也包括借此实施敲诈勒索的目的行为。从这点看,前一个行为环节符合网络对象型犯罪,因为它非法控制并破坏计算机信息系统;后一个环节更符合网络手段型犯罪,借助前一行为作为基础实施传统犯罪。但总体看,它主要是网络手段型犯罪形态,因为非法占有他人财物才是最终目的。检例第 35 号涉及网络危害行为的竞合处置与网络犯罪对象的新解问题。在检例第 35 号中,移动网络智能终端的扩张解释与罪数问题的隐性消解是难点所在。

检例第 35 号的解释逻辑在于:(1) 充分尊重移动互联网时代以及互联网移动终端对传统 PC 终端的替代格局,将以移动手机等为代表的互联网移动终端,认定为属于《刑法》第 286 条规定的"计算机信息系统"。理由为:计算机信息系统包括计算机、网络设备、通信设备、自动化控制设备等。智能手机和计算机都使用独立的操作系统、独立的运行空间,可以由用户自行安装软件等程序,可以通过移动通讯网络实现无线网络接入,属于刑法上的"计算机信息系统"。这是符合时代规律的客观解释与富有建设性的扩张解释。司法效果是良性的。(2) 非法控制并导致移动手机变成"僵尸机"是破坏计算机信息系统的行为。这是对网络意义上"破坏"行为的"适时性"理解。行为人通过修改被害人手机的登录密码,远程锁定被害人的智能手机设备,使之成为无法开机的"僵尸机",是修改、干扰计算机信息系统功能的行为。造成 10 台以上智能手机系统不能正常运行,符合"后果严重"的情形。这无疑也是较为明显的"泛化理解",实质上起到了扩张解释的作用,甚至可以认为是"合理"的类推解释。(3) 破坏计算机信息系统与敲诈勒索之间存在手段与目的之关系。通过破坏性方式来实现非法控制移动智能终端,是为了以恢复移动智能终端的正常使用为由实施敲诈勒索犯罪。在本案中,行为人采用非法手段锁定手机后以解锁为条件索要钱财是目的的行为,与手段行为之间成立牵连犯。按照刑法原理,牵连犯应当从一重罪处断,通过比较法定刑,应以重罪即破坏计算机信息系统罪论处。而且,从涉案移动智能终端与犯罪所

---

[1] 2016 年 12 月 23 日,江苏省海安县人民检察院以被告人曾某、王某犯破坏计算机信息系统罪向海安县人民法院提起公诉。

得看，论处《刑法》第 286 条更符合罪责刑相适应原则。这也无形中揭示了"从重处罚"的真实司法逻辑。由此，检例第 34 号、检例第 35 号存在高度相似性。

2. 网络预备行为的独立处罚与实行行为的从属性

计算机犯罪规定的"立法原意"存在明显滞后于新型计算机犯罪或网络犯罪发展态势的问题，使得对基本构成要件要素进行扩张解释成为必然。对于新增加的纯正网络犯罪规定而言，也存在类似的实践问题与司法需求。

关于典型案例 1、典型案例 2 的基本案情、判决，主要介绍如下。（1）典型案例 1。2017 年 7 月至 2019 年 2 月，黄某在朋友圈发布其拍摄的管制刀具信息合计 12 322 条，用以销售管制刀具并非法获利。陶某等人在微信朋友圈予以转发，数量分别为 6677 条、16 540 条、15 210 条、5316 条，用以销售管制刀具并非法获利。2018 年 5 月至 7 月，宋某（已判刑）先后三次通过微信联系陶某，购买管制刀具。陶某与黄某联系，由黄某直接发货给宋某，被告人陶某从中赚取差价。宋某购得刀具后，故意伤害并致人死亡。黄某违法所得 329 元，陶某违法所得 858 元。江苏省盐城市滨海县人民法院判决认为：被告人黄某、陶某等人利用信息网络，发布有关销售管制物品的违法犯罪信息，构成非法利用信息网络罪。（2）典型案例 2。2016 年 12 月，为获取非法利益，谭某、张某共谋实施通过"阿里旺旺"向不特定的淘宝用户发送"刷单获取佣金"的诈骗信息业务。谭某、张某雇用被告人秦某等负责发送诈骗信息。2016 年 12 月至 2017 年 3 月，谭某、张某共非法获利约 80 余万元，秦某以"工资"的形式非法获利约 2 万元。被害人王某甲、洪某因添加谭某、张某等人组织发送的诈骗信息中的 QQ 号，后分别被骗 31 000 元和 30 049 元。江苏省宿迁市沭阳县人民法院认为：被告人谭某、张某、秦某以非法获利为目的，通过信息网络发送刷单诈骗信息，是诈骗犯罪的预备，构成非法利用信息网络罪。虽然本案中并无证据证实具体实施诈骗的行为人让其归案并受到刑事追究，但不影响本罪的成立。二审维持原判。

典型案例 1、典型案例 2 涉及非法利用信息网络行为的本体扩容。"发布"作为犯罪预备行为的内涵，其争议点在于：（1）在典型案例 1 中，裁判要旨为：发布有关销售管制物品的信息，情节严重的，构成非法利用信息网络罪。据此，其解释要点包括：一是将朋友圈视为"信息网络"的具体载体或形式；二是在判断"情节严重"时，考虑了"非法利用信息网络"背后的主犯行为（正犯行为）是否构成犯罪及其造成社会危害性的程度。这在一定程度上从定量要素的角度，已经改变了《刑法》第 287 条之一系独立的网络预备犯罪的罪质属性。(2) 在典型案例 2 中，形成的裁判要旨为：为实施诈骗活动发布信息，情节严重的，构成非法利用信息网络罪。其适法要点包括两点。一是对发送的诈骗信息之刑事违法性及可能引发的社会危害性，采取广义的一般性理解。也即，只要涉及违法诈骗的内容，原则上就符合《刑法》第 287 条之一第 2 款的规定，而不论是否已经符合《刑法》中的诈骗犯罪规定。二是在认定"情节严重"时，突破了立法规定，实际考虑了"非法利用信息网络"背后的主犯行为（正犯行为）是否构成犯罪及其造成社会危害性程度。这通过定量评价的方式，也弱化了《刑法》第 287 条之一系独立的网络预备犯罪之罪质属性。尽管如此，根据网络预备犯罪的发案情况，上述的解释立场更有利于防止"漏罚"现象。

3. 网络帮助行为的独立处罚与网络正犯行为的从属性

关于典型案例 3、典型案例 4 的基本案情、判决，主要介绍如下。(1) 典型案例 3。赵某经营的主营业务为第三方支付公司网络支付接口代理，明知并通过事先购买的企业五证信息和假域名备案在第三方公司申请支付账号，以每个账号收取 2000 元至 3500 元不等的接口费，将账号卖给他人并收取其中 0.03% 左右的分润。2016 年 11 月 17 日，被害人赵某某被骗 600 万元，被骗资金中的 50 万元经他人账户后转入在第三方某股份有限公司开户的某贸易有限公司商户账号，该商户账号由赵某通过上述方式代理。浙江省义乌市人民法院判决认为：被告人赵某明知他人利用信息网络实施犯罪，为其犯罪提供支付结算的帮助，已构成帮助信息网络犯罪活动罪。(2) 典型案例 4。2018 年 5 月 28 日，侯某、刘某在我国台湾地区受人指派，带领被告人刘某某等进入大陆到银行办理银行卡，用于电信网络诈骗等违法犯罪活动。刘某某等人为了高额回报，明知开办的银行卡可能用于电信网络诈骗等犯罪活动仍积极参加。侯某、刘某告知其他人办理银行卡时谎称系来大陆投资，并交代了注意事项及具体操作细节。5 月 29 日上午，被告人在金华多家银行网点共开办了 12 张银行卡，并开通网银功能。浙江省金华市婺城区人民法院判决认为：被告人侯某、刘某等人明知开办的银行卡可能用于实施电信网络诈骗等犯罪行为，仍帮助他人到大陆开办银行卡，情节严重，已构成帮助信息网络犯罪活动罪。

典型案例 3、典型案例 4 涉及网络帮助行为的认定。《刑法》第 287 条之二对网络帮助行为予以独立处罚。但是，从两个案件的判决说理看，仍对其从属性予以确认。因而，网络帮助行为的独立处罚性与网络正犯行为的关联从属性问题仍旧存在。

就帮助信息网络犯罪活动罪中规定的"提供网络支付帮助"这一行为构成要件要素的认定问题而言，从二者的适法要旨看，可以就网络帮助行为的独立处罚之解释问题，总结如下几点。(1) 在典型案例3中，确定的裁判要旨为：为他人实施信息网络犯罪提供支付结算帮助，情节严重的，构成帮助信息网络犯罪活动罪。其解释的要点在于：一是对明知的理解，实际上采取了"推定"的方式，根据非法获利等客观要素进行认定。经此，也减轻了司法机关的证明负担。二是在认定"情节严重"上，仍认可"事实的从属性"问题。获得技术帮助的正犯如果实施了犯罪并导致了危害结果的，可以成为用于评价帮助行为的"入罪要素"或"入罪依据"。这与《刑法》第287条之二的立法初衷并不相符，与网络帮助行为正犯化的立法旨趣有所出入。然而，这一解释规定也很好地契合了司法实践的定量需求。(2) 在典型案例4中，确定的适法要旨为：为他人实施信息网络犯罪提供开办银行卡帮助，情节严重的，构成帮助信息网络犯罪活动罪。其解释的逻辑在于：一是对银行卡网银功能的扩张认定，视为提供网络支付结算的帮助行为。二是对"情节严重"作了"抽象危险"的理解。只要帮助办理银行卡并开通网银功能，则行为既遂且达到了"情节严重"的程度。这显然降低了入罪的门槛，体现了对网络帮助行为的从严打击立场，也必然使对该罪的解释更容易变成"入罪化"结论。

（二）司法功利主义与网络时代刑法解释的应然旨趣

在网络时代，刑法解释处于一个混沌的环境中，既面临规范供给不足与新型违法犯罪行为泛滥不止的供需矛盾，也面临传统刑法规范的网络化扩张适用之张力有限与计算机犯罪规定、纯正网络犯罪规定的适用当量明显欠缺的悖论。由此，在传统犯罪罪名与计算机犯罪罪名、纯正网络犯罪罪名之间的定罪取舍上，司法功利主义凭借"更便于定罪"或"更能体现从重打击"之相对优势，在传统的一般性保护与网络专门化保护之间"游离"。尽管在当前的刑法解释背景下，司法功利主义有其生存空间。但是，从长远看，它可能背离网络时代刑法解释的应然旨趣。如何在应然追求与司法功利主义之间进行取舍与协调是新问题。

1. 司法功利主义的利弊与纠偏

在网络时代，针对新型网络犯罪的刑法解释，司法机关的"司法功利主义（司法便宜主义）"问题较为明显。为了"便宜"地规制新型网络犯罪，对一些固有原则、规则予以异化处理，其原因在于：(1) 计算机犯罪与纯正网络犯罪的立法规定与司法解释相对抽象，对于日新月异的新型网络犯罪而言，仍存在较为尖锐的"规范供给失衡"问题。易言之，即使根据上述专属的刑法规范，仍无法解决网络时代的定性依据相对不明、定量评价尚未建立等重大难题。这就迫使司法机关在解决一些新型网络犯罪的定罪处罚时，转向司法功利主义，以"更便于定罪处罚"为功能导向，对一些案件的定性与定量进行"异化"处理，避免"放纵犯罪"或"徒增定性与定量之烦扰"等情况的出现。(2) 传统犯罪的网络化适用空间有限，当现有刑法规范适用于新型网络犯罪时，扩张解释总是处于张力的边缘，不仅增加了论处传统犯罪的合法性与正当性之隐忧，也增加了司法"畏难"情绪。因此，按照传统犯罪论处新型网络犯罪规定，必然在刑法规制功能上表现为扩张趋势。尽管对于新型网络犯罪，遵循传统犯罪规定论处，在应然层面上是"次优"之举。然而，由于刑法规范供给不足等因素，此种做法往往不得不变为首选或唯一选择。这种"扭曲"的司法解释样态，也会为司法便宜主义提供了"温床"。

在网络时代，针对新型网络犯罪所形成的司法便宜主义及其做法，其内在的危害是明显的，至少包括以下三方面。一是模糊定罪的合法性原则，使此罪与彼罪之间的界限脱离应然的法定标准，从而陷入一定的司法恣意性与人为调试性的困境。这是首要的危害所在。进言之，司法功利主义摄入了鲜明的主体性意识与价值取舍，对司法正义的遵从可能被弱化。二是容易助长重罚的单一倾向。在严厉打击新型网络犯罪的基本政策导向下，基于"入罪"解释导向以及扩张解释的实现路径，容易在一些案件中出现"重罪化"的治理倾向，以满足急功近利的现实诉求。或者为了实现"重罪化"的司法规制效果，违背网络犯罪的本质规律，建立隐性的"不合规"做法，如更偏爱财产化的入罪思路等。三是容易影响网络时代的立法科学化。在刑法规范供给不足的情况下，网络时代的刑法解释发挥重要的"立法储备"以及"立法引导"之作用。针对网络犯罪的刑法解释之规范化与合理扩张问题，如若可以有效兼顾，将有助于指导网络时代的刑法立法之科学化。司法便宜主义在一些案件中"现身"，容易误导网络时代刑法立法修正的准确定位。

2. 网络时代刑法解释的应然旨趣

在网络时代，针对新型网络犯罪的刑法解释，在应然层面，应当与传统刑法解释体系存在一定的差异，而其主要的变量因素与动能在于以下三点。一是网络时代的犯罪现象在规范、立法以及价值层面，都发生了不同程度的质变。刑法解释的事实对象出现根本性的变化，刑法解释的应然追求必然出现新的变化。二是网络时代的刑法立法日臻完善，规范供给不足的问题逐渐得以缓解，刑法解释的空间受到限制，特别是"入罪"解释倾向与扩张解释的重用及异化等问题可能不复存在。三是在网络时代,刑法解释的地位与作用出现新的变化。在可预期的情况下,刑法规范的不断充实与完善,刑法解释的辅助地位、释法角色成为主要内容。立法与解释之间的合法性边界更明确和清晰,在制度层面可以抑制刑法解释活动的异化问题。基于此,网络时代刑法解释活动的应然逻辑与制度图景已然有待重塑。

在网络时代,刑法解释体系尚需重点解决以下问题。(1)网络时代刑法解释的基本问题。针对新型网络犯罪的刑法解释,其基本问题主要包括以下四点。一是刑法解释的功能定位,主要涉及刑法解释与立法完善、理论学说之间的结构与体系关系。在网络时代,刑法解释的主动性、能动性更为凸显,对立法的倒逼、对理论的反哺效能更为强劲,而不再全面依附于立法、从属于理论。二是刑法解释的目标导向。在传统刑法体系中,刑法解释是适法的常态模式。在网络时代,网络犯罪形态处于前所未有的高速变动状态,刑法解释面临尤为复杂的新情况。在功能目标的导向上,不仅涉及释法功能,可能还需要担当补充立法、引领理论研究等角色。这些要素叠加于刑法解释,使其功能更为开放和积极。三是刑法解释的规范属性。在网络时代,网络"对象型""手段型"以及"空间型"犯罪交替演变,最终都归结为纯正的网络犯罪形态。这不仅意味着网络时代的全面到来,也意味着刑法解释的规范对象是纯正网络犯罪,刑法解释的依据是网络时代的刑法规范及其学说体系。在此前提下,网络时代的刑法解释具有该时代鲜明的规范属性、合法性特征,由此实现规范化的运行。四是刑法解释的基本方法要素与理论体系。应当结合网络时代犯罪的基本特征等,明确以下内容。第一,解释的基本要素。在网络时代,刑法解释的基本要素,尚且需要初步考虑解释对象、解释依据、解释主体、解释逻辑等。第二,遵循"技术型"解释的理念与基本指导意义。网络犯罪是典型的"技术型"犯罪,刑法解释理念也要一以贯之,围绕技术危险、技术制衡、技术中立等要素进行解释。第三,解释限度的重塑。在网络时代,解释限度问题面临全新的情况,不能完全沿用传统刑法解释的限度逻辑。主观解释与客观解释的语境已经出现了质变,对指导网络时代刑法解释限度的作用明显弱化。[1]对扩张解释与类推解释的区分及其边界等问题,也应根据网络犯罪的特质予以重新认识。(2)网络时代刑法解释知识体系的进化。结合网络犯罪的演变态势,刑法解释的知识体系演变可以分两个阶段。

---

〔1〕 参见刘艳红:"网络时代刑法客观解释新塑造:'主观的客观解释论'",载《法律科学(西北政法大学学报)》2017年第3期,第93页。

一是过渡期。在较长时期内,传统现实物理社会与网络空间社会相互交错,传统犯罪与网络犯罪两种不同形态的犯罪相互交织。在混合阶段,刑法解释活动也不可避免地呈现为"杂交"之态,既有传统刑法解释方法论的作用场,亦有传统刑法解释方法与新型网络犯罪之间的"互斥"。这是网络时代刑法解释方法论的"混沌期",同时也是"孕育期"。二是专属期。当网络"空间型"犯罪成为主要的犯罪类型,而且在本质上与传统犯罪不断撇清关系之际,刑法解释活动被赋予了全新的使命。可以预见的是,刑法解释的整个逻辑构造,都将出现不同程度的革新。因此,传统刑法解释的方法论体系面临"淘汰"与"清洗"的问题。在专属期,刑法解释的知识体系也宣告正式形成。

五、网络时代刑法解释的实践问题之巡检

在网络时代,刑法解释的基础与依据,主要仍然是现行有效的刑法规范,并以传统犯罪规定为主,辅以计算机犯罪规定、纯正网络犯罪规定,这暴露了解释的现实困境。从针对新型网络犯罪的刑法解释活动及其运行现状看,其呈现的逻辑与理路,有别于针对传统犯罪的刑法解释。当前,在实践中仍存在不少问题。

(一)刑法解释路径的功能定位失准

从法理上看,面对网络时代的新型犯罪,在规范供给不足的情况下,必然转向传统罪名以及刑法解释两个基本支点,同时也对立法修正提出了更高的新要求。然而,在刑法解释与立法完善的路径利弊及其取舍上,存在不同的认识。有观点认为,刑法解释是应对方式之一,而刑事立法是次优选择。立法不是万能的,刑法适用也不能完全寄希望于立法修改活动。在罪刑法定原则下,竭力通过解释,应对网络时代的各种犯罪。而其刑法解释的可行性基础,是由传统法益到新型法益的质性转变,包括完全的新型法益、受到保护的传统法益之新内容、未予保护的传统法益等情形。[1]这种观点在刑法解释与立法完善之间确立差序格局并非毫无道理。另有观点认为,新型网络不正当竞争行为翻陈出新,社会危害性日益趋重,对传统罪名进行扩张解释,不仅陷入了司法规制的制度张力有限之困局,也容易使网络不正当竞争行为的刑事制裁边界模糊。应当确立网络市场正当竞争管理秩序新型刑法的法益

---

[1] 参见张明楷:"网络时代的刑事立法",载《法律科学(西北政法大学学报)》2017年第3期,第73页、第80页。

地位，并增设新的专属罪名。[1]该观点既肯定了以扩张解释为主要做法的刑法解释路径之合理性，也更强调立法完善的相对"优位性"。特别是在网络犯罪的初期阶段，对传统刑法规定的解释及其作用不容忽视。然而，网络时代的新型犯罪与传统犯罪之间的差异不断扩大，传统刑法解释的对象等要素发生了新的变化，立法完善才是根本对策。但是，当前对刑法解释路径的侧重，在一定程度上代表了传统刑法理论因应网络犯罪来袭的立场选择倾向。不乏有观点认为，《刑法修正案（九）》立法中心主义的思维窠臼，立法规定的解释论才是重点。[2]该看法虽然肯定了立法的积极意义，却将"刑法解释"作为应对新型网络犯罪问题的"首选"，反映了实用主义的司法功能导向。

从功能差序的角度看，网络犯罪时代的刑法解释与立法完善，作为不同的应对路径存在一定的差异。当前，实践中更倾向于优先选择"刑法解释"，该路径有其天然的合理性，毕竟耗费的司法成本相对偏低。但是，刑法解释立足现有刑法规范，在应对新型网络犯罪的方式时，其制度短板主要表现如下。(1)刑法解释限度的模糊性与类推解释的法治风险。刑法解释是基于立法原意，对刑法规范含义的阐明，并竭力契合社会客观现实。刑法解释的结论面临介于立法原意与客观现实之间的限度取舍难题。千变万化的个案情形，导致很难形成"放之四海而皆准"的标准。解释限度具有一定的模糊性，侧重于扩张解释的做法，可能异化为类推解释。关于扩张解释与类推解释的法理纠葛延展不断，而刑法解释对实质化的追求，使目的解释成为刑法解释的"王冠"，目的解释为类推解释开了一个口子，而类推解释又为目的解释提供了足以伸展的舞台。[3]这种分析有其合理性，扩张解释（目的解释）的功能导向，决定其与类推解释有发生直接碰撞的可能性。这种法治隐忧始终存在，是刑法解释的遗传性"内疾"。(2)与立法修正的优势相比仍是次优之举。在网络时代，面对翻陈出新的网络犯罪，传统刑法规范供给不足的问题日益凸显，显然，相比于刑法解释路径，立法应对是最直接有效的办法。立法及其规范的灵活性、发展性以及阶段性等优势，可以有效解决规范供给不足的

---

[1] 参见孙道萃："网络不正当竞争犯罪的司法巡思与立法应对"，载《华南师范大学学报（社会科学版）》2019年第5期，第142页。

[2] 参见梁根林："传统犯罪网络化：归责障碍、刑法应对与教义限缩"，载《法学》2017年第2期，第3页。

[3] 参见杨绪峰："反思与重塑：刑法上类推解释禁止之研究"，载《环球法律评论》2015年第3期，第5页。

制度难题，更好地回应司法需要，而刑法解释的效能明显不济。（3）传统刑法体系作为刑法解释的"前见"是结构性掣肘。继续遵循传统刑法体系指导刑法解释，特别是沿用传统刑法规范应对新型网络犯罪问题，必然会出现"旧瓶装新酒"下的刑法知识的结构性冲突与制度性的司法矛盾。当前，针对网络犯罪，扩张解释的做法，存在解释限度模糊、解释效能相对有限等问题。日益庞大的网络犯罪急需独立的网络刑法理论体系以及专属的刑法规范体系，也决定了刑法解释不能直接套用传统刑法体系，否则，将降低现行网络时代刑法解释的结论之合理性与可接受性。

立法是对社会发展趋势及其需要的反映。社会基础正在发生变化，上层建筑也应作出变化，否则，刑事立法的正当性、合法性不再具有"（天然的）公众认可"特质。传统犯罪和网络犯罪所处的时代差异日益扩大，直接侵蚀了传统犯罪形态的生成基础。基于传统社会而进行的立法，与网络时代的"遭遇"必定是撕裂而非契合的。在大变革时代，面对网络犯罪时代所暴露的立法、理论滞后以及司法受限等问题，完全依靠刑法解释"缓和"传统刑法体系及其规定与社会现实的矛盾，未免不切实际、也难以长久。人类社会基于理性而进行的立法，在任何情况下都具有滞后性，网络犯罪形态的加速演变更加放大了现行刑法立法的滞后性。因此，刑法解释始终是法典化国家应对新型犯罪与司法难题的常用方式。

（二）扩张解释泛化迹象的认识误区

在当前的司法运行中，基于司法的功利主义倾向，"口袋思维"有入侵网络犯罪治理的泛起迹象。它表现为：一是"口袋罪"的触须延伸至网络领域。"入罪解释"的实践需要，可能异化为一些热点罪名的"口袋化"动向，如《刑法》规定的非法经营罪与破坏生产经营罪等。二是计算机犯罪罪名或纯正网络犯罪也存在"口袋化"倾向。前者如《刑法》第286条规定的破坏计算机信息系统罪、[1]非法获取计算机信息系统罪，[2]后者如《刑法》第287条之一规定的非法利用信息网络罪。[3]这反映了现有计算机犯罪规定与纯正网络犯罪规定在立法体量、覆盖面与体系兼容性等方面存在不足，也必然要求

---

[1] 参见周立波："破坏计算机信息系统罪司法实践分析与刑法规范调适——基于100个司法判例的实证考察"，载《法治研究》2018年第4期，第67页。

[2] 参见杨志琼："非法获取计算机信息系统数据罪'口袋化'的实证分析及其处理路径"，载《法学评论》2018年第6期，第163页。

[3] 参见姜金良："法益解释论下非法利用信息网络罪的司法适用——基于《刑法修正案（九）》以来裁判文书样本的分析"，载《法律适用》2019年第15期，第33页。

充分释放现有规定的司法张力。特别是《刑法修正案（九）》新增的网络犯罪罪名，在内容上比计算机犯罪罪名要超前，符合当前网络犯罪的发展趋势，在扩张性解释的司法应对路径上更易受"重用"，成为"社会危害性客观存在、刑法明文规定不足"之类案件的"优先"选择。

从实践看，针对新型网络犯罪的刑法解释之扩张化适用结果，容易在实践中"走样变形"为"入罪化""重刑化"等问题。初步看，网络时代刑法解释功能的"扩张化"，主要表现为抽象化、工具化、后果导向化的特征。基于罪刑法定原则的要求，应当约束网络犯罪治理中的"口袋思维"倾向。对网络犯罪的扩张解释以及网络化适用予以限制是值得肯定，但是，新型网络犯罪现象持续增量，对于社会危害性严重的网络犯罪行为因没有刑法规定而不作为犯罪处理，明显违背了罪刑法定原则的基本精神。基于刑法的保障机能，"扩张解释"在一定程度上往往表现为个别热点罪名的"口袋化"动向。这具有一定的现实必然性。

当前，针对网络犯罪的刑法解释，扩张解释与入罪解释在效果上往往"合流"。从形式上看，扩张解释容易在结果上表现为"入罪"解释结论，二者似乎与罪刑法定原则不合。然而，深究网络犯罪时代的刑法解释的动因、需求以及目的等内容后，却发现实属必然。否则，在现行刑法规范供给不足的情况下，无需通过刑法解释，直接根据罪刑法定的形式侧面与形式解释逻辑，便可以得出"出罪"的判断结论，刑法解释的意义也不复存在。只是，"立法滞后"使其难以落到实处，造成了通过"扩张解释实现入罪效果"的"美丽的尴尬"效应。刑法解释弥补立法不足留下的刑事处罚空白，实质上满足了罪刑法定原则的要求，避免放纵犯罪。

（三）刑法解释限度陷入规范统一化的难题

在传统刑法解释理论中，解释立场以及限度是重要问题，如主客观解释立场、形式与实质解释论等，对解释结论具有直接的影响。个案具有一定的自由裁量属性，类型化、标准化的难度更大，刑法解释限度也是最难以把控的部分。

对于日益严重的网络犯罪，刑法解释的限度问题出现了新情况。有观点认为，实践中主要通过"探究社会秩序的客观精神"，实现对"社会现实的客观评价"，因而，客观解释立场相对备受优待。[1]但是，以扩张为导向的刑法

---

[1] 参见刘艳红："网络时代刑法客观解释新塑造：'主观的客观解释论'"，载《法律科学（西北政法大学学报）》2017年第3期，第93-100页。

客观解释，在具体操作中容易导致"客观解释等同于扩张解释"，事实上造成了客观解释的入罪化结果。客观解释论的过度适用风险是存在的。继而，提倡"主观的客观解释论"。它是指网络犯罪的刑法解释，以客观解释为基础，以"刑法条文的语言原意"为边界，主观解释是客观解释的限定要素。最终在立法者当初的价值取向和"刑法条文之语言原意解释"的最大射程内，探求刑法规范在现实生活所具有的规范意义，客观解释不能超出立法者与条文语言原意的范围，而应从立法本意出发探索法条文义，充分实现罪刑法定原则与刑法谦抑理念，直接约束刑法的处罚范围。[1]诚然，在网络犯罪的刑法解释立场取舍问题上，应当立足网络犯罪的实际情况以及网络治理模式的现状等因素，科学划定刑法解释的内部规范限度与外部政策限度。只有明确网络时代刑法解释的功能限度及其边界，才能从实质上确保内部的规范限度不脱离立法原意的藩篱，外部的政策限度不脱离法治的框架，避免出现隐性的"类推解释"或单一的"入罪"解释的效果。但是，网络犯罪与传统刑法规范之间并不存在完全相同的解释语境、共同的规范体系等要素，进而极可能导致主客观解释的争论，在网络犯罪领域的意义极大地被削弱，甚至可以忽略不计。

同时，扩张解释与类推解释的区分问题，在网络时代体现得更为突出。为了能够攻克新型网络犯罪的定罪处罚问题，刑法解释的理论与实践呈现了明显的扩张化趋势，在个案中甚至有突破罪刑法定原则的司法风险。原则上讲，用传统犯罪规定因应新型网络犯罪，都存在用"旧知识"解释"新问题"之嫌。这就涉及刑法解释限度的把握问题，它直接关系到个案是否出罪与入罪。对此，有观点认为，不妨具体根据网络犯罪的类型确定刑法解释的基本立场，再根据网络犯罪与传统犯罪的等价性确定刑法解释的具体限度。[2]从解释结论的事后评价方式看，寻找等价性标准，实现解释限度的合理性是有其道理的。从理论上看，网络犯罪与传统犯罪存在实质上的差异，特别是在网络"对象型""空间型"犯罪上更为明显。而以传统规范为前提并以传统刑法解释理论为索引，对新型网络犯罪进行解释，则必然要求网络犯罪与传统犯罪之间具有等价性，并且以此作为决定解释限度的前提和传统刑

---

[1] 参见刘艳红："网络时代刑法客观解释新塑造：'主观的客观解释论'"，载《法律科学（西北政法大学学报）》2017年第3期，第93-100页。

[2] 参见欧阳本祺："论网络时代刑法解释的限度"，载《中国法学》2017年第3期，第175页。

法规范可以扩张的规范空间，而不至于异化为类推适用。不过，这种等价性标准首先主要是在刑法价值层面上，尚且需要在规范层面实现规模化、可复制的操作性。这意味着在网络时代区分解释限度的规范标准仍处于模糊状态。传统理论一般按照"法条用语的可能含义"与"一般人的预测可能性"作为两条常用的区分标准，划定刑法解释的内部限度以及扩大解释与类推适用的合法边界。但是，在网络犯罪时代，由于不同的犯罪问题所对应的"可能含义"与"预测可能性"，在标准与判断上都不同。因此，对于新型网络犯罪，沿袭传统的区分逻辑与归责，对网络时代的扩张解释与类推解释之区分意义将会打折扣。

在网络时代，刑法解释的话语体系及其所呈现出的争议，仍延续了传统刑法解释的格局。相比于网络犯罪时代的颠覆性，以传统刑法解释格局为原点，刑法解释活动未免相对偏于"保守"，刑法解释的"张力"相对受限，并不利于刑法解释在应对网络犯罪问题上保持必要的"主动性"与"变革力"。这客观上限制了刑法解释的功能场域。而且，用工业革命以来形成的刑法制度，不便于且也无法有效解释后工业革命时代，特别是风险社会中的新刑法问题，这会导致过程与结果的"牵强化"。由此，主客观解释立场的取舍、扩张解释与类推解释的区分标准等传统解释学的经验，并不必然在网络犯罪时代有独立的理论意义和实践意义。

（四）刑法解释规则的方法论乏能

《计算机信息系统安全解释》与《网络犯罪刑事案件解释》为个罪的法律适用，特别是为追诉标准的理解与认定，提供了规范依据，同时也是实践中对计算机犯罪与网络犯罪进行解释的规范来源，只是直接指导"刑法解释"的作用相对有限。当前，针对网络犯罪的刑法解释，存在"规则化"的意识薄弱问题，方法论也杂乱无章，难以形成自成一体的解释论体系。特别是针对个案的解释逻辑，偏向于技术或功利上的"碎片化"应对，整体性与体系性的解释效果有限，更遑论形成整体性的解释方法论及价值论的平衡。这导致不足以类型化地总结网络时代刑法解释的有益经验，不利于实现同案类案层面的可复制性应用，甚至可能导致个案之间的解释标准以及解释限度具有一定的随意性，以及解释结论存在不确定性的风险问题。

《计算机信息系统安全解释》与《网络犯罪刑事案件解释》主要提供一般性的适法指引，相比之下，指导案例或典型案例则发挥了个别性的适法指导作用。例如，最高人民法院、最高人民检察院发布了计算机犯罪或网络犯罪的指导性案例以及典型案例，[1]在适法层面上发挥了"官方（法定）参照"作用。作为网络时代刑法解释的典型"（有效）样本"，在司法审判规律层面，更客观和充分地反映了网络时代刑法解释的现状。这无疑成为透视网络时代刑法解释理论与实践的最佳窗口。但是，这种"适法"路径的问题在于：（1）目前所生成的适法指导意义，具有较明显的单一性、个别性与碎片化，未能确立一些具有类型化、模态化的适法指导规则，客观上降低了指导性案例的作用。目前，刑法解释的基本逻辑是对传统犯罪构成要件要素进行"网络化扩张解释"，主要挖掘犯罪对象、危害行为以及危害结果等核心要素，从而发现在网络时代的新表现形式及其内涵，从而"嫁接"到传统刑法规范上，实现传统罪名的网络化适用，在结论上主要体现为"入罪"导向。尽管目前的成效不错，但处于初级阶段的"网络化解释逻辑"，面对大规模解释任务以及价值冲突时会逐渐显现和爆发不足以应对的缺陷。（2）当前做法在个案中虽然可以游刃有余，但是，在司法大数据和新案形成的大样本等复杂条件下，参照基准缺乏"精准性"与"同类性"，可能无法发挥"同案（类案）同判（类判）"的效果。这就亟需确立类型化的解释"规则"。[2]网络时代的刑法解释规则体系可以起到更普遍的一般性指导意义，对其他新型网络犯罪及其要素可以具有更强的包容性与扩张性，避免某一指导性案例所提炼的"要旨"陷入时效上"滞后"的命运。但如此界定的"解释规则"，难免有立法之实，甚至是司法功利主义导向滑入极端的表现。

从现阶段的实践情况看，新型网络犯罪的个案、类案不断涌现，而且司法大数据统摄的类案群及其司法规律持续加载，必然要求网络犯罪的刑法解释不能停留于个案效果。特别应在刑事一体化思维下，结合证据、事实以及特定犯罪的成立条件，将原本属于个案认定的问题，上升为司法认定规则问题。当前，网络时代刑法解释的"碎片化"现象比较突出，以至于刑法扩张解释的前瞻性功能、类型化指导功能发挥不足。为了破除网络时代刑法解释方法论的"碎片化"问题，提高网络时代刑法解释的"司法理论性"与标准统一性，应当注重刑法解释"规则"体系的建立，通过刑法解释规则与完整

---

[1] 参见指导案例 27 号、指导案例 102 号、指导案例 103 号、指导案例 104 号与检例第 33 号、检例第 34 号、检例第 35 号、检例第 36 号、检例第 37 号、检例第 38 号以及最高人民法院、最高人民检察院发布的四个典型案例（2019 年）。

[2] 参见皮勇："论新型网络犯罪立法及其适用"，载《中国社会科学》2018 年第 10 期，第 126 页。

的方法论体系来解决实务操作中的难题。

在此基础上,以网络犯罪时代的司法大数据作为前提,为生成网络犯罪时代的刑法解释方法与规则,提供了良好的基础条件。特别是随着网络犯罪的指导性案例不断增加与类案数量的积累,可以进一步丰富适法指导规则的内容,对建立网络时代刑法解释的规则体系具有积极意义。目前,遵循传统刑法解释理论与方法而展开的实践并不理想,也间接说明创立与网络犯罪时代相适应的解释规则与方法体系是必然要求。立足司法大数据与新型网络犯罪的态势,建立健全网络犯罪的刑法解释方法论体系,才能使实践中的解释规则,及时转换为具有普适性的方法论。在解释规则及其方法论的建构上,仍需回归网络犯罪的本质特征、发展趋势,从构成要件要素的"网络化"因子出发,根据类型化的准则,针对不同的网络犯罪进行解释;同时,注重与程序法的一体联动,提高规则的整体协调性。

六、网络时代刑法解释体系的教义学塑造

网络犯罪的浪潮正席卷全球,刑法解释仍可以作为新常态的应对路径,但尚需整体上框定一个恰如其分的运行体系。针对网络犯罪的刑法解释立场应当具有一定的多元性,司法机关需要竭力根据司法预期与客观需求等动态变量,寻找最符合立法原意与现实需要的"解释结论"。刑法解释活动及结论的正当性与合理性,取决于说理与论证过程,以充分彰显刑法解释的特殊价值与实践意义。网络犯罪与传统犯罪的差异不断扩大,以传统刑法规范解释新型网络犯罪必然产生"话语不适"问题。网络时代的刑法解释应当具有一定的专属性与独立性,以满足新型网络犯罪之解释需求与预期,增强解释结论的有效性与司法张力。

(一)刑法解释理论误区的廓清

对网络犯罪时代的刑法解释命题,需要立足于网络时代与网络犯罪这一新的发展背景,同时应当敢于扬弃已有的"固见",建立起一些"创见"。

1. 刑法解释的必然性与有限性

尽管网络犯罪与传统犯罪仍存在较多的关联性或相似性,但是,传统犯罪与网络犯罪的差异是主要矛盾,并且在不断扩大,直至二者完全分离,最终由网络犯罪形态取代传统犯罪。由此,注定刑法解释路径存在一定的"应急性"和"权宜性"。

目前,主要有网络"对象型""手段型""空间型"三种犯罪形态等,对刑法解释路径的依赖程度或需求强烈性不同。具体分析如下。(1)网络手段

型犯罪,是指利用网络实施传统犯罪、传统与网络相交叉的犯罪、纯正的网络犯罪。除了利用信息网络实施纯正的网络犯罪,前两者情形都与传统犯罪形态高度相关,可以运用牵连犯罪等理论,发挥现行刑法规范的"规制"作用,刑法解释的生存空间较大,对刑法解释的依赖度最高。(2)在网络对象型犯罪中,犯罪对象是计算机信息系统安全或网络安全法益,整体上属于计算机犯罪或纯正的网络犯罪。除非符合计算机犯罪规定或网络犯罪规定,否则,刑法解释往往被启用。例如,对网络财产性利益的刑法保护,存在"财产化保护"与"网络化保护"的对峙。而且,刑法解释的需求往往更倾向于扩张解释,甚至在个别情形中实质上就是类推解释,以弥补立法滞后留下来的保护空缺地带。(3)网络空间型犯罪是正在发展且日渐独立的网络犯罪,其犯罪主体、犯罪对象、犯罪客体以及危害行为等基本构成要件要素都是网络时代特有或专属的。因而,与传统犯罪存在非常明显的差异,与传统刑法规范实质上是"相冲"的。在此情况下,刑法解释的作为空间相对有限,反而,更呼吁网络时代的刑法立法活动。

对于不断涌现的新型网络犯罪问题,现有刑法规范在一定时空范围内仍有其生存空间。刑法解释是激活传统刑法规范并启动、链接网络化扩张适用的最佳方式,因而,它仍有其存在的必要性和常态性,且与罪刑法定原则并不实质冲突。当前,受制于网络犯罪的刑法规范供给不足,刑法解释成为"必选项"。通过对传统刑法规范进行扩张解释实现网络化适用效果,是实践中的无可奈何之举。

2. 刑法解释立场变异的合理度

传统刑法解释理论注重讨论解释限度(立场)与解释方法,以此澄清刑法解释在结论上的价值取舍。网络时代的刑法解释活动,需要面对不断更新的网络犯罪,以及解决究竟是"入罪"还是"出罪"、"从宽"还是"从严"等一系列解释难题。然而,也面临全新的情况,如刑法规范背后的立法原意作为解释基础相对宽泛或不切实际、客观意思作为解释基础尚缺乏相应的社会基础条件等。这些新变化的出现,要求重新审视网络时代刑法解释的基础依据以及立场选择等问题。

具体而言:(1)网络扩张解释是主要的表现形式。新型网络犯罪中的构成要件要素是需要被解释的刑法对象,显然并不完全等同于传统犯罪的构成要件要素,实践中常见的网络犯罪对象、网络危害行为等反映了二者之间在内涵与形式上的本质差异。现行刑法规范是以传统犯罪及其构成要件要素为预设对象的,在"解释"网络犯罪及其构成要件要素时,必须切换话语体系,追溯符合网络犯罪的解释依据、规范标准等。在不突破罪刑法定原则的前提下，基于"同类解释"的逻辑，切换到同一个频道时，往往需要将新型网络犯罪构成要件要素转化为目前依法规定的情形或目前规范可以包含的情形，如此难免助推扩张解释的潜在司法需要。然而，扩张解释与类推解释的界限本就难以准确把握，无形中加剧了类推解释在网络犯罪时代的风险系数。这种格局在一定程度上异化了传统刑法解释立场的存在语境与土壤。（2）主客观解释立场争论之无（弱）意义性。在刑法解释问题上，主客观解释立场以及晚近出来的形式与实质解释等，一直都是左右刑法解释立场抉择的两大主流力量。在网络犯罪的解释问题上，这些已有的争论也有所延续，如"主观的客观解释论"等观点。然而，从解释的逻辑合理性看，网络时代的刑法解释活动，实质上是用"旧原理（规定）"来解释"新事物"。然而，"新事物"与"旧规定"之间必然存在冲突，而为了获得具有共识性的解释结论，就需要明确相同的解释前提与逻辑。然而，主观解释所立足的立法原意，几乎不可能存在，毕竟立法者在制定该规范时基本上未曾考虑网络犯罪因素；客观解释虽然在相比之下更有作为空间，但传统现实物理社会与网络社会时代及其犯罪仍存在较为显著的差异，严格而论，不能直接对等，以至于客观解释所依赖的"客观意思"发生根本性变化。此外，关于形式解释与实质解释的对垒等问题，在网络犯罪时代面临是否真实且有效的问题。（3）刑法解释中规范评价的网络等置性。网络犯罪行为的方式、地点、对象、情节等构成要件要素都发生了变化，完全按照传统刑法规定，会引发网络危害行为评价与传统规定立法原意相互脱节的问题。这是刑法分则规定在解释网络犯罪时面临的新情况。运用传统理念与方法解释网络犯罪时，应充分考虑网络犯罪行为的方式、对象、地点和情节等犯罪构成要件要素的特质，类型化地总结规律与规则，确保解释结论在新旧刑法知识体系下能实现逻辑与规范评价的双重等置性。例如，对网络空间是否属于刑法中的"公共场所"的争论，[1]就忽视了刑法解释的网络等置性评价要求，尽管时空维度不同，但是，在网络空间实施寻衅滋事等行为的，不仅破坏了网络空间秩序，也破坏了传统现实物理社会秩序，将网络空间视为刑法中的"公共场所"是等置的。针对新型网络犯罪，注重运用等置性评价的解释标准，是对网络犯罪进行形式评价与实质评价相统一的有效手段，可以"弱化"刑法解释立场的"纠葛"。等

---

[1] 参见孙万怀、卢恒飞："刑法应当理性应对网络谣言——对网络造谣司法解释的实证评估"，载《法学》2013年第11期，第3页。

置性的规范判断标准，应当贯穿整个定罪量刑判断过程，精确地实现传统刑法规范的网络化适用。（4）客观看待刑法解释偏于"入罪"的司法动向。在网络时代，由于刑法规范供给不足、新型网络犯罪急需规制等因素，以及扩张解释的偏重，导致刑法解释结论往往表现为"入罪"的结论。从现实合理性看，"入罪"的解释结论不仅符合司法的客观需求，也是网络时代刑法解释路径的内在生命力之体现。但是，从传统刑法解释被赋予的功能看，解释结论如果偏向于"入罪"，容易被认为是"不正当的"，甚至被认为是冲破罪刑法定原则的做法。对此，既要尊重"入罪"解释倾向的现实合理性，也要通过完善立法的方式予以消解。而不能简单地认为，"入罪"解释结论的司法倾向就是"非法"的做法。此外，在理解扩张解释的限度上，也要进一步澄清网络时代的扩张解释与类推解释之间的关系、界限等问题。

（二）刑法解释与规范本体的功能协同

为了最合理地激活网络时代刑法解释的潜能，就必须克服刑法规范供给不足以及扩张解释的合法性这一最大的难题。在源头上，为了强化网络时代刑法解释的有效性与灵活性，应当不断扩容可以援引的规范依据，不仅包括扩容立法修正、立法解释与司法解释，也要特别审视解释规范与创制规范的"反制性"关系，持续提升指导案例的规则化水平，夯实网络时代刑法解释的规范基础与体量。

1. 扩充刑法解释的规范前提

在立法跟进相对延迟的情况下，无论是立法解释还是司法解释，都对现行刑法规定起着至关重要的补充和完善作用，也是提供"适法"依据的重要方式。我国网络犯罪的专门立法起步相对较晚、发展相对迟缓，直到《刑法修正案（九）》才有较为实质的突破。这极大地制约了立法解释与司法解释的制定。但是，传统罪名的网络化适用需求不断提升，需要被解释的犯罪对象与司法任务骤然增加。在网络时代，刑法解释应当寻求自身的突破，不能专注于对刑法规范的"一般性"与"被动性"解释。应当培育主动与前瞻地发现要被解释的"对象（规范文本）"之能力，通过更积极和能动的解释活动，深挖刑法解释本就有限的"司法空间"，更好地释放网络时代刑法解释弥补刑法规范供给不足的特定潜质。

在进一步扩大刑法解释的规范依据之际，应理顺刑法解释的规范依据来源之间的内部关系。具体而言：（1）刑法立法解释。从实际的效果看，一些立法解释客观上起到了"代替性立法"的作用。撇开其合法性的问题，立法解释的实用性已经被反复检验是有效和可行的。对于大部分传统罪名，在激活其网络化适用的潜能时，刑法立法解释不失为更合适的选择，比通过刑法修正案调整更便捷和灵活，可以具体应对相应问题，降低立法修正的频次和数量，提高立法的相对稳定性。尽管立法解释是补充和完善刑法规范的最便捷方式，但缺点是只能局部调整，往往较为宏观，缺乏具体的操作指引。(2)刑法司法解释。制定司法解释所耗费的司法成本相对更低，更具有灵活性与调整性，适合个别地或一般性地应对新事物，可以明显缓解规范供给不足的问题。对于不断出现的新型网络犯罪，司法解释可以个别地与单一地、阶段性与临时性、一般性或概括性地作出应对，刑法司法解释的内容可以根据实际情况进行调整。司法解释是解决现有刑法规范走向"网络化适用"的首要方式，可以避开立法修改的严肃性与严格性，以高效的方式化解"无法可依"的局面。实践证明，《计算机信息系统安全解释》与《网络犯罪刑事案件解释》相继出台，可以有效缓解当前制约实践中对网络犯罪进行科学解释以及定罪处罚活动的困题。然而，《计算机信息系统安全解释》仍存在一些问题，对一些新出现的计算机犯罪与网络犯罪，缺乏全面与前瞻性的司法规制能力。而刚出台的《网络犯罪刑事案件解释》，虽然对三个纯正网络犯罪的法律适用作出了详细的规定，但仍对一些实践中出现的问题规定不足，如《刑法》第286条之一的"信息网络安全管理义务"、第287条之一的"非法"、第287条之二的"帮助行为"等，其可行性尚待验证。因此，司法解释在提供刑法解释的规范依据上，其缺点是解释内容存在合法性隐忧以及对明确刑法解释限度的作用相对不足等问题。而且，我国司法解释整体上相对偏于抽象或概况，部分规定还不够具体，司法适用的统一性问题是实践困扰。(3)指导案例或典型案例作为新路径，可以从个案或类案的角度总结和凝练规范内涵。既发挥阐述和补充现有规范的作用，也可以发挥创制新规则的作用。而且，指导性案例凝练而成的指导规则，针对性强，更有可操作性。但是，"同案同判、类案类判"所对应的事实判断、类案检索与确认是操作难题。

2. 解释规范与创制规范的差序融合

传统理论认为，刑法解释是对规范的"阐释"，是竭力对立法原意的客观呈现，也可以对规范内涵进行合理的补充和修改；刑法立法，就是创制新的行为规范与裁判规范，设定入罪与出罪的界限，是刑法解释的源头，也是刑法规范来源的逻辑起点。在传统刑法理论中，刑法解释与刑法立法因功能差异而互不干涉。作为后端的刑法解释活动，不能直接创制刑法规范，也不能僭越立法权的边界。

在网络犯罪时代，刑法解释的首要功能仍是"诠释"刑法规范，并满足定罪处罚的需要。但是，实践中出现了新变化与新做法。（1）刑法解释的对象被植入完全独立的新型犯罪事实，如网络犯罪行为、犯罪对象等。它与传统犯罪的差异很大，在事实与证据上也存在很大差异。（2）网络时代刑法解释的规范对象和规范依据之间存在明显的代际落差。用传统现实物理社会所奠基与孕育的刑法规范，解释新型网络犯罪问题，必须跨越两种不同的思维、社会结构以及历史形态。从解释对象、依据与结论的逻辑一致性看，刑法解释的事实对象与规范对象之间的"排斥"现象不可避免，最终直接左右解释结论的"合意"程度与认同效果。由于犯罪事实作为解释对象出现了重大变动，而又要达到符合实际情况的解释结论，就必须对规范对象作出相应的"调试"。在刑法解释的技术层面，"调试"的实质就是对解释限度进行动态把握。（3）刑法解释面临的"隔代"犯罪问题非常突出。传统刑法规范受制于立法者制定刑法典时的特定背景，显然无法"预先"规定网络犯罪，导致对网络犯罪的刑法解释，客观上背负"脱逸现行实在法规范"的风险。这种加载于刑法解释理论之上的新功能诉求，迫使网络时代刑法解释必须释放一定的"司法张力"，也孕育针对网络犯罪的刑法解释，客观上担负"创制规则"的间接效果。而且，这种作为客观基础的一般性存在，在个案中可能使网络犯罪的刑法解释活动具有"造法"的外溢功能，在类案中的功能被进一步地放大。（4）司法人员立足网络犯罪时代的刑法解释需求与实践，"创生"了一种具有"参照效力"的公诉规则或裁判规则，但并不必然是立法者应当制定的行为规范或裁判规范。此乃当前这种司法做法具有可接受性的关键所在。因为它并未实质突破但无限接近刑法立法及其立法原意的终极权限，而且在司法功利主义看来其具有现实合理性。同时，在刑法限度上，针对网络犯罪的刑法解释活动，所创制的规则是立足于扩张解释的合理性之上，与立法拉开了距离。尽管如此，刑法解释因应网络犯罪时，一旦启用了"创制规则"的外溢功能，其法治层面的隐忧也会随之出现。

3. 指导案例的规则体系优化

在网络犯罪时代，提升刑法解释有限的适法生命力，不能仅依靠个案的"胜利"来实现，如此无法形成缓和"适法困局"的相对稳定效应。例如，通过指导案例或典型案例确立一套"辅助"规则体系，可以上升为适法指导规则，拓宽刑法解释的"覆盖面"，强化对新型类案、典型案件的"可持续性"应对功能。

在法典化国家，无法直接移植英美法系的判例制度，但是，发布特殊功能的指导性案例，可以实现"指导裁判"的参照价值。虽然案例指导制度与司法解释是相互独立的，不过，在为司法活动提供裁判规则上是一致的。[1]从实际效果看，案例指导制度具有创制规则的功能，案例指导规则已经成为我国刑事司法规则的来源，与司法解释的地位不相上下。[2]目前，最高人民法院发布的指导案例对审判工作具有一定的强制性，赋予了"应当参照"的作用；相比之下，最高人民检察院发布的指导案例不同于法律和司法解释，其效力应当是"原则上应当参照"，并具有事实上的约束力。[3]这说明在我国现有的国家体制与司法体制下，最高人民法院与最高人民检察院发布的指导性案例，在作用和范围上有些差异，分别集中于审判意义与公诉意义。同时，实践已经证明，我国案例指导制度的发展，对刑事司法活动具有积极的指导意义，并主要体现在检察（公诉）环节与审判环节。刑事案例指导制度的进一步充实，可以为一些新兴网络疑难犯罪问题的定罪量刑提供"适法参照"，进而弥补传统刑法典在该方面的规范供给不足等问题。[4]

尽管适法上的"参照"效力及其程度，无法与刑法规范、立法解释、司法解释的效力相比。但是，最高人民法院、最高人民检察院发布的指导案例，既可以为司法实践中的相似案件，确定一个相对具体、个别的司法规则；也可以为类案问题，形成类型化、规模化、甚至一般性的司法规则。实际上，后者可以发挥"规范生成"的特殊作用，虽然不是法典化国家的通行做法。在法典化国家，基于案例指导制度而衍生的"规范创生"功能，与英美法系的"判例造法"有差异，但在司法规律与司法功能上却有"异曲同工之妙"。而这种特殊功能，客观上也为克服刑法立法解释与司法解释的一些"窘境"，开辟了第三条道路，发挥了供给"非正式的刑法法源"之特定作用，为刑法解释扩大了规范基础。更重要的是，这种特殊的规范供给之司法化机制，在应对持续翻新的网络犯罪问题上，兼具灵活性、针对性以及更新性等显著作用；也在"因个案或类案而创设规则"上，具有相对的主动优势。

（三）刑法解释限度的统合厘定

在网络犯罪时代，刑法解释的功能具有发展性与变动性。刑法解释的有

---

[1] 参见陈兴良："我国案例指导制度功能之考察"，载《法商研究》2012年第2期，第13页。

[2] 参见陈兴良："案例指导制度的法理考察"，载《法制与社会发展》2012年第3期，第73页。

[3] 参见万春："检察指导案例效力研究"，载《中国法学》2018年第2期，第75页。

[4] 参见高铭暄、孙道萃："我国刑法立法的回顾与展望——纪念中国共产党十一届三中全会召开四十周年"，载《河北法学》2019年第5期，第11-12页。

效性反映在妥当地确定解释的限度，从而在立法原意与客观需要之间谋求最佳的契合点。应更科学地明确刑法解释的"网络化限度"，防止不当的扩张解释。通过重新阐明网络犯罪的刑法解释限度，建立成熟可行的解释理论及方法体系。

1. 弱化区分扩张解释与类推解释的司法理性

在传统刑法解释理论中，扩张解释与限制解释（限缩解释）相对应，且是以解释限度的扩大与缩小为标准进行划分的。尽管扩张解释与限制解释的分类，不能完全等同于客观解释与主观解释的立场之异，但在结果上往往偏于相同；同时，扩张解释与类推解释是被严格区分的，类推解释是罪刑法定原则所禁止的。但这些针对传统犯罪的刑法解释对象或解释限度等达成的共识，应当重新加以表述。

尽管扩张解释拓展了立法原意或规范本意的边界，但并不是类推解释。通常认为，类推解释的实质是有罪类推，是对立法权的超越，是对刑法规范的"违反扩大"，在解释结果上也超出了国民的合理可预期范围，因而，是不正当的解释。同时，在传统刑法解释的学理层面，区分扩张解释与类推解释尽管可以从说理层面获得一定的共识，却在具体实践或个案中不便操作。其症结在于，用文字表述的刑法规范本就多义，而解释主体的"前见"以及解释的事实基础往往存在"主观"的"客观"差异。对扩张解释与类推解释的"区分度"，在具体判断时，都存在理解和把握上的明显分流与分化，也直接加大了区分的难度。甚至在实践的特定个案中，无形地导致区分意义形同虚设，弱化区分的必要性。在网络犯罪时代，扩张解释与类推解释的"混同化"迹象，并不是传统解释理论与罪刑法定原则走向误区的"有意之举"，而是司法实践需求对网络时代刑法解释立场的"正向渗透"，也是立法规范供给不足的"后遗症"在解释限度上的"迁移"。从实际情况看，应对新型网络犯罪，过度区分扩张解释与类推解释的做法可能有其弊端，难免使刑法解释无法提供合理且可行的解释结论，进而无法支撑应对网络犯罪的诸多现实需要，甚至导致现行刑法规范陷入"失灵或失效"的被动状态。

因此，在网络时代，为了确保刑法解释能够更好地承担弥补立法滞后的规范补给功能，运用扩张解释是更常见且必要的。而且，扩张解释的限度与立法边界之间变得模糊化，使其与类推解释的边界也相对淡化。甚至在一些特殊情况下，可以允许通过扩张性的刑法解释，创立正当的裁判规则，进而倒逼立法完善。这既需要重新审视大变革时代罪刑法定原则的相对性以及明确性的相对化问题，也应当将对扩张解释裹挟的外部性风险予以规范治理作为一项常态工作对待。

2. 解释限度与司法需求的功能契合

在网络时代，传统犯罪与网络犯罪的对垒加剧，使刑法规范供给不足问题持续存在，甚至变得更严峻，并基本上表现为现行刑法规范的"不够用""不能用""缺法用"等情形。同时，面对新型网络犯罪及其造成的严重社会危害，刑法解释往往首先被预先植入"入罪"功能，而非"出罪"功能。否则，网络时代的刑法解释不仅无法疏解规范供给不足问题，甚至可能背离刑法保护网络安全机能的需求导向。当然，这种解释导向所呈现的犯罪化解释结果，难免存在法治隐忧。

在这种日益明显的司法功能之导向下，刑法解释限度如何不超出规范文本的合理射程成为司法难点。对一些已经造成了严重危害结果或高度风险的新型网络危害行为，按照现有罪名进行扩张解释得出入罪的结论，未必一定是扩张解释，甚至可能是类推解释（同类解释）。从法理逻辑看，从传统犯罪到网络犯罪的"入罪解释"，更像是同类解释的方法论在发挥"实质入罪"的作用。当前，网络犯罪的扩张解释往往异化为类推解释的动向有其现实理由。从解释限度看，扩张解释与类推解释的区分标准实质上并不明确，尽管从理论上可以竭力予以澄清。例如，刑法条文用语的可能含义、一般公民的预测可能性、采用了符合形式逻辑的推论、遵循罪刑法定主义的理念等要素，可以区分扩张解释与类推解释。[1]但是，针对刑法规范用语的区分原理，在个案中的辨识度不易把握，更遑论用"刑法正义"等作为区分标准更不便操作，甚至可以认为区分扩张解释与类推解释可能是一个伪命题。[2]在网络时代，刑法规范供给不足使刑法解释的任务首先变成避免出现因"无直接的网络犯罪规范"而无法定罪处罚以及放纵犯罪的司法被动等情形。从刑法解释的预设功能看，在"旧瓶装新酒"的司法逻辑下，无疑间接加大了传统刑法规范的兜底性保护属性，也增加了运用类推解释的潜在概率。

3. "技术逻辑"与解释边界的贯彻协同

对于网络犯罪而言，"技术逻辑"特质是公认的基本前提。网络技术是实施网络犯罪的前提与基础，网络技术与网络犯罪"唇齿相依"。"技术逻辑"

---

〔1〕 参见冯军："论刑法解释的边界和路径——以扩张解释与类推适用的区分为中心"，载《法学家》2012年第1期，第63页。

〔2〕 参见吴丙新："扩张解释与类推解释之界分——近代法治的一个美丽谎言"，载《当代法学》2008年第6期，第48页。

已完全渗入网络犯罪现象及其规范本质,且必然成为应对网络犯罪的思考逻辑与规范起点。当代刑法体系及其解释立场的具体取舍,应当协同"技术逻辑"及其核心特质展开。既要符合网络技术的特征与规律,解释结论也要实现"技术压制"的效果。

网络时代的刑法解释活动,为了与"技术逻辑"命题保持一致,应当注意以下几点。(1)"技术解释"的逻辑意义释明。网络犯罪的最大特质是"技术性",网络犯罪与"技术风险"息息相关。网络犯罪侵犯的法益是网络意义上的刑法法益,有别于传统刑法法益。正是这一基本犯罪本质结构的蜕变,迫使司法人员必须在不同情况下合理区分传统犯罪与网络犯罪,在应对策略上区别对待。传统犯罪的刑法解释的逻辑是"人的绝对主导地位",以及由此形成的一系列规则与系统,并对人实施的具有社会意义的行为进行归责与制裁。然而,在网络犯罪中,"技术滥用""技术安全"等新问题才是聚焦点。由此形成的一系列规则和原则,旨在解决危害"网络社会安全"的行为是否应当被归责和处罚。在"技术逻辑"下,刑法的调整对象、功能设定等都有差异。此乃"技术解释"逻辑的由来与意义。一旦脱离"技术逻辑"的思考原点,则无法"真实地"解释网络危害行为;也就无法激活现有规范的"潜质",论证和解释"规制网络犯罪"的可行性与合理性问题。(2)最符合网络时代需求的解释观念。网络时代的刑法解释立场、限度等问题,应当遵循"最符合网络犯罪时代"的解释理念,充分契合网络犯罪的本质特征、发展态势、罪质属性、定罪处罚的司法诉求等内容。例如,危害行为、危害对象受网络犯罪时代影响最直接,也是刑法解释的"重灾区"。在解释新型网络犯罪构成要件要素时,基于刑法的保障功能,为了避免放纵新型网络犯罪和保护网络安全,对"网络财产性利益"是否为刑法中的财产、网络"破坏"行为是否是实行行为的网络射程等问题,都需要结合网络犯罪的作案方式、案发特征、分布规律等基本情况,按照"最大限度激活刑法解释潜能"的原则,作出最符合时代要求的扩张性解释。例如,对于"网络财产性利益"的刑法保护,网络犯罪化的保护宜优于传统财产犯罪化的保护思路。[1]这也是遵循"功利主义"思维与"最优化"目标在刑法解释限度上的集中体现。(3)解释结论与技术逻辑的实质相符。在网络时代,刑法规范供给不足决定刑法解释的终极目的是在传统刑法规范与新型技术犯罪之间谋求一个结合点,

---

[1] 参见孙道萃:"网络财产性利益的刑法保护:司法动向与理论协同",载《政治与法律》2016年第6期,第43页。

打通两个不同犯罪形态的"互通之门",从而可以在现有规范的框架内,为保护新型网络法益提供"可资信赖"的说理依据。为了实现"旧规范"解释"新犯罪",确保结果的有效性和可接受性,首先必须坚持"技术逻辑"的解释理念,以甄别传统解释方法的合理性,以及开辟新解释方法的筛选标准。例如,面对网络财产型犯罪,关于网络时代形成的财产性利益是否具有刑法意义的财产地位问题,"技术逻辑"可以作为解释前提。其核心解释逻辑为:源于技术、依托技术并以技术载体呈现的网络财产,可以在网络时代与现实社会中体现其必然且可估量的财产价值,这是必须被保护的新型刑法法益,援引传统刑法的财产犯罪规定予以保护是发挥刑法机能的恰当途径。因此,"技术逻辑"作为基础理念,可以指导解释方法的选取与解释限度的取舍,也决定并验证、修正个别性解释结论的妥当性。(4)技术逻辑是基础性的解释方法论与理念。传统犯罪与网络犯罪的最大差异在于,互联网信息技术作为一个完全独立的因素介入其中,犯罪的本质特征、形式外观以及其他因素,都与网络信息技术存在不同程度的联系。基于此,"技术逻辑"可以成为网络犯罪本质特征的概括性表述方式。在解释网络犯罪的罪质等问题时,应当始终围绕"技术逻辑"这一基础性的方法论展开,结合传统刑法解释理论与方法展开。"技术逻辑"作为一种方法论的指导观念,可以作为解决"刑法规范"与"技术性犯罪"无法对接时的黏合剂,使二者可以成功在"新型网络犯罪"为何符合"传统罪名"上达成一致。例如,在网络对象型犯罪中,具有财产性利益的网络数据,之所以可以认为是现行刑法意义中的"财产",是因为网络财产性利益在现实社会与网络社会的结合部、网络社会两种环境内,都具有显著的"被赋值"的经济价值(财产价值),是可以交易并有价值的。但这些数据又具有独立性,作为网络数据应当被独立保护。在司法实践中,究竟是财产化保护还是数据保护更合理,尚需具体分析,立足于网络数据的定位而采取专门保护,更接近于"技术逻辑"内在的司法导向。(5)技术中立与刑法解释的宽容。互联网信息技术是人类认识世界和改造世界迈上新高度的标志,无法褪去"人造技术"这一基本特质。人类在推动技术创新并享受福利之际,也要兼顾技术中立性背后的风险治理问题。这无形中要求刑法解释应坚持必要的宽容性。无论是利用互联网信息技术实施犯罪,还是针对互联网信息技术实施犯罪,以及在网络空间实施犯罪,在撇清实施主体的"意志"因素之外,任何互联网信息技术都在客观上是中立的,"主体滥用技术"才真正导致社会危害性,应当被惩罚的是滥用技术的主体而非技术本身。在刑法解释的立场上,对于技术中立语境下实施的危险行为,需慎重对待:

一是技术自带的危险。在现有条件下,无法控制或难以有效控制的,或极易被他人获取与滥用的,极易引发危险的提供或使用技术的主体一般不应当承担网络帮助犯罪的责任。二是技术融为生产生活的一部分,如生产经营的一般性要素等。利用技术的行为或提供技术服务等关联行为的,一般不应当承担网络教唆犯罪或帮助犯罪的责任。三是技术风险与人的主体滥用风险相互交错,造成危害结果的,主观上是过失的,应当从宽处理。在"技术逻辑"的解释理念之指导下,突破技术中立精神而恣意"入罪"是网络时代刑法解释的禁区。

七、结语

如何评估针对网络犯罪的刑法解释,理论上不乏观察和讨论,但过于理论化,缺乏对实际运行的刑法解释样态予以充分的关切与整理,未能对"活着的"解释规律与逻辑作出全面的识别与权衡。这不利于更全面地看待网络时代刑法解释的"问题"所在,也削弱了提升刑法解释效能的预期效果。从最高人民法院、最高人民检察院发布的指导性案例与典型案例中,可以更微观、真实、中立地透视网络犯罪的刑法解释面相,更精准地锁定"问题意识"及其致因。继而,可以结合网络犯罪的演变态势,针对实践中普遍存在的刑法解释"乱象"或"规律",作出适度的调试和完善。这种由个案或类案出发的实证性分析,能够从教义学层面推进解释理论与方法的进阶。

在网络时代,新型网络犯罪仍将持续快速增量,刑法规范供给不足的问题日益严峻。基于刑法保障功能,对传统刑法规范的扩张化适用成为必然,即使是计算机犯罪规定以及纯正网络犯罪规定都不例外。由于刑法解释对象出现了重大的变化,传统刑法解释理论与方法在应对新型网络犯罪上也出现了一定的不适与新情况。在网络时代,刑法解释的基本观念以及方法都需要与时俱进地作出更新,不仅要对传统刑法解释理念进行必要的修正,也要敢于作出全新的尝试与突破,以契合网络犯罪的演进规律与特征,更好地满足因应网络犯罪的司法需求。当然,这一切都是以网络时代的刑法专属立法相对滞后且规范供给不足为大背景的。随着网络时代的刑法立法日趋丰富与完善,刑法解释又将迎来新的挑战与机遇。

第十八章
拒不履行信息网络安全管理义务罪的司法表述

一、问题的提出

在《刑法修正案（九）（草案）》的研拟过程中，有关部门指出，网络服务提供者不履行法律、行政法规规定的信息网络安全管理义务的行为，情节严重或造成严重后果的，无法追究刑事责任，只能追究行政责任。[1]例如，一些网络服务提供者因受利益驱动等原因，故意不落实法律法规确定的安全管理义务，明知他人利用网络从事违法犯罪活动仍提供加密代理等服务，导致大量网络资源被用于违法犯罪活动的情形。[2]但对于应否单独立法的问题。在立法修改过程中，围绕相关争议的条款，有意见认为，非法提供公民个人信息罪、帮助毁灭证据罪等可以适用，对特定企业设置特别入罪条款并无必要，建议删除该条或该条第4项的兜底条款。[3]但这种看法有欠妥当之处。虽然公民个人信息犯罪等可以部分规制一些情形，却无法全面有效地打击网络平台犯罪等犯罪行为，更无法满足实践中对网络服务提供者的不作为行为予以追究刑事责任的迫切需要。[4]为了加强网络服务提供者的网络安全管理责任，促使网络服务提供者依法有效配合监管部门打击网络技术犯罪，《刑法修

---

[1] 参见喻海松：《刑法的扩张——〈刑法修正案（九）〉及新近刑法立法解释司法适用解读》，人民法院出版社2015年版，第230页。

[2] 参见全国人大常委会法制工作委员会刑法室编：《中华人民共和国刑法修正案（九）解读》，中国法制出版社2015年版，第190页。

[3] 参见2015年全国人大常委会法制工作委员会刑法室编写的《〈刑法修正案（九）（草案）〉向社会公众征求意见的情况》。

[4] 参见赵秉志："中国刑法的最新修正"，载《法治研究》2016年第6期，第10页。

正案（九）》增设第 286 条之一即"拒不履行信息网络安全管理义务罪"。[1]

但是，围绕网络服务提供者是否应当承担不作为犯罪的刑事责任之立法争论，并未告一段落，仍不乏其他不同意见。例如，《刑法》第 286 条之一将部分原来网络犯罪中的准备行为作为既遂行为，单独规定为犯罪，提前发动了刑事处罚。这是带有相当程度情绪化色彩的立法，表现在罪与非罪的边际模糊、犯罪圈的扩大以及刑罚的滥用等方面。[2]而且，该罪的严重社会危害性存疑，情节犯所配置的情节要件标准模糊可能降低入罪的门槛，甚至处罚一些不具有严重社会危害性的行为。本罪是轻罪，对单位犯罪只能处以罚金，轻于行政处罚，缺乏剥夺再犯能力的效果。[3]对于"犯罪化过度"或"刑事处罚过宽"的担忧，应当看到：一是增设本罪，是保障信息网络安全与信息网络安全管理秩序的重要途径，也是《网络安全法》在刑法中的必然反映；二是增设《刑法》第 286 条之一，是对网络预备行为的节制而非全面犯罪化，"经监管部门责令采取改正措施而拒不改正"要求只有拒不改正的才可能入罪，[4]而情节犯的定位彰显了限制处罚的基本立场。

当前，司法适用才是重点。从《刑法》第 286 条之一的规定看，其核心内容包括如下几个方面。（1）主观要件。本罪的主观方面究竟是故意还是过失，尚需进一步予以澄清。同时，本罪的犯罪主体有其特殊性，确定信息网络服务提供者的范围是难题。（2）客观要件。本罪的罪质可以界定为网络不作为犯罪，信息网络安全管理义务的不履行与拒不改正是客观方面的重点。设置"经监管部门责令采取改正措施而拒不改正"作为一项特别规定，直接决定行为的刑事可罚性，传递了行为人刑法与特殊预防的立法旨趣。[5]同时，为了限制处罚范围，"情节严重"作为成立条件发挥重要的作用，也预示着犯罪竞合问题的存在。对此，应厘清本罪的教义学原理，深度聚焦司法适用环节，更好地指导实践和实现本罪的立法初衷。而且，围绕《刑法》第 286 条

---

[1] 参见郎胜："我国刑法的新发展"，载《中国法学》2017 年第 5 期，第 31 页。

[2] 参见刘宪权："刑事立法应力戒情绪——以《刑法修正案（九）》为视角"，载《法学评论》2016 年第 1 期，第 90 页。

[3] 参见皮勇："论网络服务提供者的管理义务及刑事责任"，载《法商研究》2017 年第 5 期，第 22-23 页。

[4] 参见赵秉志、刘志伟、袁彬："关于《中华人民共和国刑法修正案（九）》新增及修改罪名的意见"，载《法学杂志》2015 年第 10 期，第 6 页。

[5] 参见车浩："刑事立法的法教义学反思——基于《刑法修正案（九）》的分析"，载《法学》2015 年第 10 期，第 9-10 页。

之一的理解与适用展开讨论，也为司法解释的出台提供了有益参照。

二、犯罪主观要件的理解与适用

《刑法》第286条之一规定的犯罪主体是"网络服务提供者"，对其仍存在不同的理解与争议。同时，有关本罪的主观罪过究竟是故意还是过失的分歧，亦有待澄清。

（一）犯罪主体的界定

对"网络服务提供者"的理解，应当坚持动态的实质标准，根据网络立法的变化作出动态的调整，特别是对网络服务提供商等涉案单位主体作出准确认定。

1. 主要分歧

关于"网络服务提供者"的内涵，目前有以下几种看法。（1）"两要素实质判断说"。提供网络服务和利用网络提供公共服务是判断的关键，既可以是提供网络接入、存储、传输、应用服务的提供者，也可以是利用信息网络提供公共服务的提供者。[1]（2）网络连接服务提供者与网络平台提供者的"二主体说"。狭义的网络服务提供者，可以是网络连接服务提供者与网络平台提供者，但不能是网络内容提供者。[2]（3）访问软件提供者、平台提供者、接入服务提供者的"三主体说"。访问软件提供者，是指提供能从事多项活动的软件提供者（客户或者服务软件）。平台提供者，是指提供平台供用户发布信息或从事网络交易的机构或个人，如提供链接的行为、软件提供者。接入服务提供者，是指提供硬件基础设施，供访问信息网络的经营者，如网络硬件接入、缓存服务提供者。[3]（4）网络接入服务提供者、网络平台服务提供者、网络内容及产品服务提供者的"三主体说"。网络服务提供者，是指通过信息网络向公众提供信息，或为获取网络信息等目的提供服务的机构或个人，包括信息网络中一切提供设备、信息和中介、接入等技术服务的个人、网络服务提供者与非营利网络服务提供者。根据提供"服务"的类型，可以进行如下区分。网络接入服务提供者，是指所有为信息网络用户提供联通信

---

[1] 参见喻海松："网络犯罪的立法扩张与司法适用"，载《法律适用》2016年第9期，第4页。

[2] 参见欧阳本祺、王倩："《刑法修正案（九）》新增网络犯罪的法律适用"，载《江苏行政学院学报》2016年第4期，第127页。

[3] 参见涂龙科："网络服务提供者的刑事责任模式及其关系辨析"，载《政治与法律》2016年第4期，第113-115页。

息网络服务的单位或个人;网络平台服务提供者,是指提供搜索引擎服务、网络存储、分享服务,电子商务服务平台、社交网络服务平台等平台服务的提供者,包括单位和自然人;网络内容及产品服务提供者,是指为网络用户提供网络内容和网络产品服务的单位或自然人。[1](5) 信息接入/传输服务提供者、信息缓存服务提供者或信息存储服务提供者、信息定位(搜索、链接)服务提供者。以《美国数字千年版权法》为借鉴,我国可以将其分为三类:仅负有经责令改正后的屏蔽、断开连接义务的责任主体;仅负有事后"通知—移除"义务的责任主体;需要根据具体的服务内容作出判断的责任主体。[2](6) 网络服务提供者包括网络空间的开辟者、运行者、维护者。基于保护法益的内容,可以区分不同的网络服务提供者。开辟者,主要是指网络接入、存储、缓存服务的提供者等;运行者,是指各类应用型软件与平台的开发者,主要包括社交服务平台提供者、电子商务服务平台提供者、网络游戏开发者等;维护者,主要是对开辟者与运行者、网络空间秩序维护提供服务的主体,如杀毒软件、木马程序检测软件的开发者等。[3]

以上几种观点有两点共性:一是倾向于采取严格的限制解释,对网络服务提供者进行狭义的理解,特别是倾向于排除"网络内容服务提供者";二是重视类型化思维,竭力标注出当前常见且主要的网络服务提供者,也即网络连接服务提供者、网络平台服务提供者、访问软件提供者、信息服务提供者等,增加实践中的可操作性。"网络服务提供者"是一个相对抽象与发展的网络概念,对其进行类型化的分析是可取的。而且,鉴于网络服务主体的变化性,列明主要的网络服务提供者,对追究刑事责任有积极的司法便宜意义。同时,在如何确定"网络服务提供者"的解释立场及其类型化标准上,仍需结合《刑法》第286条之一的罪质进行综合分析与判断,同时有效兼顾网络服务与服务提供者的发展性或变动性这一基本趋势。

2. 网络服务提供者的实质解释

2012年《全国人民代表大会常务委员会关于加强网络信息保护的决定》首次确定了"网络服务提供者"是新型网络主体的特定身份,在实质上与刑

---

[1] 参见谢望原:"论拒不履行信息网络安全管理义务罪",载《中国法学》2017年第2期,第240-241页。

[2] 参见陈洪兵:"论拒不履行信息网络安全管理义务罪的适用空间",载《政治与法律》2017年第12期,第40-41页。

[3] 参见李世阳:"拒不履行网络安全管理义务罪的适用困境与解释出路",载《当代法学》2018年第5期,第70页。

法中的"企业事业单位""组织"等主体并无差异；同时，也通过设置刑事责任，明确了"网络服务提供者"的犯罪主体资格，只是并未明确刑事责任的具体范围。

2016年《网络安全法》第2条规定，在中华人民共和国境内建设、运营、维护和使用网络，以及网络安全的监督管理，适用本法。据此，网络建设者、网络运营者、网络维护者、网络使用者、网络安全监管者是五类主要的网络主体，而网络运营者是其中最重要和常见的网络服务主体。同时，该法第76条第3项还特别解释了"网络运营者"，是指"网络的所有者、管理者和网络服务提供者"。从该条款看，网络服务提供者属于网络运营者的一种情形。这首先成为解释《刑法》第286条之一规定的"网络服务提供者"的前提依据，但对其也不应完全采取僵化的理解。

具体地讲，从刑法解释原理看，既要考虑生产经营的性质，也要考虑网络服务的内容与形式，并明确以下几点。（1）网络"运营"既包括系统运行，也包括经营服务。网络服务提供者属于网络运营者，是合情合理的。但是，《网络安全法》第76条第3项规定的网络服务提供者，主要是从互联网的技术结构与安全维度提出的，主要用于概括网络技术层面的一般运营行为，进而与网络建设、广义的网络运营等主体相区分。（2）应独立解释《刑法》第286条之一规定的"网络服务提供者"，而不能直接援引《网络安全法》的相关规定。网络法律体系与刑法体系不同，同一术语的含义也不同，不能直接套用在犯罪主体的认定上，而应区别对待。从实质承担网络安全管理义务这点看，广义的网络运营者或狭义的服务提供者原则上是一致的，而不限于狭义的网络服务提供者。毕竟网络的所有者、管理者和服务提供者是一个完整的连接体，在提供相应的网络服务时均负有法定义务。例如，《刑法》第287条之二所规定的网络技术支持与帮助行为，其包含的范围涉及网络运营的各个方面。基于此，解释《刑法》第286条之一的"网络服务提供者"时，不宜与《网络安全法》中的"网络运营者"进行严格区分，否则，可能限制了主体的适用范围。（3）从立法原意看，《刑法》第286条之一的犯罪主体包括自然人和法人，但从实践中看，拒不履行信息网络安全管理义务的多以互联网企业或单位为实施主体，或表现为以自然人利用企业名义或作为法人成员实施这类行为。将"网络服务提供者"限定于网络接入、网络平台服务等几个特定领域不妥，与网络时代的行为主体、法律主体趋势不合，限制解释也不能反映立法原意与实践中的客观变化。

此外，尽管对互联网企业拒不履行的行为作出刑事处罚有其必要性，但应审慎适用。毕竟随着互联网立法尤其是行政立法数量的日益增加,互联网企业所需要承担的信息网络安全管理义务也呈几何性递增,过度的刑法干预,会导致互联网企业的管理者面临明显过高的刑事风险,必将严重影响互联网行业的正常发展。

3. 单位或法人的具体释明

《刑法》第286条之一实质上规定的是网络平台责任,同时第2款规定犯罪主体可以是单位(法人)或自然人,但实践中网络平台更主要是网络法人或网络企业。关于这里规定的单位犯罪主体问题,应当看到的是:一是从立法技术上,但凡分则对单位主体作出规定的,都是提示性规定,强调单位是更主要或常见的犯罪主体,否则,无需明示;二是从案发情况与互联网企业的影响力看,网络服务提供者主要是指互联网企业而非自然人个体,毕竟前者的能力及其所造成的危害性明显更重。

而且,从实践来看,单位(法人)作为网络服务提供者,其设立的分支机构和内设机构、内设部门,也可以成为本罪的犯罪主体。理由为:一是从行政执法的角度看,责令改正必须具体、明确,而且应送达到具体负责的行政相对人。如果将单位的分支机构或者内设机构、部门排除出去,容易使行政执法中的责令改正缺乏可操作性,也就无从认定是否拒不改正及其后果。二是从互联网企业的业态看,主要呈现为少数网络巨头企业与批量中小型网络创业公司相互交织的情况,网络巨头企业往往有大量的分公司、分支机构或内设部门等,具体负责网络管理,拒不履行法定义务,应当承担相应的法律责任。三是根据罪责自负原则,不宜由单位直接承担刑事责任,而应由具体负责或直接管理的机构和责任人员承担。

(二)主观罪过的止纷

《刑法》第286条之一的主观罪过应当解释为故意而非过失,我国目前还没有对网络过失犯罪的立法作出充分准备,也不宜由《刑法》第286条之一来承载这一理论期望。

1. 主要分歧

关于本罪的主观方面,主要有以下几种看法。(1)故意说。责任形式是故意,行为人误以为信息不违法而未采取改正措施的,属于事实认识错误,阻却故意的成立。[1](2)直接故意或间接故意说。主观方面可以是直接故意或间接故意,具体是指网络服务提供者在监管部门责令采取改正措施后,明

---

[1] 参见张明楷:《刑法学》,法律出版社2016年版,第1050页。

知不采取删除、封锁、移除等改正措施，会导致严重后果，依然希望或放任危害结果的发生。[1]（3）直接故意说。只能是直接故意，行为人必须认识到自己不履行信息网络安全管理义务、经监管部门责令采取改正措施而拒不改正的行为必然或可能引起法定的危害结果，追求或希望该结果发生。行为人必须认识到"不履行信息网络安全管理义务""拒不改正"被法律所禁止，行为具有"违法性"。但不要求具有特定目的。经监管部门责令采取改正而"拒不改正"的构成要素，反映了行为人对危害后果的积极追求或希望态度，间接故意（单纯放任）的心态不可能存在。过失行为与"拒不改正"相排斥，行为人因工作失误而未采取改正措施，即使造成危害后果的，不构成本罪。[2]（4）"故意+过失"的复合罪过说。《刑法修正案（九）》区分一般的网络技术帮助行为与网络服务提供者的技术帮助行为，拒不履行信息网络安全管理义务罪是针对网络服务提供者设立的首个网络平台责任与特殊罪名。平台责任实际上是正犯责任的发展，是基于网络服务提供者在网络社会中的核心作用而设立的更严格的强化责任形态，实际上是有条件地引入一种"过失责任"，这是分别设立帮助信息网络犯罪活动罪和拒不履行信息网络安全管理义务罪的意义所在。但平台责任不等于过失责任，"过失责任"反映了对网络犯罪帮助行为的评价"递进式"趋严的动态，是在一定程度上引入类似于英美法系中的"轻率"（"过于自信"和"间接故意"复合组成），因而不能将拒不履行信息网络安全管理义务罪限定为过失犯罪。（5）过失说。认定主观罪过是过失的，有助于此罪与彼罪的区分。已知漏洞被利用，犯罪行为已经实施，仍拒绝完善安全管理机制；或者意识到管理缺陷的存在，并可能被利用以实施网络犯罪，仍拒绝完善安全管理机制，符合《刑法》第287条之二的规定。已意识到管理缺陷，但自信可以避免犯罪活动，拒绝整改；或服务提供者不认为存在安全漏洞，认为监管机关的整改措施缺乏合理性，拒绝整改，发生严重后果，都是监管过失，符合《刑法》第286条之一的规定。如果网络服务提供者仅参与网络违法犯罪活动的准备工作，则构成"非法利用信息网络罪"。[3]（6）监督过失理论。根据该理论，网络服务提供者对危

---

[1] 参见赵秉志主编：《〈中华人民共和国刑法修正案（九）〉理解与适用》，中国法制出版社2016年版，第153页。

[2] 参见谢望原："论拒不履行信息网络安全管理义务罪"，载《中国法学》2017年第2期，第246-248页。

[3] 参见李本灿："拒不履行信息网络安全管理义务罪的两面性解读"，载《法学论坛》2017年第3期，第141-142页。

害结果具有预见可能性和回避可能性而不作为的,是监督过失行为,具有因果关系的,应承担刑事责任。但是,被允许的危险理论不能适用。[1]

从这几种观点可以看出,《刑法》第286条之一的主观罪过是争议较为集中的地方。当前,"故意说"仍是偏于主流的看法,对是否存在间接故意有不同的看法,主要涉及改正能力与改正效果的实质判断以及中立行为的排除等问题。同时,不乏主张"过失说"或者"复合罪过说"的,要么是为了更好地解释不履行、监管改正、拒不改正之间的行为逻辑关系,要么是为了便于划清《刑法》第286条之一与第287条之二、第287条之一的立法界限。这种体系解释的基本初衷可取,但可能偏离了合理确定主观罪过的本质要求,通过罪过类型区分罪名的功能是否妥当尚需商榷。

2. 应结合罪质界定罪过类型

对于主观罪过的争议,从理论上看,根源于对认识能力和意志能力的不同理解。从规范刑法学的立场出发,根据《刑法》第14条、第15条对犯罪故意和犯罪过失的规定,可以得出间接故意和有认识的过于自信的过失的区分比较难,直接故意和疏忽大意的过失一般不难辨识的结论。当然,根据《刑法》第286条之一的规定,在认识因素上,由于网络技术的变动性与网络服务提供者的技术能力与认识水平不同,导致认识能力有差异,有认识与无认识的区分相比传统犯罪更难;同时,在意志因素上,由于认识能力的复杂化,也使网络服务提供者在判断希望、放任或是否有能力避免等方面变得更困难。这些共同决定本罪的主观罪过有其特殊性。

关于《刑法》第286条之一的主观罪过,应围绕"不履行+监管部门责令改正+拒不改正"这一行为逻辑线索展开,科学地判断认识能力和意志能力,进而综合确定主观罪过。概言之:(1)从法条语义看,网络服务提供者一开始"不履行",通常以"有相应的法定义务"为前提,也即以网络服务提供者基于行业标准等,明确知道或应当知道自己负有相应的法定义务为前提。这一般是有认识的行为。"不履行"无疑还间接传递"不希望履行与放任不履行"的意志因素。当然,同时也应将确实属于"无认识能力或认识可能性"的情形排除出去。(2)关于"监管部门责令改正"的规定,对于犯罪主体而言,首先是对"有认识"这个前提的一种强化,同时也是对其"事前可能无认识"这种情况的一种"官方补救",并成为这一构成要件要素发挥限制处罚

---

[1] 参见陆旭:"网络服务提供者的刑事责任及展开——兼评《刑法修正案(九)》的相关规定",载《法治研究》2015年第6期,第143页。

作用的主要体现。或者说，在大部分情况下，"监管部门责令改正"，是官方对"违法性"的再次公开通知，也可能是正式的告知，确保网络服务提供者明知或对法定作为义务有认识。在此基础上，"拒不改正"的，更明确表达犯罪主体的意志因素，也即希望不履行以及放任不履行。对于确实采取了改正行为、但改正效果不达标的，经查证属于能力问题的，应予以排除。

因此，从这两点看，本罪的主观罪过是故意（直接故意或间接故意），而不宜认定是过失。同时，立法者在起草和制定《刑法》第286条之一、第287条之一、第287条之二时，并未公开将网络不作为过失犯罪作为第286条之一的立法背景，相应的理论准备也并不充分。因此，从解释论上，将《刑法》第286条之一的主观罪过界定为网络过失犯或网络不作为过失犯，其实并不恰当，有越俎代庖之嫌。

3. 客观审视主观罪过区分此罪与彼罪的"逻辑意义"

关于《刑法》第286条之一的主观罪过问题，理论上有一种明显的倾向，即主张将第286条之一界定为过失犯罪，才有助于与第287条之二的故意犯罪相互区分，具体有两种相关的看法。（1）明知负有法定义务而拒不履行的，主观罪过可以表现为两种情形：一是明知自己未履行信息网络安全管理义务的行为会造成特定的严重后果，但由于积极追求或放任特定严重后果的发生，被监管部门责令改正后依然不履行信息网络安全管理义务，继续提供网络服务，造成严重后果的发生；二是明知自己未履行信息网络安全管理义务，但由于过于自信或疏忽大意，被监管部门责令改正后依然不履行信息网络安全管理义务，继续提供网络服务，造成特定的严重后果。第一种情形显然是故意，但第二种情形其实承认平台责任属于"过失责任"。如果将后罪视为一种"故意责任"，前罪在遵循扩张化解释思路后，将成为全面包含后罪的"一般罪名"，而二者的法定刑又完全相同，则后罪将不再具有独立价值。（2）采取"故意说"，不利于区分《刑法》第286条之一、第287条之二。一方面，网络服务提供者明知他人在利用其管理漏洞实施网络犯罪，而拒不履行整改命令，导致严重的后果，如果构成拒不履行信息网络安全管理义务罪，则与帮助信息网络犯罪活动罪出现功能重合，使第286条之一的设置成为立法过剩。另一方面，通常而言，专门从事网络服务的企业相比于行政监管机构具有显著的技术优势，监管机构的整改责令可能是相对落后的技术要求或者管理措施，企业在满足行政整改命令后，可能有更高程度的认知，本可以自觉履行，但可能出于技术自信或成本控制等，而未尽到监管责任，最终导致平台被犯罪分子利用发生严重后果。对此，拒不履行信息网络安全管理义务罪难有评价空间。[1]

对于上述看法，应当作出如下分析：（1）《刑法》第286条之一与第287条之一、第287条之二的罪质差异。通常认为，这三个罪名分别对应的本质内容是网络不作为、网络预备行为实行化、网络帮助行为正犯化。[2]据此，可以看出各自的危害行为逻辑构造存在很大差异，危害行为的表现方式也不尽相同。尽管有些重叠，但以犯罪构成要件要素为核心，结合案件事实可以作出区分。预先通过主观罪过的区分来实现三个罪名之间的"辨识效应"，颠倒了应先客观再主观的司法判断逻辑，毕竟首先呈现在司法人员面前的只能是客观事实。反而，首先更应回到立法原意来区分相近罪名。例如，在确立帮助信息网络犯罪活动罪之余，再规定拒不履行信息网络安全管理义务罪，是因为提供互联网接入等网络服务，通常属于不针对特定对象的或用于合法用途的正当业务行为，为了控制网络中立帮助行为的处罚范围，才有"经监管部门责令采取改正措施而拒不改正"这一犯罪成立的前置规定。[3]这至少说明二者的规制范围在立法上已有区分，区分的首要标准是网络危害行为的本质特征及其逻辑结构，而非主观罪过，区分目的是严密网络犯罪的刑事法网。（2）在构成要件要素上，《刑法》第286条之一是网络服务提供者明知有作为义务而拒不履行，《刑法》第287条之二则是明知正犯利用自己的网络技术支持或帮助行为实施犯罪而继续提供帮助。尽管都表现为故意，但二者的认识因素完全不同，后者特别强调对正犯利用技术帮助行为的明确认识，进而意志因素也有差异。为了区分《刑法》第286条之一与第287条之二，而主张第286条之一的主观罪过只能是过失或属于"过失+故意"，不仅缺乏明确的立法原意作为支撑，反而为第286条之一强加了网络不作为过失犯罪的"身份"；同时，也是对立法既定事实的一种"反叛"，进而意味着《刑法修正案（九）》增设三个纯正网络罪名存在"致命败笔"，但质疑立法者并未预先处理好第286条之一的罪过及其与第287条之二的区分问题的根据并不足。尽管主观罪过与危害行为的本质特征应当保持一致，但在立法既定的前

---

[1] 参见李本灿："拒不履行信息网络安全管理义务罪的两面性解读"，载《法学论坛》2017年第3期，第142页。

[2] 参见梁根林："传统犯罪网络化：归责障碍、刑法应对与教义限缩"，载《法学》2017年第2期，第7-8页。

[3] 参见陈洪兵："论拒不履行信息网络安全管理义务罪的适用空间"，载《政治与法律》2017年第12期，第40页。

提下,单方面通过主观罪过的区分,来实现相关罪名的界分,并非最好的区分方式。(3)《刑法》第 286 条之一的罪过是故意,并不会"人为"制造处罚漏洞。网络服务提供者的认识能力与意志能力本就有高低之别,是否应当承担相应的法定作为义务,应由具有可操作性的国家标准、行业标准或内部标准等综合确定,而非单纯或首先借助主观罪过来实现。反而,按照体系解释的立场,第 286 条之一与第 287 条之一、第 287 条之二具有相同的法定刑档次,如果前者是过失犯罪,则明显违背了罪责刑相适应原则及其在立法上的要求。

三、信息网络安全管理义务的本体解构

信息网络安全管理义务是犯罪对象,直接牵扯本罪所保护的法益。对其进行理解时,应着重解答义务的法定性、义务来源、义务本质及类型等基本问题。

(一) 罪质与义务的来源

《刑法》第 286 条之一是我国首例典型的网络不作为犯罪规定,继而,讨论该罪的作为义务来源就成为首要问题,对此应结合罪质作出必要的扩张认定。

1. 犯罪性质的界定

关于《刑法》第 286 条之一的犯罪性质,有观点认为,本罪是一个纯正不作为的义务犯,只能由不作为构成。[1] 另有观点认为,第 286 条之一是典型的义务犯。[2] 还有观点认为,本罪是典型的不作为犯罪。[3] 这些主张其实大同小异。《刑法》第 286 条之一是我国首个典型的网络不作为犯罪的立法先例,其立法的突破意义值得肯定。

理由为:(1) 根据规定,网络服务提供者不履行法定义务是罪状的一部分。对于"不履行",基于当然解释的立场,可以原则上推断网络服务提供者负有法定的网络安全管理义务。所谓"负有",作为刑法立法的语言,是指承担相应的刑法义务。而且,这些法定的刑法义务可以是禁止性规定或命令性规定,目前主要以命令性规定为主。(2) 监管部门责令改正而拒不改正是法定的构成要件要素,是危害行为的核心要素。即使负有法定义务而不履行,

---

[1] 参见谢望原:"论拒不履行信息网络安全管理义务罪",载《中国法学》2017 年第 2 期,第 241-243 页。

[2] 参见梁根林:"传统犯罪网络化:归责障碍、刑法应对与教义限缩",载《法学》2017 年第 2 期,第 7 页;周光权:"拒不履行信息网络安全管理义务罪的司法适用",载《人民检察》2018 年第 9 期,第 16 页。

[3] 参见苏青:"网络谣言的刑法规制:基于《刑法修正案(九)》的解读",载《当代法学》2017 年第 1 期,第 25 页。

收到责令改正的,如果已经改正且改正有效,或客观上无法改正的,无论是否造成危害结果,严格来说都不构成犯罪。基于此,拒不改正是本罪危害行为的又一实质内容。拒不改正,顾名思义,是在责令改正的前提下,"(故意地而不可能是过失地)应为而不为",完全是刑法意义上的"不作为"。因此,《刑法》第286条之一是典型的网络不作为犯罪。

2. 作为义务的来源

关于义务的来源,主要有以下看法。(1)禁止性义务或命令性义务。主要是禁止性规范和命令性规范,为网络服务提供者设置法定的义务。[1](2)双层作为义务体系。立法者为了避免过分增加网络服务提供者的网络安全管理的法律负担,特别规定与一般义务犯不同的标准,"经监管部门责令采取改正措施而拒不改正"正是第二层次的刑事义务。[2](3)行政不法与刑事不法的递进义务结构。本罪是典型的行政犯,以"违反相关法律、行政法规中的网络安全管理义务"为前提条件。行政不法是成立刑事不法的前提。"法定义务违反+监管机关责令改正"是追究刑事责任的前提,进而有条件地将网络平台固有的行政义务升格为刑事责任;同时,它作为入罪门槛,整体上权衡了互联网行业发展与网络平台责任之间的利益关系,形成了"行政规制在先、刑事规制在后"的递进义务格局。[3]

这些讨论有其合理性,并主要表现为两个层次:一是作为义务来源的形式分类,如禁止性义务与命令性义务的区分;二是作为义务来源的实质分类。也即对《刑法》第286条的义务来源作出实质区分,其主要思路是采取行政义务与刑法义务的递进式分析结构。考虑到第286条之一是典型的网络法定犯,网络法律法规所规定的义务是判断本罪的刑事违法性是否成立的重要前提,或者说,网络法律法规规定的义务是作为义务的主要来源。但是,并不意味着任何网络法律法规规定的义务,都全部可以直接转为刑法义务;也并不意味着法律法规尚未明文规定的,其他规范性文件或先行行为不能成为义务来源。这仍需要具体问题具体分析。

---

[1] 参见谢望原:"论拒不履行信息网络安全管理义务罪",载《中国法学》2017年第2期,第241-243页。

[2] 参见谢望原:"论拒不履行信息网络安全管理义务罪",载《中国法学》2017年第2期,第243页。

[3] 参见姜瀛:"'以网管网'背景下网络平台的刑法境遇",载《国家检察官学院学报》2017年第5期,第43-44页。

3. 作为义务来源的正确厘定

关于作为义务的来源，《刑法》第286条之一明确规定是"法律、行政法规规定的信息网络安全管理义务"。如此看来，义务的来源原则上仅限于"法律、行政法规"层面。但应当看到的是，网络技术不断发展，网络服务推陈出新，网络服务提供者法定的不作为义务来源也具有显著的发展性与变动性，应作出实质的判断。

首先，《刑法》第96条规定，本法所称违反国家规定，是指违反全国人民代表大会及其常务委员会制定的法律和决定，国务院制定的行政法规、规定的行政措施、发布的决定和命令。同时，《最高人民法院关于准确理解和适用刑法中"国家规定"的有关问题的通知》（法发〔2011〕155号）特别指出两点：一是"国务院规定的行政措施"应当由国务院决定，通常以行政法规或者国务院制发文件的形式加以规定。以国务院办公厅名义制发的文件，符合以下条件的，亦应视为刑法中的"国家规定"：有明确的法律依据或者同相关行政法规不相抵触；经国务院常务会议讨论通过或者经国务院批准；在国务院公报上公开发布。这其实通过实质解释适度扩大了"国家规定"的范围。二是各级人民法院在认定"违反国家规定"时，要依照相关法律、行政法规及司法解释的规定准确把握。对于规定不明确的，要按照本通知的要求审慎认定。对于违反地方性法规、部门规章的行为，不得认定为"违反国家规定"。对被告人的行为是否"违反国家规定"存在争议的，应当作为法律适用问题，逐级向最高人民法院请示。这其实对"明确性"设置了限制性规定，以防止认定的过度化。在此基础上，根据总则规定与司法解释的补充说明，可以明确"整体兼顾立法的变动性与犯罪的实质危害性"的解释立场。这对分则罪名的违法性判断具有相应的指导意义，对第286条之一亦是如此。

其次，认定本罪的作为义务来源时，应注意以下几点。（1）"法律"的理解。2015年修正的《立法法》第7条规定，全国人民代表大会和全国人民代表大会常务委员会行使国家立法权，前者负责制定和修改刑事、民事等基本法律，后者负责制定和修改除应当由全国人民代表大会制定的法律以外的其他法律。《网络安全法》作为网络基本法，所规定的作为义务，应当是主要与直接的作为义务来源。（2）"行政法规"的理解。《立法法》第65条第1款规定，国务院根据宪法和法律，制定行政法规。这是法定的作为义务来源。对于"行政规章"，《立法法》第80条规定，国务院各部、委员会、中国人民银行、审计署和具有行政管理职能的直属机构，可以制定规章。通常认为，"行政规章"是对"行政法规"的具体化规定，"行政规章"是对"行政法规"的合法、合理的进一步规定，虽然位阶不同，但只要是不冲突的，内容实质上是一致的，"行政规章"的内容亦可以作为本罪作为义务的来源。在网络立法中，该情况体现得尤为明显，因为在《网络安全法》通过后，大量具体的配套性网络立法相继展开，是对《网络安全法》的具体化，它们理应作为判断本罪义务来源的法律根据。（3）国家互联网信息办公室立法的定位。《国务院关于授权国家互联网信息办公室负责互联网信息内容管理工作的通知》（国发〔2014〕33号）规定：授权重新组建的国家互联网信息办公室负责全国互联网信息内容管理工作，并负责监督管理执法。这实际上公开授权国家互联网信息办公室这一特殊机构专属的行政立法权限，具有类似于"行政法规"的效力，而不应认定为"行政规章"；而且，从国家互联网信息办公室发布的规范性文件看，大体系对《网络安全法》或某一新兴领域的具体规定，应属于作为义务来源之一。但《立法法》在修改时并未出现网络安全监管问题，也未能预先作出明确规定或说明。因此，今后的刑法司法解释应明确国家互联网信息办公室的立法地位，尤其是作为本罪义务来源的合法性。当前，仍需上报最高人民法院作出明确的界定。（4）先行行为问题。从网络事物的迅猛发展这一特质看，一些法律法规没有明确规定的情况，也可能是义务的来源。例如，有观点认为，先行行为可以成为网络服务提供者作为义务的来源。[1]此举虽然可能扩大了《刑法》第286条之一的适用范围，却也是对我国网络安全立法起步晚、发展过快及其引发的义务范围具有易变性的一种理性回应。（5）刑法解释立场的取舍。有观点认为，《刑法》第286条之一明确规定是违反"法律、行政法规规定的信息网络安全管理义务"，严格按照罪刑法定原则，"信息网络安全管理义务"不能来自部门制定的规章等规范性文件。[2]这是形式意义上的当然解释的结论。诚然，信息网络安全义务的发展性变动性，不仅直接影响刑事立法的科学性和司法实务工作的开展，也往往在实践中基于打击犯罪的需要而倾向于采取扩大解释，进而容易导致实践中刑罚适用的扩大化。这种担心有其道理。但罪刑法定原则要求的明确性是相对的，而网络事物是迅猛发展的，在此客观情形下，必要的扩张解释是时代变迁的需要，并应审慎地启用。

---

[1] 参见葛立刚："网络服务商不作为刑事责任的边界"，载《西南政法大学学报》2016年第6期，第81页。

[2] 参见王文华："拒不履行信息网络安全管理义务罪适用分析"，载《人民检察》2016年第6期，第25页。

(二) 法定作为义务的主要类型

鉴于信息网络安全管理义务是发展和变动的，为了消除其对《刑法》第286条之一的认定所可能形成的负面影响，应当重视类型化分析，适时明确网络服务提供者的主要信息网络安全管理义务的类型，从而更好地解决司法认定问题。

1. 主要分歧

目前，有以下不同看法。(1) 事后被动的报告、删除义务。现代信息网络技术日新月异，网络安全义务时常更新。法律义务的变动不居，使网络服务提供者无所适从。"违法信息"的范围过宽，将使网络服务提供者背负过重的法律义务负担。网络服务提供者没有对网络内容进行主动审查、监控的义务，但应履行事后被动的报告、删除义务。[1] (2) 一般不负积极审查网络信息内容的义务，只负有"消极"发现违法信息并采取相关措施与报告等义务。审查信息内容是否违法主要依赖于"监管部门"，"监管部门"发现违法信息的，可以通知或"责令"网络服务提供者采取措施。[2] (3) 主动审查义务与配合义务。"经监管部门责令采取改正措施而拒不改正"作为构成要件要素，确认了网络中介服务者的"信息传播治理"义务的具体类型。这里的"改正措施"，即是指应负的作为义务，包括主动审查义务与配合义务。[3] (4) 多层次义务。包括一般性的注意义务、安全保障义务、知识产权保护义务、隐私或者个人信息保护义务、审慎作为义务等。[4]

这些看法都有一定的道理，其中，对网络内容是否负有事前审查义务的讨论尤为集中和激烈。之所以对作为义务的具体内容有争议，其原因在于：一是网络服务提供者作为主体是多样的；二是网络法律体系因立法而具有易变性。这使义务的内容与类型具有发展性与变动性。相应地，应根据我国网络法律体系的规定，结合网络服务提供者的主体情况，科学地确定作为义务的主要内容。

---

〔1〕 参见涂龙科："网络内容管理义务与网络服务提供者的刑事责任"，载《法学评论》2016年第3期，第66-68页。

〔2〕 参见苏青："网络谣言的刑法规制：基于《刑法修正案（九）》的解读"，载《当代法学》2017年第1期。

〔3〕 参见敬力嘉："论拒不履行网络安全管理义务罪——以网络中介服务者的刑事责任为中心展开"，载《政治与法律》2017年第1期，第25-26页。

〔4〕 参见彭玉勇："论网络服务提供者的权利和义务"，载《暨南学报（哲学社会科学版）》2014年第12期，第58-59页。

2. 作为义务的本质导入与澄清

尽管信息网络安全管理义务是信息网络 2.0 时代下的具体产物，但它并非一个封闭的概念，而是一个发展的网络现象。在界定时，应立足信息网络时代，回归到网络服务提供者的"管理"这一根本层面，确保解释结论的妥当性。

关于信息网络安全管理义务的实质内容，有以下看法。（1）信息传播安全治理义务。《刑法》第 286 条之一为网络中介服务者设定了"信息网络安全管理义务"，其核心是"信息传播治理"而非"内容管理"，充分体现了防控侵害信息权犯罪风险的目的。"信息传播治理义务"比"内容管理"的含义更广，对网络平台提供者和基础服务运营者而言，具体是指对网络信息传播中相关风险进行主动审查的义务与主动配合国家职能部门查处特定侵犯信息权犯罪的义务。[1]（2）信息网络安全管理义务与网络安全保护义务的区分。信息网络安全管理义务，是指网络服务提供者对网络用户呈现的其控制、管理的网络领域的信息，进行主动审查等义务，包括《刑法》第 286 条之一规定的 4 种审查报告等义务。网络安全保护义务特指保障网络空间的安全。二者区分为：义务来源不同，前者来源于刑法的规定，后者来源于网络安全法的规定；义务主体不同，前者是网络服务提供者，后者是网络运营者；义务内容不同，前者包括防止违法信息大量传播义务、防止用户信息泄露义务以及防止刑事案件证据灭失义务，后者包括网络安全责任、网络攻击防范技术措施、网络监测技术措施、网络加密技术措施；法律后果不同，前者情节严重，构成《刑法》第 286 条之一，后者一般情况下不会产生刑事责任。[2]

一方面，以上看法都非常重视探寻信息网络安全管理义务的本质，但将其框定在信息传播方面不妥。同时，严格区分信息网络安全管理义务与网络安全保障义务，不仅缺乏必要性，实践中更是难以操作。因为信息网络是网络 2.0 时代的关键词，当前的网络安全主要是指信息网络安全，而且，信息网络管理义务是发展的，与网络安全保障义务实质上是相同的。另一方面，对于网络服务提供者而言，事后管理相对简易且便于监管部门的监管，但不能单凭这点就排除事前与事中审查义务的可能性与必要性，应整体地、动态地、连贯地设定作为义务。

---

[1] 参见敬力嘉："论拒不履行网络安全管理义务罪——以网络中介服务者的刑事责任为中心展开"，载《政治与法律》2017 年第 1 期，第 67 页。

[2] 参见李永升、袁汉兴："信息网络安全管理义务及其正当化根据"，载《现代传播》2017 年第 7 期，第 131-132 页。

进言之，仍需要回到网络法律体系的基本层面，以《网络安全法》为原点，结合本罪的罪质进行界定。(1) 一般性、概括性、综合性以及整体性的义务内容。例如，《网络安全法》第10条规定，建设、运营网络或者通过网络提供服务，应当依照法律、行政法规的规定和国家标准的强制性要求，采取技术措施和其他必要措施，保障网络安全、稳定运行，有效应对网络安全事件，防范网络违法犯罪活动，维护网络数据的完整性、保密性和可用性。这其实为网络服务提供者设定了一般性的网络安全管理义务，其内容具有一定的开放性、发展性。(2) 事前审查、事中管理、事后管理义务。一是事前审查等义务。例如，《网络安全法》第21条规定，国家实行网络安全等级保护制度。网络运营者应当按照网络安全等级保护制度的要求，履行下列安全保护义务：制定内部安全管理制度和操作规程，确定网络安全负责人，落实网络安全保护责任；采取防范计算机病毒和网络攻击、网络侵入等危害网络安全行为的技术措施；采取监测、记录网络运行状态、网络安全事件的技术措施，并按照规定留存相关的网络日志不少于6个月；采取数据分类、重要数据备份和加密等措施。这其实规定了事前、事中的管理义务。二是事中、事后义务。例如，《网络安全法》第47条规定，网络运营者应当加强对其用户发布的信息的管理，发现法律、行政法规禁止发布或者传输的信息的，应当立即停止传输该信息，采取消除等处置措施，防止信息扩散，保存有关记录，并向有关主管部门报告；第48条第2款规定，电子信息发送服务提供者和应用软件下载服务提供者，应当履行安全管理义务，知道其用户有前款规定行为的，应当停止提供服务，采取消除等处置措施，保存有关记录，并向有关主管部门报告。这其实既设定了事前的审查义务，也规定了事后的删除义务等，是以事后的网络安全管理义务为主，但也强调必要的事前与事中管理义务。再如，《网络安全法》第28条规定，网络运营者应当为公安机关、国家安全机关依法维护国家安全和侦查犯罪的活动提供技术支持和协助。这其实属于事后协助管理义务。总之，网络服务提供者的义务内容具有整体性和连贯性，不应只强调事后义务而忽视事前义务，完全排除事前审查等义务的存在更不合理。(3) 考虑到网络技术的发展与网络管理的技术难处，为了避免设置过高的义务要求并增加不合理的风险分担，事前义务应当比事后义务更轻或更少，事后管理义务往往才是主要的，毕竟它客观存在，且便于监管部门提出改正措施以及网络服务提供者及时作出改正。此外，在以国家的法定义务为主要标准时，也应当将行业标准作为考察的要素之一。

四、经监管部门责令采取改正措施而拒不改正的认定

对于网络服务提供者的刑事责任问题,美国采取了"明知+通知+不予改正"的归责规则。网络服务提供者首先应当知道有犯罪行为的存在,经权利人或有关部门告知,仍不加以改正的,才可以认定涉嫌构成犯罪。[1]《刑法》第 286 条之一规定"经监管部门责令采取改正措施而拒不改正",这被认为是客观处罚条件,网络服务提供者不履行相关的安全管理义务,则已经具有违法性,经监管部门责令采取改正措施而拒不改正使这种违法状态继续,并构成犯罪。诚然,"经监管部门责令采取改正措施而拒不改正"作为构成要件有其必要性,可以合理限制犯罪圈。不过,在实践中如何具体认定,仍存在不少问题,亟待明确的解答。

(一)监管部门的理解

关于监管部门的范围,实践中存在不少分歧。这主要是因为网络法律体系正处于迅猛发展和剧烈变革期,网络安全监管体制的改革也处于新旧交替期。因而,在确定监管部门问题时,需要很好地平衡稳定与变动之间的这种动态关系。

1. 主要争议

对于"监管部门"的理解,主要有以下看法。(1)目的限缩解释。立法目的主要是保护信息网络安全,司法机关应对"经监管部门责令"中的"监管部门"进行目的限缩解释,通过列举的方式限定为"网络安全监管部门",并明确本条所指的法律、行政法规仅限于针对国家安全、社会秩序的相关规定。[2](2)应当限于县级以上的监管部门。为了规范责令改正行为,兼顾信息网络安全规制的现实需要,宜限制责令改正的主体级别,至少应限于县级以上的监管部门。[3]

这些看法有其道理,既认识到"监管部门"作为客观要件要素应发挥限制处罚的作用,也看到发展中的网络监管体制的特殊性。应回到规范刑法学

---

[1] 参见涂龙科:"网络服务提供者的刑事责任模式及其关系辨析",载《政治与法律》2016 年第 4 期,第 110 页;孙禹:"论网络服务提供者的合规规则——以德国《网络执行法》为借鉴",载《政治与法律》2018 年第 11 期,第 45 页。

[2] 参见王文华:"拒不履行信息网络安全管理义务罪适用分析",载《人民检察》2016 年第 6 期,第 25 页。

[3] 参见喻海松:"网络犯罪的立法扩张与司法适用",载《法律适用》2016 年第 9 期,第 5 页。

的立场，结合网络法律体系的基本规定与《刑法》第286条之一的立法原意、罪质，综合作出分析。

2. 监管部门的法定化意义

监管部门是责令改正的法定有权主体，不仅决定责令改正的合法性与强制性，也决定改正措施的比例性与合理性。因此，网络安全监管部门的主体范围应当具有法定性和明确性，否则，将直接导致对"拒不改正"的认定是否有效与正当的问题。

客观而言，在实践中，网络安全监管体制正在改革和完善阶段，监管部门的监管经常越界，处罚标准不明确，处罚依据不充分，禁止网络服务提供者开展正常业务的指令过多，如一律执行，则无法开展相关服务工作，不符合现代社会信息量大、传输快的特点与需求，罪名设置也会阻碍网络科学技术的发展。因此，监管部门只能在其法定职权的范围内，针对法定的监管内容，向网络服务提供者提出采取改正措施的要求。监管部门责令网络服务提供者采取改正措施时，必须以明确的法律规定为依据。执法的依据应当是法定和明确的，而不能是概括性或完全抽象的。网络安全管理部门内部性或非公开地针对网络服务提供者在网络安全方面存在的问题，提出改正要求，不属于"经监管部门责令改正"。

3. 基本理解

《网络安全法》第8条规定，国家网信部门负责统筹协调网络安全工作和相关监督管理工作。国务院电信主管部门、公安部门和其他有关机关依照本法和有关法律、行政法规的规定，在各自职责范围内负责网络安全保护和监督管理工作。县级以上地方人民政府有关部门的网络安全保护和监督管理职责，按照国家有关规定确定。该规定为理解《刑法》第286条之一的"监管部门"首先提供了直接依据。

对于"国家网信部门"的理解，2011年5月，国务院设立国家互联网信息办公室。《国务院关于授权国家互联网信息办公室负责互联网信息内容管理工作的通知》（国发〔2014〕33号）指出，授权重新组建的国家互联网信息办公室负责全国互联网信息内容管理工作，并负责监督管理执法。2014年2月，中央网络安全和信息化领导小组成立。同时，中央网络安全和信息化领导小组办事机构即中央网络安全和信息化领导小组办公室，由国家互联网信息办公室承担具体职责。2018年，中央网络安全和信息化领导小组改为"中国共产党中央网络安全和信息化委员会"，是中共中央直属议事协调机构，办事机构是"中央网络安全和信息化委员会办公室"。这就意味着这里的"国家网信部门",其实已经变成新的"中国共产党中央网络安全和信息化委员会（办公室）",而它的具体职能机构仍由国家互联网信息办公室实质承担,二者属于"两块牌子、一套人马"。

对于"国务院电信主管部门、公安部门和其他有关机关",应根据实际情况作出解释,特别是涉及县级以上行政区域的,更应根据网络法律法规规章等规范性文件的规定,作出同步的解释和认定,尤其对"其他有关机关"这一兜底规定应持适度扩张解释立场。例如,《公开募捐平台服务管理办法》（2016年）涉及民政部、工业和信息化部、国家新闻出版广电总局、国家互联网信息办公室;《网络借贷信息中介机构业务活动管理暂行办法》（2016年）涉及中国银行业监督管理委员会、工业和信息化部、公安部、国家互联网信息办公室;《互联网危险物品信息发布管理规定》（2015年）涉及公安部、国家互联网信息办公室、工业和信息化部、环境保护部、国家工商行政管理总局、国家安全生产监督管理总局。

（二）责令改正措施的认定

监管部门责令改正之于拒不改正,是一个前提条件;舍此,拒不改正与情节严重无从谈起。但是,对责令的内容与形式等问题,仍需进一步予以明确。

1. 责令的性质与内容

根据1996年《行政处罚法》第8条的规定,责令改正并非一种法定的行政处罚方式。根据2011年《中华人民共和国行政强制法》第9条的规定,责令改正也并非法定的行政强制措施。同时,尽管《网络安全法》并未单独设置"责令改正"这一法定的网络管理制度,但在不同方面均有所涉及。例如,《网络安全法》第22条规定,网络产品、服务的提供者发现其网络产品、服务存在安全缺陷、漏洞等风险时,应立即采取补救措施。第50条规定,国家网信部门和有关部门发现法律、行政法规禁止发布或者传输的信息的,应要求网络运营者停止传输,采取消除等处置措施。第55条规定,发生网络安全事件,应要求网络运营者采取技术措施和其他必要措施。第56条规定,省级以上人民政府有关部门发现网络存在较大安全风险或者发生安全事件的,网络运营者应当按照要求采取措施,进行整改,消除隐患。此外,网络法律体系的其他规定亦循此道。例如,《互联网新闻信息服务管理规定》（2017年,国家互联网信息办公室）第23条规定,互联网新闻信息服务提供者运行过程中不再符合许可条件的,由原许可机关责令限期改正;逾期仍不符合许可条件的,暂停新闻信息更新。这些规定均表明网络安全监管部门可以依法要求责令改正。

因此,可以认为,"监管部门责令采取改正措施"并非法定的行政处罚或行政强制措施，而是一种具体的行政管理的行为，其实质是要求行政相对人依法履行相应的行政命令。[1]这种"责令"，对外宣示了网络服务提供者的行为可能违反国家规定，也是国家监管部门的"告知"方式，从而在网络服务提供者与监管者之间建立梯度关系。监管部门在作出这种行政命令时，应当查明事实，列明相应的法律依据，遵循合理合法的处置与送达程序，并载明拒不执行的法律后果。

同时，关于责令改正措施的内容，应当把握两点。（1）与网络服务提供者的网络管理义务范围直接相关，或者改正内容具有直接针对性。责令改正的内容原则上应当具体明确，通常应当限于已经发生的危害行为。在实践中，不宜作出诸如"下次不得再出现违法信息""一经出现违法信息马上删除"等抽象性的责令改正要求。这不仅使网络服务提供者无从着手，也使"拒不改正"的判断缺乏公正的依据。但是，并不意味着责令改正的具体措施不能涉及防范未来可能发生的危害行为。（2）"改正措施"作为责令的核心内容与有形载体，它的内容还应当合理合法、正当可行，才能对"拒不改正"追究刑事责任。有观点认为，只要责令改正通知符合法律形式的要求，即便行为人对实质合法性持怀疑态度而拒不改正，造成严重后果的，应当成立拒不履行信息网络安全管理义务罪。[2]这种看法不妥。司法实践中需要对"责令改正"的内容作实质性判断，不能只作形式性判断。如果认为只要监管部门对网络服务提供者下发有关采取改正措施的"责令"，而后者拒不改正导致严重后果的，就可以追究刑事责任，未免过于严苛，甚至违法。

2. 责令的形式

责令作为一种网络行政管理行为，应限于正式的书面责令，而且应当以监管部门的名义责令，监管部门的个人责令等非正式方式，都不在其内。因为它无法确立法定意义上的合法网络行政管理（监管）关系，也无法确保改正措施的合法性、合理性，当然也不能作为判断"拒不改正"的前提依据。而且，由于责令改正涉及刑事责任的追究，宜将责令形式限于法律文书形式。因为这可以作为是否收到通知与是否拒不改正的证据，成为具体案件中的质证对象与庭审内容。

---

[1] 参见赖早兴：《论拒不履行信息网络安全管理义务罪中的'经监管部门责令改正'》，载《法学杂志》2017年第10期，第52-53页。

[2] 参见陈洪兵：《论拒不履行信息网络安全管理义务罪的适用空间》，载《政治与法律》2017年第12期，第42页。

"责令"不包括"口头"责令。如果不采用书面形式，监管部门可以通过电话、口头通知发布"责令"，这些非正式的通知或"责令"，可能使网络服务提供者难以适从，也增加入罪的不确定性。因此，责令改正的通知应当采取书面的形式，不能以口头的方式将内容告知网络服务提供者。否则，责令改正的内容可能不够明确或具体，网络服务提供者的改正成本与有效性进而也可能受到不公的影响。

（三）拒不改正的准确识别

在修改过程中，有观点认为，"经监管部门通知采取改正措施而拒绝执行"，应修改为"经监管部门通知采取改正措施而未及时改正"或"拒绝接受"。[1]这充分说明"拒不改正"的重要性与理解上的争议性，既涉及前端的作为义务及其作为能力问题，也涉及末端的改正能力与效果情况，在实践中的认定问题也不少。

1. 主要分歧

对于拒不改正的理解，主要有两点。（1）是指网络服务提供者在收到监管部门的正式改正通知后，能够改正而不改正。[2]（2）具有双重性，既包含"不采取改正措施"行为要素，如消极对待、敷衍了事等；也包含"采取改正措施而未能达到预期目的"的结果要素，如可以改正而不改正、客观上无法改正等。[3]

上述看法均有其可取之处，也表明对改正能力的判断很重要。对此，应当明确以下几点。（1）在认定拒不改正时，应注意对行为人的主观方面，特别是对行为人主观恶性的判断。例如，行为人对"责令改正"的内容是否明了、改正的可能性与难度、拒不改正的次数等。如果监管部门只提出改正目标而无具体改正措施，或当前技术无法实现改正目标，就缺乏期待可能性，并非拒不改正。因此，拒不改正，既表现为完全不执行，也包括表面应付，实际上不执行，但不要与执行不能、执行迟缓、执行困难等混淆。（2）如果内容比较明确、具体，执行难度不大，处在行为人有能力执行的范围内，行为人故意逃避要求、故意拖延和简单应付的，应当认定为拒不执行改正措施；

---

[1] 参见《十二届全国人大常委会第十一次会议审议〈刑法修正案（九）（草案）〉的意见》（法工办字〔2014〕39号，2014年12月15日）。

[2] 参见张明楷：《刑法学》，法律出版社2016年版，第1049页。

[3] 参见王文华："拒不履行信息网络安全管理义务罪适用分析"，载《人民检察》2016年第6期，第26页。

如果超出行为人的管理能力或改正的工作量明显过重、时间过程过长，现有管理能力不足以完全改正，即使发生法定的后果，一般也不是恶意的拒不改正。(3) 认定"改正"的有效性与"拒不改正"，应坚持主客观相统一原则，不能只考察客观的危害效果，还要结合主观心态以及为改正所作出的努力，考虑改正能力，通过综合判断避免"客观归罪"。(4) 在监管部门责令的改正措施发生冲突的场合，属于义务冲突，只要有效履行上级或任一平级监管部门的改正措施即可。(5) 监管部门下发责令改正通知，旨在公开要求网络服务提供者采取积极措施履行信息网络安全义务，防止危害发生或继续发生。即使网络服务提供者申请行政复议或行政诉讼，也不能停止执行监管部门责令改正通知，网络服务提供者不得以此为由，拒绝采取相应的改正措施。[1]

2. 改正能力的判断

不应强求网络中介服务者对网络社会中大量的信息内容承担主动审查的义务。这是"情绪化"的刑事立法。不仅制造巨大的人力、金钱与时间负担，也可能扼杀互联网产业的创新与发展。[2]诚然，新型网络行业发展与网络服务瞬息万变，网络传输的信息量大，网络信息传输稍纵即逝。实践中完全可能出现一些令人意想不到的复杂情形。例如，网络服务提供者不履行法律、行政法规规定的信息网络安全管理义务，监管部门通知采取改正措施，接到指令后，确实采取了一定措施，但用户信息仍然大量泄露。网络服务提供者主张已经按照监管部门的通知进行整改，但究竟是认真改正还是"阳奉阴违"，司法机关的证明难度可想而知，甚至使刑法规定无法适用，立法目的难以实现。[3]因此，网络服务提供者必须有能力履行管理义务、执行监管部门责令的改正措施，否则，是不合理的刑法义务和要求。这就涉及网络服务提供者的改正能力或管理能力及其认定问题。

首先，管理（改正）能力不同于服务能力。管理能力所需要考虑的条件远高于服务能力，如一般的行业能力水平、投入的管理成本与正常生产经营活动等。在判断管理能力时，既要考虑技术上阻止的可能性，也要考虑改正是否在合理范围内而非过分的要求。在标准上，应首先考虑行业的一般能力

---

[1] 参见赖早兴："论拒不履行信息网络安全管理义务罪中的'经监管部门责令改正'"，载《法学杂志》2017 年第 10 期，第 54 页。

[2] 参见刘宪权："刑事立法应力戒情绪——以《刑法修正案（九）》为视角"，载《法学评论》2016 年第 1 期，第 91 页。

[3] 参见周光权："《刑法修正案（九）》（草案）的若干争议问题"，载《法学杂志》2015 年第 5 期，第 80 页。

与水平,同时也要考虑特定义务主体的能力与水平,[1]也即以多数网络服务提供者履行义务能力的一般水平为基础,具体考察特定主体实际履行义务的可能性和承受能力。

其次,《刑法修正案(九)》专门增设的拒不履行信息网络安全管理义务罪,是针对网络服务提供者的义务犯,是中立帮助行为的犯罪化。[2]据此可知,《刑法》第286条之一的立法基础正是对"避风港原则"与"红旗原则"这种博弈关系的一种立法反映。[3]因此,本罪的适用涉及网络中立行为的排除问题,应充分考虑网络技术发展的特性并排除一些不具有可期待性的情形。在实践中,应注意以下两个方面。(1)信息网络服务安全的复杂性和高风险性,为使网络服务提供者不承担过重且不合理的安全管理责任,以激发从事信息网络服务的积极性,基于不作为犯罪的基本原理,对于网络服务提供者履行法律、行政法规规定的信息网络安全管理义务,或虽未履行有关安全管理义务但根据监管部门的责令采取改正措施,仍然出现违法信息大量传播、用户信息泄露或者刑事案件证据灭失等情形的,均不构成犯罪。(2)网络服务提供者咨询有关监管部门或专业人士后,确信有关信息内容并不违法,拒绝接受监管部门的改正意见,即便与改正通知发生冲突,也属于违法性认识错误的范畴,而违法性认识错误至少可以排除行为人的故意责任。

3. "经责令而拒不改正"构成要素的存废论

在判断拒不改正时,不能完全唯结果论,而应综合考虑改正措施的合理性、改正能力、改正行为等内容,并同时排除技术中立下的"无能为力"的情形。

有观点认为,"经责令而拒不改正"作为构成要件,确立了监管部门的整改命令与执行改正是两个重要的行动组合,客观上起到了限制处罚的作用,实践中应对其进行关联判断。但是,这种立法原意也可能架空网络服务提供者更高的风险认知能力或纵容过度的风险认知问题,因而甚至可能出现作茧自缚的刑事处罚效应,为了防止出现规制的漏洞,建议取消该要件。[4]这种

---

〔1〕 参见皮勇:"论网络服务提供者的管理义务及刑事责任",载《法商研究》2017年第5期,第24-25页。

〔2〕 但也有持否定观点者。周光权:"拒不履行信息网络安全管理义务罪的司法适用",载《人民检察》2018年第9期,第19页。

〔3〕 参见赵秉志、袁彬:《刑法最新立法争议问题研究》,江苏人民出版社2016年版,第72-73页。

〔4〕 参见李本灿:"拒不履行信息网络安全管理义务罪的两面性解读",载《法学论坛》2017年第3期,第142页、第144页。

担心有其道理。但是，应当看到的是，网络服务提供者处于技术革新的风口浪尖，对风险的感知往往明显高于监管机构，在监管机构尚未形成认知的情况下，网络服务提供者无论是否改正，均不在刑法评价范围内；对于监管机构并未及时发现和提出整改措施的情况，网络服务提供者是否改正，也不在刑法的评价范围内；对于因工作失误、徇私枉法等而根本没有作出整改命令的，即便网络服务提供者怠于改正，刑法也不能介入。

鉴于互联网的虚拟性、网络管理的非可视性、网络管理对象的可控制性低等因素，网络监管部门以及司法机关在判断"拒不改正"时，需要面对"技术作为裁量因素"问题，而司法操作的不确定性，可能搁浅《刑法》第286条之一的适用。因此，在判断"拒不改正"时，应当重视技术上的可能性与合理性，实质地判定改正效果的相当性。但是，也不宜任由"技术可能性"变成"技术纵容"，防止其成为缺乏改正能力的"借口"。因此，既要准确判断是否具有改正能力；也要将一些缺乏具有技术中立性的网络不作为行为予以排除，确保入罪的正当性。其中，网络服务提供者是否建立起有效的合规制度与风险治理措施是目前比较主要的判断要素。如果网络服务提供者在现有的国家标准、行业标准以及企业自身能力条件的情况下，建立了有效的（刑事）合规制度，并配置相应的风险治理措施，如接收、审查、处理投诉或设立了智能化的内部筛选机制、全程的流动性审查等，则不能认为是"拒不改正"，而应根据其改正能力进行综合判断。此外，如果存在明显的法定义务冲突，则因缺乏改正的可能性，也应予以排除。

4. 是否存在未遂形态

"责令采取改正措施"是限制处罚条件，监管部门发出"责令改正"通知，而行为人仍然拒不改正的，就已经成立犯罪（既遂）。[1]其理由为：从"经监管部门责令采取改正措施而拒不改正"的规定看，行为人对行为的性质已有明确认识，同时也是行为人"直接开始实施构成要件行为"的开始时间。而且，虽然在监管部门提出"责令改正"的通知与网络服务提供者改正之间可能存在一个时间差，但这种责令限期改正所形成的缓冲期，仍然只是犯罪成立后继续发展的一个过渡时间。只有超出这一期间，行为人仍然拒不改正，才能成立犯罪。如果行为人在此期间已经改正，则不能成立犯罪。据此，本罪根本没有成立犯罪未遂的可能。

---

〔1〕 参见谢望原："论拒不履行信息网络安全管理义务罪"，载《中国法学》2017年第2期，第253页。

但是，从《刑法》第286条之一的规定看，本罪是情节犯或结果犯，理论上存在犯罪未遂的可能性。对于网络服务提供者拒不履行的，如果没有达到情节严重的程度，虽符合《刑法》第286条之一的犯罪构成，或者说虽然已经实施了实行行为且实行完毕的，但由于未达到相应的追诉标准，可能导致刑事责任虽然存在但未达到需要依法作出刑罚处罚的"量"。而这其实是未达到犯罪既遂的未遂形态。至于未遂形态是否处罚及如何处罚，则是另一问题。当其与其他犯罪出现竞合时，也可能被其他罪名吸收。但这些并不能用于否定《刑法》第286条之一存在未遂形态。

五、情节严重的具体认定

本罪是情节犯或结果犯。在司法解释缺位之际，"情节严重"的认定是难点，应立足网络犯罪的特征作出有利于定罪量刑的综合判断，[1]审慎地明确追诉标准。

（一）致使违法信息大量传播

对于"违法信息"的实质，首先需要明确的是，"违法"是否仅限于违反《治安管理处罚法》《网络安全法》及其他网络法律法规规章等规范性文件，还是同时也包括违反《刑法》的相关规定。对此，应当认为，"违法"是广义的，不限于行政违法层面，也可以是刑事违法层面。但是，如果违反《刑法》的具体规定，出现了竞合情形的，根据《刑法》第286条第3款的规定，应从重处罚。例如，如果是发布虚假信息、虚假恐怖信息或违法犯罪信息的，则可能涉嫌构成编造、故意传播虚假恐怖信息罪，编造、故意传播虚假信息罪，非法利用信息网络罪等。

同时，对于"违法信息"的范围，《网络安全法》确定了两种思路。(1) 抽象规定模式。《网络安全法》第6条规定，国家倡导诚实守信、健康文明的网络行为，推动传播社会主义核心价值观，采取措施提高全社会的网络安全意识和水平。这是典型的抽象性规定，该做法也得到其他网络法律法规规章的效仿。例如，《互联网直播服务管理规定》（2016年，国家互联网信息办公室）第3条规定，提供互联网直播服务，应当遵守法律法规，大力弘扬社会主义核心价值观，培育积极健康、向上向善的网络文化，维护国家利益和公共利益，为广大网民特别是青少年成长营造风清气正的网络空间。抽象

---

[1] 参见米铁男："网络犯罪的形式评价问题研究"，载《东方法学》2017年第5期，第68页。

模式预留了必要的灵活性，为扩张解释提供了可能。但并不等于必然会过度限制网络言论自由，也不能仅仅根据这一担忧而主张限制解释"违法信息"的存在范围，[1]这反而不利于与最新的网络立法保持同步更新。（2）具体规定模式。《网络安全法》第12条明文禁止传播暴力、淫秽色情信息，编造、传播虚假信息扰乱经济秩序和社会秩序。第46条规定，任何个人和组织应当对其使用网络的行为负责，不得设立用于实施诈骗，传授犯罪方法，制作或者销售违禁物品、管制物品等违法犯罪活动的网站、通讯群组，不得利用网络发布涉及实施诈骗，制作或者销售违禁物品、管制物品以及其他违法犯罪活动的信息。这具体地规定了违法信息的类型，显然是最直接的判断依据。该做法也得到其他网络法律法规规章的效仿。例如，《互联网新闻信息服务管理规定》（2017年，国家互联网信息办公室）第16条规定，互联网新闻信息服务提供者和用户不得制作、复制、发布、传播法律、行政法规禁止的信息内容。因此，对于该项规定的"违法信息"之理解，也应采取"概况+具体"的综合判断模式：一是对于有明确规定的，则直接从形式上予以匹配，并同时对内容是否违法作出实质判断；二是对于没有明确规定的情形，则结合信息的内容、载体形式、传播对象等，对信息的"违法性"做实质性判断。例如，对于"违法信息"，可以从信息内容和发布信息的目的两个角度加以判断。含有法律、行政法规禁止的内容的信息，以及为了实施违法犯罪活动而发布已经被监管部门责令处置的信息，都属于"违法信息"。

在此基础上，根据本款的规定，"致使违法信息大量传播"，意味着拒不履行是前因，相应的"后果"需要达到"大量传播"的程度。所谓"大量传播"，可以表现为同一信息的大量传播，也可以是不同信息的大量传播，而且不同的信息传播的数量可以累积相加计算。从信息传播的行为逻辑看，信息传播面、信息接收量以及信息的转发数、点击数、阅读数等都是基础的定量要素。对于"大量"的具体数量，可以参考编造、故意传播虚假恐怖信息罪的规定进行确定。但主张"大量传播"是指被一般3人以上的不特定或多数人所知悉是不可取的，[2]因为它将评价因素简化为人数，即3人，在实践中容易降低标准和扩大处罚范围。

---

[1] 参见陈洪兵："论拒不履行信息网络安全管理义务罪的适用空间"，载《政治与法律》2017年第12期，第43页。

[2] 参见李世阳："拒不履行网络安全管理义务罪的适用困境与解释出路"，载《当代法学》2018年第5期，第74页。

此外，危害结果的形成时间也至关重要。有观点认为，在合理改正期限之前已经形成的危害事实，不能作为本罪的定罪情节。[1]这种观点看似有理，但可操作性不高，毕竟危害的举动是相互联系的，很难在个案中实现精准的"因果切断"与"结果归属的分割"，特别是在网络时代的犯罪中更难。而且，从《刑法》第286条之一的行为构造看，"不履行""责令改正"与"拒不改正"是不可分割的因果性整体，其所共同引发的危害结果是相互勾连在一起的，不宜作出分割式理解。

(二) 致使用户信息泄露，造成严重后果

从该款的规定看，需要解决两个基本问题。(1) "用户信息"是关键词。有观点认为，"用户信息"是指用户在接受信息网络服务中被采集、存储、传输的信息，主要包括网络公民个人信息、账号、密码、数字证书等，用于确认用户操作权限的身份认证信息、交易记录、上网轨迹、通信记录、浏览记录、位置记录等网络行为信息以及通信内容。它与"公民个人信息"存在交叉竞合，但不能等同。[2]关于用户信息与个人信息的关系之判断，仍应回到规范刑法学立场。《网络安全法》第四章"网络信息安全"系统地规定了"用户信息"问题。其中，第40条规定，网络运营者应当对其收集的用户信息严格保密，并建立健全用户信息保护制度。但是，第四章的第41条至第45条作为具体的规定，又使用了"个人信息"等表述。同时，《民法典》第111条规定了自然人的个人信息应受法律保护，而第127条规定了对数据的保护，似乎区分了个人信息与数据的关系。对此，应当认为，"用户信息"与"个人信息"原则上是一种交叉关系，而且大部分是重合的关系。"用户信息"主要是从网络运营者或网络服务提供者提供网络服务角度作出的界定，"用户"是网络服务的对象，体现了"用户信息"与提供网络服务紧密联系的商业特性；而"个人信息"是从网络使用者或网民的角度作出的界定，体现了公民作为用户的主体性，对信息内容的专属性、控制力及权利属性。鉴于此，不宜过度区分"用户信息"与"个人信息"的实质差异，但凡涉及公民信息安全的数据或信息等内容，都可以是本款所指的对象。(2) "致使"作为因果关系的特定表述，明确了用户信息泄露与网络服务提供者拒不履行、拒不改正之间存在因果联系，应当是可以事后查证的，且以直接因果关系为主。同时，

---

[1] 参见张明楷：《刑法学》，法律出版社2016年版，第1050页。

[2] 参见喻海松："网络犯罪的立法扩张与司法适用"，载《法律适用》2016年第9期，第6页。

"致使用户信息泄露"的,需要达到"造成严重后果"的程度。目前,可以根据用户信息的类型及其重要程度、泄露后可能造成的危害程度等网络定罪因素,从信息的性质及数量、涉及用户数量、损失数额等网络定量基准,进行具体的判断。

与此同时,有观点认为,删除有关信息,往往是网络服务提供者防止违法信息大量传播的有效方法,但事后又有可能"致使刑事犯罪证据灭失,严重妨害司法机关依法追究犯罪",导致网络企业无所适从,甚至陷入"旋转门"的困境。[1]这其实是过度担忧。例如,《网络安全法》第 21 条规定,网络运营者应当按照网络安全等级保护制度的要求,履行安全保护义务,保障网络免受干扰、破坏或者未经授权的访问,防止网络数据泄露或者被窃取、篡改。因此,对于网络服务提供者而言,应对其所提供的网络服务,预先配置相当的技术基础,在提供网络信息传播服务过程,应当有能力对"网络内容"采取不低于国家标准或行业标准,甚至更高的内部标准,根据需要采取实质的事前审查、事中监督、事后删除等义务。确有证据查明,属于无法事前发现或无法事后改正的,则依法予以排除。

此外,根据《网络安全法》第 41 条、第 42 条的规定,网络运营者收集、使用个人信息,应当公开收集与使用规则,明示收集、使用信息的目的、方式和范围,并经被收集者同意。未经被收集者同意,不得向他人提供个人信息,但经过处理无法识别特定个人且不能复原的除外。因此,在信息运营坚持合法性原则的前提下,如果权利人同意发布与获取信息,则不存在是否"泄露"的问题;同时,基于信息技术的限制,无法识别或不能复原的用户信息,也不存在"泄露"问题。

(三) 致使刑事案件证据灭失,情节严重

从这款的规定看,需要解决三个基本问题。(1) 刑事案件证据是关键词。从诉讼阶段看,应当是指从刑事立案起,与案件有关的证据材料都在其列,包括有罪的证据材料,也包括无罪的证据材料,以及有关社会危害性、人身危险性或社会危险性等案件材料。同时,从内容上看,《刑事诉讼法》(2018 年修正)第 50 条规定,可以用于证明案件事实的材料,都是证据。证据包括物证,书证,证人证言,被害人陈述,犯罪嫌疑人、被告人供述和辩解,鉴定意见,勘验、检查、辨认、侦查实验等笔录,视听资料、电子数据。对于

---

[1] 参见周光权:"《刑法修正案(九)(草案)》的若干争议问题",载《法学杂志》2015 年第 5 期,第 80 页。

电子数据,根据最高人民法院、最高人民检察院、公安部 2019 年印发的《关于办理刑事案件收集提取和审查判断电子数据若干问题的规定》(法发〔2016〕22 号)第 1 条以及《公安机关办理刑事案件电子数据取证规则》的规定,电子数据是案件发生过程中形成的,以数字化形式存储、处理、传输的,能够证明案件事实的数据。这些规定为本款的"刑事案件证据"的具体认定提供了完整的依据。(2)"致使灭失"是网络服务提供者拒不履行和拒不改正所导致的结果,原则上仅限于直接因果关系的情形,对于有第三方因素介入的,则应具体判断,避免打击面过大。所谓"灭失",应当根据不同的证据形式具体理解。对于物证和书证而言,物理损毁就是"灭失";对于电子数据而言,信息或数据被删除等就是"灭失"。而且,"灭失"通常应当限于永久性而非临时性,要达到不可恢复的严重程度;如果使其变成非法证据了,根据非法证据排除规定可以补正或补强的,可以不视为是"灭失"。(3)应达到"情节严重"的程度。对此,实践中应当从个案出发,围绕被灭失的证据类型、证明力大小及其与案件侦破、追诉的关联性、重要性等方面予以实质判断。有观点认为,可以主要从致使刑事证据灭失的次数、涉及的案件类型等角度加以认定。〔1〕这种看法有其合理性,但应进一步总结司法经验并予以规范化。例如,多次造成刑事案件证据灭失的,或者造成危害国家安全犯罪、恐怖组织活动犯罪、黑社会性质的组织犯罪、重大贪污贿赂犯罪、重大毒品犯罪等的证据灭失的,都可以考虑认定为"情节严重"。

(四)其他严重情节

这是一个兜底的规定,其立法意义在于为将来可能出现的一些新情况,且达到情节严重程度的,预留必要的刑法解释空间和入罪的基础。对于这种"入罪型"的兜底条款,在立法过程中,不乏主张应当删除第 4 项的兜底条款的。〔2〕这种立法建议有其合理性,但网络犯罪的演变形势异常迅猛,《刑法》第 286 条之一的网络行为实施方式也千变万化。为了避免频繁出现的新情况导致立法规定时常陷入"规范供给不足"的被动局面,〔3〕保留兜底条款是更为明智和富有预见性的做法。

---

〔1〕参见喻海松:"网络犯罪的立法扩张与司法适用",载《法律适用》2016 年第 9 期,第 6 页。

〔2〕参见 2015 年全国人大常委会法制工作委员会刑法室编写的《〈刑法修正案(九)(草案)〉向社会公众征求意见的情况》。

〔3〕参见孙道萃:"网络刑法知识转型与立法回应",载《现代法学》2017 年第 1 期,第 117-119 页。

当前，在《刑法》第286条之一的追诉标准仍未法定化之际，考虑到法定刑配置的相似性、犯罪性质的相近性，可以参照其他相关犯罪的追诉标准进行认定。《计算机信息系统安全解释》对《刑法》第285条第1款、第2款与第286条规定的罪名的追诉标准作出了明确规定，直接为理解《刑法》第286条之一规定的"其他严重情节"提供了比对的样本，包括网络定量因素与定量基准。同时，在实质层面，原则上讲，"其他严重情节"应当是与前三项的社会危害性具有相当性的情况。例如，在具体判断"有其他严重情节"时，应考虑致使公共服务的信息网络遭受破坏的时间与范围、信息网络服务被用于犯罪的次数或人数、经济损失的数额等因素。然而，刑法解释的限度是难点，究竟应采取限制解释还是扩大解释，在个案中较难拿捏。即使今后出台了关于《刑法》第286条之一的司法解释，明确了前三款的具体追诉标准，该问题仍持续存在。从网络犯罪的变动性看，限制解释和扩大解释可以共存，关键看个案的情况。

六、结语

《刑法修正案（九）》增设《刑法》第286条之一，开创了网络不作为犯罪的立法先河，对网络不作为行为具有显著的规制作用。实践中关于本罪犯罪构成的理解与处罚标准的认定，都有不少争议。这暴露了理论上对本罪的教义学研究的不足，也加剧了刑法解释的内在冲突与功能短板。更令人担忧的是，相比于《刑法修正案（九）》增设的《刑法》第287条之一、第287条之二，几乎鲜见《刑法》第286条之一的司法适用案件，理论上的掣肘无疑是内因。为此，应当回归到立法原意，结合罪质与罪状的规定，对其展开教义学层面的表述，并指导司法适用。在教义学层面，应当探究预防性刑法立法观的意旨，[1]进而在解释层面，适度采取扩张解释，既满足网络犯罪形势的快速变化特征，也释放立法者增设新罪名的规制意图。而且，还应通过集约个案判决，确立有关本罪认定的司法规则，[2]以便出台司法解释。

---

[1] 参见高铭暄、孙道萃："预防性刑法观及其教义学思考"，载《中国法学》2018年第1期，第167-169页。

[2] 参见黄京平："新型网络犯罪认定中的规则判断"，载《中国刑事法杂志》2017年第6期，第8-9页。

第十九章
非法利用信息网络罪的适用疑难与教义学表述

《刑法修正案（九）》增设《刑法》第287条之一即非法利用信息网络罪，明确对网络犯罪形态中带有预备性质的网络行为予以独立处罚，将刑法规制的时机前移，以适应惩治犯罪的需要。[1]此举体现了立法者严密网络犯罪法网的意图，也对实践中非法利用信息网络的危害行为如何定罪作出一般性规定。当前，陆续有一些关于非法利用信息网络罪的生效判决公布，它呈现出一定的类型化分布态势。结合具体的案件事实与《刑法》第287条之一的规定，既可以观察该罪的司法运行现状及其规律，也可以透视在适用中出现的一些亟待解决的理论本源问题，包括立法背景与立法原意的理解、罪质把握、法益解释立场等方面。为此，立足刑法教义学，应当全面审视该罪的立法原意并结合司法需要，继续完善非法利用信息网络罪的司法适用。

一、生效案件的司法逻辑与适用疑难巡思

目前，非法利用信息网络罪的生效判决陆续公布，通过类型化的分析，可以更客观地显示当前的司法应对逻辑及其暴露的不足，进而也可以对司法实践样态背后的教义学问题进行理性的解构。借此，进一步明确非法利用信息网络罪在司法适用层面存在的"真实"问题，可以使刑法解释立场与教义学的展开更有的放矢。

（一）典型司法样本的类型化呈现

根据"北大法宝"与"中国裁判文书网"收录的生效案件，[2]从中抽取

---

〔1〕 参见雷建斌主编，全国人大常委会法制工作委员会刑法室编著：《〈中华人民共和国刑法修正案（九）〉释解与适用》，人民法院出版社2015年版，第157-158页。

〔2〕 取样时间截至2017年12月15日。

系列典型的个案与类案，用于观察和透视非法利用信息网络罪的司法运行样态。

1. 设立通讯群组并用于实施诈骗犯罪

案情简介：2016年6月至2016年8月，被告人王某某按照被告人张某某传授的犯罪方法，在网上设立QQ聊天群组，并在QQ聊天群组内发布虚假中奖信息等，吸引被害人向某在博彩网站"W彩"内充值，又通过伪造虚假的中奖单，以要求被害人发送盈利分成、充值解冻账户等方式，对被害人实施诈骗。被告人王某某为实施诈骗共发布虚假信息上千条。8月22日，被告人王某某故技重施，骗得被害人王某883元、被害人巩某3958元。法院认为，被告人王某某为实施诈骗利用信息网络设立通讯群组，发布虚假信息，情节严重，构成非法利用信息网络罪，判处有期徒刑8个月，并处罚金2000元。[1]

评析：（1）本罪的"情节严重"的标准不明，间接参用诈骗罪的追诉标准或是隐性规则。根据《刑法》第287条之一的规定，设立用于实施违法犯罪活动的网站或通讯群组的，情节严重的，构成本罪。本案被告人为了实施网络诈骗，设立QQ聊天群组并在群组中发布虚假信息。QQ聊天群组属于该罪规定的"通讯群组"的具体情形，因此，在不考虑是否达到"情节严重"的前提下，认定构成非法利用信息网络罪不无问题。但本罪的追诉标准并未明确，法院径直按照非法利用信息网络罪论处，不考虑司法竞合问题，是否意味着法院认同本罪与诈骗罪的基本罪形态适用相同的追诉标准，而且犯罪数额是主要的定量因素；否则，径直适用《刑法》第287条之一的合理性存疑。（2）本罪与诈骗罪的罪量对比难以展开，使竞合关系与诉讼时效问题相互纠缠。在该案中，被告人在非法利用信息网络之际，还另行实施网络诈骗行为，非法利用信息网络与网络诈骗之间明显存在牵连关系。根据《刑法》第266条与《最高人民法院、最高人民检察院关于办理诈骗刑事案件具体应用法律若干问题的解释》第1条的规定，涉案金额超过3000元的，已经构成诈骗罪的基本罪形态，而其法定刑与非法利用信息网络罪的法定刑一致，因此客观上不存在"从一重罪处断"的可能。而且，按照特殊法条优于一般法条的原则，诈骗罪才是特殊规定，非法利用信息网络罪从立法原意看应该是一般条款。据此，最有可能是基于新法优于旧法的规则，对本案作出如此

---

[1] 参见苏州市相城区人民检察院相刑诉（2016）668号起诉书（指控罪名为非法利用信息网络罪）；苏州市相城区人民法院（2016）苏0507刑初687号刑事判决书。

定性。

2. 利用伪基站发送诈骗信息并非法获利

案情简介：2015年3月8日至11日，被告人黄某为谋取非法利益，雇用徐某、黄某甲使用伪基站[1]设备向不特定手机用户非法群发诈骗短信，非法获利26 211元。法院认为，控辩双方的争议点在于非法利用信息网络罪中的信息网络一般应指互联网，破坏公用电信设施罪、扰乱无线电管理秩序罪、非法利用信息网络罪在本案中存在行为方式的竞合，与诈骗罪则构成牵连犯，根据本案的事实和证据，应择一重罪处罚，应以诈骗罪（未遂）定罪处罚。[2]

评析：(1)"信息网络"作为重要的客观要件，其内涵和外延有待明确，并左右此罪与彼罪的区分。利用伪基站与利用信息网络是否等同存疑。在技术层面，利用伪基站与利用信息网络不能完全等同。关键是对《刑法》第287条之一的"信息网络"的理解，是否应结合网络预备危害或危险行为的立法旨趣进行判断，并作出具有专属性的解释，此乃本罪适用的技术前提。如果对"信息网络"作出限缩解释，则进一步缩小了本罪的适用范围，也降低了司法竞合的可能性。(2)利用计算机信息系统与利用信息网络之间存在代际差异，触发《刑法》第287条与第287条之一的适用逻辑顺序问题。《刑法》第287条规定，利用计算机实施犯罪的，根据分则有关罪名定罪处罚。第287条之一对非法利用互联网的一般行为作出单独规定，并牵扯出非法利用信息网络作为一般预备行为与作为特定手段行为的实质区别问题。进而，《刑法》第287条、第287条之一共同作为一般性的规定可能发生重合，并与其他特殊规定可能发生竞合问题。当前，实践中对非法利用互联网实施诈骗行为的，按照诈骗罪定罪处罚，符合《刑法》第287条的相关规定，但无形中压制或限制了第287条之一的适用，毕竟第287条之一是"新法"。为此，应明确《刑法》第287条与第287条之一的内部适用序位，以及与其他罪名的外部适用关系。

---

[1] 经浙江省公安司法鉴定中心检验，该伪基站共非法收集用户手机IMSI号45 742条。中国移动通信集团某分公司出具《关于伪基站的情况说明》，证实每个IMSI号对应的用户一般的通信中断时长为8秒至12秒。

[2] 参见浙江省常山县人民检察院常检初诉（2015）291号起诉书（指控罪名为破坏公用电信设施罪）；浙江省常山县人民法院（2015）衢常刑初字第195号刑事判决书。类案有浙江省金华市婺城区人民法院（2015）金婺刑初字第1296号刑事判决书；浙江省金华市中级人民法院（2016）浙07刑终572号刑事裁定书。

3. 利用信息网络发布销售违禁物品、管制物品等其他违法犯罪信息

案情简介：2014年4月以来，被告人苏某通过QQ和微信多次发布管制刀具、弓弩、枪支等管制器具的销售图片约7000多张，小视频4部，并销售弓弩12把、宝剑2把、管制刀具50余把、快排气枪1支。法院认为，被告人苏某非法利用信息网络，通过QQ和微信向不特定的大众发布销售违禁物品、管制物品的信息，情节严重，其行为已构成非法利用信息网络罪。[1]

评析：（1）其他违法犯罪信息的范围有待明确。尽管本案被告人的行为客观上完全符合《刑法》第287条之一第1款第2项的规定。但问题在于"其他违法犯罪信息"作何限度的解释。例如，利用信息网络发布实施涉毒犯罪信息，实践中已有公安机关以涉嫌构成非法利用信息网络罪立案侦查。[2]（2）通过司法经验确立追诉标准不妥。"情节严重"的认定标准直接影响罪与非罪的界限，追诉标准不明却可能导致非法利用信息网络罪与其他犯罪发生竞合时被"弃用"。例如，诈骗罪属于典型的数额犯，当出现非法获利等数额情节时，诈骗罪往往是定罪的首选。这充分说明本罪追诉标准的重要性，并间接影响犯罪竞合的处置选择。

4. 利用伪基站为实施违法犯罪活动发布信息

案情简介：2015年10月，被告人李某、俞某使用伪基站设备[3]冒充中国农业银行95599号码发送违法信息的短信。一审法院认为，被告人李某、俞某违反国家规定，擅自设置、使用中国移动通信无线电频率发送违法广告短信，对公用电信设施并不产生损害，而是干扰无线电通讯秩序，情节严重，构成扰乱无线电通讯管理秩序罪。检察机关抗诉认为，原审被告人的行为既构成扰乱无线电通讯管理秩序罪又构成诈骗罪，系手段与目的竞合，属于想象竞合犯，应从一重罪处罚。根据《最高人民法院、最高人民检察院关于办

---

[1] 参见河北省景县人民检察院景检公诉刑诉（2016）105号起诉书（指控罪名为非法利用信息网络罪）；河北省景县人民法院（2016）冀1127刑初108号刑事判决书。

[2] 苏州警方在破获的一起公安部毒品目标案件中，发现600多名遍布全国各地的吸贩毒人员，聚集在一个名叫"名流汇"的网络平台，公开交流吸毒感受以及进行毒品交易。参见姜贞宇："非法利用网络信息 涉毒领域首次办理"，载搜狐网，http://www.sohu.com/a/166111497_448384，最后访问时间：2017年8月23日。

[3] 经浙江省金华市无线电监测站检测，该伪基站发射设备发射频率是在中国移动公司的专用频率上。经其某分公司检测，发送该短信导致17 899个移动通信用户通信受阻，导致正常通信中断累计时长298.31小时。

理诈骗刑事案件具体应用法律若干问题的解释》第 5 条的规定，[1]应认定为《刑法》第 266 条规定的"其他严重情节"，以诈骗罪（未遂）定罪处罚。二审法院认为，被告人利用伪基站为实施诈骗活动发布信息，数量达 5000 条以上，情节严重，构成非法利用信息网络罪。根据《最高人民法院、最高人民检察院关于办理诈骗刑事案件具体应用法律若干问题的解释》第 5 条的规定，亦构成诈骗罪。依法应择一重罪处罚，构成诈骗罪（未遂），原判决的认定有误。[2]

评析：（1）"等"违法犯罪活动的解释限度问题。《刑法》第 287 条之一第 1 款第 3 项规定的"为实施诈骗等违法犯罪活动"具有概括性，扩张解释或限缩解释的分歧在个案中已有体现。（2）未能激活《刑法》第 286 条之一所保护法益的解释功能。利用信息网络发布违法信息的行为与其他具体实施的犯罪行为之间的犯罪竞合问题始终存在。对此，通过想象竞合犯原理或溯及力规则予以解决是必然的。但是，《刑法》第 286 条之一作为新罪名，其立法意图及具体法益所应有的区分罪与非罪、此罪与彼罪的功能并未得到释放，特别在与计算机犯罪、网络犯罪的区分上更明显。

5. 同时构成其他犯罪的司法处置

案情简介：自 2014 年 5 月以来，被告人邹某、彭某利用网络平台群发各种诈骗短信，骗取他人钱财。法院认为，《刑法修正案（九）》在本案审理期间已施行，被告人邹某等利用信息网络为实施诈骗等违法犯罪活动发布信息，情节严重，符合非法利用信息网络罪的犯罪构成要件，根据从旧兼从轻原则，应以非法利用信息网络罪定罪处罚。[3]检察机关提出抗诉认为：一是

---

[1] 根据该司法解释第 5 条的规定，利用发送短信、拨打电话、互联网等电信技术手段对不特定多数人实施诈骗，诈骗数额难以查证，但发送诈骗信息 5000 条以上的、拨打诈骗电话 500 人次以上的、诈骗手段恶劣且危害严重的，属于"其他严重情节"，以诈骗罪（未遂）定罪处罚。

[2] 参见浙江省义乌市人民法院（2016）浙 0782 刑初 481 号刑事判决指控罪名为破坏公用电信设施罪）；浙江省金华市中级人民法院（2016）浙 07 刑再 5 号刑事判决书。类案有浙江省金华市金东区人民检察院金东检刑诉（2016）309 号起诉书（指控罪名为非法利用信息网络罪）、浙江省金华市金东区人民法院（2016）浙 0703 刑初 314 号刑事判决书；浙江省金华市婺城区人民法院（2015）金婺刑初字第 1296 号刑事判决书、浙江省金华市中级人民法院（2016）浙 07 刑终 572 号刑事裁定书。

[3] 参见浙江省宁波市海曙区人民检察院甬海检公诉刑诉（2015）235 号起诉书［指控罪名为诈骗罪（未遂）］；浙江省宁波市海曙区人民法院（2015）甬海刑初字第 258 号刑事判决书。

邹某、彭某为实施诈骗行为，利用信息网络发布诈骗信息，情节特别严重，构成诈骗罪（未遂）。二是虽又构成非法利用信息网络罪，但按照择一重罪处断原则，仍应以诈骗罪认定。原审被告人的辩护人均提出，两原审被告人的行为同时构成非法利用信息网络罪，比较两罪的法定刑，原判决定性为非法利用信息网络罪正确。二审法院认为，原审被告人邹某单独或伙同原审被告人彭某以非法占有为目的，采用虚构事实、隐瞒真相的手段骗取他人财物，情节特别严重，构成诈骗罪。同时，又构成非法利用信息网络罪。应依照处罚较重的诈骗罪（未遂）定罪处罚。[1]

案情简介：2016年6月，被告人黄某某建立名为"穆斯林礼拜"的微信群，通过语音在该微信群中从事非法宗教活动，该微信群有100余人。2016年8月，黄某某在名为"梁堡道堂文化学习"的微信群中讲解《古兰经》里有关古尔邦节宰牲的目的内容，该微信群里有100余人。一审法院认为，被告人黄某某构成聚众扰乱社会秩序罪。二审法院认为，上诉人黄某某明知微信群里人数众多，微信群并非宗教活动场所，在非宗教活动场所不能从事宗教活动，却私建微信群，进行讲经、教经等非法宗教活动，扰乱正常的宗教活动管理秩序，违反我国有关宗教事务管理的法律法规的规定，社会危害性大，构成非法利用信息网络罪。聚众扰乱社会秩序罪在客观方面必须同时符合"情节严重""致使工作、生产、营业和教学、科研、医疗无法进行"和造成"严重损失"三个条件。上诉人黄某某的行为并不具备这些成立条件，故不构成聚众扰乱社会秩序犯罪。[2]

评析：（1）"情节严重"的空白状态，导致本罪与关联犯罪的竞合基本被"虚置化"。目前，《刑法》第287条之一与诈骗罪（第266条）、破坏公

---

[1] 参见浙江省宁波市中级人民法院（2016）浙02刑终51号刑事判决书。类案有内蒙古自治区通辽市科尔沁区人民检察院以科检公诉刑诉（2016）306号起诉书（被指控罪名为诈骗罪）、内蒙古自治区通辽市科尔沁区人民法院（2016）内0502刑初339号刑事判决书；湖北省宜昌市西陵区人民检察院以宜市西检刑诉（2016）151号起诉书（指控罪名为非法利用信息网络罪）、湖北省宜昌市西陵区人民法院（2016）鄂0502刑初208号刑事判决书；湖北省宜昌市西陵区人民检察院宜市西检刑诉（2016）124号起诉书（指控罪名为非法利用信息网络罪）、湖北省宜昌市西陵区人民法院（2016）鄂0502刑初175号刑事判决书；湖北省宜昌市西陵区人民法院（2016）鄂0502刑初180号刑事判决书（指控罪名为盗窃罪）、湖北省宜昌市中级人民法院（2016）鄂05刑终277号刑事裁定书。

[2] 参见新疆维吾尔自治区伊宁县人民法院（2016）新4021刑初388号刑事判决书（指控罪名为聚众扰乱社会秩序罪）；新疆维吾尔自治区高级人民法院伊犁哈萨克自治州分院（2017）新40刑终78号刑事裁定书。

用电信设施罪（第 124 条）、扰乱无线电通讯管理秩序罪（第 288 条）的竞合现象较为常见。然而，非法利用信息网络罪是新罪名，有关立案追诉标准的司法解释尚未出台，在理解并认定"处罚较重"时缺乏比对基准。例如，根据想象竞合犯的原理，在情节特别严重的诈骗罪（未遂）与非法利用信息网络罪之间，首先应准确认定究竟何者才是"一重罪"，才能具体确认是否满足适用《刑法》第 287 条之一第 3 款的前提。而且，遵循从旧兼从轻的处断原则，除非属于诈骗罪的基本罪形态（三年以下有期徒刑），否则，应首先援引作为新罪、轻罪的第 287 条之一。然而，在"从一重罪"规则下，非法利用信息网络罪往往作为备选，导致其与相关罪名的司法竞合基本流于形式。原因为：一是非法利用信息网络罪的最高法定刑是三年有期徒刑，不具备作为"重罪"的条件；二是非法利用信息网络罪是一般规定，即使与相同法定刑的罪名发生竞合，在特殊规定优于一般规定的法条竞合适用原则下，也难以被启用。（2）非法利用信息网络罪承载兜底处罚的功能期许。当非法利用信息网络罪与其他关联罪名（如聚众扰乱社会秩序罪）发生竞合时，如果其他更重的罪名因不符合法定追诉标准而无法援引的，则非法利用信息网络罪往往异化为兜底罪名。对有社会危害性而无明文规定或规定不足的情形，发挥刑罚处罚的兜底作用，这显示非法利用信息网络罪在网络犯罪形态中担当一般性罪名的角色。

（二）非法利用信息网络罪的适用问题透析

《刑法》第 287 条之一作为新增的罪名，在制定之际，便存在立法必要性的质疑。这是因为担心会出现第 287 条之一与现有规定之间出现功能重合等问题。实际上，从非法利用信息网络罪的司法适用样态看，这些相关问题也被进一步暴露出来。

通过对生效判决的类型化分析，可以发现，该罪目前在实践中主要存在以下几个突出问题，具体而言：（1）对非法利用信息网络罪的立法功能预设缺乏周全判断。目前，《刑法》第 287 条之一的立法意图仍有争议。而且，由于未能明确第 287 条之一所保护的具体法益是一般性的信息网络安全管理秩序，以至于尚未有意识地将其定位为一般性、基础性的纯正网络轻罪罪名，对部分罪状的解释立场与限度缺乏相应的共识。同时，也未客观地对待其内在的网络兜底罪名之特定属性。（2）对非法利用信息网络危害行为的罪质理解存在误区。非法利用信息网络行为，首先是具有预备性质的网络行为，同时也可以作为实施其他犯罪的网络方法。因此，非法利用信息网络作为网络实质预备行为的独立性，与其作为关联犯罪的网络方法的依附性，二者存在定罪逻辑的对立性：一方面，非法利用信息网络是典型的"网络手段型犯罪"中的危害行为方式，该行为具有明显的依附性，在判断上往往依附于正犯或主犯。另一方面，一些非法利用信息网络行为具有高度的危害性或危险性，应作为独立的网络危害或危险行为加以处罚。在理解和适用非法利用信息网络罪时，始终需要解决这一看似冲突的犯罪化立场，而其实质指向本罪的立法原意，也即非法利用信息网络罪究竟是一般规定还是特殊规定及其适用边界。这是本罪面临司法竞合问题的重要诱因。（3）追诉标准阙如引发定罪标准不统一的深层隐患。非法利用信息网络罪的追诉标准仍未法定化，对于该罪的三款法定情形究竟应当如何适用，实践中并不统一，只能在个案中根据实际情况作出判断，这样不利于法制的统一与个别正义的司法实现。而且，追诉标准的阙如，意味着此罪与彼罪的界限主要依靠刑法解释，也间接加剧了实践中对本罪的罪质理解、罪状认定的不统一局面。为了准确把握本罪的罪质与罪状内容，应尽快明确法定的追诉标准。（4）司法竞合问题的处置思路略有偏颇。基于非法利用信息网络的行为属性具有双重性，《刑法》第287条之一与第287条、其他关联罪名的竞合问题，从立法之时便存在。一方面，非法利用信息网络罪是典型的轻罪，且只有一档法定刑，当其与诈骗罪等关联罪名竞合时，由于追诉标准不明、危害结果不便于具体确认等，容易在司法竞合中沦为不折不扣的"替补罪名"，援引率偏低，竞合问题客观上被虚化。另一方面，当非法利用信息网络罪与其他更重的罪名发生竞合时，更重的罪名出现不符合追诉标准等情形的，非法利用信息网络罪却发挥着兜底之用，竞合问题客观上又被"异化"。这使非法利用信息网络罪的竞合问题变得更加扑朔迷离。（5）慎重适用本罪的司法保守倾向凸显。当前，由于非法利用信息网络罪是新罪名，司法解释及其适用规则尚付阙如，司法机关往往选择消极等待。而且，司法机关在保护新型网络安全法益时，仍基于思维惯性、司法便宜、规则主义等考虑，往往遵循传统刑法原理与司法规律，并援引传统罪名，间接弱化网络罪名的司法保护意义与观念导向。

从司法实践所呈现的对本罪的理解偏差和适用误区看，不仅暴露出对罪质的理解不当、犯罪竞合的司法处置失真、具体罪状适用依据不明等疑难问题，也揭示出本罪的刑法教义学分析与司法适用的联动明显不足。为此，应反思本罪的司法适用现状，通过教义学阐明和把握罪质，明确追诉标准等，促进司法适用。

二、非法利用信息网络罪的适法理据展开

非法利用信息网络罪是新增罪名,在当前实践中暴露出诸多问题,不仅因为本罪的司法解释规则迟迟未能出台,也因为刑法教义学的解构不到位。应准确把握非法利用信息网络罪的立法背景、功能预期、罪质定位等,以完善司法适用。

(一)罪质界定与功能定位

应立足网络技术代际的演进格局,确立信息网络在网络2.0时代的主导地位,准确理解本罪一般性地规制非法利用信息网络危害行为及其保护功能的基础性。

1.《刑法》第287条之一的罪质释明

关于《刑法》第287条之一的罪质,从其规定看,主要包括:(1)轻罪形态。本罪的最高法定刑是三年有期徒刑,通常认为这是典型的轻罪。[1]轻罪的立法定位,显示了该罪所保护的具体法益,相比于其他网络犯罪而言更次要,相应地,非法利用信息网络危害行为所造成的危害结果也相对更轻。基于这点,可以认为本罪原则上是用来一般性地规制那些利用网络实施违法犯罪活动且具有较大社会危害性的行为;但是,如果引发其他严重后果的,可能需要援引《刑法》的其他罪名加以规制。由此,轻罪的设置也决定其客观上具有一定的兜底效果。而且,从生效案件看,非法利用信息网络罪确实发挥一定的兜底之用。(2)情节犯构造。本罪的成立要求"情节严重",因而是情节犯。这体现立法者限制处罚和严格控制处罚范围的基本立场,以确保正常利用信息网络服务与生产生活不受限制。对明显属于行政违法行为范畴的,或明显属于重大危害或危险情形的,均不应当纳入本罪的规制序列,而应由行政处罚或其他罪名具体对接。更应指出的是,"情节严重"是否具体明确,也直接影响司法适用的明确性,并已经在生效案件中得到反映。(3)独立预备犯的立法性质。在立法修订期间,有观点认为,第287条之一可以理解为其他犯罪的"预备行为",并按照相关犯罪的预备犯处理。[2]然而,受限于共犯从属性理论,增设本罪可以对具有较大社会危害性的一般网络预备

---

〔1〕参见孙道萃:"犯罪分层标准的理论体系续造",载《江苏警官学院学报》2016年第3期,第17-18页。

〔2〕参见2015年全国人大常委会法制工作委员会刑法室编写的《〈刑法修正案(九)(草案)〉向社会公众征求意见的情况》。

行为进行实质处罚,同时也降低司法证明难度。[1]在此基础上,尽管都属于非法利用互联网,但实施特殊犯罪、危害更重或《刑法》作出特殊规定的,根据罪责刑相适应原则,原则上不应适用第287条之一。然而,当前司法实践中的一些做法,有违非法利用信息网络罪的罪质:一是扩大本罪的功能范围,延伸到所有利用网络实施违法犯罪的情形,不论一般与特殊的关系,以至增加犯罪竞合的频次;二是对罪状进行限制解释,缩小本罪的司法适用意义,甚至在司法解释不明之际,束之高阁。然而,从立法本意与法理逻辑看,非法利用信息网络罪有其独立的规制范围,主要指向非法利用信息网络实施违法犯罪活动中的较轻情形。

2.《刑法》第287条与第287条之一的逻辑适用序位

《刑法》第287条规定:"利用计算机实施金融诈骗、盗窃、贪污、挪用公款、窃取国家秘密或者其他犯罪的,依照本法有关规定定罪处罚。"从立法的网络代际看,第287条属于典型的"计算机技术犯罪",是当时技术背景下的历史产物。同时,相比于《刑法》第285条、第286条的规定,第287条提供开放性的兜底规定,为将计算机作为手段实施犯罪的情形明确法律适用的原则和依据。[2]但是,第287条的立法局限性非常明显,主要表现为两个方面。(1)"利用计算机"的规定属于早期计算机技术犯罪立法的时代产物。当前,已是信息网络独领风骚的新代际,大数据时代、人工智能时代也加速成型。因此,计算机技术犯罪早已是过去式,信息网络犯罪才是当前的主流,"利用计算机"与"非法利用信息网络"已经处在两个完全不同的网络代际,应当对其作出实质区分与适用,原则上后者可以包含并逐步取代前者。这正是《刑法修正案(九)》启动修改的动因所在。(2)第287条规定的"依照本法有关规定定罪处罚"中的"有关规定"已发生变化。在《刑法修正案(七)》《刑法修正案(九)》施行前,"有关规定"在逻辑上仅限于第285条、第286条以外的非计算机犯罪规定。但是,目前既包括第285条第2款、第3款,第286条之一,第287条之一,第287条之二等规定的专门网络罪名,也原则上包括所有的传统罪名。由此,在适用关系上,第287条与第287条之一必然存在逻辑排位问题,何者优先适用也进一步使犯罪竞合现状变得更加复杂。

---

[1] 参见赵秉志:"中国刑法的最新修正",载《法治研究》2015年第6期,第10页。

[2] 参见高铭暄:《中华人民共和国刑法的孕育诞生和发展完善》,北京大学出版社2012年版,第514页。

从《刑法》第 287 条与第 287 条之一的立法背景等看，在新形势下，二者的关系应为（1）在制裁网络手段型犯罪形态时，首先存在"利用计算机"与"非法利用信息网络"的网络技术代际差异。承前所述，后者在网络代际层面明显超越前者。或者说，在信息网络时代，传统的"利用计算机"已经在技术层面表现升级为或大多表现为"非法利用信息网络"，计算机信息系统运行安全也往往表现为更具包容性的信息网络安全。基于这些新型网络手段型犯罪行为的外部特征，第 287 条之一因与当代网络立法背景及时代接轨，所以，专属性的适用优势得以体现。（2）在制裁网络对象型犯罪形态时，两个罪名的功能看似重叠，但所处的网络代际存在本质差异，相应地，计算机信息系统安全与信息网络安全是两个不同网络代际的产物。应当指出，第 287 条指向的是非计算机犯罪罪名所保护的非纯正的网络安全法益，与第 287 条之一对非法利用互联网行为的一般性规制，二者之间可能会发生司法竞合，引发适用序位"孰先孰后"的问题。根据从旧兼从轻原则，一般应当优先适用第 287 条之一。（3）在面对网络空间型犯罪形态时，虽然网络空间具有开放性与兼容性，但"利用计算机"与"非法利用信息网络"的代际差异将被进一步放大，后者在技术层面、应对新型犯罪等方面具有绝对的优势，第 287 条之一更吻合新的网络时代需要。由此，第 287 条与第 287 条之一之间是逐步被取代与取代的逻辑交替关系。

3. 《刑法》第 287 条之一的体系功能定位

在澄清"非法利用信息网络"的网络代际属性及其与利用计算机作为犯罪手段的实质罪质差异，以及计算机信息系统运行安全与信息网络安全的内部关系等因素后，可以得出《刑法》第 287 条之一的立法功能与司法定位不同于第 287 条。概言之，第 287 条之一的功能主要包括：（1）补强性规定。第 287 条之一规定的"信息网络"已经在网络代际层面超越第 287 条规定的"计算机（系统、信息系统）"。"信息网络"原则上包括"计算机、计算机系统、计算机信息系统"。对此，《网络安全法》第 76 条第 1 项规定："网络，是指由计算机或者其他信息终端及相关设备组成的按照一定的规则和程序对信息进行收集、存储、传输、交换、处理的系统。"显然，"网络"具有极强的概括性和包容性，传统计算机信息系统只是网络的一个组成部分。因此，在适用序位上，第 287 条之一是立法理念升级后的绝对补强性规定，甚至在相当范围内已经取代第 287 条的兜底功能。第 287 条之一原则上对一般利用计算机或信息网络实施违法犯罪活动的行为具有优先介入的优势，第 287 条的司法提示与指引作用应当退居后位，甚至将被逐步弃用。（2）开放性规定。

"信息网络"是网络2.0时代的技术核心，也是信息网络时代的关键内容，是指互联网彻底实现互联互通，信息作为最重要的媒介将互联网与现实物理社会紧密联系在一起，并成为生产生活的重要方式。根据《网络安全法》的相关规定，网络及网络空间极具开放性，富有强大的吸附性、兼容性与平台化特征，信息网络亦是如此。利用"信息网络"作为第287条之一明确规定的客观行为要素，具有一定的开放性，在解释限度上应当采取扩张立场，以确保第287条之一在取代第287条后仍可以发挥一般性的规制效果。（3）一般性规定。第287条曾被公认为是计算机犯罪的兜底规定，是计算机犯罪在刑法分则的提示性规定。[1]但是，这种判断在信息网络犯罪时代有所削弱。这是因为非法利用信息网络罪在本质上也是一般性规定，一般性地规制信息网络时代的非法利用行为。对于网络对象型犯罪、网络空间型犯罪形态，尤其是网络手段型犯罪而言，非法利用信息网络且情节严重的，应当首先援引第287条之一。例如，最高立法机关的立法工作部门认为，《最高人民法院、最高人民检察院关于办理诈骗刑事案件具体应用法律若干问题的解释》第5条第2款，部分地解决了网络诈骗犯罪中带有预备行为的行为如何处罚的问题，而第287条之一对这一类相似行为如何处罚作出规定。[2]这其实比较明确地肯定了第287条之一作为网络预备实质犯的一般性定位。除非《刑法》已有相关规定，且不违背罪责刑相适应原则，则应当按照其他规定处理。这也客观上合理限缩了《刑法》第287条原有的兜底作用和提示作用。

从网络代际的更迭看，"非法利用信息网络"与"利用计算机"不同，前者包括利用计算机信息系统、计算机系统、网络、数据、网络空间等与网络有关的情形。在理解《刑法》第287条之一规定的"利用信息网络"时，应作出扩大化理解，明确第287条之一取代第287条并发挥一般性规制功能，第287条之一应当优于第287条的司法适用序位。同时，厘清其与第287条的逻辑关系，对潜在的犯罪竞合问题开辟了有效的疏解通道，有利于解决第287条之一与关联犯罪的区分问题。

（二）"其他、等'违法犯罪'（信息、活动）"的范围厘定

根据《刑法》第287条之一的规定，"非法利用信息网络"是客观方面的

---

[1] 参见张春："刑法修正案（九）第二十九条规定的网络犯罪问题研究"，载《人民司法》2016年第19期，第85页。

[2] 参见全国人大常委会法制工作委员会刑法室编：《中华人民共和国刑法修正案（九）条文说明、立法理由及相关规定》，北京大学出版社2016年版，第227页、第229页。

主要内容,其行为方式主要包括:一是设立用于违法犯罪活动的网站或通讯群组;二是发布有关制作违禁物品、管制物品或者其他违法犯罪的信息;三是为实施诈骗等违法犯罪活动发布信息。其中,后两种分别对违法犯罪信息或活动使用了"其他"或"等"的立法用语。实践中如何解释"其他、等'违法犯罪'(信息、活动)"的规定,不仅事关客观危害行为的匹配,也是决定罪与非罪、此罪与彼罪的前提。

1. 理论分歧

有观点认为,从《刑法》第287条之一的立法表述看,利用信息网络的行为人所实施的,似乎不仅包括所有形式的犯罪活动,也包括一般的违法行为,如此一来,使本罪成为实至名归的"口袋罪"。[1]该观点担心扩张解释引发不良效应。也有观点认为,"违法犯罪"的表述实际上仅包括"犯罪","违法"属于表述上的赘言,我国以往的立法也有先例。将网络违法行为的"预备行为"予以犯罪化,不仅缺乏正当性,也不符合国际立法潮流。[2]该观点也持严格的限制解释立场。还有观点认为,基于立法技术的需要,常见的"违法犯罪活动"除了明文列举的,还包括传播宣扬恐怖主义、极端主义信息,侵犯知识产权,传销,侵犯公民个人信息,组织考试作弊等犯罪。[3]该观点在扩张解释与严格限制解释之间谋求相对折中的立场。诚然,一旦使用"列举+概况"的立法用语结构,则必然引发对"其他""等"以及所修饰的违法犯罪(信息、活动)"这一主语的不同解释立场问题,并已经在当前的审判中有所体现。因此,理论上形成相互对立的解释观点并非偶然。尽管对扩大解释所可能导致的新"口袋罪"之担忧并不无道理,但也未必完全正确。

2. 严格限制解释的研判

尽管限制犯罪化的解释立意有其合理性,但对"其他、等'违法犯罪'(信息、活动)"采取严格的限缩解释可能不妥,具体理由为:(1)遵循罪刑法定原则的解释。如果对"其他、等'违法犯罪'(信息、活动)"作极为严格的解释,特别要求"违法犯罪"实质上是指狭义的"犯罪",则意味

---

[1] 参见车浩:"刑事立法的法教义学反思——基于《刑法修正案(九)》的分析",载《法学》2015年第10期,第12页。

[2] 参见欧阳本祺、王倩:"《刑法修正案(九)》新增网络犯罪的法律适用",载《江苏行政学院学报》2016年第4期,第126-127页。

[3] 参见喻海松:"网络犯罪的立法扩张与司法适用",载《法律适用》2016年第9期,第7-8页。

着非法利用信息网络的行为人，必须认识到所服务的对象或利用的主体实施的是刑法意义上的犯罪；同时，作为故意的认识内容，是法定的构成要件要素，是刑事诉讼需要证明的对象事实。然而，《刑法》第287条之一并未规定利用信息网络的主体对所服务的对象是否属于刑法中的犯罪具有"明知"义务，也并未对"违法犯罪信息、活动"作出明确的限定性规定。尤其是关于利用信息网络的主体对被利用者是否实施了属于刑法中的犯罪的认识能力或预见能力差异很大，作过高的认识能力要求可能超出主体的认识可能性，也明显增加司法证明难度。因此，采取严格解释得出的限缩结论不妥，可能导致实际的适用范围非常有限，增加司法证明的难度，不利于提前介入高度危险的网络预备行为。（2）解释立场应与罪质内容相吻合。对于"其他、等"的理解，也不宜认为"其他、等"完全是虚词表述，进而排斥合理的扩张解释。从立法意图看，因为一些网络技术预备行为具有明显相对偏高的社会危害性与刑法危险性，所以《刑法》第287条之一将网络违法犯罪活动中的一般性预备行为予以实行化处罚，不再作为其他犯罪的普通预备行为予以对待，而且单独处罚可以起到显著的事前危险控制的预防早期化效果。但是，如果在解释立场上仅限于规范层面已经明确规定的网络预备行为，则不仅无法发挥第287条之一作为一般性规定的基本功能，也从根本上背离第287条之一的立法本意。毕竟立法层面不可能完全确定技术违法行为的危险必然低于技术实行行为，也不宜事先排除其他的技术违法行为作为预备性行为时能够诱发的潜在危险。严格的限缩解释实质上背离设置第287条之一的真实立法意图，无法发挥介入的前置化与预防的早期化效果。

3. 适度扩张解释的可行性

对"其他、等'违法犯罪'（信息、活动）"的立法表述，采取合理的扩张解释更可取，理由如下。（1）应结合罪责刑相适应原则加以解释。《刑法》第287条之一是情节犯，只有情节严重的才构成本罪，故而，客观上已经对网络预备行为的处罚范围作出了严格的预先控制。同时，本罪属于典型的轻罪。在此基础上，如果要求利用信息网络所服务的对象是刑法规范意义上的犯罪，则非法利用信息网络行为的危害性与危险性普遍很高，甚至可能过度高于所服务的正犯（主犯）行为；否则，既无法确保独立处罚预备行为具有正当性与必要性，也无法与利用信息网络实施的其他后续犯罪之间形成合理的犯罪轻重梯度。而且，第287条之一的危害行为与其他正犯或主犯行为之间的"危害性隔离带"被压缩，可能导致罪量的区分度明显不足，甚至诱发罪责刑难以相适应的问题。这就决定了扩张解释有其必要性。同时，为了客观地反映第287条之一作为信息网络犯罪时代的一般性罪名这一定位，为了正确实现第287条之一的基础性规制功能，并在必要的时候担负信息网络犯罪时代的兜底罪名之角色，对"其他、等"也应适度进行扩张解释。
（2）扩张解释的慎重性。虽然在形式层面不排除任何违法行为和犯罪活动，但为了确保入罪的正当性与处罚的有效性，应当严格入罪的条件。在具体认定时，需要区分"非法利用信息网络"究竟是作为独立的预备行为，还是同时作为其他犯罪的犯罪手段或客观构成要件要素，应根据个案的具体情况区别对待。究其关键，根据罪责刑相适应原则，对相应的犯罪危害结果进行实质判断：如果危害结果明显超出"三年以下有期徒刑"这一刑罚的承载范围，根据以刑制罪思维所倡导的刑罚有效性可以反思和反制定罪的功能，[1]应考虑援引其他刑法规定；毕竟非法利用信息网络罪作为轻罪罪名，无法对利用信息网络造成的更严重的危害结果承担相称的规范判断与制裁有效的任务；如果试图援引其他条文时，刑法并无相应的明文规定，根据罪刑法定原则，仍应认为不构成犯罪。随着司法解释明确规定"情节严重"后，将明显缓解"其他、等'违法犯罪'（信息、活动）"的解释限度问题。

（三）"同时构成其他犯罪的，依照处罚较重的规定定罪处罚"的理解

在修改过程中，有观点认为，"利用信息网络"是手段行为，如果一概入罪，会导致和其他犯罪的竞合，建议慎重考虑或者删除。[2]《刑法》第287条之一第3款规定，"同时构成其他犯罪的，依照处罚较重的规定定罪处罚"。[3]显然，鉴于非法利用信息网络具有行为的双重属性，立法者已经充分预见到本罪与其他关联犯罪之间可能发生竞合关系，也必然成为实践中的首要任务。但应明确的是，基于本罪的立法旨趣与立法内容，本罪与其他犯罪的司法竞合基本不存在。

1. 争议观点的辨正

有观点认为，《刑法》从第287条之一第3款的规定看，说明"立法者无意卷入，学界因主张严格区分法条竞合与想象竞合，导致在特别关系的法条

---

[1] 参见孙道萃："以刑制罪的知识巡思与教义延拓"，载《法学评论》2016年第2期，第109页。

[2] 参见赵秉志主编：《〈中华人民共和国刑法修正案（九）〉理解与适用》，中国法制出版社2016年版，第158页。

[3] 例如，2016年《最高人民法院、最高人民检察院、公安部关于办理电信网络诈骗等刑事案件适用法律若干问题的意见》规定，构成非法利用信息网络罪、帮助信息网络犯罪活动罪，同时构成诈骗罪的，依照处罚较重的规定定罪处罚。

竞合时，是适用特别法优于普通法，还是重法优于轻法之争的漩涡；而认为不必严格区分法条竞合与想象竞合，只要构成要件行为的主要部分存在重叠，从一重处罚即可。否则，原则上应数罪并罚，以实现罪刑相适应。"[1]该观点的结论不无道理，但说理上过度扩大了法条竞合与想象竞合在第287条第3款规定中的对立程度。

　　立足于《刑法》第287条之一的罪质，对第3款的规定，应进行更全面的解读，主要包括以下两点。（1）立法入罪的依据与轻罪的罪质，共同确立了本罪对犯罪竞合采取了立法预先控制的模式。从非法利用信息网络罪的立法本意看，其旨在实现积极的刑法危险控制，对危险性明显偏高的网络预备行为采取独立、实质处罚，对"预备犯例外处罚原则"进行必要的立法稀释，以避免传统预备犯罪所遵循的处罚原则的失灵。因此，从这点看，第287条之一的适用范围其实相对有限，"情节严重"的规定更强化限制适用的效应。同时，立足于传统预备犯罪处罚的功能定位，第287条之一的犯罪化是刑法介入早期化的典型体现，是对刑法谦抑精神的相应校正，因而适用时稍有不慎，容易导致扩大处罚的不当。基于控制第287条之一可能扩大刑罚处罚的内生风险，才设置"情节严重"并规定第3款，确保第287条之一的适用范围被立法事先严格控制。此举客观上不仅强调第287条之一的适用范围具有专属性，从立法科学性上已经预先降低司法竞合的概率；也极大地限制了第287条之一作为典型的轻罪，与其他关联犯罪发生实质竞合的概率。同时，第287条之一这种罪质特征，决定其可能被迫作为兜底罪名之用。（2）以法定刑的配置限制入罪的边界。对于非法利用信息网络的行为而言，将其作为实质的网络预备行为对待，是因为明显超出一般预备行为的危害性或危险性，但又往往不超过背后的实行行为、主犯行为或正犯行为可能导致的危害结果或危险状态。如若非法利用信息网络行为造成的危害结果或危险状态明显超出轻罪范畴，明显超过3年以下有期徒刑的法定"罚量"配置，则应当弃用第287条之一，避免无法实现"罚当其罪"和造成罪刑失衡等负面效应。据此，应更强调第287条之一是轻罪的本质属性，第3款的规定使其管控的犯罪范围具有公开的法定性与限定性；一旦超过轻罪的罪质范畴，应当选择其他重罪适用。因而，从罪责刑相适应原则的立法理念看，本罪的犯罪竞合概率在实践中其实明显偏低。

---

[1] 参见陈洪兵："《刑法修正案（九）》中'同时构成其他犯罪'相关条款的理解适用——'大竞合论'立场再提倡"，载《政治与法律》2016年第2期，第28页。

2. 提示限制处罚的功能属性及适用意义

就"同时构成其他犯罪的,依照处罚较重的规定定罪处罚"的立法规定而言,其实质是提示性规定,是限制处罚的特殊规定,具体言之:(1)行为竞合处置的提示性规定。当某关联罪名的基本罪形态与非法利用信息网络罪的法定刑档次是相同(三年以下有期徒刑)的,理论上可能出现竞合情形。此时,为了凸显立法者增设第287条之一的司法导向作用,应首先考虑是否援引非法利用信息网络罪;因为第287条之一是新法,作为一般性规定发挥基本的规制功能与一定的兜底功能。在法定刑完全相同的情况,应当作为首选,弃而不用,直接使立法的预期意义被极大压缩。同时,第287条之一是轻罪,适用范围具有预先的法定性与限定性,因此,当非法利用信息网络罪与其他犯罪的加重形态存在行为竞合时,符合更重犯罪的规定或特别法规定的,应直接援引更重的犯罪定罪,〔1〕否则,与第287条之一的法定刑设置偏低不符。(2)限制处罚的提示性规定。增设非法利用信息网络罪是为了严密刑事犯网,对部分网络预备行为加大惩治力度,但并非为了采取更严厉的刑事制裁。立法者之所以设置明显偏高的法定刑,是为了既要实现事前的刑事分流,也限制刑罚处罚的严厉性。第287条之一作为一般性规定与轻罪规定,原则上针对所有相对较轻的非法利用信息网络行为,具有优先适用的特权;第3款发挥了限制无必要的入罪处罚或从重罪处罚的分流作用,但凡第287条之一可以规制的,都不宜考虑"重法优于轻法"的犯罪竞合规则或适用数罪并罚规则。例如,在浙江省常山县人民法院(2015)衢常刑初字第195号刑事判决书中,辩护人认为,客观上使用伪基站发送的诈骗短信,只造成移动公司3G用户通信中断8秒至12秒,也即只造成不特定公众用户正常信息中断数秒,尚未达到危害公共安全程度或不足以危害公共安全。而且,没有直接对公用电信设施进行破坏,因此,不构成破坏公用电信设施罪,可能涉嫌构成诈骗罪、扰乱无线电通讯管理秩序罪或非法利用信息网络罪。主张根据上位法高于下位法、新法优于旧法、从旧兼从轻的原则,应当以非法利用信息网络罪定罪处罚。在不考虑个案中的情节严重程度的前提下,该案在某种程

---

〔1〕 2016年《最高人民法院、最高人民检察院、公安部关于办理电信网络诈骗等刑事案件适用法律若干问题的意见》规定,实施电信网络诈骗犯罪,诈骗数额难以查证,但具有下列情形之一的,应当认定为《刑法》第266条规定的"其他严重情节",以诈骗罪(未遂)定罪处罚:(1)发送诈骗信息5000条以上的,或者拨打诈骗电话500人次以上的;(2)在互联网上发布诈骗信息,页面浏览量累计5000次以上的。具有上述情形,数量达到相应标准10倍以上的,应当认定为《刑法》第266条规定的"其他特别严重情节",以诈骗罪(未遂)定罪处罚。

度上反映了《刑法》第287条之一第3款内在的限制处罚之旨趣。(3) 应正确认识当前司法竞合现象的虚化性问题。从生效案件的司法规律看,当利用互联网实施犯罪时,非法利用信息网络罪与诈骗罪、破坏公用电信设施罪、扰乱无线电通讯管理秩序罪等关联罪名之间,往往存在想象竞合犯或牵连犯的关系。按照"从一重罪"的处置规则,非法利用信息网络罪因是轻罪,往往成为备选。实践中频繁出现的犯罪竞合现象,实质上可能是个伪命题,理由为:破坏公用电信设施罪包括行为犯和情节加重犯两个法定刑档次及幅度,分别为三年以上七年以下有期徒刑、七年以上有期徒刑;诈骗罪包括三个法定刑档次及幅度,分别是三年以下有期徒刑、三年以上十年以下有期徒刑、十年以上有期徒刑或无期徒刑;扰乱无线电通讯管理秩序罪包括情节犯和结果加重犯两个法定刑档次及幅度,分别为三年以下有期徒刑、七年以下有期徒刑。从基本罪形态与加重罪形态的法定刑配置看,非法利用信息网络罪与其他关联罪名的竞合概率其实很低。即使属于其他犯罪的基本罪形态,最高法定刑是三年以下有期徒刑,在发生竞合时,也应首先选择第287条之一,发挥该罪的一般性规制作用。

(四) 信息网络安全管理秩序的法益确证与释法意义

在生效判决中,控辩双方对本罪直接侵犯的具体法益有所争论,并成为此罪与彼罪如何取舍的重要争点。为此,应明确非法利用信息网络罪所保护的具体法益内容,发挥其内在的释法功能,并用于区分罪与非罪、此罪与彼罪。

1. 具体法益的规范基础

在明确《刑法》第287条之一保护的具体法益时,应首先澄清该罪的行为特性及其规范基础,它决定该罪所保护的具体法益。具体地讲:(1) 非法利用信息网络的行为本质是"对一般性的网络安全管理秩序的严重危害"。从具体规定看,第287条之一的客观行为是"非法利用信息网络","非法利用"是判断违法性的规范表述,这决定其违法性的内容是一般性的"非法利用"行为违反了国家规定。继而,该行为所严重破坏的应当是一般性或基础性的网络社会安全的管理秩序,而非网络市场管理秩序、网络运行安全、网络财产安全等其他具体或同类法益的网络安全法益情形,如有观点认为第287条之一所侵犯的具体法益是信息权及信息传播管理秩序。[1]同时,整体意义上的"网络安全"作为新型的非传统的基础安全类型,是包容性极强的抽象概念。一般意义上的网络安全的管理秩序,仅是整体网络安全法益的组成部分,

---

[1] 参见敬力嘉:"信息网络安全管理义务的刑法教义学展开",载《东方法学》2017年第5期,第77页。

也是网络安全法益与网络社会管理秩序相互交叉的地带,并与其他类型的具体网络安全法益相并列。相应地,如果非法利用信息网络的行为,实质上破坏了一般性的信息网络管理秩序的,则涉嫌构成非法利用信息网络罪;当可以确定属于其他具体法益类型的,根据《刑法》第287条之一第3款的规定,应援引更重的犯罪规定。例如,在浙江省金华市中级人民法院(2016)浙07刑再5号刑事判决书中,法院认为,破坏公用电信设施罪的客体为通讯安全,危害行为表现为直接故意破坏正在使用的公用电信设施。扰乱无线电通讯管理秩序罪的客体为国家对无线电通讯的管理秩序,危害行为表现为违反国家规定,擅自设置、使用无线电台(站)或擅自使用无线电频率,通过干扰无线通讯网络对公用电信产生影响且情节严重的行为,而对公用电信设施并不产生损害。利用伪基站为实施诈骗活动发布信息的,是对信息网络安全管理秩序的破坏,不属于扰乱无线电通讯管理秩序的行为。这说明实践中已经有意识地根据具体法益的内容来处理此罪与彼罪的问题,尽管判决说理仍有待强化。(2)网络预备行为与网络实行行为的法益"当量"差异客观存在。第287条之一对典型且高度危险的网络预备行为进行独立处罚,是在对海量网络技术风险行为进行严格筛选与排除后才确认的,存在范围具有预先的限定性而非普遍性,危害结果或危险性往往低于实行行为。由此,从行为类型的逻辑分层看,对于第287条之一与其他关联罪名而言,存在特殊的网络预备行为与一般的网络实行行为的差异。同时,各自保护的具体网络安全法益及其属性,也存在类型的轻重之别,以及内容的一般与特殊之别。这是第287条之一与其他罪名划清界限的重要依据和标准。(3)非法利用信息网络罪是未来我国网络犯罪体系的基础罪名。相比于其他条文保护的具体法益是计算机信息系统安全或数据安全等,第287条之一取代第287条的地位后,其所保护的具体法益内容应是网络安全的公共(一般性)管理秩序。第287条之一保护的是一般性的法益内容,使与其他网络罪名保护的法益相比,它是其他网络罪名的保障性规定,是网络犯罪体系的基础罪名,应具有适用范围的普适性、保护对象的一般性与保护效果的兜底性等特点。例如,第286条之一主要规定网络服务提供者不履行义务后、经监管部门责令改正而拒不改正,情节严重的行为,是典型的网络不作为犯罪,所保护的法益并非一般性的信息网络管理秩序,继而不是基础的网络罪名。[1]第287条之一无法涵括那些

---

[1] 参见赖早兴:"论拒不履行信息网络安全管理义务罪中的'经监管部门责令改正'",载《法学杂志》2017年第10期,第49页。

可能危害网络安全法益的存在根基和危及网络社会的安全基石，甚至可能导致网络安全的整体社会管理秩序陷入失控状态的更严重情形。

2. 具体法益的内涵与意义

由上可知，从《刑法》第287条之一的立法原意、规范表述等看，只有当严重破坏一般性的信息网络安全的管理秩序时，才属于侵害了第287条之一直接保护的法益。传统的主流理论也认为，非法利用信息网络罪所侵犯的法益（客体）是信息网络安全的管理秩序。[1]单纯破坏整体网络安全或其他特殊信息网络安全法益的，均不属于第287条之一的规制范围。在此基础上，这一具体法益的释法功能如下。(1) 在"网络手段型"犯罪形态的特定范围内，第287条之一保护的网络安全管理秩序的法益具有专属性，保护的范围具有法定性，介入的时机也具有优先性和一般性。在实践中，尽管都利用信息网络（计算机）实施犯罪，但如果是实施诈骗犯罪、公共安全犯罪、危害无线电通讯管理秩序犯罪等的，或者为他人实施犯罪提供技术帮助的，并不直接或主要破坏信息网络安全的管理秩序，而主要破坏如网络市场管理秩序等其他具体或整体的信息网络安全法益。对此，不应一律援引第287条之一，应根据直接侵犯的信息网络安全法益的具体内容加以区分。这进一步澄清了一般性的网络预备行为与"网络手段型"犯罪形态之间的适用界限。这里以非法利用信息网络罪与帮助信息网络犯罪活动罪（第287条之二）的区分适用为例：一是从网络危害行为的特质看，前者是网络预备行为的实行化，后者是网络技术帮助行为的正犯化。这种罪质的差异，决定了二者的行为类型的典型特质与具体行为方式的不同，相应地，危害结果及其表现形式也不同。对此，两个条文的具体表述已经充分予以反映。二是从破坏的具体法益看，前者是一般性、基础性的信息网络管理秩序；后者虽然也涉及信息网络管理秩序，但更主要是指对正常或中立背景下的信息网络管理制度的一种破坏，重点涉及网络中立行为与网络技术帮助行为的差别对待。因此，对于两罪的区分适用，仍应回到犯罪构成要件要素本身，尤其是通过案件事实与行为类型的实质匹配，结合其他案件事实与证据，来确定究竟符合第287条之一还是第287条之二明确规定的行为方式。(2) 网络对象型犯罪是指以网络安全为对象的犯罪形态，因而，这类犯罪直接指向具体或类型化的信息网络安全法益、数据安全法益或网络安全法益等法益内容，原则上与第287条之一的

---

[1] 参见高铭暄、马克昌主编：《刑法学》，北京大学出版社、高等教育出版社2016年版，第535页。

法益边界是清晰的。只要不属于一般性的信息网络安全管理秩序的情形，原则上都应援引其他网络犯罪或传统罪名。除非因其他罪名达不到法定的追诉标准，第287条之一才可以根据实际情况决定是否发挥兜底之用，以避免放纵犯罪，但这种"有罪必罚"的做法是否正当仍需讨论。（3）网络对象型与网络手段型犯罪形态仍在发展，网络空间型犯罪形态正在增量，网络安全法益的内涵及其具体情形也不断变化。但是，非法利用信息网络行为的本质属性不变，其直接危害的对象是网络公共安全与网络空间社会管理秩序的交叉地带，所直接侵犯的法益是网络社会安全的一般性、基础性的内容。由此，《刑法》第287条之一被赋予的一般性规制功能，客观上具有很强的时代适应性。

（五）"情节严重"的类型释明

当前，"情节严重"的司法解释尚付阙如，使本罪的立案追诉标准不明，直接诱发入罪边界的模糊化问题，甚至导致本罪异化为新的"口袋罪"。既制约非法利用信息网络罪的司法适用，也导致本罪与其他关联罪名发生司法竞合。应尽快明确本罪"情节严重"的具体情形，并激活案例指导制度的适法引导功能。

1. 立法定量的比例性

在理解"情节严重"的定量规定时，应注意的是：（1）应立足于3年以下有期徒刑的法定刑配置，设置相应的入罪情形，确保入罪的当量与直接关联的网络犯罪罪名的处罚"当量"相一致，也与分则其他配置相同法定刑的罪名的处罚"当量"保持相当。有观点认为，应对"情节严重"作适当的严格解释。[1]此举看似有助于防止本罪的"口袋化"的担忧，但《刑法》第287条之一本就承担一般性规制功能，片面主张严格解释并不足以应对新型的非法利用信息网络的行为，仍应回归罪质本身加以把握。（2）应当坚持罪责刑相适应原则、"就低不就高"原则，避免恣意入罪，防止"刑罚攀比"现象的出现，保证入罪标准的正当性，尤其是设定犯罪数额、数量等方面。（3）应确定适合本罪的具体网络定量因素与定量的判断标准。关于网络犯罪的具体定量因素，既可以包括传统的数额、危害结果等，也可以包括信息数量等相对独立的新型网络因素。网络定量判断标准，是与定量因素相配合的"程度"基准体系，是基于定量因素作出的"罪量"界定，直接决定危害程度和危险系数的梯度。借助定量体系，可以形成符合本罪罪质的定量依据与规范标准，

---

[1] 参见苏青："网络谣言的刑法规制：基于《刑法修正案（九）》的解读"，载《当代法学》2017年第1期，第15页。

确保"情节严重"的具体情形符合实际情况。

2. 参照样本与追诉情形

应比照相关罪名的立案标准，结合当前的司法经验，科学拟制第287条之一的追溯情形，简言之：（1）参照系数。从体系解释的角度看，《刑法》第285条第1款、第2款与第3款的基本罪形态与第287条之一的最高法定刑相同，《计算机信息系统安全解释》规定的相关入罪情形可以作为参考对象。根据《计算机信息系统安全解释》第1条的规定，《刑法》第285条第2款规定的"情节严重"包括五种情形，定量因素包括信息数量、计算机数量、财产损失等几种类型。根据《计算机信息系统安全解释》第3条的规定，第285条第3款规定的"情节严重"包括六种情形，定量因素主要包括人数或次数、财产损失等。相比之下，第285条第2款的定量标准相比严于第285条第3款。而且，两个罪名的定量因素及标准仍以传统模式为主，但也吸收了新型网络定量因素，并形成了一些新的标准。由于非法利用信息网络罪与前两个罪名仍有差异，不宜直接套用具体的定量因素及标准。（2）追诉情形拟制。关于第287条之一的定量因素，有观点认为，信息的传播面（具体包括设立网站、发布信息数量和访问数量、实际点击数、向用户账号发送信息数）、违法所得数额可以作为第287条之一规定的"情节严重"的定罪因素及标准。另有观点认为，可以结合行为人发布的信息的具体内容、数量、扩散范围、获取非法利益的数额、受害人的数量、造成的社会影响等因素，综合确定是否构成"情节严重"。这两种观点更具综合性，侧重考察了信息网络安全法益的特性、非法利用信息网络的客观行为类型，设置的定量因素及标准更具网络犯罪时代的专属性。在此基础上，根据非法利用信息网络行为的类型，符合"情节严重"追诉标准的，可以包括以下九种情形：①设立用于实施诈骗、传授犯罪方法、制作或者销售违禁物品、管制物品等违法犯罪活动的网站、通讯群组的10组以上，或注册会员、账号等达100人或次以上的；②发布有关制作或者销售毒品、枪支、淫秽物品等违禁物品、管制物品或者其他违法犯罪信息的500条或组以上，或视频文件10个以上、音频文件50个以上、电子图片等100件以上的；③为实施诈骗等违法犯罪活动发布信息的500条或组以上的，或实际被点击次数5000次以上的；④非法利用信息网络的，为20人次以上服务的；⑤违法所得5000元以上或者造成经济损失1万元以上的；⑥曾因为实施违法犯罪而设立通讯群组、发布违法犯罪信息连续受过行政处罚2次以上的；⑦非法利用信息网络，导致50台以上的计算机信息系统或信息网络或5000台以上为用户提供网络服务的计算机信息系统或信息网络被非法控制或不能正常运行累计 1 小时以上的；⑧非法利用国家机关或者金融、电信、交通、教育、医疗、能源等领域提供公共服务的计算机信息系统的功能、数据或者应用程序或信息网络的，致使正常生产、生活受到严重影响或者造成其他严重的社会影响；⑨其他情节严重的情形。

3. 激活网络犯罪案例指导制度的适法意义

案例指导制度已经被实践证明是指导司法适用的有效途径。回顾最高人民法院、最高人民检察院各自发布的指导性案例，对新型、疑难、复杂的网络犯罪案件关注度明显不够。在较长时期内，仅有指导案例 27 号对网络型盗窃罪与诈骗罪的区分作出释法说明。直到最高人民检察院发布第 9 批指导性案例时，才直接涉及计算机犯罪规定的适用，但也主要涉及计算机犯罪罪名与网络诈骗犯罪。《刑法修正案（九）》增设了纯正的网络犯罪罪名，而相关的司法解释又短时期内无法出台，实践中迫切需要网络犯罪方面的指导性案例，[1] 对一些争议问题作出官方说明，明确适法的准确依据和统一尺度。鉴于此，最高人民法院与最高人民检察院应对已经生效的案件启动指导性案例遴选工作，围绕争议问题，抽取典型的生效判决，通过发布指导性案例的方式，进一步解决第 287 条之一在实践中适法不明的司法难题。

三、结语

从非法利用信息网络罪的立法原意、罪质内涵、法益保护的功能设定看，当前一些生效判决的做法恐有背离之处。而且，司法实践对非法利用信息网络罪的"慎用"，既不当地压制立法预期目标的实现，也可能加大司法机关处置关联罪名的难度。对于网络对象型犯罪形态、网络空间型犯罪形态，尤其是网络手段型犯罪形态而言，非法利用信息网络已经成为这类犯罪当前普遍存在的危害行为方式，其中部分具有极高的刑法危险，将这类预备性的网络危害行为入罪，有助于形成事前一般积极的防控效果。诚然，非法利用信息网络罪在实践中形成的司法疑难与教义难题，是从传统犯罪形态过渡到网络犯罪形态的进程中不可避免的"阵痛"，也是从传统刑法体系到网络刑法体系的知识转型的"缩影"。为此，首先应通过导入教义学原理，缓解"适用依据不明"的被动局面，但更应加快推动传统刑法知识的网络化转型，以便通盘解决包括本罪在内的新型问题。

---

[1] 参见孙道萃："网络刑法知识转型与立法回应"，载《现代法学》2017 年第 1 期，第 117-120 页。

第二十章
网络直播刑事风险的制裁逻辑

互联网时代加速了新型网络消费时代的到来，以网络表演等为内核的互联网直播成为时代的弄潮儿，但也是网络技术异化风险的携带源与传播体。日益失范的涉黄、涉暴、涉淫秽等违规违法直播现象层出不穷，持续制造刑法不能容忍的风险。[1]各方高度重视网络直播风险的治理，主要包括加强网络直播监管与行业自治两方面。但是，网络直播衍生的法律风险仍高位运行，刑事风险的异化速度攀升难止。审视当前相关的法律规范性文件，仍未解决适法不明问题，导致直播平台运营不规范、主播打"擦边球"、监管主体失职的刑事责任边界模糊，也拷问刑法制度的"埋单"能力。在全民直播时代，既不能以牺牲网络自由创新为代价换得网络的片刻安宁，扼杀网络技术的转化与创新；[2]也不应毫无底线地一味克制，纵容网络直播风险的泛滥，危及网络安全法益。《互联网直播服务管理规定》（2016年，国家互联网信息办公室）、《网络安全法》（2016年，全国人民代表大会常务委员会）、《网络表演经营活动管理办法》（2016年，文化部）相继发布，既宣告全面依法治理网络直播现象的决心，也为防控刑事风险和追究刑事责任提供新依据。其中，如何有效地应对网络直播平台这一新型犯罪主体成为当前的重要任务。

一、网络直播刑事风险的类型

网络直播是网络技术与网络商业模式的创新典范，但直播平台管理疲软、直播主体自治不足、网络监管乏力等，共同导致网络直播进入疯狂的野蛮生

---

[1] 参见靳高风等："2016年中国犯罪形势分析及2017年预测"，载《中国人民公安大学学报（社会科学版）》2017年第2期，第2-3页。

[2] 参见车浩："谁应为互联网时代的中立行为买单？"，载《中国法律评论》2015年第3期，第50页。

长期。网络直播刑事风险高居不下，主播、直播平台、监管部门、广大用户均涉其中。

（一）网络主播引发的刑事风险

《互联网直播服务管理规定》第 2 条第 2 款规定，互联网直播服务使用者，包括互联网直播发布者和用户。网络主播作为网络直播产业衍生的新型职业群体，是最重要的网络直播服务使用者即发布者，也是网络直播风险的首要隐患。网络主播主要是女性。当前，网络主播的违规违法直播行为大体包括两类。（1）相对轻微的失范行为。如穿着暴露、举止轻佻、言行低俗等，甚至还直播"自杀"过程、擅入校园宿舍等。这类直播往往超越道德与社会伦理底线，甚至干扰社会公共秩序。（2）严重的失范行为或违法犯罪行为，可能需要承担行政责任与刑事责任。包括直播"造人"、直播淫秽活动、直播聚众吸毒、直播强奸过程等。比如，全国"扫黄打非"办公室已严肃处理直播"造人"事件，并追究了相关责任人员的法律责任。但是，对于大多数的严重失范行为，受制于"法不责众"的传统观念、广大网民的"助推"效应、刑法规定阙如等消极因素，仍难以追究网络主播的刑事责任。

网络直播平台是公众平台，维系信息网络安全。网络主播是直播平台的核心人物，是直播平台的信息源与数据池，往往成为网络直播刑事风险的首要来源。网络主播严重违规违法直播，不仅扰乱网络空间的社会管理秩序和公共场所秩序，往往也波及现实物理社会秩序，引发以下刑事风险。（1）破坏网络空间社会的信息安全、网络空间社会秩序或网络空间场所公共秩序。（2）引发现实物理社会的关联性危险或危害。（3）原则上可能破坏所有传统刑法法益或新型网络安全对应的刑法法益。

（二）网络直播平台裹挟的刑事风险

《网络表演经营活动管理办法》第 2 条第 2 款、第 3 款，《互联网直播服务管理规定》第 2 条第 2 款规定，互联网直播服务提供者是指提供互联网直播平台服务与网络表演经营活动的主体。在网络直播的商业运行模式中，直播平台与主播利益互绑，为网络直播提供网络技术支撑。直播平台往往采取事后补救管理，而内部管理往往流于形式，平台管理失位与缺位成为诱发直播风险的重要内因。

按照《网络安全法》《网络表演经营活动管理办法》《互联网直播服务管理规定》的相关规定，直播平台作为网络服务提供者负有法定的网络安全管理义务，应当承担安全管理的主体责任。目前，直播平台的内部审查不力与管理缺位，往往成为直播风险的主要来源。对此，全国"扫黄打非"办公室负责人强调,"净网 2016"行动专项整治网络直播平台,追究违法平台主体的刑事责任。网络直播平台是新型的公众媒体平台,具有高度的网络主体聚合性,制造的风险具有广泛性、蔓延性等特征。主要包括以下四点。(1) 危害直播空间的公共管理秩序,直接或间接影响现实物理社会及用户的消费权益与公共秩序。(2) 直播平台不履行或故意违反网络安全(信息)管理义务,将危害网络直播平台的正常运行秩序、经营活动,侵犯用户的合法权益。(3) 网络直播平台的运营基础与核心是网络系统安全,网络直播平台的运行安全、信息网络安全,尤其是数据安全与用户个人信息安全都可能成为被侵害对象。(4) 网络直播平台是互联网经济的新兴方式,网络平台为了获取竞争优势和市场份额,可能实施非法干扰、排挤竞争等破坏正常经营的不正当竞争行为,可能引发网络直播产业的重大市场风险。因此,网络直播平台可能制造网络运行风险、网络经营秩序风险、网络空间秩序及管理风险等。

(三) 网络安全监管部门制造的刑事风险

《网络安全法》第 8 条、《互联网直播服务管理规定》第 4 条第 1 款、《网络表演经营活动管理办法》第 17 条与第 18 条,先后分别对网络安全监管部门及其监管职责作出相应的规定,逐步扭转了之前"九龙治水"的监管局面。

网络安全监管部门也是刑事风险的重要源头之一。主要包括三个方面。(1) 国家网络安全风险。网络安全事关国家安全战略,是国家主权的重要内容。网络监管部门是制定网络空间行为规范准则的合法主体,是指导网络空间自治的官方机构,是维护网络安全的国家力量,是防控直播风险的基础防线。监管缺位是国家网络安全、网络主权及数据主权风险的重大隐患。(2) 监管渎职风险。网络安全监管部门及其负责人或主要责任人渎职的,包括滥用职权、玩忽职守与其他违反其他法定职责的,可能导致网络直播平台陷入失控无序的危险状态。(3) 共同制造风险。监管部门的工作人员利用工作之便或职务上的便利,教唆、组织、帮助或参与网络直播平台的违法犯罪活动的,将直接制造多重的网络直播刑事风险。

(四) 网络用户诱发的刑事风险

网络直播平台乱象频发,庞大的网络用户作为"看客",不能全身而退。网络直播具有高度的互动性与公众参与性,用户购买是网络直播平台营销模式的基本保障,用户消费的偏好客观上主导网络直播平台的内容及形式。用户抵制是最好、最廉价的社会抗衡制度与措施,直接从源头切断诱发网络直播风险的外部不良因素。网民参与网络直播,可能诱发以下刑事风险。(1) "犯因"风险。对于网络直播行为失范,甚至违法犯罪活动,尽管直播平台、主播与监管部门难辞其咎,但网络消费受众的低俗化、媚俗化、庸俗化、快餐化等不良文化与社会风气,是直接的诱发者。(2)参与风险。网络消费者作为整体无需承担法律责任,但并不必然排除个别或不特定的多数人作为消费者应当承担责任。比如,网民实施网络起哄闹事、网络侮辱诽谤、网络聚众、网络敲诈勒索等现象屡禁不止,网民作为组织者、策划者、领导者、积极参与者,是刑事风险的促发者与制造者。

二、网络直播中的刑事责任厘清

不能置网络直播现象于"法外空间",更不能纵容网络直播的刑事风险"无法无天"。尽管传统刑法理论和立法规范深陷有效性困境,仍应根据网络直播的相关主体及其行为,明确网络直播各方的刑事责任类型、存在范围及制裁边界。

(一)网络主播的刑事责任范围

应根据网络主播的具体直播行为,比照现行法律,明确刑事责任的清单。

1. 主要的直播危害行为

根据违规违法网络直播的现状,主要的危害行为包括五个方面。(1)直播色情或极端不雅行为。目前,有关色情的法律定义与法律责任等不够明确,特别是对儿童色情制品及其处罚缺乏具体规定,导致网络主播借色情"噱头"频打"擦边球"的行为层出不穷,网络不雅、低俗风气充斥其中。在实践中,已有公安机关将直播色情内容的行为按照传播淫秽物品牟利罪处理的做法,事实上意味着采取了扩张解释,将网络直播平台与直播中的色情行为,与现实物理社会中的淫秽物品等同。但有观点认为,直播过程中的动作、语言等并不必然是固定的有形载体,即使包含淫秽内容或淫秽场景,却很难认为是传播淫秽物品,否则,犯罪主体在传播淫秽物品时,竟然以自己及色情行为作为犯罪对象,与传统刑法理论存在尴尬与不协调的一面。[1]但直播平台是网络社会的公共空间,网络直播平台聚集庞大的网民,信息共享与传播速度极快,与现实物理社会高度链接,危害丝毫不减,利用网络平台直播色情行为,情节严重,应当追究刑事责任,理由如下。一是直播色情和极端不雅行为,可能涉嫌构成寻衅滋事罪。根据《刑法》第 293 条第 4 款、《最高人民法院、最高人民检察院关于办理利用信息网络实施诽谤等刑事案件适用法律若干问题的解释》第 5 条第 2 款、《最高人民法院、最高人民检察院关于办理寻

---

[1] 参见贾阳:"网络直播无下限,怎么治?",载《检察日报》2016 年 9 月 14 日,第 5 版。

哄滋事刑事案件适用法律若干问题的解释》第 5 条的规定，公共场所不限于现实物理空间，已经延伸到网络空间。信息网络空间与现实物理空间并无差异，在网络空间实施犯罪，造成公共场所秩序严重混乱的，应承担刑事责任。二是直播色情行为严重破坏直播平台与现实物理社会的公共秩序与善良风俗，导致公共空间发生混乱，情节严重的，可以按照传播淫秽物品牟利罪、组织播放淫秽物品罪等处罚。但《治安管理处罚法》与网络内容分级办法应明确网络色情行为或极端不雅行为具有违法性。（2）直播淫秽表演。当前，利用直播平台直播淫秽表演屡禁不止。通过信息网络播放淫秽物品及音像制品的，主要可能涉嫌构成《刑法》第 364 条规定的传播淫秽物品罪、组织播放淫秽音像制品罪与第 365 条规定的组织淫秽表演罪。司法机关应当采取扩张解释，将传统现实物理空间社会扩大到网络空间社会，并可以不区分组织者、网络技术的支持者与帮助者的主、从犯关系，追究刑事责任。但主播单独实施淫秽直播表演的，按照传播淫秽物品罪论处仍显牵强，因为单独的网络真人直播行为不是传统的静态"淫秽物品"，除非采取扩张解释，将网络空间的直播表演行为认定为"动态"的淫秽物品。（3）涉未成年人的猥亵性直播。"注意力经济"已经开始渗透未成年人群体，未成年人可能牵扯直播。通常认为，猥亵是指除奸淫以外的能够满足性欲和性刺激的有伤风化、损害人性心理、性观念，有碍身心健康的性侵犯行为。[1]从解释学看，面向未成年人的涉色情或不雅直播行为是否属于"猥亵"确有争议。《网络表演经营活动管理办法》第 7 条规定，网络表演经营单位应当加强对未成年人的保护，有未成年人参与的网络表演，不得侵犯未成年人的权益。因此，"猥亵"的刑法含义应当与社会文化观念保持同步。比如，《刑法修正案（九）》将第 237 条的猥亵"妇女"修改为猥亵"他人"，扩大猥亵的犯罪对象，体现性文化与性观念的时代变迁。"立法者的任务不是建立某种特定的秩序，而只是创造一些条件，在这些条件下，一个有序的安排得以自生自发地建构起来，并得以不断地重构。"[2]从侧重保护未成年人的政策导向和直播内容分级制度等来看，对明显属于向未成年人传播色情信息或传播、实施具有猥亵性质的语言、举止等不雅行为的，网络直播平台明显属于"当众"，情节严重的，可能涉嫌构成猥亵

---

[1] 参见高铭暄、马克昌：《刑法学》，北京大学出版社、高等教育出版社 2016 年版，第 466 页。

[2] 参见［英］弗里德利希·冯·哈耶克：《自由秩序原理》，邓正来译，生活·读书·新知三联书店 1997 年版，第 201 页。

儿童罪。造成轻伤以上危害结果的，依照处罚较重的规定处罚；直播有关淫乱活动、吸毒等违法犯罪活动的，同时涉及未成年人的，可能涉嫌构成引诱未成年人聚众淫乱罪、引诱他人吸毒罪等。教唆、组织、聚众参与或提供技术帮助，应按照共犯形态论处。(4) 直播虚假广告。在互联网经济背景下，利用网络直播进行宣传往往可以起到更好的效果。当前，利用网络直播发布各类型广告不胜枚举，但大量网络虚假宣传也夹杂其中，严重威胁直播平台的信息安全和现实物理社会的秩序。根据 2018 年修正的《广告法》和 2016 年《互联网广告管理暂行办法》的规定，主播利用直播平台发布虚假广告的，具有传播范围大、受众人数多、影响恶劣等情形或造成严重危害结果的，目前应以虚假广告罪追究网络主播的刑事责任。今后应考虑对虚假广告罪进行网络化修正。(5) 其他严重失范直播。《网络表演经营活动管理办法》第 6 条规定禁止表演的内容，包括表演方式恐怖、残忍、暴力、低俗等多种情形。对游走于法律边缘的严重失范直播行为，[1] 在确定刑事制裁边界时，应当注意三点：一是援引寻衅滋事罪等罪名，容易落入"口袋罪"的指责，制裁的边界容易失控，但一律放任不管，类似行为将发生，甚至加码，危险将不断增大；二是《刑法》第 287 条之一的客观行为主要是指发布违法犯罪（活动）信息或为实施违法犯罪活动发布信息，与严重直播失范行为相比有本质差异，使该条规制的针对性不强；三是《刑法》第 287 条之二可以制裁主播实施帮助信息网络犯罪活动的行为，但需情节严重。在实践中，应根据直播内容及其形式作出实质判断，关键看刑事制裁是否有效。

2. 主要的刑事责任类型

根据网络主播的行为及其内容，可能承担的刑事责任类型主要包括五种。(1) 破坏网络直播空间公共秩序与社会管理秩序的，情节严重的，可能涉及聚众扰乱社会秩序罪、寻衅滋事罪、传授犯罪方法罪、聚众淫乱罪、引诱未成年人聚众淫乱罪、开设赌场罪、传播淫秽物品罪、组织播放淫秽音像制品罪、组织淫秽表演罪等。(2) 网络直播宣扬恐怖主义、极端主义以及恐怖活动的，严重危害公共安全或国家安全的，可能构成恐怖活动犯罪、以危险方法危害公共安全罪等。(3) 侵犯公民人身权利、民主权利的，涉嫌罪名由直播内容等因素决定，如网络诽谤情形。教唆、帮助或参与实施的，应当承担共犯责任。(4) 利用直播平台发布违法犯罪活动信息或利用直播形式作为违

---

[1] 比如，2016 年 1 月底，斗鱼 TV 主播在上海驾豪车玩直播，撞伤 2 人；虎牙户外直播综艺，主播因口角引发斗殴，导致他人头部受到重创，等等。

法犯罪活动的网站及通讯群组的，可以援引第 287 条之一，追究非法利用信息网络行为的正犯责任。[1]（5）其他罪名。网络主播的直播可能侵犯所有的刑法法益内容，包括国家安全、军事利益、公共安全、社会主义市场经济秩序与社会管理秩序等法益。比如，网络直播与著作权息息相关，直播可能侵犯《信息网络传播权保护条例》《著作权法》规定的网络信息传播权，涉嫌构成侵犯著作权罪。

（二）直播平台的刑事责任边界

网络直播行业主要面临直播产品新、主播行为不可控、用户参与方式跨度大等难题。但《互联网直播服务管理规定》《网络安全法》均规定网络直播服务提供者负有法定的网络安全管理义务，直播平台难以推卸其相应的刑事责任。

1. 网络安全管理义务是归责前提

现行法律规定，网络直播平台是服务提供商，负有法定的网络安全管理义务，择要而言如下。（1）《网络安全法》第 10 条、第三章"网络运行安全"、第四章"网络信息安全"、第五章"监测预警与应急处置"规定，直播平台负有"防范网络违法犯罪活动，维护网络数据的完整性、保密性和可用性""立即停止传输该信息，停止提供服务，采取消除等处置措施，防止信息扩散，保存有关记录，并向有关主管部门报告"等内容审查、信息安全保护等法定的义务。《网络安全法》第 43 条、第 47 条、第 48 条、第 50 条规定，网络运营者、电子信息发送服务提供者、应用软件下载服务提供者等发现禁止发布或者传输的信息的，负有保存或要求保存有关记录的义务或职责。《网络安全法》对网络服务提供者的法定义务作出最新的概况性规定。（2）《互联网直播服务管理规定》第 14 条规定，互联网直播服务提供者应对违反法律法规和服务协议的互联网直播服务使用者，视情况采取警示、暂停发布、关闭账号等处置措施，及时消除违法违规直播信息内容，保存记录并向有关主管部门报告。第 15 条规定，应建立互联网直播发布者信用等级管理体系，建立黑名单管理制度，并执行相应的惩戒措施。第 16 条规定，应记录互联网直播服务使用者发布内容和日志信息，保存 60 日。这为网络直播平台提供服务规定了更加具体的义务。（3）《网络表演经营活动管理办法》第 3 条规定，从事网络表演经营活动，应遵守宪法和有关法律法规。第 5 条规定，应对本单位

---

[1] 参见车浩："刑事立法的法教义学反思——基于《刑法修正案（九）》的分析"，载《法学》2015 年第 10 期，第 12-13 页。

开展的网络表演经营活动承担主体责任,建立健全内容审核管理制度,配备满足自审需要并取得相应资质的审核人员,建立适应内容管理需要的技术监管措施。这也为网络直播平台设定了法定义务。

2. 主要的刑事责任类型

网络直播平台违反国家规定的法定义务,可能构成一般犯罪、不作为犯罪、重大管理(监督)过失犯罪等形态,大致包括:(1)共犯责任。直播平台与主播或用户存在共同犯罪的意思联络,明知违反网络安全管理义务,仍积极提供直播平台技术服务或采取放任不管的态度,不采取网络切断、取消主播资格、关闭直播间等必要的安全措施,参与和帮助他人实施犯罪,甚至从中获利,直播平台应当承担共同犯罪的责任。但在追究共犯责任时,共犯从属性理论、共犯故意的认定等难题使得司法运行并不理想。(2)不作为犯责任。网络直播平台作为网络服务提供者负有法定的信息网络安全管理义务,应当具备相应的网络安全管理能力和应急条件。根据《刑法》第286条之一的规定,在可以积极预防和控制危险因素或危害结果发生的情况下,却消极对待或放任不管,导致危害结果发生或危险状态出现的,应当承担不作为犯罪的刑事责任。不作为犯罪可以是故意犯罪,也可以是过失犯罪。(3)独立的正犯责任。网络直播平台明知他人利用直播平台实施违法犯罪活动,仍提供直播平台所包含的网络技术支持或帮助,导致发生危害结果的,应独立承担帮助网络犯罪活动的刑事责任,而不论正犯或主犯实施的犯罪是否成立,具体以《刑法》第287条之二为依据。(4)重大管理或监督过失责任。当直播内容特殊、直播受众面极其广泛,即使属于重大管理或监督过失的,但造成严重结果的,网络直播平台应承担网络过失犯罪的刑事责任。对于前三种刑事责任形式,现行刑法基本上都有相关规定或直接规定。而且,不作为犯责任与独立的正犯责任是主要责任形态,也是刑法最新修正的重点对象。但是,目前并无网络过失责任规定,填补网络过失犯罪的立法空白应提上立法议程,进而,才能为追究网络平台等网络主体的过失犯罪的刑事责任提供合法依据。

3. 具体罪名的适用

基于网络直播平台的属性及其负有的法定义务内容,直播平台违反国家规定的网络安全管理义务,造成危害结果的,可能涉嫌构成下列犯罪。(1)拒不履行信息网络安全管理义务罪。网络直播平台是网络服务提供者,承担法定的信息安全管理义务。故意违反信息网络安全管理义务,同时符合"经监管部门责令采取改正措施而拒不改正的"客观处罚要件,造成危害结果的,应承担刑事责任。在认定时，应充分考虑网络运营者履行管理义务的现实可能，严格把握入罪范围。涉及公民信息安全等具体保护义务等的，按照侵犯公民个人信息犯罪和帮助毁灭证据罪等特殊罪名论处。（2）非法利用信息网络罪。利用直播平台实施传播淫秽物品、洗钱等违法犯罪的，将直播平台变为实施违法犯罪活动的预备场、信息群的，情节严重，构成非法利用信息网络罪。（3）帮助信息网络犯罪活动罪。网络直播平台是新型网络空间场所，网络直播的运行高度依附于网络直播平台的技术支持。当前，除非是中立的网络技术行为，一些网络技术帮助行为的危害性或危险性明显偏高，[1]故意提供或消极放任并造成危害结果的，应当承担刑事责任。为网络直播活动提供互联网接入、网络存储、通讯传输等技术支持或支付结算等帮助行为的，网络直播平台可能成为技术"帮凶"。（4）网络中立业务行为的正当化处置。根据《网络安全法》《互联网直播服务管理规定》与《刑法修正案（九）》的规定，直播平台负有网络安全管理义务是归责前提，但也应对网络直播平台实施的中立业务行为予以除罪化，划清其与严重的网络技术帮助或支持行为的界限。在确定是否应当设置法定的管理义务、判断是否具备实施义务的能力这两个实质条件时，应当充分考虑网络代际的本质特征、网络技术的发展阶段、网络主体的认识能力与避免能力、所制造的法律风险是否严重脱离相当性还是属于可以容忍的合理限度等因素。既要严厉制裁网络直播平台实施的网络违法犯罪行为，也要鼓励正常的网络业务经营行为与自由创新。

（三）监管部门的刑事责任认定

《网络安全法》第 8 条对网络安全保护和监督管理的主体及其职责作出概括性规定。《互联网直播服务管理规定》第 4 条确立以互联网信息办公室为核心的自上而下的监管体制。《网络表演经营活动管理办法》第 17 条、第 18 条规定，文化部负责全国网络表演市场的监督管理工作。在此基础上，网络监管部门及其责任人员的刑事责任情形，主要包括以下四种情形。（1）监管部门或监管人员违反监管职责，滥用职权或严重失职的，应承担渎职责任。《网络安全法》第 73 条第 2 款规定："网信部门和有关部门的工作人员玩忽职守、滥用职权、徇私舞弊，尚不构成犯罪的，依法给予处分。"目前，由于缺乏像环境监管失职罪、食品监管渎职罪等具体的监管渎职罪名，对网络监管渎职犯罪的，只能概括地适用滥用职权罪或玩忽职守罪，其他渎职行为可以援引

---

[1] 参见赵秉志、袁彬：《刑法最新立法争议问题研究》，江苏人民出版社 2016 年版，第 68-69 页。

受贿罪等关联罪名，但应考虑增设"网络监管渎职罪"。(2) 违反特定的重大网络安全监管义务，破坏国家安全、国防安全、军事安全等重大法益的，依照分则的规定从重论处。(3) 利用工作之便或职务之便实施或参与共同犯罪的，按照总则规定追究共犯责任。(4) 重大监管过失或管理过失，导致严重社会危害的，可能构成大型群众性活动重大安全事故罪等。

（四）网民参与的刑事责任限度

《互联网直播服务管理规定》第 2 条第 2 款、第 9 条、第 11 条第 3 款等规定，用户作为互联网直播服务使用者，应当遵守法律法规的规定，依法上网。

广大网民作为互联网直播服务使用者，集消费者、被害者与加害者等身份于一身，通常不应当对直播平台的失范直播行为承担刑事责任。但是，网民可能实施聚众、片面教唆与帮助等行为，甚至在户外直播中直接地、积极地参与各种违法违规的直播行为，或干扰正常的网络直播过程、破坏网络直播平台的系统秩序运行，造成严重的危害结果的，不作为犯罪处理显然不妥。鉴于此，刑事责任类型可能包括以下三种。(1) 非法利用信息网络罪与帮助信息网络犯罪活动罪。二者旨在维护信息网络管理秩序以及信息网络安全，是制裁用户参与网络直播违法犯罪行为的重要依据。用户的参与行为情节严重的，可以被追究刑事责任。(2) 寻衅滋事罪。用户参与或聚众，形成"起哄闹事"的危害结果，可能涉嫌构成网络空间下的寻衅滋事罪；对他人实施侮辱、诽谤且情节严重的，可能涉嫌构成侮辱罪、诽谤罪。(3) 其他罪名。根据直播内容与形式、网民的行为及参与程度，确定涉嫌的具体罪名。比如，网民的行为导致网络直播平台不能正常运行或非法控制、非法获取平台数据的，根据司法解释的规定，属于情节严重的，可能构成非法控制计算机信息系统罪、非法获取计算机信息系统数据罪及破坏计算机信息系统罪等相关罪名。

综上，根据《网络安全法》《刑法》等的规定，网络主播、直播平台、监管者、网民都负有相应的网络安全管理义务，违反法定义务，造成严重后果，符合立案标准或入罪条件的，应追究刑事责任。目前，受限于立法的滞后性，定罪思路仍以传统罪名的网络化扩张适用为主；同时，考虑到网络直播犯罪的司法解释或指导意见尚未出台，应建立网络犯罪案例指导制度并发挥适法的指导作用。

三、因应网络直播平台犯罪的体系协同

网络直播刑事风险的增量,是网络技术更迭与网络社会变迁的正常现象。其中,直播平台是关键因素,既是控制直播风险的首要主体,也是治理网络直播乱象的首要对象。应树立网络平台犯罪的专属治理思维,通过立法修正,着力解决网络平台犯罪治理的规范不足问题,重视推动网络刑法知识变革解决本源困境。

（一）积极网络制裁思维的转变

应正视刑法中积极预防理念与必要的处罚理念的时代意义,导入认罪认罚从宽制度,以有限的司法资源,有效遏制以网络平台为主体的网络直播刑事风险。

1. 积极预防理念

风险社会充斥于后工业革命社会的末期,无处不在的风险加剧人类对安全与秩序的渴望,也抬升安全秩序价值的优先地位。由此,积极应对不确定的风险和维护社会安全秩序已成为刑法迫切需要实现的重要目标。[1]比如,《刑法修正案（九）》对网络犯罪的修改,充分体现"秩序价值的优先性"的预防策略,网络预备行为犯罪化、网络不作为犯罪化、网络技术帮助行为犯罪化,都呈现出刑法介入的早期化迹象。在此基础上,安全价值与公共秩序作为刑法优先保护的价值,必然对自由价值和网络创新精神形成一定的压制效应,也对传统刑法理念及其立法产生深层次影响。在安全秩序价值相对优先的理念指导下,把追究直播平台、主播、监管部门以及用户的刑事责任作为首要任务具有必然性与合理性,是保护信息网络安全与管理秩序的迫切需要。而且,网络技术风险不同于传统现实物理社会的危害行为,大量预备行为、未遂行为、技术帮助行为、片面技术支持行为等技术参与行为都具有明显偏高的刑事风险。按照传统报应性司法模式倡导的危害原则、结果犯立法、事后的报应措施等,往往无法处置。传统报应性司法模式应对网络技术风险频现短板,未充分激活刑法理论体系的积极预防功能,导致传统刑法陷入"亦步亦趋"的怪圈。为了稀释报应性司法模式的制度失灵窘境,刑法应保持积极介入社会治理的姿态,激活刑法介入的早期化功能与预防性

---

[1] 参见［德］汉斯·约格·阿尔布莱希特: "安全、犯罪预防与刑法",赵书鸿译,载《人民检察》2014年第16期,第30-31页。

理念。[1]网络预防性刑法理念有别于传统的报应性司法理念,是因应网络技术风险而自发形成的新思维,并不全面否定传统刑法体系,而是更关注危险提前化的现状和防控危险的预先性、事前性,将一些高度危险的网络技术行为纳入刑法介入的范围,确保刑法可以有效保障社会安定。预防性刑法思维旨在解决网络技术风险的犯罪化原则、犯罪圈设定及制裁措施等问题,集中表现为增设网络危险犯等预防性立法举措。预防性刑法思维及其立法是制衡网络直播刑事风险的重要途径,确保可以积极介入一些高度危险的"零界"行为,而不再受制于"事后救火"的消极反应与被动干预的困境。然而,网络积极预防功能观也不宜绝对化,应警惕一味从严、从重、从早打击的片面看法,仍应以宽严相济刑事政策为指导,遵循区分对待的策略,实现网络犯罪控制观下的科学与有效治理。[2]

2. 必要的处罚理念

传统理论认为,刑法是最严厉的法律制裁,只在其他部门法"无能为力"时才能介入。刑法是事后法和保障法。[3]由此,也将刑法置于"消极防守"的位置,刑罚处罚主要立足于"面向过去"而非"面向未来"。诚然,将刑法定位为其他部门法的"保障法",可以从逻辑上防止滥用刑罚权,确保启动的正当性与有效性。但是,并不能借此过度弱化刑法的保护机能与刑法治理犯罪的基本任务安排,更不能忌惮刑罚权的"法定的恶"而不敢发动,使刑法背离保障人权的本质属性与保障社会安全的功能设定。网络技术风险是网络社会创新与风险社会相互交织而成的伴生物,网络技术风险的不确定性,源自于大量网络技术型的预备行为、未遂行为、共犯参与行为、不作为以及过失行为等都具有明显偏高的刑事风险,甚至有不亚于实行行为或正犯的危险度。在此背景下,如若不介入,刑法保障社会安全的功能将形同虚设。因此,与其一味地从静态层面限制处罚范围,不如从动态层面对处罚范围进行合理的分流,保持犯罪化与非犯罪化的理性配置。进而,犯罪圈也不是"越小越好",动态层面的"必要的处罚"是正当的,因为并非"越少的处罚就是对的"。网络刑法理论体系应当适度坚持网络安全价值优位的理念,将积极

---

[1] 参见何荣功:"预防刑法的扩张及其限度",载《法学研究》2017年第4期,第139页。
[2] 参见孙道萃:"网络犯罪治理的基本理念与逻辑展开",载《学术交流》2017年第9期,第128-132页。
[3] 参见赵秉志、袁彬:"刑法与相关部门法关系的调适",载《法学》2013年第9期,第113页。

预防主义植入刑法规定与司法过程，合理松绑刑法的谦抑精神，倡导由"过度的限制的处罚"转向"必要的处罚"。"必要的处罚"摄入积极预防理念，试图平衡法益保护功能与人权保障功能。在合理释放刑法保护网络安全的内在张力之际，适度提前刑法的介入时机，通过刑事处罚的前置化实现预防的早期化。"必要的处罚"主张仍坚持立法的审慎性理念，纠偏过度的犯罪化，贯彻必要的非犯罪化，使犯罪圈的变动处在可控与可接受的范围内。

3. 认罪认罚从宽制度的适用

相比于传统犯罪现象，以网络技术为基础的网络犯罪现象，在行为主体、行为方式、危害结果等方面伴随诸多的不确定性和易变性，犯罪主体的具体性、行为的可追踪性、结果的可视化等均明显下降，进而，使管辖原则、证据收集、诉讼证明、庭审技术化等新型难题接踵而至。这给公安司法机关带来前所未有的司法挑战。为了降低网络犯罪的侦查与追责难度，在审查起诉阶段合理引导程序分流，真正促进庭审实质化，对其适用认罪认罚从宽制度有积极的现实意义。比如，"快播案"被认为是适用认罪认罚从宽制度的首案。[1]对于以网络直播刑事风险为代表的网络平台犯罪而言，在认定是否具有网络安全管理义务、是否充分履行、是否具有履行的可能性、是否情节严重等问题时，也面临侦查难、取证难、起诉难、审判难等"诉讼技术"难题。适用认罪认罚从宽制度，不仅可以降低追诉难度，也可以起到惩治犯罪的积极效果，还可以更好地贯彻积极防控思维，夯实必要的处罚理念，节约司法资源。

(二) 立法修正的基本要领

直播平台应承担防控直播刑事风险的主体责任。直播平台是网络平台的一种具体情形，网络平台犯罪正演变为网络犯罪的重要方式。为此，首先应加快立法修正步伐，确立网络平台的犯罪主体地位，直击网络平台犯罪的治理痛点。

1. 网络平台犯罪主体的法定化

从网络直播的运营服务看，网络主播、网络用户都是网络平台的依附者或寄生者，网络主播与用户同时扮演生产者与购买者两种角色，网络监管者是法定的规制主体，网络平台的风险防控是网络监管者面临的新事物。因而，在网络直播迅猛发展的过程中，最大的新变量正是网络平台，内在的诸多不确定性，使网络直播平台成为网络风险的制造者。与此同时，网络平台犯罪

---

[1] 参见高鑫："快播案与认罪认罚从宽政策"，载《检察日报》2016年9月10日，第1版。

相比于其他网络犯罪类型及传统犯罪，犯罪主体的特殊性是其最大挑战。网络平台本身并非法定的犯罪主体类型，套用自然人或法人均不匹配，也不是聚众、共同犯罪、有组织犯罪、犯罪集团等其他变体；而且，网络平台具有显著的主体聚合性与行为集聚性，网络平台与主播、用户往往高度相连。网络平台的运营服务依赖具体负责人员和工作人员，网络平台实施的行为具有多重属性，如网络实行行为或正犯行为、网络技术帮助行为、网络预备行为、网络中立行为等相互交错。从网络技术的发展趋势、互联网经济的演进，尤其是网络平台经济的崛起等因素看，网络平台犯罪形态将呈现出一定的增量态势，但犯罪属性异常复杂。传统犯罪主体理论未能同步作出改变，直接制约理论与立法的协同配合，加大司法处置的难度。为了实现理论、立法与司法的三位一体效应，应调整传统犯罪主体理论，确立网络平台作为新型网络犯罪主体的资格和地位。[1]对此，可以通过立法修正的方式，在总则中直接明确，进一步辐射分则的修改与司法适用。

2. 网络平台安全犯罪的增设

虽然《刑法修正案（七）》《刑法修正案（九）》先后作出修改，但仍需再次修正刑法中的网络犯罪规定。[2]不过，单纯着眼于修改或完善已有的刑法规定并不可行，而应继续增设新的罪名。对于以网络平台为动向的新型网络犯罪现象，立法完善的方向建议如下。（1）增设破坏网络平台安全罪。目前，《刑法》第285条、第286条、第286条之一、第287条之一、第287条之二并非都直接规定网络平台犯罪，后三个新罪名虽有很强的解释空间，但是仍不足以解决网络平台犯罪的规范供给严重不足问题。一方面，第286条之一是典型的网络不作为犯罪，是以网络平台负有法定的作为义务为基础，难以规制目前并无法定的作为义务但客观上造成严重危害结果的情形。另一方面，第287条之一属于网络预备犯罪，第287条之二是网络帮助行为的正犯规定。虽然网络平台在实施犯罪的过程中，可能放任和纵容其他犯罪，但新增加的两个罪名并非直接用于打击网络平台犯罪。鉴于此，应当增设新条文，既与第285条、第286条这两个传统的计算机犯罪规定划清网络立法的代际界限，也与第286条之一、第287条之一、第287条之二保持合理的功能

---

[1] 参见孙道萃："网络平台犯罪的刑事制裁思维与路径"，载《东方法学》2017年第3期，第83页。

[2] 参见陈兴良："网络犯罪立法问题思考"，载《公安学刊（浙江警察学院学报）》2016年第6期，第8页。

区分。在网络平台作为新型犯罪主体的基础上,根据《网络安全法》与其他行政法规、部门规章对网络主体类型及其相应义务等规定,拟增加第287条之三,具体可以表述为:"网络运营者、网络服务提供者等网络平台,违反国家规定,破坏网络安全运行与网络管理秩序,情节严重的,处三年以下有期徒刑或者拘役,并处或者单处罚金。对网络平台判处罚金,并对其直接负责的主管人员和其他直接责任人员,依照第1款的规定处罚。有前两款行为,同时构成其他犯罪的,依照处罚较重的规定定罪处罚。"理由为:一是网络运营者、网络服务提供者是主要的网络平台主体类型,也是网络直播风险的主要制造者;二是网络平台犯罪是法定的网络犯,考虑网络法律体系的变动性,应以"违反国家规定"来延续刑事违法性判断的有效性,增强立法的适宜性;三是在情节犯、法定刑配置、犯罪竞合处置等问题上,可以参照第286条之一、第287条之一、第287条之二,保持网络犯罪罪名体系的整体协调性,妥善解决犯罪竞合问题;四是罪名可以初步定为"破坏网络平台安全罪"。
(2) 增设网络安全监管渎职罪。《网络安全法》奉行网络安全治理的强监管理念,以多层次、综合化的网络安全概念为基本面向,重在强化国家对网络安全的管制力,在当今世界的网络安全专门立法中可谓独树一帜。[1]但《网络安全法》对监督者的法律责任,尤其是刑事责任的规定明显不足。为了对接《网络安全法》的立法导向,将强监管理念充分植入整个网络安全治理体系中,同时督促国家监管部门积极作为,可以考虑增设专门的网络监管渎职犯罪。这一专门立法的本意,与《刑法修正案(八)》增设第408条之一即食品监管渎职罪如出一辙,突显网络安全监管的重要性,剑指网络监管渎职行为,实现网络安全监管、网络安全管理以及自治的良性对接,营造更有力的共治生态。从立法技术上看,可以借鉴《刑法》第408条之一的做法,暂时增加第408条之二。法条表述可以为:"负有网络安全监管管理职责的国家机关工作人员,滥用职权或者玩忽职守,导致发生重大的网络安全事故,或者造成网络空间主权和国家网络安全、社会网络公共利益,公民、法人和其他组织的合法网络权益,经济社会网络信息化发展遭受严重损失的,处五年以下有期徒刑或者拘役;造成特别严重后果的,处五年以上十年以下有期徒刑。徇私舞弊犯前款罪的,从重处罚。"借此,可以对网络平台监管不力的严重渎职行为加以直接规制,夯实网络安全保障的国家力量体系。

---

[1] 参见龙卫球:"我国网络安全管制的基础、架构与限定问题——兼论我国《网络安全法》的正当化基础和适用界限",载《暨南学报(哲学社会科学版)》2017年第5期,第1页。

(三) 传统刑法体系的知识变革

网络直播刑事风险的"定罪困题"频发，其症结在于传统刑法理论、规定与司法模式"失灵"。只有积极拥抱网络社会与正视网络犯罪形态，从源头上扭转传统刑法体系的束缚局面，才能从根本上解决网络平台犯罪等一系列挑战。

1. 传统体系的思维桎梏

网络直播是网络平台兴起下的流行物。网络平台正全面参与生产生活，网络平台犯罪不断演变。网络直播刑事风险高居不下，并非网络平台技术的"罪过"，反而折射出网络平台的治理体系"拖了后腿"。受制于网络技术代际与网络社会的突飞猛进，我国传统刑法立法缺乏概括性或预见性规定，对大量新出现的模棱两可的失范直播行为，是否应进行刑事处罚的适法依据不明。这些疑难个案或类案导致刑事制裁的灰色地带有所扩大。而且，网络直播引发的刑事风险具有不确定性与复杂性，持续加剧刑法评价对象与评价标准的科学设计难度，遵循传统刑法体系及其立法规定，治理网络直播平台犯罪的收效不佳。应当看到，并非传统刑法体系及其立法规定"无用"，而是扩张解释、立法修补等举措，已难以弥合传统犯罪形态与网络犯罪形态之间的沟壑，并不断扩大传统刑法体系与治理网络犯罪之间的裂痕。传统刑法理论的形成与制定背景，与网络空间社会相距甚远，不断放大传统刑法理论体系的时代滞后性，因应网络直播刑事风险的不适是这场裂变的缩影。可以说，冲破传统刑法理论体系的主导地位，正是建立网络刑法学及其理论体系的开始，也是解决新问题的根本之策。

2. 网络刑法体系的胎变

网络直播乱象暴露了网络平台犯罪的治理难题，也倒逼刑法理论体系在局部领域的转变。比如，刑法理论应确认网络平台作为新型犯罪主体的资格，而不能完全套用传统犯罪主体理论；在打击网络直播犯罪并依法追究刑事责任的规范依据中，网络安全管理义务是关键和难点，未来刑法修正应当联动附属刑法，以科学的立法原则和必要的犯罪化理念为前提，确定刑法义务的范围和内容；在应对网络犯罪时，传统刑事禁止令难以展开，需要修正为网络刑事禁止令措施，等等。[1]然而，因应网络直播平台犯罪而自发形成的片段性或局部性理论转变，只是传统刑法体系迈向网络刑法体系的一部分。而

---

[1] 参见孙道萃："网络刑事禁止令制裁措施的创制"，载《西南政法大学学报》2017年第4期，第82-84页。

且，传统刑法体系的改变，是一个渐进性的系统工程，无法在短时期内彻底完成，更缺乏可以临摹的范本。尽管如此，及时有效解决应对网络直播平台犯罪所暴露的问题仍有积极意义，可以与其他理论的网络化调试共同形成可观的集成效应。

四、结语

网络直播引发的刑事风险高居不下，导致传统刑法理论、立法规定、司法应对不适等问题相继出现，触发传统刑法体系的制度供给危机。当前，首先应根据《网络安全法》《互联网直播服务管理规定》等法律法规的规定，依法追究网络主播、直播平台、监管部门、用户的刑事责任，遏制网络直播风险的蔓延态势。同时，应当主动在立法完善上求变，尽快改变刑法规范供给不足的现实困题，尤其是针对网络平台犯罪的立法修正刻不容缓。更重要的是，《刑法修正案（九）》对网络犯罪的重大修改，宣告"我国刑法的一个专门领域即网络刑法的真正诞生"。[1]立法者应重新审视传统刑法体系在网络犯罪时代的功能与命运，树立网络刑法知识转型的前瞻意识，采取相应的措施，加快理论体系的衔接和转轨。

---

[1] 参见梁根林：" 传统犯罪网络化：归责障碍、刑法应对与教义限缩"，载《法学》2017年第2期，第3页。

第二十一章
大数据法益刑法保护的检视与展望

一、大数据安全与法益保护的刑法挑战

当前,网络空间独立化步步紧逼,大数据时代铺陈开来,大数据法益的刑法保护任务不期而至。而传统刑法学的思维桎梏横亘其中,引发一系列连锁反应。

(一)大数据安全问题的形成

在网络1.0时代,技术型的计算机犯罪是雏形阶段。但是,主导网络1.0时代的技术、功能、程序等内容已显陈旧,以信息网络为标志的网络2.0时代快速变革,对当前社会生产生活产生了巨大的影响,促成现实社会与网络社会形成"双层社会"。在网络2.0时代,信息互动成为主流,信息网络犯罪不断增容,挤压传统计算机犯罪的空间。在此背景下,网络作为犯罪对象、犯罪工具的固有格局正在扩容,网络空间犯罪形态正在扩大化。在网络3.0时代,网络全面渗透到生产生活,网络空间日益成为独立的犯罪时空维度。云计算技术促成大数据时代的到来,网络数据成为新的焦点和关键词。[1]数据安全的脆弱性与易受攻击性越发凸显,大数据犯罪渐成气候。大数据法益日渐成为新型网络安全法益,保护网络数据安全成为刑法任务的重中之重。

(二)数据法益的刑法地位释明

"当世界开始迈向大数据时代时,社会也将经历类似的地壳运动。"[2]数据是一种生产资料,大数据是新财富,价值堪比"石油"。大数据是下一个创

---

[1] 参见李怀胜:"三代网络环境下网络犯罪的时代演变及其立法展望",载《法学论坛》2015年第4期,第94-101页。

[2] 参见[英]维克多·迈尔-舍恩伯格、肯尼斯·库克耶:《大数据时代:生活、工作与思维的大变革》,盛杨燕、周涛译,浙江人民出版社2013年版,第219页。

新、竞争、生产力提高的前沿,大数据时代与智能化生产和无线网络革命将是引领未来繁荣的三大技术变革。[1]云计算的核心是服务,从大数据的广泛应用看,数据的生成与繁殖具有显著的动态性、开放性、无限延展性,数据应用功能具有无穷的自生性,蕴含无限潜在的经济效益,是网络经济的动力来源,是网络社会财富资源的新"富矿"。大数据内在的技术优势、应用空间与功能范围、经济效应和财富价值是数据可以作为新型独立法益的基础,是刑法保护新型网络数据法益的认识前提、政策基础与价值依据,使数据拥有法律意义与规范价值,使刑法保障大数据安全具有正当性,奠定刑法积极介入的必要性前提。随着大数据时代逐步确立网络数据的代际主导地位,数据安全诉求急剧攀升,数据法益具有独立的代技术属性与刑法地位,并演化为网络刑法学的法益保护对象和主体内容。

(三) 数据法益保护与传统理论桎梏的碰撞

大数据的技术风险不断累积,传统刑法学以现实物理空间为主要规制对象,应对大数据风险的途径仍处在探索阶段,相关的经验和能力不足。现行刑法仍保留了规制计算机犯罪的陈旧内容,而以信息网络安全作为主要保护内容,也间接遮蔽了网络数据的核心地位与独立保护问题。具体包括,网络数据应当作为独立法益保护内容的意识和力度不够、网络数据是否属于刑法中的财产仍模糊不清、数据法益如何独立保护等问题。刑事法治体系始终是社会技术创新、社会财富创造与社会进步的有力保障,而保护数据法益是网络代际更迭赋予的时代使命。我们应立足网络刑法学知识转型的宏观背景,理性回顾我国网络数据刑法保护的进程、现状与不足,明确保护的路径与策略等。

二、数据法益刑法保护的回顾与反思

通过回顾不同网络代际下数据保护的阶段性与渐进性,可以发现当前网络数据安全的刑法保护存在明显的滞后性,集中表现为意识不强、理念不新、制度不力等,大数据时代的数据法益地位有待正名。

(一) 早期:计算机信息系统数据保护的从属性与间接性

以 1997 年《刑法》的规定为依据,可以发现计算机技术立法思维的历史局限性,直接导致对计算机(信息)系统数据的专门、集中保护乏善可陈。

---

[1] 参见邬贺铨:"大数据时代的机遇与挑战",载《求是杂志》2013 年第 4 期,第 47-49 页。

1. 计算机信息系统数据是网络数据的雏形

《刑法》第285条、第286条分别保护计算机信息系统安全与计算机信息系统的管理秩序，第287条规定计算机关联犯罪的法律适用界限。[1]前两条将计算机信息系统作为犯罪对象，后者将计算机作为犯罪手段，立法思维可以概括为"针对危害计算机信息交流安全的行为"和"针对利用计算机技术的危害行为"两大类型。[2]《刑法》第286条第2款规定，破坏计算机信息系统数据和应用程序，是指对计算机信息系统实际处理的一切有意义的文字、符号、声音、图像等内容的组合以及用户按计算机数据库授予的子模式的逻辑结构、书写方式进行数据操作和运行的程序予以全部或一部分删除、更改或者增加。[3]该观点基本源自《计算机信息系统安全保护条例》第2条的规定。另有观点认为，数据是指计算机信息系统中存储、处理或者传输的信息资料。[4]据此，数据是"信息资料"，是计算机信息系统运行产生的"内部"信息系统资料。这既使计算机信息系统数据的内容具有封闭性、静态性和限定性，也使其与应用程序等相关内容区分时缺乏技术的可操作性，导致实体内涵的虚无性、空泛性与模糊性。计算机信息系统数据是雏形阶段，与网络数据所处代际截然不同。刑法保护具有明显的狭隘性、静态性和封闭性、依附性。

2. 早期保护的不足

早期保护不足主要表现在：（1）专门、独立、直接的保护规定匮乏。《刑法》第285条规定非法侵入三种特殊计算机信息系统的危害行为，而保护计算机数据并非立法直接意图。尽管《刑法》第286条第2款直接规定"数据"，却和应用程序并合规定，忽视数据与应用程序的差异，降低保护数据的独立性。计算机信息系统数据具有明显的静态性、狭隘性等缺陷，无法充分呈现数据法益的独立地位与保护价值。尽管《刑法》第287条具有保护的逻辑可能性，但其他条文并未单独或明确规定数据安全的具体内容，难以实现间接保护。（2）独立、专门的计算机（信息）系统数据法益保护理念阙如。计算机犯罪主要根植于以计算机技术、软件、程序及信息系统为主要标志的

---

[1] 参见高铭暄：《中华人民共和国刑法的孕育诞生和发展完善》，北京大学出版社2012年版，第512—514页。

[2] 参见赵廷光、皮勇："论我国刑法中的计算机犯罪"，载《现代法学》1999年第4期，第101—103页。

[3] 参见赵秉志：《新刑法教程》，中国人民大学出版社1997年版，第672页。

[4] 参见高铭暄：《新编中国刑法学》，中国人民大学出版社1998年版，第826页。

网络1.0时代，计算机（信息）系统的技术安全与运行安全成为保护的重心。计算机（信息）系统数据具有明显的依附性或间接性，并非独立的法益类型，独立保护意识和专门的立法规定被搁置。

（二）中期：网络信息保护趋于专门化与扩容化

信息网络是网络2.0代际的标志，经过两次刑法修改后，保护网络信息安全的规定日渐专门化，但保护范围仍略显狭隘，保护意识仍较为淡薄。

1.《刑法修正案（七）》的修改

《刑法修正案（七）》首次专门作出修改，为刑法保护信息网络安全奠定了规范基础：（1）增加出售、非法提供公民个人信息罪与非法获取公民个人信息罪。公民个人信息安全与网络信息安全高度融合，保护公民个人信息安全正是保护网络数据安全的重要举措，[1]尽管保护效果相对间接、辅助。（2）增加非法获取计算机信息系统数据罪。非法侵入特殊计算机信息系统或继续非法控制普通计算机信息系统往往是前期网络危害行为，后续一般表现为获取计算机信息系统数据或利用数据附着的信息实施其他关联犯罪，如盗取网络支付账户和密码等后实施盗窃、诈骗等犯罪行为。专门增设该款以强化信息网络安全的保护。（3）增设提供非法侵入、控制计算机信息系统专用程序、工具罪。力图从源头遏制提供非法侵入、非法控制计算机信息系统的技术行为，将刑法介入的时间提前。[2]此外，其他刑法修正案也间接扩容信息网络安全保护的范围与力度。

2. 刑法修正的进步

《刑法修正案（七）》之后的其他修正案增加计算机信息系统数据保护的专门规定，明显提升了保护力度：（1）首次规定专门保护。相比于《刑法》第285条第2款、第286条第2款，此举保护的对象范围更广、行为类型更具开放性、法益地位相对更独立，也不再被固化为静态的计算机信息系统的部分附属内容或其运行的计算结果，而是动态、开放性的网络信息群。（2）适度扩容保护范围。信息网络作为互联网平台具有开放性与复合性特征，可以融合信息、财产、利益等因素，客观上扩容计算机信息系统数据的外延，为数据法益的延伸保护提供一定的观念先导。

---

[1] 参见黄太云："《刑法修正案（七）》解读"，载《人民检察》2009年第6期，第5-21页。

[2] 黄太云："《刑法修正案（七）》解读"，载《人民检察》2009年第6期，第5-21页。

3. 刑法修正的不足

目前，仅有《刑法》第 286 条第 2 款、第 285 条第 2 款涉及网络数据保护问题，两次修改也客观上形成了重信息网络、弱数据安全的差序保护问题。（1）制裁的行为类型范围不全面。诸如对非法出售非法获取的数据、掩饰和隐瞒计算机数据及其控制权等行为是否处罚不明。（2）保护理念不清晰。网络 2.0 时代以信息网络为主导与核心，是对计算机（信息）系统数据保护理念的超越，但却未能兼顾大数据时代的数据安全保护，规范衔接不畅是其"硬伤"。（3）立法的整体规划滞后。由于网络数据保护的理念不明与立法规定的不足，导致网络数据的概念、保护范围、保护策略、罪名设计、罪状设置等均未正式纳入立法议程，严重影响以数据为未来核心的网络 3.0 时代的立法置换和司法对接。

（三）渐进转型期：网络数据保护的过渡性与多头化

网络数据是大数据的核心不断被证明。当前，数据法益的刑法保护与规范供给均处于动荡期，呈现出多头交叉保护的复合化趋势，暴露了数据专门保护的不力。

1. 司法解释的补强与不足

已有的司法解释优劣均沾，主要表现为：（1）司法解释的增补。一是厘定适用边界。为细化适用《刑法修正案（七）》，《计算机信息系统安全解释》重点规定具体的定罪量刑标准、刑事责任的范围，并对部分疑难问题作出解释。[1]此解释既解决了一些长期困扰司法机关的难题，也对数据保护产生了直接的促进作用。二是确立网络空间安全与法益的独立属性。《最高人民法院、最高人民检察院关于办理利用信息网络实施诽谤等刑事案件适用法律若干问题的解释》为净化和规范信息网络空间的秩序安定和有序运营提供了刑法保障，[2]正式确立了网络空间的独立属性。然而，信息网络安全的突出地位再次宣示信息网络的基础地位，信息网络立法不断强化。（2）司法解释的不足。修改理念的代际迟延性导致以下代际缺陷。其一是身份认证信息是严格限缩的"网络信息"。《计算机信息系统安全解释》第 1 条规定，数据是指"支付结算、证券交易、期货交易等网络金融服务的身份认证信息或其他

---

[1] 参见陈国庆等："《关于办理危害计算机信息系统安全刑事案件应用法律若干问题的解释》理解与适用"，载《人民检察》2011 年第 20 期，第 48-53 页。

[2] 参见最高人民检察院法律政策研究室："《关于办理利用信息网络实施诽谤等刑事案件适用法律若干问题的解释》解读"，载《人民检察》2013 年第 23 期，第 22-27 页。

身份认证信息"。第 11 条第 2 款规定,身份认证信息是指用于确认用户在计算机信息系统上的操作权限的数据,包括账号、口令、密码、数字证书等。据此,计算机信息系统数据被限制解释为身份认证信息。尽管其具有明确的财产性和经济利益性,但仅是海量网络信息中极小的一部分,即使规定"其他身份认证信息"具有扩容性和解释空间,仍难以消除以偏概全的解释瑕疵,客观上容易产生信息网络主要保护身份认证信息的认识误区。其二是未充分重视和保护网络数据法益的独立意义。计算机信息系统数据受制于"计算机技术"主导的时代性,造成数据的静态性与依附性。司法解释仍停留在网络 2.0 时代与成熟的网络信息格局,重在网络的"互联"及其附属功能,未能对大数据时代的数据法益作出释明。虽然"数据"可以表现为"信息",但具有无穷性、流动性、经济性、社会性、公共性、财产性等特征。网络数据具备超越信息网络的技术优势和代际基础,亟需正式、独立、专门的保护。

2.《刑法修正案(九)》的最新刑法修正与遗憾

《刑法修正案(九)》仍立足网络 2.0 时代与信息网络的主导地位,首次大幅度修改网络犯罪及其关联犯罪,但仍有不足。(1)修改的内容。主要包括:一是大幅度增加网络犯罪规定。增设《刑法》第 286 条之一、第 287 条之一和之二,再次强化网络信息的保护。二是同步调整关联规定。修改《刑法》第 120 条之一、第 253 条之一、第 288 条,增设第 291 条第 2 款等,通过规制公民个人信息犯罪、扰乱无线电通讯管理秩序罪,利用网络编造、传播虚假信息犯罪与网络恐怖主义活动犯罪,强化网络信息安全的保护体系。(2)修正的缺陷主要包括以下两点。一是法益保护的对象具有杂糅性。既包括陈旧的计算机信息系统的数据,也包括信息网络中海量的信息,还包括个人信息、无线电信息等其他关联信息或特定信息,暴露保护理念的模糊与立法技术的交错性。二是网络数据法益的独立地位不明与保护意识淡薄。尽管信息网络安全仍占据网络安全的半壁江山,但大数据时代已全面嵌入和渗透到社会生产生活,网络大数据正成为社会生产生活的基本素材和核心动力。当前,由信息网络到网络数据的网络代际过渡正在加速形成,具有发展性和扩容性的网络数据正在确立统领地位,网络数据法益的独立属性也将不断显现和充实化。

3. 网络数据是网络信息的替代物

《网络安全法》第 1 条采用"网络"替代陈旧的"计算机(信息)系统",宏观上确立网络(空间)安全保护的基础概念。当前,信息网络的成熟发达既确立了网络信息的主导地位,也达成了立法的基本共识。尽管《网络安全法》第四章专章规定"网络信息安全",凸显网络信息安全保护的基础地位与重要性,但是,根据《网络安全法》第2条、第9条、第10条的规定,网络建设者、网络运营者、网络服务提供者是与网络用户并行的主要网络参与主体,共同生成、使用海量信息并形成数据库。信息网络的核心是"互联",与大数据时代的流动"数据池"及其广泛应用、经济利益不同。用户信息仅是网络信息的重要内容,而且,海量互动的网络信息通过云计算技术以及扩张解释、立法修改等,在性质上可以转换为网络数据。比如,《刑法修正案(九)》应将非法获取计算机信息系统数据罪的"数据"加以扩张解释,将"个人信息"调整为"信息数据",[1]但《刑法修正案(九)》仍主要聚焦网络信息安全,缺乏对大数据法益的足够认知和立法容纳,导致无法充分展现网络数据法益的地位、作用和功能。

三、网络数据法益的保护路径与策略

我国应立足信息网络并围绕网络数据法益这一核心,加快升级刑法保护的路径、策略,尤应立足于网络刑法学的知识转型,推动数据法益保护的终极蜕变。

(一)专门化保护、财产化保护与路径研判

在网络1.0时代,保护策略分为专门保护(《刑法》第285条、第286条)与非专门保护(《刑法》第287条),传统的财产化保护是主要方式。在网络2.0时代,专门化保护与非专门化保护(尤其是财产化)的二元保护模式不断巩固,财产化保护策略的地位上升。[2]但是,独立自主的数据法益专门保护理念和方式值得探索。

1. 财产化与专门化共存的保护格局

网络数据法益的保护路径主要包括三种方式。(1)专门化保护与财产化保护相结合。大数据已经蕴含巨大的财富价值,客观上调整财产的形式或存在形态,为大数据的财产化与刑法保护奠定了基础。可以考虑将网络资源(包括所有权和使用权)直接增列为"财产"的新类型,确立数据的财产化立场。鉴于数据作为核心将日渐取代信息的主导地位,可以增加"非法获取

---

[1] 参见田刚:"大数据安全视角下计算机数据刑法保护之反思",载《重庆邮电大学学报(社会科学版)》2015年第3期,第30-38页。

[2] 参见孙道萃:"网络财产性利益的刑法保护:司法动向与理论协同",载《政治与法律》2016年第6期,第43-57页。

网络数据罪"（由"非法获取计算机信息系统数据罪"修改而成）、"非法获取数据罪"两个专门性罪名。"非法获取数据罪"主要由非专门性的关联罪名组成（涉及国家秘密、商业秘密、公民个人信息等），最终形成完整的网络数据犯罪罪名体系。该观点专门阐述大数据法益的刑法保护，强调网络数据资源具有现代财产的法律属性和价值性，主张沿用现代财产化保护方式并根据网络犯罪的罪名体系进行专门保护。另有观点立足于网络财产性利益立场，主张专门化与财产化保护相结合，专门化保护是未来的主流趋势。[1]大数据的财产属性、价值属性、财富意义客观存在，财产化保护无可厚非，但专门、专业、集中保护是必然趋势。（2）财产化保护。对非法获得他人虚拟财产的行为，不应全部作为计算机犯罪，而认定为财产犯罪有其合理性，可以解决对部分未利用计算机获取他人虚拟财产行为的处罚，避免出现处罚的漏洞和罪刑的不均衡现象。但前提是将虚拟财产认定为刑法中的财物，并应重点综合考虑判断方法、解释理念、现实世界的反映、财物的特征、罪刑法定的要求等。而且，可以根据不同的虚拟财产类型及其法益的主体（虚拟财产对法益主体的作用或价值）区分认定价值。[2]该观点仅限于"非法获取虚拟财产"的特定情形，但虚拟财产不等于大数据，因而对网络数据法益保护的意义有限。不过，该观点也间接肯定或扩张解释认定网络资源具有财产属性或价值属性，主张财产化保护符合理论和实践的需要。只是可能导致过度放大网络资源的财产属性，弱化网络数据法益的独立地位及专门保护的作用。（3）专门化保护。针对采取非法侵入方式、窃取网络虚拟财产且情节严重的，因网游"虚拟财产"不属于刑法中的财产，并未侵犯财产所有权，按照盗窃罪论处与法理、司法规律相抵触，应按照非法获取计算机信息系统数据罪论处。不属于利用技术非法侵入和窃取的，不能按照《刑法》第285条第2款论处，对单位工作人员按照侵犯著作权罪论处。[3]该观点也仅限于"窃取虚拟财产"的情形。由于虚拟财产与数据法益不尽相同，该观点也属于间接强调数据法益具有独立于传统财产的内在特性，并倾向于《刑法》第285条第2款提供的专门化保护。但是，《刑法》第285条第2款保护范围的不足是其

---

[1] 参见孙道萃："网络财产性利益的刑法保护：司法动向与理论协同"，载《政治与法律》2016年第6期，第43-57页。

[2] 参见张明楷："非法获取虚拟财产的行为性质"，载《法学》2015年第3期，第12-25页。

[3] 参见刘明祥："窃取网络虚拟财产行为定性探究"，载《法学》2016年第1期，第151-160页。

软肋。

2. 财产化保护的优劣研判

尽管财产化保护有其理论基础与司法实践,但仍面临以下难题。(1) 财产化保护的理论基础不扎实。当前,尽管网络数据与传统现实物理社会的财产存在形式差异,却具备传统财产的实质内容,[1]民商法学界目前也持相似立场。即使理论上对网络数据资源的法律属性与财产价值存在分歧,对网络数据的财产化问题存有争议,然而,采取财产化保护有其必然性,可以有效辅助保护网络数据内在的经济属性、价值属性。(2) 未充分制裁非法使用数据等危害行为。传统财产化保护的法益仍主要以所有权为主,使得网络财产化保护路径主要适用非法获取等危害行为。然而,在网络手段型、网络对象型或网络空间型犯罪形态中,网络数据具有显著的使用价值,而且网络数据的使用行为存在滥用、乱用等现象。财产化保护难以有效规制网络数据使用行为,暴露财产化保护的非周延性,揭示出网络数据的价值属性远超过狭隘的财产所有权,应当至少延伸到使用行为。(3) 数据的价值评估缺乏共识性方案。价值认定是传统财产犯罪的"疑难杂症",财产化保护也必然重视网络数据的价值评估及其意义。当前,司法机关面临包括"数据是什么"、网络数据价值认定的技术操作瓶颈、数据被主观化后的现实物理价值具有明显的波动性和不确定性等难题。财产化保护路径应当首先解决价值认定问题,否则,财产化保护容易在司法环节出现虚无化、标准不统一等现象。为了超越价值认定难题,网络数据法益的独立化与专门化保护是根本出路,同步制定网络犯罪独立的定量因素及其标准体系作为配套措施亦不可少。

3. 专门化保护的困题

网络专门保护以网络数据法益的独立地位为前提,但也面临着一系列问题。(1) 对网络数据法益内涵的确认与直接规定不明。目前,立法理念仍处在网络1.0时代与网络2.0时代,犯罪客体主要是计算机信息系统安全与信息网络安全管理秩序,犯罪对象主要是计算机信息系统或信息网络,[2]实践中主要援引《刑法》第285条第2款的非法获取计算机信息系统数据罪以及《刑法》第286条第2款的规定。刑法中的"网络数据是什么"仍未知,使得

---

[1] 参见张智辉:"网络犯罪:传统刑法面临的挑战",载《法学杂志》2014年第12期,第65-70页。

[2] 参见高铭暄、马克昌:《刑法学》,北京大学出版社、高等教育出版社2016年版,第532-535页。

数据法益的刑法内涵模糊不清。然而，此举直接混淆了不同网络代际的数据法益，既使得专门保护的对象不明确，也导致大数据法益的保护容易流于形式。我国应当加快《中华人民共和国信息数据法》的立法工作，为合理圈定网络数据法益提供前提和依据。（2）专门化保护的规范竞合助长司法内耗。当前，网络立法的内在缺陷使网络犯罪客体与犯罪对象高度重合，网络危害行为的界限模糊，网络罪名频现竞合。比如，在"流量劫持案"中，虽都采取 DNS 攻击方式，却分别论处破坏计算机信息系统罪与非法控制计算机信息系统罪，说明《刑法》第 286 条规定的"破坏"可以包括第 285 条规定的"侵入""非法获取""非法控制""提供"。[1]在网络立法明显供给不足时，专门化保护的内部竞合虽难以避免，却增加了司法保护方式的复杂性与非规律性，也暴露出专门化保护的制度瓶颈。（3）专门保护的立法意识与司法适用序位偏低。大数据法益地位正处在形成期，网络刑法立法暂时无法提供充足的规范供给，专门化保护客观上无法全面保护网络数据法益，导致财产化保护占据很大比重，间接压制专门保护的司法序位。专门化与非专门化组成的复合型保护格局有其合理性，但网络信息数据是未来网络刑法立法的核心内容，保护网络财富资源应首选专门化保护且兼顾财产化保护，并应加大司法适用的频次。

4. 专门化保护的统摄

我们应考虑最终确立专门化保护的统领地位，理由为：（1）网络代际变迁与刑法知识转型有必然性。由传统现实物理社会彻底过渡到网络社会、从传统计算机信息系统与信息网络的时代到网络数据时代的全面覆盖，不仅注定了从传统刑法学到网络刑法学的知识变革命运，也必然导致由传统犯罪的绝对主导时代逐渐切换到网络犯罪的统领时代。犯罪本质的蜕变决定犯罪形态、刑法理论体系及保护方式的转型。（2）财产化保护与专门化保护的分工与地位不同。目前，难以科学预测网络代际的变迁速度、频率与连锁反应，过渡期应避免路径的单一化。网络代际切换与更迭导致传统财产的概念、形式及其保护方式不断发生变换，现代财产的概念及其形式变动不居，加剧财产化保护的司法不确定性与法理的不稳定性。网络数据和刑法财产概念时刻在变动，短期内难以形成固定且唯一的专门化保护或财产化保护模式，复合型保护格局则有其存续意义。数据的网络安全法益与财产法益可以并行不悖，

---

[1] 参见孙道萃："'流量劫持'的刑法规制及完善"，载《中国检察官》2016 年第 8 期，第 74-78 页。

专门化保护和财产化保护却应有主次之别。(3)专门化保护的优位性。数据是核心,兼具技术属性与财富属性,数据可以包容网络财产利益,但更是独立的网络利益与财富的增长点。保护网络数据往往便保护了网络财产法益,专门化保护与财产化保护并非对立关系,但保护财产法益并不必然保护数据法益,财产化保护方式并不能直接等同专门化保护。专门化保护立足网络数据法益的独立地位,在兼顾与包容财产化保护方式时,更凸显独立保护意识,强调数据法益整体上的包容性与统摄性。

(二)网络刑法学知识转型的驱动

网络刑法立法转型具有突出的引领作用,但"网络刑法学"作为传统刑法学全面网络化的远景形态,是大数据法益刑法保护的终极供给方案。

1. 网络刑法立法转型的要务

刑法立法是推动网络刑法学稳步前进的主要动力,更是保护网络数据法益的优先选项。首先,推动网络立法理念的重构。从国际发展趋势看,计算机犯罪已并非发展主流。传统立法过度以计算机技术及其运行为重点,立法思维的陈旧已经严重制约刑法规范的更新与有效性,既与信息网络时代的保护主题摩擦不断,也导致大数据保护的代际落差越来越大。大数据时代正在确定网络数据的核心地位。保护数据应当作为新的立法任务,数据安全法益的刑法立法实现应当占据关键地位。其次,实现网络法益扩容。法益内容应当随着犯罪形态及对象的延展实现同步的扩容。围绕计算机技术或信息网络的立法应主要聚焦于计算机信息系统安全或信息系统管理秩序等法益,[1]但数据安全法益使其逐渐陷入脱节与断代的边缘。大数据时代不仅奠定数据的统领地位,也间接弱化信息网络的优势,数据法益正成为刑法保护的核心法益。数据法益是新型刑法法益类型,是以大数据为保护对象的合法利益。在现有基础上,应围绕数据安全法益展开立法完善工作,并推动刑法理论体系的变革。再次,进行网络危害行为类型的重组。网络危害行为是网络刑法学的逻辑起点与规制载体,危害大数据的行为变化较大。在推进网络空间的危害对象与法益内容的变革之际,危害行为类型的同步衔接与优化是必然的后续环节。[2]在大数据时代,设置数据安全的危害行为类型时,应以数据的技术特性、功能属性、应用特质以及经济价值等为依据,应当结合数据的具体

---

[1]参见赵秉志:"中国刑法的最新修正",载《法治研究》2015年第6期,第5-19页。
[2]参见孙道萃:"移动智能终端网络安全的刑法应对——从个案样本切入",载《政治与法律》2015年第11期,第73-87页。

载体与形式，灵活选择行为类型化的基准、标准与分类，主要包括窃取、转移、使用、传播、贩卖、提供、数据共享、技术支持与技术帮助等行为。最后，建立独立的网络定量标准与体系。定量因素及体系是刑法评价的重要对象与依据。传统定量因素多以数额、次数、人数等为主，网络定量因素应在发展中更新，如注册人数、技术服务次数、点击次数、浏览网页数量等。当前，独立的网络定量因素体系正在生成，这为逐步确认和完善独立的网络数据定量因素体系提供参照。

2. 网络刑法典的有序创制

推动网络刑法典的最终生成才是立法转型的归宿，能为对接大数据时代和保护网络数据法益提供充沛的制度供给。一是二元立法格局的理性评价。从网络作为"犯罪对象""犯罪手段"和"独立犯罪时空"三个维度看，当前主要专注前两者，《刑法》第285条、第286条主要针对计算机信息系统作为"犯罪对象"的情形，《刑法》第287条主要针对以计算机信息系统为"犯罪手段"的情形。据此，专门性立法和非专门性立法组成的二元模式有其必然性和合理性，非专门性立法对接和辅助适用《刑法》第287条的规定。今后，网络作为"对象""手段"的犯罪形态仍将发展，但网络空间犯罪类型必然是主流方向，网络数据犯罪形态将不断成型。当前，对网络空间犯罪与数据犯罪形态缺乏足够关注和有效规制，未来围绕网络空间犯罪形态的立法规定尤为重要，既是超越二元立法格局的关键，也为逐步替代当前以信息网络为主导的立法格局储备力量，更为专门保护数据法益提供包容性的立法着力点。二是逐步创制网络刑法典的步骤。为了承接大数据时代与数据法益保护的任务，应分阶段推动网络刑法典的创制。首先是单节化。网络犯罪的单节设置尤为迫切，"妨害社会管理秩序"一章应同步增设"第十节"，整合并统领现有的"计算机犯罪"规定和"信息网络犯罪"规定，初步缓解网络犯罪规范体系的整体失衡现象。其次是专章化。随着网络2.0时代过渡到网络3.0时代，网络代际不断蚕食传统犯罪体系，应单独确立"网络（安全）犯罪"一章，对网络犯罪作出宏观布局，对新旧条文加以合理安排，对罪名体系进行重新布置，形成更独立与完整的法益保护网，对网络数据保护采取正式、直接、明确的独立规定。"网络安全犯罪"一章暂时可以置于第九章"渎职罪"后，既保护独立的新型网络安全法益，也对原有关联法益施以兜底性的间接保护，夯实过渡阶段的立法改良基础。最后是网络刑法典化。当网络3.0时代趋于成熟与大数据网络代际成型后，传统物理社会彻底被网络空间社会所取代，传统犯罪体系全面转换为网络犯罪体系，以网络数据法益为核心内容的新型网络犯罪体系最终定型，推动创生网络刑法典的时机已然成熟。

3. 刑事治理体系的网络化转型

为了有组织地应对网络犯罪，刑事治理体系应当加速推进网络化，主要包括四个方面。（1）网络犯罪控制观。数据安全高度依赖刑事法治体系的保障功能，但不能过度化，应当客观看待刑法的功能及其发展变化，尤应慎重对待以犯罪化为主要表现方式的网络预防性立法理念。数据安全是网络技术创新与网络代际变迁中的必然伴生物，控制网络数据风险处于社会有机体的正常接受范围才是理性的刑法功能观，既可以保障网络技术自由创新与分享，也不妨碍积极防控数据安全隐患和确保数据安全。（2）刑事诉讼模式的网络变革。刑事诉讼法是保护大数据安全的"一翼"，刑事诉讼网络化转型势在必行，是衔接网络刑法学知识变革的程序载体。2014年，第十九届国际刑法学协会大会通过"信息社会与刑法"决议，着重阐明国际社会从刑法总论、刑法分论、刑事程序法以及国际法律形成四个方面的主要共识与举措。其中，刑事程序法方面的诸多内容值得参照，是我国传统刑事诉讼网络化转型的有益借鉴。（3）国际共治机制。大数据安全是全球性问题，我国应积极参与国际社会共治机制并发挥建设性作用，这是维护自身网络安全利益与保护数据法益的需要，也是在推动我国网络刑法学的知识生成与知识输出。2001年通过的《网络犯罪公约》与"信息社会与刑法"决议均值得参照，而推动制定国际公约是最迫切的任务。（4）网络犯罪案例指导制度。案例指导制度可以通过典型案例展现法理基础与适法要求，在刑法规范供给滞后于司法需要时，盘活案例指导制度可以解决新问题与推动法理的渐进，是实践中应对新型、疑难、重大司法案件的重要辅助手段。当前，网络犯罪的案例指导制度乏善可陈，更遑论针对大数据犯罪的指导性案例。这些都加剧了新型疑难数据犯罪的适法难度。今后应当从遴选范围上予以扩容，通过发布网络犯罪的指导性案例，强化网络司法保护数据法益的标杆效应，明确网络刑事司法的价值导向。

第二十二章
移动智能终端网络安全的刑法应对：以个案样本切入

一、移动网络安全警钟长鸣

人类社会正在经历互联网高速发展的新时代，[1]并且正在体验由 PC 终端到移动智能终端（手机是最典型与被广泛运用的移动智能终端[2]）的快速过渡期。据中国互联网络信息中心（CNNIC）发布的第 30 次中国互联网络发展状况统计报告显示，截至 2014 年 12 月，中国网民规模达 6.49 亿，全年共计新增网民 3117 万人。互联网普及率为 47.9%，较 2013 年底提升了 2.1 个百分点。中国手机网民规模达 5.57 亿，较 2013 年底增加了 5672 万人。网民中使用手机上网人群占比由 2013 年的 81.0%提升至 85.8%。[3]截至 2014 年 6 月底，我国手机网民规模首次超越传统 PC 网民规模。[4]目前，以手机为代表的移动智能终端推动移动互联网发展尤为迅猛，更便捷、点对点等特征使得移动互联网及其智能终端正在深刻地改变人类的工作和生活方式，接踵而至的是网络安全问题。

目前，针对以手机为主要形式的移动智能终端所形成的网络犯罪形式不断翻新，造成的危害结果不断升级：一是以手机为手段的犯罪行为不断攀升，[5]

---

〔1〕 1987 年 9 月 20 日，中国向世界发出第一封"跨越长城，走向世界"的电子邮件，1994 年中国正式接入国际互联网。短短的十几年间，中国已经成为互联网发展最为快速的国家。

〔2〕 1999 年，摩托罗拉 A6188 的出现，标志着智能手机的诞生，也催生了以手机移动智能终端为代表的移动智能终端产业的高速发展。

〔3〕 参见《中国互联网络发展状况统计报告》（2015 年 1 月发布）。

〔4〕 参见《中国移动互联网调查研究报告》（2014 年 8 月发布）。

〔5〕 参见左德起："手机里的犯罪"，载《深圳特区报》2014 年 7 月 15 日，第 B11 版。

如手机短信诈骗、手机账户密码盗窃等；[1]二是针对手机移动智能终端的犯罪行为日益增加，如"恶意吸费"、种植木马拦截短信、散播病毒、非法获取个人重要信息等。相比于传统针对PC终端与互联网的犯罪，由于手机智能终端（主要是指安卓系统）的技术具有开放性、技术安全保护体系相对脆弱、手机互联网更具共享性、手机智能终端更具个人私密性、承担互联网支付等众多应用平台功能等特征，[2]造成了犯罪的侵害面更广、隐蔽性更强、危害性更大、侦查难度增加等新问题，以智能终端为载体和平台的移动互联网犯罪现象愈演愈烈。[3]在此前提下，移动智能终端安全问题日益暴露出来，所面临的保护形势也日益严峻。

但是，我国暂时缺乏专门针对移动互联网与移动智能终端犯罪的相关规定，尤其缺乏关于当前多发高发的手机移动智能终端方面的具体规定，使得于法无据的司法困局如鲠在喉。所以，从立法层面完善针对移动互联网犯罪的相关规定较为迫切。如增设向手机发送批量病毒的犯罪规定，但是，《刑法》第286条第3款仅规定向计算机发送病毒的行为，手机是否属于"计算机"以及是否另行立法等问题有待解决。再如，增设传播淫秽信息罪，《刑法》第363条和第364条仅规定了有关淫秽物品、淫秽音像制品等犯罪，却未规定有关淫秽信息的犯罪，鉴于当前通过手机传播淫秽信息屡禁不止，需要特别的补充规定。[4]尽管如此，这一系列的调整具有局部性。目前，由于网络技术提升具有飞跃性，互联网背景下的网络犯罪已经不同于原有的计算机犯罪，已经发生了整体的新变化。这要求在刑事立法层面进行整体的布局和修改，并同时完善新形势下网络犯罪的定量评价机制。唯此，才能应对以手机移动智能终端为代表的新型网络犯罪的需要。

二、危害移动智能终端安全犯罪的个案研析

当前，对于利用手机移动智能终端与手机互联网作为犯罪工具实施有关破坏移动智能终端及其相关法益的犯罪现象，可以根据《刑法》第287条的

---

〔1〕 参见林曦："智能手机泄密严重"，载《羊城晚报》2012年9月6日，第A5版。

〔2〕 DCCI互联网数据中心联合360手机安全中心发布的《2014年上半年Android手机隐私安全报告》显示，92.8%的安卓手机用户在手机中存放隐私，智能手机已经成为存放隐私信息最多的设备。

〔3〕 参见裴智勇："严防'手机犯罪'"，载《人民日报》2004年3月24日，第10版。

〔4〕 参见屈学武："完善打击'手机犯罪'相关法律"，载《人民日报》2004年4月7日，第15版。

规定，依照《刑法》的其他规定定罪处罚。比如，利用手机实施淫秽色情信息犯罪的，可以依法论处制作、复制、贩卖、传播淫秽物品牟利罪。[1]但是，针对移动智能终端的犯罪行为不断翻新，非法控制移动智能终端、非法获取移动智能终端的信息数据、破坏移动智能终端的正常运行、干扰移动智能终端数据等行为日渐增加，使得《刑法》第287条的规定略显"不够用"，而第285条、第286条的适用对象又明显不匹配。在实践中，一些新典型案件频发，有关定罪的争议进一步将问题暴露无遗。

（一）"毒媒"手机僵尸病毒案

"毒媒"（AVK. DuMusic）是一种针对Symbian S60系统的手机木马程序，是手机僵尸类病毒，目前已经出现四个不同的变种，"毒媒"及其变种会伪装成诸如"移动梦网"等常用手机软件进行伪装式的传播。特定的用户手机感染"毒媒"病毒后，"毒媒"将自动触发并启动，而后接受来自远程控制服务器的各项指令，实现对指定手机软件或程序的删除行为，诸如关闭和删除各类手机杀毒软件等；会自动连接到互联网，向互联网特定的控制服务器上传用户的本机手机号、手机型号、IMEI号码、IMSI号码、信息中心号码等，进而窃取用户隐私，这严重破坏了用户的手机运行，严重威胁手机的信息和数据安全。而且，一旦用户手机感染"毒媒"，将无法通过常规方式自行卸载，相关的查杀难度也很大，导致被感染的手机处于非法控制状态。据国家互联网应急中心（CNCERT）统计，自2010年8月，该病毒的感染峰值一度达到100万以上，严重威胁用户的移动数据安全。据相关数据显示，还有40万手机用户正面临此病毒威胁。[2]

1997年《刑法》制定第286条时，主要是以计算机信息系统为主要的立法规制对象，但是，当前移动智能终端已经取代了传统PC终端的统治地位，针对移动智能终端的犯罪铺天盖地。尤其是手机用户数量已经超过了PC用户端，手机用户组成的移动互联网在不断扩容，一旦出现手机病毒并大肆传播，所造成的网络安全问题将更为严重。但是，移动智能终端是否属于计算机信息系统是一个技术性难题。即使从解释论层面可以得出肯定的结论，也要考虑计算机信息系统与移动智能终端两种不同技术平台对定罪量刑的影响。然

---

〔1〕 参见罗书臻："最高人民法院公布6起手机淫秽色情信息犯罪典型案例"，载《人民法院报》2010年1月13日，第3版。

〔2〕 参见"手机僵尸再现变种'毒媒'发作感染40万用户"，载搜狐网，http://it.sohu.com/20101201/n278030124.shtml，最后访问时间：2015年8月27日。

而,这些问题目前尚处于空白状态,暂时只能勉强参照计算机犯罪罪名及其相关司法解释。《刑法》第 286 条第 3 款关于计算机病毒的规定本身也存在缺陷,也进一步导致在套用第 286 条第 3 款处理手机病毒案件时容易陷入新老问题的交替中。

(二) 江苏省首例手机恶意扣费案

据犯罪嫌疑人的供述,某公司在 2010 年 3 月的一次高层会议上,决定尽快开发一款软件,可以实现对手机用户进行恶意的扣费。该公司的技术部总监王某根据决定,提供给被告人常某 2 万元让其负责开发设计相关手机软件。常某设计出"娱乐伴侣"这一破坏性程序,某公司在王某的具体落实下,将"娱乐伴侣"事先植入用户的手机内,当启动后台程序后,"娱乐伴侣"会自动发送短信、秘密订制 SP 服务,并可以过滤运营商发送的资费提醒短信,[1]最终在用户毫不知情的情况下,"娱乐伴侣"会自动恶意扣取用户的手机费用。2010 年 8 月至 10 月,本案被告先后向全国 27 个省市 1159 万个手机用户发送了诱骗短信,导致数十万人被非法扣费,某公司已经从中非法获利 100 多万元。

在本案的定性上,侦查机关主张以涉嫌非法控制计算机信息系统罪和提供侵入、非法控制计算机信息系统程序、工具罪提请批捕。[2]但是,检察院决定不予批捕,原因为:一是难以认定已经达到了"后果严重"的入罪标准;二是关于智能手机是否可以认定为计算机存在较大的分歧。同时,本案与一般的盗窃罪和诈骗罪不同,因为侵犯的法益明显有差异。[3]因而,这个"首案"如何定性存在争议,究竟是"非法控制计算机信息系统罪"还是"破坏计算机信息系统罪",能否按照传统罪名定罪等。这一定性争议已经揭示出现有立法及司法解释的"短板",也即现有关于网络危害行为的类型设置并不科学,在实践中容易出现交叉重合等问题。与此同时,一个较为重要的背景需要交代:制作传播手机恶意扣费程序是行业内的潜规则,本案中的非法分子的获利与通信运营商已经协定为三七分成,运营商是否构成共犯难以定夺;而且,通信运营商往往在投诉的手机号码数据库中设立"黑名单",将受害人

---

〔1〕 按照我国工业和信息化部要求,订制 SP 增值服务须用户及运营商双方两次确认,但该程序屏蔽并代替用户进行确认。

〔2〕 参见王涵宇:"常州侦破全国首例手机病毒恶意扣费案",载《江苏法制报》2011 年 5 月 31 日,第 2 版。

〔3〕 参见周斌:"全国首例手机恶意程序案定性难",载《法制日报》2011 年 5 月 27 日,第 5 版。

投诉的手机号码列入"劣质资源"和"黑名单"目录,以最大可能不向这些手机号码发送手机恶意代码,避免再次遭到投诉或追究责任。[1] 从主流的共同犯罪理论看,通信运营商的行为应当视为"片面的(技术)帮助犯",但是,追究通信运营商的刑事责任缺乏相应的证据予以支撑,也与当前的共同犯罪理论不合拍,但是,《刑法修正案(九)》第 29 条增设的第 287 条之二明确规定了网络运营者和网络服务提供者应当承担片面共犯的刑事责任。[2] 进言之,在网络环境下,网络技术帮助犯的处罚范围如何确定是一个新的难题,既要合理限定片面共犯(帮助犯)的成立范围,也要合理限定中立帮助行为的处罚范围。

(三) 北京市首例利用"静默插件"获取用户信息案

杨某是某公司实际控制人,陈某和罗某两人分别是深圳两家信息技术公司的法定代表人。2010 年 7 月至 2011 年 5 月,杨某、陈某和罗某等人先后在深圳和北京成立了三家公司。2011 年底起,杨某等人授意马某等 4 名公司技术员,研发"静默插件",通过给手机用户刷机的方式悄悄植入移动终端,从而非法控制手机的正常运行,如自动上传个人手机通讯录信息(2000 万条)、强制改变用户手机运行状态、强制删除与安装手机应用程序等。而且,在用户不知情的情况下推送开发软件,以此赚取软件开发商的好处费。截至案发,被植入"静默插件"的用户累计 40 多万,公司通过植入插件、静默推送广告获利约 20 余万元。[3]

公诉机关指控被告人杨某等人犯非法获取计算机信息系统数据、非法控制计算机信息系统罪,向一审法院提起公诉。被告人杨某否认构成犯罪,其辩护人认为,安装"静默插件"的行为未违反国家规定,不属于侵入计算机信息系统的行为。被告人陈某的辩护人也为其做无罪辩护。一审法院认为,被告人以营利为目的,研发升级"静默插件",通过后台服务端操控的方式植入"静默插件"移动终端用于非法控制手机运行、获取手机的信息,并推送软件、广告等商业性电子信息,从而非法获取计算机信息系统数据,并实现对计算机信息系统的非法控制。应当依照《刑法》第 285 条第 2 款规定,依

---

[1] 参见周斌:"全国首例手机恶意程序案定性难",载《法制日报》2011 年 5 月 27 日,第 5 版。

[2] 《网络安全法(草案)》第 42 条、第 52 条等条文也作出相应的修改。

[3] 参见颜斐:"团伙偷手机通讯录 2000 万条",载《北京晨报》2015 年 2 月 28 日,第 A09 版。

法认定被告人构成非法获取计算机信息系统数据、非法控制计算机信息系统罪。法院判决，杨某获刑三年半，罚金5万元；其余被告人分别获刑一年五个月至三年，并处罚金1万元至3万元。

在本案中，手机移动智能终端已经被默认为属于"计算机信息系统"，究其原因在于：2011年《计算机信息系统安全解释》第11条对"计算机信息系统"和"计算机系统"进行了解释，"是指具备自动处理数据功能的系统，包括计算机、网络设备、通信设备、自动化控制设备等"。这意味着手机智能终端可以扩张解释为计算机信息系统。[1]但是，法院最终认定构成非法获取计算机信息系统数据、非法控制计算机信息系统罪，而非《刑法》第286条规定的破坏计算机信息系统罪。这一做法值得思考，具体而言：（1）根据《刑法》第285条原有的规定，入侵普通的计算机系统和网站，单纯非法获取计算机信息系统中存储、处理或者传输的数据，专门制作和提供用于侵入、非法控制计算机信息系统的程序、工具共三种行为无法作为犯罪处理。[2]所以，《刑法修正案（七）》第9条增加了第285条的第2款和第3款规定，第2款规定了"非法获取"和"非法控制"两种行为，重在强调对普通计算机信息系统安全的重视和保护。[3]按照法条竞合的基本原理，法院的定性并无原则性错误。（2）根据《计算机信息系统安全解释》第1条关于非法获取计算机信息系统数据或者非法控制计算机信息系统"情节严重"和"情节特别严重的"的规定，本案杨某等人已经达到了相应的入罪标准，所以，在处罚上并无不可。（3）非法植入"静默插件"的行为同样属于破坏计算机信息系统的行为，是否应当认定为破坏计算机信息系统罪的疑问随之而生，同时也就产生了法条竞合（行为竞合）的新问题，而它背后的深层次问题正是网络危害行为类型的立法不足。

（四）浙江省首例破坏智能手机系统案

周某原是杭州某科技公司的一名设备技术员，主要负责从公司文控中心拷贝软件到手机产线的服务器上。2013年12月6日至13日，周某利用工作上的便利，将同事徐某交给他的一款含有恶意软件的软件包拷贝到公司某车间的生产线服务器上，并将该软件包安装到某国产品牌某个型号的智能手机

---

[1] 参见孙道萃："手机移动互联网犯罪挑战刑法"，载《检察日报》2015年5月7日，第3版。

[2] 参见黄太云："《刑法修正案（七）》解读"，载《人民检察》2009年第6期，第16页。

[3] 参见黄太云："《刑法修正案（七）》解读"，载《人民检察》2009年第6期，第17页。

上,每安装一台则获得一元的好处费。事后,致使该批被植入恶意软件的手机出现了被恶意收费等情况。经统计,这批被安装恶意软件的手机共计 48 665 台,并已全部出厂销售。周某从中获得好处费 5500 元。[1]

公诉机关指控被告人周某犯破坏计算机信息系统罪,向一审法院提起公诉。法院审理认为,被告人周某伙同他人,违反国家规定,对计算机信息系统、应用程序进行删除、修改、增加的操作,后果特别严重,其行为已构成破坏计算机信息系统罪。依照《刑法》《计算机信息系统安全解释》的相关规定,周某的行为已经属于"后果特别严重",依法应当判处五年以上有期徒刑。法院一审判处被告人周某有期徒刑六年,违法所得予以追缴并上交国库。这是浙江省首例以智能手机终端为犯罪对象的破坏计算机信息系统案件。

相比于江苏省首例手机恶意扣费案的定性分歧颇大,对于本案的恶意收费的行为,法院最终以破坏计算机信息系统罪论处。同时,与北京市首例利用"静默插件"获取用户信息案的定性也存在很大的差异。究其问题的本质,针对手机移动智能终端的犯罪,究竟是按照《刑法》第 285 条还是第 286 条进行定罪处罚,司法机关在明确合理的适用标准时存在模糊地带。而其原因在于:《刑法》第 285 条、第 286 条规定的网络危害行为在实践中不便于区分,特别是第 286 条规定的"破坏"计算机信息系统行为具有极强的包容性,完全可以涵盖所有针对网络本身的危害行为,进而容易滋生网络危害行为的竞合。因此,应当反思立法本身的合理性,尤应检讨《刑法》第 285 条、第 286 条确立的危害行为之间的重复交叉性与不完整性等问题。

(五) 广东省首例"静默卸载、安装"无罪案

沈某原是杭州一家无线通信技术有限公司的技术主管。2013 年 9 月至 2014 年 4 月,他利用职务之便在公司的手机"销量管理系统"应用软件中植入自己书写的恶意程序,并使用该恶意程序对用户手机通过静默卸载的方式恶意卸载了 UC 浏览器、百度浏览器等手机应用程序,以静默安装的方式直接推广欧鹏浏览器、百度应用盒子、朋游等应用程序。通过上述方式造成了动景公司经济损失 9 万元,非法获利共约 130 万元。[2]

公诉机关指控被告人沈某犯破坏计算机信息系统罪,向一审法院提起公

---

[1] 参见萧法、肖菁:"浙江首例破坏智能手机系统案宣判 90 后获刑 6 年",载《钱江晚报》2014 年 9 月 19 日版。

[2] 参见董柳:"手机移动互联网入罪标准引热议",载《羊城晚报》2015 年 4 月 20 日,第 A4 版。

诉。被告人沈某辩称,其在公司的手机"销量管理系统"应用软件中植入自己书写的程序,通过该程序对手机用户进行静默卸载、静默下载安装的操作,并收取推广费约 130 万元,但其收取推广费与卸载 UC 浏览器等手机应用程序没有关系。被告人沈某的辩护人认为公诉机关指控被告人沈某破坏计算机信息系统的事实不清、证据不足。理由一是鉴定结论不能证明被告人发出的静默卸载指令与涉案手机的 UC 浏览器被卸载之间存在因果关系,即使存在因果关系也应当通过民事途径解决;理由二是被告人的静默安装行为得到了用户同意,现有证据不足以认定被告人发出指令并造成手机被静默安装软件的事实,且被告人获得的 130 万元推广费不足以认定为是其违法所得。法院认为,现有证据无法证明被告人沈某静默安装,即未经用户许可,操控用户的手机下载应用程序及具体数量,也不能证明被告人沈某推广欧鹏浏览器等应用程序所获取的 130 万元为以静默安装的方式获得的违法所得。公诉机关指控被告人破坏计算机信息系统的事实不清、证据不足,指控的罪名不能成立。因此,判决被告人沈某无罪。后检察机关以适用法律错误依法提起抗诉。

本案的最大特点是"无罪"处理,但是,法院的无罪判决明显值得商榷。(1)事先植入编写的恶意程序是静默卸载和静默安装的前提,也是非法获利 130 万元的前提。即使是以弹窗或短信通知的方式进行推广的,也是基于先前安装的恶意程序的功能而实现的,无恶意程序则无静默下载和静默安装,也不会有非法获利的结果。(2)手机移动智能终端属于计算机信息系统,沈某非法植入自己编写的恶意程序已经属于对计算机信息系统的非法添加,而且,植入的恶意破坏性程序同时可以对通讯录、通话记录等数据进行监听以及实施静默下载、静默安装,这使得手机移动智能终端的信息系统的完整性、安全性受到极大的威胁,也危及手机移动智能终端的数据信息安全。显然,这已经属于破坏计算机信息系统的危害行为,恶意程序的装机量不是构成破坏计算机信息系统罪的法定要件。基于此,在入罪的标准上,根据《计算机信息系统安全解释》第 4 条第 3 项的规定,沈某获利 130 万元已经远远超出"后果严重",已经达到"后果特别严重"。(3)对于具有严重社会危害性的危害手机移动智能终端安全的行为,应当定罪处罚。在本案中,沈某在大量手机用户上植入了恶意的破坏性程序,而且,情节特别严重。一旦手机被预先植入了恶意的破坏性程序,手机的数据信息安全、手机的正常运行功能等都受到了严重的破坏。对此,应当依法定罪处罚。即使无法按照《刑法》第 285 条、第 286 条进行处理,也可以考虑根据《刑法》第 163 条(非国家工作人员受贿罪）、第276条（破坏生产经营罪）进行处罚，而不能纵容移动互联网领域成为"无法空间"。由此，可以发现针对移动智能终端的犯罪在证据收集和证据运用上应当有所转变，与其对应的犯罪定量标准也应当作出及时的更改。

综上所述，在网络技术升级换代、网络终端平台日新月异的新形势下，移动互联网与传统的PC网络渐行渐远。由于借助移动智能终端使用移动互联网的用户数量不断攀升，移动互联网安全形势进一步加剧，一系列新型疑难案件频发，实践中面临很多难题，诸如立法理念的滞后、立法罪名的不足、共同犯罪理论和立法规定的缺陷、网络预备行为处罚不足、网络危害行为类型的不完整等，导致刑法介入能力的明显不足，并持续拷问传统计算机犯罪立法的合理性和有效性。移动互联网安全是当前互联网安全的一个缩影和写照，凸显网络安全形势不容乐观，刑法保护网络安全的供给不足日益暴露。当前，传统计算机犯罪立法在应对移动互联网安全保护问题上，首先亟需克服几个明显而迫切的立法短板：一是移动智能终端及其移动互联网的立法确认和全面保护；二是网络犯罪中危害行为类型的优化与整合；三是专门针对移动互联网及互联网的特殊性进行必要的立法填补和扩充保护。

三、移动智能终端网络安全的刑法保护路径

为了遏制关于手机移动智能终端的犯罪，从刑法保护的有效性看有以下三条基本保护路径。一是要在立法完善时将移动智能终端正式纳入网络中。二是应当根据《网络犯罪公约》和我国现有立法的不足，重新调整网络犯罪行为模式的立法布局。三是应当确立移动智能终端的三个保护维度，分别包括犯罪手段、犯罪对象和犯罪空间，着力提高立法规制的针对性和有效性。

（一）移动智能终端的网络立法扩容

根据1994年国务院发布的《计算机信息系统安全保护条例》，"计算机信息系统"是保护的对象。1997年在制定有关计算机信息系统犯罪的规定时，由于当时的主流计算机信息技术仍然以PC系统为主要载体和形式，所以，计算机信息系统被规定为犯罪对象，同时也被规定为犯罪工具。然而，以《计算机信息系统安全保护条例》为背景，1997年《刑法》无法预见到（手机）移动智能终端的迅猛增长势头和发达程度，以至于目前的刑事立法仍主要停留于计算机信息系统犯罪这一特定的技术时代之下。

但是，在互联网技术升级换代的前提下，随着智能手机和平板电脑等移

动终端的发展，移动互联网已经开始深刻地改变人们的生活和工作方式。所谓移动互联网，简单地讲，是指用户手持移动智能终端就可以不受限地与网络互联并享用互联网。目前，移动互联网已经占据越来越重要的位置，移动智能终端设备是移动互联网的核心环节，始终以用户为中心，并向更智能化、定制化、环保化、云化和融合化等方向发展。互联网的应用环境的变化带来了以手机移动智能终端为标志的移动智能终端的飞速增长，但是，开放的应用环境和智能操作系统的引入带来了新的安全问题，比如，个人手机已成为网络犯罪的重要终端或对象。[1] 所以，移动智能终端的安全保护日益成为互联网安全的重点和焦点，而诸如立法观念落后、法律规定滞后、办案成本过高、惩治效果欠佳等问题也随之而来。

鉴于此，一些针对移动智能终端安全保障的法律规定陆续出现，旨在适应移动智能终端安全保护的现实需要，主要包括：（1）《抵制恶意软件自律公约》（2006年，中国互联网协会）第2条规定："本公约所称恶意软件是指在未明确提示用户或未经用户许可的情况下，在用户计算机或其他终端上安装运行，侵害用户合法权益的软件，但不包含我国法律法规规定的计算机病毒。"显然，这里的"其他终端"应当包括移动智能终端，从而将恶意软件的规制范围扩大至移动智能终端。（2）《移动互联网恶意程序监测与处置机制》（2011年，工业和信息化部）第2条规定："移动互联网恶意程序是指运行于包括智能手机在内的具有移动通信功能的移动终端之上……等恶意行为的计算机程序。"这已经明确了手机等移动智能终端是恶意程序的侵害对象，同时也是网络安全的保护对象。（3）《关于加强移动智能终端进网管理的通知》（2013年，工业和信息化部）要求生产企业不得在移动智能终端中预置擅自收集、修改用户个人信息的软件以及擅自调用终端通信功能，造成流量消耗、费用损失、信息泄露的应用软件。这直接明确了生产商的重要安全保障责任，同时也进一步强化了移动智能终端安全的保护。该通知第1条规定："本通知所称移动智能终端是指接入公众移动通信网络、具有操作系统、可由用户自行安装应用软件的移动通信终端产品。"（4）《工业和信息化部、公安部、工商总局关于印发打击治理移动互联网恶意程序专项行动工作方案的通知》要求，加强移动智能终端生产企业预装应用程序管理，强化移动智能终端进网安全检测和预装应用程序管理，组织开展移动智能终端证后监督检查。这进一步从源头上强化了移动智能终端安全的法律保护。总之，从相关部

---

〔1〕 参见刘子阳："个人手机已成网络犯罪终端"，载《法制日报》2014年8月5日，第5版。

门的规范性文件看，移动智能终端应当属于通常意义的"计算机（信息）系统"，这为保护移动智能终端安全提供了合法依据和规范支撑。这一系列规范性文件不断强化了移动智能终端的重要性、独立地位以及保护的特殊性。

但是，《计算机信息系统安全解释》第11条分别对"计算机信息系统"和"计算机系统"作出了解释，"是指具备自动处理数据功能的系统，包括计算机、网络设备、通信设备、自动化控制设备等"。[1]从中不能得出移动智能终端是否属于"计算机信息系统"和"计算机系统"，这难免折射出《计算机信息系统安全解释》的相对滞后性。然而，由于移动智能终端在数量上已经不逊于PC客户终端，所面临的安全问题更为迫切，所以，从实质解释看，对"计算机信息系统"或"计算机系统"进行合理的扩张解释非常有必要，[2]完全没有超过国民的可预测范围；而且，扩张解释的司法积极效应可以辐射移动智能终端的安全保护。从根源看，《计算机信息系统安全解释》第11条之所以没有明确移动智能终端问题，是因为《刑法》第285条至第287条的立法理念与话语体系仍停留在"计算机信息系统"和"计算机系统"，而《刑法修正案（七）》对《刑法》第285条的修改主要是拓展了计算机信息系统的范围和增加了部分新的犯罪方式，并未从根本上实现立法理念与思维的超越，仍然是较为纯粹的传统计算机犯罪立法理念与模式，与计算机的深度网络化、移动互联化的格局已经明显格格不入。目前，"三网"已经融合，除去犯罪工具和犯罪对象外，互联网日渐独立为一个新的空间维度，网络空间的秩序性价值日益凸显，需要刑法作出特殊的保护。

为了确保移动智能终端成为刑法的保护对象，刑法应当对网络空间背景下的网络犯罪所涉及的一些专业性技术术语进行超前的规定或解释，[3]从而

---

[1] 根据《严惩危害计算机信息系统安全犯罪 保障互联网的运行安全与信息安全（下）——最高人民法院、最高人民检察院研究室副主任就〈关于办理危害计算机信息系统安全刑事案件应用法律若干问题的解释〉答记者问》的官方说明："网络设备，是指路由器、交换机等组成的用于连接网络的设备；通信设备，是指包括手机、通信基站等用于提供通信服务的设备；自动化控制设备，是指在工业中用于实施自动化控制的设备，如电力系统中的监测设备、制造业中的流水线控制设备等。"

[2] 参见张智辉："试论网络犯罪的立法完善"，载《北京联合大学学报（人文社会科学版）》2015年第2期，第93页。

[3] 参见皮勇："论我国刑法修正案（七）中的网络犯罪立法"，载《山东警察学院学报》2009年第2期，第20页。

提高立法与解释本身的适宜性和预见性。2001年《网络犯罪公约》[1]第一章便对诸如"计算机系统"[2]、"计算机数据"[3]等重要的专业技术用语进行了规定、解释和说明，从"计算机系统"与"计算机数据"的解释内容看，都使用了"任何"界定外延，这一做法值得借鉴。目前，最重要的是更新立法理念，逐渐摒弃传统的计算机犯罪立法观念，不断弱化计算机信息系统、计算机系统等传统媒介的思维固化效应，充分认识移动互联网时代的来临与互联网空间独立性的渐次深化等基本发展趋势，为整体上置换现有的计算机犯罪立法体系提供科学的认识论前提，为借鉴域外先进立法经验奠定基本共识。

为了更好地观察我国当前立法现状的不足与发展方向，以下个案样本可供参考，如表1所示。

表1 计算机信息系统概念的个案样本

名称与生效时间	相关概念的界定与关键词
《计算机信息系统安全保护条例》（1994年2月18日）	计算机信息系统，是指由计算机及其相关的和配套的设备、设施（含网络）构成的，按照一定的应用目标和规则对信息进行采集、加工、存储、传输、检索等处理的人机系统
《广东省计算机信息系统安全保护条例》（2008年4月1日）	计算机信息系统，是指由计算机及其相关的和配套的设备、设施构成的，按照一定的应用目标和规则对信息进行采集、加工、存储、传输、检索等处理的人机系统或者网络
《杭州市计算机信息网络安全保护管理条例》（2009年4月1日）	计算机信息网络，是指由计算机及其相关的和配套的设备、设施构成的，按照一定的应用目标和规则对信息进行制作、采集、加工、存储、传输、检索等处理的人机系统和运行体系。计算机信息网络的安全，包括计算机信息系统及互联网络的运行安全和信息内容的安全

---

[1] 最初由欧洲犯罪问题委员会网络空间犯罪专家委员会负责起草《网络犯罪公约》草案，随后数易其稿历经二十余载后，最终于2001年11月23日在布达佩斯正式通过了全球第一个国际性的《网络犯罪公约》，在立法完善性方面具有权威性。2004年7月1日，《网络犯罪公约》正式生效。

[2] 《网络犯罪公约》第1.1.a条规定："'计算机系统'意味着任何设备或者相互连接或者相关的设备，可能是一个也可能为多个，用于运行程序，进行自动处理数据。"

[3] 《网络犯罪公约》第1.1.b条规定："'计算机数据'意味着任何事实、信息和概念的表现形式，该形式采纳一个适合于在一个计算机系统中处理的格式，包括一个适合于使用计算机系统进行某项功能的程序。"

续表

名称与生效时间	相关概念的界定与关键词
《徐州市计算机信息系统安全保护条例》（2009年6月1日）	计算机信息系统，是指由计算机及其相关的和配套的设备、设施构成的，按照一定的应用目标和规则对信息进行采集、加工、存储、传输、检索等处理的人机系统，包括未接入互联网的计算机信息系统（含局域网）以及接入（含无线方式接入）互联网的计算机信息系统
《宁夏回族自治区计算机信息系统安全保护条例》（2009年10月1日）	计算机信息系统，是指由计算机及其相关的和配套的设备、设施（含网络）构成的，按照一定的应用目标和规则对信息进行采集、加工、存储、传输、检索等处理的人机系统
《内蒙古自治区计算机信息系统安全保护办法》（2012年2月1日）	计算机信息系统，是指由计算机及其相关的和配套的设备、设施、网络构成的，按照一定的应用目标和规则对信息进行采集、加工、存储、传输、检索等处理的人机系统
《网络安全法》（2017年6月1日）	网络，是指由计算机或者其他信息终端及相关设备组成的按照一定的规则和程序对信息进行收集、存储、传输、交换、处理的系统

从以上的样本分析看，传统的立法理念认为，计算机信息系统的关键词是"人机系统"，部分同时增加了"网络"或"运行体系"等选择性关键词。但是，以智能手机为代表的移动智能终端并不以 PC 计算机信息系统为物质载体，移动智能终端和传统意义上的计算机信息系统在技术层面、功能安排、安全内容及其保护要求等方面都有一些不同，基于此，应当区分传统的计算机信息系统与移动智能终端。更重要的是，《网络安全法》已经彻底置换了固有的"计算机信息系统"这一滞后的界定，相比之下，"网络"不仅比"计算机新系统"更具技术升级性、观念超前性、内涵包容性、外延开放性，而且可以在逻辑上包含"移动智能终端"等一系列新生事物，因此，《网络安全法》的修改可谓顺势而为，也在立法理念上开始超越《网络犯罪公约》。

因此，总体思路为：在逻辑上，应当摒弃计算机信息系统包含移动智能终端的落后立法逻辑，同时放弃原有的计算机信息系统这一核心概念，转而采取包括网络、信息系统、运行安全等在内的"网络"这一核心，并将其作为刑法保护的对象，同时助力形成计算机信息系统与移动智能终端以及其他网络形式并列同等保护的新局面。目前，可以适时出台专门的司法解释，正式确立"网络"作为网络犯罪立法的根基地位，从而将移动智能终端嵌入其中。在解释内容上，可以根据"列举+概括"的方式预留兜底条款，为拓宽保护的边界预留解释余地，为将来通过立法完善的方式应对互联网发展的新形势、新情况提供足够的缓冲空间。

（二）危害移动智能终端网络安全的行为类型重组

1997年《刑法》第285条和第286条分别规定了有关针对计算机的犯罪内容，从这两个罪名规定的危害行为类型看，主要如下：一是非法侵入（第285条）；二是破坏计算机信息系统功能（第286条第1款）、破坏计算机信息系统的数据和应用程序（第286条第2款）、通过破坏性程序破坏计算机系统正常运行（第286条第3款），这些行为可以概括为破坏计算机信息系统。由于《刑法》第286条的核心内容是破坏行为，所以，可以将第285条和第286条规定的危害行为类型概括为两个模式：一是非法侵入；二是破坏。其中，非法侵入的范围限定为特殊的计算机信息系统，而破坏则适用于所有的计算机信息系统。

但是，《刑法》第285条和第286条的规定明显存在逻辑上的不自洽和不周延。一是非法侵入和破坏之间不是并列的逻辑关系，非法侵入也是一种"破坏行为"，所以，第285条和第286条实质上仅规定了"破坏"这种危害行为类型。二是第286条规定的三种破坏行为之间也非绝对的并列关系，计算机信息系统功能、计算机信息系统内部的数据和应用程序、计算机系统的正常运行是紧密相连的一个整体，如删除计算机信息系统往往导致计算机系统不能正常运行、删除计算机信息系统内部的重要应用程序同样可能导致计算机信息系统不能正常运行，因此，第286条所确立的三个独立的"破坏行为"在实践层面缺乏可辨识性和可操作性，可以视为是立法瑕疵。[1] 2000年，全国人大常委会《关于维护互联网安全的决定》第1条也规定了以计算机为对象的犯罪行为类型，包括侵入特殊的计算机信息系统、通过破坏性程序攻击计算机系统及通信网络、擅自中断计算机网络或者通信服务。从《关于维护互联网安全的决定》看，"擅自中断计算机网络或者通信服务"似乎是一种新的行为类型，但是，它仍然可以归结到《刑法》第286条规定的"破坏"行为类型之中。综上所述，1997年《刑法》仅规定"非法侵入"和"破

---

〔1〕 参见皮勇："我国网络犯罪刑法立法研究——兼论我国刑法修正案（七）中的网络犯罪立法"，载《河北法学》2009年第6期，第50页。

坏"两种行为类型,较为狭隘的立法理念是重要致因之一。

相比之下,根据2001年欧洲理事会制定和通过的《网络犯罪公约》[1]第二章第一节"刑事实体法"的相关规定,已经形成了一套网络犯罪的最低共同标准,[2]也即"侵犯计算机数据或系统的机密性、完整性及可用性的犯罪"这类犯罪。这是《网络犯罪公约》关于网络犯罪的核心,[3]包括越权登入、非法干扰等对计算机系统、网络或计算机数据的安全造成基本威胁的行为,具体行为(罪名)有"非法访问(进入)"[4]、"非法获取"[5]、"数据干扰"[6]、"系统干扰"[7]、"设备的滥用"[8]。从《网络犯罪公约》确定的核心行为模式看,既包括不同的行为方式,也包括所针对的不同的行为对象,是行为与对象相互交叉并轨的行为类型设定模式,比我国《刑法》第

---

[1] 《网络犯罪公约》于2001年11月23日开放签署。2003年1月28日通过了《网络犯罪公约的附加协定》,即《关于将通过计算机系统实施的种族主义和仇外性质的行为犯罪化》。

[2] 其中,第7条至第10条分别规定了"与计算机有关的犯罪"这一类犯罪,包括"与计算机有关的伪造罪""与计算机有关的诈骗罪""与内容有关的犯罪"(只有一个个罪,即"与儿童色情有关的犯罪")、"与侵犯版权和领接权有关的犯罪"。我国《刑法》第287条规定基本属于这类情形。

[3] 参见周文:"欧洲委员会控制网络犯罪公约与国际刑法的新发展",载《法学评论》2002年第3期,第83页。

[4] 非法进入(Illegal access):指当针对整个计算机系统或其任何部分的访问是未经授权而故意进行时,每一签约方应采取本国法律下认定犯罪行为必要的立法和其他手段。签约方可以规定此犯罪应当具有获得计算机数据的意图或其他不诚实意图,或涉及与另一个计算机系统相连接的计算机系统而侵害安全措施。

[5] 非法获取(Illegal interception):此类行为包括非法截取电脑传送的"非公开性质"电脑资料,此项规定是用以保障电脑资料的机密性。根据欧洲理事会说明,如果电脑资料在传送时,没有意图将资讯公开,即使电脑资料是利用公众网络进行传送,也属于"非公开性质"的资料。

[6] 数据干扰(Data interference):包含任何故意毁损、删除、破坏、修改或隐藏电脑资料的行为,此项规定乃是为了确保电脑资料的真确性和电脑程式的可用性。

[7] 系统干扰(System interference):此项规定与第四条的"数据干扰"不同,此项规定乃是针对妨碍电脑系统合法使用的行为。根据欧洲理事会的说明,任何电脑资料的传送,只要其传送方法足以对他人电脑系统构成"重大不良影响"时,将会被视为"严重妨碍"电脑系统合法使用。所以在此原则下,利用电脑系统传送电脑病毒、蠕虫、特洛伊木程式或滥发垃圾电子邮件,都符合"严重妨碍"电脑系统,即构成"系统干扰"的行为。

[8] 设备的滥用(Misuse of devices):包含生产、销售、发行或以任何方式提供任何从事上述各项网络犯罪的设备。由于进行上述网络犯罪,最简便的方式便是使用黑客工具,因此间接催生了这些工具的制作与买卖,因此有需要严格惩罚这些工具的制作与买卖,从根本上杜绝网络犯罪行为。

285 条和第 286 条设定的行为模式更为宽泛、更具包容性、更具实用性，同时也跳出了计算机（信息）系统这一陈旧的立法理念，转而以计算机犯罪的网络化为背景，这些都是值得借鉴的。与此同时，欧盟理事会 2005 年通过了《关于攻击信息系统的理事会框架决议》，其第 2 条至第 4 条分别规定了三种侵犯信息系统安全的犯罪，即非法侵入信息系统、非法干扰信息系统、非法干扰信息系统数据。[1]其中，非法侵入信息系统、非法干扰信息系统与《网络犯罪公约》第 2 条[2]、第 5 条[3]的规定基本一致，而非法干扰信息系统数据与《网络犯罪公约》第 4 条的规定相对应。[4]尽管基本内容大体相同，但也提出了一些新的选择性内容（形式层面）。

从国际接轨的角度看，调整我国计算机犯罪的行为类型及其模式尤为迫切。为此，《刑法修正案（七）》对《刑法》第 285 条进行修改并增加了两款，在行为类型上补充了"非法获取"与"非法控制"两个实行行为和"提供侵入、非法控制的程序、工具"一个帮助行为，同时也相应增加了"非法获取计算机信息系统数据罪""非法控制计算机信息系统罪""提供侵入、非法控制计算机信息系统程序、工具罪"三个罪名。总体而言，这次修改有三大特色：（1）扩大了非法侵入计算机信息系统的保护对象范围，以弥补《刑法》第 285 条保护范围非常有限的立法不足；（2）及时增加了几种常见的危害计算机信息系统安全的危害行为，如"非法获取"与"非法控制"以及后续的提供"程序、工具"等；（3）将某些间接破坏计算机信息系统安全的技术帮助行为单独作为犯罪实行行为论处，[5]这使得某些预备行为转化为抽象的实行行为，具体是指"提供侵入、非法控制计算机信息系统程序、工具"

---

[1] 参见皮勇："论欧洲刑事法一体化背景下的德国网络犯罪立法"，载《中外法学》2011 年第 5 期，第 1045 页。

[2] 本条对应于《网络犯罪公约》第 2 条，二者规定的内容基本一致，只是《网络犯罪公约》允许缔约方另外再增加两个构成要件，而《关于攻击信息系统的理事会框架决议》允许成员限定承担刑事责任的主体是成年人。

[3] 本条对应于《网络犯罪公约》第 5 条，二者在罪状要求上完全一致，其差别在于《关于攻击信息系统的理事会框架决议》允许成员只将成年人实施本罪的作犯罪处罚。

[4] 本条对应于《网络犯罪公约》第 4 条，都是干扰计算机数据的行为，二者最大的差别是《网络犯罪公约》规定的计算机数据不限于信息系统中的计算机数据，脱离信息系统的计算机数据也是保护的对象，而《关于攻击信息系统的理事会框架决议》保护的是信息系统，因此，本罪的行为对象不包括不在信息系统中的计算机数据。

[5] 参见张智辉："试论网络犯罪的立法完善"，载《北京联合大学学报（人文社会科学版）》2015 年第 2 期，第 93 页。

危害行为。但是,"共犯的正犯化"做法也遭到了非议。[1]

但是,《刑法修正案(七)》的修改仍存在一些较为突出的问题,尤其是在行为类型上。(1)从《刑法》第285条第1款、第2款的逻辑上看,否定了针对特殊计算机信息系统的"非法获取"和"非法控制"行为构成犯罪,[2]但是,第285条第1款规定的三种特殊计算机信息系统理应受到更完整的保护,实施"非法侵入""非法获取"和"非法控制"三种行为都应处罚,因此,这是明显的立法逻辑疏漏。(2)从行为类型及其所可能导致的危害结果看,《刑法》第285条第2款增加的"非法获取"和"非法控制"与第286条规定的"破坏"行为必然存在重合之处;而且,由于各自都要求达到"情节严重"或"后果严重"的入罪标准,使得这几种行为重合的概率大为增加。比如,"非法获取"和"非法控制"与第286条第1款规定的"干扰"行为存在重合的可能,而且这些行为往往都是通过植入病毒等破坏性程序得以实现的。因而,可以得出没有必要另行设立非法控制计算机信息系统罪的结论。[3]实际上,从目前所列举的几个法院判决看,"非法控制"并非庭审定罪的关键或重要因素。(3)《刑法》第285条第3款规定了"提供侵入、非法控制计算机信息系统程序、工具"这一新的行为类型,然而,"提供程序、工具"仅限于"侵入"和"非法控制",这与实际情况明显不符,"提供程序、工具"的行为对象至少还可以包括"非法获取"和"破坏"两种行为情形,而且,为"非法获取"和"破坏"两种行为"提供程序、工具"所造成的危害结果并不亚于第285条第3款规定的"侵入"和"非法控制"两种情形。因此,这次修改整体上喜忧参半。与《网络犯罪公约》所设定的犯罪行为类型的"最低标准"相比,目前国内的立法客观上存在一定的差距,尤其是危害行为类型设计不合理。

而且,《刑法》第286条规定的行为类型也同样存在几个固有的缺陷。(1)第286条第1款至第3款的内在逻辑较为混乱。从第286条的三款条文来看,前两款是以对象为标准进行划分的,第3款则以行为方式为标准,这意味着内部标准不统一。同时,计算机信息系统功能、数据和应用程序应当

---

[1] 参见阎二鹏:"共犯行为正犯化及其反思",载《国家检察官学院学报》2013年第5期,第103页。

[2] 参见解甡甡、王孔祥:"提供侵入、非法控制计算机信息系统程序、工具罪探析——《网络犯罪公约》与我国立法之比较",载《人民司法》2014年第1期,第82页。

[3] 参见皮勇:"我国新网络犯罪立法若干问题",载《中国刑事法杂志》2012年第12期,第45页。

属于一个紧密联系的整体,对任何一方的破坏都会直接或间接影响其他方面,如通过传播计算机病毒的方式可以实现任何形式的破坏。这意味着第1款至第3款规定的行为方式容易发生冲突、交叉等情形,增加了司法认定的难度。(2)制造、传播病毒等破坏性程序不是独立的危害行为。目前把故意制作、传播计算机病毒规定为"破坏"计算机系统的行为,而且,要求达到"后果严重"的条件。然而,计算机病毒等破坏性程序的自动传染技术使得单纯的"制作、传播"行为所造成的危害结果往往不可估量,实践中侦查取证的难度非常大。由于为"侵入"和"非法控制"等危害行为"提供程序、工具"已经单独规定为犯罪,所以,应当单独规定这类危害行为。实际上,针对1997年《刑法》第286条第3款的规定,早有观点将其确定为制作、传播破坏性计算机程序罪,这显然是独立的危害行为并为其设置了独立的罪名,原因就在它的潜在破坏性和严重危害性不可预测。甚至还主张应当删除"后果严重"的构成要件规定,[1]以降低入罪的门槛。但是,也有一种折中方案主张制作和传播破坏力大的恶性计算机病毒时,应规定为行为犯或危险犯,不考虑"后果是否严重",造成严重后果的应当加重处罚;制作和传播具有一般破坏力的计算机病毒的,应当根据查明的危害后果,按照破坏计算机信息系统罪论处。[2]总之,尽管在设置为结果犯还是危险犯上存在分歧,但是,单独处罚制作、传播网络病毒行为已经是共识。制作和传播具有潜在破坏性、传播性与严重社会危害性的病毒等破坏性程序、技术或工具等,应当考虑确立其为一种独立的危害行为类型。

尽管《刑法修正案(九)》增设了《刑法》第286条之一、第287条之一和第287条之二,但是,对扩充网络危害行为类型的作用有限。(1)《刑法》第286条之一剑指网络安全信息保护,重在追究网络服务提供者不履行安全监管义务并造成危害结果的行为,在实质上仍属于干扰网络信息数据的行为;(2)《刑法》第287条的立法思路是针对网络作为"犯罪手段"的情形,实践中该规定的行为类型具有开放性,第287条之一和第287条之二分别对网络预备行为和网络片面共犯行为作出处罚,确实丰富了网络作为"犯罪手段"的情形,但仅限于共同犯罪情形。

总之,从设置更完整的危害行为类型结构看,可以考虑适当借鉴《网络

---

〔1〕 参见刘广三:《计算机犯罪论》,中国人民大学出版社1999年版,第188页。
〔2〕 参见皮勇:《网络安全法原论》,中国人民公安大学出版社2008年版,第402页。

犯罪公约》与《关于攻击信息系统的理事会框架决议》[1]以及《网络安全法》，合理区分网络危害行为的对象与网络危害行为的种类，兼顾《刑法》第286条规定的"破坏"行为具有的包容性，同时结合网络攻击行为的方式、手段等因素，逐步明确"非法侵入""非法控制""非法获取""非法干扰""非法提供""非法制作、传播""非法滥用"（滥用软件技术行为[2]）以及"非法利用"共八种不同的行为类型规制模式，每个行为类型后可以增补相应的网络危害行为对象（整体上都可以概括为网络或网络空间），从而严密规制网络危害行为类型的刑事法网。比如，一种观点认为，侵犯计算机数据和系统安全的网络犯罪罪名应当包括非法侵入计算机系统罪，干扰计算机系统罪，干扰计算机数据罪，故意制作、传播计算机病毒罪，非法拦截计算机数据罪，滥用信息安全相关设备罪。[3]显然，这比《刑法》第285条至第287条设定的行为类型更为丰富、合理，也较为充分地吸纳了《网络犯罪公约》。立足于《刑法》第285条至第287条的规定以及《刑法修正案（七）》《刑法修正案（九）》的相关内容。对我国网络危害行为类型可以作出以下调整，具体如表2所示。

表2 网络危害行为类型

行为方式	行为对象
非法侵入	任何计算机信息系统、移动智能终端等网络
非法控制	任何计算机信息系统、移动智能终端等网络
非法获取	任何计算机信息系统、移动智能终端等网络的数据、信息
非法干扰	任何计算机信息系统、移动智能终端等网络
非法提供	任何破坏计算机信息系统、移动智能终端等网络的软件、程序、工具
非法制作、传播	木马、恶性病毒等破坏性程序、工具
非法滥用	网络软件、工具
非法利用	网络和网络空间（针对《刑法》第287条的概括性规定）

---

[1] 客观地讲，我国当前的立法和《网络犯罪公约》《关于攻击信息系统的理事会框架决议》不存在根本性的差异，但是，在一些立法技术、立法内容的周全性、立法规定的前瞻性上确有差距。

[2] 最典型的是"微软黑屏事件"，其实质是滥用软件技术保护措施对用户计算机信息系统安全的损害。

[3] 参见皮勇：《网络犯罪比较研究》，中国人民公安大学出版社2005年版，第99-191页。

(三) 移动智能终端的对象性、工具性、独立空间化的三维应对

在实践中，一方面，移动智能终端本身的安全设置具有缺陷，以 Andriod 系统为主要形式的移动智能终端具有开放性，隐藏着巨大的安全漏洞，常常被作为犯罪工具使用。如利用手机移动智能终端实施诈骗的数量呈爆炸式增长态势。[1]另一方面，移动智能终端承载非常多的网络应用服务，如社交、支付、个人信息（账号和密码）等都依托于移动智能终端及其应用程序、软件，所以，移动智能终端往往会成为被侵害的对象，如植入木马和破坏性程序、预先安装恶意软件、"开后门"、发送"钓鱼"短信、组建"僵尸网络"等。所以，移动智能终端既有作为犯罪工具的加害属性，也有作为犯罪对象的被害属性。在实践中，移动智能终端的工具性和对象性往往融为一体，纯粹作为工具或对象的网络犯罪并非主要形式，移动智能终端作为犯罪工具与作为被侵害的对象往往胶着在一起。这和计算机信息系统的双重属性具有一致性，1997 年《刑法》第 285 条至第 287 条的立法基本指导思想也较好地贯彻了这一点。

根据 1997 年《刑法》第 285 条和第 286 条的规定，前者针对特殊而重要的计算机信息系统（国家事务、国防建设、尖端科技领域）进行保护，后者旨在保护普通计算机信息系统的功能正常发挥、系统安全运行与系统正常管理等。在此基础上，第 287 条明确相关法律的界限，以便于司法实践办理与计算机关联的犯罪时有所遵循。[2]据此，1997 年《刑法》主要从"危害信息交流安全"和"利用计算机技术"两个法益角度来进行规定和设计罪状，其中，《刑法》第 285 条和第 286 条主要从"危害信息交流安全"角度予以规定，[3]第 287 条则从后者出发作出规定。

随后的两次立法修改也基本上维持了原样。（1）《刑法修正案（七）》对第 285 条进行了修改并增加了两款，罪名分别是"非法获取计算机信息系

---

[1] 参见魏蔚："手机诈骗案件人均损失远高于 PC"，载《北京商报》2015 年 4 月 29 日，第 C02 版。该报道显示，2015 年 1 月至 3 月，北京网络安全反诈骗联盟共接到网络诈骗报案 4920 例，报案总金额高达 1772.3 万元，人均损失 3602 元。其中，PC 用户报案 3773 例，报案总金额为 940.5 万元，人均损失 2493 元；360 手机用户报案 1147 例，报案总金额为 831.8 万元，人均损失 7252 元。

[2] 参见高铭暄：《中华人民共和国刑法的孕育诞生和发展完善》，北京大学出版社 2012 年版，第 512-514 页。

[3] 参见赵廷光、皮勇："论我国刑法中的计算机犯罪"，载《现代法学》1999 年第 4 期，第 101 页。

统数据、非法控制计算机信息系统罪"和"提供侵入、非法控制计算机信息系统程序、工具罪",这次修改主要也是立足于"危害信息安全",并同时扩大了行为对象的范围,增加了行为方式的类型与种类,有助于回应不断翻新的计算机(网络)犯罪形式。(2)《刑法修正案(九)》增设的第286条之二也同样立足于网络空间的"信息安全",但是,已经开始跳出了计算机信息系统安全,转向了网络信息安全,这是进步之举。《刑法修正案(九)》增设的第287条之一、第287条之二是以网络作为犯罪手段为前提的,分别规定了网络预备行为、网络片面帮助行为的处罚规定,因而,立法修改的宗旨与第287条是一致的。因此,我国网络犯罪的立法修改指导思想仍主要停留于计算机信息系统安全的语境下,而且至今只对计算机作为对象和工具的情形作出了立法修改规定。

但是,在网络技术快速升级和网络空间日益成型之际,计算机犯罪是较为陈旧的犯罪形式,网络犯罪才是新生的犯罪形式。在互联网时代,最重要特征与趋势是网络空间的工具化、功能化以及独立性的深度化,网络及网络空间已经开始全面渗透到传统现实物理社会,网络空间与传统现实物理社会的紧密融合彻底地影响了人类生产生活,甚至未来将全面进入智能时代,网络空间也将全面覆盖和嵌入人类本身与人类的存在空间。因此,法律体系也面临话语体系的适应和变革。目前,刑法中的传统罪名体系已经明显落后于网络犯罪、移动智能终端犯罪的现状及其趋势,仍然主要对"手段性"和"对象性"两个环节进行保护,缺乏对网络空间以及网络空间主权的刑法保护,以至于司法机关在保护网络空间安全和网络主权的问题上必然面临适法困难,并且往往被迫选择"爱莫能助"或退而求其次地推行"扩张解释"。然而,这些不是传统刑法理论和刑事立法正确应对互联网思维和迎接网络新纪元的最佳选择,反而,突出网络空间的特殊立法保护势在必行。《网络安全法》正是在此背景下出台的,其第1条明确规定了立法的目的和宗旨:"为了保障网络安全,维护网络空间主权和国家安全、社会公共利益,保护公民、法人和其他组织的合法权益,促进经济社会信息化健康发展,制定本法。"其中,"网络安全""网络空间主权"等内容切实凸显出网络空间独立性及其保护的重要性,只有从整体上确认网络空间安全的地位,才能更自如地对网络的"工具性"和"对象性"方面进行保护。进言之,考虑到网络空间本身的独立性日获共识、网络空间自身的公共秩序的重要性、以网络为犯罪空间的趋势日益明显等因素,应当尽快改变传统"一面四点"的立法格局,及时制定独立的网络犯罪法律体系。因此,今后的刑事立法既要体现网络犯罪的整体发展趋势，也要兼顾移动智能终端犯罪的特定需要，以求专门应对网络空间深层化所带来的各种新冲击和新挑战。

从立法的前瞻性看，由于以移动智能终端为平台的移动互联网和传统的PC互联网齐头并进，移动互联网安全问题作为一个独立的现象日渐显现出来。移动互联网作为互联网的新型平台，承载着人类社会生产生活的重要功能，尽管兼具虚拟性与技术性两大新特征，但内在的功能性、互联性、经济效益性等特征同时意味着互联网空间本身的脆弱性及其对现实物理社会的直接与间接危害，移动互联网空间和互联网空间都是应当单独进行保护的刑法时空范畴。整体上看，立法保护不能仅仅停留于移动智能终端的"工具性"和"对象性"特征之上，因此，通过立法规制移动互联网空间显得尤为迫切，未来的立法应当从"对象性""工具性"和"空间性"三个维度进行展开。目前，针对"对象性""工具性"的刑事立法较为完整，"对象性"的规定已经较为丰富，但在行为类型模式上有些不足；在"工具性"上的立法进展值得肯定和期待，因为《刑法修正案（九）》新增加第287条之一和第287条之二都适度扩充了对"利用计算机技术"实施犯罪进行惩治的范围。但是，围绕"网络空间"的立法尚不充分，除《最高人民法院、最高人民检察院关于办理利用信息网络实施诽谤等刑事案件适用法律若干问题的解释》《网络安全法》《反恐怖主义法》等作出了相关的规定外，《刑法》并未对网络空间安全单独作出保护规定。为了强化互联网安全的独立性与重要性，从立法层面看，要合理设定行为类型，既要规定特殊性罪名，也要规定一般性罪名，从而严密立法的法网。

针对网络空间这一独立法益的刑法立法保护，有以下三点值得关注。（1）总则增加独立的概括性规定。应当考虑单独增设一个条文，规定破坏网络空间安全和网络空间主权的刑事责任。将其置于总则中，确立网络犯罪的独立地位，从而统领分则的条文，并彻底实现从"计算机信息系统（安全）"切换到"网络（空间安全）"的立法思维转变。还可以考虑将其置于《刑法》第13条之内，理由如下。一是《刑法》第13条属于犯罪概念的规定，同时也规定了犯罪构成，是总则所有规定中最基础和最重要的条文。二是网络犯罪在总则需要明确地位，同时也需要辐射总则的其他条文，并对分则具有指导意义，第13条是最佳选择。在内容上，可以考虑增加一个第3款："实施破坏网络安全的危害行为，利用网络实施危害行为，对网络空间实施危害行为的，依照前两款的规定处理。"修改的理由如下：一是鲜明地规定网络犯罪的三个维度，表明网络犯罪与传统犯罪的共性与差异；二是网络犯罪应当适用《刑法》第 13 条关于犯罪的规定，同时也适用于但书的规定，这才是完整的网络犯罪概念。（2）分则单节或单章规定。1997 年《刑法》仅有第 285 条至第 287 条三个条文，但是，随着网络犯罪的加剧态势，增加网络犯罪的罪名成为共识，《刑法修正案（九）》增设的《刑法》第 286 条之一、第 287 条之一、第 287 条之二是一个开始。所以，分则可以首先考虑单设一个"节"，而不应继续置于"妨害社会管理秩序罪"的第一节"扰乱公共秩序罪"之内，具体可以置于该章的最后一节即"第十节"，名称可以初定为"网络犯罪"。如若置于"危害国家安全罪"或"危害公共安全罪"之内，则容易导致保护对象变得狭隘，同时也不符合过渡性调整的要求，容易增加立法修改的阻力。但是，将来不排除对网络犯罪增加为独立的一章即"网络犯罪"，以更集中和完整地规定网络犯罪。（3）罪名体系的重新安排。在罪名体系设置上，针对网络空间的立法处于阙如状态，需要增设一个概括性条文并配置总括性的罪名，如"危害网络安全罪"或"破坏网络安全罪"。针对将网络作为对象犯罪的立法还需要完善，具体可以根据网络危害行为类型重新设置条文和调整罪名，并加以新的有序排列。针对网络作为犯罪手段的立法策略基本可以保持不变，仍然可以采取"列举+概括"的立法模式，但应继续扩容。

但是，刑事立法完善仅仅是其中一环，还需要其他的法律体系进行配套方显实效。这既包括国家层面的法律法规、规章与政策，也包括地方性法规。比如，《网络安全法》实质上确立了我国网络安全保护的基本法律体系，从而网络空间作为独立的法益空间获得了独立的地位，并为刑事立法的专业性、针对性、有效性提供法律基础。

四、余论

从曾经熟知的计算机时代走向日益深化的互联网时代，人类社会已经与 PC 计算机时代密不可分。但是，网络技术的高速发展不断弱化计算机时代，反而日益强化网络空间时代。其中，以手机为代表的移动智能终端开启了移动互联网的新纪元，并对人类社会的生产生活产生了更为显著和全方位的影响。在依法保障移动智能终端与移动互联网安全问题上，传统刑法立法的理念滞后、技术匮乏与内容单薄等问题相继暴露出来，使得"扩张解释"成为不得已的司法选择。但是，随着"互联网+"思维的深入，移动智能终端的不断发展，移动互联网的安全问题也随之而来。鉴于此，应当树立移动互联网安全保护的新思维，以全新的理念重构我国计算机犯罪规定，既要合理保留计算机"1.0"时代的烙印,更要突出互联网作为"2.0"版本的新需要;既要突出互联网及安全保护的普遍性,也要重视移动智能终端及其移动互联网的特定趋势、需要与应对措施。当前,应当针对移动智能终端的特殊性,以《网络安全法》、刑法修正案为重要参考,对移动互联网的保护对象、网络危害行为规制类型、保护法益等方面进行必要的立法扩容和修改完善,以满足保障(移动)互联网安全的现实需要,从而维护移动智能终端的网络空间安全。

第二十三章
网络财产性利益的刑法保护：司法动向与理论协同

一、典型判决样本的司法逻辑

网络已经全面嵌入和渗透到生产生活，网络附着和生成无穷尽的社会财富。由于传统刑事立法的不足，在处理一系列新型、疑难、复杂的涉及网络财产性利益（或虚拟财产）案件时，法律适用时常捉襟见肘，司法效果众口难调。当前，通过刑法保护网络财产性利益等网络财富资源是刑法面临的新挑战和新课题。

（一）典型判决的样本变量

网络财产性利益的载体、数量及类型不断翻新，涉及网络财产性利益的违法犯罪案件处在多发期、高发期，不尽相同的刑法应对方式与策略值得关注。

1. 全国首例窃取QQ号码案：盗窃罪，还是侵犯通信自由罪？

案情简介：2004年5月，被告人曾某系腾讯公司工作人员，具体负责公司安全中心系统的监控工作。被告人非法窃取QQ号码并贩卖获利，导致原用户无法正常使用注册的QQ号码。有130余个QQ号码被非法篡改和售卖，非法获利共计61 650元，被告人曾某分得赃款39 100元。控方主张QQ号码属于侵犯财产罪的法益保护对象，即《刑法》第92条第4项规定的"依法归个人所有的股份、股票、债券和其他财产"中的"其他财产"，遂以盗窃罪起诉。辩方认为，"其他财产"应当与股份、股票、债券等属性相同，QQ号码尚未被刑法明确规定为其他财产权利凭证，不应纳入其列。法院认为，"其他财产"的范围应由立法机关通过立法确定，QQ号码等网络虚拟财产并未明确纳入刑法的财产法益序列，现行法律和司法解释并未确认QQ号码的财产属性，不应作为刑法中的财产保护对象。被告人篡改他人QQ号码密码，使原注册用户无法使用和进行即时通讯联系,侵犯了他人通信自由,构成侵犯通信自由罪。[1]

评析:该案作为法院首例立案审理的涉网虚拟财产案件,曾引发各方的高度关注。但是,判决结果并未成为刑法保护虚拟财产的首例"标杆"。从控辩双方的争议与法院的判决看,难点主要包括财产属性与价值认定。在当时立法阙如和司法保守的情况下,无奈只能选择其他罪名处置。如此既暴露了传统罪名的失灵问题,也揭示了网络犯罪立法存在的漏洞。

2. 窃取游戏装备:盗窃罪,还是非法获取计算机信息系统数据罪?

案情简介:2013年7月,被告人孔某利用钓鱼方法,在"天堂1"网络游戏中与网民金某取得联系,获取其QQ号码和密码,后秘密登录并非法获取"天堂1"网络游戏中的十二件游戏装备,出售获利6946元。一审法院认为,被告人孔某通过"钓鱼方法"等非法方式,秘密窃取他人的游戏装备并出售获利6946元。游戏装备虽系虚拟财产,但玩家投入了一定时间、资金、劳动,具有使用价值和价值,具备财产属性。被告人侵犯了公民的财产权利,构成盗窃罪。[2]

评析:通过计算机非法获取网游系统的数据,后贩卖具有财产性利益属性的网游装备行为,是当前的多发案件类型。网游运营商主张保护网游装备的呼声一直很高。但是,大部分游戏装备具有可复制性,而且一般仅在虚拟空间具有特定的价值或交易价值,财产属性的争议难断。虽然最终论处盗窃罪,却遗留网络财产性利益的价值认定这一当前司法机关迫切需要解决的定量问题。[3]非法获取网络数据与盗卖网络财产性利益之间存在行为竞合关系或牵连关系,实践中究竟如何论处存在较大分歧,也直接影响量刑公正。比如,对于盗窃游戏币和网络游戏金币的行为,二审法院纠正一审法院认定构成盗窃罪的判决,按照非法获取计算机信息系统罪定罪,将网络游戏金币等视为计算机信息系统数据,间接回避价值无法准确认定、非法获利不便确定等难题。[4]最高人民法院法律政策研究室认为,对于利用计算机窃取他人游戏币并且非法销售获利的行为,目前按照非法获取计算机信息系统数据罪进

---

[1] 参见广东省深圳市南山区人民法院(2006)刑初字第56号判决书。
[2] 参见山东省日照市东港区人民法院(2014)刑初字第120号判决书。
[3] 参见罗欣、杨赞:"盗窃虚拟财产行为的刑事规制",载《检察日报》2014年3月6日,第3版。
[4] 参见安徽省蚌埠市中级人民法院(2010)刑终字第0097号判决书。

行定罪处罚更妥当。[1]这直接提高了《刑法》第 285 条第 2 款确立的网络专门保护的司法地位。

3. 删除数据：破坏计算机信息系统罪，还是非法获取计算机信息系统数据罪？

案情简介：被告人童某和蔡某系某公安局交通警察大队的协管员（聘用），具体负责道路交通违法信息管理系统的日常工作。2009 年 4 月，两位被告人共同商议，决定非法删除违章记录并收取违章人员的"处理费"并平分。共计 37 部违章车辆和 770 条违章记录被非法消除，导致应缴纳的违章罚款 80 850 元流失，童某与蔡某从中非法获利 25 000 元，分别分赃 7500 元、15 000 元。[2]

评析：道路交通违法信息管理系统作为犯罪对象具有多重属性，既附着财产性利益，也是独立的网络数据，以其为犯罪对象直接导致危害行为的竞合。非法删除违章记录数据，首先破坏计算机信息系统的正常运行，也造成应缴纳的违章罚款流失，定性上涉嫌构成非法侵入计算机信息系统罪、非法控制计算机信息系统罪、破坏计算机信息系统罪、盗窃罪和诈骗罪。最高人民法院研究室认为，根据《刑法》与《计算机信息系统安全解释》，应当认定构成破坏计算机信息系统罪（《刑法》第 286 条第 2 款）。[3] 借此，明确了非法获取与非法删除网络财产性利益（数据）的定性差异，也一改以往援引财产犯罪规定的固有思维，开辟了通过网络专门保护的新气象，传递出司法机关高度重视和严惩网络犯罪的司法导向。

4. 网络骗取：诈骗罪，还是非法获取计算机信息系统数据罪？

案情简介：2014 年 11 月，被告人采取技术手段，破解被害人陈某邮箱密码，获取被害人在苹果公司官网上的订单和快递信息，随后用事先伪造的被害人身份证，将被害人登记时所填写的联系电话、联系地址报给顺丰快递员，冒领被害人订购的 iPhone 6 手机一台与 iPhone 6 Plus 手机二台。一审法院认

---

[1] 参见喻海松："最高人民法院研究室关于利用计算机窃取他人游戏币非法销售获利如何定性问题的研究意见"，载张军主编：《司法研究与指导》（第 2 辑），法律出版社 2012 年版，第 127 页。

[2] 参见喻海松："关于对交警部门计算机信息系统中存储的交通违章信息进行删除行为如何定性的研究意见"，载张军主编：《司法研究与指导》（第 2 辑），法律出版社 2012 年版，第 137 页。

[3] 参见喻海松："关于对交警部门计算机信息系统中存储的交通违章信息进行删除行为如何定性的研究意见"，载张军主编：《司法研究与指导》（第 2 辑），法律出版社 2012 年版，第 147 页。

为，以非法占有为目的，虚构事实、隐瞒真相，骗取他人财物，数额较大，其行为已构成诈骗罪。[1]

评析：破解电子密码和获取网络数据是先行行为，实施先行行为并不必然意味着后续的其他实行行为完毕或既遂，并不必然获得被害人的财物或财产。利用网络技术非法骗取他人财物是行为集合体，同时包含非法获取直接或间接包含财产性利益的数据和骗取物理财物两个危害行为，导致非法获取计算机信息系统数据罪与诈骗罪相互竞合。在实践中，诈骗罪往往基于骗取的数额便于认定而受到倚重，显示出偏爱财产化保护的司法逻辑。

5. 非法获取数据：非法获取计算机信息系统数据罪，还是职务犯罪？

案情简介：被告人虞某利用工作之便获取进入数据库的用户名及密码，并对本院医生每月在局域网开具的处方数据（以下简称统方[2]数据）进行统计并导出，并将统方数据出售给药商，共获利107万余元。抗诉机关与二审辩护人对上诉人是否属于利用职务便利产生严重分歧，对是否构成受贿罪存在截然相反的理解。一审法院认为，构成非法获取计算机信息系统数据罪。[3]二审维持原判，认为虞某协助医院信息处架构系统的工作具有技术性、劳务性，并无管理或监督开发软件登录密码的修改等职权内容。虞某主要是利用其维护医院计算机服务器等设备正常运行的日常工作中的便利条件盗取密码，与监督、管理统方数据的职责无密切联系，因而，在犯罪过程中并未利用职务便利，不应认定为受贿罪。虞某违反国家规定，采用其他技术手段，获取医院计算机系统中存储的统方数据，情节特别严重，构成非法获取计算机信息系统数据罪。[4]

评析：在实践中，网游公司工作人员以及其涉网企业的工作人员，具备利用工作之便或职务之便实施网络犯罪的优势条件，导致职务犯罪与网络犯罪发生竞合。本案抗辩双方的关键分歧在于利用工作之便还是利用职务之便。如若属于利用职务之便，则应按照受贿罪或非国家工作人员受贿罪论处；如若属于利用工作之便，则属于"手段与结果"的关系，并诱发司法竞合。有观点认为，网游工作人员利用职务之便非法获取虚拟财产并销售牟利的，按

---

[1] 参见浙江省宁波市江东区人民法院（2015）刑初字第485号判决书。
[2] 统方是指医院对医生用药信息量的统计，卫生部严禁为商业目的进行统方。
[3] 参见浙江省温州市文城区人民法院（2014）刑初字第173号判决书。
[4] 参见浙江省温州市中级人民法院（2015）刑终字第190号判决书。

照侵犯著作权罪论处。[1]该观点不无道理,网游是受法律保护的著作权。但是,非法获取网游等虚拟财产同时也是非法获取计算机信息系统数据的行为。一律按照侵犯著作权论处,而不考虑非法获取计算机信息系统数据罪与职务犯罪未必妥当。

6. 流量劫持:非法控制计算机信息系统罪,还是破坏计算机信息系统罪?

案情简介:案例一:2008年10月起,被告人施某在某公司重庆网络监控维护中心核心平台部工作,负责业务平台数据配置。2013年2月至2014年12月,被告人施某等人为谋取非法利益,违反规定,对重庆某分公司互联网域名解析系统进行非法控制,施某等人分别获利157万余元不等。法院认为,被告人施某等共同违反国家规定,非法控制计算机信息系统的域名解析系统,后果特别严重,构成非法控制计算机信息系统罪。[2]案例二:2013年底至2014年10月,被告人付某等人租赁多台服务器,使用恶意代码修改互联网用户路由器的DNS设置,使用户登录"2345.com"等导航网站时,跳转至其设置的"5w.com"导航网站。事后,将获取的互联网用户流量出售给"5w.com"导航网站的所有者A公司,违法所得高达75.47万余元。法院认为,被告人施某等违反国家规定,对计算机信息系统中存储的数据进行修改,后果特别严重,构成破坏计算机信息系统罪。[3]

评析:流量劫持是网络环境下快速牟取暴利的不正当竞争行为。尽管破坏互联网企业的合法利益、用户自主权、网络市场正常经营秩序等,但是,并未作为犯罪论处。先后两个有罪判决颠覆了司法旧观,系刑法保护的司法风向标。案例中的流量劫持行为表现为非法控制互联网域名解析系统,致使用户访问被劫持网站时,强行跳转到另外的页面,用户实际访问的页面与用户输入的网址不同,或者致使用户访问网站时,自动加入推广商的代码。因而,兼具"非法控制"和"危害"计算机信息系统的行为属性。同为采取DNS方式实施的流量劫持案件,却分别构成非法控制计算机信息系统罪和破坏计算机信息系统罪。这不仅显示两个罪名的规范竞合及其司法处理的不统一,也暴露刑法立法的不足。

(二)司法逻辑的真实面相

随着网络技术的升级换代,新型的网络财富资源翻陈出新,日益壮大的

---

[1] 参见刘明祥:"窃取网络虚拟财产行为定性探究",载《法学》2016年第1期,第151页。
[2] 参见重庆市渝北区人民法院(2015)刑初字第00666号判决书。
[3] 参见王治国:"浏览器主页被篡改锁定终于有人管了",载《人民法院报》2015年11月11日,第3版。

网络财产性利益开始自立门户。与此同时,网络财产性利益的刑法保护作为全新课题,正处在理念提升与立法跟进的过渡期。[1]网络犯罪、财产犯罪与关联犯罪的司法竞合难题愈演愈烈,导致司法保护的价值导向、思维指南与法律效果难以进入新常态化轨道。

1. 价值属性与财产属性的分歧正在弱化

早期形成的"虚拟财产"概念长期受制于财产属性的价值本质争论,耗费大量的司法资源。但是,当前对网络财产性利益的财产属性之争议日渐减少。随着网络代际的不断变迁,网络财产性利益的概念更具共识性、包容性。作为过渡性统称概念,关于其法律属性、价值属性等争议明显淡化,转而关注刑法保护网络财产性利益的司法途径和方式,集中在财产化保护、网络专门保护与关联保护的竞合与选择方面。这说明司法先行保护是现实需要,但是,司法超前保护也暴露理论研究与理念更新滞后等不足。

2. 价值认定的司法困扰仍长期存在

财产化保护是早期较为普遍的做法,而且持续至今仍然屡试不爽。但是,价值评估难题始终存在。尽管理论界和实务界共同长期致力于克服这一难题。然而,由于类型不断更新、价值载体千变万化,价值认定标准始终众口难调。这不仅直接关系到罪与非罪、此罪与彼罪、重罪与轻罪等重大问题,也严重制约着司法机关援引财产化保护路径的积极性与动力。从长远看,重新设置网络环境下的独立定量因素与标准体系是出路。

3. 财产化保护与网络专门保护的司法分流渐成规律

虽然对网络财产性利益的财产属性各执一词,即使价值认定问题长期困扰司法机关,但是,在立法明显供给不足的情况下,并未妨碍实践屡次启用财产化保护方式。然而,随着《刑法修正案(七)》增加非法获取计算机信息系统数据罪后,网络专门保护趋势日益凸显。在司法实践中,弃用财产化保护方式,转而援引《刑法》第285条第2款等网络犯罪罪名,推行网络专门保护的趋势日渐端倪。由此,在立法促使下,财产化保护与专门化保护的司法分流问题日渐明晰,司法定性的导向发生明显偏转。

4. 网络专门保护的司法竞合呈递增趋势

实践证明,1997年《刑法》规定的第285条、第286条已经无法满足司法现实需要。《刑法修正案(七)》增设285条第2款、第3款后,网络犯

---

[1] 参见朱宁宁:"网络虚拟财产保护不应成盲区",载《法制日报》2015年10月29日,第3版。

罪罪名体系有所扩容，内部竞合现象随之升温。比如，非法控制计算机信息系统罪与破坏计算机信息系统罪的竞合关系在流量劫持的相关案例中暴露无遗。竞合的原因主要归结于立法的零散与交错，导致对象或行为的重合与交叉。这既减弱了专门化保护的便捷性，也倒逼立法改良的整体性。

5. 多元保护的司法格局稳步发展

网络犯罪可以分为三种运行形态，分别是网络作为犯罪对象、网络作为犯罪手段、网络（空间）作为犯罪时空形态。《刑法》第285条、第286条规定"犯罪对象"，第287条及其他关联犯罪规定"犯罪手段"。网络空间作为犯罪时空形态是网络代际变迁后的新趋势，但是，独立规定暂时处于空白状态。根据《刑法》第287条的规定，利用互联网实施犯罪的，按照分则的其他罪名论处。因此，原则上分则所有罪名都可能"涉网"，可以对网络财产性利益进行间接保护。尽管财产化保护势头不减，网络专门化保护异军突起，然而，关联保护的兜底作用不容忽视，只是保护效果和力度具有辅助性和配套性，知识产权犯罪、职务犯罪等犯罪是主要分布区域。在复合型的司法保护格局中，财产化保护与专门化保护分居"两翼"，关联保护虽然重要，却受制于刑法立法的迟延与规范供给不足。

6. 刑法理论补位与转型明显不足

网络财产性利益的形式不断翻陈出新，对网络犯罪的立法完善和司法实践应提出多元的挑战和要求。比如，有效解决网络财产性利益的价值认定等老问题仍摆在首位，全面保护大数据时代的数据安全成为新挑战，一套符合网络犯罪特性和需要的定量因素及其标准体系亟待建立健全。在宪法、民法等未对网络财产性利益的法律属性与财产地位作出明确界定时，为了防止出现网络法治空间的"盲区"，刑法理论的协同补位至关重要。

综上所述，网络1.0时代主要颠覆财产有形与无形的形式问题，"虚拟财产"作为崭新的争议现象首次跃入视野，司法保护受制于立法不足而往往不敢突破。以信息网络为标志的网络2.0时代，财产属性已经获得共识，网络财产性利益的司法保护基础更牢靠，司法频现突破立法之举。以大数据为核心的网络3.0时代，网络数据的财产价值属性更不在话下，保护网络数据属于崭新的探索领域。网络财产性利益兼具财产属性与网络信息数据属性，因此，对网络财产性利益进行财产化保护一度作为首选途径。但是，网络财产性利益与传统财产不相同，财产化保护路径不免陷入既有理念与价值认定难题的桎梏。随着网络犯罪专门立法的持续补强，网络专门化保护渐成司法新动向，迫切呼吁司法与理论的协同创新。

二、财产化保护路径的检讨与延续

尽管始终无法攻克财产属性的法理困题,但是,由于网络专门立法较为薄弱,通过财产化方式保护"虚拟财产"有其必要性。然而,不断翻新的网络财产性利益形式及其价值认定难题持续削弱其可行性,价值认定的司法方法尤需整合。

(一) 财产属性之争的虚无与司法松绑

"虚拟财产"是非规范化的通俗说法。"虚拟"一词容易自陷法理层面的财产属性质疑。司法机关被迫突破现行规定,不断舒缓法理与司法的尖锐对立。

1. 财产属性的分歧

财产属性的争论首先源于宪法与民法,刑法领域在分歧中逐步扩大共识。概言之:(1) 域外理论认为,虚拟财产与传统财产并不冲突。民商法学界关于网络财产性利益具备财产属性的肯定立场已是共识,只是在究竟属于物权、债权或其他权利以及保护途径等问题上的认识不尽相同。[1] (2) 根据《刑法》第91条和第92条的规定,虚拟财产不属于明文规定的财产类型或已经获得立法、司法确认的财产形式。因而,虚拟财产不具备价值,不是财产,其与现实有效的财产的交易无效,甚至违法,保护虚拟财产将引发一系列不当后果。[2] 一旦否认财产属性,则意味着否认财产权及其权能,采取财产化保护必然产生理论与实务的各种困扰与纠葛。[3] 但是,网络环境下的各种虚

---

[1] 简言之:(1) 网络虚拟财产为物权客体,具有物的属性,并制定相应的物权规则(杨立新、王中合:"论网络虚拟财产的物权属性及其基本规则",载《国家检察官学院学报》2004年第6期,第3页)。(2) 虚拟财产是基于网络游戏服务消费合同产生,是玩家对游戏服务供应商主张债权的凭证,具有债权的法律属性;在玩家控制下具备一定的对世权与转让权,又具备一定的物权特征(陈旭琴、戈壁泉:"论网络虚拟财产的法律属性",载《浙江学刊》2004年第5期,第144页)。(3) 将网络虚拟财产权定位于物权与债权相融合的新型财产权(黄笛:"物债二分体系下网络虚拟财产权的再审视",载《社会科学家》2015年第4期,第96页)。(4) 虚拟财产是新型的财产,是民事权利体系中的中间类型权利;或虚拟财产并非权利,而是法益的新类型,但是,虚拟财产应当可以继承(梅夏、许可:"虚拟财产继承的理论与立法问题",载《法学家》2013年第6期,第81页;李岩:"虚拟财产继承立法问题",载《法学》2013年第4期,第81页;马一德:"网络虚拟财产继承问题探析",载《法商研究》2013年第5期,第75页)。

[2] 参见侯国云、么惠君:"虚拟财产的性质与法律规制",载《中国刑事法杂志》2012年第4期,第51页。

[3] 参见刘明祥:"窃取网络虚拟财产行为定性探究",载《法学》2016年第1期,第151页。

拟性财产利益已经具备传统财产概念的实质内容,[1]无形物的价值属性、财产属性应当成为法益保护的对象。[2](3)理论界对财产属性与财产化保护路径认识的分歧,主要源于网络财产性利益同时横跨财产属性与网络信息数据属性。但是,刑法领域继续完全否认虚拟财产的财产属性及其价值属性的观念已过时,容易制造保护真空。通过刑法保护虚拟财产有其正当性和必要性,盗窃、诈骗虚拟财产的,应当依照财产犯罪追究刑事责任。[3]比如,即使缺乏立法明确规定,可以变通地将虚拟财产视为民法中的特殊债权,将虚拟物视为不可挂失的债权凭证,将网络服务账号视为可以挂失的债权凭证。[4]

2. 司法率先松绑

网络财产性利益的内容与形式日益激增,迫使司法机关搁置网络财产性利益的法律属性与价值属性争议,采取扩张解释等变通方法加以保护。在实践中,有些地方法院判决指出:虚拟装备具有使用价值,玩家因以支付金钱和劳动为对价而使其具有价值,具有市场的流通性。游戏玩家对虚拟装备的权利,包括使用权以及占有、使用、收益、处分等权益,虚拟装备应属玩家的私人财产,具有现实的财产属性。将虚拟装备等虚拟财产归入刑法的调整范围并未扩大适用范围,"公私财物"并未明确禁止其他情形,可以解释为属于盗窃罪的调整对象。[5]此外,游戏公司作为游戏服务商提供的估价说明及其结论是虚拟装备价值的有效证明,可以作为认定是否构成盗窃罪的标准。[6]当前,一些地方司法机关对《刑法》规定的"其他财产"进行扩张解释有其必然性与合理性,彰显了积极保护网络财富资源和切实维护网络财产性利益合法有序使用的司法导向。

(二)财产化保护路径的反思

"虚拟财产"现象突如其来,不仅颠覆传统刑法理论对财产概念的认识,

---

[1] 参见张智辉:"网络犯罪:传统刑法面临的挑战",载《法学杂志》2014年第12期,第66页。

[2] 参见陈烨:"特殊财产犯罪对象问题的研究窘境及破解",载《政治与法律》2015年第6期,第55页。

[3] 参见王志祥、袁宏山:"论虚拟财产刑事保护的正当性——与侯国云教授商榷",载《北方法学》2010年第4期,第147页。

[4] 参见田宏杰等:"网络虚拟财产的界定及刑法保护",载《人民检察》2015年第5期,第54页。

[5] 参见广州市天河区人民法院(2005)天法刑初字第1230号刑事判决书。

[6] 参见国家法官学院、中国人民大学法学院编:《中国审判案例要览·2007年刑事审判案例卷》,人民法院出版社、中国人民大学出版社2008年版,第279-289页。

也加剧传统财产犯罪攻克价值认定的司法难度。但是，援用传统财产化保护方式有其必然性与合理性，但也由于遵循老路容易陷入既有的法理与司法窠臼。

1. 理念桎梏与范围受制

财产化保护是传统刑法思维的延伸，其内生性的制度缺陷较为明显。简言之：（1）理念桎梏化。网络财产性利益原则上具有财产属性与网络数据属性。但是，财产化保护被禁锢在财产犯罪的固有思维，未立足网络代际的更迭与网络安全法益的新变化。一旦遵循财产化保护思维，网络财产性利益案件容易被预设为数额犯罪，受制于价值认定问题。财产化保护路径并未跳出传统犯罪体系及其思维，不利于立法理念和司法观念的适时调整。实践证明，作为网络空间的独立对象或法益，网络财产性利益值得专门保护。（2）保护地位的下降。在网络1.0时代，虚拟财产的财产属性作为前提性问题始终备受争议，但财产化保护的司法空间不断扩张。在网络2.0时代，信息网络是核心标志，网络信息承载显著的财产属性，保护信息直接或间接地保护了网络财产性利益。保护模式可以分为直接的专门性保护和间接的非专门性保护，前者由《刑法》第285条至第286条担当，后者由《刑法》第287条及其他关联条文担当。在网络3.0时代的形成与变革过程中，网络数据的地位日益重要，甚至可能取代信息网络成为核心与关键，保护网络数据的方式具有多样性，既包括专门的直接保护，也包财产化、关联化的间接保护，专门化保护是大趋势。（3）保护法益的有限性。面对网络财产性利益的复杂性，司法机关经历了回避财产化保护到屡试不爽，司法便宜主义的规律并未停止。而今，更青睐于《刑法》第285条第2款等提供的专门保护，使得财产化保护的地位再次陷入被动。当前，完全依赖财产化保护方式，具有难以克服的单一化缺陷，既忽视了传统刑法体系与罪名的网络化大趋势，也忽视了网络专门化保护的立法必然性与司法合理性。

2. 价值认定弱化保护效能

早期司法机关怠于启动财产化保护的重要原因是价值认定难题。虽然司法机关不断探索解决方法，却在不断翻新的网络财产性利益形式下收效甚微，此乃财产化保护的致命软肋。具体分析如下。（1）价值认定的常态性。刑法如若首选参照传统财产犯罪规定保护网络财产性利益，则价值认定难题挥之不去。有观点认为，价值评估主要是技术层面的问题，不宜成为刑法保护的障碍。诚然，价值认定不应成为司法畏难的理由，如若参照传统财产犯罪的模式，价值认定的技术壁垒难免使得网络财产性利益的刑法保护陷入既有的窠臼。当前，司法实践过度依赖传统思维与技术，导致司法对接出现局部脱臼现象，明显与网络财产性利益的特殊属性与保护要求不合拍。（2）价值认定的司法变通性。在实践中，为了避免放纵犯罪以及降低司法定罪难度，价值评估问题呈现出一定的从属性或特殊性，而非普适的司法认定环节。易言之，并非所有案件都需要经历价值评估环节，价值评估也会间接削弱财产化保护的地位。比如，对于被告人通过中国电信网上营业厅存在的漏洞窃取中国电信 WiFi 时长卡（几万单，获利近百万元）的行为。法院认为，WiFi 时长卡是犯罪对象，其价格应按照电信营业厅出售的零售价认定。因为零售价格是需要支付对价购买的价格，并不能以销赃的价格作为认定依据。[1] 因此，在司法便宜主义下，虚拟财产的价值评估并非必经环节，[2] 个案可以根据失窃人的销售价格认定。这种做法直接弱化了价值认定的司法意义。

（三）价值认定的司法规则体系

财产化保护路径具有天然的合理性与优势，但是，价值认定方法是难以克服的技术鸿沟。科学合理的价值认定方法论体系是司法"续命"的重要保障。

1. 价值认定的重要性与复杂性

在首例盗窃 QQ 号案中，深圳市南山区人民检察院先以盗窃罪起诉，南山区人民法院后以侵犯通信自由罪审结。法院认定构成侵犯通信自由罪而非盗窃罪，主要理由是被倒卖的 QQ 号密码已经无法使用，导致即时通讯（发送邮件）等功能受到破坏，构成侵犯通信自由罪。但是，价值认定难题显然是深层次原因。即使认为 QQ 号码具有财产属性，也需要计算 QQ 号码本身的价值，由于 QQ 号码的价值认定是难题，最终使司法机关舍近求远。如果能够准确评估 QQ 号码的市场价格，并累计计算盗窃数额，本案的最终司法命运或将截然不同。尽管如此，有观点认为，QQ 号码具有显著的价值属性（技术投入创新、产权价值、使用价值和交换价值等），可以作为物权，可以成为盗窃罪的对象，价值认定标准不统一或市场参考价不稳定等问题可以被逐一克服。[3] 总之，价值认定往往左右是否启动财产化保护及其定罪选择，而且认

---

[1] 参见浙江省温州市鹿城区人民法院（2014）刑初字第 1155 号判决书、浙江省温州市中级人民法院（2015）刑终字第 75 号裁定书。

[2] 参见吴海："网络虚拟财产价值的认定——浙江温州中院裁定余洪、周邦瑞盗窃案"，载《人民法院报》2015 年 9 月 17 日，第 6 版。

[3] 参见梁根林："虚拟财产的刑法保护——以首例盗卖 QQ 号案的刑法适用为视角"，载《人民检察》2014 年第 1 期，第 6 页。

定标准往往不便于统一。

2. 价值认定方法的实践探索

目前,价值认定的方法呈现出多元化趋势。(1)一般做法。关于虚拟财产的价值认定,有两种方案:一是根据违法所得或销赃数额认定。这种方法简单有效,便于操作。比如,2013年《最高人民法院、最高人民检察院关于办理盗窃刑事案件适用法律若干问题的解释》第4条第5项的规定确立了"销赃数额"标准。但是,销赃数额标准不具有普适性。二是综合网络交易价格和市场价格,由专门或有资质的机构作出认定。这种做法更贴近实际,可以区别对待。但是,无论何种方式,在应对纷繁复杂的个案时往往束手无策。以盗窃"流量包"案为例,围绕犯罪数额的认定形成四种看法:一是按照销赃数额认定犯罪数额,其他超过的数额作为量刑情节,以符合有利于被告人的原则。二是以犯罪行为当时市场上能公开购买到的最低价格计算犯罪数额,以有利于被告人。三是以行为人实际造成的损失为犯罪数额,可能的损失不在其列,并且遵循就低不就高、有利于被告人的原则进行计算。四是以销售数额为准计算犯罪数额,但超过被害人损失的超过部分作为量刑情节。[1]据此,由于网络财产性利益的表现形式具有不确定性和新生性,个案的价值认定标准不尽相同。这既导致定罪数额成为罪与非罪、此罪与彼罪陷入分歧的"定时炸弹",也使得财产化保护路径始终处于众口难调的司法尴尬境地。[2]由此,弃用财产化保护并转向网络专门保护,并非舍近求远之举。(2)综合的类型化方法。非法获取虚拟财产构成财产犯罪,价值认定方法可以区分三类。一是用户从网络服务提供者或第三人处购买的虚拟财产,价格相对稳定、不因用户的行为而发生价值变化,如Q币、U币、游戏币等。由用户购买的财产具有价值的相对稳定性,不存在折旧的问题,应当按照网络服务提供者的官方价格计算财产价值,销赃数额一般低于官方价值。二是用户从网络服务提供者或者第三人处购买的虚拟财产,事后经过加工与升级,如游戏装备、用Q币装饰过的QQ空间等。由于用户购买的虚拟财产具有增值性,不能直接以网络服务提供商的最初售价为准,应当考虑用户的价值投入与增值。在实践中,虚拟财产交易平台已经较为成熟,可以按照公认和可以接受的相对

---

[1] 参见赵文胜等:"盗窃'流量包'等虚拟财产如何适用法律",载《人民检察》2014年第4期,第44-45页。

[2] 参见潘从武、李羚蔚:"虚拟财产价值认定存法律盲点",载《法制日报》2015年4月3日,第4版。

稳定的市场价格认定。三是网络服务提供者的虚拟财产。网络服务提供者和用户的虚拟财产不能等同评价，不同的法益主体对虚拟财产的价值作用不同，按照官方价格和市场价格计算容易出现计算数额偏高和量刑偏重，应当综合行为的次数、持续的时间、非法获取虚拟财产的种类与数量、销赃数额等情形进行综合认定，合理选择数额或情节作为量刑标准。[1]采取类型化的价值评估方法有其可取性，可以适时根据网络财产性利益的不同形式、买卖关系、法益主体三个核心要素进行差异化的价值评估。既避免依赖单一标准的思维弊端，也可以区别对待。但是，这种价值评估方式限于非法获取的危害行为，这是局限之处。

3. 价值认定的方法论体系

综合司法实践规律和经验，当前网络财产性利益的价值评估应当重点考虑价值主体、价值内容、价值形式三个基本变量，并根据实际需要考虑具体变量与特殊变量。具体而言：（1）价值主体。根据《网络安全法》的规定，建设、运营、服务提供、用户是网络空间的四个基本主体。不同的价值主体在投资、开发、运营、服务、使用和所有的网络财产性利益时，价值内容及其含量显然不同。价值认定应当根据价值主体的特定情形区分对待。比如，对于游戏装备，用户的增值行为、游戏开发商的成本、收益、游戏运营平台或服务商的运行成本、预期收益及其重复生成游戏装备的属性等不容忽视。价值主体作为首要变量，对价值的含量存在差异性的影响力。（2）价值内容。价值主体对网络财产性利益的价值改造内容与程度不同，实践中往往表现为"增值""贬值"与"保值"情形。应当根据不同价值主体的"增、减、保"行为，作出合理的"增、减、保"估值，最终确立合理的价值数额。目前，影响价值内容的常见因素有交易方式的公开与隐秘、交易对象的多与寡及身份、交易时间的特定与持续、交易场合的线上线下、交易平台的信誉度、交易时的具体价格、交易对象的成本等。比如，对于游戏装备、游戏币、比特币等涉网游的网络财产性利益而言，应当根据是否属于内测、销档试玩、游戏期限等情形作出综合估值。对于流量劫持，则应当根据用户的损失、受害企业的损失与预期收益等进行估值。（3）价值形式。网络财产性利益的具体形式丰富多彩，无法逐一列举，但核心是网络财产性资源（利益）。在考虑市场因素和市场交易价格等因素的前提下，当不同价值主体与价值内容之间进行交换时，不同的价值形式可以表现为不同的价值"量"。在实践中，应当结

---

[1] 参见张明楷："非法获取虚拟财产的行为性质"，载《法学》2015年第3期，第23-25页。

合价值主体赋予的价值内容进行综合评价，不同的财产性利益形式对应不同的评价标准。通常而言，获取评价标准的方式分为官方、准官方、民间三种模式，其中，具有法定资质的价格认定机构根据公开市场价格进行评价的结论显然具有较高的专业信誉和可信度，可以作为鉴定意见采纳。但是，无论是正式还是非正式的市场交易法则和评估标准，都具有操作意义。当前，获得公开市场价格主要有三种途径：一是网络虚拟财产的交易平台的价格，如"5173网站"、淘宝网站等。二是从网络游戏经销商和代理商获取价格资料或数据，尤其在网络服务提供商遭受损失时较为常用。三是职业游戏商人、资深玩家的专业意见。由于这类意见具有个别性，一般作为辅助的参考资料，不能直接作为物价认定机构的主要或唯一实质依据。

三、网络专门化保护的代际跃升

网络犯罪专门立法不断改进，促使司法逻辑产生根本转变。增设的《刑法》第285条第2款以及其他网络犯罪罪名不断挤压传统财产化保护的领地，开始扩容网络专门保护的疆域。但是，由于立法与司法都处于"供给不足"状态，网络专门化保护的制度瓶颈仍未消除，亟待刑法理论体系的协同变革与制度升级。

（一）网络专门化保护的形成轨迹与现状

在《刑法修正案（七）》增设《刑法》第285条第2款之前，网络专门化保护一直低迷不前。非法获取计算机信息系统数据罪强力拉升专门化保护的辐射范围，并已经成为官方与司法实务的重要立场，不断挑战财产化保护路径的固有地位。

1. 立法修改驱动司法转变

立法不足是导致网络专门化保护薄弱的重要内因。提升专门化保护的力度依赖于立法改进，也是强化网络专门化保护的内在动力。有观点认为，对于国内首例窃取QQ号码案，即使无法按照盗窃罪处理，也可以通过修改计算机犯罪的规定，将侵入一般计算机信息系统的行为作为犯罪处理，起到有效规制窃取QQ号码等类似行为，按照侵犯通信自由罪处理的牵强感也将淡化。[1]另有观点认为，将侵犯虚拟财产的行为一律按照破坏计算机信息系统罪处理，既不违背罪刑法定原则，也回避虚拟财产法律属性及其价值评估方

---

[1] 参见聂立泽："大陆首例QQ号码盗窃案的法律适用探讨"，载《政法学刊》2006年第6期，第50页。

法的长期论争。[1]这些立法建言无一不主张网络专门保护，反对一律转向财产化保护模式。《刑法修正案（七）》增设《刑法》第285条第2款，确立非法获取计算机信息系统数据罪为新罪名，填补专门保护计算机信息系统数据的立法空白，弥补某些案件按照财产化处理容易陷入说理困局的短板。在实践中，对于通过侵入计算机信息系统并非法获取数据的网络危害行为，当财产化保护陷入财产属性与价值认定的难题时，援引第285条第2款可以弥补司法定罪的尴尬。比如，国内首例窃取QQ号码案中，QQ号码作为即时通讯软件，既包括财产属性，也包括具有专属性的身份认证信息，论处非法获取计算机信息系统数据罪并无不当。实际上，地方司法机关开始陆续将类似非法获取网络财产性利益的行为认定为构成非法获取计算机信息系统数据罪，而不再按照盗窃罪处理，如此也可以解决财产估价等难题。[2]甚至有判决认为，虚拟财产并无实在价值，非法获取虚拟财产并未导致实际财产法益受损。[3]既然不认为是刑法中的财产，当然不能按照传统的财产犯罪处理，按照网络犯罪对待，可以实现同罪同罚。[4]此外，其他网络犯罪立法也发挥同样的司法导向作用。

2. 官方意见的趋同

《刑法》第285条第2款的立法意图是扩大网络专门保护，准官方意见作了很好的阐述。在"周某利用计算机窃取他人游戏币非法销售获利案"中，最高人民法院法律政策研究室归纳法律适用的基本原理，间接起到指导司法的标杆意义。

（1）案情简介：被告人周某通过向聊天对象的计算机发送木马软件，对他人的计算机进行远程操纵，获取对方游戏账号和密码，采取直接窃取或修改密码的方式，盗窃他人"面对面365"网络游戏的游戏币并转移，将盗窃的游戏币放到淘宝网店销售牟利。2009年3月至8月，周某作案200余次，案发后退回赃款20 816.3元，公安机关追回赃款4700元。

（2）评析：最高人民法院法律政策研究室认为，一是通过考察《网络犯

---

[1] 参见陈云良、周新："虚拟财产刑法保护路径之选择"，载《法学评论》2009年第2期，第147-148页。

[2] 参见张孟东："网络犯罪的特征与刑事司法走向——以深圳市检察机关办理的网络犯罪案件情况为例"，载《人民检察》2014年第4期，第56页。

[3] 参见江苏省涟水县人民法院（2014）刑初字第0314号判决书。

[4] 参见于四伟："网络型侵犯财产犯罪的定性分析——江苏涟水法院判决姜星非法获取计算机信息系统数据罪"，载《人民法院报》2015年7月30日，第6版。

罪公约》、德国等关于非法获取数据犯罪的规定可知，虚拟财产应受刑法保护，应当制裁盗窃网络虚拟财产行为。但是，"虚拟财产应受刑法保护"并不意味着虚拟财产可以成为盗窃罪的犯罪对象，通常是规定单独的计算机犯罪加以规制。二是利用计算机窃取他人游戏币并非法销售获利行为宜以非法获取计算机信息系统数据罪定罪处罚。主要考虑如下：虚拟财产不是财产；虚拟财产的法律属性是计算机信息系统数据；盗窃网络虚拟财产的行为适用盗窃罪后，价格鉴定等司法问题随之而来；对盗窃网络游戏虚拟货币的行为适用非法获取计算机信息系统数据罪，能够罚当其罪；不承认虚拟财产的财产属性符合世界惯例。本案被告人周某通过控制他人计算机信息系统，非法获取他人网络游戏虚拟货币，应以非法获取计算机信息系统数据罪定罪量刑。[1]准官方意见明确三点。一是"虚拟财产应受刑法保护"不等于按照盗窃罪等财产犯罪论处。既间接否定财产属性和回避财产价值认定等难题，但又重申刑法保护的必要性。二是《刑法修正案（七）》确立新规范，论处非法获取计算机信息系统数据罪更可取，否则，《刑法》第 285 条第 2 款可能沦为立法摆设，立法意图将面临落空的危险。官方意见表露出立法修改应当引领司法导向的意图。三是单独论处网络犯罪罪名是国际惯例，《刑法修正案（七）》的修改提供接轨国际的前提。概言之，附着财产性利益的网络数据应当成为独立的网络犯罪对象与法益内容，应当独立保护。

3. 专门保护的必然性

专门保护的上升态势不仅是由立法修改与司法权威确立的，更是由网络时代变迁的必然规律所决定的。（1）网络财产性利益的网络属性居于首位。网络财产性利益是虚拟财产的变体现象，传统的物理财产特征与网络信息化特征是网络财产性利益的两大法益基础，促成传统财产蕴含独立的网络属性的交织状态。然而，一旦脱离网络背景，网络财产性利益便无从谈起，网络属性应当是网络财产性利益的首要特征。网络专门化保护是网络代际变迁的渐进选择，尽管脱离固有的财产化保护路径，却是网络代际理念、网络空间思维与时俱进的积极回应。因此，专门化保护既充分肯定网络财产性利益的"财产利益"内容，也避免财产属性与价值认定等问题对司法审判的持续性羁绊，更巩固了网络专门化保护的优势与地位。（2）专门化保护的法理依据。

---

[1] 参见喻海松："最高人民法院研究室关于利用计算机窃取他人游戏币非法销售获利如何定性问题的研究意见"，载张军主编：《司法研究与指导》（第2辑），人民法院出版社2012年版，第 127-136 页。

尽管失控维度不同，非法获取计算机信息数据罪和盗窃罪都以"窃取"的方式实施，当犯罪对象一致时，就必然发生竞合。从立法逻辑看，非法获取计算机信息系统数据罪是盗窃罪的特殊形态，按照法条竞合原理，优先适用特殊法条，采取专门化保护并无不当。（3）网络犯罪体系取代传统犯罪体系是渐进趋势。从网络代际的变革趋势看，网络犯罪体系逐步替代传统犯罪体系是渐进趋势，传统财产犯罪最终将纳入网络犯罪体系。财产化保护终将回归网络保护的整体格局，专门化保护是不可阻挡的必然规律，是解决传统犯罪体系日显滞后的根本革新力量。在网络3.0时代，大数据时代决定数据是其核心内容，网络数据是新型网络财富的载体，网络数据的专门化保护是崭新任务。

（二）网络专门化保护的不足

虽然《刑法》第285条第2款开启了司法转向的风向标，强化了网络专门化保护的立法意图。但是，受限于立法的内在缺陷，网络专门化保护面临诸多的司法挑战。

1. 犯罪对象的范围脱离网络代际

从《刑法》第285条第2款的犯罪对象看，是计算机信息系统和计算机信息系统数据；从《刑法》第286条看，是计算机信息系统。但是，网络财产性利益既是新型财产类型，也表现为数据、信息、网络系统的正常运行等网络安全的内容。比如，流量劫持中的"流量"，不便直接归入第285条第2款或第286条的犯罪对象。因此，随着网络财产性利益的形式与范围的不断递增，现有的犯罪对象明显过于狭隘，将直接压缩网络专门化保护的法益范围。

2. 数据法益缺乏独立地位

无论是《刑法》第285条第2款，还是第286条第2款，"数据"都附着于计算机（信息）系统，导致数据难以成为独立的法益内容。特别是在大数据时代，数据安全是最重要的新型刑法法益类型。由于数据法益难以自立，数据法益的网络属性无法独立，反而与数据附着的财产属性相互交织，加剧了财产化保护与网络专门化保护的理论纠葛与司法竞合。易言之，只有确立数据法益的独立地位，才能澄清数据法益的网络属性与财产属性之间的竞合关系，才便于推行网络的专门化保护路径。

3. 危害行为类型混杂

按照《刑法》第285条第2款的规定，行为方式仅限于非法获取，而不包括非法使用、非法提供等危害行为。有观点认为，不采取非法侵入计算机信息系统或其他技术手段非法获取虚拟财产，则不具备第 285 条第 2 款的手段行为要件，不能论处该罪。[1]该观点有其可取之处，同时也暴露了第 285 条第 2 款的立法漏洞。再如，在"流量劫持案"中，"非法控制"与"破坏"虽然弥补"非法获取"的短板，但是却加剧了网络危害行为的内部竞合危机。实际上，网络危害行为方式并非仅限于非法获取，还包括非法使用、非法占有、非法提供、滥用等新型网络危害行为。[2]立法调整网络危害行为类型具有深远意义。

4. 犯罪竞合的羁绊

《刑法修正案（七）》已经增设《刑法》第 285 条第 2 款，盗窃网络财产性利益不宜一律定为盗窃罪，即使没有财产损失或损失数额不大，只要危害计算机信息系统安全，可以根据案情决定是否构成非法获取计算机信息系统数据罪等罪名。[3]在实践中，网络财产性利益作为犯罪对象具有双重性，可能构成盗窃罪或非法获取计算机信息系统罪等罪名。当前，司法机关通常根据法条竞合、想象竞合犯、牵连犯或吸收犯等作出判断，一般择一重罪处理。比如，明知是他人非法获取的网游账号和密码，仍大量购买并非法登录获取数量庞大的游戏币，后将非法获取的游戏币在网上出售非法获利，司法机关的定性主要围绕盗窃罪、非法获取计算机信息系统数据罪与掩饰、隐瞒犯罪所得罪展开，根据主从行为的牵连关系是非法窃取并贩卖，进而定性为非法获取计算机信息系统数据罪。[4]但是，这种做法也容易遭受质疑，毕竟非法获利是最直接的目的，论处盗窃罪似乎更妥。再如，恶意卸载和恶意安装手机应用程序并非法获取推广费的，可能涉嫌构成破坏计算机信息系统罪、破坏生产经营罪以及非国家工作人员受贿罪。[5]总之，由于立法完善缺乏全局性，导致网络犯罪罪名与财产犯罪罪名的竞合、网络犯罪罪名的内部竞合的情形大量出现。当前，司法竞合的解决规则不详尽，既导致财产化保护与

---

[1] 参见刘明祥："窃取网络虚拟财产行为定性探究"，载《法学》2016 年第 1 期，第 151 页。

[2] 参见孙道萃："移动智能终端网络安全的刑法应对——从个案样本切入"，载《政治与法律》2015 年第 11 期，第 84 页。

[3] 参见姜金良、袁海鸿："侵入他人游戏账号窃取虚拟财产构成非法获取计算机信息系统数据罪"，载《人民司法》2015 年第 6 期，第 97 页。

[4] 参见康俯上、刘彬："购买偷来账号倒卖游戏币构成何罪"，载《检察日报》2014 年 9 月 5 日，第 3 版。

[5] 参见孙道萃："破坏生产经营罪的网络化动向与应对"，载《中国人民公安大学学报（社会科学版）》2016 年第 1 期，第 88 页。

专门化保护的司法选择标准模糊，增加专门化保护的司法复杂性，如"流量劫持案"的竞合，同时也为司法自由裁量权预留过大空间，不利于实现同案同判的公正效果。

5. 司法先行保护规律的制度隐患

司法先行于立法采取积极保护是较为突出的司法规律，虽然明显缓解财产化保护与专门化保护的非良性博弈，但也衍生出三类值得警惕的司法瑕疵，无形中削弱了专门化保护的地位与生存空间。概言之：（1）司法便宜主义。究竟按照财产化保护还是网络专门化保护，客观上隐藏了偏爱于司法便宜主义的隐形规则：当案件的危害结果可以通过传统的"数额"或"数量"等定量因素作出明确评价时，则往往倾向于选择财产化保护。易言之，基于证据收集的繁简、证明难易程度、证明标准的实现难易等程序性因素，基于犯罪对象的技术属性之复杂性、犯罪对象的法益内容之繁杂性、网络危害行为的现实化重构之耗时性等实体法因素，司法机关往往被迫选择，继续依赖传统的数额、数量、违法所得、经济损失等定量因素。这是财产化保护的隐形逻辑，明显回避网络财产性利益的独立对象属性、独立法益地位、网络安全法益属性及其独立保护等新型问题。（2）重罚主义。在非法获取计算机信息系统数据罪与其他罪名发生竞合时，之所以选择盗窃罪或职务侵占罪等，处罚往往偏重是重要的隐性因素。尽管处罚偏重的结果在形式上符合竞合或牵连关系时的"从一重罪处罚"，但是，实质上偏离网络专门化保护的立法意图，也迟缓通过司法实践确立网络专门保护的优位性导向，与网络犯罪的基本属性、特征以及应对策略不符。（3）后果考量主义。现实物理社会与网络空间社会正以相互嵌入与交融的姿态塑造"双层社会"。在实践中，网络数据具有双重性，既是计算机系信息系统或网络的数据（组成部分），也附着财产性利益或经济利益，导致网络专门化保护与传统财产化保护容易发生竞合关系或牵连关系。由于立法相对滞后，往往出现无法可依或者无法入罪现象，司法机关被迫首选财产化保护，先后松绑财产属性问题并遵循数额等传统定量因素，对侵犯网络财产性利益的危害结果进行评价。这显然是后果主义的考量思维，是扩张解释失灵与刑法修正之后的退而求其次之举。

（三）网络专门化保护的协同创新

相比于财产化保护，网络专门化保护应当占据更重要的地位。从专门化保护的形成轨迹及其现状看，立法供给不足是最大的短板，实践也不断证明，立法不足是制约专门化保护的主要内因。为此，应当积极完善网络犯罪立法，健全我国网络安全刑事法律体系。尽管刑法立法的协同作用和地位深获共识，但是，刑法理论的整体协同更具全方位意义。当前，考虑到网络财产性利益专门保护的主要难题，应当逐步建立独立、专门、专业的网络犯罪定量要素与标准体系，考虑降低网络犯罪的入罪门槛，积极推动网络程序法的跟进，激活网络犯罪案例指导制度。

1. 创新定量因素标准体系

在网络环境下，网络财产性利益的价值评估是难题，网络数据属性的评价更无从着手，定罪的立场、标准、因素、技术支撑体系等尚在摸索。究其原因，独立的网络定量要素与标准体系未能同步位移，既导致对财产化路径的依赖，也导致专门化保护寸步难行。只有建立健全独立的网络定量因素与标准体系，才能彻底解决网络代际变迁所裹挟的传统理论制度供给不足和司法认定技术瓶颈等根本问题。概言之：（1）传统定量因素的失灵。通常认为，传统刑事犯罪的定量因素主要有数额、物数、人（户）数、次数、时数、人（户、场、起）次等。"数额"始终是财产犯罪定量因素的绝对核心，犯罪数额作为定量标准主要有"经济损失数额""违法所得数额""非法经营数额"三种情形。在实践中，不同数额标准的计算结果差别较大，直接涉及罪与非罪、罪重与罪轻等根本问题，数额标准的分歧是财产化保护的司法困题所在。更为重要的是，以数额为代表的传统定量因素在网络环境下日渐失灵，广告费、会员费、支付结算数额、记录被害人数等新类型不断出现。既导致传统数额因素在评价网络财产性利益的价值时无法有效嵌入，更遑论因应网络财产性利益的独立评价。（2）新型网络定量因素的发展。在网络环境下，"数额"作为财产犯罪的关键定量因素正在发生变化。比如，"违法所得数额"发展为包括"收取的广告费、会员费、服务费"等，"非法经营数额标准"发展为包括"资助数额""支付结算数额"等。更为重要的，其他更贴近网络环境的定量因素正在发生剧烈变化，比如，司法解释已经开始确立诸如"用户的点击数""注册会员数""受害人次"等新型因素，一改"次数""人数"的具体标准。再如，《最高人民法院、最高人民检察院、公安部关于办理网络犯罪案件适用刑事诉讼程序若干问题的意见》规定，在多人实施且言词证据客观上不便收集时，可以根据"记录被害人数""被侵害的计算机信息系统数量"等犯罪事实的电子数据、书证等证据材料，对案件作出全面综合分析与认定。显然，这些新标准与"经济损失数额""违法所得数额""非法经营数额"及其常见形式不尽相同。在网络环境下，数额等传统定量因素已在内涵和外延方面发生整体位移，新型、特定的网络犯罪定量因素不断翻陈出新。独立的网络定量因素日显端倪，既满足评价网络犯罪的特殊需要，也为构建独立的网络犯罪定量因素与体系奠定基础。(3)网络定量因素及体系的自立自足。无论是对传统定量因素进行扩张解释，还是拓宽其他定量要素的网络评价适宜性，都属于间接性、阶段性的举措，并非解决网络专门评价与独立保护的长久之计。在不断变革的网络环境下，传统定量因素与定量标准体系正在发生网络化的同步变化与整体迁移，数额与其他因素的内容和形式不断吸收网络因素，全新的网络犯罪定量要素及标准体系正在形成。这既是弱化价值认定羁绊的需要，也是网络独立保护的基本要求。目前，"注册会员数量""实际被点击数""被转发次数""页面浏览数量""反响帖子人次""下载人次标准""设立网站、通讯群组""提供网络技术支持及帮助""通信中断或信号无法传输""身份认证信息数量"等新型网络定量因素已经比较成熟，后续新型网络定量因素的持续添加将促成更完整的网络犯罪定量体系。但是，独立的网络定量因素体系并不必然完全抛弃传统定量因素，而是更重视对传统定量因素的扬弃与改进。

2. 整体适当降低入罪门槛并合理配置危险犯、举动犯

为了提高网络安全法益的独立地位，并与网络数据的定量因素及其体系保持一致，应当适度侧重考察行为危险或结果危险等因素，适当降低入罪门槛，设置必要的网络危险犯、举动犯形态。简言之：(1)独立的信息数据法益要求独立的评价标准。网络财产性利益以信息或数据的形式作为载体。信息安全与数据安全作为独立的法益类型，不应依附于计算机信息系统安全。网络安全法益不同于传统法益，信息数据的网络属性与传统物理空间的财产属性大相径庭，各自相应的危害行为类型与危害结果形式都有所不同，网络财产性利益是否受到破坏的评价因素与标准也不尽相同，是网络独立保护与财产化保护相互分离的重要基础。在网络空间社会，网络技术风险首当其冲，既是针对网络财产性利益的安全隐患，也是评价网络法益受害程度的基准。网络技术风险是网络技术异化的新型风险，既包括传统的实害结果，也包括大量新型的行为风险、结果危险状态等内容。这对设置犯罪形态具有直接影响。(2)定量因素的变化对犯罪门槛有新要求。在网络犯罪的定量因素上，数额不再是重要的定量因素，其他传统定量因素正在经历深度的网络化蜕变与发展，全新的定量因素正在全面铺开。既弱化对数额因素的依赖，也强化其他发展与新型定量因素的地位。进而，以数额等传统定量因素为基础的结果犯形态正在缩减，传统刑法理论所倚仗的结果犯主导格局受到冲击。相比之下，网络技术风险具有隐匿性、潜伏性、爆发性、蔓延性等特征，无形中增大风险的危险系数。预防网络风险占据网络安全保护更重要的地位，迫使

刑法选择提前介入与强化早期预防。显然，定罪因素与体系的变化对犯罪门槛产生影响。结合网络环境下财产性利益的特殊性，为了配合实现定量因素和标准的质性升级，改变结果犯的主导模式已是必然，犯罪门槛也应适度降低。（3）网络犯罪的门槛降低是趋势。网络技术风险不同于传统的物理风险，后者更重视危害的客观化。但是，前者既可能导致价值损失等物质危害结果，即使单纯的预备行为、抽象或具体的网络技术帮助或支持等危险行为都可能严重危害网络空间安全。为了提高网络安全保护力度，可以考虑总体上适当降低入罪的门槛。网络犯罪的成立形态可以在结果犯、危险犯（行为犯）、举动犯等方面均衡配置，增加必要的危险犯、举动犯，确立密而不严的刑事政策法网，合理降低司法证明的难度。鉴于此，可以强化网络专门化保护的理论基础，间接弱化财产化保护的财产属性与价值认定难题的司法困扰。

3. 程序法的联动跟进

网络专门保护既需要理论的提升，更需要程序法的紧密衔接与配合。2012年《刑事诉讼法》对网络犯罪案件程序适用作了相应的规定，2014年《最高人民法院、最高人民检察院、公安部关于办理网络犯罪案件适用刑事诉讼程序若干问题的意见》作了进一步的说明。但是，立法仍然存在理念不鲜明、规则体系缺乏整体性、具体规定欠缺可操作性等问题。应当升级网络专门化保护的程序法协同联动机制，主要包括：（1）"互联网+"诉讼改革。刑事诉讼的网络化转型是必然趋势。2015年，"互联网+"成为国家战略，是司法改革的重要外部动力来源。当前，应当探索并创新"互联网+"刑事诉讼工作机制。一是充分发挥大数据的情报作用，及时更新网络财产性利益的发展动态。二是应当设置独立的侦查机构，实现技术引导侦查的集约化、集聚化效应。如最高人民检察院成立的"检察技术信息研究中心"、大连市人民检察院成立的"网络犯罪检察监督处"、北京市东城区人民检察院成立的"网络和电信犯罪检察处"等具有示范效应。三是应当积极拓展"互联网+"检察工作，强化检察权行使与法律监督职能。四是围绕审判中心主义的司法改革，探索网络数据专门保护的审判原理与法律适用规则等。（2）注重专家证人、鉴定意见。当前，"网络数据是什么""网络数据安全及其法益是什么""如何评价数据法益"等专业问题接踵而至，这些问题解决的好坏直接影响网络专门化保护的效果。司法人员应当倡导民主化思维，合理充分发挥专家证人出庭与鉴定意见的积极作用，适度缓解检察机关和审判机关专业知识的客观不足，消除技术短板引发的负面效应。

4. 激活网络犯罪案例指导制度

在立法修改不及时、司法解释过于抽象之际,通过典型案件凝练法律适用的要旨,可以解决和指导当前较为迫切的司法难题。最高人民法院和最高人民检察院已经先后发布多批次的、共计几十个指导性案例,但是并未涉及新型、疑难、典型的网络财产性利益犯罪问题。虽然最高人民法院发布的指导案例(27号)对利用信息网络实施盗窃和诈骗犯罪的法律适用分别作出了指导和说明,已经涉及网络犯罪与财产犯罪。但是,并非典型意义上有关网络财产性利益保护的案例,并无直接的指导作用。因此,最高人民法院、最高人民检察院后续应当补充发布直接相关的指导性案例,既要明确财产化保护、专门化保护的前提、条件以及各自的界限,更要注入强化网络专门化保护的积极司法导向,准确反映网络时代的发展趋势。实际上,一些地方司法机关已经开始发布具有区域指导性意义的典型案例,并取得积极的司法效应。该做法值得广泛推广并加以制度化。比如,"流量劫持案"等已判决案件都可以作为最高人民法院、最高人民检察院发布指导案例的突破口。

四、结论

虚拟财产是网络1.0时代的争议性产物,财产属性的分歧产生了刑法保护的灰色地带,司法被迫采取突破之举,也持续拷问传统刑法理论体系与刑法规定的妥当性与适宜性。当前,财产化保护路径是司法常态选项,但也受困于财产属性未定、价值认定困难等制度瓶颈。网络专门化保护是立法修改直接推动的新趋势,并逐渐成为新的司法动向,但也面临法益范围、行为类型过于狭隘等制度供给不足的问题。由于网络代际变迁的渐进性与漫长性,网络专门化保护与财产化保护的并轨状态还将持续下去,但不能忽视网络专门化保护的大趋势。司法积极保护网络财产性利益是"戴着镣铐的舞蹈",刑法理论的整体协同应刻不容缓。"网络刑法学"是未来网络空间社会的刑法理论形态,是理论协同与立法跟进的总纲领。

后 记

历经近 5 年的漫长等待,《网络刑法学初论》一书最终能够付梓出版,于自己而言,方可谓解忧,也着实聊以宽慰,更难掩欣喜之情。

《网络刑法学初论》一书系自己在华南理工大学法学院任教时所申请并主持的司法部中青年课题"网络犯罪的立法回应与刑法知识转型"(项目编号:16SFB3020)的最终结项成果。该书的出版也是对自己从 2014 年正式工作以来重点关注网络时代刑法问题研究的集中呈现与总结,反映了自己尝试关注前沿学术问题的研究取舍以及热情。该书还是对自己过往数载几经转辗求职,学术研究反复牵扯与中断,并终得消停后的一个负责任的整体性交代,也意味着一个沉重的学术负担最终可以卸下,以便自己可以轻装上阵,从头再来。

"网络犯罪的立法回应与刑法知识转型"项目的申报,与自己在华南理工大学法学院的任教有着不解的渊源。这是老东家赐予的礼物。在这里,由衷地感谢时任院长徐松林教授及学科组组长胡学相教授的大力扶持,能够使自己在良好的工作环境中从容申报司法部中青年课题。然而,也诚挚地深表歉意,在自己所申报的课题正式获得司法部主管部门批准后不久,就已经萌生了继续向北的坚定念头。这使得主持项目与实际实施项目之间,在时空维度上,处于相向而行的两端,也埋下了纠葛不断的学术孽缘。这也使自己因接下来几年处于动荡不止的不确定状态,客观上导致该课题的研究以及结项等工作变得极为碎片化,甚至停止。

尽管自己"一路向北"的想法在此之前已经酝酿了,其中缘由,多为复杂。尤其是在羊城难觅精神上的富盈,无形中对学术研究的热情是当头一棒,折返之余,心生倦意,也就无心于此。这就是狂热夹杂着偏执的性格使然,一念之间的奋不顾身,没有好坏,留下的是尽兴与不羁。让自己仍然记忆犹新的是，2016年11月初，在研究生中期答辩的休息之余，向徐松林教授呈报了"向北"的心念。出乎意料的是，徐松林教授没有按套路出牌，没有进行官方式的"再三挽留"，而是送来了长者式的"暖心"——"学院是大家的，学术研究是自己的"。这是多么暖人心啊！更慰人心的是，在接下来的离职手续上，徐松林教授给予了令人无法忘怀的体恤与照顾，给予了情深意切的帮助和支持。对于这位尊者、长者，"迎来"与"送往"都是那么的干脆与利落，尽显体恤之情，也是对自己招来的过往"少年"的一丝期盼。2016年12月28日，当自己买好来京机票，真的要离开寄身两年有余的大学城B座之际，徐松林教授因公务在身离开了广州，以至于未能面呈谢意并辞行，不免留下了些许"欲罢不能"的愧疚与遗憾。或许，这是最美好的告别。没有了常见的桥段，留下的是不断的"有念"。

回顾2016年的第十二个月份，在提心吊胆之余，一段惊心动魄的新旅程已然在途。2016年12月29日，重回求学五年的北京师范大学刑事法律科学研究院，饶幸地登上了最后一批办理入站手续的末班车，避免了即将到来的元旦假期之扰以及功亏一篑的隐忧。但是，这一彻底的折返，也使自己主持的项目陷入了"无因管理"的尴尬境地。这块"心病"，从离开的那天起，便一直扎在我的内心深处，久不能去之。正如与胡学相教授在道别时，他还不忘提醒我，项目实施该怎么办？

2017年以来，虽然杂事纠缠不止，但是，对于项目研究与实施，却没有任何的中断或搁浅，而是竭力加码。不能忘却的是，新街口外大街19号后主楼1810A，浸满了一整年的日志，充盈着项目研究的气息。在那个狭窄而又弥足珍贵的工位上，除了形单影只的台式电脑，就是向南的落地窗。在这个"全天候"都是夏天的空间里，总是散发着燥热的气息，以及永不停歇的"嘀嗒声"，还有偶尔迎高而望的悠然。这些精神的释然，都不同程度消减着内心的燥热与不安。虽然是没有陪伴的独行，不过，在这段寂寥的日子里，不仅滋生出"养尊处优"的学术娇贵之气，也磨平了一撮一撮的叹息与感怀。

而后，在2017年与2018年，自己还先后成功申报了国家社科基金青年项目与博士后面上资助项目，无形中形成了"冲淡"的效应，也使本项目陷入了"竞争"的处境。在功利主义的讨好下，一度搁置了本项目的研究。所幸的是，自己总是时不时地敲打，一次次地逼迫自己进入写作的状态。为此，还给自己买了一个立式的电脑桌，以期可以缓解伏案不止的肢体酸疼。

对于本项目而言，最糟糕的可能是自己还没有"向北"成功，只是一直在"路上"，看不到下车的站点。命运有时候热衷于"造化弄人"。这样的剧本往往可以"为伊消得人憔悴"。特别是在一段时期内,已经做好了告别学术界的最坏准备,也已经"主动"中止学术研究以及写作近一年左右的时间。尤为记忆深刻的是,恩师高铭暄先生特别安排了一次在1816办公室的交谈,安抚了自己"有心思考、无力写作、无处发表"的穷困情绪,并提供了一份短暂的学术兼职工作,暂且缓解了待业中的经济难题与学术研究的停摆困境。这段不确定的日子,极有可能是毕生最为暗淡的时光。不仅"人为地"放弃了对学术研究的挚爱与激情,客观上形成了学术生涯的断裂,也使本课题的研究与本书的出版迟滞,更使自己的学术研究堕入黯淡无光的恶性循环。那些看不到曙光的日子里,支持自己继续坚持写作的动力,除了无处停靠的坚持和冥冥中的信念,似乎已无他物。在那段未知的前途路上,除了高贵的偏执以及浪漫的情结,所剩下的就是一种静静的和强掩的荒芜。在这些灰色的暗纹里,高铭暄先生与樊崇义先生先后为我注入了向阳的颜料与丰沛的动能,帮助自己增加了向生的绿色与希望。特别是在最绝望的时刻,樊崇义先生为我打开一扇窗,让我重新燃起了学术研究的希望。每每忆起,二位新晋"90后"与"80后"的先生,用他们最无私的胸怀,温暖了每一片风干的落叶以及着地的尘埃。

往事已然不堪回首!只是,一个人自我品鉴的时候,仍有淡淡的惆怅。对于未来的我而言,生活总是充满了善意的安慰感、获得感与幸福感,以及对美好的向往。那种不失本真的流露,也道出了一种孤独的心酸。在独行的前方,从不缺离奇的过往,也不乏冷嘲热讽,以及好奇的旁观。于我而言,只需默默走开,在一个安静的角落,不再争朝夕,又不负韶华。2019年5月,在中国政法大学国家法律援助研究院院长吴宏耀教授的鼎力帮助下,一切都告一段落。这不仅是对长者与前辈扶持与提携的最好回报,也是对自己强大的求生欲的馈赠。需要感谢的人太多,感恩在心。

似乎是好事成双,本课题研究也在以顽强的姿态,进展得很顺利。这着实让人很提气!特别是在一些编辑老师的认可与帮助下,截至结项之际,围绕本课题研究,自己已经陆续发表了法学学术论文三十余篇、法学专业报纸理论版论文近十篇,其中,发表在C刊的有十几篇,较为全面地展示了自己对该研究的主要认识与理解。就此,也算是对该项目有了一个"良心"交代。为了结项的需要,结合已经发表的成果,统合而成了本书的主体部分。其中,由于部分内容先后跨度比较大,而网络犯罪的演进速度、网络时代的刑法理论研究与司法实践也是更迭日新,就必然出现了一定的"代际落差"。对于本书部分内容与当前理论研究前沿、司法实践的实然规律之间的不均衡、不充分问题，在一定程度上，也可以归结为客观上的历史认知维度问题。尽管学术研究不应当沉迷于过往的执念与偏好，但是，也不至于必须残忍地拒绝过往的驻足与体认。对于那些已经发生的美好，作为一种沉淀，亦可以是难能可贵的心路历程与见证。就此，也权当自勉。

拙著的出版，最直接的难题，仍在于出版经费的筹措，这或许可以侧照出本书出版的些许价值吧。学术注定是清贫的，幸得中国政法大学国家法律援助研究院院长吴宏耀教授的鼎力扶持与体恤，不吝推荐，积极联络好出版社，以最无私的胸襟，抚慰了我。诚如高铭暄先生与陈兴良教授所坦言的，本书理应分成三个板块单独出版，效果可能更好，但在当下出版行业的光景下，能够"集合"出版，对"囊中羞涩"的我而言已经是非常幸运了；留下的遗憾，今后再以文字相敬之。借此，本书的命运也算得以"拨云见日"，可以面见诸君方家，方得始终，可谓圆满。

拙著得以出版，首先特别需要感谢徐松林教授、胡学相教授的引路之情，衷心感激高铭暄先生、樊崇义先生的提携之恩，感谢吴宏耀院长为我力争中国政法大学教职的大义及对本书出版的积极纳荐，也再次感谢胡崇明刑事法文库的资助（2020年已资助本人出版《认罪认罚从宽制度研究》一书）。其中，陈兴良教授不吝拨冗为拙著赐序，是尤为珍贵的鼓励和提点。同时，也还要感谢妻子以及家人一直以来对我的包容与支持，特别是包容我在工作上的"折腾"与大学教职下的清贫。回京后，穷于生计，多有奔波，难免心酸，承蒙不弃，得到许多好友的默默支持和帮助，特别是"小包公"创始人王燕玲教授、我国刑辩界的"五朵金花"之一常铮博士、同窗王静思博士、马云雪博士等友人提带，得以解忧，对此铭记于心。此外，本项目的申报、立项、结项等工作，先后还得到了华南理工大学法学院苏子坚、金潇、麦芒、马志尚等硕士生的协助，在项目入账、经费管理、结项事宜、书稿编辑等方面给予诸多的支持，他们几乎见证了本书的始终。其中，金潇同学在繁忙的扶贫工作之余，为了编辑书稿，致眼微疾；麦芒同学入职律师后，不辞繁重业务下的辛劳，长时间费心周旋，终得结项，助我了结了一桩心事，在此一并感谢。当然，尚需感谢的领导、师长以及朋友太多，在此不一一予以致谢，尽在不言中。希望本书的出版，是对各位关心与关爱的最好报答与回馈。最后，中国政法大学出版社牛洁颖、张静编辑不辞辛劳，确保本书高质量地顺利出版，在此一并谢忱。

落笔之际，犬子正好一岁半。孩子见证了他父亲此生中最跌宕起伏的阶段，从落魄中走出来，又向更美好的未来迈去。如同学术研究一样，人生总是有所反复。人生的路途，不免折返，如此才有更多的意义。回顾过往，虽有遗憾，但更多的是获得感。不忘初心，不负时代。敬请大家对拙著不吝赐正。

是为后记。

孙道萃

于京南城陋室

2019 年 6 月 5 日

改于 2020 年 5 月 5 日

再改定于 2020 年 10 月 5 日